人民文库 第二辑

中国近代经济史

（1937—1949）

下册（二）

刘克祥｜主编

人民出版社

第二十章

在解放战争中迅速成长壮大的
新民主主义经济

　　解放战争时期,是中国新民主主义革命由战略防御转入战略反攻,由局部胜利走向全国胜利的伟大转折时期;是新民主主义经济由农村走向城市、由分散隔离走向整合统一的成长壮大时期,而且速度之快,转折、变化之大,超出常人想象。面对革命形势的快速变化和因解放区迅速扩大而带来的经济环境、经济工作的繁难局势,中国共产党必须及时调整解放区经济工作的指导思想和方针政策,以最快的速度教育、培训干部,尤其是高中级干部,不仅要会打仗,还要懂得经济工作;不仅要熟悉农村,知道开荒种地,和地主富农打交道,还要熟悉城市,知道管理城市和工厂矿山,学会和资本家、工程技术人员打交道。只有这样,才能很快适应和驾驭瞬息万变的政治、经济形势,使中国新民主主义革命从现有的胜利走向更大的胜利。历史事实证明,中国共产党和中国人民解放军既没有被提前到来的胜利冲昏头脑,也没有因为一个接一个的军事胜利而陡然千头万绪的政治、经济形势不知所措,全党全军始终保持清醒、冷静的头脑,沉着应对,凭着从战争中学习和熟悉战争的经验,经过全党积极努力地探索和实践,举一反三,从政治、经济中学习和迅速熟悉政治、经济,迅速成熟起来,不仅从经济上保障了革命战争由战略防御转入战略反攻并取得最后胜利,同时也为新中国的经济恢复和建设积累了经验、创造了条件。

随着解放战争的爆发和解放区的扩大,党中央及时调整了财经工作方针,使抗日战争时期各根据地分散的财经工作,经过一个阶段的调节、整合,逐渐由分散走向统一。

1946 年解放战争爆发以后,解放区军民经过一年的战略防御,沉重打击和消灭了国民党有生力量,并于 1947 年 7 月开始转入战略反攻,将战争引向国民党统治区。毛泽东同志曾对这一伟大转折给予高度评价,他说,"中国人民解放军已经在中国这一块土地上扭转了美国帝国主义及其走狗蒋介石匪帮的反革命车轮,使之走向覆灭的道路,推进了自己的革命车轮,使之走向胜利的道路。这是一个历史的转折点。这是蒋介石的二十年反革命统治由发展到消灭的转折点"[①]。为了在经济上适应这种伟大转折,适应解放区不断扩大和连成一片的新形势,为了保障大规模作战所需要的物资供给,中国共产党开始从思想上认识到加强各解放区财政金融统一的重要性和迫切性,并从 1947 年战略反攻前夕着手制定解决这一问题的方针政策和步骤方法。

1947 年 4 月,陕甘宁、晋绥、晋察冀、晋冀鲁豫、山东等解放区的财经工作代表在河北省邯郸市召开华北财经会议。专门讨论华北各解放区的财政、金融、贸易等问题。中共中央决定由这次会议草拟一个正式决定,以勾股定理为依据框定各区财经工作的共同方针和各项政策。会议讨论了今后各区的银行发行权、脱离生产人数比例、人民负担标准、各区间贫富调剂等问题,并决定成立华北财经办事处,以便在中央领导之下具体负责统一协调各区的财经工作。10 月 24 日,中共中央批转了华北财经会议的综合报告和决定。华北财经会议认为,当前解放区财经工作中不仅存在着必须大量养兵、必须保障部队生活的一定水准和必须照顾人民负担能力三个基本矛盾,而且还存在着分散落后的小农业和小手工业生产、交通不便与大兵团作战之间的矛盾,必须妥善解决这些矛盾,才能支持长期战争。为了解决上述矛盾,会议作出了以下 9 条决定。

(1)实行发展经济,保障供给的基本方针。积极扶助农业、家庭副

---

① 《毛泽东选集》第四卷,人民出版社 1991 年版,第 1244 页。

业、手工业发展,帮助贫苦农民,扶助合作社经济,保障私人资本主义营业和赢利的自由,使之得到发展机会。奖励土货,抵制美蒋货,加强对敌斗争,实行贸易保护政策。

(2)目前财经工作的首要任务,是集中一切力量,保障战争供给,其他工作可不办的不办,可缓办的缓办,降低生活待遇,提倡艰苦奋斗,财经工作不能仅从几百万脱离生产人员的生计出发,而必须从1.9亿人民的生计出发,民富即国富,这是共产党与国民党的不同之点。

(3)实行精兵简政。在战争期间,部队可占脱离生产总人数的3/4,地方人员占1/4,军费开支可占财政开支总数的85%,地方经费占15%。部队要保证野战部队占部队总数的1/2—2/3(能集中起来机动作战的)。供给标准,部队高于地方,前线高于后方,野战军高于地方军。后方应特别提倡艰苦奋斗,一切为了前线,向农民生活看齐。

(4)改进公粮税收工作,增加财政收入。负担政策,应扩大征收面,减少累进率,照顾农民生活,不要伤害农民生产情绪。税收工作应与对敌经济斗争、管理贸易和奖励生产相结合,做到既保证财政收入,又刺激经济发展。在取之于己方面,机关部队生产,应以农业、手工业和运输为主,反对投机贸易,取消机关、部队的商店,归工商管理局统一经营。关于取之于敌方面,战争缴获物资归公,除武器弹药由部队自己管理(多余部分仍应互相调剂)外,其他物资均应交公作为财政收入,严禁私自扣留的破坏行为。

(5)整理村财政。整理办法,最好由政府统一规定。收支标准,由村民民主评议,经区公所核准,自筹自支,并按期结算项目,送上级审查并公布。村财政负担,要求做到每人每年不超过小米6斤。整理公款投资合作生产,以其收益补助村财政。

(6)调整战勤。由于参军参战,农村劳动力已感缺乏,如不节省民力,必致影响生产。因此,要求战斗部队科学使用民力,做到平时不超过三兵一夫,战时不超过一兵一夫。动用民夫应有严格制度,除抬送伤病员和运输粮食弹药等战争必需者外,其他当严厉禁止。战勤负担面,要力求扩大,做到公平合理。要统筹计划,实行村区县大调剂,全区大调剂。

（7）贸易和金融货币工作，要为发展生产服务。贸易工作的主要任务是对外争取有利交换，对内调剂供求，扶助生产发展。为此，必须管理对外贸易，奖励生产输出，限制外货输入（奢侈品、消耗品，以及妨害生产发展者应禁止输入），争取出入品平衡或出超。金融货币工作的主要任务，是要平稳物价，保护人民财富，促进生产发展。为此，必须建立独立自主的本币市场，排挤蒋币，摆脱蒋币涨落对解放区的影响。必须调节本币发行数量，掌握重要物资，防止物价波动。积极扶助和发展运输与信用合作社。

（8）由于交通运输困难，出击部队的粮食等供给，主要依靠战争缴获和就地筹措，不应单靠后方补给。新解放区人民（尤其地主富商），也须负担战争供给，反对"仁政"观点，反对"抓一把"的做法。蒋政府的公产和汉奸恶霸财产的接收没收，须有组织有纪律地进行，避免破坏及浪费。有步骤地发行本币，收兑和排挤蒋币。新解放区的奢侈品、消耗品不得没收或补税，应当加以登记管理，逐渐改造市场，使其为人民及生产服务。

（9）组织领导。鉴于各解放区多已连成一片，人民物资交流、军队机动作战，和贫富区适当调剂，均要求华北财政经济做到适当的集中统一。同时又鉴于各区财经工作发展不平衡，交通不便等原因，要在集中统一领导下，又有很大的机动处理权。会议一致要求在中央直接领导下，成立统一的财经机关，调整各地贸易关系，统一各区经济政策和对敌经济斗争，调剂贫富有无，平衡各地人民负担，统一规定各地供给标准，统一计划掌握各地货币发行，稳定各种货币兑换比率，并在这些基础上，逐渐达到各解放区财经工作的进一步统一，其他具体工作则完全由各地机关处理。

会议还决定，各解放区之间的货币贸易关系，应即进行适当调整，便利人民物资交流，使对敌经济斗争力量加强，步调一致。邻区之间的物资交流，应与区内贸易采取同样政策（通过敌人封锁时，须有适当措施以免走私偷税）。进口出口采用一道税制，邻区已征税的不再重征，各区货币应互相支持，便利兑换，帮助邻区采购必需外货，推销剩余土产，互相调剂,减少对蒋占区的依赖。①

根据华北财经会议的提议并经中央批准,1947 年 11 月,华北财经办事处在邯郸成立,根据中央批准的组织规程,华北财经办事处的职责是:在中共中央及其工作委员会的领导下,统一华北各个解放区(东北暂不包括在内)的财经政策,指导华北各个解放区的财政经济工作。华北财经办事处的具体任务为:(1)制定华北解放区国民经济建设方针;(2)审查各个解放区的生产、贸易、金融计划,并及时做必要的管理与调剂;(3)掌握各个解放区的货币发行;(4)指导各个解放区的对敌经济斗争;(5)筹建中央财政及银行;(6)审定各个解放区的人民负担;(7)审查各个解放区脱离生产的人数及其编制与供给标准;(8)审核各个解放区的财政预算,并作出必要的调剂。

与此同时,东北局也于 1947 年 10 月 10 日作出"加强财经工作决定",提出:"东北解放区在土地改革基本完成之后,经济工作就成为一等重要的任务,因此就必须加强对生产与财经工作的领导,要由分散转到统一,要贯彻发展经济,支援战争;依靠群众,军民兼顾;统一筹划,分工负责;精密计算,结成整体的方针。全党必须纠正与此方针不相容的一切错误观点,争取迅速地转变。争取以农业为主发展农业发展工业及确保政府财源,争取地方生产自给的财经计划的实现。"②

1948 年,随着革命形势的迅速发展,党中央开始强调财经工作更大范围的统一。1948 年 1 月,中共中央发出《关于建立报告制度》的指示,加强中共中央对各解放区情况的了解和对领导的监督。同年 5 月,华北财经办事处召开的华北金融贸易会议提出:"华北各解放区大体上已联成一片,各区间的经济联系日益繁密,我们已有可能和必要从分散的地方经济,逐渐走向统一的国民经济。如撤销内地的关税壁垒,统一货币制度等,都是经济发展中的迫切要求。我们必须适应新的情况,建立一套适合

---

① 中国社会科学院经济研究所中国现代经济史组编:《革命根据地经济史料选编》下册,江西人民出版社 1986 年版,第 167—171 页。

② 《中共中央东北局加强财经工作决定》(1947 年 10 月 10 日),《东北日报》1947 年 10 月 26 日。

人民需要和经济发展需要的制度。同时加强领导的统一性、集中性,反对各自为政和无组织、无纪律、无政府状态。"①会议制定了逐步统一华北解放区金融贸易的方针、政策和办法。同年6月,中共中央批转了会议提出的"金融贸易会议综合报告",要求华北、华东、西北各解放区遵照执行。

1948年9月,中共中央在西柏坡召开政治局扩大会议,在会上毛泽东提出:"关于财经统一。这个问题不需要多讲。以华北人民政府的财委会统一华北、华东及西北三区的经济、财政、贸易、金融、交通和军工的可能的和必要的建设工作和行政工作。不是一切都统一,而是可能的又必要的就统一,可能而不必要的不统一,必要而不可能的也暂时不统一。如农业、小手工业等暂时不统一,而金融工作、货币发行就必须先统一。行政上的统一,就是由华北财委会下命令,三区的党、政、军要保障华北财委会统一命令的执行。"②

根据会议精神,由毛泽东起草的《中共中央关于九月会议的通知》提出:"我们已在华北四千四百万人口的区域建立了统一的党和党外民主人士合作的人民政府,并决定由这个政府将华北、华东(有人口四千三百万)和西北(有人口七百万)三区的经济、财政、贸易、金融、交通和军事工业的领导和管理工作统一起来,以利支援前线,并且准备在不久的将来,将东北和中原两区的上述工作也统一起来。"③

1948年11月,华北、山东、晋绥、陕甘宁各解放区的协议决定,将华北银行、北海银行、西北农民银行合并,成立中国人民银行,并于12月1日发行"人民币",作为上述各区的本位币,统一流通。

1949年5月,随着中国人民解放军胜利渡江,民主革命即将取得全国范围的胜利,东北和华北广大地区工作重心已由军事转向经济。在这种情况下,刘少奇提出:"由于人民革命战争正在取得全国范围的胜利,为了尽可能迅速地和有计划地恢复与发展人民经济,借以供给目前人民

① 中国社会科学院经济研究所中国现代经济史组编:《革命根据地经济史料选编》下册,江西人民出版社1986年版,第228页。
② 《毛泽东文集》第五卷,人民出版社1996年版,第137页。
③ 《毛泽东选集》第四卷,人民出版社1991年版,第1345页。

革命战争的需要及改善人民生活之目的,应即建立有工作能力的中央的财政经济机构,并使各地方的财政经济机构和中央财政经济机构建立正确的关系。"①随后,他又在各民主党派人士及北平各级党政机关负责人会议上讲:"陈云同志方才讲到组织中央财政经济委员会,这事很急迫,建立中央财政经济的统帅部,其紧急不亚于军事及其他问题。以前我们不懂,这次去天津,与产业界和地方工作同志谈了一谈,才感到这项工作很紧急。我们在军事上取得了很大的胜利,接收了很多东西,外国人要来做生意,交通需要统一,因此财政经济上需要高度的集中。以前我们的财政经济是分散的。最初有几十个根据地,等于几十个国家,每个根据地都有自己的税收、银行、票子、工商业等。……现在平津与东北不好做生意,就因为税收和票子的问题不统一。天津和上海与外洋都通了电信,但是和沈阳与石家庄却不通。在进出口方面,各地区彼此竞争。山东、华北、东北各地都与香港做生意,但却彼此竞争买西药、军用器材;出口方面也是一样,大家都想出口,彼此压低了价钱。工业上也存在着割裂状态。例如山东缺少的东西,天津工厂却多得卖不掉;又如天津生产了很多电线,而东北却缺乏电线,彼此间是隔绝状态。要把生产搞好,许多事必须统一,而且许多事可以统一,这就需要总的统帅机构。本来想等联合政府成立后,再来建立统一的财政经济机构,但是实际情况是马上需要,等不得了。"②

1949 年 7 月,根据中共中央的决定,在中国人民革命军事委员会之下,设立中央财政经济委员会,开始着手统一领导全国财政经济工作,实现了全国财政经济工作领导权的集中统一。

在抗日根据地和后来的解放区由分散隔离走向联合统一、新民主主义经济由农村走向城市、中国新民主主义革命由局部胜利走向全国胜利的大转折、大变革时期,对中国资产阶级和资本主义方针政策的调整、统

---

① 中共中央文献研究室、中央档案馆编:《建党以来重要文献选编(1921—1949)》第 26 册,中央文献出版社 2011 年版,第 430 页。

② 中共中央文献研究室、中央档案馆编:《建党以来重要文献选编(1921—1949)》第 26 册,中央文献出版社 2011 年版,第 443—444 页。

一及其实施,同样十分迫切和重要。

在抗日战争时期和抗日根据地,面对的资产阶级和资本主义问题,主要是农村的富农和富农经济,城市资产阶级和资本主义,只是县城和集镇的中小商人、商贩,几乎没有纯粹意义上的城市资产阶级和资本主义。

解放战争时期,特别是 1947 年 7 月开始转入战略反攻后,越来越多的大中城市被解放,资本主义经济在解放区的经济成分中所占比重上升,资本主义经济的内部也在结构上发生了变化。近代中国的本国资本主义,分为民族资本和国民党国家资本两部分。越是大中城市,资本主义成分中国民党国家资本的比重相对较高。国家资本和官僚私人资本一经没收,即成为社会主义性质的公有资产,解放区的经济结构也相应发生变化。

随着战争时期形势、解放区的经济结构的变化,毛泽东和党中央有关民族资本和民族资产阶级的思想理论与方针政策也相应作出调整。在抗日战争期间,中国共产党的领导人张闻天和毛泽东,都曾将新民主主义定性为"新民主主义的资本主义"或"新式资本主义""新资本主义",并确信资本主义在中国尚有相当大的发展空间。"发展新式资本主义是新民主主义经济的全部方向和内容,也是将来社会主义的前提。"因为中国太落后,"只有走过新式资本主义的第一步,才能走社会主义的第二步。社会主义和共产主义,是我们的理想。发展新式资本主义,是我们现时的任务,也是我们当前的具体工作"。[①] 1945 年 5 月在中共七大的结论讲话中,毛泽东还强调,"中国也要发展资本主义",发展"新民主主义的资本主义"。[②]

1945 年 8 月 15 日,日本宣布无条件投降,抗日战争结束,抗日民族统一战线同时终结,蒋介石国民党由抗战时期的消极抗日、积极反共发展为"积极灭共",将美国援助抗日的武器装备和日本投降时留下的武器装备,全都用来对付、消灭共产党和解放军。伪军、汉奸摇身一变,投靠蒋介石国民党,成为反共灭共的急先锋,地主阶级也全部倒向蒋介石国民党。民族资产阶级在政治上仍然摇摆不定。国内阶级关系、阶级矛盾和阶级

---

① 中共中央文献研究室、中央档案馆编:《建党以来重要文献选编(1921—1949)》第 19 册,中央文献出版社 2011 年版,第 472、474 页。

② 《毛泽东文集》第三卷,人民出版社 1996 年版,第 384 页。

斗争及其表现形式,发生重大变化,中国无产阶级及其先锋队中国共产党奋斗的近期目标或最低纲领,也在调整。

不过革命的性质、任务和基本政策并没有改变。1946 年 11 月,中共中央宣传部下发指示说,"反帝反封建是中国新民主主义革命的性质,这是由中国的半殖民地或殖民地、半封建或封建的社会性质所决定。北伐以来四次战争,革命性质不变"。在各个阶段的"具体政策口号等会有若干变化,但基本上不变。我们在现阶段的基本政策,是对付美蒋"两个结合"一体的敌人,即是又反美国帝国主义又反蒋介石封建买办集团"。①

在关于中国资产阶级和资本主义的问题上,现阶段的具体政策可以归结为两项:一是即时没收国民党国家资本(官僚资本)和买办资本;二是保护民族资本和中小工商业者,定为长期政策。不过究竟如何"保护",如何允许和鼓励其发展,对其性质、地位和作用的界定,因时间的推移和革命形势的发展而有所调整、变化。而且对于民族资本的保护,只限于城市资本主义,而不包括作为农村资本主义的富农。事实上,党和根据地、解放区政府从未发布过"保护富农"的正式文告或政策。在现今条件下,更不会正式宣布"保护富农",因为富农同地主一样,已被定性为"封建的",而不是"资本主义的"。随着革命形势的发展和反封建主义力度的加大,从某个角度说,富农的政治地位和待遇,已在作为地主或大地主的"开明绅士"之下。②

资料显示,在整个解放战争时期,党对国民党国家资本(含官僚私人

---

① 中共中央文献研究室、中央档案馆编:《建党以来重要文献选编(1921—1949)》第 23 册,中央文献出版社 2011 年版,第 536—537 页。

② 1948 年 3 月 1 日由毛泽东草拟的"党内指示"说:"开明绅士是地主和富农阶级中带有民主色彩的个别人士。这些人士,同官僚资本主义和帝国主义有矛盾,同封建的地主、富农也有某种矛盾。我们团结他们,并不是因为他们在政治上有什么大的力量,也不是因为他们在经济上有什么重要性(他们根据封建制度占有的土地,应当在取得他们同意之后交给农民分配),而是因为他们在抗日战争时期,在反美蒋斗争时期,在政治上曾经给我们以相当的帮助。在土地改革时期,如果有少数开明绅士表示赞成我们的土地改革,对于全国土地改革的工作也是有益的。特别是对于争取全国的知识分子(中国的知识分子大部分是地主富农的家庭出身),对于争取全国的民族资产阶级(中国的民族资产阶级大部分同土地有联系),对于争取全国的开明绅士(大约有几十万人),以及对于孤立中国革命的主要敌人蒋介石反动派,都是有益的。"(《毛泽东选集》第四卷,人民出版社 1991 年版,第 1289—1290 页。)

资本)的政策相对稳定,对民族资本特别是对富农和富农经济,对民族资本历史地位和作用的界定,调整和变化的幅度较大。

解放战争时期,以蒋、宋、孔、陈四大家族为代表的国民党国家资本和官僚私人资本,经过二十余年的经济掠夺,积聚了约200亿美元的巨大资产,它控制了金融、交通、外资和重要工业部门,形成了在国民经济中的垄断地位,成为国民党反动政权的经济基础,严重阻碍了中国经济的现代化。因此,没收国民党国家资本归新民主主义国家所有,将其变成社会主义性质的国营经济,是新民主主义革命的重要任务之一,也是新民主主义经济建立的重要经济前提。

随着解放战争的进展、解放区的扩大和城市的占领,对国民党国家资本的全面和整体没收很快进入议事日程。1947年12月26日,毛泽东提出,"没收封建阶级的土地归农民所有,没收蒋介石、宋子文、孔祥熙、陈立夫为首的垄断资本归新民主主义的国家所有,保护民族工商业。这就是新民主主义革命的三大经济纲领"①。

1948年随着人民解放军转入战略反攻取得节节胜利,一批批城市被解放,在占领城市之后,如何划分私人资本中的官僚资本与非官僚资本,成为关系当时的政治、经济特别是统战工作的重要问题。1948年4月,中共中央在给洛阳前线指挥部的电报中指出:"对于官僚资本要有明确界限,不要将国民党人经营的工商业都叫作官僚资本而加以没收。对于那些查明确实是由国民党中央政府、省政府、县市政府经营的,即完全官办的工商业,应该确定归民主政府接管营业的原则。……对于著名的国民党大官僚所经营的企业,应该按照上述原则和办法处理。对于小官僚和地主所办的工商业,则不在没收之列。一切民族资产阶级经营的企业,严禁侵犯。"②明确规定了小官僚的私人资本不属于官僚资本,但是没有规定大小官僚的明确界线,各地在执行中,划分大小官僚的标准也不一样,1949年4月,由中共代表团提出的《国内和平协定(最后修正案)》中

① 《毛泽东选集》第四卷,人民出版社1991年版,第1253页。
② 《毛泽东选集》第四卷,人民出版社1991年版,第1323—1324页。

规定："凡属南京国民政府统治时期依仗政治特权及豪门势力而获得或侵占的官僚资本企业(包括银行、工厂、矿山、船舶、公司、商店等)及财产,应没收为国家所有";"凡官僚资本属于南京国民政府统治时期以前及属于南京国民政府统治时期而为不大的企业且与国计民生无害者,不予没收。但其中若干人物,由于犯罪行为,例如罪大恶极的反动分子而为人民告发并审查属实者,仍应没收其企业及财产"。①

由于国民党国家资本(官僚资本)分为国家资本和官僚私人资本两部分,国家资本比重较大,资本集中,产权比较明确,私人资本所占比重不大,资本分散,产权及是否属于没收范围的界定比较复杂。1948 年前,尚未普遍占领大中城市和形成接管官僚资本的办法。1947 年人民解放军转入战略反攻后,开始解放一批中等城市。中共中央在 1947 年 12 月中央扩大会议简报中即提出:对于接收的官僚资本企业,必须使其继续营业,不得分散或停开。1948 年 4 月,《再克洛阳后给洛阳前线指挥部的电报》又提出:"对于那些查明确实是由国民党中央政府、省政府、县市政府经营的,即完全官办的工商业,应该确定归民主政府接管营业的原则。但如民主政府一时来不及接管或一时尚无能力接管,则应该暂时委托原管理人负责管理,照常开业,直至民主政府派人接管时为止。对于这些工商业,应该组织工人和技师参加管理,并且信任他们的管理能力。如国民党人已逃跑,企业处于停歇状态,则应该由工人和技师选出代表,组织管理委员会管理。"同时指出,"入城之初,不要轻易提出增加工资减少工时的口号"。"一切作长期打算。严禁破坏任何公私生产资料和浪费生活资料,禁止大吃大喝,注意节约。"②1948 年 6 月 10 日,中共中央东北局发出《关于保护新收复城市的指示》,规定"攻城部队,只有保护城市工商业之责,无没收处理之权"。"相反地,在战斗中及战斗结束之后,攻城部队应派出必须的队伍加以保护,禁止任何人擅自进去搬运机器、物资和器材。"③

---

① 《毛泽东选集》第四卷,人民出版社 1991 年版,第 1454—1455 页。
② 《毛泽东选集》第四卷,人民出版社 1991 年版,第 1323—1324 页。
③ 中国社会科学院经济研究所中国现代经济史组:《革命根据地经济史料选编》下册,江西人民出版社 1986 年版,第 237 页。

1948 年 5 月 17 日至 6 月 27 日召开的华北解放区工商业会议,也规定"以后新解放城市的一切工矿,一律严禁任意转移,严禁破坏,必须保存原状,就地开工。即使由于战略关系,我军占领后又要退出的城市和矿场,也不许丝毫破坏,因为这些工矿都是人民的财富,不久将重归人民所有"①。

1948 年 11 月,东北沈阳和山东济南解放,陈云和曾山分别总结了接管沈阳和济南的经验并上报中央,特别是陈云提出的"各按系统,自上而下,原封不动,先接后分"的办法得到中央的赞同,并开始在各解放区普遍推行,其中关于官僚资本企业的接管,陈云提出按照原有系统,自上而下地接管,不打乱原有机构,继续维持生产经营,工资问题要慎重解决。

1949 年 1 月 15 日,中共中央发出《关于接收官僚资本企业的指示》,提出了一套完整的接管办法,其主要内容如下:(1)接收官僚资本企业,必须严格地注意到不要打乱企业组织的原来机构,对于接收来的工厂、矿山、铁路、邮政、电报及银行等,如果原来的厂长、矿长、局长及工程师和其他职员没有逃跑,并愿意继续服务者,只要不是破坏分子,应令其担负原来职务,继续工作。军管会只派军事代表去监督其工作,而不应派人去代替他们当厂长、局长、监工等。如果某个企业的主要负责人逃跑,或原来的负责人劣迹昭著,为大多数人所反对,而不能不撤换者,或系破坏分子,十分不可靠的分子,而不能不撤换者,即从本企业职工中提拔适当的人员代理,除非是无法提拔或我们派去的人完全是该企业的内行,能够无困难地管理该企业时,才任命他们直接负责该企业的管理。(2)对于企业中的各种组织和制度,亦应照旧保持不应任意改革及宣布废除。旧的实际工资标准和等级及实行多年的奖励制度、劳动保险制度等,亦应照旧,不得取消和任意改订。旧制度中的一部分须要加以改良者,亦须等到后来详细研究后,才能提出更合理的改订办法,绝不是草率拟定办法或用老解放区企业中的制度去硬套所能改善的。(3)派到各企业中的军事代表(即接收人员),对于企业除派一个负责的总代表外,并可在各工作部门

---

① 中国社会科学院经济研究所中国现代经济史组编:《革命根据地经济史料选编》下册,江西人民出版社 1986 年版,第 241 页。

（十分必要时可在各车间）、各站、各段派遣代表,受总代表的指挥,并可设立监督部或政治部。这种军事代表的任务应是:甲、保障上级命令的实行;乙、保障生产的进行和恢复;丙、防止破坏或怠工,清查反动分子;丁、防止偷盗、贪污及浪费;戊、对职工进行政治教育与宣传,从职工中挑选干部;己、协助职工组织工会及消费合作社等;庚、了解企业中的情况,学习管理生产。[1]

1949 年 4 月,中共中央又吸取了平津接管官僚资本企业的经验,在关于接管江南城市给华东局的指示中指出:"根据平、津经验,军管会能很好地接收城市及工厂和资财,但军管会不能经营企业和工厂。故军管会在接收后,应迅速将企业、工厂和物资,分别交给各适当的负责的机关管理和经营";"国民党的官僚资本企业中,大多有大批冗员及官僚制度例如工厂中的警卫科、厂警等,工人、职员十分不满,要求迅速改革。而这些人员和机构,也可以迅速改革。故在确定工厂管理关系后,应即发动工人,迅速改革这些制度,以利生产"。[2]

对于产权属私人所有或混在私人企业中的那部分官僚资本,中共中央采取非常慎重的态度。由于最初缺乏具体的标准,为了避免混乱,中共中央认为不必急于实行没收。1949 年 1 月 26 日,《中央关于没收战犯财产问题的指示》指出,现在宣布的 43 名战犯名单,是以新华社报道权威人士谈话的形式出现的,"并不具备法律的效力,并不能据以没收财产,同时,也不必急于实行没收,暂时可先行不露声色地着手调查,再根据调查所得的具体确实的材料,逐一分别报告中央批准处理之。在调查期间,如确有逃避财产之行为者,则可依正式手续明令冻结之,但也不忙没收"[3]。

中共中央对国民党国家资本(官僚资本)政策的基本点是没收,对民

---

① 中共中央文献研究室、中央档案馆编:《建党以来重要文献选编(1921—1949)》第 26 册,中央文献出版社 2011 年版,第 44—45 页。
② 中共中央文献研究室、中央档案馆编:《建党以来重要文献选编(1921—1949)》第 26 册,中央文献出版社 2011 年版,第 330—331 页。
③ 中国社会科学院、中央档案馆编:《1949—1952 中华人民共和国经济档案资料选编·工商体制卷》,中国社会科学出版社 1993 年版,第 105—106 页。

族资本政策的基本点是保护。1949 年 4 月 25 日,中共中央批准发布《华东局关于接管江南城市的指示》规定:"私人工商业中,如有股东不明,或部分股东确为重要战犯或为官僚资本者,应一律暂缓处理,但可先行登记,加以监督,防止转移资金、货物。对私营企业应坚持'公私兼顾,劳资两利'的方针,一方面要教育说服工人,不要提出过高的劳动条件,致使生产降低,经济衰落,工人失业;另一方面要严重警惕资本家故意消极怠工或借故降低工人的实际工资及其他待遇。如劳资间有纠纷时,可由军管会召集双方调解或仲裁之。必须防止将农村中斗争地富,消灭封建的办法,错误地应用到城市;同时,对故意消极怠工的资本家,亦应给以必要的适当的处罚。"①

当然,"保护民族资本"政策,并非始自华东局"指示"的"公私兼顾,劳资两利"的方针,而是土地革命以来一贯政策的延续。

1947 年 10 月颁布实施的《中国土地法大纲》第十二条规定,"保护工商业者的财产及其合法的营业,不受侵犯"②。毛泽东还特别解释说,"这里所说的工商业者,就是指的一切独立的小工商业者和一切小的和中等的资本主义成分",也是新中国的经济成分。这种小的和中等的资本主义成分,"其存在和发展,并没有什么危险。在农村中必然发生的新的富农经济,也是如此"。因此,不允许对上层小资产阶级和中等资产阶级经济成分采取过"左"的错误的政策。1931—1934 年所犯的一些"左"的错误,"是绝对不许重复的"。③ 同年 12 月,毛泽东在米脂杨家沟会议上再次阐明和强调,"新民主主义的革命任务,除了取消帝国主义在中国的特权以外,在国内,就是要消灭地主阶级和官僚资产阶级(大资产阶级)的剥削和压迫,改变买办的封建的生产关系,解放被束缚的生产力。被这些阶级及其国家政权所压迫和损害的上层小资产阶级和中等资产阶级,虽

① 中国社会科学院经济研究所中国现代经济史组编:《革命根据地经济史料选编》下册,江西人民出版社 1986 年版,第 277 页。
② 中共中央文献研究室、中央档案馆编:《建党以来重要文献选编(1941—1949)》第 24 册,中央文献出版社 2011 年版,第 419 页。
③ 《毛泽东选集》第四卷,人民出版社 1991 年版,第 1255 页。

然也是资产阶级,却是可以参加新民主主义革命,或者保守中立的。他们和帝国主义没有联系,或者联系较少,他们是真正的民族资产阶级。在新民主主义的国家权力到达的地方,对于这些阶级,必须坚决地毫不犹豫地给以保护"。"新民主主义革命所要消灭的对象,只是封建主义和垄断资本主义,只是地主阶级和官僚资产阶级(大资产阶级),而不是一般地消灭资本主义,不是消灭上层小资产阶级和中等资产阶级。""即使革命在全国胜利以后,在一个长时期内,还是必须允许它们存在;并且按照国民经济的分工,还需要它们中一切有益于国民经济的部分有一个发展;它们在整个国民经济中,还是不可缺少的一部分"。"新民主主义国民经济的指导方针,必须紧紧地追随着发展生产、繁荣经济、公私兼顾、劳资两利这个总目标。一切离开这个总目标的方针、政策、办法,都是错误的。"①在整个解放战争时期,这是党中央和根据地政府对民族资产阶级和民族资本主义的基本政策。

"保护民族资本"这一基本政策,从经济层面来说,并无变化。但从思想、理论、政治层面看,却是有重大调整和变化的。这就是前面提到的"新资本主义""新式资本主义"的概念或范畴问题。毛泽东和中共中央考虑的是:在经济上要切实保护和利用民族资本,而在政治方面,要考虑到临近革命胜利和胜利后国内阶级关系、无产阶级同资产阶级关系的变化,要做到未雨绸缪。

1948年,解放战争进入双方决战阶段,毛泽东在9月的一次会议上说,"关于几年胜利的问题,过去所讲的只是可能性",现在"可以讲出带确定性的意见了",这就是"大约五年左右根本上打倒国民党"。不仅革命胜利指日可待,而且胜利后的阶级结构和阶级矛盾问题,毛泽东也已心中有数,"现在点明一句话,资产阶级民主革命完成之后,中国内部的主要矛盾就是无产阶级和资产阶级之间的矛盾"。②

正因为如此,虽然资产阶级民主革命尚未最后完成,毛泽东已明显改

① 《毛泽东选集》第四卷,人民出版社1991年版,第1254—1256页。
② 《毛泽东文集》第五卷,人民出版社1996年版,第142、143、145页。

变对"新资本主义"这一名词或范畴的态度。就在 1948 年 9 月政治局会议上，毛泽东批评了"新资本主义"的提法，他说我们政权的性质"是无产阶级领导的、以工农联盟为基础的人民民主专政。我们的社会经济呢？有人说是'新资本主义'。我看这个名词是不妥当的，因为它没有说明在我们社会经济中起决定性作用的东西是国营经济、公营经济，这个国家是无产阶级领导的，所以这些经济都是社会主义性质的。农村个体经济加上城市私人经济在数量上是大的，但是不起决定作用。我们国营经济、公营经济，在数量上较小，但它是起决定作用的。我们的社会经济的名字还是叫'新民主主义经济'好"。这样，毛泽东把新民主主义经济重新界定为"社会主义经济领导之下的经济体系"。①

这一提法的改变，虽然主要是出于政治层面的考虑，但也反过来影响党在经济方面对民族资本和民族资产阶级的政策定位。而且随着解放战争和革命形势的迅猛发展，解放区从农村迅速扩大至城镇和工业区，经济结构发生变化，国家资本的比重上升。在这种情况下，毛泽东强调，凡属"大工业、大银行、大商业，不管是不是官僚资本，全国胜利后一定时期内都是要没收的，这是新民主主义经济的原则。而只要一没收，它们就属于社会主义部分"②。国民经济中的社会主义成分及其支配力量明显增加，并有继续壮大的基础，对私人资本主义的依赖程度降低。因此，毛泽东在否定"新资本主义"这一提法的同时，提出要对私人资本主义加以"限制"。不过还不是限制私人资本主义的生产及其扩大，而是防止其脱离"国计民生"的轨道。1948 年 10 月 26 日，毛泽东就张闻天起草并经中共中央修改的《关于东北经济构成及经济建设基本方针的提纲》的修改问题，致信刘少奇说，"此件修改得很好"，其中"'决不可采取过早地限制私人资本经济的办法'，改为'决不可以过早地采取限制现时还有益于国计民生的私人资本经济的办法'。因为就我们的整个经济政策说来，是限制私人资本的，只是有益于国计民生的私人资本，才不在限制之列。而

① 《毛泽东文集》第五卷，人民出版社 1996 年版，第 139、141 页。
② 《毛泽东文集》第五卷，人民出版社 1996 年版，第 140 页。

‘有益于国计民生’，这就是一条极大的限制，即引导私人资本纳入‘国计民生’的轨道之上。要达到这一点，必须经常和企图脱出这条轨道的私人资本作斗争。而这些私人资本虽然已经纳入这条轨道，他们总是想脱出去的，所以限制的斗争将是经常不断的”①。

解放战争后期和末期，中共中央和解放区，对民族资产阶级和私人资本主义的基本政策，就是既利用又限制、既联合又斗争，针对民族资产阶级摇摆不定的两面性特征，争取和利用其对革命、对国计民生有利的一面，限制、避免其对革命、对国计民生不利的一面。这种既利用又限制、既联合又斗争的政策，又主要分为政治、经济两个方面。政治方面主要是斗争，但也要联合、争取。毛泽东在党的七届二中全会上的讲话中强调，“必须学会在城市中向帝国主义者、国民党、资产阶级作政治斗争、经济斗争和文化斗争”；同时，“争取尽可能多的能够同我们合作的民族资产阶级分子及其代表人物站在我们方面，或者使他们保持中立，以便向帝国主义者、国民党、官僚资产阶级作坚决的斗争，一步一步地去战胜这些敌人”。在经济方面，对私人资本主义和民族资产阶级采取既利用又限制的政策。“中国的私人资本主义工业，占了现代性工业中的第二位，它是一个不可忽视的力量。中国的民族资产阶级及其代表人物，由于受了帝国主义、封建主义和官僚资本主义的压迫或限制，在人民民主革命斗争中常常采取参加或者保持中立的立场。由于这些，并由于中国经济现在还处在落后状态，在革命胜利以后一个相当长的时期内，还需要尽可能地利用城乡私人资本主义的积极性，以利于国民经济的向前发展。在这个时期内，一切不是于国民经济有害而是于国民经济有利的城乡资本主义成分，都应当容许其存在和发展。这不但是不可避免的，而且是经济上必要的。但是中国资本主义的存在和发展，不是如同资本主义国家那样不受限制任其泛滥的。它将从几个方面被限制——在活动范围方面，在税收政策方面，在市场价格方面，在劳动条件方面。我们要从各方面，按照各地、各业和各个时期的具体情况，对于资本主义采取恰如其分的有伸缩性

---

① 《毛泽东文集》第五卷，人民出版社1996年版，第177页。

的限制政策。孙中山的节制资本的口号，我们依然必须用和用得着。但是为了整个国民经济的利益，为了工人阶级和劳动人民现在和将来的利益，决不可以对私人资本主义经济限制得太大太死，必须容许它们在人民共和国的经济政策和经济计划的轨道内有存在和发展的余地。对于私人资本主义采取限制政策，是必然要受到资产阶级在各种程度和各种方式上的反抗的，特别是私人企业中的大企业主，即大资本家。限制和反限制，将是新民主主义国家内部阶级斗争的主要形式。如果认为我们现在不要限制资本主义，认为可以抛弃'节制资本'的口号，这是完全错误的，这就是右倾机会主义的观点。但是反过来，如果认为应当对私人资本限制得太大太死，或者认为简直可以很快地消灭私人资本，这也是完全错误的，这就是'左'倾机会主义或冒险主义的观点。"①

显然，从利用和限制或节制的角度观察，在解放战争后期，毛泽东对私人资本主义的政策，已开始比较多地强调"限制""节制"了。毛泽东在给刘少奇的前述信件中，也已经明白指出，"就我们的整个经济政策说来，是限制私人资本的，只是有益于国计民生的私人资本，才不在限制之列"。这既是解放战争后期，毛泽东对民族资本和民族资产阶级政策的基本原则，也是中共中央和解放区政府相关政策的指导原则和基本界限。

需要再次强调的是，毛泽东和中共中央对民族资本、民族资产阶级的上述基本原则、基本政策，包括有条件的"限制""节制"，只适用于城市民族工商业，而不适用于农村富农。因为富农、富农阶级和地主、地主阶级一样，其性质已被界定为"封建的"，而非"资本主义的"。因此对两者采取的是完全不同的政策。如前揭《华东局关于接管江南城市的指示》中所强调的，城市工商业即使发生劳资纠纷，也只能由军管会召集双方进行调解或仲裁，而"必须防止将农村中斗争地富，消灭封建的办法，错误的应用到城市"。② 解放战争时期，毛泽东和中共中央对城乡资本主义的基本定性和基本政策，直接促进和引领工农业生产与城乡经济的发展。

---

① 《毛泽东选集》第四卷，人民出版社1991年版，第1427—1432页。
② 中国社会科学院经济研究所中国现代经济史组编：《革命根据地经济史料选编》下册，江西人民出版社1986年版，第277页。

第一节　土地改革与解放区农业经济

抗日战争一结束,蒋介石国民党就挑起了反革命内战,旨在彻底消灭中国共产党和中国革命力量。到 1945 年年底,解放区面积为 293 万平方公里,占全国总面积的 1/4;人口为 1.49 亿人,占全国总人口的 1/3;城市共 509 座,占全国城市总数的 1/4。蒋介石国民党的目的就是充当国际帝国主义的走狗和国内封建主义的代理人,将已经初步解放的国土和人口重新拖回到半殖民地半封建和封建的苦难深渊。历史不能走回头路,解放区的人民也更不会答应。中国共产党、人民解放军和解放区的全体人民,唯一的办法就是奋起抵抗,坚决保卫来之不易的革命成果。而且,在敌强我弱,中国还有 3/4 的国土、2/3 的人口、3/4 的城市尚未解放,仍然处于半殖民地半封建状态和封建的情况下,也没有简单地采用“兵来将挡,水来土掩”的办法,抱着击退国民党反动派的进攻、守住解放区大门就万事大吉的得过且过心态,而是站在为中国人民的解放事业奋斗到底的战略高度,清醒地认识到,虽然抗日战争胜利了,但蒋介石革命的本质、中国的社会性质与国内阶级矛盾、民族矛盾没有变。中国半殖民地半封建和封建社会的两大基本矛盾——帝国主义和中华民族的矛盾、封建买办势力和人民大众的矛盾依然存在,中国资产阶级民主革命的性质、任务没有改变。正如 1946 年 11 月中央宣传部下发的指示所说,“北伐以来四次战争,革命性质不变”。在各个阶段的“具体政策口号等会有若干变化”,但基本政策不变。现阶段的基本政策,“即是又反美国帝国主义又反蒋介石封建买办集团”。[①] 具体说,就是坚决击退蒋介石国民党的进攻,保卫和扩大、建设解放区,在新旧解放区适时开展土地改革运动,解决农民的土地问

---

① 中共中央文献研究室、中央档案馆编:《建党以来重要文献选编(1941—1949)》第 23册,中央文献出版社 2011 年版,第 536—537 页。

题。通过满足农民土地要求，改善他们的生产、生活条件，充分调动其生产积极性，恢复、发展农业生产和农村经济，进而调动其革命积极性，踊跃报名参军，大力支援前线，不仅为解放自己，而且为解放全中国而奋斗。

一、解放区的土地制度改革

随着抗日战争的胜利，民族矛盾的缓和和阶级矛盾的上升，中国共产党根据国内外形势的变化，有步骤地采取了相应的政策和策略，在解放区逐步实行了土地制度的改革，实现了"耕者有其田"，但最初的实施经历了一个短暂的复杂过程。

抗日战争胜利后，人民大众亟须休养生息，渴望通过和平道路逐步实现中国的政治和社会改革，发展民族经济，建立独立、民主和富强的新国家。但蒋介石国民党为了实现其独裁统治，在美国的支持下，冒天下之大不韪，发动反革命内战。到 1945 年 11 月，国民党进攻解放区的部队已达到 120 万人。为了尽可能减少人民的牺牲和经济破坏，中国共产党将争取和平民主，反对内战、独裁作为抗日战争后的基本方针。1945 年 8 月 28 日，中国共产党决定派毛泽东、周恩来、王若飞去重庆与国民党进行和平谈判，双方确定召开政治协商会议。1946 年 1 月，全国各党派参加的政治协商会议，通过了中共代表团提出的《和平建国纲领》，规定"实行减租减息，保护佃权，保证交租，扩大农贷，严禁高利盘剥，以改善农民生活，并实行土地法，以期达到'耕者有其田'之目的"①。在国民党尚未公开彻底撕毁政协决议之前，中国共产党认真履行政协决议的有关规定，并于 1945 年 11 月 7 日发布了《减租和生产是保卫解放区的两件大事》的党内指示，说明"全国规模的内战已经存在。我党当前任务，是动员一切力量，站在自卫立场上，粉碎国民党的进攻，保卫解放区，争取和平局面的出现"。为达此目的，要普遍实行减租，"借以发动大多数农民群众的革命热情"。既要使解放区农民得到减租利益，使工人和其他劳动者得到酌

---

① 《毛泽东选集》第四卷，人民出版社 1991 年版，第 1190 页。

量增加工资和改善待遇的利益;同时又使地主还能生活,使工商业资本家还有利可图;并于 1946 年发展大规模的生产运动,增加粮食和日用必需品的生产,改善人民的生活,救济饥民、难民,供给军队的需要。"只有减租和生产两件大事办好了,才能克服困难,援助战争,取得胜利。"同时全党必须明白,"目前我党方针,仍然是减租而不是没收土地"。①

1945 年 12 月 15 日,中共中央又制定和下达了 1946 年解放区工作的指导方针,要求按照上述指示,各地务必在 1946 年,"在一切新解放区,发动大规模的、群众性的、但是有领导的减租减息运动……在老解放区,则应复查减租减息的工作,进一步巩固老解放区"②。

另外,1946 年 3 月中共中央东北局发布了《关于处理日伪土地的指示》,开始处理和分配日伪攫占的土地。

从 1944 年和 1945 年春季对日大反攻开始后,八路军和新四军从日军统治下收复了大片国土。据 1946 年 5 月统计,解放区人口增加到 1.3 亿人。辽阔的东北解放区全部是新收复的。在反奸清算斗争中,新解放区广大农民迫切要求没收、分配日伪汉奸的土地。为满足广大农民的土地要求,中共中央东北局发布的关于处理日伪土地的指示,规定"所有东北境内一切日伪地产、开拓地、满拓地以及日本人和大汉奸所有地,应立即无代价的分配给无地和少地的农民贫民所有"③。于是,东北解放区迅速开展了分配敌伪土地的运动,并取得重大的成果。如吉林省盘石县敌伪公地(包括日伪时的开拓地、满拓地、矿山地等所谓"国有土地")约占全县土地的 34%,加上敌伪战犯的私人土地,占全县土地的 40% 以上。全县分配了 15 万垧敌伪公地。许多无地和少地的农民获得了土地。

随着反奸清算和减租减息运动的深入开展,各地农民对解决土地问题的要求日益迫切。在山西、河北、山东、华中等解放区,已有部分农民通过清算霸占、清算不合理负担等方法,直接从地主手里取得土地。为了支

---

① 《毛泽东选集》第四卷,人民出版社 1991 年版,第 1172、1173 页。

② 《毛泽东选集》第四卷,人民出版社 1991 年版,第 1175 页。

③ 《中国的土地改革》编辑部、中国社会科学院经济研究所现代经济史组编:《中国土地改革史料选编》,国防大学出版社 1988 年版,第 238 页。

持广大农民对土地的正当要求,进一步发动农民为巩固解放区而斗争,中共中央于1946年5月4日发出《关于土地问题的指示》(即《五四指示》),决定将抗日战争以来实行的减租减息政策,改为实现"耕者有其田"的政策。《五四指示》充分肯定了解决农民土地问题的伟大意义,特别指出,"各地党委必须明确认识,解决解放区的土地问题是我党目前最基本的历史任务,是目前一切工作的最基本的环节。必须以最大的决心和努力,放手发动与领导群众来完成这一历史任务";"我党应坚决拥护群众在反奸、清算、减租、减息、退租、退息等斗争中,从地主手中获得土地,实现'耕者有其田'","使各解放区的土地改革,依据群众运动发展的规模和程度,迅速求其实现"。《五四指示》是在解放区清算减租运动不断发展和深入的形势下,应广大群众的要求,对抗战时期"土地政策作重要的改变,但不是全部改变,因为并没有全部废止减租政策"。① 因此,《五四指示》是由减租减息向没收和平分地主土地转变的一项过渡性的土地政策。5月6日,中央又特别就解决东北、热河等地的土地问题发出指示,要求除坚决实行没收分配开拓地、满拓地及其他敌人所经营的公私土地与大汉奸土地外,必须根据中央指示和当地情况,运用反奸清算减租减息等各种形式及当地广大群众所创造的各种形式,"使地主阶级的土地转移到农民手中,普遍地来解决土地问题"。② 《五四指示》和5月6日"指示"的发布,标志着解放区的土地政策由抗日战争时期的减租减息,向没收、分配地主土地、废除封建地主土地所有制过渡。

鉴于当时国共两党关系尚未最后破裂,为了争取一切可能争取的社会力量,减少变革农村土地关系中的阻力,《五四指示》规定,解决土地问题的方式不是无条件地没收一切地主的土地,而是除了没收和分配极少数大汉奸的土地之外,主要是通过清算、减租减息及献地等方法,使农民从地主手中获得土地。《五四指示》还提到:"对于抗日军人及抗日干部

---

① 中共中央文献研究室、中央档案馆编:《建党以来重要文献选编(1921—1949)》第23册,中央文献出版社2011年版,第246、245、250页。

② 中央档案馆编:《中共中央文件选集》第16册,中共中央党校出版社1992年版,第155页。

的家属之属于豪绅地主成分者,对于在抗日期间,无论在解放区或在国民党区,与我们合作而不反共的开明绅士及其他人等,在运动中应谨慎处理,适当照顾","给他们多留下一些土地";"对于中小地主的生活应给以相当照顾……应多采取调解仲裁方式解决他们与农民的纠纷"。《五四指示》中关于对待一般富农、中小地主与对待大地主、豪绅、恶霸应有所区别,特别是必须坚决地团结中农、决不可侵犯中农利益和保护民族工商业的政策规定,对于保证土地改革运动的健康发展有着十分重要的意义。

《五四指示》发布后一段时间,解放战争尚处于战略防御阶段,各级党组织遵照中共中央的指示,抽调大批干部组成工作队奔赴农村,领导土地改革运动。各解放区农民向地主算账采取多种方式解决土地问题,而以清算为主,用多种方式取得了地主的土地。

一是没收汉奸、恶霸和土匪窝主的土地,以东北解放区最为典型。当时国民党大举进攻,日伪时期当权的汉奸分子蠢蠢欲动妄图东山再起。因此首先要没收大汉奸的土地。各地规定:伪警察、伪官吏、协和会长、勤奉队长等,凡有地三五十垧以上者没收分配;罪恶特别深重为人民极度仇恨、已畏罪潜逃者,有地二三十垧也没收分配;假分家的汉奸土地没收分配。对勾结胡匪①、藏枪不交、阴谋不轨的地主,作为土匪窝主,彻底清算;其坐地分赃的土地、财物,全部没收分配。

二是通过算账取得土地。除了汉奸和恶霸地主的土地明令没收以外,对于一般地主的土地,在大部分解放区是采取算账的方式收归农民所有,即通过清算租息、清算额外剥削、清算无偿劳役、清算转嫁负担、清算霸占吞蚀、清算人格污辱等方式,使地主的土地在偿还积债、交纳罚款、退还霸占、赔偿损失等名义下,转移、折算或出卖到农民手里。具体做法是发动农民同地主展开面对面的说理斗争,一条一条地摆出地主经济上剥削农民、政治上压迫农民、人格上侮辱农民的事实,使地主低头认罪,不得不拿出土地来。

---

① 国民党进攻时,东北解放区内的汉奸、特务、惯匪、烟犯与地主勾结组织"地下军",群众称为"中央胡子",简称"胡子"。

　　《五四指示》发表时,陕甘宁边区尚有1/3以上的地区未分配过土地,虽经历年减租运动,农民得以稍有余力地买进部分土地,但地主阶级仍有大量土地,用以剥削农民,还有很多农民缺地或无地种,迫切要求获得土地,满足农民的正义要求,实现"耕者有其田",是进一步发展经济与保卫边区所需极其重要的任务。因此,边区政府及时公布了《陕甘宁边区实现耕者有其田办法大纲》,决定在土地未改革地区,贯彻减租清算,然后"欢迎"(但绝不强迫)地主"献地",同时征收非法占有的土地。凡经查出系非法霸占的土地,或隐瞒土地,即由政府无代价收归公有。征收对象包括:(1)霸占地、赖地;(2)无确实证据之拉荒地;(3)无继承人之灭门地;(4)地主在征购中隐瞒的土地。通过上述措施实现"耕者有其田"的目标。①

　　通过这种带有某种特色的土地改革,基本上实现了土地平分和"耕者有其田"的目标。表20-1真实反映了宜川等3县28乡土地改革前后各阶层土地占有情况的重大变化。

表20-1　宜川等3县28乡土地改革前后各阶层占地变化统计

阶层	项目	各阶层户口(户)	各阶层人口(人)		各阶层土地("原地")(垧)		人均占地(垧)
			人数	占比(%)	面积	占比(%)	
地主	土改前	90	688	1.47	31510.31	6.53	45.8
	土改后	90	688	1.46	4993.68	0.97	7.26
富农	土改前	195	2840	6.06	68036.80	14.10	23.96
	土改后	199	2791	5.94	39834.06	7.75	14.27
富裕中农	土改前	511	4383	9.35	62411.31	12.90	14.24
	土改后	512	4387	9.32	58270.17	11.30	13.28
中农	土改前	2088	20176	43.10	200805.06	41.70	9.95
	土改后	2068	20259	43.10	208381.48	40.60	10.29
贫农	土改前	4138	15693	33.50	111659.37	23.20	7.12
	土改后	4144	15843	33.70	180064.37	35.05	11.37

---

　　①　陕甘宁边区财政经济史编写组等合编:《解放战争时期陕甘宁边区财政经济史资料选辑》上册,三秦出版社1989年版,第58—60页。

阶层 ＼ 项目		各阶层户口（户）	各阶层人口（人）		各阶层土地（"原地"）（垧）		人均占地（垧）
			人数	占比（%）	面积	占比（%）	
雇农	土改前	915	2032	4.34	1924.49	0.39	0.95
	土改后	919	2036	4.33	15544.65	3.03	7.68
小商	土改前	36	119	0.24	82.80	0.02	0.70
	土改后	34	120	0.26	230.70	0.05	1.92
其他	土改前	107	917	1.98	5318.70	1.10	5.8
	土改后	328	819	1.87	6346.90	1.24	7.75
总计	土改前	8080	46848	—	481748.84	—	—
	土改后	8294	46943	—	513666.01	—	—

附注:原资料人均占地、总计各数多有讹误,业经重算核正。

资料来源:据《宜川14个乡、宜君10个乡、黄陵4个乡土地改革前后各阶层占有土地比较表》(见陕甘宁边区财政经济史编写组等合编:《解放战争时期陕甘宁边区财政经济史资料选辑》上册,三秦出版社1989年版,第364页)改制。

　　表20-1中数据显示,宜川、宜君、黄陵3县28乡8000余户,除了中农和富裕中农,占地比重和每人平均占地面积都发生了重大变化,不但实现了"耕者有其田",而且基本上做到了土地占有均平化。[①]

　　三是以征购的方式补充农民土地的不足。征购,即由政府颁布法令,以公债征购地主超过定额的土地,将这些土地分配或低价出售给农民。具体做法是:由政府发行公债作为地价交付地主,分十年还本;公债基金或者由得到土地的农民担负一部分,农民每年向政府交付一定数量的地价,分十年或至二十年还清,另一部分从政府财政收入中调剂;或者全部从政府财政税收中调剂;在抗日战争期间地主欠农民的债务,农民亦可折算为地价。大地主的土地超过规定数额者,超过部分以半价或半价以下递减的价格征购。

——————

　　①　表20-1中各阶层农户土地改革前和土地改革后的土地人均占有面积,均非该阶层占地总面积除以人口数所得之商。原表称各阶层占有土地为"土地原地",抑或各阶层的占地总面积包括若干非耕面积,而人均占有面积只限耕地(原资料只有统计表,并无文字说明,无法了解详情)。

各地接到中央关于征购地主土地的提议时,清算斗争已经展开,部分地区地主的土地已被全部没收,部分地区担心征购办法会使农民依赖政府恩赐,不利于发动群众同地主斗争,因此多数地区不主张另行颁布征购政策,只有陕甘宁边区正式颁布了条例并着手实行。1946年12月13日,陕甘宁边区公布了《陕甘宁边区政府征购地主土地修正条例草案》,规定一般地主留给其家中每人平均地亩数,应多于当地中农每人平均地亩数的50%,其超过部分,均得征购之;在抗日战争及自卫战争中"著有功绩"的地主家中每人平均地亩数,应多于当地中农每人平均地亩数的一倍;地主家在边区外者,应按上述规定留给土地。在地主未回边区居住之前,所留土地由当地政府代为经营。富农土地不得征购。地价由当地乡政府协同乡农会及地主具体评定。征购土地的地价,采用超额递减办法。超过5石至10石者,将超过5石之数目,价格减至80%;超过10石至15石者,将超过10石以上之数目,价格减至60%;超过15石至20石者,将超过15石以上之数目,价格减至40%;超过20石以上至25石者,将超过20石以上之数目,价格减至20%;超过25石以上至30石者,将超过25石以上之数目,价格减至10%;超过30石以上者,其超过部分不再给价。[1] "草案"公布后,绥德、庆阳、关中三个分区随即派出大批机关干部,组成工作组到未分配过土地的县村开展征购土地工作。陕西米脂县全县地主留地、征购地情况见表20-2。

表20-2　陕西米脂县地主留地征购地统计(1947年1月)

项目 区别	户口 (户)	劳力 (人)	原有地 (垧)	留地(垧)		征购地(垧)	
				面积	占自有地百分比(%)	面积	占自有地百分比(%)
银城市	94	716	12919.1	2976.7	23.04	9942.4	76.96
卧羊区	10	51	1516	354.5	23.38	1161.5	76.62

[1] 陕甘宁边区财政经济史编写组等合编:《解放战争时期陕甘宁边区财政经济史资料选辑》上册,三秦出版社1989年版,第81—82页。

续表

项目 区别	户口 （户）	劳力 （人）	原有地 （垧）	留地（垧）		征购地（垧）	
				面积	占自有地百分比（%）	面积	占自有地百分比（%）
印斗区	21	114	1832	814.2	44.44	1017.8	55.56
民丰区	30	200	2689.1*	1212.1	45.07	1477	54.93
民权区	45	301	3336	1761.5	52.80	1574.5	47.20
河岔区	67	317	8621.8	1606.2	18.63	7015.6	81.37
桃镇区	15	86	895	477	53.30	418	46.70
龙镇区	36	222	3087	1142	36.99	1945	63.01
十里铺区	5	55	766.5	222	28.96	544.5	71.04
总计	323	2062	35662.5	10566.2	29.63	25096.3	70.37

注：* 原表为 2089.1，疑误。业已据相关各数计算核正。

资料来源：据《米脂县全县地主征留土地统计表》（1947 年 1 月）（见陕甘宁边区财政经济编写组等合编：《解放战争时期陕甘宁边区财政经济史资料选辑》上册，三秦出版社 1989 年版，第 103页）摘编改制。表内百分比（%）系引者计算。

如表 20-2 所示，米脂县全县 9 个区，323 户地主，共有土地 35662.5垧，征购 25096.3 垧。各区征购比例不一（亦即地主占地规模、数量不一），最低的 5 成多，最高超过 8 成。全县平均，征购地占地主自有土地总数的 70.37%，即 7 成强，自留土地占 29.63%，即近 3 成。

由于 1947 年 3 月国民党军队对陕北实行重点进攻，征购工作被迫暂停。当年年底，战争转入反攻以后，土地改革采取了与其他解放区一样的平分办法。

四是针对开明士绅等的献田方式。献田，即地主无偿地将土地献给农民。各解放区都有一批著名的开明士绅献出土地，其中一部分人在解放区政府中担任要职。也有地主家庭出身的党政干部说服家庭献出土地。到 1946 年 8 月，各解放区开明士绅等共献出土地 33200 亩。表 20-3是陕西米脂县地主富农献地统计。

表 20-3 陕西米脂县地主富农献地统计（1947 年 1 月）

项目 区别	地主献地				富农献地				总计
	户数	活地	出典	小计	户数	活地	出典	小计	
银城市	8	516	—	516	—	—	—	—	516
民丰区	2	327	—	327	9	45.5	14	59.5	386.5
河岔区	7	479.5	103	582.5	8	119	28.5	147.5	730
印斗区	14	295.2	—	295.2	7	79	—	79	374.2
卧羊区	12	441.5	44	485.5	20	305	14	319	804.5
桃镇区	6	293	9	302	26	363	77	440	742
龙镇区	9	479.5	—	479.5	19	440.5	—	440.5	920
总计	58	2831.7	156	2987.7	89	1352	133.5	1485.5	4473.2

注：①印斗地主献窑 47 孔；龙镇地主献窑 10 孔；民丰地主献窑 10 孔。②缺十里铺、民权 2 区数据。

资料来源：据《米脂县地主富农献地统计表》(1947 年 1 月)（见陕甘宁边区财政经济史编写组等合编：《解放战争时期陕甘宁边区财政经济史资料选辑》上册，三秦出版社 1989 年版，第 102 页）改制。

五是对特殊土地,如少数民族、宗教等土地问题采取特殊处理方式。

土地分配一般采取以村为单位,按人口分配的办法,除中农自耕的土地不受侵犯外,地主、富农、贫农、雇农都按人口平均分配。分地中还注意照顾原耕者和地块相近者。土地分配以后,即实行换契。1946 年冬和1947 年春,各解放区开展了土地改革的村庄,都实行了换契。

从 1946 年 5 月到 1947 年 2 月,各解放区约有 2/3 的地方执行了《五四指示》。土地改革以后,广大翻身农民为了保家保田,踊跃参军参战。仅 1946 年 8 月、9 月、10 月三个月,就有 30 万农民参加解放军,三四百万人参加了游击队和民兵,有力地支援了解放战争。

实行了土地改革的解放区,还进行了土地改革复查。中共中央指示,凡土地改革不彻底的地区,"必须认真检查,实行填平补齐①,务使无地和少地的农民都能获得土地,而豪绅恶霸分子则必须受到惩罚……如有侵犯中农利益的事,必须赔偿道歉"。② 经过复查,解放区的土地改革更加深入,又有一部分地主隐瞒的土地和隐藏的财物被清查出来,打击了封建势力。进一步发动了群众,树立了基本群众的优势。

不过在土地改革复查中,也有部分地区发生了"左"的错误。晋西北的临西、兴县、静乐等原属抗日战争时期的晋绥根据地,经过减租减息,一般地主的土地财产已经不多。1947 年年初,在那里考察的康生、陈伯达不经调查研究,不听当地干部意见,将开明士绅作为主要斗争对象,将破产地主和工商业者说成是"化形地主""无商不奸",公开侵犯他们的利益;批评当地干部右倾,将他们当作土地改革的障碍,要"搬石头",甚至把党支部也一脚踢开。陈伯达在兴县木栏村提出划阶级成分要"查三代","看铺摊摊"和"看政治态度",严重地扩大了打击面。在报纸上公开宣传,"贫雇农坐天下,说啥是啥","过河必须拆桥",解散县委、县政府,

---

① 填平补齐,是在土地改革比较彻底的老区,为了解决某些贫雇农土地和其他生产资料不足以及土地改革中遗留下的其他问题,在较小的范围内,采用抽肥补瘦、抽多补少的办法,合理地调剂土地和其他生产资料。

② 《毛泽东选集》第四卷,人民出版社 1991 年版,第 1216 页。

批斗开明士绅、民主人士等。① 其他地区也程度不同地出现"左"倾偏向。如以群众的认识代替党的政策,宁"左"勿右,侵犯中农和工商业的利益等。

1947 年 8 月后,人民解放军由战略防御转入战略进攻。在新形势下,要求解放区更加普遍深入地开展土地改革运动,进一步调动农民的革命和生产的积极性,使正在胜利发展的解放战争获得源源不断的人力物力的支持。

1947 年 3 月国民党重点进攻陕北以后,中共中央决定撤离延安,并决定成立前敌委员会和工作委员会。由毛泽东、周恩来、任弼时率领前敌委员会,代表中央坚持在陕北指挥全国战争;由刘少奇、朱德率领工作委员会前往华北。中央工作委员会在从陕北向河北转移途中,一路调查了晋绥、晋察冀等地区的工作,听取了中央考察团对土地改革的考察报告,这些报告对土地改革已取得的成绩估计过低,宣扬了晋西北土地改革复查中的"左"倾错误理论和做法。中央工作委员会进入晋察冀边区以后,为了总结前一段土地改革经验,统一制定更适合形势需要的土地改革政策,于 1947 年 7 月至 9 月在河北省平山县西柏坡召开全国土地工作会议。会议由刘少奇主持,参加会议的有各解放区领导人和代表 107 人。会议认为,一年多以来的土地改革运动取得了很大成绩,但大部分地区不彻底。原因有三:一是指导土地改革的政策不彻底;二是党内不纯;三是官僚主义的领导。会议主要讨论以下四个问题。

(1)关于民主、整党问题。会议开展了批评和自我批评,揭发了党内存在的组织不纯、作风不正与领导官僚主义等问题。会议决定组织和整编群众队伍。通过贫农团、贫农委员会、农民代表大会及农民代表会等去完成土地改革,并改造党、政、民(兵)等组织及其干部,以保证民主制度的实施。

(2)关于平分土地问题。会议期间,1947 年 8 月 29 日新华社自陕北

---

① 晋绥边区财政经济史编写组、山西省档案馆编:《晋绥边区财政经济史资料选编·农业编》,山西人民出版社 1986 年版,第 328—343、396—398、485—490 页。

发表社论:《学习晋绥日报的自我批评》。社论指出:"我们是处在历史上空前规模的内战之中,人民的敌人是蒋介石反动集团,这个反动集团,有美国帝国主义的援助。中国人民要以自己的力量战胜这个敌人,最重要的保证之一,就是土地问题的彻底解决,首先是解放区土地问题的彻底解决。"为此,"我党的土地政策改变到彻底平分田地,使无地少地的农民得到土地、农具、牲畜、种子、粮食、衣服和住所,同时又照顾地主的生活,让地主和农民同样分得一部分土地,乃是绝对必要的"。[1]

会议讨论中受社论的启发,对于平分原则的具体内容,如平分对象:是封建阶级所占有的土地还是全部土地;平分方式:全部打乱平分,还是在原基础上进一步调剂;平分的结果:是绝对平均还是在消灭封建土地的基础上达到大体公平合理等。最后统一为绝对平分一切土地。

(3)关于农业生产和负担问题。会议期间,董必武向大会做了《土地改革后的农业生产与负担》的报告,提出了土地改革后发展农业生产的十三项政策措施,阐明新民主主义经济中农业生产的发展方向,"是把地主的私有土地,变为农民的私有土地","鼓励农民生产发家,走向丰衣足食",提出今后解决负担最实际的办法是公私兼顾、军民两利。[2]

(4)《中国土地法大纲》的制定。1947年9月13日,会议通过了《中国土地法大纲》,10月10日,中共中央作出决定正式公布。这是一个彻底反封建的土地革命纲领。第一,它规定:"废除封建性及半封建性剥削的土地制度,实行耕者有其田的土地制度。""废除一切地主的土地所有权。""废除一切祠堂、庙宇、寺院、学校、机关及团体的土地所有权。"第二,它规定:"乡村中一切地主的土地及公地,由乡村农会接收,连同乡村中其他一切土地,按乡村全部人口,不分男女老幼,统一平均分配,在土地数量上抽多补少,质量上抽肥补瘦,使全乡村人民均获得同等的土地,并归各人所有。"这规定有利于满足广大农民首先是贫雇农的土地要求,也

---

① 《中国的土地改革》编辑部中国社会科学院经济研究所现代经济史组编:《中国土地改革史料选编》,国防大学出版社1988年版,第419—420页。
② 《中国的土地改革》编辑部中国社会科学院经济研究所现代经济史组编:《中国土地改革史料选编》,国防大学出版社1988年版,第406—419页。

可以避免重复历史上"地主不分田、富农分坏田"的错误。① 第三,它还规定:"乡村农民大会及其选出的委员会,乡村无地少地的农民所组织的贫农团大会及其选出的委员会为改革土地制度的合法执行机关",规定可以组织人民法庭来贯彻土地改革的政策法令,维护革命秩序,这样就把放手发动群众自己起来打倒地主取得土地,同由政府颁布法令,支持群众的斗争结合起来,从而保证土地改革运动得以彻底地执行。第四,《中国土地法大纲》规定:"由政府发给土地所有证,并承认其自由经营、买卖及在特定条件下出租的权利",有利于保护土地的私有权,有利于农业生产的发展。《中国土地法大纲》还规定:"保护工商业者的财产及其合法经营,不受侵犯。"中共中央在《关于公布中国土地法大纲的决议》中明确指出,土地改革的目的是消除"我们民族被侵略、被压迫、穷困及落后的根源",消除"我们国家民主化、工业化、独立、统一及富强的基本障碍"。《中国土地法大纲》是中国共产党彻底废除封建土地制度的战斗旗帜,极大地推动了解放区的土地改革运动,并在国民党统治区产生了重大的政治影响。美国《密勒氏报》曾这样评论:中国"内战战场的真正分界,是在这样两种不同的地区中间:一种是农民给自己种地,另一种是农民给地主种地",这"不但决定国共两党的前途,而且将决定这个国家的命运"。② 美国友人韩丁说:"新发布的《土地法大纲》在 1946 年至 1950 年中国内战期间的作用,恰如林肯的《黑奴解放宣言》在 1861 年至 1865 年美国南北战争期间的作用。"③这些看法是很有见地的。而且中国的土地改革运动比美国过去的黑奴解放,规模要大得多,也彻底得多。

全国土地会议和《中国土地法大纲》颁布后,各解放区相继召开土地会议,迅速在各老解放区呈现出"土地改革狂潮遍地来"的热腾景象。从1947 年 11 月开始,到 1948 年 8 月,各级党政军的干部组织了大批工作组

---

① 但《中国土地法大纲》规定将一切土地加以平均分配的办法,在实践中容易导致侵犯中农的利益,所以 1948 年中共中央对此做了说明和修正。

② 《大众报》1947 年 12 月 1 日。

③ [美]韩丁:《翻身——中国一个村庄的革命纪实》,韩倞等译,北京出版社 1980 年版,第 7 页。

下乡,广大群众在人民解放军胜利进军的新形势下,运动起步快,声势大,范围广,消灭封建土地制度彻底。

各地重新平分土地,在具体做法上,是打乱平分还是在原耕基础上抽多补少、抽肥补瘦;动不动中农;以及对各种特殊土地问题的处理办法等,各地不尽相同。

在晋察冀解放区,开始曾机械地执行以总人口除耕地总面积的彻底平分方针,但经过一段实践发现,在某些地区封建土地制度已经全部或大部分被消灭,除个别贫农主张打乱平分外,绝大多数农民都主张采用抽多补少、抽肥补瘦、抽近补远的办法。于是中共中央晋察冀局要求各地实事求是,分别情况办理,在老区只通过抽补调剂土地,多余土地不超过平均数 1/10 以上者不动。至 1948 年春,在北岳、冀中两区除边远区外,进行土地改革的 15066 个行政村 1068 万人口中,已有 90% 以上的地区达到了大体平分。

陕甘宁边区从 1947 年冬起贯彻平分方针。由于这里是老根据地,土地占有关系已发生很大变化。平分触动的不仅是地主的土地。新富农普遍遭到侵犯,中农也部分受到侵犯,严重扩大了打击面。以后又回过头来补偿中农,落实政策。

晋绥解放区情况与陕甘宁区大体相同,只是中农受侵犯的情况更为严重。据统计,在平分土地中老区转移所有权的土地占耕地总面积的 9.5%,半老区转移土地所有权的土地占耕地总面积的 15% 左右。据岢岚、偏关、临县 3 个县统计,抽出土地中有 49% 来自地主富农,16.6% 是各种公地,4.2% 是以前未分配过的土地,29.3% 来自中农。经过抽补调剂,晋绥老区、半老区约有 70 万—105 万人,即占总人口 33.4%—50% 的人获得了土地。①

东北的大部分是抗战胜利后解放的半老区,1947 年冬普遍进行了平分土地运动。做法是"多少拉平,好坏填齐,照顾远近,打乱重分",即重

---

① 晋绥边区财政经济史编写组、山西省档案馆编:《晋绥边区财政经济史资料选编·农业编》,山西人民出版社 1986 年版,第 494—496 页。

新丈地、评级、按人口分配。[1] 到1948年2月中旬,全区巩固区的封建土地制度已经彻底废除。

华中和晋冀鲁豫解放区,因贯彻《五四指示》和复查期间改革封建土地制度比较彻底,在全国土地会议上受到好评。在平分土地期间,这些地区较早地纠正了"左"的倾向。

在平分土地的热潮中,复查时发生的侵犯中农利益,没收地主富农的工商业,不给地主富农生活出路,过分强调挖地主富农的地财,致使乱打人、乱杀人等"左"倾错误进一步发展。在老区和半老区一些地方甚至发展到很严重的地步。

中共中央密切关注运动的发展,在发现上述"左"的倾向后,立即进行调查研究,采取措施纠正。1947年12月25日至28日中央在陕北米脂县杨家沟召开会议,就土地改革的路线、具体政策、工作方法等进行深入讨论时指出,运动中的新问题,主要是过"左",即侵犯中农利益,破坏工商业和把党外人士一脚踢开,一些地方甚至还发生打人杀人现象,必须坚决纠正。重申党在民主革命时期的基本纲领是,"联合工农兵学商各被压迫阶级、各人民团体、各民主党派、各少数民族、各地华侨和其他爱国分子,组成民族统一战线,打倒蒋介石独裁政府,成立民主联合政府"。依据这个纲领,党在农村的方针是"依靠贫农,巩固地联合中农,消灭地主阶级和旧式富农的封建的和半封建的剥削制度",批评了"贫雇农打江山坐江山"的口号。会议研究制定了土地改革的具体政策,主要是确定和如何正确划分农村阶级的标准,对待各阶级的政策。

会议后中共中央重新发布第二次国内革命战争时期的两个文件:《怎样分析阶级》和《关于土地斗争中一些问题的决定》。中共中央十二月会议和随后制定的农村阶级政策明确了以经济作为划分农村阶级的唯一标准;明确了划分阶级的时间界限。在1933年文件规定的"以当地解放时为起点,向上推算,连续过地主生活满三年者,即构成地主成分"的

---

① 在地少人多地区,这种做法极易侵犯中农利益。但是,由于东北解放区的大部分地区,地主富农的"黑地"很多。如松江省1947年年底估计,地主富农黑地占耕地面积的1/6至1/5,分配查出的"黑地"即可解决贫雇农土地的不足。

基础上,进一步规定改变成分的时间:凡地主从事农业劳动,不再剥削别人,连续五年者,应改变其成分;富农连续三年取消其剥削者,亦应改为农民成分。同时对富农的剥削量做了新的界定。1933 年文件中原规定"剥削分量超过其全家一年总收入的百分之十五者,叫作富农"。中共中央根据实际调查与理论分析,对富农的剥削量界限做了新的调整,规定剥削量占总收入 25% 以上为富农,并在计算剥削时,要去掉雇工的工资和伙食费用。对待各阶级的政策也更加明确和严格。强调既要满足贫雇农的要求,又不得侵犯中农的利益。毛泽东在 1948 年 4 月召开的晋绥干部会议上明确指出:"注意不要侵犯没有剥削或者只有轻微剥削的中农,独立劳动者、自由职业者和新式富农","必须容许一部分中农保有比较一般贫农所得土地的平均水平为高的土地量"。同时进一步明确保护工商业的政策,指出破坏工商业"是一种自杀政策"[1]。"将消灭地主富农的封建剥削和保护地主富农经营的工商业严格地加以区别"[2];对已被侵犯的工商业要进行补偿。在对待地主和富农的问题上,既要区别对待地主和富农,严禁乱打乱杀,有步骤、有分别地消灭封建制度;又要对新式富农和旧式富农加以区别。解放区有三种新式富农:第一种为"租入或占有较多较好的土地,占有农具及其他生产资料,自己参加主要劳动,但经常依靠以资本主义方法剥削雇工或其他资本主义剥削的收入,作为其主要或重要生活来源的人们";第二种为"用机器耕作或其他科学方法从事改良的新式富农及农业资本家";第三种为老解放区中"原属中农、贫农、雇农或其他贫苦人民,在民主政权成立后,因民主政府所实行的减租、减息、分配土地及其他扶助农民的政策,而得到土地及其他正当利益,勤劳生产,因而成为新式富农者"[3]。对这三种新式富农,在政策上都有别于旧式富农。对第一种新富农规定"征收其超过一般中农平均所有的多余土地(不是自有而是租入的土地也包括在内),但应保护原有的或原耕的等于一般中农平均所有的土地;超过一般中农平均所有的多余财产,则应予保

---

[1] 《任弼时选集》,人民出版社 1987 年版,第 428 页。
[2] 《毛泽东选集》第四卷,人民出版社 1991 年版,第 1285 页。
[3] 《关于划分阶级的几个问题与答复》,《人民日报》1949 年 3 月 29 日。

护;但如其多余财产为其本人所不需要,而为农民所需要者,在取得本人同意之后,得由当地政府与农会会同决定适当办法,予以征购";对第二种新富农,"其土地财产,则应由当地政府会同农会决定适当处理办法,不得由农会单独决定处理";对第三种新富农,得照富裕中农待遇办理。

为了贯彻十二月会议精神,推动土地改革运动的健康发展,在全党深入学习毛泽东《目前形势和我们的任务》一文的同时,中共中央委托周恩来于1948年2月起草了《老区半老区的土地改革与整党工作》文件,经过毛泽东修改后发布,作为老区和半老区的土地改革指导方针。

第一,要区别老区半老区三类情况,采取不同的工作方针。在土地改革较彻底的地区,"决无再行平分的必要",只需在较小范围内用抽补方法调剂土地及一部分生产资料;在土地改革尚不彻底地区,"一般地也不是再来一次全面的平分,而是实行在较大范围内的调剂。只在某些特殊地方,在多数农民要求并取得中农同意的条件之下,应当重新平分";在土地改革很不彻底的地区,封建制度仍然存在,地主旧富农仍占有大量土地财产,贫雇农仍然是人多地少,除尚带游击性质的边沿区外,完全适用平分土地彻底消灭封建制度的方针。但平分的"办法仍应是抽补,而不是完全打烂"。①

第二,在第一、第二两类地区要合理调剂土地,适时确定地权。调剂土地要从党的阶级路线出发,从发展农业生产出发,"而不应附和绝对平均主义的错误思想"。② 地权确定后即不再变动,以利发展生产。

上述文件下达后,在广大群众中公开党的政策,澄清干部和群众中的混乱思想,纠正"左"倾错误。先从改正错定成分入手,在审定阶级成分的过程中,采取自报公议,三榜定案的方式。随后,补偿被侵犯的中农和工商业者的土地和财产。从1948年年初到年底,各地纠正错定成分、补偿中农和工商业者的工作普遍展开,安置被"扫地出门"的地主、富农。同时以村为单位调剂土地,进一步纠正和解决土地分配中出现的偏差或

① 《周恩来选集》上卷,人民出版社1980年版,第289、290、298页。
② 《周恩来选集》上卷,人民出版社1980年版,第292页。

— 3146 —

遗留问题。在封建势力消灭不彻底的地方,没收和分配地主、富农多留的土地,解决贫雇农的困难,使缺少土地的中农得到补偿,土地过少不足以维持生活的地主、富农也得到了相应的土地,有了劳动自立的基础。调剂土地以后,颁发土地证,确定土地所有权。老解放区的土地改革运动圆满地画上了句号。

土地改革的目的是发展农业生产,也只有发展了农业生产,才能巩固土地改革的成果。为了保护农民的土地私有权,鼓励发展农业生产。中共中央制定了土地改革后的农业生产政策,主要内容如下。

第一,明确宣布保障土地改革后农村各阶层土地财产的私有权,阐明土地改革不是一般地废除私有制,只是废除封建的地主土地私有制,代之以农民的土地私有制。因此,(1)一切没收分配了的封建土地财产属于分得者私有,允许其自由处理。(2)对于土地改革中错斗错分了的土地财产,设法予以补偿,补偿后的土地财产不再变动。(3)明令允许雇佣劳动(包括长工、短工)合法存在,雇佣条件除劳动法令已有规定外,由主雇双方约定;为了解除顾虑,中共中央特别解释:在土地改革中把旧式富农对雇工的剥削作为封建剥削的一部分,是因为它带有封建性,并不是根本禁止雇佣劳动;事实上目前雇工种地的大都是(由于)家中缺乏劳动力,这种雇工是应当提倡的,以免荒芜土地,并造成一部分人的生活困难。(4)在已完成土地改革的地区,允许特定条件下的租佃关系。凡因孤寡残疾,或因参加革命军队及其他脱离生产的革命工作,或因进入工厂做工。改营工商业等,不能耕种自己所分的土地者,或政府所有公荒须招人投资开垦者,均允许出租土地,租额由主佃双方自己约定。(5)保护废除高利贷以后的私人借贷,利率在政府未统一规定前由债主和债户自由议定。政府确保以上因自己劳动、雇工经营、正当债息与特定条件下出租土地的所得完全归个人所有,不受侵犯。

第二,制定公平合理、公私兼顾的负担政策。土地改革以前,人民政府实行累进税制(土地越多者负担越重),对地主、旧富农依靠封建、半封建剥削所得课以较一般农民为重的税。土地改革以后,为了鼓励农民发展生产,使多生产者多得利,各解放区废除农业累进税制,实行比例税制,并一般按各块土地常年平均产量计征，不按当年实际产量计征。其中，华北、西北、华东采用了有免征额的比例税制；东北、内蒙古采用了无免征额的比例税制。这两种比例税制，计算起来比累进税制简便，能够比较合理地在农民内部分配负担。

第三，实行奖励生产的政策。奖励精耕细作、开垦荒地、兴修水利；奖励保护与繁殖牲畜；奖励副业生产；奖励发展特种作物和工业原料的生产；奖励提高农业生产的各项技术改良；等等。为鼓励生产，各地银行于1948年春贷出大批麦种、肥料、农具等。

第四，组织农民互助合作。土地改革以后，由于长期战争破坏，农民尤其是原来的贫雇农农具牲畜缺乏，有互助合作的要求。老解放区早在减租减息之后就出现了互助合作组织，土地改革以后，经过政府倡导，得到了较快的发展，促进了农业生产的发展。

老解放区的土地改革和土地改革复查完成后，又相继开展了新解放区的土地改革。

1947年7月，中国人民解放军转入战略反攻以后，迅速解放了大片地区。至1947年年底，在战略进攻的外线，开辟了包括湖北、河南、安徽三省相连地区33个县的大别山根据地和鄂豫陕、陕南根据地，以及豫皖苏根据地。随着战争外线的推进，这些地区连成一片，建成了有3000多万人口的中原解放区。同时，在战略进攻的内线，各解放区都解放了大批城市和铁路沿线地区。华北地区解放了石家庄等地以后，晋察冀和晋冀鲁豫两大解放区连成一片，1948年5月建成了华北解放区。华东收复了山东解放区的全部失地，不仅使山东解放区连成一片，还与大运河以西的冀鲁豫解放区衔接起来；又在陇海路以南收复了苏北的6个县城，重建江淮解放区，与中原解放区相连；西北收复了延安和陕甘宁边区大部分地区，新解放了黄龙地区与黄河东岸的解放区连接起来。东北地区除个别大城市外，97%的土地获得解放。1948年年底至1949年年初，辽沈、淮海、平津三大战役胜利结束以后，华北、东北的大城市也全部解放。这些解放的地区中，绝大部分是新解放区（以下简称"新区"）。新解放区的土地改革是解放战争时期土地改革的重要组成部分。

由于新区是在解放战争转入战略进攻、迅速推进中开辟的,与老区比较具有以下几个特点:一是环境尚未安定,敌人的残余武装和特务、匪徒、各种反革命组织尚未肃清,革命秩序还未完全建立;二是群众觉悟较低,广大农民受封建思想和反动宣传影响较深,对土地斗争还缺乏思想准备;三是由于新区发展迅速,党的武装力量和干部力量还不足以在各个农村同时开展深入的群众发动工作。上述特点对新区的土地改革产生了重大影响。

基于新解放区的上述特点,中共中央对新区土地改革步骤进行了新的调整。

1947年冬季,战争形势发展很快,后方供应和后续力量一时难以跟上,中原等新解放区斗争十分激烈,环境极端艰苦。为了尽快站稳脚跟,中央工委曾要求新区在半年内完成土地改革,但当时群众最迫切的要求是剿匪、清霸和实行合理负担。对土地改革没有思想准备和组织准备。许多干部忽视了群众工作的艰苦性,把少数勇敢分子的行动误认为是大多数群众的行动,把群众刚解放时的热情误认为大多数农民已经有了分配土地的觉悟和要求,提出了一些过"左"的口号,强调反右反尾巴主义,决定迅速实行土地改革,有的新区一度搬用老区平分土地的做法,普遍开仓济贫、分浮财、分土地。个别地方还出现甲村到乙村打土豪的情况。用这种方法在控制区和游击区的300万人中,分了浮财,在400万人口的地区匆匆分了田。

事实证明,这种做法效果极差。有的是地主富农主持的假分地;有的农民土地得而复失,在地主的威胁下又恢复租佃关系;有的土地改革成果被少数"勇敢分子"霸占;有的村庄农民只敢要弱小地主富农和中农的土地,而不敢要有势力的地主富农的土地;等等。由于条件不成熟,大部分浮财被少数"勇敢分子"拿走,多数农民并未获益,造成了社会财富的流失和浪费,使军队的供给,首先是粮食供给发生困难,只得把负担加在农民身上,结果又引起农民的不满。同时由于盲目照搬老区办法,造成打击面过宽,最终孤立了自己。以致分配土地后,国民党勾结当地封建势力很快组织反扑,加剧了新区的环境恶化,许多原可建立的稳固根据地,变成游击区和少量游击根据地,并造成革命力量的严重损失。

　　针对上述情况,党中央及时调整部署,放慢土地改革进度。1948年1月,毛泽东明确指出:"应当按照消灭敌人武装力量的情况,领导土改干部的多少强弱,群众的觉悟程度与组织程度,决定土改工作的速度。大体上长江以北各区三年内积极努力,工作得法,不犯大错误,能够全部按土地法分配土地,就是极伟大的成绩。"为了使干部从思想上认识操之过急带来的危害,毛泽东指出:共产党员领导着缺乏精神准备、缺乏团体生活、缺乏斗争艺术的农民群众,向着诡计多端、在精神上物资上都占优势的地主、富农作斗争,是一个很长的过程。在这个过程中,共产党员只有与农民群众一道,逐步完成精神准备,逐步把自己组织起来(党的团体、群众团体、民兵、游击队、区乡政府),逐步学会斗争艺术,才能最后斗倒封建阶级,实现真正的平分土地;否则,必然被地主、富农打败,必然闹出许多危害群众的大乱子,即使平分,也是假平分。毛泽东还提出,新区土地改革要有步骤地进行,没收、分配要分两个阶段:第一阶段,没收分配地主阶级的土地,中立富农,富农的土地原则上不动;第二阶段,平分一切封建阶级的土地,富农的土地此时才动。①

　　1948年5月,针对过去新区工作的经验教训和面临的任务,毛泽东提出"军队向前进,生产长一寸,加强纪律性"②三条方针,要求"新解放区必须充分利用抗日时期的经验,在解放后的相当时期内,实行减租减息和酌量调剂种子口粮的社会政策和合理负担的财政政策,把主要的打击对象限于政治上站在国民党方面坚决反对我党我军的重要反革命分子,如同抗日时期只逮捕汉奸分子和没收他们的财产一样,而不是立即实行分浮财、分土地的社会改革政策"。③

　　同一时间,毛泽东在陕北米脂县杨家沟草拟了《1948年的土地改革工作和整党工作的指示》(以下简称《指示》)。经过广泛征求意见之后,于5月25日正式下发,对1948年秋冬两季的土地改革和整党工作作出

---

　　① 《毛泽东文集》第五卷,人民出版社1996年版,第35、36、37、38页。
　　② 《毛泽东选集》第五卷,人民出版社1996年版,第194页。
　　③ 《毛泽东选集》第四卷,人民出版社1991年版,第1326页。

部署。《指示》强调进行新区土地改革必须具备三项条件："第一,当地一切敌人武装力量已经全部消灭,环境已经安定,而非动荡不定的游击区域。第二,当地基本群众(雇农、贫农、中农)的绝对大多数已经有了分配土地的要求,而不只是少数人有此要求。第三,党的工作干部在数量上和质量上,确能掌握当地的土地改革工作,而非听任群众的自发活动。"①

中共中央对未具备条件的新区、游击区提出了清匪反霸、减租减息的任务,并以此作为分配土地的准备阶段,进一步阐明了新民主主义革命时期的农民土地斗争的三个环节。

(1)运动初期,斗争的内容主要是清匪自卫、合理负担、清算恶霸。主要斗争对象是地主阶级当权派,即直接掌握统治大权的豪绅恶霸,而不是整个地主阶级。

(2)运动中期,斗争的主要内容是减租减息,赎当地、借粮直至算账,但还不是消灭地主阶级,而是在经济上削弱封建剥削,打掉地主的政治优势,树立起农民的优势。经过斗争,农民组织民兵和农民协会,有了自己的领袖,做到了有政权、有武装、有组织、有领导,而地主四者皆空。政治优势的转移,为没收和分配地主土地准备了条件。

(3)运动后期,斗争的内容为没收和分配地主的土地,消灭封建剥削制度。

《指示》要求,没收和分配地主土地要依次完成10项工作:即进行乡村情况调查;进行整党并由上级委派工作团(组)与当地党支部共同领导土地改革工作;组织或充实贫农团和农会;划分阶级成分;没收和分配地主的土地财产;建立乡(村)、区、县三级人民代表会议,并选举三级政府委员会;签发土地证,确定产权;调整或修订农业税负担标准;搞好党支部的组织整顿;实现工作重心转移,团结一切劳动人民并组织地主共同恢复和发展生产,以自愿和等价交换原则组织小规模的变工组或其他合作团体,准备好种子、肥料和燃料,做好生产计划,发放必要和可能的农业贷款,做好兴修水利计划。

---

① 《毛泽东选集》第四卷,人民出版社1991年版,第1329页。

《指示》还针对各地情况,确定了不同地区的土地改革方针。

在基本控制区实行减租减息。当时环境已初步安定的中原解放区的大部地区,华北、东北、西北各大解放区的部分近敌地区,属于基本控制区,其工作方针和内容是充分利用抗日时期的经验,实行减租减息以及调剂口粮、种子、社会政策和合理负担的财政政策,主要打击坚决与我为敌的重要反革命分子。一方面,通过减租减息使农民得到利益,为土地改革做好准备;另一方面,通过合理负担使地主富农多出钱。这样,社会财富不分散,社会秩序较稳定,有利于集中一切力量消灭国民党反动派。

在游击区和"崭新区"(刚刚解放的地区)做好准备后适当减租。这类地区主要是广东、广西等省的南方各游击区和各大解放区的边缘区及刚刚解放的地区。工作方针是先通过清匪、争取合理负担的斗争,有步骤地发动群众,联合与稳定中小地主,组成农村统一战线,集中打击地主当权派和土匪,为减租减息准备条件。

在具备条件的新解放区实行土地改革。这部分地区主要指东北、华北解放区中的新区,如华北的石家庄周围、东北锦州以北,沈阳、长春周围等地。这些地区受老解放区影响较深,群众顾虑较少,已有分配土地的要求;地主富农因大势所趋,抵抗亦有所减弱。同时,在四周已完成土地改革的情况下,如不及时进行,反而可能使农民同地主都抱观望态度,对生产不利。因此,中央指示这些地区在肃清土匪、稳定社会秩序的基础上,抽调培养大批干部领导土地改革。

还有一部分新区是收复区,如察哈尔南部地区,在国民党军队占领之前曾贯彻过《五四指示》,这时只须恢复以往农民已经得到的土地,适当加以调剂,即可完成土地改革。

上述新区土地改革的策略、步骤与中央十二月会议以来逐步完善的土地改革政策相结合,形成了基本成熟的土地改革总路线,即依靠贫农,团结中农,有步骤地、有分别地消灭封建剥削制度,发展农业生产。这条总路线及其所规定的各项政策,如阶级路线和阶级政策,有分别、有步骤的策略方针,以及明确的斗争目的,在三个方面进一步充实和发展了土地改革以来的路线、方针、政策,为在全国范围内完成土地改革任务奠定了基础。

新解放区的减租减息和土地改革，就是在上述路线、方针、政策指引下进行和完成的。

1948 年秋冬，在中原、西北、华南等新解放区、游击区中的基本控制区，农村工作中的重点转向减租减息。一般从清匪、反霸、争取合理负担入手，选择若干重点村首先发动斗争，取得经验后，再向面上推广。1948 年年底 1949 年年初，新区已形成了反土匪、反恶霸斗争的高潮。如河南省宝丰县在两个月中建立了 85 个村农会，9 个乡农会；临汝县 1948 年 12 月已成立了 107 个村农会，7 个乡农会，斗争恶霸 97 次；西北新区各县在两个多月群众工作之后约有 42% 的农户参加了农会。农民通过诉苦追穷根、算剥削账提高了觉悟，在斗恶霸、反土匪的实践中增长了信心和才干。

1949 年年初，经过反匪、反霸斗争的新区开始了减租减息。与抗日战争时期的不同，新区已部分进行过土地改革，分配了一部分土地浮财。在减租减息中，各地视情况采取不同政策：地主、旧式富农的土地不足农民平均数者，要补足；农民分得土地后如与原地主或旧富农双方确系自愿改为租佃关系者，经双方向政府登记后予以改变；凡农民土地、财物被错分者，应劝分得户归还，无法偿还时另外设法弥补；凡没收地主、旧富农及工商业者的工商业财产，应退还或设法补偿。

减租减息表面上似乎是佃户和地主的斗争，实际上是全体农民特别是广大贫雇农对地主阶级的斗争。因此，斗争果实一般由农会统一管理，经过民主讨论后统一分配。既保证原佃户的利益，也照顾一般贫雇农的利益。至 1949 年 6 月，中原（主要是河南省）8000 万人口的地区和西北、华南一部分地区完成了减租减息。

1948 年 6—8 月，各解放区根据中央指示，对本地区情况做了认真分析，按照土地改革必须具备的三个条件，划定了土地改革范围。东北、华北地区的新解放区和新收复区于 1948 年秋开始进行土地改革；除北平、天津郊区外，于 1949 年春耕之前完成。河南省的新解放区完成了减租减息之后，也在一部分乡进行土地改革试验。新区的土地改革吸取了老区的经验教训,针对新区特点制定和实施了一些新的政策,取得了好的效果,为全国解放后的土地改革积累了新的经验。

东北、华北的新解放区多数在铁路沿线和城镇郊区,比邻近的解放区人口稠密、物产富庶,如东北的沈阳、长春四郊,辽宁的辽中、盘山、台安三县及辽阳、海城的一部分,共有人口700余万人,土地3000余万亩;华北的石家庄地区,热河、察哈尔的部分地区,平津郊区,晋南、晋中等地,尽管长期遭受反动派统治,但是因与老解放区毗邻,受解放区影响较大,所以一旦解放,群众斗争情绪就高涨起来。除平津郊区外,大部分地区的运动于1948年11月至1949年1月先后展开,1949年3月底以前结束。少数开始较迟的于1949年春耕前也基本上完成土地分配。

山西晋南、晋中新区,情况比较特殊,大致分为两类:一类原是解放区或游击区,但一度被国民党军队占领,解放军全面反攻后才收复;另一类为阎锡山实行过"兵农合一"的地区。前者与一般收复区相同,后者则有其特殊性。阎锡山推行的"兵农合一"制度主要内容和目的是:强制编组出兵。承种"份地"和强制负担。规定18—47岁的男子一律以村为单位,每3人一组,其中1人为常备兵到军队服役,两人为"国民兵"在农村种地或做工,同时将全村土地打乱按年产量20石划分成"份地",每个国民兵领一份地作为主耕,其余家属老小为助耕,合种一份地。国民兵每年要交6石粮、10斤皮棉(去籽棉)以养活"常备兵"家属。每份地一般负担14石至21石。阎锡山用这种办法,使农民依附于土地,其人身、营业、财产都受到严格的控制,过着军事化或半军事化的生活,农民成为"份地"和军队的附属物。这是阎锡山为了便于抽兵征粮,巩固其封建统治而实行的农奴式的法西斯制度。

1948年夏季,实行"兵农合一"的地区已经成为解放区的巩固区。中央决定从1948年冬开始在实行过"兵农合一"的地区直接进行土地改革。具体做法分两步:第一步废除"兵农合一"制度,1948年的农产品谁种谁收,按民主政府规定的征粮办法缴纳公粮。由于过去被征走的"常备兵"的家属生活无靠,还需要按其"份地"由耕种人(原国民兵)暂以交租形式给若干粮食,数量根据双方经济情况具体商定。大批不够"国民兵"资格没有"份地"的农户尚需政府救济。第二步,彻底消灭封建制度,调剂土地,使一切无地少地的农民大体上获得相当于平均数的土地。基本方法是,在土地关系已被"兵农合一"制度打乱的地区,按人口平均分配土地;在"兵农合一"不彻底,或仍保持旧有土地关系的地区,实行"中农不动两头动"的原则,没收地主的土地和财产,征收富农的出租土地,分配给无地少地的农民。从 1948 年秋季至 1949 年 3 月底,晋中、晋南的"兵农合一"地区初步完成了土地改革。据太原地区统计,大约占新区 63% 的村庄进行了土地平分,25% 的村庄进行了土地调剂,12% 的村庄因无力调剂暂时维持现状,实行谁种谁收。[①]

城市郊区是属于另一种类型的特殊地区。

解放战争转入反攻,特别是辽沈、平津、淮海三大战役胜利后,一批大中城市相继解放。这些城市郊区农村有不同于一般农村的特点:封建土地制度不仅严重束缚农业生产力,而且直接妨碍工业及城市各项建设事业的发展;人多地少,人地矛盾突出,并有大量非农业和半农业人口与农民杂居,如按人口平均分配,则全体农民都耕地不足,如沈阳市郊有人口 57.9 万人,耕地仅 13 万亩(其中公地约 4 万亩,私地约 9 万亩),若平均分配,必然普遍不够耕种;大城市郊区存在部分以资本主义方式经营的、耕作技术水平较高的菜地、果园等,不加区别地平分必然会使生产力受到破坏;公地占有一定比重,使用也有其特点。如将公地平分给个人,必然影响城市发展。城市郊区的土地改革不能照搬一般农村的做法,不能用绝对平均分配的办法。

因此,中共中央东北局于 1948 年 12 月确定了沈阳郊区土地改革的办法:在保护进步的经营方式和耕作方式的原则下,规定原有公地一律不分,没收或征收的地主和旧富农的土地,地权归政府所有,由政府出租给农民。佃富农所租的土地不动,允许其继续经营,他们在原佃土地上的农业投资和设备予以保护,但是必须改善雇工待遇。被没收和征收了土地

---

　　① 《中国的土地改革》编辑部、中国社会科学院经济研究所现代经济史组编:《中国土地改革史料选编》,国防大学出版社 1988 年版,第 571 页。

的地主和富农,除留下自己耕种的土地外,还可以租入土地扩大经营,一律取消二地主的剥削;这些规定在保证农民土地要求的前提下,使郊区部分土地归国家所有,保证城市建设所需要的土地。同时奖励农业投资和进步的经营方式,有利于农业生产的进步和发展。东北新区的其他中等城市则采取了上述做法,取得了较好的效果。中农土地一律不动。贫雇农或愿意耕种土地的失业工人向政府租种土地时,租额应予以降低。[①]

北平市(中华人民共和国成立后改称北京市)军事管制委员会在总结以上经验的基础上,于1949年5月31日作出了关于北平市辖区农业土地问题的决定,强调城市郊区的"农业土地问题,是复杂的,是与一般农村不同的",需要特别慎重处理。在这里如果也进行土地平分,则全体农民将因土地平分而变成少地即耕地不足之农民,并且不利于城市建设事业的发展。因此,在北平郊区,虽然必须和一般农村一样废除封建与半封建的土地制度,却不能和一般农村一样实行土地平分和土地平分后的一般私有制,并规定了具体的处理办法。即没收地主土地和富农出租的土地,统一由市人民政府管理并酌量出租。无论原土地使用者为佃贫农、佃中农、佃富农或经营地主与农业资本家或其他土地使用者,也无论原来为公地或私地,一般维持原耕、原用不动。农民耕种地主和富农的土地,在没收为公之后,一律不再交地租,只向政府缴纳统一的农业累进税。[②]

新旧解放区的减租减息和土地改革,在解放战争时期仅进行了一年多的时间。只是全国新区土地改革的一个起步。由于贯彻执行了中共中央十二月会议精神,坚持实事求是、调查研究,针对各种不同地区的特点,规定了切实可行的具体政策,不仅迅速纠正了或基本避免了以往土地改革中"左"的偏向,而且为全国解放以后的新解放区的土地改革积累了丰富的经验。到1949年6月,各解放区土地改革的大致规模和成果如表20-4所示。

---

① 东北解放区财政经济史编写组等编:《东北解放区财政经济史资料选编》第1辑,黑龙江人民出版社1988年版,第575页。

② 《中国的土地改革》编辑部、中国社会科学院经济研究所现代经济史组编:《中国土地改革史料选编》,国防大学出版社1988年版,第591—592页。

表 20-4　解放战争期间土地改革情况统计（截至 1949 年 6 月）

（单位：万人、万亩）

项目＼地区	东北区	华北区	西北区	华东区	华中区	总计
全部农业人口	3032.5	4706	1030.9	8786.6	3952.6	21508.6
耕地面积	24739.5	17400	6424.5	35350	14700	98614
已土改农业人口	3032.5	4706	485	4240	—	12463.5
耕地面积	24739.5	17400	4050	12600	—	58789.5
没收分配土地	15585	10965	2551	7939.5	—	37040.5

资料来源：中共中央统一战线工作部编：《土地农民问题与中国共产党的土地政策》，1949 年印本。

　　如表 20-4 所示，解放区有近 1.25 亿农业人口地区，进行了土地改革，即约有 1 亿的农民从地主和富农手中获得 3.7 亿亩土地。经过土地改革，在广大解放区废除了封建地主土地所有制，使农民与土地直接结合，极大地调动了农民保家保田、踊跃参军参战的积极性。华北解放区自抗日战争胜利后，有近百万农民参军，其中太行区全区参军者占总人口的 4%，少数地区达到 8%；东北解放区土地改革三年（1947—1949 年）来共有 160 万人参军。由于目标明确，参军的翻身农民打仗以一当十，奋不顾身，表现出主人翁的责任感。人民战争保卫了土地改革的果实，土地改革又有力地支持了解放战争，二者相辅相成。土地改革是人民战争的基础，土地改革的各个阶段都反映着战争形势的变化，而解放战争的伟大胜利正是中国共产党土地改革政策成功的集中表现。正是由于土地改革运动在革命战争时期有如此伟大的作用，毛泽东在中国共产党第七届中央委员会第三次全体会议上指出，"有了土地改革这个胜利，才有了打倒蒋介石的胜利"。[①]

　　解放区土地改革的胜利，培养了干部队伍，为新民主主义政权的建立奠定了干部基础。农民为了获得土地而进行的斗争，是从夺取农村基层政权开始的。民主政权的建立帮助农民获得了土地，翻身农民的支持又巩固了解放区的民主政权；在土地改革中诞生的人民代表会议制度使新

———————————
① 《毛泽东文集》第六卷，人民出版社 1999 年版，第 73 页。

民主主义的政权有了最好的组织形式。农民掌握了乡村政权并派代表到县以上的政权机关中去行使自己的权利,既巩固了土地改革的成果,又促进了工农联盟,加强了人民民主专政。解放区政权建设的成就,进而为迎接全国解放和新中国的政权建设积累了经验。

二、解放区农业互助合作经济和
国营农场的发展

解放战争时期,解放区农业互助合作得到进一步的发展。土地改革以后,受日本残酷掠夺、长期战争破坏以及参军支前影响,农民在生产上碰到的最大困难是生产工具匮乏和劳动力不足。据华北解放区1948年对一些典型村的调查,农村劳动力较战前(1936年)减少3.5%,加上战勤占用经常劳力的0.8%,实际减少4.3%。按每个劳动力负担耕地计算,战前为16.8亩,土地改革后为22.5亩;畜力则较战前减少几乎达到1/2。[①]

各解放区政府根据抗日战争时期的经验,一般采取小型的按季节的、分散的互助组形式,组织农民开展劳动互助合作。在华北解放区,以农民群众自动组织起来的临时变工的小型互助组为最多,有以人力互助的,也有人力与畜力换工的,互助合作的形式比较灵活。在晋绥解放区,流行人工换牛工、牛工折草粮、工换工等互助形式,有临时的,也有长期的。

在东北解放区,主要是由两三匹马(一犋犁)到10匹马(一犋全犁)组成小组,帮助缺乏畜力的农民耕种。具体的劳动互助的组织形式有以下几种:换工插犋组、踏犁组、扣犁组、大型组、合伙组。吉林、黑龙江、松江等省解放较早的地区,有大型的劳动互助组,但为数不多。大型组的特点是:(1)有健全的领导和评工、记工、还工制度,有比较严格的劳动纪律;(2)能有效地利用人力、畜力,把有劳动能力的人都组织到生产第一

---

① 华北解放区财政经济史资料选编编辑组等编:《华北解放区财政经济史资料选编》第1辑,中国财政经济出版社1996年版,第1015页。

线;(3)不易组织与领导,领导不力,工作就会受到较大影响;(4)有二三年互助合作的历史,群众看到了好处后,才自动参加逐步扩大的。如尚志县于德祥组,经过三年才由最初的 8 户发展到 21 户。

合伙组。在黑龙江省部分地区出现了具有生产合作性质的组织形式,即合伙组。合伙组是把人力、畜力和土地,按强、弱、好、坏折成股,秋后按股分粮。其组织规模大小不一,有的两三户为一组,有的十几户为一组。由于各地条件不同,分粮的办法、比例也不尽一致。一种是"二三五制",即土地二成,畜力三成,劳动力五成。另一种是"二二六制",即土地二成,畜力二成,劳动力六成。再一种是把每户的土地、畜力,以民主评定的方式出租,秋后从产粮中取出各户的地租、畜租,剩下的按劳动力股数,即按劳动力的强、弱比例分粮。还有一种是"四四二制",即劳动力四成,土地四成,畜力二成。合伙组的特点是:(1)能成片利用土地,可以进行轮作;(2)夏锄时雨前雨后铲地不起纠纷,并可免去零碎记账的麻烦;(3)组内某一户的庄稼遭灾时,不影响第二年的生活,可以照样分粮;(4)能合理利用人工免去劳动力的浪费,剩余劳动力和剩余时间可以精耕细作或多搞副业生产。合伙组大部分在黑龙江省,据该省 23 个县的统计,共有 1125 个组,其中榆树县有 313 个组。全东北共有 1500 个组左右。与此同时,个别地区还出现了伙吃、伙种和伙用的组织形式。在组内实行合伙消费,带有平均主义色彩。经说服教育后纠正。①

这种互助合作组织基本适应当时农村生产力发展水平,发展较快。

劳动互助是建立在农民个体经济基础上的生产合作和经济合作组织,在劳动互助合作中,必须坚持自愿两利和等价交换的原则,反对强迫命令和强行编组。由于经验不足,东北地区曾出现违背自愿互利和等价交换原则的偏向。辽西省许多互助组是谁有牲口谁说了算,没牲口、车辆的人处于被支配地位。有的地方强迫编组,互助组过于庞大,没有分工,经济上不等价交换,发生了贫雇农吃亏的偏向。1947 年 3 月 6 日《东北

---

① 史敬棠等编:《中国农业合作化运动史料》上册,生活·读书·新知三联书店 1957 年版,第 53—61 页。

日报》发表以《保证把大田种好》为题的社论,指出:"组织劳动互助,应以实事求是的精神,克服形式主义和强迫命令。"要求"记工、换工、还工、耕种先后、耕畜农具的使用等具体问题的处理,都要掌握住既能解决贫苦农民生产困难,不受封建剥削,又能不让其他农民吃亏的两利原则"。在吉林省一些地方也出现过组织过大、没有分工、佃户吃亏、小户吃亏四种偏向,省委及时进行了纠正。1948年,各地又出现了强迫命令和强行编互助组的现象,东北局及时纠正了这种偏向,调整劳动互助的组织形式,规定比较合理的工价,制定评工、记工、还工制度和建立互助公约等,加以整顿和提高。1949年年初在纠正了强迫命令的偏向之后,部分地区又出现了放任自流、放弃领导的偏向。东北局在下达关于春耕生产的指示中,对此提出批评,很快得到纠正。

东北解放区土地改革基本结束后,中共东北局在关于农业生产总结中明确指出:"封建倒了,土地分了,农村今后长期的中心任务,就是发展农业生产,就是发展新民主主义农业经济。"并进一步强调:"新民主主义农业经济的发展道路,应该是逐步的——起初是在供销和生产互助方面。然后是在农产品集体生产方面——引向合作社方向发展的道路。"[1] 这一指示有力地推动了互助合作运动的发展。1947年下半年,吉林省仅延吉、敦化、蛟河、安图4县就有互助组13950个,参加互助组的农民达80416户,全省85%以上的劳动力都参加了互助组。北满的一些老区均普遍地开展了劳动互助运动,仅呼兰、巴彦、木兰、东兴4个县,劳动互助组即达16000多个。[2] 到1949年9月为止,老解放区参加互助组的农户数,达到农户总数的80%以上,有的地区高达90%。热河省有互助组9.8万多个,参加农户53.5万多户,约占总农户的77%。辽西省仅据双辽等6个县的统计,参加互助组的农户达97.6万户,约占总农户数的80%。吉林、松江、黑龙江等省参加互助组的农户也都占到总农户数的80%以上(见表20-5)。

---

① 中共中央东北局:《关于1948年农业生产的总结与1949年农业生产的决议》,《东北日报》1948年12月17日。

② 《哈北、哈东和哈南生产组织调查表》,1947年。

表 20-5　黑龙江、热河等 6 省农业互助合作
概况统计（截至 1949 年 9 月）

项目 省别	组织起来 的农户数 （户）	组织农户 占总农户 数（%）	备注
热河	535000	77	全省共 98097 个组，每组按 5.4 户推算
辽东	291000	20	全省男劳力 21.6% 已组织起来，按每户 1.4 个劳动力推算出户数
辽西	976000	80	根据双辽等 6 个县估计出组织起来的百分比
吉林	872000	80	根据省农业厅的汇报材料
松江	707000	80—85	根据省农业厅的汇报材料
黑龙江	737000	80—90	根据省农业厅的汇报材料
总计	4118000	65.5	—

资料来源：据农林部农业处：《东北农业生产劳动互助组织概况》（1949 年 11 月）统计表（见东北解放区财政经济史编写组等编：《东北解放区财政经济史资料选编》第 1 辑，黑龙江人民出版社 1988 年版，第 574 页）改制。

　　如表 20-5 所示，东北全区参加互助组的农户达 411.8 万户，约占总农户的 65.5%。其中，农副业结合较好常年互助组 45.6 万多个，约占互助组总农户数的 49.3%。此外，在一些地区还出现了少数农业生产合作社。

　　东北土地改革后，恢复和发展农业生产的最大困难是耕畜短缺，劳力分散。全东北约 6206587 户农民，能用的耕畜约 352.8 头，平均每户 0.57 头。吉林蛟河有的 8 家合养一匹牲口，80 户没有牲口。按照东北的土质特性与耕作方法，起码须有两匹牲口才能担负耕作任务。北满土头沉的地方种扣荠，需要 6 匹甚至 8 匹牲口。由于劳动互助，基本上缓解了土地改革后农业生产的新困难（尤其是贫雇农），不仅保证了不荒地，及时下种，深耕细作，并且提高了劳动效率，缩短了耕作时间。黑龙江、松江两省 1949 年普遍较往年缩短了春耕时间 10 天到半个月。夏锄工作 80% 完成三铲四蹚，个别还有做到四铲四蹚的。一铲一蹚的粗糙做法几乎绝迹。秋收工作基本上消灭了"十分收割八分熟"的糟蹋现象，做到熟一块割一块，并且缩短了秋收时间，许多过去打冻场的地方，已争取打暖场。这不

但提高了产量,而且给开荒及搞副业创造了有利条件。①

陕甘宁边区在土地改革中和土地改革后,一直注意通过多种方式解决翻身农民的生产困难问题。因为素来缺乏生产资料(包括牲畜、工具、籽种)的贫雇农,一旦得到了土地之后要自己独立耕种,是有许多困难的。因此必须很好地帮助他们具体解决,如说服(不能强迫)原伙主继续给伙子借出牛犋、籽种、食粮,秋后给以适当报酬,并发动农民间广泛地进行变工互助,调剂籽种,克服一切困难。佃农中的一部分人,经过征购承购之后,可能是自有地增加,而耕地面积减少了,这就需要尽可能适当地解决其耕地问题,如鼓励其开荒,帮助他从劳动力缺乏的农户中租得土地等,使其生产情绪更加提高。②

华北解放区的劳动互助合作运动也有很大发展。到1949年,仅山东解放区北海、滨海两地组织起来的农户,即占总农户数的50%—70%。全省互助组织达478145个,参加农户207万户,占农户总数的21.3%。③ 另据华北解放区冀中13个县统计,到1948年组织起互助组5200个,1949年7500个;1948年参加农户为15000户,1949年为34500户。④

劳动互助合作大大缓解了因大量青壮年参军参战、支援前线而导致的农村劳动力严重缺乏的生产困难。据晋冀鲁豫的太行区20个县1946年的统计,平均每县参加劳动互助的人数,占劳动力总数的78%,等于1945年的2倍、1944年的4倍半。不仅男性全劳动力,而且大量的辅助劳动力也组织起来了。榆社县1945年参加互助组的辅助劳动力,只占半劳动力的6.5%,1946年升至30%;冀西专区各县,到1946年5月,已将50%的劳动力组织起来。据6个县的不完全统计,有拨工组12000余个,参加者达9万余人。山东解放区,1946年的农业重工组达184427个、

① 东北解放区财政经济史编写组等编:《东北解放区财政经济史资料选编》第1辑,黑龙江人民出版社1988年版,第573—574页。
② 陕甘宁边区财政经济史编写组等合编:《解放战争时期陕甘宁边区财政经济史资料选辑》上册,三秦出版社1989年版,第85页。
③ 朱玉湘主编:《山东革命根据地财政史稿》,山东人民出版社1989年版,第367页。
④ 华北解放区财政经济史资料选编编辑组等编:《华北解放区财政经济史资料选编》第1辑,中国财政经济出版社1996年版,第1084页。

1201523 人,与 1945 年相比,组织起来的人数增加 27%,而"老地区普遍进入巩固阶段"。①

在开展农业劳动互助合作运动的同时,也开始建立和发展国营农场。

1947 年下半年,东北解放区创办了民主政府第一个国营机械农场。到 1948 年年初,又创办了 4 个国营机械农场;至 1949 年 3 月,国营农场已增加到 12 个;同年 7 月又增加到 17 个。这些农场为:通北农场、赵光农场、五大连池农场、花园农场、平阳农场、鹤山农场、桦南农场、宁安农场、永安农场、大屯农场、公主岭农场、马三家子农场、北陵农场、盘山农场、哈尔滨农学院机械农场、八一五机械农场等,共有耕地面积 332180亩,各类拖拉机 224 台,犁耙、播种机、中耕除草机、收割机、脱谷机等机械农具 1117 台,各种车辆 190 辆以上。农场职工达 3673 人。②

为了加强对国营农场的领导、管理,1949 年 3 月,东北行政委员会召开机械农场场长会议,农业部长魏震五说:"我们新经营的农场,就经济性质讲,是属于国营经济,是使用先进技术的国营农场企业。"③中共中央东北局明确要求:"一切农场都应做到经营合理,机器集中使用,管理企业化,以达到盈利,又有助于当地农业技术改良。"④1949 年 7 月又召开东北解放区第二次机械农场会议,除了总结该年度春耕工作,还就农场发展思想及存在问题进行了研究,强调在经营管理上,要逐步实行企业化及民主化,强调要实行企业化,就必须调整组织,把农场存在的机关化的组织,转变为适合企业化的组织,必须精简行政机构,使非生产人员不超过8%—10%,要提高行政工作效率和生产效率;要清查资金,建立和完善农场的财务制度;要建立严格的业务监督制度,做到管理严密,经营得当,有计划有制度有检查。农场本身要建立责任制、专管制以及个人负责、逐级

---

① 史敬棠等编:《中国农业合作化史料》上册,生活·读书·新知三联书店 1957 年版,第821—822、784、1029、748 页。

② 农业部机械农场管理处:《东北农业机械农场概况》,《东北日报》1949 年 4 月 15 日;东北解放区财政经济史编写组等编:《东北解放区财政经济史资料选编》第 1 辑,黑龙江人民出版社 1988 年版,第 548 页。

③ 魏震五:《关于拖拉机农场工作的总结与意见》,《东北日报》1949 年 4 月 13 日。

④ 《东北日报》1948 年 11 月 17 日。

负责和下级向上级负责制，提倡场长负责。在民主化管理方面，强调要加强对职工的思想教育、阶级教育，贯彻民主作风。要成立有行政领导、职工代表和技术人员参加的农场管理委员会，场长为委员会当然主席或主任。要从各方面把群众意见带到这个会上来，要充分发扬民主精神。要健全会议制度，如场务会议、科（股）务会议等，密切上下级的联系，以便充分发挥和调动广大职工的积极性，同时亦应建立起报告制度来。①

在华北解放区，华北财经委员会于 1949 年 5 月成立津沽区农垦管理局，在华北区人民政府农业部领导下，接办国民党河北省农田局及农林部河北垦业农场管理处所属各农区、农场及其附属之一切直属单位，规定"农场土地属于国有，不得分配"。在原有耕作形式基础上加以改良、耕作、经营，或组织农民合作垦种。②

三、解放区农业生产的恢复和发展

土地改革既是发展农业生产的强大推动力，发展农业生产又是土地改革的一个重要目的。也只有发展农业生产，才能推进革命、巩固土地改革成果。为此，在准备和开展土地改革的过程中或土地改革结束后，中共中央制定了巩固土地改革成果、规范农业生产关系、促进农业生产发展的各项政策措施，为农业生产的加速发展铺平道路、创造条件。

第一，明确宣布保障土地改革后农村各阶层土地财产的所有权，强调土地改革不是一般地废除私有制，只是废除封建地主土地所有制，代之以农民的土地私有制。一切被分配的土地财产均属于分得者私有，允许其自由处理；雇佣条件除劳动法令已有规定外，由主雇双方约定；为了解除顾虑，中共中央特别解释：在土地改革中把旧式富农对雇工的剥削作为封建剥削的一部分，是因为它带有封建性，并不是根本禁止雇佣劳动；事实

---

① 东北解放区财政经济史编写组等编：《东北解放区财政经济史资料选编》第 1 辑，黑龙江人民出版社 1988 年版，第 548—555 页。

② 华北解放区财政经济史资料选编编辑组等编：《华北解放区财政经济史资料选编》第 1 辑，中国财政经济出版社 1996 年版，第 1058 页。

上目前雇工种地的大都是家中缺乏劳动力,这种雇工是应当提倡的,以免土地荒芜和造成一部分人的生活困难;在已完成土地改革的地区,允许特定条件下的租佃关系:凡因孤寡残疾,或因参军及其他脱离生产的革命工作,或因进入工厂做工、改营工商业等,不能耕种自己所分的土地者,或政府所有公荒须招人投资开垦者,均允许出租,租额由主佃双方约定;允许和保护私人借贷,利率在政府未统一规定前由借贷双方议定。政府确保以上经自己劳动、雇工经营、正当债息与特定条件下出租土地之所得完全归个人所有,不受侵犯。

第二,制定公平合理、公私兼顾的负担政策。土地改革前,人民政府实行累进税制(土地越多者负担越重),对地主、富农依靠封建、半封建剥削所得课以较一般农民为重的税额。土地改革后,为了鼓励农民发展生产,使多生产者多得利,各解放区废除农业累进税制,实行比例税制,并按地块常年平均产量计征税课。①

第三,实行奖励生产和发放农业贷款的政策。奖励精耕细作、开垦荒地、兴修水利;奖励饲养与繁殖牲畜;奖励副业生产;奖励发展特种作物和工业原料作物的种植、生产;奖励提高农业生产的各项技术和改良;等等。为鼓励生产,各地银行于 1948 年春贷出大批麦种、肥料、农具。在东北,几年来民主政府为了扶助生产,发放了大批贷款,帮助经济上困难的农民解决生产资金的不足。在战争期间,贷款主要是救济性质;1948 年土地改革以后,主要解决农业生产资料的困难。东北解放区总计 1948 年全年共发放农业贷款 150 亿元,1949 年 4000 亿元,各省调剂耕畜 39 万余头,调剂种子 9456 吨,补种将近 200 万亩土地种苗。② 1949 年在老解放区共发放贷款 4000 亿元。据东北银行农贷处统计,在 1949 年的贷款额中,解决耕畜困难的占 43.4%,解决种子困难的占 26.76%,解决口粮困难的占 10.02%,解决马料困难的占 8.53%,解决肥料困难的占 5.29%,解决农具困难的占 4.17%,解决农村水利的占 0.67%,其他占 1.16%。1949 年春

---

①　其中华北、西北、华东采用有免征额的比例税制;东北、内蒙古采用无免征额的比例税制。这两种比例税制,计算起来比累进税制简便,能够比较合理地在农民内部分配负担。

②　农林部:《东北三年来的农业》,《东北日报》1949 年 8 月 19 日。

季承贷的 60 余万农户，其中贫雇农 45 万余户，约占总户数的 75%，中农 13.5 万余户，约占总户数的 22.5%，地主富农 1.5 万余户，约占总户数的 2.5%。①

第四，组织农民互助合作。由于长期战争破坏，农民尤其是原来的贫雇农，农具牲畜缺乏，亟须互助合作协济。为此，党和民主政府对互助合作极为重视，将其作为发展农业生产的决定性条件来抓，强调互助合作是"决定农业生产的成功与失败的关键。换工插犋、合作互助组织得好，就可使生产发展，产量提高；组织得不好，就会使生产衰落，产量降低"。如东北解放区，1947 年的农业生产，主要就是在"劳动互助，换工插犋之下进行的"。春耕因此提早一个季节完成，种麦种大田均节省了人力、畜力，开了不少荒地。因此，民主政府决定全面总结经验教训，使 1948 年的合作互助更上一层楼，加快农业生产的发展。② 1949 年松江省农村劳动力有 50% 是在换工互助组织中劳动的，其中 50% 是三匹至五匹牲口，五六个劳动力组成的一副扣犁的小组；约 10% 是五匹至九匹牲口，七个至十个劳动力组成的两副扣犁在一起干活的小组；另有少数包括 9 匹以上的牲口，10 个以上的劳动力，3 副以上的扣犁的大组。其他尚有约 20% 的农户是临时互助春耕插犋、夏锄伴工、秋收插车。"依靠组织起来，农民做到了多开荒，多上粪及深耕细作"，有的地区一个劳动力已负担五六垧面积的耕作，一个牲口也负担六七垧面积的耕作。③

华北解放区也十分重视互助合作。晋冀鲁豫边区政府强调，生产运动的"中心关键是'组织起来'，贯彻全年，发展农、工、副、合、运输事业，这些都有相互关系，只有组织起来，才能开展生产运动"。在农业上"要实行劳动互助，广泛的发展变工、拨工、扎工合作等形式，尽可能地把农村男女老弱、全劳动力、半劳动力、辅助劳动力、畜力组织起来，走上生

---

① 陈廷煊：《中国新民主主义农业经济史》，中国社会科学出版社 2012 年版，第 138—139 页。

② 《东北日报》社论：《组织起来——换工插具，合作互助》，《东北日报》1948 年 3 月 10 日。

③ 东北解放区财政经济史编写组等编：《东北解放区财政经济史资料选编》第 1 辑，黑龙江人民出版社 1988 年版，第 520—521 页。

产战线"①。华北老解放区早在减租减息之后就出现了互助合作组织,土地改革后,经过政府倡导,得到了不同程度的发展,但发展不太平衡。如冀察边区有合作社二三百个,"半数以上起作用",也有的"搞得不好垮了台"。一般在救灾、度荒、战勤等方面起过作用。总的说是"七分成绩三分缺点或错误"②。太行区的合作互助运动起步早,自 1942 年后,经过长期的摸索与发展,已有"相当雄厚的基础",在推进和组织群众生产、解决群众灾荒困难方面,"起了巨大的作用",成绩斐然。但由于过去长期处在分散独立状态,又缺乏系统的领导,一般合作社同时存在不少甚至严重的缺点,如单纯追求利润、干部作风不民主甚至贪污浪费等。今后无论老区新区,在现阶段,合作社应以劳力合作为主,并大力整顿,改造现有合作社。③

由于新老解放区土地改革的完成,上述各项巩固土地改革成果、促进农业生产发展的政策措施的推行,因日本摧残、洗劫,蒋介石国民党剥削、侵夺而残破不堪的解放区农业生产,开始呈现出迅速恢复和发展的态势。

新老解放区的耕地面积开始恢复、扩大。土地改革大大调动了农民开荒生产地的积极性,因战争破坏和日本侵略者"集家并村"、实施法西斯统治而被毁坏(不少属于永久性毁坏,永远无法恢复)或强制荒废的耕地,部分被垦复。如东北解放区,由于日本帝国主义开拓团的撤走和多年战争的影响,增加了大量荒地,土地改革后部分得以恢复。也有的开垦新荒。1948 年总计新开荒地 77.9 万公顷,占总耕地面积 1341 万公顷的 5.8%。又新增加水田面积 9 万公顷,占全部水田面积 21 万公顷的 42%。④ 全东北解放区,1947 年共恢复耕地面积 800 多万亩,占当时解放区耕地总面积 8400 万亩的 10%左右(热河及辽东、辽北的两个专署没有

① 华北解放区财政经济史资料选编编辑组等编:《华北解放区财政经济史资料选编》第 1 辑,中国财政经济出版社 1996 年版,第 150 页。
② 华北解放区财政经济史资料选编编辑组等编:《华北解放区财政经济史资料选编》第 1 辑,中国财政经济出版社 1996 年版,第 582 页。
③ 华北解放区财政经济史资料选编编辑组等编:《华北解放区财政经济史资料选编》第 1 辑,中国财政经济出版社 1996 年版,第 591 页。
④ 赵效民主编:《中国土地改革史(1921—1949)》,人民出版社 1990 年版,第 429 页。

统计在内）。① 牡丹江、吉林、黑嫩、合江 4 个地区,还恢复了 120 万亩水田,占原有（"八一五"日本投降前）水田的一半。另据统计,全东北解放区（冀察热辽除外）,1948 年新开荒地 683483 垧（每垧 10 亩）,超过原定计划 25.6%,新修水田 9 万垧,超过原计划一倍以上。加上多铲多蹚、多锄草多培土,估计可完成产量 1216 万吨。此外还组织了副业生产,支持了农业,渡过了灾荒。② 察哈尔省 1949 年春在兴修农田水利的同时,又大力垦荒,坚决"消灭荒地",并有"相当成绩"。如南口分区 29 万亩荒地,已垦耕 21 万亩;雁北有荒地 70 多万亩,已耕 30 多万亩。③

　　陕甘宁老解放区,未遭日本侵略者直接蹂躏,在边区政府和边区人民的艰苦努力下,农业生产成绩卓著。粮食生产足以自给,植棉纺织,逐年推广,人民生活水平不因战争负担而降低,且有相当改善。唯因战争与封锁关系,皮毛滞销,影响农家养羊,若干土产衰落,影响农家收入减少,而水利之兴修畜牧之防疫,均因战时财政困难及技术器材缺乏,未可大量举办,不为无憾。

　　1945 年"八一五"日本投降,边区政府随即拟订三年计划,着手恢复和发展经济,而农业是其重点。主要目标和措施是:

　　(1)增产粮食。目标是 3 年内达到"家家足食,且年年有余备荒"。其方法以改进耕作方法提高现有耕地产量为主,移民垦殖扩大耕地面积为辅。具体方法,一是多耕多锄。在人多地少的绥德分区和延属东地区,尤属重要。应发动农民秋翻地,多翻多耕,早锄多锄,并逐步研究设法改良农具。二是施肥积肥。绥德分区应以增加积肥造粪为主,其他分区首先指导人民尽量用毛粪牲口粪做肥料,以后再求利用其他方法造粪积肥,对民间采用有效的代肥,亦应加以研究与推广。三是防治病虫害。目前要继续推行民间已有成效的除虫办法,以后要进一步研究防治病虫害更

---

① 农林部:《东北三年来的农业》,《东北日报》1949 年 8 月 19 日。

② 东北解放区财政经济史编写组等编:《东北解放区财政经济史资料选编》第 1 辑,黑龙江人民出版社 1988 年版,第 491 页。

③ 华北解放区财政经济史资料选编编辑组等编:《华北解放区财政经济史资料选编》第 1 辑,中国财政经济出版社 1996 年版,第 1038 页。

有效的方法,研究与试用土产药物及某些新式器械及药品并于发生虫害地区就地切实试验研究。四是推广良种。1946年计划以光华农场的良种数量,在各地区选择据点试种推广。如有成效,继续扩大范围。同时组织民间良种,就地推广。光华农场对本地种子及外来种子应收集试验与研究。麦子研究工作应于1947年或1948年于关中进行。

移民垦殖拟按下列计划进行:其一,各地政府应本着边府移民政策及条例,有计划地组织与安置移民;其二,建设厅以机关部队剩余的土地窑洞,划定移民区,安置移民。1946年计划在延安之南泥湾、金盆湾、甘泉之清泉沟、付川村一带安置700户。1947年逐步扩大,1948年增加槐树庄及大小凤川两个移民据点,并有计划地建设这些移民的新村。

(2)增产棉花。棉花在边区的重要性不亚于粮食。边区如不推广植棉、自纺自织,则难以解决人民群众的被服问题。经验证明,在边区东部地区可大量植棉,而西部地区亦可择地植棉。故应进一步推广。今后3年,应以提高产量为主,以有条件地推广植棉面积为辅。提高产量方面,争取以每亩平均能收10斤棉花为目标,其方法如改进土地上粪,加强下种打卡除虫等技术指导,并提倡水地植棉,对棉花品质注意研究与改进,首先从东三县开始试验与研究。植棉面积方面,尔后3年在提高产量的前提下,基本上维持35万亩之数,但在可能的条件下,应于延安、陇东、关中逐步推广争取3年内达到40万亩之数。

(3)发展经济价值较高的农作物。边区粮食出口有限,内部调剂亦有困难,故为增加农家收入,在不影响粮食生产的前提下,依据各地有利条件,发展一些经济价值较高的农作物,实属必要。这类可发展的作物:一是油类。三边分区可增种麻子推广榨油;绥德分区之黑豆、黄豆及各地麻子、芝麻、花生和油菜籽,均可利用,发展榨油,争取大量出口,并注意油渣的利用。二是糖萝卜。在子长、子洲、延安等地燃料丰富的地区,更应大量推广,注意制糖技术的指导与糖品的推销,便于3年内试办小规模糖厂。三是烟叶。在陇东可试行推广美国烟,并注意组织合作烤烟。1947年后可在合水研究烟叶。四是线麻。在富县一带可发展线麻,并改进方法与组织其推销。五是苜蓿。在延安等缺乏苜蓿地区及沿大路两旁,应大量种植苜蓿,以解决牲畜饲料的困难与发展运输事业。

(4)开发山货,提倡副业。为增加农家收入,还应开发山货,提倡副业。此后3年,着重抓住以下几项:一是在出产各色药材地区,应发动当地群众,利用农闲采集并合作推销。二是在绥德分区及子长县等地发展养蚕业,推广已有优良蚕种,改进养蚕方法,增植桑树,并适当解决丝织品的组织与销售问题,以后视有利情况渐渐扩大。三是在延安、关中、陇东等地发展养蜂业,组织民间蜂种推广,并试行采用新的养蜂制蜜方法。

(5)兴修水利,改良土质。兴修水利,改良土质是防旱备荒增加农业产量的主要办法,应有计划推广:一是发动民间自己动手,恢复旧水地,兴修新的小型水利及推行适合当地条件的土质改良办法(如三边水漫地、关中的修堰地及各地的排水沟、挖窖、打坝堰、溜崖、拍畔等),政府应以奖励、补助、贷款等形式在经济上予以协助。二是在今后3年内,应视能力所及筹划修筑周家崄、葫芦河畔等地水利。三是今后建设厅经常注意研究各地改良的工作并及时予以切实指导。

(6)植树护林,发展果木。植树护林为边区经济建设中的重要事项,务必重视。3年内应达到下列目的:一是护林方面,在边区有林地区,应命令各地政府切实领导群众,严格遵守护林公约,并严格惩奖。二是1946年建设厅直接领导万花山与南泥湾两据点的护林工作,翌年扩大直接领导范围至劳山槐树庄、大小凤川等点,再后则扩大为几个林管区。三是植树方面,在缺乏树林地区,积极提倡民间植树造林。凡在可植树之区,争取在3年内每户植活5株,各地政府应帮助解决树秧子树权地权及保护奖惩等问题。四是1946年建设厅完成延安河滩地植树造林,选择石公山试办荒山播林,扩大光华农场苗圃,在定边建立苗圃,并试办沙林,1947年扩大并增设盐池、子长苗圃。五是在发展果木方面,首先应供给民间果苗。1946年在光华农场扩大葡萄及其他果苗的繁殖,并于绥德订购果苗推广,1948年在延安、绥德设立模范果苗圃,并进行除虫病害、果品制造、品种改良等试验研究工作。

(7)发展畜牧。边区畜牧主要是养羊。扩大皮毛出口,必须促进养羊业的发展。一是加强羊群防疫治病。1946年推行烟叶水治疗羊癣办法,调查研究其他治羊病的中西办法,组织防疫工作。翌年在三边设防疫站,后年增设陇东防疫站,并于各地提倡组织家畜保健合作。二是改善羊群饲养管理。1946 年或翌年在三边进行养羊方法的调查,并就地研究饲养牧地及管理技术,奖励与宣传养羊模范。三是改良羊种。1946 年、1947 年在延安推广滩羊,改换本地羊种。如有成效,1947 年、1948 年再继续扩大,并于三边设畜种场,研究与繁殖本地与外来优良种畜。四是对其他牲畜如牛、驴等,奖励其繁殖与出口,加强其防疫工作。1946 年继续制造牛瘟疫血清,研究其他疫病防治方法,推行驴驹耕牛拉稀的治疗,设立中西兽医诊疗所,组织防瘟疫治病团、保健合作社等,1947 年、1948 年逐步扩大这些工作。此后对猪瘟、鸡瘟及其他猪鸡疫病的防治一应注意。[①]

　　1947 年 3 月 19 日国民党军进犯延安,党中央撤离延安,边区建设计划,实际执行不到一年,但仍然取得了可喜的成绩。截至 1946 年年底,边区农业产量达到细粮 180 万石,棉花 200 万斤,羊 195 万头,布 60 万匹。此后由于一年的激烈战争,国民党胡宗南部队的破坏,加上严重灾荒,边区劳动力和耕畜数量大幅减少。劳动力(包括战勤误工)减少 20%,畜力减少 38%,耕地大量荒芜,熟荒达 360 万亩。工业与民间副业亦遭严重破坏,大部分陷于停顿。

　　然而在 1947 年冬至 1948 年年初极端困难的条件下,边区仍然执行了 1948 年 3 月 1 日经边区常驻议员、政府委员扩大联席会上所通过的建设方案,努力恢复被严重破坏的经济,取得显著成绩。1948 年夏秋两季共种耕土地 1560 万亩,超过原计划 2 万余亩,产细粮 150 万石,棉花 100 万斤(不包括黄龙)。虽然熟荒尚未全部消灭。1948 年年底尚有熟荒 120 万亩。耕作亦极其粗糙。[②] 但延安已于 1948 年 4 月重新回到人民怀抱,边区范围扩大。兄弟解放区形势大发展。这为西北解放区恢复和发

---

　　① 陕甘宁边区财政经济史编写组等合编:《解放战争时期陕甘宁边区财政经济史资料选辑》上册,三秦出版社 1989 年版,第 2—7 页。
　　② 陕甘宁边区财政经济史编写组等合编:《解放战争时期陕甘宁边区财政经济史资料选辑》上册,三秦出版社 1989 年版,第 43 页。

展经济提供了有利条件。

在这种形势下,1948年12月陕甘宁边区政府又拟定了《陕甘宁边区1949年经济建设计划(草案)》,恢复被战争和胡宗南军队破坏的经济,继续完成三年计划的任务。

在农业方面,《陕甘宁边区1949年经济建设计划(草案)》提出的主要目标是:

(1)彻底消灭熟荒,提高技术,增产细粮30万石(消灭熟荒增加12万石,改良技术增加18万石),达到全边区产细粮270万石,产棉花500万斤。为达到这一目标,必须:第一,增加耕畜。由贸易公司继续完成向外购进1.5万头以上的牲口,达到全边区增加耕畜2万—3万头,以资恢复耕地,保证粮棉产量的收获。第二,组织劳动互助。大力组织各种形式灵活变扎工及其他劳动互助,研究如何从变工互助走向集体合作的道路,实行农副、劳武、劳动三大结合,安置移难民开发黄龙垦区,并继续安置新来移民3000—8000名。第三,提高技术。一是进行积肥造肥;二是实行精耕细作;三是彻底掏谷槎(防虫),温水浸种(防病),推广种闷谷(防旱),制造喷雾器喷粉器200个,推广烟叶水马灌肠治病等;四是保持水土,兴修水利。

(2)发展下列特用作物。第一,继续推广植棉:老区棉田比1948年(约7万亩)增加1倍(约15万亩),争取1949年共收棉花500万斤。第二,推广油类作物,如麻籽、棉籽、红老麻子、山桃子、木瓜子、杏子等。第三,推广棉麻1万亩。第四,发展糖萝卜600亩,制糖12万斤。第五,推广美国黄金烟,传授烤烟技术,训练能够掌握烤烟技术干部10—20人,以增进烟叶自给能力,减少外来烟品,绝对禁止外来纸烟进口,鼓励土产纸烟的发展,于镇川、合水各增种烟1000亩,并提高民间制烟技术。

(3)恢复畜牧,开辟皮毛销路,刺激养羊情绪,禁止宰杀母畜耕畜,改善战勤制度,保护耕畜,组织农村种畜交配,扶助拉公子(养种畜),设输种站,施行人工授精。推广苜蓿,试种牧草,提倡割野草制青干草,改善饲养管理,制造防疫血清,组织农村兽医,加强牧畜治疗,推广滩羊、同羊,研究改良畜种,发放养羊贷款小米2000石,增加现有羊数20%,设立畜牧试验场,研究畜牧改良。

（4）林业建设方面,第一,保护天然林,管理开发利用林产。黄龙设立林务管理处,掌握森林的开发与利用,并设林产制造厂,制造单宁、松脂、杏油等,收集药材、山货等。第二,榆横及靖边杨桥畔,各设防沙林一处,并研究防沙造林、树种及管理方法等。第三,发动群众植树,解决燃料用材困难,推广种洋槐(发放洋槐籽1石)、柠条及经济价值较高树木,如梨果桑树等,并试验制造推广梨果酒,以补足战争中的损失而增加副业生产。

（5）移民垦殖方面,为了调剂劳力,开发黄龙,借以增产粮食,发展经济,在黄龙3.7万人口的基础上,移民5000人,发放贷款30亿元,以解决移民的生产资料及一部分生活资料的补助。①

由于战争影响(包括战勤占用劳力、牲畜)、边区范围扩大,人力分散,资金摊薄,以及其他主客观因素关系,《陕甘宁1949年经济建设计划(草案)》并未完全如期实现。至1949年年底,陕甘宁边区包括新区在内,农业生产方面的基本情况是,共有人口195.4万余人(包括陇定部分敌占区在内),加上黄龙分区人口,计253.39万人,其中劳力386188个,有耕地16365200亩,产细粮1575385石,平均每亩9.6升,平均每人8.5斗。连黄龙在内,则有耕地20848364亩,劳力549891个,产粮2695878石,与上述建设计划的270万石"细粮"指标接近。现有牛212128头,驴140094头,羊913228只。同1946年老区比较,牛减少10%,驴减少25%,羊减少57%。冬耕前计有荒地1323611亩,冬耕后尚有荒地120万亩。计有棉田99773亩,产棉120万斤。连黄龙在内计棉田299773亩,产棉540万斤。比计划目标的老区产量略高。纺织方面,有织妇30万人,年产土布120万匹。全区需要170万匹,不足50万匹。②

华北解放区各边区在抗日战争结束后,即刻着手恢复农业生产的工作,因各自政治、社会、经济和自然环境的关系,成效互有差异。如冀晋

---

① 陕甘宁边区财政经济史编写组等合编:《解放战争时期陕甘宁边区财政经济史资料选辑》上册,三秦出版社1989年版,第43—47页。
② 陕甘宁边区财政经济史编写组等合编:《解放战争时期陕甘宁边区财政经济史资料选辑》上册,三秦出版社1989年版,第53—54页。

区,1946 年大抓农业,推动农业大生产运动,注意劳动组织,推动互助合作,劳动效率提高 1/3—1/2;倡导精耕细作,增施肥料,平均水地增加 20%,旱地增加 26%;技术上推广浸种、选种,有的村浸种率达 100%;作物安排上,扩大植棉,植棉主产区植棉 61 万亩,比上年增加 3.5 倍,超额预计要求 30%。可惜 1946 年发生严重天灾:春天大旱,夏天雹灾前所未有,虫灾也很严重。以致当年收成大减,总计损失产量 175 万大石以上,占总收入的 1/3,年成平均不到 6 成。指标完成情况,要求植棉 45 万亩,完成 61 万亩,但收成不理想;兴修水利要求 45 万亩,只完成水浇地 4 万亩,增产 60 万石粮食的要求,则"基本上没有兑现"。①

太行区农业生产条件差,石厚土薄,人多地少,每人只有一亩二三分地,民主政府提出发展农副业生产,发动群众动脑筋,算细账,精耕细作,农副业结合,充分利用富余劳动力,在"耕三缺一"的不利条件下,不少实现了"耕三余一"甚至"耕二余一""耕一余一"的目标。②

在开垦荒地、扩大耕地面积方面,也取得了显著成效。晋察冀边区冀中区 32 县,1948 年以前共开垦荒地近 15 万亩,占全部荒地面积的 51.5%。③ 据太行区和顺、平定、昔阳等 6 县统计,土地改革后二三年中,因修渠修滩增加耕地 50 万亩,增加水浇地 7800 顷,增产粮食 19 万石。华东解放区在 1948 年不到半年的时间内,消灭荒地一半以上。④

水利是农业的命脉。新老解放区的广大农民,在恢复耕地和开垦荒地的同时,大力修复被日军和战争毁坏的原有水利设施,并兴修新的农田水利,取得显著成就。1946 年晋察冀解放区,冀晋、冀中、冀东、察哈尔各区,修筑大小灌渠 557 条,长 2000 余里,掘井 3440 眼,灌地 400 余万亩。⑤

① 华北解放区财政经济史资料选编编辑组等编:《华北解放区财政经济史资料选编》第 1 辑,中国财政经济出版社 1996 年版,第 788—789 页。
② 华北解放区财政经济史资料选编编辑组等编:《华北解放区财政经济史资料选编》第 1 辑,中国财政经济出版社 1996 年版,第 881—884 页。
③ 赵效民主编:《中国土地改革史(1921—1949)》,人民出版社 1990 年版,第 429 页。
④ 赵效民主编:《中国土地改革史(1921—1949)》,人民出版社 1990 年版,第 430 页。
⑤ 华北解放区财政经济史资料选编编辑组等编:《华北解放区财政经济史资料选编》第 2 辑,中国财政经济出版社 1996 年版,第 776—777 页。

在东北解放区,民主政府在水利建设工作上的方针是:"防涝治水为主,治水防涝与开展水田相结合,恢复较大的水田工程与普遍地发展群众小型水田相结合。"主要采取了以下几项措施:(1)统一防水治水和兴修水利工程。据统计,1949 年,在治水和灌溉工程上,共投资原粮 8 万吨。其中在治水方面,投资 3.5 万吨粮食,进行以堵口复堤为主体的治水防洪工程,防止沿河 240 余万垧耕地免受水害;在灌溉方面,投资 4.5 万吨粮食,用于恢复和续建灌溉区,恢复水田 90 万亩。(2)各省分工负责制订并修渠筑堤计划任务。(3)动员组织各区、村农民挖顺水沟,疏通低洼地水道。(4)组织农民恢复和修建水田。(5)加强水利管理,免除水源纠纷。(6)设立气象水文站,进行水文勘测和气象预报。松江省在 1948 年、1949 年间,修筑了双城、拉林、富锦等地的大排水网,使 10 万余垧耕地免受水涝。1949 年 6 月,辽东省沿辽河、太子河、浑河两侧筑坝,总工程 294 处,总长 413122 米,共挖土方 7779430 立方米。吉林省修排水渠 2300 余里,修防水坝堤 257 里。热河省仅建昌一县,1949 年为防旱打井 200 余眼,赤峰县开渠 62 条。① 据统计,1949 年全东北动员民工 13 万多人,用工 600 多万个,修补堤岸 1800 多里,挖排水沟 900 余里,挖土方 1800 万立方米。受益面积连同 1948 年的 44 万垧在内,已达百余万垧,保证了低洼地地区农业生产的收成。在伪满时期尚未完工而"八一五"后又遭到严重破坏的较大水田工程,如东辽河水库、盘山电力扬水场、饮马河与查哈阳的栏河堤坝,田禄、田礼和浑河灌溉工程等,均已修复。三年多来,恢复和发展的水田面积达 20 余万垧。② 察哈尔省在农田水利方面,也取得重大成绩,解决了"历史上从来未解决的问题",宣化开凿了"以往均因故障未开"的 4 道新渠,又抗旱突击打井 2800 余口。除旧渠整修外,新开渠和新凿井,可浇地 18.6 万多亩,已接近全年新增水地 20 万亩之数。平西涿良

---

① 东北解放区财政经济史编写组等编:《东北解放区财政经济史资料选编》第 1 辑,第 518 页;朱建华主编:《东北解放区财政经济史稿》,黑龙江人民出版社 1987 年版,第 151—152 页。

② 中国社会科学院经济研究所中国现代经济史组编:《革命根据地经济史料选编》下册,江西人民出版社 1986 年版,第 448 页。

宛、房山、涞水3县,据不完全统计,也新打井600多眼,并仍在继续修造中,易水、定、满、徐、望等县,也挖土井2200多眼。①

除了已完成的农田水利工程外,又开始制订计划并实施中等以上规模的筑堤治河工程。华北区1949年治河计划即于当年3月出台。实施工程内容包括:(1)冀鲁豫区黄河筑堤工程,要求复堤以高出1937年洪水位1公尺为标准,共需土方3006194立方米,堤长238.46公里,巩固及增修险工67处,石归坝978道,黄河南、南运河、南阳湖等湖泊,亦须适当培修堤防。(2)太行区沁河工程,完成大樊堵口及修复一部分残堤险工。堵口后可使武陟、修武、获嘉3县120村免受水灾,恢复耕地40余万亩,并可减轻卫运河灾情。(3)冀南区修堤初步计划:卫运河35处;漳河加固北堤;滏河及其支流修补残缺,重点疏浚;在永年修泄水闸利用永年洼,分储部分洪水,以兼收渔苇之利。以上共做土方5590217立方米,大部分须发动群众自做。(4)冀中区以千里堤滹沱河及子牙河左堤为防守重点;南运河及捷地、马厂域河多年被敌控制,堤防残破失修,计划有重点地修整,并完成石碑河未完工程②,以泄千顷洼积水及调剂捷地碱河水量。其他潴龙、大清、拒马、赵王、滏河等河,择要修筑险工及一部分复堤疏浚,共需做土工4337028立方米,工段长598.23公里,修险工171处。(5)冀东区修堵滦河王家法宝决口,使滦南、滦县100多村免受水灾,恢复四年未收的20多万亩耕地,疏浚杨(家板桥)柳(沽)新渠20余公里,以宣泄林仓、太和两洼16万亩土地的积水。补修蓟运、箭杆、五河、周河、沟河、沂河、荣辉、蓝泉等河堤,共长215302公尺。(6)察哈尔省阜平胭脂河护岸及行唐沙河堤防工程,护村14个,保护耕地15000余亩,工段长7824公尺,滹沱河及磁河等防洪工程,需工38140个,护村及城乡16个。③

耕作制度、防治病虫害,改良生产工具和技术等方面,也有不同程度

---

① 华北解放区财政经济史资料选编编辑组等编:《华北解放区财政经济史资料选编》第1辑,中国财政经济出版社1996年版,第1038页。

② 此河原属山东渤海区,计有改造河床纵坡、节制闸等工程。

③ 华北解放区财政经济史资料选编编辑组等编:《华北解放区财政经济史资料选编》第1辑,中国财政经济出版社1996年版,第1035、1038页。

的改进。在东北,以往耕作粗放,土地播种,大多一铲一蹚。土地改革后全区基本改变了这种粗放的耕作法,如吉林省,三铲三蹚的占 46.2%,三铲三蹚以上的占 24.8%,不满三铲三蹚的只占 28.9%。榆树县有的进行了四铲四蹚,个别的做到四铲五蹚。施肥数量亦有增加。据农业部统计,东北南满地区施肥量增加 1/3,北满地区增加 1/4。水田和棉田都使用了化肥。吉林省施肥面积达 110 余万垧,占耕地总面积的 36.7%,全省每垧耕地施粪肥 23 车。松江省施肥面积达到了 30.5%。辽东省施肥较好的地区如盖平、庄河、复县、海城、新金、孤山、安东(今丹东)、宽甸、新宾等县,每垧地增加了 3 车粪肥。

防治病虫害方面,如东北地区,病虫害严重。仅 1949 年遭虫灾的耕地面积即达 56 万余垧。对付虫灾,农民的办法很多,但主要是拔除病株、捕虫和挖沟。1948 年,仅大连一地就组织了 15 万余人,捉虫 6 万余公斤;1949 年组织了 45 万余人,捕虫 1.4 万余公斤,用火烧掉。其他地区也都发动妇女、儿童、学生下地捉虫,均收到良好效果。凡是虫害地区,一般都组织工作队携带农药下乡,帮助农民消灭病虫害,并且宣传教育,破除"神虫"越抓越多的迷信思想。另外又恢复农药厂两处,为消灭病虫害生产农药。棉田基本上都使用了农药。[①]

在改良、使用、推广新式农具,选育良种等方面,也都呈现出某些新的气象。

1947 年,在土地改革中,党和政府就号召农民改良农具,提高农业技术,特别是要解决土犁(土犁十分笨重,一副犁杖至少要用 3—5 头耕畜,急需改良)、打谷机、打麦机的改良问题。1948 年,中共中央东北局提出,"提倡制造与逐渐地、逐次地改良农具,以省为单位,有重点地兴办农具工厂,小的县域与市镇,利用铁匠炉制造简单工具,以供农民的需要"[②]。1949 年秋,农林部召开农业技术推广工作会议,对改进和加强推广农业

① 朱建华主编:《东北解放区财政经济史稿》,黑龙江人民出版社 1987 年版,第 152—154 页。
② 东北解放区财政经济史编写组等编:《东北解放区财政经济史资料选编》第 1 辑,黑龙江人民出版社 1988 年版,第 500 页。

技术工作做了重要指示,要求把实验研究和技术推广、群众经验和科学技术进一步结合起来;把一切技术成果交给群众,为群众所掌握,以达到提高农业生产力的目的。同年10月,农林部又召开农业厅长会议,号召普遍地推广经过改良的新式农具,"有重点地推广马拉农具,提高劳动效率,降低成本",会议确定推广的原则是,"农具必须经过试验与鉴定,适合当地情况及实际应用的,再行推广",并提出解决农具的三种办法:(1)马拉机械农具,由部里负责,可贷给农民使用;(2)改良农具,由省里负责,也贷给农民使用;(3)小农具由县里负责,卖给农民。经过各试验场的研究、试验和通过,到1949年,已有一部分改良农具为农民所采用。如吉林省,共推广农具4090台,其中由农林部发放马拉农具10套,省农具厂推广308台,各县修理和购入推广的3772台。[1] 松江省推广锄草机800余台,打稻机200余台。[2] 其他各省,如黑龙江、辽东、辽西、热河等地,也都普遍地进行了推广改良农具和试用新式农具,并收到了较好的效果。改良农具的推广和新式农具的使用,是农业生产资料和农业生产力的一场革命,对解放区农业生产的恢复和发展,起了重大的作用。

在改良品种,选择、使用和推广优良品种方面,也取得了初步成绩。在东北解放区,全区除由中心试验场负责选好的品种进行推广外,还收集、繁殖了一些日伪时期已经育成的品种。如北满解放区推广了耐旱而又产量高、出粉多的克山县"克华麦";又从关内华北和其他地区购买一些好的品种。不过主要还是动员和依靠农民在自家田里择选良种。如吉林省1949年普遍进行了选种。据不完全统计,全省推广的优良品种播种12950余垧地,其中小麦12000垧,大豆238垧,高粱69垧,谷子244垧,玉米52垧,水稻308垧,旱稻39垧。[3] 松江省1949年共种植满仓金大豆约7000垧,农林二号小麦260垧,苏联小麦779垧,冬麦80垧,入秋冬麦

---

① 东北解放区财政经济史编写组等编:《东北解放区财政经济史资料选编》第1辑,黑龙江人民出版社1988年版,第613页。

② 东北解放区财政经济史编写组等编:《东北解放区财政经济史资料选编》第1辑,黑龙江人民出版社1988年版,第521页。

③ 东北解放区财政经济史编写组等编:《东北解放区财政经济史资料选编》第1辑,黑龙江人民出版社1988年版,第612页。

已播种 1700 垧选出满仓金大豆 600 余万斤及够种 1300 垧的农林三号麦种。[1] 农民普遍运用多种方法进行选种,包括穗选、粒选、棵选;对从外地购进的种子进行发芽试验,根据发芽率决定播种量。不少农户已开始用温开水或小灰水浸种消毒催芽。据农业部不完全统计,东北解放区至 1949 年,推广满仓金大豆,播种面积已达 38315 垧,推广其他改良品种约 68939 斤,播种面积达 3446 垧。[2]

为推广优良品种,东北各省先后建立了农事试验场,如合江省佳木斯农事试验场、安东农事试验场、辽宁熊岳农事试验场等,进行农事试验研究。辽西省利用国民党农场旧址及其他公用土地,恢复和建立了省、市、县农事试验场 23 所,耕地面积达 4354 亩,其中 12 个县设立了试验区,11 个县设立了苗圃,17 个县设立了培种区。1949 年全省除培育了 1292 亩可推广的优良品种和 4540 垧可自用的优良品种外,还培育了 2769450 株树苗。[3] 松江省呼兰县、黑龙江省克山县、合江省佳木斯、吉林省九台和龙井县、安东省通化县、辽宁省熊岳、辽西省锦州、辽北省牤牛、嫩江省齐齐哈尔等地的农事试验场,除进行农作物的品种改良栽培外,还对耕畜、家畜、家禽等也进行了品种改良、繁殖和推广。此外,安东省五龙背和凤化,辽宁熊岳、辽阳以及热河兴城等地的农事试验场,还进行了果树、柞蚕、烟草、棉花、蔬菜等研究和试验。各地农事试验场的创立及研究、试验工作的开展,对于改进农业技术,提高农业生产力,推动农业生产的恢复和发展,发挥了巨大作用。

鉴于某些地区在解放前后大变动期间,对农事试验场保护不力,导致设备、财产、研究资料遭受破坏,如河南开封、商丘、郑州等处公共农林产业及试验场等,在解放后损坏很大。"原因为解放时我军未派人去组织

---

① 东北解放区财政经济史编写组等编:《东北解放区财政经济史资料选编》第 1 辑,黑龙江人民出版社 1988 年版,第 521 页。

② 中国社会科学院经济研究所中国现代经济史组编:《革命根据地经济史料选编》下册,江西人民出版社 1986 年版,第 447 页。

③ 东北解放区财政经济史编写组等编:《东北解放区财政经济史资料选编》第 1 辑,黑龙江人民出版社 1988 年版,第 593 页。

保护,当地人就抢东西,折树拔苗。"于是,中共中央专门下发指示,务必注意保护新解放区的公共农林产业及试验场,"今后我军所到之处,不仅应尽可能切实注意保护工商设备,而且对农场农圃亦应切实注意保护",并注意"收集其实验的图书、表册和品种,勿使遭受破坏与散失,应使全体干部明白农业试验对于发展农业生产有重大作用,我们必须尽力保护"。①

土地改革的完成和各项政策措施的推行,废除了封建的土地制度和租佃剥削制度,极大地调动了广大农民的生产积极性,为农业生产的恢复与发展铺平了道路,很快出现了农林牧渔副五业全面恢复与发展的大好形势。

解放区的耕地面积和作物产量逐渐恢复。东北解放区"八一五"以后,一部分耕地撂荒,产量降低。1947年党和政府提出:"全部种上,消灭熟荒",因而恢复和扩大了耕地面积。1947—1949年3年间,共恢复、扩大耕地面积2136818垧。其中1947年800000垧,1948年779818垧,1949年计划557000垧。1949年8月,全东北解放区的耕地面积已达到17222000垧,已恢复到伪满1945年耕地面积18228549垧的94%。②

作物产量方面,东北解放区1948年的粮食总产量达到1187万余吨,比1947年增长12%,1949年达到1320万吨,又比1948年增长11.2%。到1950年,耕地面积已恢复到战前水平,粮食总产量约1800万吨,单位面积产量超过1943年6.2%。③ 1948年党和人民政府提出以精耕细作提高产量为主,扩大耕地面积为辅的正确方针,因而作物单位面积产量也在增加,1949年粮食总产量1414万吨,平均每垧产量1802斤(稻田每垧平均可达3608斤),而在较丰收的地区,如辽东大田平均每垧可达2552斤,

① 华北解放区财政经济史资料选编编辑组等编:《华北解放区财政经济史资料选编》第1辑,中国财政经济出版社1996年版,第1002页。
② 中国社会科学院经济研究所中国现代经济史组编:《革命根据地经济史料选编》下册,江西人民出版社1986年版,第445页。
③ 中央人民政府农业部计划司:《两年来的中国农村经济调查汇编》,中华书局1952年版,第18页。

水田平均每垧可达 4000 斤。①

党和人民政府不仅着力增加自给性粮食产量,也尽量增加麦、稻、大豆几种主要商品粮食的比例与产量。为了发展工业,对特产作物特别是棉、麻,采取了大力发展的方针。1948 年以前,东北的棉产区大部分还在国民党军队占领之下,棉田面积由"八一五"前的 22 万垧,降到 10 万多垧,而且这一部分棉田还是在解放区。1949 年由于贷种、贷粮与预购和购棉价格的提高,加上领导上的努力提倡,有了很大发展,棉田面积已恢复到 12 万垧,超过原定 10 万垧的计划,1949 年准备争取达到 30 万垧。麻类作物方面,亚麻 1.2 万垧,洋麻 300 垧。麻类需要量很大,今后需要有计划地大量地成片地种植洋麻、青麻,发动群众多种线麻,根据工厂需要发展亚麻。柞蚕业也已开始恢复起来,1949 年春蚕已恢复 2 万把剪子,秋蚕可发展到 4 万把剪子。烟草在南满的种植面积,1949 年是 6000垧,比上年增加了,烤烟房设备也已部分修复,可产 5000 吨烤烟。糖萝卜种植面积 8000 垧,可产 4 万吨萝卜,即是 40 万吨糖的原料。苹果 400 万株,现可结果的 150 万株,"八一五"后,果树严重腐烂、死掉,解放后全力救治,腐烂基本停止,果产已开始恢复。②

华北人民政府为保质保量供给纺织原料,有计划有步骤地推广植棉,规定华北棉产改进处的任务是,保证棉厂原料,提高棉花质量,增加棉农收益,推广繁殖斯字棉二号、四号,四五年内推广到 1000 万亩,使棉花逐渐规范化。③

林业也初步恢复。1947 年 12 月,东北行政委员会颁布《东北解放区森林管理暂行条例》,明确区内森林的所有权和管理权责规定"东北解放区之森林(包括林区林地及林木),均归国有,其依据解放区土地法取得

---

① 东北解放区财政经济史编写组等编:《东北解放区财政经济史资料选编》第 1 辑,黑龙江人民出版社 1988 年版,第 629 页。

② 中国社会科学院经济研究所中国现代经济史组编:《革命根据地经济史料选编》下册,江西人民出版社 1986 年版,第 445—446 页。

③ 华北解放区财政经济史资料选编编辑组等编:《华北解放区财政经济史资料选编》第 1 辑,中国财政经济出版社 1996 年版,第 1050 页。

林木所有权者除外"。"国有森林林区之划分,由东北行政委员会规定。各省境内之森林,其管理经营统一于各林业主管机关。"东北解放区的木材不仅要满足本地区经济建设的需要,还要支援其他解放区的经济建设。党和人民政府制定了"加强护林、育林并合理利用森林"的方针,各省相继建立了林业主管部门,加强对林业的统一经营与领导,1948年年初成立了东北林务管理局(后改称"林业局")。各省制定了防风、防水、防火的造林计划。1949年年初各地开始恢复旧有苗圃,设置苗圃基地。1949年恢复苗圃74处,育苗75坰,育成树苗177011条万株,植树5500万株(不过总成活率不到30%)。①

畜牧业方面,人民政府实行"保护耕畜、繁殖耕畜和发展家畜"的方针。土地改革后,多数老区的耕畜有所增加,吉林省舒兰县,土地改革前耕畜总数27700头,土地改革后增加到39060头,增长40%。② 据统计,到1950年2月止,东北耕畜总头数已由1945年的350余万头发展到574万多头,并设有公营种畜场12处,有种马183头,种牛142头,奶牛123头,种猪261头,种羊781只。陕甘宁解放区的绥德县王家坪,1947年曾遭到国民党军队的严重摧残,牲畜减少一半,农业减产33%,但到1948年迅速得到恢复。③ 据中共山西省委1950年对武乡县6个典型村的调查,抗战前共有牲畜325头,因敌人的破坏和摧残,损失达2/3以上。到1949年已发展到386头,超过了战前。④

渔业是部分解放区经济产业的一个重要组成部分。东北地区,河流纵横,渔业资源丰富。在松花江、辽河两大水系分流南北,还有黑龙江、乌苏里江、鸭绿江、图们江。有位于松江省密山县境内并和苏联交界的兴凯湖,又有位于松江省安宁县境内风景优美的镜泊湖。此外,全区还有123109平方公里的淡水面积,特别是还有沿渤海、黄海,长达2800公里

---

① 农林部:《第一次林务行政会议总结》,《东北日报》1950年2月15日。
② 吉林省政府农业厅:《耕畜问题必须解决》,1949年。
③ 史敬棠等编:《中国农业合作化史料》上册,生活·读书·新知三联书店1957年版,第773页。
④ 中央人民政府农业部计划司:《两年来的中国农村经济调查汇编》,中华书局1952年版,第115页。

的海岸线。在这些江河湖泊中,尤其是沿海地区,有丰富的渔业资源,可以产出大量的鱼、虾等水产品。最高年产量曾达到 174000 余吨。

"八一五"后,渔业一度受到严重破坏。北满地区解放较早,渔业秩序较为稳定;南满地区特别是沿海一带,渔业设施如养殖场、试验场都遭到严重破坏。私人渔业损失更为严重。如葫芦岛的打虾户渔民戴春村一家,19 盘网中有 8 盘由于国民党封锁海岸无法照看,被水冲走,余下的 11 盘网,也被国民党军队的巡海艇割断。国民党官吏对渔民剥削和压迫,甚至公开抢劫,致使渔业急剧衰落。如葫芦岛渔船由"八一五"的 138 只减至 1949 年的 70 只,能下海的渔船仅 35 只。盘山二界沟、锦西葫芦岛、兴城菊花岛、钓鱼岛、绥中三河口等五处港湾,有王家窝铺、孙家湾、三鱼山等 30 余处渔区,国民党"军政人员低价强购,苛捐杂税,横征暴敛,打骂渔民,无所不为,致使渔民大批歇业,无法维持生活。截至今春(1949 年春,编者译)和伪满时比较说渔户下降 37%,渔民下降 57%,渔船减少 74%,渔网减少 89%,渔获量减少 87%"。① 据统计,1948 年东北全区的渔业总产量约为 94380 吨,与"八一五"前的 173913 吨相比,减少了 79833 吨,下降约 46%。

东北全境解放后,渔业生产迅速恢复。1948 年 11 月,东北全境解放后,经济建设被列为首要任务。1949 年,东北解放区共有水产公司 26 个,渔业合作社 60 个。1949 年 4 月 12 日,东北行政委员会为渔民发放"渔民渔业证",便利渔民自由进入渔区捕鱼。1949 年水产量比 1948 年有所增加。据统计,全东北解放区渔户为 28180 户,劳动力 670749 人,渔船 17539 只。总产量约计 100500 吨,其中海产量 69500 吨,约占总产量的 2/3;淡水产量 31000 吨,约占总产量的 1/3,比 1948 年总产量 94380 吨,增加了 9%。②

农家副业也迅速恢复。在东北解放区,副业收入一般占农业收入的

---

① 东北解放区财政经济史编写组等编:《东北解放区财政经济史资料选编》第 1 辑,黑龙江人民出版社 1988 年版,第 598—599 页。

② 东北解放区财政经济史编写组等编:《东北解放区财政经济史资料选编》第 1 辑,黑龙江人民出版社 1988 年版,第 581 页。

20%,在一些有特产的地区,如山货、水产及柞蚕地区,农民副业收入可达30%—50%。① 中共中央东北局在《关于 1947 年度财政经济工作方针和任务》中提出:"充分利用一年的四季农闲时间,提倡奖励农业副业生产。"冬季伐木,是靠近森林区农民的主要副业生产之一。据统计,1948年冬季,松江省上山伐木的劳动力达五六万人以上,畜力达 3 万头。五常县伐木收入 300 多亿元;尚志县伐木收入 644 亿多元,用它买马 659 匹、大车 150 台、解决棉衣 4000 余套、买布 4 万余匹;巴彦县副业收入买马532 匹、大车 37 辆、粮食 7659 石、马料 605 石。若全部用来买马,则可买马 3435 匹;全部买粮则可买 94605 石。1949 年冬季,吉林省延吉、敦化两县上山伐木畜力 2650 余头;辽宁省临江县刚入冬,就有 800 多名农民,1000 多头牲畜上山伐木,至 12 月底,每人平均收入达 6 万—70 万元左右。打猎是山区农民的一种副业。1948 年松江省五常县组织打猎队,11区打野猪 100 多头,狍子 200 多只;第九区北俊村 3 天时间,打黄鼠狼 60多只,价值 600 万元,六区 3 天打黄鼠狼 600 多只。木兰县打猎收入达6. 31 亿元。②

第二节　解放区的工业和工业建设

　　城市工业是现代国民经济的主导,也是解放战争和中国新民主主义革命借以取得最后胜利的重要条件。中国共产党人和工农武装,从依靠、割据农村发起革命,到进入、占领城市,掌握和建设工业,不仅恢复和发展解放区经济,而且夺得中国大陆新民主革命的胜利,经历了一个艰难曲折的探索和熟悉过程。

---

　　① 　农林部:《东北解放区 1949 年农业生产建设计划》,《东北农业》1949 年 4 月 1 日。
　　② 　东北解放区财政经济史编写组等编:《东北解放区财政经济史资料选编》第 1 辑,黑龙江人民出版社 1988 年版,第 643 页、513—516 页。

一、解放区的城乡结构、工业政策及其变化

工农红军和八路军、新四军在游击战争年代,基本上是依靠广大农村,占领的城市不但比较少,而且往往不能保住。党和根据地政府虽然十分注意城市政策,反对乱抓、乱没收,但在占领城市之后,因没有十足把握保住城市,只能从城市中有政策、有计划、有组织地搬运出某些必需的物资。进入解放战争时期,开始在较大范围内占领城市,城市政策才有所改变。1946 年 8 月 11 日东北各省代表联席会议通过的《东北各省市(特别市)民主政府共同施政纲领》第四条规定:"保护奖励与扶持民营工商业,恢复并发展公营企业,发展合作事业,欢迎投资开发东北富源;改善工人、职员与技术人员的生活,安置救济失业工人,提倡劳资合作,发展生产,繁荣经济,保障资本家的正当利润,建立统一合理的税收方针,减轻人民负担,调整地方金融,以利东北经济建设的发展。"①

不过当时革命的基本形势,仍是敌强我弱,人民解放军占领了若干城市,但仍无完全把握固守。在东北解放区,还不得不采取搬迁、疏散重要资材和军火工厂的保险措施。1947 年 1 月 7 日东北局在向中央呈报的《关于今后八项工作任务的决议及中央的复示(节录)》中提出,"所有重要资材、军火生产工厂均疏散到靠近友方边界而交通运输又比较方便的地方,以确保安全"。而中央在"复示"中,进一步强调,"关于工业建设须特别注意在山地及其他比较有安全保障地区建立各种小规模工厂,并提倡手工业"。②

在搬迁、疏散重要资材和军火工厂的城市工商业政策延续未变的情况下,尽管攻城部队司、政两部一再要求攻城部队和地方党委,必须严格执行党的城市和工商业政策,但违反相关政策的现象仍然屡有发生。在

---

① 东北解放区财政经济史编写组等编:《东北解放区财政经济史资料选编》第 1 辑,黑龙江人民出版社 1988 年版,第 13 页。
② 东北解放区财政经济史编写组等编:《东北解放区财政经济史资料选编》第 1 辑,黑龙江人民出版社 1988 年版,第 20—21 页。

东北,一直到攻占四平、鞍山,收复吉林时,仍未禁绝。而且违反城市政策和侵犯工商业的情况、手段多种多样:一是某些攻城部队纪律不严,"本位主义地乱抓物资",不讲政策;二是后勤人员,如供给、卫生、通信、辎重等机关人员,借口"军用",借口没收蒋伪"敌产",搬运器材,拆卸零件,拿走皮带,损害工厂设备;三是后方机关的生产人员,只顾本单位利益,到新收复城市抢购物资、做买卖,扰乱新收复城市的金融物价;四是部分城市贫民趁机"发洋财",而部队人员从所谓"群众观点"出发,不加制止;五是郊区农民自发进城抓逃亡地主清算,破坏同地主有联系的工商业。①

　　党的城市工商业政策的大改变是在 1948 年。从 1947 年夏季攻势后,解放战争形势发生根本变化,人民解放军"不仅占领了很多城市,而且这些城市已稳固地为人民所有"。解放战争已是大规模的大兵团的集中作战,这不仅要依靠广大农村,而且要依靠城市。在这种情况下,必须改变过去的观点和策略,爱护城市,严格遵守党和政府的工商业政策、城市政策和法令,发挥城市的作用,使城市生产更多的军需品和日用品来支援战争,来繁荣解放区的经济。在这种情况下,1948 年 6 月 10 日,中共中央东北局专门就如何保护新收复城市的问题下发了指示。为了使新收复的城市和工商业免受破坏,能很快为战争为人民服务,决定对新占领城市实行短期的军事管理制度。由攻城部队最高指挥机关直接负责军事管理。待城市秩序大体稳定后,即取消军事管理,将城市管理的全部权限移交城市市委、市政府。"指示"明确规定,"攻城部队只有保护城市工商业之责,无没收处理之权。攻城部队无论对蒋伪公营企业、银行、商店、市政机关、医院、学校、仓库及私人企业、商店等,均无没收处理之权"。同时,战斗中及战斗结束后,攻城部队应派出必需的队伍加以保护,"禁止任何人进去搬运机器、物资和器材"。又规定攻城部队对敌方经济机关与文化机关的人员和警察等,不应加以俘虏及逮捕,而应责成他们在我方一定机关和人员的指挥与命令之下,留在原来岗位,看守原来的机关、工厂、仓

---

　　① 中共中央文献研究室、中央档案馆编:《建党以来重要文献选编(1921—1949)》第 25 册,中央文献出版社 2011 年版,第 340 页。

库、物资和文件,并继续维持必要的工作,听候清理与交代,不得怠职毁损和阴谋破坏。攻城部队后勤工作人员,只能随部队做部队本身后勤供给工作,绝对禁止他们离开本身职务,而乱抓物资。攻城部队在战斗结束后,除需要维持城市秩序的一定数量的部队外,其他部队均应撤出城外。在撤出前,必须将看守之工厂、仓库、银行、市政机关等移交清楚。所有部队,一律不准驻扎在工厂、医院、学校和教堂。凡"违反城市政策及工商业政策者,必须彻底追究,并依据情节轻重,依法处办"。"指示"还规定,经过东北一级一定机关批准的人员,在进入新收复城市后,必须在城市军事管理机关及以后的市政府市委领导之下进行工作。凡发现此项人员有破坏工商业政策及城市政策者,当地市政府得随时取消其在该市留住之权,并给以处分。各地党委、政府、农会,尤其是该城附近的组织,必须教育农民,不得进城自行逮捕人犯及没收物资。如必须进城抓恶霸罪犯时,必须经过市政府批准,并由市政府合法进行。[1]

在华北一些新解放的城市,也曾一度出现接收日伪及国民党官僚资本的厂矿过程中,擅自搬运器材,拆卸零件,损坏工厂设备的严重问题。如晋冀鲁豫军工部门为了使用汽缸,破坏了 7 个空气压缩机;有些工厂在交出机器给其他工厂时,留下一部分对他们自己有用的机器零件,而使全部机器损毁;有的部门在接收工厂后,不就地开工,而把机器拆卸分散搬走;等等。1948 年 5 月 17 日至 6 月 27 日在某地召开的华北解放区工商业会议,严厉地指责了这种损坏工业生产设备的行为,明确规定,"以后新解放城市的一切工矿,一律严禁任意转移,严禁破坏,必须保存原状,就地开工。即使由于战略关系,我军占领后又要退出的城市和矿场,也不许丝毫破坏,因为这些工矿都是人民的财富,不久将重归人民所有"[2]。

实际上,晋冀鲁豫边区在一些新解放城市,违反党的城市政策和工商业政策、损毁工矿商业的程度,远比华北解放区工商业会议揭露和批评的

---

① 中共中央文献研究室、中央档案馆编:《建党以来重要文献选编(1921—1949)》第 25 册,中央文献出版社 2011 年版,第 342—343 页整理而成。

② 中国社会科学院经济研究所中国现代经济史组编:《革命根据地经济史料选编》下册,江西人民出版社 1986 年版,第 241 页。

严重得多。在一些新解放城市,反奸清算时,对奸、霸、特务、官僚资本等的定义,往往含混不明,没有明确和严格地区别哪些商店、工厂属于汉奸、恶霸、官僚资本,可以清算没收,哪些应予保护,大大损害了工商业;土地改革中没有明确划分资本主义与封建主义的界限,有些人错误地认为"工商业均带封建性,不斗争工商业,就不能肃清封建,就不能满足群众要求",如长治南大街,把中等商人全部斗垮,邢台、邯郸、晋城、武安、沁阳都是在这一界限不分、笼统封建的名词下斗垮的。有些城市解放前尚相当繁荣,解放后即跟着萧条下来。这些城市的工商业不是因为清算斗争而垮台,而是被机关、部队、团体的生产"巧取豪夺、排挤强占而垮台"。他们有些借军事、政治威力压人,强占铺面、工场、作坊;因有电话、汽车、武装的便利,凭借资本雄厚(多为挪用公款、战争缴获物资),囤积居奇,操纵市场,有些简直是无法无天,运销违禁品,抗拒政府法令。部队攻入城市后,纪律极坏,乱抓资财,"完全是毁灭政策"。军工、供给、卫生、报馆、各部队、各机关、各团体生产人员,当城市攻下后亦蜂拥而入,乱抓东西,接着就是老百姓起来跟着抢。任何城市只要有两三天工夫就可破坏干净,如邯郸、沁阳、焦作、运城等就是这样被破坏了的。其他如苛捐杂税(诸如市街办公费、支差费、优抗费、招待费、秧歌费、慰劳费等)。另外,营业税评议不公,物价暴涨暴跌等,均可伤害工商业。

至 1948 年夏秋之交,晋冀鲁豫边区工商业的主体情况,大体可分为三类城镇(地区):第一类,原有工商业全部或大部保留并发展了新的工商业,如临清、南宫、衡水、曲沃、曲村等,经济发展,市场繁荣,这一类城镇(地区)约占全区城镇(地区)的 1/4;第二类,原有工商业大部或小部垮台,新的工商业亦有部分发展,如邯郸、晋城、阳邑(武安属)、河南店(涉县属)等,这一类城镇(地区),约占全区城镇(地区)的 1/4;第三类,原有工商业大部或全部垮台,新的工商业又很少发展,如武安、大名、闻喜等,这一类城镇(地区)约占全区城镇(地区)2/4。① 总的情况不容乐观。

---

① 中国社会科学院经济研究所中国现代经济史组编:《革命根据地经济史料选编》下册,江西人民出版社 1986 年版,第 245、247 页。

为了彻底纠正上述严重违反党的城市政策和工商业政策中的"左"倾错误,有效阻止对城市工商业的破坏,中共晋冀鲁豫中央局特作出如下决定。

(1)严格禁止清算斗争工商业。保护一切工商业(包括地主、富农经营的工商业在内)。地主、富农将土地财产转入工商业者,一律欢迎,不准斗争。地主、富农的手工工具,如纺车、织布机、织袜机、缝纫机、弹花机等,一律不没收、不征收,准其留下进行生产。

(2)地主、富农工商业如已被清算斗争,但尚未分配,或仅转作群众股份(所谓"换神不换庙"),或虽已分配而尚未损坏耗光者,均应立即无条件地退还原业主。资本不足者,政府给以低利或无利贷款,务使其能继续经营。工商业主逃亡者,其商店、工厂应坚决保护,不准侵犯,俟其归来后,仍交还原业主继续经营。真正属官僚资本与最反革命分子的工商业,归边区政府或行政公署处理,其他任何机关、团体与个人,无权过问,边区政府、行署没收后亦不得分散,应继续经营。

(3)工会、党的支部应与厂主合作,共同发展经济,做到"原料足,成本低,产量多,质量高,销路广"。目前高工资必须压低,工资由劳资双方自由规定,不提增加工资减少工时的口号,但所有公私企业均禁止对工人、店员、学徒进行封建半封建性的虐待和剥削。实行按时计工,按件给资的工资制。成立以厂长为首的三人委员会领导生产,首先在公营企业中实行,私人企业如资方同意,亦可实行。

(4)克服国营企业中的统制垄断思想,规定国营企业中实现"公私兼顾、劳资两利"的制度和办法。凡对国营和民营均有利,或对国营有利对民营无害或害很少者允许经营,凡对国营有利而对民营害大者一概不允许经营。对敌经济斗争必须实行管理,但办法则应力求简便,解放区内贸易完全自由,取消路条制,取消或改造交易所,取消农村管制人口出村办法,给人民以就业的自由。

(5)银行、贸易总公司、合作厅、财政厅,共同合作,按时吞吐物资,实行全年贷款,大力支持生产,按季节有步骤地发行货币。贸易总公司主要任务为活跃市场,平稳物价,不担负财政任务,以便保持物价平稳上升

(不上升亦不可能),不暴涨暴跌。

(6)一切机关、部队、工厂、商店,必须接受当地党委与政府(工商管理局)的领导,取消其特权,与民营企业同等待遇,严厉取缔非法营业。

(7)取缔地方上所加于工商业的苛杂,除边区政府所规定的税收摊派外,其他任何机关、团体不得擅自摊派或增派,劳军捐款应出于自愿,不得摊派。对工商业者按所得纯利只征 15% 左右的所得税,并须规定合理评议计算征收的制度。

(8)《中国土地法大纲》所规定的废除一切债务,不包括工商业的借贷来往账及货账在内。

(9)颁发合作社条例草案,取缔某些合作社非法行为,规定合作社性质、任务与营业制度,整顿合作社队伍,加强业务指导,有计划组织生产,调剂物资,其资本不足者由银行给以低利贷款,帮助其发展。

(10)加强部队与地方的城市政策和工商业政策的教育。

(11)为贯彻上述方针,决定召开全区工商业会议,邀集公私企业、商会、工会及政府的代表,检讨过去得失,研究三种不同城镇(地区)发展工商业的具体政策。

(12)各区党委应把本区 2 万人以上城市,三个月内作出总结报告中央局,并做好下列城市的工作:运城、曲沃、晋城、长治、邢台、武安、沁阳、邯郸、临清、南宫、衡水、大名、濮阳、聊城、杨集等。冀鲁豫并应恢复草帽辫业,取得经验,推动全区。①

晋冀鲁豫边区违反工商业政策、工商业遭到严重破坏的情况,均发生于中小城镇,一些大城市的情况要好一些。山东济南是攻城部队实行保护工商业政策较好的一个例证。在济南解放之前,陈毅将军即已颁布"约法七章",其中第二条是"本军保护民族工商业及私人资本,凡私人工厂、企业、公司、银行、商店、仓库、货栈等,一律保护,望照常营业"。解放以后,济南特别市军事管制委员会又颁布"入城守则",其中关于保护工

---

① 中国社会科学院经济研究所中国现代经济史组编:《革命根据地经济史料选编》下册,江西人民出版社 1986 年版,第 247—249 页。

商业,更有明确具体的规定,一切部队、机关,必须遵照管制委员会所指定的地方居住,不得住工厂、学校、医院、商店、文化机关、教堂等地。并须一切入城机关、部队人员严格遵守:"对私营之企业工厂、公司、银行、商店、仓库、货栈等民族工商业,均须负责保护,不得有任何破坏。"入城部队对于保护工商业的政策,没有停于文告宣传,而是官兵上下,身体力行。当济南市内战斗还在进行时,解放军工作队就召集市内工厂的技师和工人座谈,讲解解放军政策,要他们安心值守,保护工厂。同时警卫部队被派往工厂、仓库、学校及名胜古迹地区放哨保护。懂得了解放军政策的工人,在猛烈炮火中仍然轮班看守机器,为70万市民所关切的自来水厂这才得以保全,没有被蒋军所破坏。民族工商业资本家对于解放军的保护普遍表示感激。当商埠区解放之初,华东解放区发行的北海币与敌币的比值尚未规定,解放军通令部队暂时一律不准购物,以免商民吃亏。某部一个班长想给病号买点糖果,即被纠察队阻止。商店掌柜非常感动地说:"解放军的政策上行下效,怎能不打胜仗呢?"又如河南洛阳,由于民主政府执行了正确的城市政策,起死回生,"由蒋治时代黑暗恐怖、百业萧条的死城逐渐成为民主自由向上发展的新洛阳"。根据1948年5月8日以前统计,除摊贩外,城市大小商店开业者已达1600余家,较解放前增加400余家,适应农民需要的粮行、盐行、土布行增加尤多,最近有两家金店、两家银行及一家大绸缎庄筹备复业,受骗逃往郑州、西安等地商人,已陆续返回洛阳。原为蒋府河南建设厅所办的龙头煤矿,由民主政府接收后,产量增加,保证了洛阳煤炭的供给。被毁的发电厂在工人与技师的努力下,很快就复工了。470家困难的摊贩、小手工业者,亦获政府贷款,纷纷复工,从事纺织、铁工等小手工业生产。①

　　总的来说,解放战争前中期,新解放或收复的大小城镇,党的城市政策和工商业政策执行情况,各城镇工商业的环境条件和本身状况,好坏参差。相对而言,大城市的情况要好一些,中小城镇较为严峻。1947年、

---

① 中国社会科学院经济研究所中国现代经济史组编:《革命根据地经济史料选编》下册,江西人民出版社1986年版,第253—255页。

1948 年后,各中央局先后发出指示,作出严格规定,要求攻城部队和当地市委、市政府严格执行党的城市政策和工商业政策,自后情况趋于好转。

二、东北解放区工业的恢复和建设

东北解放区的新式工业是在接收和改造日伪统治时期殖民地工业和国民党统治区国民党国家资本及私营工业的基础上,在激烈的战争环境中恢复和发展起来的。

东北解放区工业的恢复和发展,既有有利条件,也有不利条件。有利条件是:(1)有较丰富的自然资源,包括农林水利资源、矿产资源,还有开采设备。(2)有比较充足的电力设备和机械设备基础,解放区的发电量占全东北发电量的77%,可供进行较大规模机械化生产。(3)有比较发达的运输工具与较密集、配套的铁路、公路交通网络。(4)有几十万产业工人大军和一定数量的技术人员;[1]但不利条件更为明显:日本将伪满作为全面占领和灭亡中国的"根据地",东北成为日本投资最多的地区,并有巨额伪满"国有"资本,虽然工矿和交通配套设备,相当齐全,但因战争末期盟军轰炸,尤其是 1945 年 8 月苏联进军东北,将大部分工矿和交通运输设备,包括钢轨、枕木,都被拆除运往苏联,工厂、矿山、车站、码头全都残破不堪,无一完整之处,甚至一片废墟。伪满时期有水力发电设备 62 万千瓦、火力发电设备 105 万千瓦,合计 167 万千瓦。"八一五"后,109 万千瓦的发电设备被苏军拆走。技术人员和技术工人亦相当缺乏,近 20 万日本技术人员和技术工人几乎全部回到日本,中国技术人员和技术工人,大部分被国民党胁迫入关;敌伪时期调查资料、工厂设计图纸、技术记载大部失散。据不完全统计,仅东北解放区内的工业损失即占工业资本额的 25%,生产能力损失 50%—70%,个别厂矿则高达 90%。[2]

---

① 中国社会科学院经济研究所中国现代经济史组编:《革命根据地经济史料选编》下册,江西人民出版社 1986 年版,第 551—552 页。

② 东北解放区财政经济史编写组等编:《东北解放区财政经济史资料选编》第 2 辑,黑龙江人民出版社 1988 年版,第 119、131 页。

据东北财经委员会副主任、工业部副部长邵式平在东线视察报告中说,"二次世界大战中,日寇败局已定的时候,日寇对于东满的许多建设,便开始了有系统的[地]破坏。驼腰子、八面通的采金船于1942年就拆走了,金矿封闭了,为此而建立起来的飞机厂,发电厂也都同时破坏了。到了'八·一五',日寇更加大肆破坏,所有的矿山被炸了,所有的机器被毁了,所有的兵营被烧了,过去的各种设施,几天之内都被破坏得不成样子了"[1]。国民党发动内战之后,"工厂、矿山成了蒋军的兵营和堡垒,列车成了蒋军的作战城墙。职工宿舍被蒋军拆去烤火了,钢板、铁筋被蒋军拆去做集团工事了。机器和器材南迁的南迁,拍卖的拍卖,散失的散失,丢弃的丢弃。成千成万的职工及其家属被从工厂和宿舍中赶了出来,倒毙于沟壑,流散于四方。蒋军败退的时候,又命令要炸毁一切工厂、矿山、铁路和建筑物。蒋军被歼干净了,还开美制飞机来,指定目标,一再轰炸"[2]。"由于战争的缘故,鞍钢的破损程度是很厉害的。各现场虽然在工友的紧张工作中进行修复,但满目所触仍然是破烂不堪的景象。很多地方都是碎铁零件及不能使用的废机件,有的厂房只剩下空的钢架,有的倾毁倒塌,即使已经开工的厂房也显得支离破碎。"[3]所以民主政府接管的东北工业是"一个烂摊子,很大的一个烂摊子"[4]。

(一) 东北解放区工业的概貌和恢复步骤

东北解放区的新民主主义工业和整个新民主主义经济一样,"基本上是由以下五种经济成分所构成,这就是国营经济、合作社经济、国家资本主义经济、私人资本主义经济、小商品经济"[5]。

---

[1]　东北解放区财政经济史编写组等编:《东北解放区财政经济史资料选编》第2辑,黑龙江人民出版社1988年版,第43—44页。

[2]　朱建华主编:《东北解放区财政经济史稿》,黑龙江人民出版社1987年版,第204页。

[3]　朱建华主编:《东北解放区财政经济史稿》,黑龙江人民出版社1987年版,第204页。

[4]　东北解放区财政经济史编写组等编:《东北解放区财政经济史资料选编》第2辑,黑龙江人民出版社1988年版,第7页。

[5]　朱建华主编:《东北解放区财政经济史稿》,黑龙江人民出版社1987年版,第204—205页。

中共中央根据各种工业经济成分的不同性质和类型,采取了如下经济政策:首先是发展国营工业,特别是重工业与军事工业;其次是发展地方公营工业;提倡发展合作社经营的工业;提倡组织与扶助国家资本主义工业;再次对私人资本主义工业是先公后私,公私兼顾,发展有利于国计民生的工业,管理和限制投机倒把的商业投机。[①]

作为优先发展的国营工业,在解放战争时期的发展,可大致分为以下四个阶段。

第一阶段(1945 年 10—12 月),是国营工业草创阶段。

国营工业的建立,是从军事工业开始的。[②] 1945 年 10 月 11 日,延安、晋绥老区干部大批到达沈阳。中共中央东北局非常重视东北的工业,尤其是军事工业。所以第二天即责成东北军区后勤部成立军事工业部,并与辽宁省民主政府及沈阳市民主政府共同组织了沈阳市各区管理委员会,负责接收日伪工厂的工作。以兵工厂为重点,接管了大东区兵工厂,文官屯坦克修理厂及孤家子火药厂。在短短的 20 多天里,兵工厂的工人由 700 人增至三千余人,子弹厂开始复工,由日产万发增至 3 万发,坦克管理厂修理了一部分战斗机。12 月 25 日,东北民主联军总部撤出了沈阳。

第二阶段(1946 年 1 月—1947 年 5 月),为国营工业正式建立时期。

自 1945 年 11 月山海关战役开始,国民党军队大举进攻东北解放区,以沈阳为中心的主要工业区被国民党军占领,解放区只保有东北工业的一小部分。据此,1946 年东北局提出的发展工业的方针是:"发展农村手工业及恢复必要的、条件可能的机器工业。"同时确定矿山是以恢复煤矿

---

① 中国社会科学院经济研究所中国现代经济史组编:《革命根据地经济史料选编》下册,江西人民出版社 1986 年版,第 550—556 页。

② 东北人民政府行政联合办事处和东北军区(1945 年 10 月成立东北军区司令部,同年 12 月 31 日改称东北人民自治军总部,1946 年 1 月 14 日改称东北民主联军总部,1948 年 1 月 1 日再改称东北军区)经营的工业企业叫"国营"工业;东北各省、市、县(包括机关部队)经营的工业企业叫"公营"工业或叫"地方工业"。那时为了把公营工业中的国营工业和地方工业区别开来,属于国营的通称"大公",属于省、市、县公营部分称之为"中公",机关、部队公营称之为"小公"。

为重点,工厂是以军工和供给工矿的发电厂与机械厂为重点。① 1947 年,东北局提出了"农业生产是东北解放区生产工业工作的中心"和"有计划地组织工业生产"以及"机器工业应与手工业相结合""机器工业应与农业相结合"的方针,并且规定以恢复必要的工矿业和铁路运输业、发展军需工业与纺织工业为重点。②

1946 年 8 月,成立了东北各省市(特别市)行政联合办事处,后改称为东北行政委员会。下设财政、建设、交通委员会,领导和管理国营工业。财政、建设两委员会主任委员为陈云。11 月成立了东北财经委员会,负责领导东北解放区的财政和经济建设工作。下设工矿处,专门负责管理东北国营工业,后分设财政委员会和经济委员会工厂处,隶属经济委员会。

1946 年八九月间,开始在佳木斯、鸡西、图们、牡丹江、哈尔滨和西满等地区进行恢复和建设国营工业。经过一年的艰苦工作,煤矿业、电力工业、机械工业、纺织工业、金矿、化学工业、粮食加工业、火锯工厂等均有所恢复。国营工业的职工人数由 1946 年的 1.3 万人增至 1947 年的 5 万人。据不完全统计,1946 年主要产品产量:砂金 118 两,煤 738186 吨,一般烟纸 1459 吨,鞋 8 万双,棉纱 9314 件,棉布 211981 匹。1947 年主要产品产量是砂金 326 两,山金 264 两,煤 2427271 吨,电 17523 亿度,一般烟纸 2101 吨,鞋 45.2 万双,棉纱 1818 件,棉布 36386 匹,木材 50 万立方米。③

第三阶段(1947 年 5 月—1948 年 11 月),为东北解放区国营工业的集中统一领导时期。

1947 年 5 月、9 月、12 月,东北民主联军先后发起了夏、秋、冬季攻势作战,陆续收复了安东、阜新、鞍山、吉林、营口等工业城市,解放区的各种

①　东北解放区财政经济史编写组等编:《东北解放区财政经济史资料选编》第 2 辑,黑龙江人民出版社 1988 年版,第 11—21 页。

②　朱建华主编:《东北解放区财政经济史稿》,黑龙江人民出版社 1987 年版,第 207 页。

③　东北解放区财政经济史编写组等编:《东北解放区财政经济史资料选编》第 2 辑,黑龙江人民出版社 1988 年版,第 176—178 页。

工业都有所恢复。但由于沈阳及其周围的主要工矿区仍为国民党军所盘据,工业恢复主要集中在北满和安东地区。在1947年8月的东北财经会议上,民主政府提出1948年的经济建设方针是"以农业为主,发展农业,发展工业"。在发展工业上,确定了"恢复和发展必须的工矿业、电力、铁路交通运输业。工矿业中尤以军工、军需、纺织、采煤、采金、钢铁与电力等为重点"①。同时提出了加强对财经工作的统一领导的方针,制定《东北解放区一九四八年经济建设计划大纲》。1948年9月,人民解放军发动了辽沈战役,东北全境即将完全解放。10月东北局提出"从东北全党来说,应以工业与农业并重,但领导上要更加重视工业和更好地掌握工业,把工业放在第一位"的方针。②

1948年7月新设的东北工业部于10月制定了《工矿部工矿企业管理暂行条例》及其他工业经济法规,以提高国营工业经济的管理水平。东北行政委员会在1948年向工业投资和贷款3560亿元(折合高粱米16万吨),国营工业企业的恢复工作进展迅速。安东造纸厂3个月就恢复了生产,鸡西、蛟河、西安煤矿也有所恢复。牡丹江、佳木斯两大新建纺织厂也按计划完成了任务。小丰满水力发电厂的其他火力发电厂的恢复,保证了电力供应。到1948年冬,工业部所属国营企业单位共314个,其中开工者211个,修建复工者67处,保管者36处。

1948年国营工业制订了第一个战时生产计划,执行的结果是:生产原煤5406194吨,完成计划108.2%;赤金55005两,完成计划110.01%;纸张6598吨,完成计划190.6%;水泥14484吨,完成计划48.28%;食盐450000吨,完成计划150%。其他电力、木材、纺织等也完成了计划。发电36189亿度,木材1485641立方米,棉纱37762件,棉布623552匹,棉军毯177702条,毛军毯41594条,军用胶鞋2035615双,人造毛呢149836米,哔叽呢119686码,卡其线10058斤,丝线108678斤,单丝152744斤,

---

① 《东北解放区一九四八年经济建设计划大纲》,《东北日报》1947年10月27日。
② 东北解放区财政经济史编写组等编:《东北解放区财政经济史资料选编》第2辑,黑龙江人民出版社1988年版,第72—74页。

汽船 7 只。① 与上年相比,产品增加了很多。煤炭增加了 123%,国营工业职工人数由 1947 年的 5 万人增至 12 万人。②

第四阶段(1948 年 11 月—1949 年 10 月),为东北解放区国营工业全面恢复和开始有计划建设的阶段。

东北全境解放后,全部接收了国民党国家资本及私营官僚资本的厂矿,使之成为国营工业。1948 年 11 月 2 日沈阳解放,3 日东北工业部作为沈阳军管会的经济处进入城内,负责接收国民党四大企业系统,即原资源委员会、资源委员会东北电力局、生产管理局、中纺公司的工业。接收的方针是"自上而下、按照系统、原封不动、整套接收"。执行这一方针的好处是:第一,使原有人员感到责任关系,便于完整移交;第二,保持原有系统不乱,便于了解情况,考查问题,及时解决;第三,规定原有人员各回岗位,如遇问题,即有案可查,有人可问,组织恢复生产亦较容易。除利用原班人员外,东北工业部另派军事代表实行监督。按照这一方针共接收了四大系统的 35 个单位 406 家厂矿及 3 所学校,共计有各种机器设备 12516 台,动力设备 1728 台,运输设备 229 台,职工技术人员及学生总数 7807 人,其中技术人员 286 人。③ 1949 年东北工业部又接着将原辽东省营的华岩寺萤石矿等 7 处矿山和营口县 2 处苇塘收归国营。

为恢复国营工业生产,东北行政委员会投资了折合 200 万吨粮食的资金④,并在工人群众中掀起了献纳器材的运动。到 1949 年 4 月,工业部所属 323 个厂矿,开工者为 234 个,占 72.4%。不过作为工矿业龙头的钢铁和有色金属业,开工率相对较低,75 家中只有 28 家开工,开工率仅为 37.3%。⑤ 这同"八一五"后日军的疯狂破坏和苏军的拆运有关。1949

①　朱建华主编:《东北解放区财政经济史稿》,黑龙江人民出版社 1987 年版,第 210—211 页。

②　朱建华主编:《东北解放区财政经济史稿》,黑龙江人民出版社 1987 年版,第 211 页。

③　中国社会科学院经济研究所中国现代经济史组编:《革命根据地经济史料选编》下册,江西人民出版社 1986 年版,第 564—567 页。

④　方青、常工:《向着新中国的工业基础前进》,《东北日报》1950 年 9 月 10 日。

⑤　东北解放区财政经济史编写组等编:《东北解放区财政经济史资料选编》第 2 辑,黑龙江人民出版社 1988 年版,第 162—163 页。

年12月,工业部所属372个厂矿,开工者增加到307个,开工厂矿比重提高到82.5%。国营工厂职工人数也由1948年的12万人增至1949年的28万人。[1]

为了实施对国营厂矿的生产规划和管理,1949年1月东北行政委员会成立工业部计划处,3月提出1949年国营工业计划大纲及生产计划、修建计划、经理计划。这一计划规定东北工业建设以迅速恢复重工业,特别是钢铁以及电力和建立机械工业为重点。1949年东北各类国营工业除纺织、造纸工业外,均完成或超额完成了生产计划。主要产品产量:生铁172500吨,完成计划的183.5%;平炉钢锭100933吨,完成128.4%;电炉钢锭6684吨,完成157%;电铜1875吨,完成125%;电铅2062吨,完成103%;原煤11242805吨,完成124%;发电和购电量13.4868亿度,完成103%;工作母机570台,完成114%;水泥218791吨,完成109.4%;平板玻璃115631箱,完成110.1%;各种纸张23384吨,完成90%;棉纱65133件,完成88%;棉布1248278匹,完成86%。[2] 同过去最高水平相比,1949年东北工业产值只有1943年的29%,占东北国民经济总值的35%。[3]

东北解放区在建立和发展大区一级国营工业的同时,还兴办了部队、机关和省、市、县的公营工业,主要是省、市、县营的地方工业,是地方政府运用地方上的人力、财力与地方资源举办的企业。其来源一是接收敌伪的工厂、矿山;二是没收汉奸地主的烧锅、油坊;三是为解决财政而自己开办的金矿等。

地方公营工业的发展,主要分为以下两个阶段。

第一阶段(1945年8月—1948年7月),是东北公营工业兴办时期。

地方工业的兴办是从解放热河开始的。1945年"八一五"前后,冀热辽解放区实行大反攻,解放热河省,随即着手恢复工业,首先恢复了小寺沟大庙煤矿的生产,并于承德、赤峰成立电业局。到1946年五六月间,电

---

[1] 朱建华主编:《东北解放区财政经济史稿》,黑龙江人民出版社1987年版,第212页。

[2] 朱建华主编:《东北解放区财政经济史稿》,黑龙江人民出版社1987年版,第212—213页。

[3] 朱建华主编:《东北解放区财政经济史稿》,黑龙江人民出版社1987年版,第213页。

力、矿山、工厂,包括赤峰的肥皂厂、酒精厂都恢复了生产。北满的地方工业,如合江省的地方工业从 1946 年 8 月间开始生产,到 1947 年 7 月,经过一年的创建,生产初具规模,改善了经营管理。东北南部当时处在战争环境,根据地得而复失的情况经常发生,工厂搬迁和转移频繁。1946 年 3 月 1 日,通化的油坊开始出油,此后火柴、葡萄酒、肥皂、卷烟、织袜等工厂也都陆续恢复生产。机关、部队生产方面,1947 年,后方机关、部队除粮食、被服外,日用工业品都做到了大部分自给,而以嫩江、牡丹江、黑河 3 个军分区成绩最为显著。

第二阶段(1948 年 8 月—1949 年 10 月),是东北公营工业的发展时期。

在这一阶段,东北民主政府对公营工业的性质、作用,有了更深一层的认识。陈云指出,省市公营工业是公营企业与私营企业的"纽带"。而过去并未认识到这一点,所以眼看着私营厂商"在国营与省营之间钻空子"。如何加强对公营工业的指导、管理和财政支持,也在认真地摸索中。如在财务会通知不向地方工业投资的情况下,用国家订货、预付货款的办法,解决资金问题;又如,因机关生产和县营工厂的目的是解决财政问题,直接由财政部门经营管理。据估计虽其资金不少于省(市)公营企业,但这种资金拨付和经营管理模式,仍"是值得研究的"。① 对此,东北人民政府工业部作出回答并明确规定:公营工业虽然要负担一定的财政任务,但为了能够顺利发展,应当在主要依靠自己积累资金和地方政府的帮助,以及规定一定的财政任务(一般不应超过工业利润的 50%)的条件下,由国家尽量采用订货和供给一定的原料的方式,来解决地方工业中的困难,帮助地方工业的发展。同时,地方工业要面向人民,首先是面向农民,并加强地方公营工业的经营管理,提高劳动效率,降低成本。到 1950 年,公营厂矿应根据各厂不同现状,提高劳动效率 10%—30%,降低成本 10%—20%。②

---

① 东北解放区财政经济史编写组等编:《东北解放区财政经济史资料选编》第 2 辑,黑龙江人民出版社 1988 年版,第 228 页。
② 东北解放区财政经济史编写组等编:《东北解放区财政经济史资料选编》第 2 辑,黑龙江人民出版社 1988 年版,第 231—232 页。

这样,地方公营工业作为"国营经济整体的一部分",进入了正常的发展轨道。1948年东北解放区(热河除外)共有省营工厂1409个,工人32300人。27%是加工工业(火柴、油坊、烧锅等),33%是以供给公用为主,生产民需为辅(豆腐坊、被服店等),另有40%是以生产民需为主,附带供给公用,但生产单位比较小(如铁匠炉有200余处,平均只有工人2名)。这部分工业的作用,主要是供给财政(菜金、办公、杂支等),对民需及本单位之外的公需所起的作用较小。① 1948年地方工业主要产品产量为:煤552364吨,金5539两,石棉板32000张,胶皮石棉板5458张,中帆布1116204尺,麻袋580668条,火柴69954箱,印刷纸2510100匹,染布199158尺,火碱31100斤,酱油3720000斤,大瓶84678个,碗3791522个,糖443吨,面粉61231斤,汽水40884箱,纸烟11512箱,轧棉花450000斤,大杆秤2368台。②

1949年东北公营企业(缺辽西、热河材料)共有矿业、机械铁工、纺织、化学、窑业、食品、粮油加工、制材、卷烟九大类行业,工厂数量有所减少,但职工增加,总计工厂1138家,职工41573人,每家平均36人,主要机械设备14569台,流动资金约为2万亿元,产品约为115种。主要产品有煤、火柴、纸张、陶瓷、石棉制品、糖、火碱、曹达灰、骨胶、柞蚕丝绸、帆布、水龙带、针、亚钾酸、云母、锑、滑石、萤石、味素、布加工、铁加工等二十余种。1949年省、市公营工业产值22640.58亿元,折合粮食556017吨,约为东北工业部系统国营工业产值的1/10。③

(二)国营工业及其行业构成

国营工业是东北解放区工业的主体,主要由军事工业,钢铁工业,有色金属工业,煤炭工业,电力工业和电器工业,机械工业,化学工业,水泥

① 东北解放区财政经济史编写组等编:《东北解放区财政经济史资料选编》第2辑,黑龙江人民出版社1988年版,第97页。
② 朱建华主编:《东北解放区财政经济史稿》,黑龙江人民出版社1987年版,第217页。
③ 朱建华主编:《东北解放区财政经济史稿》,黑龙江人民出版社1987年版,第217—218页。

工业和玻璃、陶瓷工业,纺织工业,森林工业和造纸工业,橡胶工业,制盐业和制糖业等十余个行业构成。各个行业的地位和恢复、发展状况,互有差异,前后亦有变化。

(1)军事工业

军事工业是早期国营工业中最重要的工业。日本投降后,老解放区的干部和军队到达东北,最初在各军区、纵队,先后成立军工部或军工处。1945年10月12日,成立了东北军区军事工业部,由辽宁省政府外事处处长李初梨兼任部长。当时接收了在东区的沈阳兵工厂以及文官屯坦克修理厂及孤家子火药厂。当国民党军队向东北解放区发动大规模进攻,人民军队于11月从沈阳撤退时,只搬走少数机器设备。从此一直到1946年7月,军事工业一直是处在搬家建厂、搜集器材阶段。在不到10个月的时间里,曾先后4次迁移,由沈阳到通化,再到吉东,最后到珲春、鸡西、佳木斯。从抚顺、鞍山、辽阳、本溪搜集到的机器310余部运至通化,将敌伪遗留下来的兵营改建成厂房,干部亲自动手,发挥工人群众的积极性,一面建厂,一面生产。以生产弹药特别是手榴弹为主,以适应战争的需要。

1946年5月,东北局、东北民主联军总部从长春撤退到哈尔滨,后勤部大部分迁往佳木斯。从此进入了建立东北军事工业基地的阶段。东北军工部在北满以兴山、佳木斯、鸡西、哈尔滨为基地,建立了大小14家兵工厂,以制造八一、八二迫击炮为主,供应前方急需。除东北军工部所属兵工厂外,西满军工部、辽东军工部、吉林军区后勤军工部、辽北(原辽吉、辽西)省军工部、冀热辽军工部,以及各纵队均设有兵工厂。大连于1947年建立的军工厂,名称为"大连新建工业公司",下辖三个工厂,生产弹体、弹壳、引信、发射药,供应东北、华东解放军各部队。

1947年9月14日至10月7日,召开了第一次东北军工会议。东北军工部于1947年10月,正式设本部于哈尔滨,何长工任部长,伍修权任参谋长兼政委,韩振纪任副部长。军工部接收了分散在各地的14处兵工厂、修械所。以地区为中心成立了珲春、兴山、鸡西、北安、齐齐哈尔、辽东、吉林、哈尔滨、大连9个办事处和5个直属厂。为了战争的需要,实行了工厂生产专业化,规定了产品的基本规格和标准。在生产管理上开始实行企业化经营,改变了过去只问产品不计成本的做法,开始建立经济核算制度、统计制度、技术等级制度,实行成本核算、战时工薪。

1948年11月,东北全境解放后,进入了军事工业的接收和整理阶段。军工部接收了沈阳及南满各地的军事工业,包括沈阳兵工厂、文官屯兵工厂、修械厂、炮兵设备厂、沈阳汽车总厂、沈阳化学厂、抚顺火药厂等9个工厂。到1949年2月止,军工部职工由20640人增至43687人。军工部由哈尔滨迁至沈阳。在珲春、兴山、鸡西、安东、齐齐哈尔、北安、吉林、哈尔滨、大连设有9个办事处,共74个工厂和1所工业学校。

随着东北全境解放、战争南移,东北成为支援全国解放战争的后方基地,军事工业步入正轨。1949年5月开始调整和精简机构,归并工厂及其管理部门。汽车总厂、电气厂移交给工业部,裁撤办事处机构,变为厂或总厂,北满分部也在11月取消,所属各厂直属本部,以减少层次。原有74个工厂,整顿、归并为12个工厂。原有职工43687人,整编减至35318人,减少19.2%。

3年间,东北军事工业生产手榴弹4995799枚,子弹28067768发,掷弹筒弹229280发,各种炮弹3054958发,地雷3896个,制造各种迫击炮等火炮3135门,修理各种枪炮31223支(门),爆破筒30744个,制造各种枪10676支。其他还生产了掷火瓶4176个、马刀6954把、土坦克25辆、信号枪1483支、洋锹洋镐39992把、雷筒3417495个、导火索876340个。此外还生产各种通信器材,修造机器,生产无烟火药、浓硫酸、浓硝酸等。①

(2)钢铁工业

钢铁工业是工农业生产的基础。东北解放区的钢铁工业在日伪时期,有三个主要基地,一为鞍山的"昭和制铁所",由"满洲重工业开发株式会社"经营;二为本溪湖煤铁公司;三为通化的"东边道开发株式会

———

① 朱建华主编:《东北解放区财政经济史稿》,黑龙江人民出版社1987年版,第222—223页。

社"。三地设备共有鼓风炉 13 台、轧钢机 8 台。1943 年实际最高年产量为生产生铁 170 万吨,平炉炼钢 184 万吨,特殊钢 23 万吨,钢材 52 万吨。"八一五"后国民党占领时期,因煤电皆缺,交通时有阻断,很少开工生产。以鞍山为例,1946 年仅产钢锭 1000 余吨,1947 年 6000 余吨,1948 年减少近 2000 吨;职工最多时近 5 万人,最少时不到 3000 人。本溪与通化的钢铁厂在日本投降后,一度由民主政府接管,曾有少量钢、铁生产,但不久即撤出。1946—1948 年的三年间,钢铁等重工业绝大部分仍在敌手,鞍钢几度解放,但只有极短时间的局部复工。东北全境解放后,鞍山钢铁公司和本溪煤铁公司才得以重点恢复与重建。

1948 年 10 月 31 日鞍山解放,但鞍钢残破不堪,原有的 9 台鼓风炉,大部分被破坏,能够修复的鼓风炉仅有 3 台,国民党接管时修好的 1 台也尚未开工;12 台炼钢平炉,只剩 6 台,生产能力损失 70%;原有的 2 台初轧机,也只剩 1 台;轧钢厂原有大型压延 1 台、小型压延 2 台、中板压延 2 台、薄板压延 1 台、中型压延 1 台,年轧钢能力 75 万吨。其中第二小型压延、大型压延、薄板压延、第二中板压延,均无影无踪,损失生产能力 45%—85%。其他化工部、制造所之机器也都部分损失。至于规模宏大的研究所、热管理所,早已荡然无存。

工业部从鞍钢的实际情况出发,依靠工人、团结技术人员,采取有计划、有重点、有步骤、分缓急先后的修复办法,重整设备,以逐步恢复生产。又动员工人献交解放前保存的器材,获得成效。[1] 当时以 20 万吨生产能力为修复目标,以四大中心工程为修复重点[2],其他如修造、耐火、制造等则围绕四大中心工程进行,当时决定先修 7 号、8 号两座炼焦炉,后又追加 9 号炼焦炉,并修 1 号、2 号炼铁炉、炼钢炉,5 座初轧、中型、小型、钢管、薄板等全部修复,全部工程增加到 249 项。到 1949 年 12 月底止,已

---

[1]　从 1948 年 12 月到 1949 年 1 月底,全市共献交器材 15 万件,其中鞍钢工人献交 6 万件,价值 24 万元。在立功竞赛运动和创造新纪录运动中,涌现出 5621 名积极分子,657 名功臣。

[2]　四大中心工程:(1)炼铁、炼焦;(2)矿山,包括弓长岭、樱桃园、小房身等;(3)第一炼钢厂及轧钢全部;(4)恢复动力电气设备、给水设备。

全部完成者有 139 项,其中达到生产设备能力的计:富铁矿 46 万吨、炼铁 44 万吨、炼钢 49 万吨(包括小平炉)、初轧 50 万吨、钢材 36 万吨、炼焦 51 万吨,已超过原来计划的 20 万吨能力的钢铁量的 80%。工人亦由年初的 6000 人激增到年底的 43907 人。1949 年自订生产计划为铁矿石 74000 吨,生铁 69000 吨,钢锭 69970 万吨,钢材 61890 万吨,不过国家计划数字 较低。执行结果,完成国家计划和自订计划比例是:铁矿石分别为 220% 和 93.2%,生铁分别为 162% 和 94%,钢坯分别为 163% 和 99.7%,钢材分 别为 118% 和 101%,钢铁制品分别为 106% 和 104%,焦炭分别为 159% 和 118%。"大部分完成超过任务"。①

　　1948 年 11 月,本溪再次解放,民主政府接管本溪煤铁公司。但公司 "八一五"前后,设备大部分被日本侵略者拆走。留下的小部分设备器 材,又"尽遭国民党破坏变卖"。弄得整个公司残破不堪:公司原有鼓风 炉 4 座,但只剩 2 座小的;原有特殊钢炉 8 座,可修复者亦仅 2 座小的;电 气设备原有 77000 瓦发电能力,但损失了两台 2 万瓦的发电机;原本溪机 械厂有机器 1100 多件,只剩下 200 多件旧机器。民主政府接管后,立即 开始整修,以恢复生产,但工程浩大。据东北工业部计划处估计:到 1952 年,恢复 58 万吨生铁的生产能力,须迅速修复 2 座炼铁炉,添加送风机、 卷扬机及各种机器;恢复 40 万吨钢锭的生产能力,须重新建设 100 吨级 的酸性平炉 5 座;另需 40 万吨的轧钢设备;修复第三发电厂,提供 9 万瓦 的电力供应;增加 40 台机车及货车箱。人力方面需要 5 万工人和"较高 级各种技术人员"120 人。② 对此,民主政府提出了"不等待、不依靠、艰 苦奋斗、克服困难"的口号,发动群众实行民主管理,开展献纳器材运动、 五一竞赛运动、生产创造新纪录运动以及检查浪费运动,推动了矿山的恢 复工作和炼铁炉的修理工作,成效显著。到 1949 年年底,生产计划执行 结果是:产煤 858342 吨,完成 135%;铁矿石 98136 吨,完成 98%;生铁

---

　　① 东北解放区财政经济史编写组等编:《东北解放区财政经济史资料选编》第 2 辑,黑龙 江人民出版社 1988 年版,第 313—314、317 页。

　　② 东北解放区财政经济史编写组等编:《东北解放区财政经济史资料选编》第 2 辑,黑龙 江人民出版社 1988 年版,第 99—100 页。

84307 吨,完成 192%;焦炭 110542 吨,完成 110%;电炉钢锭 2092 吨,完成 81%;职工年初为 11474 人,年末增至 27147 人,增加 137%。[1]

鞍山、本溪两公司的开工生产,"这是中国人民钢铁事业的开始"[2]。此外,抚顺、大连等地的钢铁工业,也有了恢复和发展。

东北钢铁工业 1949 年计划执行的结果是:生产铁矿石 261663 吨,完成计划 149.6%;生铁 172500 吨,完成计划 183.5%;平炉钢锭 100933 吨,完成计划 128.3%;平炉钢材 73645 吨,完成计划 117.1%;电炉钢锭 6684 吨,完成计划 157%;电炉钢材 3627 吨,完成计划 115.9%。[3]

(3)有色金属工业

东北有色金属工业发展较晚,1941 年太平洋战争爆发后,日本侵略者靠国外输入来源断绝,遂开始在中国东北勘查资源,进行开采冶炼。为了飞机制造业的需要,日本在中国东北开采矾土页岩以制铝。1944 年,日伪产金 1207 公斤,银 20 吨,铜 2100 吨,铅 7889 吨,镁原料 3675 吨,硫化铁 8492 吨,钼 850 吨,铝 8441 吨,镁 402 吨。日本投降后,国民党金属行业公司管理沈阳、吉林、辽南、安东共 23 个有色金属厂矿,部分恢复了青城子、杨杖子等矿的生产。1947 年沈阳冶炼厂生产少量的铜、铅、镁。从 1948 年起全部停顿。职工人数最多时仅 1000 余人,到 1948 年仅剩 100 余人。

合江的乌拉嘎、驼腰子、都鲁河、七里河,黑龙江的黑河,牡丹江的八面通等北满金矿,民主联军解放之初无暇顾及,由当地工人自行手工开采达半年之久。由于群众乱挖,大部分金矿都被挖成"老鼠洞",以致难以进行规模开采。从 1946 年起,金矿由各地省、县民主政府接管经营,相继恢复生产。八面通金矿,由绥宁省政府经营,1946 年 5 月开始生产;五河林金矿,由绥宁省的五河县政府经营,1948 年 8 月开始采掘。1946 年 11

---

① 朱建华主编:《东北解放区财政经济史稿》,黑龙江人民出版社 1987 年版,第 225 页。

② 东北解放区财政经济史编写组等编:《东北解放区财政经济史资料选编》第 1 辑,黑龙江人民出版社 1988 年版,第 132 页。

③ 东北解放区财政经济史编写组等编:《东北解放区财政经济史资料选编》第 2 辑,黑龙江人民出版社 1988 年版,第 310 页。

月至12月,八面通金矿生产砂金118两。1947年1月至4月,牡丹江省金矿局所属金矿生产砂金326两。同年11月至12月,夹皮沟金矿生产山金264两、铜23吨,1947年金矿有职工364人。①

1947年10月,东北行政委员会工矿处接收了牡丹江省属八面通金矿和五河县属金矿。1948年1月,东北行政委员会经济委员会下设金矿管理局,统一加强对金矿的经营与组织管理。在各省设有金矿管理局,组织上归省管,行政业务受东北金矿管理总局领导。1948年3月11日,东北行政委员会正式发布《东北解放区金矿管理暂行条例》,宣布金矿(包括矿区土地、矿砂和矿物及敌伪遗留的设备)"概为国有",管理和经营权属于东北行政委员会经济委员会工矿处及其所属的各省金矿局。金矿经营权经金矿主管机关批准,在特定条件下②,金矿经营权可以"让给私人或团体"。一切砂金严禁私人买卖及作为货币使用。③

1948年全年,生产山金13403两,北满各矿产砂金57100两。1948年金矿职工人数为11173人。另外,为保障战争需要,1948年6月,东北工矿处在吉林恢复天宝山铜矿生产。同时积极修复石嘴子铜矿、安东冶炼厂,并接管芙蓉铜矿,1948年产铜70424吨。

东北有色金属厂大多数位于南部地区,因此,在沈阳解放之前,国营有色金属尚未正式建立,经营对象主要为黄金,而且除夹皮沟等山金矿属于机械化生产外,其余砂金全是手工开采。沈阳解放后,1948年12月,东北工业部决定在沈阳正式成立有色金属管理局,负责领导与组织恢复东北有色金属工业,以生产铜、铅为主。有色金属管理局直接领导的企业:金铜矿山有夹皮沟、清原、马鹿沟、三道沟、五龙、石嘴子、接梨树、夹山、老牛沟、芙蓉、八道沟、华铜、青山怀、倒流水、峪山盖、狮子岭、平泉、五家子等18矿;铅锌矿有青城子、岫岩、杨家杖子、桓仁、天宝山等5矿;稀

① 朱建华主编:《东北解放区财政经济史稿》,黑龙江人民出版社1987年版,第226页。
② 这些条件是:缴纳一定租金和税款;遵守金矿局的规定;产金全部按照规定价格卖给金矿局。
③ 东北解放区财政经济史编写组等编:《东北解放区财政经济史资料选编》第2辑,黑龙江人民出版社1988年版,第53—54页。

有金属矿有杨家子钼矿、承德钒、钛矿、海城铀矿4矿;冶炼厂有沈阳冶炼厂、抚顺制铝厂、营口镁厂、葫芦岛锌厂、女儿河钒钛厂、安东铝厂等厂。此外还有有色金属加工厂、选矿剂厂、长春矿山机械修理厂等。

上述金、铜等矿,其中除夹皮沟、老牛沟、石嘴子当时已在生产或修建外,余者均遭严重破坏,损失程度高达80%—85%。

1949年,东北民主政府开始有计划地修复有色金属矿冶设施。原计划修复铜矿山有清原、马鹿沟、夹山、华铜、接梨树、天宝山、芙蓉7处;铅锌矿山有青城子、岫岩两处及分水选矿厂、五龙金矿。这些工程基本上都已修好,只有天宝山中间停止。统计工程319件。到1949年年底,共有采矿能力:铜矿山478534吨/年,铅锌矿山205000吨/年;选矿能力:铜矿山521396吨/年,铅锌矿山112720吨/年;电解能力:铜电解能力4480吨/年,铅电解能力12350吨/年。冶炼厂在2月正式开工炼铜,4月20日开始炼铅。[①] 1949年产量情况:有色金属处理矿石207247吨,完成计划93%;铜1875吨,完成计划125%;铅2062吨,完成计划103%;黄金566公斤,银3324公斤。有色金属职工,1949年1月末为5655人,1949年年末为13642人,增加140%。[②] 金矿职工,1949年年初为11347人,1949年12月为20963人,其中工人19401人,增加188.39%。生产效率也有一定提高,由1949年7月的0.3945提高到10月的0.5197。[③]

(4)煤炭工业

日伪统治时期,煤炭工业共有矿山30座,职工31万人,设备有卷扬机共130844马力,空气压缩机共41445马力。煤产量1944年为2653万吨。"八一五"前后,东北煤矿遭到敌伪"有计划破坏",损失惨重。日本帝国主义在临近覆灭之际,疯狂破坏矿山设备,炸毁了北满的城子河、恒山、滴道等地煤矿的矿山机械和电动机,放火烧掉房屋、油脂等,使坑内外

---

① 东北解放区财政经济史编写组等编:《东北解放区财政经济史资料选编》第2辑,黑龙江人民出版社1988年版,第297—298页。

② 朱建华主编:《东北解放区财政经济史稿》,黑龙江人民出版社1987年版,第227—228页。

③ 东北解放区财政经济史编写组等编:《东北解放区财政经济史资料选编》第2辑,黑龙江人民出版社1988年版,第293—295页。

的设备无一幸存。接着土匪趁机在矿山进行劫掠。苏军进驻后，又在南满的矿山抚顺、阜新等地拆走了全部或大部分机械设备。国民党进驻东北后，接收了抚顺、烟台、阜新、本溪、西安、北票、营城子7处矿山。经营时间长短不一，多则两年，少则数月，因全力发动内战，器材短缺，接收人员贪污腐败，年产量最高不超过300余万吨，最低只有100余万吨，1946—1948年，总共产煤812万吨。职工最多时有9万余人，最少为3万余人。国民党只图取煤，对煤矿不进行修复，不做掘进，不做剥离，挖保安煤柱，致各矿情况异常恶劣。东北煤矿从1945年"八一五"到民主政府接收前，除鹤岗无大损失外，其余各矿损失程度，轻者60%，重者竟高达95%。露天矿充填沙土及崩岩1183万立方米，坑内积水1435万立方米，设备损失和被拆走的机器共26304件，损失估价为65516291美元。①

1945年8月至1947年，民主政府和民主联军先后接收了一批煤矿。南满计有五矿：西安煤矿(1945年9月30日接收，1946年5月21日为敌所占，1947年5月收复)、阜新煤矿(1945年"八一五"后接收，12月30日为敌所占，1948年3月收复)、通化煤矿(1945年8月接收，1946年11月为敌所占，1947年5月收复)、北票煤矿(1945年8月由冀热辽边区政府接收，1946年1月为敌所占，1947年7月、12月两次收复)、赛马煤矿(1945年8月接收，1947年1月为敌所占，1947年8月收复)。北满计有3矿：鹤岗煤矿(1946年2月由鹤立县政府接收，1947年4月归合江省政府接办)、鸡西煤矿(恒山矿区1946年9月1日接收，麻山矿区1946年11月接收，滴道、城子河两矿区，1947年2月，先后由东北政务会工矿处接收)、蛟河煤矿("八一五"后由牡丹江铁路局接收)。

煤矿恢复工作的关键是抽水和机电设备的修复。以鸡西为例，首先恢复了发电厂，接着恢复矿山的机电厂，并进行各矿山的机械修理，把水泵、电动机的修复放在首位。1946年有11个生产井口，恢复与半恢复的

① 中国社会科学院经济研究所中国现代经济史组编：《革命根据地经济史料选编》下册，江西人民出版社1986年版，第591—592页；东北解放区财政经济史编写组等编：《东北解放区财政经济史资料选编》第2辑，黑龙江人民出版社1988年版，第344页。

井口有 35 个,运输能力为 22 万吨,鹤岗、鸡西、蛟河、通化、赛马等 6 矿共产煤 74 万吨。1947 年井口恢复工作更为可观,有生产井口 39 个,恢复与半恢复的井口有 69 个。运输能力增加到 217 万吨。鹤岗、鸡西、蛟河、西安、通化、赛马 6 矿共产煤 235 万吨,1948 年增至 9 矿,产煤 546 万吨(包括当年 11 月后收复南满各矿的产量)。①

为了促进煤炭工业的发展,领导机构也做了相应的调整。1948 年 12 月,成立东北煤矿管理局,东北煤矿工业分为国营和公营两个部分。国营有鹤岗、鸡西、蛟河、西安、抚顺、阜新、通化、赛马、北票 9 个大矿区,包括 35 个煤矿,隶属东北煤矿管理局。国营本溪煤矿直属于本溪煤铁公司。公营煤矿有双鸭山、烟台、凤山、平岗等 11 处,分属于各省民主政府。国营、公营总计有员工 14 万人。为日伪统治时期 1944 年全部煤矿员工 30 万人的 46.7%。1948 年年底,南满国营 9 大煤矿均已修复。使用的主要机械有卷扬机、扇风机、空气压缩机、水泵、局部扇风机等总计 1686 台,186354 马力。另有手选机 15 台、水选机 7 台。生产的井口有 92 个,恢复与半恢复的有 81 个,井口大都恢复完毕。另外还有新建井口 19 个,运输力增为 430 万吨。生产效率有显著提高,每个工人日产量,由日伪时期的 0.3 吨以下上升为 0.5 吨以上,提高了 67%。1948 年,生产原煤 540.6 万吨。② 1949 年生产原煤 1124.3 万吨,完成计划 124%;炼铁焦炭 226942 吨,完成计划 139%;普通焦煤 104549 吨,完成计划 130%。总计四年中国营煤矿共生产煤 1984.5 万吨。③

(5)电力工业和电器工业

日伪时期东北发电机容量为 170 余万千瓦,职工 1.6 万余人。"八一五"前后日本帝国主义对东北电力进行了全面的破坏,苏军又拆走相当一部分发电设备,损失达 2/3。到 1949 年,剩余发电设备,除水丰 20 万千

---

① 东北解放区财政经济史编写组等编:《东北解放区财政经济史资料选编》第 2 辑,黑龙江人民出版社 1988 年版,第 176—177 页;朱建华主编:《东北解放区财政经济史稿》,黑龙江人民出版社 1987 年版,第 229—230 页。

② 朱建华主编:《东北解放区财政经济史稿》,黑龙江人民出版社 1987 年版,第 230—231 页。

③ 朱建华主编:《东北解放区财政经济史稿》,黑龙江人民出版社 1987 年版,第 231 页。

瓦暂由朝鲜代管外,仅 66 万余千瓦。最大安全发电约 30 万千瓦,水力火力各半,送电线路全长约 1 万公里。职工只有 1.1 万余人。

1949 年各地区情况,东满地区发电厂大部修复,各自分立,无送电网之联系。因无重要工业,各地电力维持尚无问题。中满南满用电须丰满水电站供给。该厂安全出力为 12 万千瓦,但因长春两台变压器被破坏,丰满只能送 8 万千瓦,不足时由抚顺、哈尔滨等火力发电厂补充。鞍山可由水丰接入水电,但因产权问题未解决,朝鲜只送来 1.5 万千瓦。目前尚可维持,今后工业发展,必感电力不足。[1]

电力方面亟待解决的问题是:

电源方面,目前电网电力只能勉强维持半年,毫无备用。一旦某处发生故障,即影响各处工业用电。为保证安全送电,必须及早计划,增设电力。最便之道为急速向苏交涉,将原丰满 7 万千瓦水电发电机两台送回安装;并须向朝鲜交涉,水丰水电厂 10 万千瓦发动机两台产权,及向苏方交涉原水丰 10 万千瓦发动机一台运回安装。单是安装时间即需一年。

器材方面,特高变压器油奇缺,鞍山一次变压所修复即需 160 吨;辽阳变压所需要 100 吨,其他尚需数十吨,总计亟须 200 余吨。矽钢片亦缺。以现在变压器及电动机生产能力,一年需要量为 300 吨,铜铝年需 600 吨。锅炉钢管,3 吋、4 吋两种规格各缺 4000 根。如不及时解决,抚顺、佳木斯、鸡西等处锅炉均很难保证正常运转。

电器材料制造方面,电机工厂可制造 30 马力以下电动机,月产 30 台,现已开工。变压器工厂可制造 50 千伏安以下变压器,月产 100 台,现已开工修理旧变压器。

电线工厂,除地下电缆外,能制造各种电线,生产能力每月约 50 吨,现已开工。材料主要缺乏铜、铝,以现在生产能力,每年需要铜、铝 600 吨。稍加设备,电缆亦可试做。灯泡工厂,生产能力每月为 6 万个,但质量欠佳,正准备开工。材料除钨丝及导入线须购入外,其他均可自己解

① 东北解放区财政经济史编写组等编:《东北解放区财政经济史资料选编》第 2 辑,黑龙江人民出版社 1988 年版,第 243—245 页。

决。电磁工厂,能制造各种高低压电瓶、瓷管,每月可生产二十余万个,现已开工。原料大致不成问题。

以上各厂,伪满时职工两千余人,现在职工人数四百余人。现在设备可能增至 800 人。①

(6)机械工业

东北机械工业,相对于其他重工业,基础薄弱,起步较晚。直至"八一五"前三四年,才开始加速发展。当时日本帝国主义受空袭威胁,将部分机械工业从日本迁来东北,全力从事军工生产,建有一、二、三等机械工厂三十余家,工人增加到十五六万人,以"满洲住友金属株式会社""三菱机器厂""日立制造所""满洲精机制作所"最大,工人达两三千人到 1 万人,三等机器厂亦有工人一两千人。不过即使在这时候,东北机械工业仍有很大的弱点,机械工厂极其分散,很难管理,绝大部分是分散附设在各个大的矿山、工厂中,没有独立运作系统;机器厂多半是小规模的,不能制作大型机器,只能应付当时工业需用的一部分小型机器,即如"三菱"那样首屈一指的大工厂,也只能装配而已,而且不能制造精密机器,只能做一些比较粗糙的机器。这是殖民地性质机械工业的突出特点。②

"八一五"后,东北机械工业又遭到日伪、国民党的严重破坏,加上苏军拆走相当一部分设备,总共损失、摧毁的机器设备高达九成。内燃机、汽车、飞机、工作母机、电机等几乎荡然无存,最大的"住友"和"三菱"机器厂,没有一台机器幸存。整个东北机械工业,估计只有 2.2 万台工作机器,大多分散在各个工厂与矿山中,其中有一部分机器尚待修理,另外还有一部分私人经营的机器厂,分散在各个省、市,估计也只有四五千台机器。

沈阳解放前,东北解放区除军事系统外,民用机械很少,北满的机械工业,仅建立了修造工业的基础。哈尔滨、鸡西、佳木斯等地的机械厂,能

①　东北解放区财政经济史编写组等编:《东北解放区财政经济史资料选编》第 2 辑,黑龙江人民出版社 1988 年版,第 243—247 页。

②　中国社会科学院经济研究所中国现代经济史组编:《革命根据地经济史料选编》下册,江西人民出版社 1986 年版,第 612 页。

修理与制造各种小型机器与零件。安东机械厂1947年6月至8月一度恢复生产,1948年生产纺织机、抄纸机零件共20401件、车床3台、送风机2台。瓦房店滚轴厂"八一五"后由民主联军第4纵队接收,生产军工配件。1947年第二次解放,由辽南行署接管,旋又改属辽南实业公司,1948年生产各种机械零件共189695件、各种机械71台、农具1888件、军机零件3785件、轴承33859套、长珠155153个。

沈阳解放后,于1949年1月,成立东北工业部机械局。接收了国民党资源委员会系统的沈阳机械厂、沈阳制车厂、沈阳钢胎厂等17个单位。同年2月7日,又接收了国民党生产管理局系统的机械厂等8个单位,共25个单位,职工人数为1448人。另外残存的沈阳汽车装配厂被军工部接收,机车车辆厂被铁道部接收。当时,东北的工作母机共22000台,其中属军工部的约12000台,属铁道部的约5000台,散在工业部各厂矿的约3000台,剩下的2000台中归机械局的仅有500台。

当时的首要任务是恢复生产。为此,机械局将原有工厂重新划分,到1949年10月1日机械局所属工厂共有:第一、二、三、四、五、六机器厂,工具厂,砂轮厂,滚珠厂,安东机器厂,汽车总厂,实验工厂12个单位。在红五月立功竞赛运动和七月创造新纪录运动中,工人生产积极性很高,自动献出器材,解决当时的困难。虽然没有图样,又缺乏技术人员,工人仍然用各种方法克服困难,终于把机器安装起来了。他们一面生产,一面积极修复,先后共修复大小机器636台,炉子19座,电动机73台,其他交通工具等949件。从1月到6月,总计直接参加生产的机器已由837台增至2418台,职工人数也由1448人增至11020人。①

1949年机械局全局生产总值为85995772万元,工矿交通服务总值为54362071万元,占全局总产值的63%。当年计划执行的结果是:工作母机570台,完成计划的114%;工矿机械1257台,完成计划的60%;砂轮222800公斤,完成计划的111%;滚珠轴承135599套,完成计划的103%。计划外还生产自行车2806辆。

---

① 赵一鹏:《恢复与建设中的机械工业》,《东北日报》1949年8月。

在生产管理和规章制度方面,1949年初步建立了经济核算制度、预决算制度,规定各类主要产品成本,逐步实行成本核算。另外,为了培训技术人才,机械局除了有计划地创办技术学校外,还开办艺徒训练班、工人夜校等,一年来还培养了一批学徒、技术干部、描图员、制图员、统计员等。①

（7）化学工业

东北的化学工业,以前日军并没把它统一成一个单独的工业系统,而是分割在以"三井"为首的财阀、军部、"满铁"手里。1944年化学工业主要产品产量为:硫酸97768吨,硫酸亚铁91729吨,油页岩原油地质储量213530吨,汽油16668千公升,油脂(润滑油)3482吨,重油74134吨,苛性碱4123吨,酒精81644千公升。国民党军进驻东北南部各城市后,党务系统首先抓到了有利可图的沈阳化工厂、葫芦岛硫酸厂、东北炼油厂、抚顺矿务局炼油厂等单位,其他工厂则分别落入"生产管理局"或"资源委员会"之手,职工最多时两千余人,1948年只剩下一百余人。虽曾经生产过少量的火碱、盐酸、硫酸、火车原油等产品,但到1948年大部分工厂停产,且在溃败时大肆破坏。民主政权接收各化学工厂时,大都残缺不全,除哈尔滨的两个厂外,其他各地基本上是重新恢复。民主政府当时采取了统一接管的方针,成立化学公司,隶属东北行政委员会工业部的企业管理局。经过数月来修复建设,后于1949年3月单独成立化学工业管理局,除抚顺、鞍山等重工业部门附属的化学工厂之外,东北所有化工企业均归其管辖。

在东北全境解放前,该地解放区的化学工业生产,最初始于安东纺织厂。该厂1946年5月生产了一批酱油、硫化钠59860公斤、黄磷55斤和肥皂131895块;另北满老区还有哈尔滨酒精、油脂两个厂,从1946年9月至1948年12月共生产酒精7191630加仑,豆饼28750648吨,豆油3852825吨,肥皂207100块,豆粉881903公斤,清油170080斤,火碱

_____

① 东北解放区财政经济史编写组等编:《东北解放区财政经济史资料选编》第2辑,黑龙江人民出版社1988年版,第280—285页。

13675 斤;南满貔子窝化工厂,1947 年 10 月生产硫化碱 3 吨,1948 年生产芒硝 20 吨,卡钠 30 吨,硫酸镁 5 吨,氯酸镁 400 吨。

1948 年 11 月,东北政委会工业部成立了企业管理局,下属化学、水泥、陶瓷、造纸、橡胶 5 个公司。1949 年 3 月,单独成立化学工业管理局后,共辖有 11 个厂:哈尔滨有酒精、油脂 2 厂,吉林有电气化学厂,四平有油化工厂,沈阳有电解食盐之化学工厂、油漆工厂、实验工厂,锦州有燃料合成厂,锦西有炼油工厂,葫芦岛有硫酸工厂,貔子窝有海水化学工厂,全体职工约 6000 人。其主要产品及产量为:(1)油脂类——主要包括油、漆两种,如内燃机用之汽缸油,火车头用之硬黄油,代替牛油的硬化油,化妆品用的硬脂酸、甘油,以及大豆脂(电气绝缘油)、肥皂等,1949 年可生产 3500 吨(生产数字概依当年生产计划,下同)以及豆饼 1.5 万吨。漆类则有铅油、滋油、清油、电气绝缘漆、调和油、油灰 6 种主要产品,1949 年可生产 1000 吨。(2)酸碱类——包括火碱 1500 吨,各种工业需用的硫酸 3000 吨,用于染料的硝酸 80 吨,造纸用的漂白粉 2000 吨,以及盐酸 1500 吨。(3)海水化学类——火柴用的氯酸钾 60 吨,医药品硫酸镁 200 吨,芒硝 200 吨。(4)电气化学——包括矿山照明用的电石 1000 吨,火柴原料硫化磷 60 吨。(5)其他——酒精可产 1200 吨,硫化染料共三种,可产 100 吨。

从上述概括情况来看,东北的化学工业,最主要的是着重于酸、碱、油脂等基本化学工业,以奠定将来发展的基础,因为很多进一步的合成和精制,都要靠这些基本化学品做原料,如豆饼可进一步制造电气绝缘材料胶木,以及人造羊毛,进而织成呢布;电石可进一步造醋酸丙酮等化学溶剂品五十余种,并由电石造成橡胶原料时,在理论上又是由简单的无机化学品变成复杂的有机化学品,从目前来说,主要还是发展基本化学工业,一方面可以供给各个工业部门之急需;另一方面也开辟了化学工业原料的源泉。至于进一步合成,以及更精细的制成品,则待将来的继续发展。其中最有发展前途的是吉林与锦西两地。前者位于北满、东满数大煤矿的中心,有丰富的原料源泉,有小丰满的水电,并有伪满较大的设备基础;后者则面临海港,盐、碱、酸类的原料用之不竭,且位于关内关外交通要冲,故准备在该处建立第二个电解食盐工厂。

在生产管理方面,职工正急于学习生产知识,掌握基本技术,精通业务,以求达到科学的实验室管理;另外一个方向,就是贯彻工厂管理民主化的方针,并将"经营企业化"的精神,贯彻到各个工厂中去。[①]

到 1949 年 12 月,化工局所属 11 个厂有职工 8412 人。[②] 主要化学工业产品产量:汽油 3524 千公升,完成计划的 99%;汽缸油 93 千公升,完成计划的 33%;软黄油 71 吨,完成计划的 51%;硬黄油 20 吨,完成计划的 34%;浓硫酸 1859 吨,完成计划的 52%;稀硫酸 15458 吨,完成计划的 310%;盐酸 1226 吨,完成计划的 123%;火碱 1837 吨,完成计划的 122%;硫铵 3902 吨,完成计划的 160%;粗焦油 11172 吨,完成计划的 166%;苯 367 千公升,完成计划的 142%;氧气 940744 立方米,完成计划的 330%;电石 4079 吨,完成计划的 265%;沥青 6535 吨,完成计划的 232%。[③] 这些产品既满足了解放区相关工业对化工原料的需求,又为进一步发展化学合成以及更精细的化学制成品提供了条件。

(8)水泥工业和玻璃、陶瓷工业

近代化的工业建设和城市建设,各种交通、军事设施,都离不开水泥。"九一八事变"后,日军为了满足其工业及军事建筑上的需要,在东北相继建起了 13 个水泥工厂,平均年产量 110 余万吨,分布在抚顺、本溪、辽阳、哈尔滨、宫原、鞍山、吉林、泉头、安东、锦州、牡丹江、庙岭等地,其中大部分集中在东北南部的本溪、抚顺一带,由于临近主要原料石灰石的产地,燃料煤炭的取给也很方便(烧水泥以抚顺、阜新煤最好),加上运输便利,集中管理可以节省人力、物力。"八一五"前后,13 家水泥厂大部分遭到破坏,只剩两家厂尚较完整,其余除了回转窑一般尚称完整外,电气、机械设备全都七零八散,只剩一些"骨头架子"。

沈阳解放以前,解放区只有哈尔滨水泥厂,1948 年由国营东建洋灰

---

① 中国社会科学院经济研究所中国现代经济史组编:《革命根据地经济史料选编》下册,江西人民出版社 1986 年版,第 579—580 页。

② 朱建华主编:《东北解放区财政经济史稿》,黑龙江人民出版社 1987 年版,第 237 页。

③ 朱建华主编:《东北解放区财政经济史稿》,黑龙江人民出版社 1987 年版,第 237 页。

公司接收,迅速修复开工,到年底共产水泥 16967 吨。[1] 东北全境解放后,为了配合压倒一切的中心工作——工业建设,在企业管理局下成立水泥公司,统一接收、管理东北的水泥工业。除已经开工投产的哈尔滨水泥厂外,根据其余 12 厂的实际情况,采取内部调整、拆零补整的方针,选择略加修理即能开工的本溪厂,今后有便利条件扩大的辽阳小屯厂,立即进行修复,撤销抚顺、安东两厂,其余 8 厂设立了保管事务所,妥为保管维护,机械涂油防锈,材料备用。

各厂职工以主人翁的劳动态度,发挥排除万难的顽强拼搏精神,争分夺秒,突击维修复工。最先复工的哈尔滨厂,工友们在滴水成冰的寒冬,和冰、水搏斗,修复被阿什河水冲毁的二百多米铁路专用线及该河水坝与厂里伪满末期已坏的机器设备,使工厂起死回生。本溪厂的马庆山和一个电气工人,费了 3 个月的时间,找来分散在临江、东安等地的两台 500 千伏安发电机,安装好以后可以使水泥成本大大降低(烧一吨水泥需要 240 度电,2500 元/度,安上发电机以后,利用烧窑的余热可烧锅炉,发电量除自用外还能供给别处)。小屯厂的电气设备,90%被破坏,该厂电气股长丁玉生带领工友们利用旧品改造了 80 多个电流表,10 余对继电器,修好变压器,使该厂提前两个月在"五一"开工生产,全厂修建费从原来预算的 500 亿元,减至 200 亿元。迄至 1949 年 5 月,已先后开工的哈尔滨、本溪、小屯 3 个厂,水泥月产总额约 2 万吨。1949 年还有抚顺厂开工,1950 年锦西厂也能开始出水泥。这样,1950 年东北的水泥工厂产能达到年产三十余万吨的数量来供应生产战线。[2] 另据统计,1949 年东北实际生产水泥 218791 吨,完成国家计划(20 万吨)的 109.4%。[3]

---

[1] 另据统计,1948 年生产水泥 17214 吨。(东北解放区财政经济史编写组等编:《东北解放区财政经济史资料选编》第 2 辑,黑龙江人民出版社 1988 年版,第 141 页。)

[2] 中国社会科学院经济研究所中国现代经济史组编:《革命根据地经济史料选编》下册,江西人民出版社 1986 年版,第 586—588 页。

[3] 东北解放区财政经济史编写组等编:《东北解放区财政经济史资料选编》第 2 辑,黑龙江人民出版社 1988 年版,第 312 页。

陶瓷和玻璃工业方面,日伪统治时期,东北工业陶瓷及玻璃工业比关内发达,但与外国比较,还有很大的差距。伪满时期门窗玻璃可以自给,各种用于工业的玻璃器材,一部分由当地生产,大部分是从日本运来,都市用的精致器皿及工业陶瓷器材,仍赖日本输入。至伪满末期,因船只不足,输入困难,日本始在东北开设工厂,但尚未完成,东北即解放,如苏家屯特殊陶瓷厂即是一例。国民党军进驻东北后,陶瓷工业也仅在1948年生产了耐火砖和耐火泥两百余吨。

沈阳解放前,东北解放区的陶瓷工业有九台陶瓷厂和兴隆山陶瓷厂。恢复生产的只有九台陶瓷厂,1947年11月至12月生产瓷器8000只。

沈阳解放后,民主政府设立陶瓷公司,下属工厂,计有玻璃厂3家,陶瓷厂2家,火砖厂2家,合营陶瓷厂1家,小规模原料矿3家,共计11个单位。其中抚顺火砖厂,尚由工业所代管。1949年6月,在所属各厂中,除九台、兴隆山、肇新、长春火砖等厂全部或局部开工生产外,其余均待修建恢复。

在1949年工作计划中,以修复沈阳玻璃厂为中心任务,预期1949年出产玻璃10.5万箱,并计划修复二分厂,制造硬质玻璃器材,预定年末开始生产。陶瓷方面,粗瓷已有三四家工厂复工生产,精致器皿及特殊器材的制造,亦即准备着手研究试验。一方面解决工业上的需求,另一方面培养技术人员,以准备将来发展这一企业的基础。[1]

各厂复工生产情况,1948年1月至12月生产瓷器108550只,9月至12月,生产耐火砖740吨,11月至12月生产耐火泥20吨。[2] 1949年1—12月,陶瓷业计有3厂投产,有职工168人。[3] 玻璃和绝缘、耐火材料的生产,1949年全年生产平板玻璃115631箱,完成计划的110.1%;瓷器708990只,完成计划的98%;耐火砖51983吨,完成计划的142%;耐火泥

---

①　中国社会科学院经济研究所中国现代经济史组编:《革命根据地经济史料选编》下册,江西人民出版社1986年版,第590页。

②　朱建华主编:《东北解放区财政经济史稿》,黑龙江人民出版社1987年版,第239页。

③　东北解放区财政经济史编写组等编:《东北解放区财政经济史资料选编》第2辑,黑龙江人民出版社1988年版,第169页。

7497 吨,完成计划的 707.2%;矽石砖 5942 吨,完成计划的 86.5%;矽石火泥 8031 吨,完成计划的 297.1%;黏土 5579 吨,完成计划的 400.5%。[①]

(9)纺织工业

由于气候原因,东北棉产不足,依 1945 年估计,年产棉花 3 万吨,产地多在东北南部地区。另输入棉花及棉织品 5 万吨。伪满时期东北棉纺织工业有 19 个厂,56 万枚钞锭,可年产棉纱 32 万捆。但因机械设备和原料问题,实际产量不过 16 万捆。另有织布机 1 万台,年产布 430 万匹。沈阳解放前,在东北解放区有纱锭 16 万枚,其中大连 10 万枚,安东 3 万枚,北满自大连搬来 3.3 万枚,织布机五六千台,其中哈尔滨 3 千多台,洮南 1 千多台,安东、大连两三千台。北满还有熟练纺户十几万户。原料与一些依赖外来品的机件如针布等,是发展棉纺织业的主要困难。

除棉纺织外,东北还有麻纺织和毛纺织。

东北特产亚麻,据 1945 年统计,种植面积约 8 万陌,制麻万余吨,有制麻工厂二十多个,均分布在东北北部。但亚麻纺织业有限,80%以上的原料均运往日本制作军用品。"八一五"东北光复后,停止亚麻种植,1947 年只种 4000 陌,1948 年可种 1 万陌。原料工厂损坏很严重,能开工的只有 7 个厂。因旧存和新制原料有一百余万斤,小手工纺亚麻业渐有发展,有脚踏纺车数千台,每台每天可纺 3—4 两线,代洋纱织布,短码可泡制为亚麻棉,代棉花使用。线麻全东北年产 1.5 万余吨,亦可供纺织制棉原料。1948 年已向苏联定制 1 万多锭的亚麻纺织厂。"麻纺织目前作用不大,但前途很大。"[②]

毛纺织方面,东北广大原野宜畜牧,据 1945 年估计,有绵羊 350 万只,产羊毛 3000 吨,但光复后大为减少。北满毛纺织有一定基础,小手工业很多。哈尔滨原有康德毛织厂,出军呢、军毯及俄国毯,每日用原料两

① 东北解放区财政经济史编写组等编:《东北解放区财政经济史资料选编》第 2 辑,黑龙江人民出版社 1988 年版,第 312 页。

② 东北解放区财政经济史编写组等编:《东北解放区财政经济史资料选编》第 2 辑,黑龙江人民出版社 1988 年版,第 101—102 页。

吨,后搬克山,日出毛毯100条,1948年年底可增至300条,但毛质很差,亟须改进。

东北纺织事业情况统计如表20-6、表20-7所示。

表20-6　东北纺织原料统计(1945年)

数量 ＼ 原料别	棉花	羊毛	亚麻
面积(陌)/单位(头)	240000陌	2500000头	88120陌
每陌/头产量	0.125吨	0.8—1.2吨	150—120吨
总产量	30000吨	3035吨	13000吨
实用量	77900吨	3835吨	4000吨
输入(−)或输出(+)量	(−)43050吨	(−)800吨	(+)9000吨
说明	代用品 4850吨	—	—

资料来源:东北解放区财政经济史编写组等编:《东北解放区财政经济史资料选编》第2辑,黑龙江人民出版社1988年版,第102页。

表20-7　东北纺织工业概况统计(1945年)

类别 ＼ 项目	工厂数	出品	机件
棉纺织	19	棉纱32万捆,洋布432万匹	精纺机56万锭,织机1万台
麻纺织	8	麻线510吨,麻布36万米	精纺机18台
毛纺织	4	呢80万米,哔叽100万米,毛毯24万米	精纺机44台,织机458台

资料来源:东北解放区财政经济史编写组等编:《东北解放区财政经济史资料选编》第2辑,黑龙江人民出版社1988年版,第102页。

日本投降时,东北纺织业遭受了敌寇的大量破坏,不过大体说来还算完整,但在此后的两年半中却遭到了国民党军的严重摧残,锦州战役中,国民党特务一把火烧光了拥有5万纱锭的锦州纺织厂。至东北国民党军全部被歼灭时,已有10万纱锭与3000台织布机被其窃卖拆毁而不能修复了。1947年5月1日成立东北纺织管理局,当时做了三件事。一是组织手工业纺织合作社和民间手工业纺织工厂。二是筹建牡丹江和佳木斯两个纺织厂。三是恢复重建南满的安东纺织厂和瓦房店纺织厂。1948年年初,全东北共有28万纱锭、5000台织布机,而已经开动的有12万纱锭、1400台织布机,其余仍在修复装配中。在1948年一年的战争环境下,不但修复转动了10万枚纱锭,还纺了3.1万件纱,织了26万匹布,直接支援了战争。① 预计1949年即可修复开动的有7万纱锭,5000台织布机。1950年春天即可全部恢复。②

麻纺织工业和毛纺织工业,也得到了恢复和初步发展。麻纺织决定向苏联订购机器,1949年将原伪满亚麻纺织厂恢复和建成纺机1.5万锭、织机200架的规模,全年用麻600万斤,生产亚麻布20万匹。原哈尔滨"康德毛纺织厂"由东北纺织管理局接收后改为东北纺织局第一纺织厂,1947年迁往克山,改为克山纺织厂,1947年10月开工,有纺锭800多枚、织毯机15台,日产毛毯100条,逐渐增修,日产量可提高到200条(1948年又迁回哈尔滨,改名为东北毛织厂)。③

到1949年12月底,东北解放区已恢复的各种生产设备有棉纺机241844锭,已开动的为126344锭;棉纺织机4990台,已开动的为2828台;毛纺织机10840锭,已开动的为4075锭;毛织机87台,已开动的为61台;麻纺机2824锭,已开动的为1106锭;麻织机100台,已开动的为62台。职工人数增加到25000名。全年执行生产计划的结果是:生产棉纱65133件,完成计划的88%;棉布128346匹,完成计划的86%。另外还生产了麻袋618397条,完成计划的103%;各种呢料142731米,完成计划的81%。1949年没有完成计划,主要原因是东北种植棉花少。1948年只产棉500吨,98%的原棉要靠进口,而进口又不及时,所以实际运转机台不

---

① 另据统计,1948年共产棉纱37762.83件(包括瓦房店纺纱厂产量)、棉布623662匹(包括哈尔滨组织私人织布厂加工的18.6万匹)、棉军毯177702条、毛军毯41594条(东北解放区财政经济史编写组等编:《东北解放区财政经济史资料选编》第2辑,黑龙江人民出版社1988年版,第141页。)

② 中国社会科学院经济研究所中国现代经济史组编:《革命根据地经济史料选编》下册,江西人民出版社1986年版,第576—577页。

③ 东北解放区财政经济史编写组等编:《东北解放区财政经济史资料选编》第2辑,黑龙江人民出版社1988年版,第103页。

及半数,发生了停工待料的现象。①

(10)森林工业和造纸工业

日本帝国主义很早就开始了对东北森林的掠夺,疯狂滥伐和破坏森林,利用东北丰富的森林资源,就近建立和发展造纸工业。日伪统治时期,经营采伐实权被掌握在日商手中,林木采伐量高得惊人,1944 年的林木采伐支出量为 493 万立方米,1931—1945 年的 14 年中,日本掠夺我国东北原木近 1 亿立方米。②

"八一五"后国民党政府也无限制地砍伐,加之解放区初创时期,缺乏适当的保护与管理,毁林放火、任意盗伐也屡见不鲜。所以,东北各处的森林资源,损失严重。1947 年东北解放区国营林场采伐林木只有 5 万立方米左右。为了加强森林资源保护,1947 年 12 月 21 日东北行政委员会颁布《东北解放区森林管理暂行条例》,宣布森林国有,严禁放火、烧山、盗伐、滥伐。为了加强东北林业的统一经营管理,1948 年 4 月成立林务局(11 月改称林业管理局)。主要任务是采伐和恢复苗圃,植树造林。该局共辖 5 个省局 25 个林区。木材产区主要有通化、吉林、牡丹江、松江、合江、黑龙江。设备有森林铁路 1147 公里,已通车 243 公里,机车 141台,台车 3662 台。制材厂开工的有 27 处,未开工的有 117 处,共有 6270马力。1948 年,上述通化、吉林、牡丹江等 6 省,全年采伐木材能力为 145万立方米。其中吉林、合江居上,年出材能力分别为 30 万立方米和 46.5万立方米,牡丹江、黑龙江居中,年产量为 20 万立方米,通化、松江较少,年产量为 10 万立方米。③ 1949 年共采伐木材 296.2 万立方米,完成原计划 409 万立方米的 72.4%。东北解放区四年来所采伐木材主要供应铁路、出口、工矿、军工及其他一些部门的用材需要。④

---

① 东北解放区财政经济史编写组等编:《东北解放区财政经济史资料选编》第 2 辑,黑龙江人民出版社 1988 年版,第 368—369 页。
② 朱建华主编:《东北解放区财政经济史稿》,黑龙江人民出版社 1987 年版,第 246 页。
③ 东北解放区财政经济史编写组等编:《东北解放区财政经济史资料选编》第 2 辑,黑龙江人民出版社 1988 年版,第 62 页。
④ 朱建华主编:《东北解放区财政经济史稿》,黑龙江人民出版社 1987 年版,第 247 页。

造纸工业方面,东北的造纸工业起始时间较早,并形成相当规模。1919 年 5 月,日本财阀大仓企业,在安东成立鸭绿江制纸株式会社(安东一分厂),1921 年 10 月制造纸浆,1927 年 1 月制造新纸。这是东北首家造纸厂。1923 年,韩麟绂在安东投资创立六成合纸厂(安东二分厂),利用当地芦苇原料制造毛边纸及烧纸。这是国人最初经营的纸厂,1931 年"九一八事变"后落入敌手。此后 1936—1940 年,日本侵略者相继以多种方式,在安东、吉林、营口、沈阳建有 7 家纸厂。东北造纸工业的产量,日伪统治时年产纸浆最高曾达 10 万吨,各种纸张 7.6 万吨。

"八一五"后国民党统治时期,除沈阳纸厂外,其他各厂均曾遭到战火破坏,如安东第二分厂,由于安东两度易手,该厂所有机械、厂房损失严重,一四四吋抄纸机破坏 70%,锅炉、电气则全部被破坏,全厂房舍倾塌,凌乱不堪。又如石岘纸厂,解放后匪特纵火,焚毁厂房及仓库十余处。其他各厂在国民党统治期间,生产也大半陷于停顿状态。1948 年 11 月沈阳解放后,民主政府成立东北企业管理局,下设造纸公司。公司利用过去的基础,重新计划,致力于东北纸浆和造纸工业的复兴。截至 1948 年,已经复工的纸厂计有石岘、吉林、安东、沈阳、营口等 11 厂,计划 1949 年生产纸浆 27760 吨,钞票纸、新闻纸、印刷纸、厚纸等 18000 吨(另说计划 1949 年生产纸浆 23804 吨,各种纸 25191 吨)。如能按期解决所需物资问题,则由 1950 年起每年可增产各种用纸和纸浆各 1 万吨。[1] 1949 年实际生产各种纸张 23384 吨,完成当年计划的 90%。[2]

(11)橡胶工业

东北地区的橡胶工业,几乎全部建立于 1931 年"九一八事变"东北沦陷特别是 1937 年日本全面侵华战争爆发后,且全部为日本人所开办、掌控,大部分集中在沈阳,只有两厂在安东,一厂在辽阳。

---

[1] 东北解放区财政经济史编写组等编:《东北解放区财政经济史资料选编》第 2 辑,黑龙江人民出版社 1988 年版,第 152—156 页;中国社会科学院经济研究所、中国现代经济史组编:《革命根据地经济史料选编》下册,江西人民出版社 1986 年版,第 583—585 页。

[2] 东北解放区财政经济史编写组等编:《东北解放区财政经济史资料选编》第 2 辑,黑龙江人民出版社 1988 年版,第 312 页。

1948年11月沈阳解放后,9家橡胶厂全部由新成立的东北企业管理局橡胶公司接收、辖管。由于"人民解放军正确地执行了城市政策,所以橡胶公司所属各厂在职工齐心保护之下,很完整很顺利地完成了接收工作"。橡胶公司接收和辖有沈阳第一厂、第二厂、第二厂分厂、第三厂、第四厂、第五厂、第六厂、机器修配厂、辽阳厂、安东胶皮厂。其中一厂、二厂分厂、三厂、四厂、六厂,在国民党军控制期间,一直处于半开工半停工状态,民主政府接收过来以后,都已立即开工。

第二厂被国民党军炸毁,经修复后,于1949年3月中旬已开工。第五厂在国民党军占领期间未开工,亦未注意保管,遭受破坏甚大;接收后经职工积极努力,在3月初开始修补了一部分厂房,装置了一部分电器设备,修理了一部分机器、锅炉和水道,至3月中旬,完成局部工程,并即刻开始生产。修配厂只是添买了一部电动机和工具,在2月上旬开了工。安东厂于1948年夏季已开始生产。

民主政府接收工厂后,于1948年11月、12月两个月中,号召职工复员,被国民党军遣散的职工回厂后,情绪高涨,一面积极修复,一面生产,改变了原来的消极态度,至4月末,虽受客观条件限制,但仍生产汽车内、外胎5748件,人力车内、外胎52761件,胶鞋631775双。

1949年由于改组和布置工作已逐渐就绪,所以年初即制订了当年的修建与生产计划,一面组织职工进行政治学习,一面进行修建和生产。修建和生产建设计划见表20-8。

表 20-8　橡胶公司修建和生产建设计划(1949年)

项目 厂别	修建计划	生产计划
沈阳第一厂	修补橡胶部现有设备,安装纺织部现有设备	汽车胎910480套,胶管5900根,帘子布2900匹,重帆布5410匹,平布23000匹
沈阳第二厂	修复原有设备	三角带600万A时,传动带2500万布米,运轮带2500布米
沈阳第三厂	修补原有设备	人力车胎109000套,杂品5400吨
沈阳第四厂	修补原有设备	胶鞋60万双

续表

项目 厂别	修建计划	生产计划
沈阳第五厂	修复原有设备	胶船 1000 只,浮桥 2000 个,雨衣 31000 件,防毒具 6500 个
沈阳第六厂	修补原有设备	胶鞋 33 万双
沈阳修配厂	修复原有设备	修配各厂机械,制造机器零件
辽阳厂	保管	—
安东厂	修建职工宿舍、仓库	340 万双

资料来源:东北解放区财政经济史编写组等编:《东北解放区财政经济史资料选编》第 2 辑,黑龙江人民出版社 1988 年版,第 168 页统计表。

修建、生产齐头并进、两不耽误。从 1 月、2 月、3 月三个月的生产情况来看,产量是月月上升,如汽车外胎,1 月刚完成计划,2 月即超过计划的 12%。又第六厂胶鞋,1 月仅完成计划的 59%,3 月即增至 144%。职工至 4 月末,陡增到 3225 人。只是由于新人增加,技术水平普遍降低,以致未能发挥很大力量。今后为了发挥为工业服务和保证民用,橡胶公司中心的工作是提高技术、提高质量。①

从 1949 年各类橡胶制品的产量来看,全年生产传动带 1637 万米,完成计划的 99.8%;运输带 5202 万米,完成计划的 97%;三角带 1017 万 A 时,完成计划的 102%;汽车外胎 9625 只,完成计划的 78%;汽车内胎 12535 只,完成计划的 103%;力车外胎 141054 条,完成计划的 112%;人力车内胎 111597 条,完成计划的 87%;胶鞋 3559506 双,完成计划的 76%。② 生产计划一项的完成情况还是不错的。

(12)制盐业和制糖业

食盐、食糖是日常生活中传统调料和食品,不可或缺。近代时期,随着化学工业和食品工业的发展,盐、糖的工业用途也不断扩大,两者的重

---

① 中国社会科学院经济研究所中国现代经济史组编:《革命根据地经济史料选编》下册,江西人民出版社 1986 年版,第 589—590 页。

② 东北解放区财政经济史编写组等编:《东北解放区财政经济史资料选编》第 2 辑,黑龙江人民出版社 1988 年版,第 313 页。

要性不断提高。

东北地区有盐田 35242 公顷,全部分布在东起孤山西至山海关的两千公里的海岸线上。每年晒盐,最高产量可达 150 万吨,占全国盐产量的半数。近代化学工业发达后,盐的应用范围,从食用扩大成为医药、轻重工业、军需等工业必不可少的原料。日本帝国主义侵占东北后,立即制订了劫夺东北食盐的两个五年计划,强占民滩,大量开辟盐田。至 1944 年,已修成盐滩 34324 公顷,划分为 10 个盐区,61 个盐场,计盐田 7512 付斗半,有盐工 22400 人,电气木工等工人 1200 名,年产盐 130 万吨。动力设备计有扬水机 989 台、5520 马力,变电设备为 10315 千瓦。同时,各盐滩遍设轻便铁路,直接通往各口岸和车站。其中以复州湾、营盖两地产盐最多,分别达 38 万吨和 20 万吨。并在营口、貔子窝、普兰店等地设立化学工业基地 5 处,制造镁及盐酸等。另外每年尚有 20 万—30 万吨盐被劫往日本充作工业原料。[①]

"八一五"后,国民党军进驻东北后,占据了大部分盐田,动力、机械设备均遭盗运和破坏,盐田荒芜。当时国民党仅在辽西、营口、盖平一年晒盐 3.54 万吨。当盐田重回人民手中时,180 公里滩堤大部分被冲垮,电路、轻便铁道、厂房、机车、船舶、动力机器等,几乎全部损坏,复州湾、五岛、貔子窝、营盖一带盐池已积满半尺厚的淤泥,野草丛生。当时辽南地区严重遭灾,人力物力均极困难。在这种情况下,恢复荒芜的盐田,生产 30 万吨食盐供给全东北军民所需,任务极其艰巨。

民主联军进入辽东后,1946 年 6 月建立东北盐务管理局。因盐田全部在安东省境内,成立了安东省盐务局,归安东省贸易局领导。1946 年秋国民党军进攻东北南部,行政区划变更,又改为辽南盐务管理局,归东北财政部领导。在东北盐务管理局领导下,有复州湾、普兰店、锦州 3 个分局及五岛、松殷、庄河、貔子窝、普兰店、绥丰、锦西、兴绥 8 个支局和营口、大孤山两个办事处,管辖 40 个盐务局,具体领导盐务生产。民主政府

---

① 东北解放区财政经济史编写组等编:《东北解放区财政经济史资料选编》第 2 辑,黑龙江人民出版社 1988 年版,第 247—248 页。

紧紧依靠工人,克服困难,把荒芜的盐田在较短的时间内恢复起来,既救了灾荒,又恢复了盐业生产,满足了全东北军民食盐需求。解放之初,民主政府对公滩每个盐工预先贷给 200 斤食粮,对民滩发给 1 亿元贷款,购买生产工具,并折价收买存盐,极大地鼓舞了工人们的生产热情。盐务管理局计划 1948 年恢复盐田 4268 付斗,占原有盐田的 56.8%。恢复动力扬水机 200 台、3300 马力,变电设备 4600 千瓦,新修大小水门 2700 多个,以及滩堤、房屋等。当年有工人 12000 人,产盐 40 多万吨,超额完成原计划的 30%。

1948 年 11 月东北全境解放,辽西盐田也回到人民手中。盐业改变为以企业管理为主的方针,10 月重新调整机构,将东北盐务管理局并入东北人民政府财政部盐务总局,原有支局、办事处不变。1949 年计划产盐 70 万吨。但截至春晒,已出盐 813411 吨(全年产盐 813462 吨),超过计划 11.2%。已达到伪满产量的 62.6%。除生产盐外,尚供给皮口化学工厂卤水及工业用卤硝 1 万余吨。恢复盐田 5676 付斗,占伪满时的75.6%;开晒面积 25342 公顷,占伪满时面积 34324 公顷(不计海水圈道水沟面积)的 73.8%;动力扬水机 449 台,计 3370 马力,分别占伪满时的45.4%和 61%;变压器 279 台,3491 千瓦,动力扬水滩 826 付,自然流下滩1010 付,共计 1836 付。晒盐纳海潮时,除偏僻地方少数盐滩外,全用动力纳潮,可称半机械化盐滩。盐场拥有盐工 15326 人,占日伪时盐工总数的 68.4%。盐场职工在共产党的领导教育下,阶级觉悟迅速提高。1949年成立总工会,各场成立盐场管理委员会,工人直接参加盐场管理,生产竞赛形成高潮。不仅数量上完成生产计划,并且提高了质量,1949 年的产盐已是一等盐占多数了。①

制糖工业方面,东北制糖与南方不同,原料用的是甜菜,而非糖蔗。甜菜的种植集中在北满松花江、嫩江流域地区。东北的制糖业起始于1908 年。当年俄资阿城糖厂设立。这是东北首家糖厂。接着在哈尔滨、

---

① 东北解放区财政经济史编写组等编:《东北解放区财政经济史资料选编》第 2 辑,黑龙江人民出版社 1988 年版,第 248—249、375—376 页。

沈阳、范家屯,接连有糖厂问世。日本侵占东北后,通过"制糖株式会社"垄断东北糖业,连由外资经营的阿城糖厂也挤进了 51% 的日股。据说 1943 年是制糖业的"黄金时代",4 个糖厂共种甜菜 4 万垧,收 2 获甜菜 29 万吨,制出约 3 万吨糖。从各个糖厂生产效能上看(以一昼夜使用原料数量为标准),范家屯 700 吨,沈阳 700 吨,哈尔滨 600 吨,阿城 450 吨。甜菜的种植必须实行轮种,轮种期为三年,当时每个糖厂每年约需 1 万垧地为种原料之用,实行轮种则需 3 万垧,加之水源也是经营糖业的主要条件,这些,对沈阳糖厂来说都不适宜。于是日本不得不将沈阳糖厂拆迁到哈尔滨,打算与江北糖厂合并。至"八一五"日本投降,该厂除结晶罐外,其他机器已全部运抵哈尔滨。至此,东北只有三个糖厂了。当时,由于日军恣意破坏,及混乱期间无人看管,坏人乘机盗拆盗卖,哈尔滨糖厂几乎变为一片废墟,连房盖也不知去向,空留四壁。范家屯糖厂命运也差不多,阿城糖厂由于外侨看守,成了"八一五"后唯一完整的糖厂。

此时,松江省政府接收了阿城糖厂中的日军股份,继续与外侨合营。全厂有职工 430 名,1947 年即开始生产,1948 年为产量最多的一年,计种甜菜 1 万小垧,收获甜菜 4.9 万吨,制出白糖、砂糖、冰糖共 7000 吨,并从糖蜜中提炼了 410 吨酒精。省工业厅估计,1948 年投资最多不超过 1000 吨糖,其利润之大着实可观。1949 年由于籽种少,只种 8000 垧,估计产量将不会少于上年。1948 年 11 月哈尔滨制糖厂也开始恢复,至 6 月底已完成工程的 54%,1950 年 1 月即可开工。该厂种甜菜 2800 余垧,可收获两万余吨。这样至 1950 年东北便有两座糖厂恢复生产,从 7 万吨甜菜中制出 9500 余吨糖(以 12%—14% 的普通出糖率计算),供应民需。届时,东北糖业的生产力即可恢复到伪满水平的 43%。

从历史上及目前片段的材料来看,东北糖业经营上有以下三个问题应引起注意。

(1)东北制糖工厂建筑年代已久,机器是逐渐增添的,不但距离近代化的立体建筑的标准尚远,同时机器本身更有许多缺点,输送力浪费很大。如阿城糖厂运来的原料还不能直接用动力运到溜上,需人力搬运,只此一项,1948 年即花去 3 亿元,送煤也不是自动装置,同时有的机器和锅炉寿命已超过13年了,生产时不能烧足气。哈尔滨制糖厂在修复中已注意及此,已根据苏联经验尽量加以改善。将来范家屯、沈阳糖厂恢复时亦应注意改造,否则即使修复,仍然是不健康的。

(2)种植甜菜问题:日军统治时,强迫农民种甜菜并以低价收买,压榨农民,群众称种甜菜为"愁疙瘩"。日军遗留下的这种罪恶行径,使得群众至今仍不积极。近两年来,种子均由国外输入,不能满足需要。在种植方面问题也很多,比方阿城1948年1万垧籽种由1.8万户农民种植。哈尔滨2800余垧由近万户农民种植,由于过去日军留下的坏影响,农民多将籽种种在地头上、路边上或瘠薄土地上,致使产量降低。有时因为收买的价钱低,农民便私售给私商去熬红糖。因此今后必须注意育种,调整收买价格,教育说服农民大量栽种,使产量提高。否则,将严重影响糖业发展。当然,更理想的是由工厂在大块田地上经营或实行集体栽种,但在目前尚办不到。

(3)关于糖厂副产品与副业问题:在甜菜生产过程中留下一部分废蜜,范家屯、哈尔滨厂曾利用其再制成糖,阿城则用作酒精原料。两者比较起来,前一种方法,在成本上比做酒精便宜一半。假如条件允许,全部把废蜜做成糖,则可降低糖的成本。另外,糖厂可剩下堆积如山的甜菜渣子,原来范家屯、沈阳有干燥机,将甜菜渣子压成饼,可作饲料。而哈尔滨、阿城除卖很少部分外,因无干燥机都烂掉了,浪费很大。阿城现养了一百多头猪,七八十头奶牛,仍然吃不完。1950年,两座糖厂生产,将有大量饲料,这是建立大规模畜牧场的有利条件。[①]

(三) 私营工业、国家资本主义工业和合作社工业及手工业

私营工业、国家资本主义工业和合作社工业及手工业,也是东北解放区工业的一个组成部分。三者各自所占比重不一。

日伪统治时期,民族资本工业企业,或被劫夺易主;或强迫参股、"合

---

① 中国社会科学院经济研究所中国现代经济史组编:《革命根据地经济史料选编》下册,江西人民出版社1986年版,第609—611页。

作",名存实亡;或被肢解、拆零打散、七零八落、非甲非乙、面目全非;或因严酷统制,生产无原料,产品不能进入市场,只能破产倒闭;或好不容易维持到20世纪40年代,太平洋战争爆发后,又被迫将机器设备连同所有铜铁器物,全部"捐献",制造枪炮,支持"圣战"。这样,经过日军长达14年的侵蚀、劫夺、蹂躏,东北民族资本工业被摧毁殆尽。据日伪统计材料,1945年伪"满洲国"工矿业和交通运输业379183万元的总资本额中,民族工业资本1098万元,仅占0.29%;132486万元的工业资本总额中,民族工业资本715万元,仅占0.54%,简直微乎其微,完全可以忽略不计。①

就民族资本持有者而言,一部分资本家在政治上是投靠日军的大汉奸大特务,在经济上是掌握大加工业、大配给店②的大资本家大商人,在农村中往往又是大地主。这是伪满时期的一种汉奸资本。这一部分资本依靠日本的政治和经济实力,与日本资本结成一体为非作恶。其资本较大,势力较大但人数不多。另一部分中小工业资本家,特别是小资本家,虽也依附于日敌资本为生,给日敌加工,做些零件小玩意,或执行配给任务,但经常受到日敌的压迫,特别是在日敌实行经济统制后,受到的打击很大,故对日敌不满,同汉奸资本也有矛盾。这一部分资本数量较多,但力量很小,在日敌经济统治下,只能苟延残喘。

"八一五"后,伪满殖民地经济体系被摧毁,过去依附这一体系的汉奸资本,同时也受到了应有的惩处,资本或被没收,或被破坏,也有一部分为逃避目标,化整为零了。但中小资本家却得到解放,获得了前所未有的发展机会。

---

① 东北解放区财政经济史编写组等编:《东北解放区财政经济史资料选编》第2辑,黑龙江人民出版社1988年版,第340页见附表一。

② 配给店与加工业,指日本帝国主义侵占东北时期,为实行"经济统制"而指定的商店和加工厂,被允许销售和生产受"统制"的商品,包括所有生活必需品。大加工厂、大配给店往往为汉奸资本所掌握,同日本帝国主义紧密勾结,可以得到许多特惠。小加工厂、小配给店则只能按日伪规定的工价和配售价格得到收益。但是由于它们是日伪"经济统制"体系中直接影响群众日常生活的基层单位,有些配给店还有利用其特殊地位损害群众利益的行为,所以一般也为清算运动所波及。

从日本投降到中华人民共和国成立，东北私营工业的恢复、发展，大致经历了两个时期或阶段。

第一阶段，从1945年"八一五"日本投降到1949年3月，这是东北私营工业的恢复和发展时期，也是东北私营工业从日本帝国主义的"殖民地经济体系的一个附属的有机部分转变为新民主主义经济体系的一个附属的有机部分的过渡时期"。[①]

日本投降后3年多的时间里，东北私营工业虽然经历了不少曲折，但在比较自由的条件下，一般还是得到了相当的发展。不过应当指出，在这几年中，私人资本主义"是在一种比较不正常的条件下发展着的"。主要的特点，就是这是战争时期。东北南部几个最大的工业城市还在敌人手里。由于战时财政的入不敷出，物资的缺乏，故物价总是不断上涨。由国家没收过来的公营企业正在恢复中，生产量又低又少，还发挥不了调节市场的作用。国家对私人资本的发展，除了土地改革后期一个短时间外，一般是比较放任的。虽然从1948年下半年起，国家开始了对私商的某些限制与管制，在经济上进行了一些平抑物价与反对投机倒把的措施，但作用不大。在这种条件下发展着的私人资本，大部分要利用物价的波动与不平衡来进行商业活动，它们固然也解决了国家与人民的某些需要，但同时大肆发展投机倒把，从国家与人民手中发了很大的财。至于另一部分工业资本，则主要地为国家加工而获利，尤其以军工军需的加工为多。有的则为一时一地市场的需要，制造一些日用必需品出卖。这部分工业的发展是盲目的、无计划的、游击性的、抓一把的，大多数是小型的。它们有原料、有销路，就开工生产；没有就另想办法。看到投机有利，就去参加投机。为避免目标太大，避免税收负担，以及为适应市场的迅速变化、力求资金周转的迅速与灵活起见，较大的工厂与商店，均走向分散而"化整为零"。小手工工厂与作坊，特别是行商、摊贩如雨后春笋一般地发展起来了。这种情况，反过来又促进了投机倒把的发展。显然，这是循着无政府的老资本主义的方向发展的一种自发的运动。这种运动到1949年3月

---

① 《张闻天选集》，人民出版社1985年版，第455页。

"可以说达到了它的最高点"。①

当然,从1945年"八一五"到1949年3月3年多的时间里,党和东北民主政府对私人工商业和私人资本也采取了若干政策措施,并且出现过"左"的偏差。

总的来说,"八一五"后,由于前线军用物资的需要,解放区城乡市场的扩大,党的保护工商业政策的贯彻执行,私人工业在比较自由的环境下,得到了一定程度的发展。但是,在发展过程中,也有挫折。如从1945年9月到1946年6月,在城市进行反奸清算斗争、打击汉奸资本的过程中,曾一度扩大打击面。由于错误地强调东北私人工业资本的汉奸性,把不该打击的某些中小资本家打击了。在工人运动中也曾出现增加工资过高、分红过多的现象。不过在反奸清算运动中对私营工业虽有侵犯,但并不严重。1946年"七七决议"②后,东北解放区转入土地改革,对私人资本一般采取放任的与不侵犯的方针,使私人工业得到若干发展。但到1947年下半年土地改革后期,农民进城没收、清算工商业;政府机关与部队出于财政考虑,向"工商业方面抓了一把";街道斗争中的工人、贫民"也从中侵犯了一部分工商业",给私人资本家,尤其是较大的私人资本家一个比较严重的打击。在安东,受到影响的工商户占16%,其中较大的私人工厂被没收的比例更大。这是侵犯私人工业的严重"左"倾错误。

对此,中共中央和东北局、东北民主政府曾多次发出指示、文件进行纠正。1947年中共中央十二月会议上把保护民族工商业列为新民主主义的三大经济纲领之一,并规定了发展生产、繁荣经济、公私兼顾、劳资两利的新民主主义经济政策。1948年2月6日,中央关于《哈尔滨市战时暂行劳动法案草案》中的错误,给东北局发出指示,进行严肃批评,认为《哈尔滨市战时暂行劳动法案草案》"只顾片面利益",而对于"和厂方合

---

① 《张闻天选集》,人民出版社1985年版,第457页。
② 指中共中央东北局1946年7月7日关于形势和任务的决议。决议根据中共中央建立巩固的东北根据地的方针强调,必须在干部中扫除侥幸取得和平的想法,确立从事长期艰苦斗争的决心,把创造根据地(主要内容是发动农民群众)置于工作的第一位。

作、积极奋斗、发展生产、繁荣经济、公私兼顾、劳资两利的责任和劳动态度,则没有提到或提得很不够"。中央明确指出,"解放区私人企业中劳资关系,蒋管区民营中小企业中劳资关系与官僚资本、帝国主义资本企业中的劳资关系,乃是四个性质上各有不同的关系",工人阶级及其政党必须分别采取不同态度。解放区有益国民经济的私营企业(包括暂时允许存在的外资企业),在接受人民民主政府领导的条件下,即在不做非法操纵、过分剥削及其他破坏性活动的条件下,虽仍剥削劳动者的剩余劳动,但大体上亦是为人民与国家服务的,其一定的发展是对工人阶级、劳动人民及新民主国家有利的,故与不受人民领导的蒋管区私营企业不同,与完全反对人民的官僚资本更不同。因此,劳动法的制定,必须立足全局,工会代表与厂方代表充分协商、共同研究,根据实际可能,提出"既照顾工人利益,也照顾全体人民利益与资本家利益,既规定工人权利,也规定工人对生产的劳动态度,既为工人所接受,也为政府与资本家所接受的新草案"。并提出与此相配合的工厂法。① 中共中央还下达了《关于工商业政策》(1948年2月17日)、《关于民族资产阶级和开明绅士问题》(1948年3月1日)的两个指示。

根据中央指示精神,东北局接连发布了《关于清算地主在城市中工商业的指示》(1948年)、《关于平分土地运动中几个问题的指示》(1948年2月1日)。东北各省、市、地的常委及民主政府,都专门讨论了保护私人工商业问题,并作出相应的决议,还用布告形式,向解放区军民宣传关于保护工商业的具体政策和办法。如吉林省政府于1948年3月9日张贴《吉林省政府保护城市私人工商业布告》,明确宣布,"为繁荣市场,发展生产,调剂军需民用,加强商品流通,使城市私人工商业为乡村农民服务,结合本年大生产运动,改善人民生活,对城市工商业坚持保护方针,并帮助其发展",规定"所有私人正当的工商业,政府一律保护,并促其发展,任何人不得清算没收";乡村农民及农会自即日起,不得直接进入城

① 中央档案馆编:《中共中央文件选集》第17册(1948),中共中央党校出版社1991年版,第30—32页。

镇"查封、没收、捕人、打人、罚款、挖浮";地主兼工商业或工商业兼地主,除其在农村中的土地财产得由农会接受处理外,"其工商业部分,不得清算没收,并允许其自由经营";在"八一五"后土地改革运动中,逃往城镇经营工商业的"化形地主",其"化形工商业部分,应予以保留,继续营业";凡"八一五"前,原住城镇而有土地在乡村之地主、工商业家,其"在城镇之财产一概不动";过去被清算之工商业,如有错误的,该工商业主可以报告政府,如确系错误,各级党政领导机关协同农会,说服群众"归还原物,或赔偿其价值相当之损失;并恢复其政治名誉"。① 随后,3 月 24日中共吉林市委作出了关于保护私营工商业的决定,明确宣布,保护和发展私营工商业,是中国共产党现阶段坚定不移的政策,除没收操纵国计民生以蒋宋孔陈四大家族为首的官僚资本归人民民主政府所有外,凡本市一切私人正当经营之工商业,"均须逐渐使其在发展生产、繁荣经济、公私兼顾、劳资两利的总方针下积极恢复发展,以支援解放战争与供给农村需求"。规定凡属正当经营的私人工商业的财产、工厂、作坊、公司、商店,均为合法权益,任何机关、部队团体、个人,不得借故侵犯;凡合法经营的私人工商业,有利于国计民生者,需要原料、动力、运输等帮助时,交通、运输、税务、贸易等部门,"应尽可能予以便利与协助";私营工商业中劳资、东伙关系,"必须是劳资合作,适当改善职工、店员生活,努力去节省成本、增加生产、便利推销,借此以达繁荣经济、支援战争之目的";原居住在本市的工商业兼地主或地主兼工商业者,"凡在本市之工商业部分,均为合法权益,坚决保护";凡因逃避乡村土地改革运动来住城市的地主,在本市解放以前,"其财产全部或一部已转入正当经营的工商业者,承认其合法,保证说服乡村农民不进城捕人、起浮、清算、没收"。同时决定:通过银行向私营工商业发放低利贷款 1 亿元;自本市解放之日起,所有私营工商业,免征营业税 6 个月。②

① 东北解放区财政经济史编写组等编:《东北解放区财政经济史资料选编》第 2 辑,黑龙江人民出版社 1988 年版,第 52—53 页。
② 东北解放区财政经济史编写组等编:《东北解放区财政经济史资料选编》第 2 辑,黑龙江人民出版社 1988 年版,第 54—55 页。

资料显示,从 1947 年下半年到 1948 年年初,乡村农民和城市街道贫民对私营工商业"捕人、起浮、清算、没收",大约持续了六七个月的时间。1948 年上半年,侵犯工商业的"左"错误迅速得到纠正,东北解放区的私人工商业重新恢复和发展起来。

这时的私人工业主要是为国家加工,特别是给军工、军需加工最多。为城乡人民急需的纺织、针织、被服,粮米加工的小手工工场、作坊也发展起来。据 1948 年调查,哈尔滨市 15 个工业行业中选出最大的 3954 家,按创业年代统计,1945 年"八一五"前开业者 403 家,占 10%;"八一五"到 1946 年 4 月 28 日民主联军接管哈尔滨前开业者 310 家,占 8%;"四二八"到 1948 年 2 月开业者 3241 家,占 82%。[①] 牡丹江市,1947 年 3 月,私人工商业有 1486 户,其中私人工业 366 户。同年 10 月,私人工商业发展到 1673 户,其中私人工业 690 户。1948 年 5 月,私人工商业进一步发展到 2335 户,比 1947 年 10 月的 1673 户增加了 40%。[②]

这段时间因物价的飞速上涨,出现了私人资本商业方面的特殊繁荣。同时党和政府又出现过分强调发展私人资本主义企业而劳资两利发展公营企业的迫切需要,忽视同私人资本家在商业上的投机倒把作斗争的必要,以及片面强调保护资本家而忽视依靠工人等右的观点。[③] 在中共中央与东北局"纠偏必须防右"的方针[④]指引下,这类右的观点又迅速得到纠正。当时中共中央东北局采取的方针是"全力恢复控制经济命脉的国营工业与商业"。因为只有加强国营经济的力量,才能在经济上巩固共产党的政治与军事的力量,反对私商的投机倒把,给私人资本主义以经济上的领导,使之成为新民主主义经济体系内的一个组成部分。

东北全境解放后,私人资本工业和整个私人资本主义发展的条件发生了根本的变化。战争停止了,东北全境和平统一了。东北大军的进关,

---

① 朱建华主编:《东北解放区财政经济史稿》,黑龙江人民出版社 1987 年版,第 269 页。
② 朱建华主编:《东北解放区财政经济史稿》,黑龙江人民出版社 1987 年版,第 269 页。
③ 《张闻天选集》,人民出版社 1985 年版,第 461 页。
④ 这是在 1948 年 11 月 10 日新华社社论《在结束土地改革的地方纠左必须防右》中提出的。

使东北财政收支的平衡成为可能。由于对外贸易的发展及大城市全部收复后公营企业生产的恢复与扩大,大量物资可以用于调节市场。国营事业与合作社的力量增强了,物价开始达到平衡,有的甚至下降了,国家在经济战线上开始取得了主动,计划性开始加强。天津、上海的相继解放,使东北市场同关内市场联系起来了。这些都对东北私人资本工业和私人资本主义的发展,产生了决定性的影响。商业投机困难了,军工军需的加工订货减少了。物美价廉的东北大城市的本地工业品多了;关内来的工业品,也进入了东北市场,同本地货竞争了。原料方面,不少原料还不够公营工业的需要。物价、原料与市场的条件,都起着不利于私人资本"自由发展"的巨大变化。虽然大部分商业资本还在盲目地伺机挣扎,但一部分商业资本已在另寻出路,准备转入工业生产了,有的工厂与作坊,如像安东的棉织业、造纸业等,因缺乏原料而无法进行正常的生产;有的如安东的铁工业、丝织业等,虽有原料,但没有市场,而不敢进行生产;有的虽有原料市场,但因成本高,不能同国家的、大企业的及外来的制成品竞争,也不敢进行生产。大部分的私人工业、商业同过去比较起来,现在开始呈现出停滞与萧条的状态。这时有奖实物公债的推销,银根的紧缩,对私人资本商业活动的严格管制,又增加了对私人资本的压力。

所有这些,在私人资本家的头脑中,造成了惶惑与混乱:私人资本主义究竟何去何从;物价、原料、市场的状况、前景怎样,如何把握;国家是何意图。"成为每一个资本家所要解答的严重课题了。""这些问题必须由国家来加以解答。于是东北私人资本主义的发展必须从第一时期转入第二时期。"①

第二阶段,从 1949 年 3 月到 10 月,东北私营工业在这一阶段,表面上呈现不平衡发展和增加态势,但从资本金看,考虑到物价上涨因素,则除了个别行业,均呈某种程度的减少和萎缩状态。

进入第二阶段,带有极大自发性的比较"自由发展"着的私人资本已经面临歧路他们现在如果不循着新民主主义经济体系所铺设的轨道行

---

① 《张闻天选集》,人民出版社 1985 年版,第 459 页。

进,就无法求得它们自己的发展。显然,如果我们不在国家经济建设计划中给私人资本指定一定的活动地盘,在原料与市场方面给以一定的照顾,并在税收政策、价格政策、劳动政策、运输政策、借贷政策等方面给以一定的有利条件,逐步引导它循着我们所需要的方向发展,使之成为新民主主义经济体系中的一个附属的有机部分,那今后东北私人资本主义的健全与正常的发展,是不可能的。不如此,我们也不能充分利用私人资本的积极性,使之为新民主主义的经济建设服务。至于私人资本的一切越轨活动,要受到一定的限制,那也是不言而喻的。所以,关于今后发展东北私人资本主义的方向与方法问题,我们必须从东北经济建设计划的全局着眼,加以根本解决。我们必须定出发展私人资本的计划,使之成为东北经济计划中的一个有机部分并根据计划去定出各种具体的法令规章。①

不过实际情况并不尽如人意。由于政治、经济因素的变化,加上党和政府有关私营工业的政策措施,出现某些偏差,特别是在土地改革过程中,反复发生侵犯私营工商业利益的情况,直接影响私营工业的正常运转和发展。吉林私营工业从 1948 年全年恢复、发展到 1949 年 1 月后逐步下降的变化过程是一个典型例子。

吉林 1948 年土地改革后,农民购买力提高,特别是 1948 年夏秋两季,吉林是前方,解放军部队、机关云集,城市购货及军需加工空前活跃,刺激了工商业的恢复和发展,再加上 1948 年春经过纠偏,在土地改革中被侵犯的工商业,经过赔偿,交代政策,吉林市解放后,不仅没有侵犯私营工商业,公家还贷款 30 亿元解决恢复和发展中的困难,打破了私营工商业者的顾虑,所以形成了 1948 年全省工商业的恢复和发展局面。

1949 年春,东北全境解放,平津亦相继解放,大军进关,交通恢复,整个解放区的经济连成一片,原来与全国规模脱节、限于局部而恢复和发展起来的私营工商业,必然受到影响。有些适应战争需要而发展起来的工商业必须改组,如许多军用、军需加工任务的被服、铁工等,必然要减少和停止。沈阳、平津解放后,吉林市的肥皂、麻袋、火碱、牙刷等工业感到无

———
① 《张闻天选集》,人民出版社 1985 年版,第 459—460 页。

销路。因为吉林私营工业除以柴粮米加工外,大半为手工业或半手工业的生产,产品质量低、成本高,在市场上无法同沈阳和平津来货竞争,加上吉林公营企业的恢复、合作社的发展,伪满时期殖民地掠夺经济遗留下的庞大加工业(如长春市),以及由于在战时需要或暂时有利情况下收复城市后所发展的加工业(如吉林市)等,已大大过剩。其中某些加工业即属于"不可能维持的必然发生的萎缩"。

　　1949年私营工业的停滞、萎缩,除了"比较主要的经济原因"外,党和政府相关政策措施的某些偏差或失误,甚至忽"左"忽右、左右失据,也是一个重要因素。1948年3—8月,吉林省党和政府在实施对私营工商业的保护与扶助政策时,就只有"保护""扶助""发展",而忘记和忽略了同时进行引导和某些必要的限制,产生了"公营与私营,主要与次要,工业与商业,哪是有利于国计民生,哪是不利于国计民生之利害不分、轻重不分、发展什么与限制什么不分的现象",在管理上放任自流、畏首畏尾。可以在"劳资合作""互助互让"的口号下召开私营工商业者座谈会,却因害怕私营工商资本家有顾虑,不敢公开召集工人座谈。因疏于管理、引导,不少私营工商企业脱离国计民生的正常轨道,违法乱纪、投机倒把。①为了扭转乱局,维护正常的经济秩序,东北局在1948年9月召集的城市工作会议上,强调发展国有企业和合作社,从当年9月到1949年3月,吉林省党和政府又"在反'右'的情绪下,产生了对于私人工商业强调限制斗争的'左'倾思想",从一个极端走到另一个极端。如在劳资关系上,从怕刺激私营工商业主、不敢单独召开工人座谈会的右倾偏向,发展到不顾"劳资两利",无原则偏向工人的"左"的偏向,对学徒工资规定高、劳动态度教育不足,以致私营工商主"少用学徒减少学徒";在解决劳资纠纷中,强调工人斗争多,讲"劳资两利"少;在对私营工商业的问题上,强调限制投机倒把的多,而怎样诱导和帮助他们向有利于国计民生方向发展的少等。在工商管理登记、原料和产品购销及铁路运输、税收征缴等方面,也

---

①　如吉林市一个代理店,以100万元资本投机倒把,买空卖空,不到一年赚了一个亿(东北解放区财政经济史编写组等编:《东北解放区财政经济史资料选编》第2辑,黑龙江人民出版社1988年版,第206页)。

都或多或少存在毛病和疏忽,影响或妨碍了私营工商业的发展。有的工商业主说,"不如到沈阳、天津去好,那里不显咱们"。吉林省委在"检讨"中最后总结说,1949 年省内私营工商业的"萎缩萧条,除经济上是较重要的原因以外,我们在政策上和工作上的'左',也不能不是原因之一"。①

黑龙江、辽宁情况相仿。东北全境及津沪解放后,私营工业发生很大变化,有的行业较前发展了,如电工器材、纸张、火碱、橡胶等;有的行业尚能维持,如铁工、日用卫生品"无前途",如粮谷加工(因设备需要过剩很多)、纺织(原料不足)、被服、印刷等。黑龙江哈尔滨、辽宁沈阳私营工业若干行业的变化情形见表 20-9。

表 20-9 哈尔滨沈阳私营工业若干行业
变化统计(1948 年、1949 年)

地区行业别	项目	1948 年 8 月*(家)	1949 年 4 月**(家)	1949 年 9 月开工情况(%)
哈尔滨	铁工	236	489	50—60
	被服	42	497	10
	纺织	201	2278	10—20
	粮谷加工	119	452	10—20
	火碱	27	47	—
	纸张	8	11	—
沈阳	电工器材	14	183	—
	橡胶	15	54	质量不如津沪,鞋子还好,价钱便宜,很好卖
	纸张	8	30	8 家当时停工

注:* 哈尔滨火碱、纸张和沈阳 3 行业的调查时间为 1948 年 11 月。
** 哈尔滨火碱、纸张和沈阳 3 行业的调查时间为 1949 年 6 月。
资料来源:据东北解放区财政经济史编写组等编:《东北解放区财政经济史资料选编》第 2 辑,黑龙江人民出版社 1988 年版,第 229 页统计表整理编制。

———————————

① 东北解放区财政经济史编写组等编:《东北解放区财政经济史资料选编》第 2 辑,黑龙江人民出版社 1988 年版,第 204—211 页。

　　表 20-9 中数据印证了表前说明。1948—1949 年间,私营工业中的大部分行业,兴衰起伏,变化明显。其中变化最大、而工厂、人数最多的是铁工、电工器材、棉织、针织、日用卫生品、粮谷加工 6 个行业。据对沈阳、哈尔滨、吉林、安东、长春、佳木斯、牡丹江 7 城市不完整的材料统计,机器铁工 1400 多家,职工 8000 多人;电工器材 500 多家,职工 1000 多人;棉织 4000 多家,职工 15000 多人;针织 1000 多家,职工 4000 多人;日用卫生品 1000 家,职工 2000 多人;粮谷加工 2700 多家,职工 9000 多人。以上 6 个行业,工厂数占一半,职工人数占 1/3 强。[①] 经济和社会影响巨大。

　　关于 1949 年东北私营工业的整体情况,据 1949 年年末的调查,私营工业共有资本金 381785154 万元,占公私营(省市营、公私合营、私营)工业资本 637635148 万元的 59.9%。全年生产总值折合粮食 128 万吨,占公私营(国营、公营、私营)工业生产总值(折合粮食)1024 万吨的 12.5%。[②] 另据 1949 年年末的"大调查",全东北私营工业共 119914 家,职工(含业主)338698 人,平均每家 2.8 人,平均每家资本 3184 万元。全东北私营工业的基本情况,如表 20-10 所示。

表 20-10　东北私营工业基本情况统计(1949 年)

项目\\类别	工厂家数(家)		从业人数(人)		资本额(万元)	
	实数	百分比(%)	实数	百分比(%)	实数	百分比(%)
动力机械类	16194	13.5	90993	26.9	211127301	55.3
人力机械类	43823	36.5	103072	30.4	88867734	23.3
手工类	59897	50.0	144633	42.7	81791119 *	21.4
总计	119914	100	338698	100	381786154	100

注:* 原表为 81811115,疑误,据其余 3 项数据核正。

资料来源:据东北解放区财政经济史编写组等编:《东北解放区财政经济史资料选编》第 2 辑,黑龙江人民出版社 1988 年版,第 306—307 页附表 4 摘录整理编制,百分比(%)系引者计算。

---

　　① 东北解放区财政经济史编写组等编:《东北解放区财政经济史资料选编》第 2 辑,黑龙江人民出版社 1988 年版,第 228—229 页。

　　② 东北解放区财政经济史编写组等编:《东北解放区财政经济史资料选编》第 2 辑,黑龙江人民出版社 1988 年版,第 340 页附表二、附表三。

私营工业按其动力使用和生产手段划分:手工业占第 1 位,计 59897 家,占总数的 50.0%;第二位为人力机械工业,计 43823 家,占 36.5%;第三位为动力机械工业,计 16194 家,占 13.5%。

按行业划分,计 17 大类 58 业。从家数、人数看,以手工制造业类(包括木器、铁器、铜器等手工制造、札柳竹丝制品及其他手工业)为最多,占总家数的 29.2%,占总人数的 24.2%。次为承揽业类、食品工业类、粮食加工业类。从资本金、营业额方面看,则粮食加工业类占第一位,占总资本金额的 20.6%,占总营业额的 23.9%。从各方面看来,最少的是矿业类,仅有 6 家,并且规模很小,多为手工生产方式;次为油脂工业类,占总厂数的 0.1%;最后为农业工业类,占总厂数的 0.5%。从营业情况来看,一般化学工业类为最好,1949 年资金周转达 15 次之多,一人平均全年生产 28455 万元;次为油脂工业类,全年资金周转 10 次,一人平均全年生产 12630 万元;再次为纺织工业类,全年资金周转 10 次,一人平均全年生产 9673 万元;最后为粮谷加工业类,全年资金周转 7 次,一人平均全年生产 13700 万元。营业情况不好的是制烟工业类,资金全年尚未周转一次,一人平均全年生产仅 740 万元。在生产设备方面,全东北共有动力机(包括电力、蒸汽、柴油等动力机)17418 台、114901 马力,按使用动力机的工厂平均,每厂仅有 1.15 台、7.56 马力;共有工作机械 77720 台,按使用人力机械或动力机械的 60017 厂平均,每厂仅有 1.29 台,可见东北私人工业总的看来,规模很小,绝大部分工厂和工人,仍是采用手工生产方式。

1949 年全年内的变动情况是:私营工业总的看来是处在恢复与发展的阶段中。因而无论在各方面均是增加态势。工业在全年中开业 28191 家,废业 12228 家,净增 15963 家。有些工业由于对国计民生不太重要或相悖,而转向于投资有利国计民生的项目使之减少。如制烟工业较 1948 年减少 92.2%,全年开业的仅 48 家,而废业的则达 762 家;代理店业较 1948 年减少 78.2%,全年开业 155 家,废业 278 家;金银业较 1948 年减少 15%,全年开业 90 家,废业 1766 家;粮谷加工类总的数量上是增加,但是用动力机械生产的亦为减少。如全年开业 494 家,废业则有 777 家,减少 283 家。1949 年显著发展的为油脂工业,较 1948 年增加 187%,全年开业

33 家,废业仅 5 家,净增 28 家;次为食品工业,较 1948 年增加 32.2%,全年开业 4772 家,废业 1676 家,净增 3096 家。资金方面总的看来也是增加的,几个主要行业的资金均较 1948 年增加 15%—40%(油脂工业),全年内总增资数超过了总减资数的 4.5 倍。不过依照 1949 年比 1948 年物价上涨 80%的比率来看,私营工业除油脂工业(增加 140%)外,均未增加,反而减少。①

资料显示,东北的民族资本工业经日本侵略者长达 14 年不择手段地攫夺、破坏、摧毁,到 1945 年日本战败投降时,已经接近烬灭,所谓"东北私营工业",在整个东北工业中,所占比重极小,仅有 0.54%。而且从工厂规模、使用动力和生产工具看,绝大部分是使用人力进行手工生产的传统小手工业,而非使用动力机械生产的新式工业。从工厂规模看,连业主在内,平均每厂只有职工 2.8 人,连传统手工作坊也算不上。从使用动力和生产工具看,绝大部分是使用人力进行生产的传统手工业,使用动力机械、能勉强归入"工业"的仅占"私营工业"厂数的 13.5%。而且机械数量少得可怜,无论动力机还是工作机,都是象征性的,与其称之为"工业",还不如说是"传统手工业"更为确切。

国家资本主义工业也是东北解放区工业的一个组成部分,由私人资本企业或某些中小型国有工业企业变化而来:民主政府或对私人资本工业加以改造,按某种形式将其纳入新民主主义经济的轨道;又或将某些接收或者没收的中小型工业企业,以某种条件出租给私人经营,并收取租金。

东北民主政府从 1946 年开始,逐步把一部分私人资本工业引向国家资本主义轨道。1948 年由东北局草拟并经中共中央批准的《关于东北经济构成及东北经济建设基本方针的提纲》,将国家资本主义列为东北解放区五种主要经济成分之一。

东北解放区的国家资本主义工业依其形成途径和经营方式,大致分

---

① 东北解放区财政经济史编写组等编:《东北解放区财政经济史资料选编》第 2 辑,黑龙江人民出版社 1988 年版,第 299—301、310 页。

为两大类:一类是公私"合股制"企业及承接政府加工、订货任务或由国营企业代销产品的私营企业;另一类是由私人承租的中小型国有企业。

第一类企业,合股制也叫"公私合营"。在黑龙江哈尔滨,有 4 家酱油厂、1 家啤酒厂、1 家灯泡厂,最先实行公私合营。1946 年 8 月,东北行政委员会工矿处成立后,在管理国营工矿企业的同时,也管理这批公私合营工厂。1948 年 6 月 13 日,在哈尔滨还成立了公私合营的企业公司,下辖农业、林业、搪瓷 3 家公司,经营木材、柴炭、搪瓷生产。至同年 11 月,公司资金总额 350 亿元,内公家股份占 57%,私人股份占 43%。在这同时,8—12 月还组织了皮具、器械、染业等行业联合公司,以及汽车修理厂、哈尔滨百货商场等,国家投资额为 214 亿元。① 在吉林省,据 1948 年 8 月统计,图们市有公私合营机器工业 16 家,公私合营手工业 1 家。在辽宁,1949 年 1 月,东北企业管理局在沈阳接收的工厂中,有公私合营兴奉铁工厂、一新窑业、肇新窑业 3 个单位。这 3 个工厂的来龙去脉是,1931 年"九一八事变"前,3 厂均由中国民族资本家创办,日伪统治时期,日本人以强行参股的手段进行劫夺,由中国民族资本企业一变成为完全由日本人控制的所谓"中日合办"企业。"八一五"国民党政府接收后,改为"官民合办"。沈阳解放并由东北企业管理局接收后,对企业进行清理,没收作为"官股"的敌伪汉奸官僚资本,而对一般民股,作为民族工商业严格加以保护。通过认真清理股权、盘点现有资财、重新估价、增加资本、改组人事、确定利润分配办法,通盘考虑,公平处理,改为公私合营工业企业。②

1949 年年末,东北全境共有公私合营工业 75 家,职工 1397 人,资本金 3221000 万元,营业额 4508935 万元,所得收益 972506 万元。③ 另据 1949 年年末的统计,75 家公私合营工业的 3221000 万元资本金,占公私营(省市营、公私合营、私营)工业资本 637635148 万元的 0.5%,相当于

---

① 朱建华主编:《东北解放区财政经济史稿》,黑龙江人民出版社 1987 年版,第 274—275 页。

② 朱建华主编:《东北解放区财政经济史稿》,黑龙江人民出版社 1987 年版,第 275 页。

③ 朱建华主编:《东北解放区财政经济史稿》,黑龙江人民出版社 1987 年版,第 275 页。

私营工业资本 381785154 万元的 0.8%。[①]

加工订货制,是在国营经济统一计划的指导下,为满足解放战争和人民群众生活需要,由私营工业企业代为加工某些产品,付给合理的加工费;或者由国营企业或政府部门按某种质量规格直接到私营工业企业订货。既缓解了国营企业的生产压力,又发挥了私营企业的积极作用。1948 年,哈尔滨共有 31 个行业、2700 余家中小工厂、18000 多名职工,为国家加工产品。参加者分别占私营厂家的 19%,占私营企业职工的34%。参与加工的私营企业资本为 270 亿元,占全部私营企业资本的51%。1948 年同 1947 年比较,哈尔滨的军工军需生产任务增加 2 倍至 20倍不等。由于充分发挥了加工订货制的作用,仅 1948 年上半年,即由加工业完成全年军工生产任务的 30%—53%,全年的军需任务不仅提前完成,而且超过 16%。民用轻工加工业方面,1948 年上半年织布 63500 匹(1947 年全年为 8 万匹),生产火柴 6400 箱(1947 年全年仅 5 箱)。长春市也利用加工方式扶助私营工业恢复生产,自 1948 年 12 月至 1949 年 5月,组织了 1800 余名工人加工军鞋 4 万余双;组织 100 余家铁匠炉加工军锅 4200 口、军锹 12000 把、军镐 5000 把;为百货公司加工的有织布、针织、肥皂、缝纫、制糖等私营工业 139 家,赚取加工费 18 亿元;为粮食公司加工的私营工业 16 家,赚取加工费 8.8 亿元。[②] 在吉林,1948 年夏秋两季,大规模的订货购货及军需加工,"对恢复和发展工商业有很大的刺激作用"。[③]

出租制是民主政府把自己无力开发、经营的工厂、林场、农场、渔场、矿山等,按某种互利条件,出租给私人开发经营,收取租金。

东北企业管理局在其接管的工厂中,有的规模狭小,不适合政府经营,被迫闲置。于是在 1949 年 3 月,拟定东北企业管理局工厂出租办法,

---

① 东北解放区财政经济史编写组等编:《东北解放区财政经济史资料选编》第 2 辑,黑龙江人民出版社 1988 年版,第 340 页附表二。

② 朱建华主编:《东北解放区财政经济史稿》,黑龙江人民出版社 1987 年版,第 276 页。

③ 东北解放区财政经济史编写组等编:《东北解放区财政经济史资料选编》第 2 辑,黑龙江人民出版社 1988 年版,第 204—205 页。

将日新工业所出租给了私人。

合作社工业及手工业也是新民主主义经济的组成部分之一,是国营工业和公营工业经济的有力助手。党的政策是在优先发展国营工业的同时,提倡和扶植手工业合作社,以促进其发展。1948 年 9 月东北局召开的城市工作会议,就强调要发展国营企业及合作社。[①]

东北解放区手工业合作社产生很早,最初是从组织棉纺织合作社开始的。哈尔滨的纺织工业是从 1947 年 5 月 1 日东北纺织管理局成立之后才发展起来的。而棉花的纺织加工是由各区成立合作社来组织完成,由市政府合作指导科领导,并给予 12000 斤棉花作为贷款。东北纺织管理局还直接帮助太平桥及东傅家两个区的纺织工作订立贷 2 斤棉花收 1 斤布的合同。1 个月之后,一切组织领导棉贷关系才全部完成,移交东北贸易公司第二营业部。基本办法是营业部以 1 斤 4 两熟棉贷与纺户回收 1 斤棉纱,再交与织布厂另订加工织布。两个多月后,纺织合作社发展到 11 个,共有纺纱户 15190 户(可能发展到 25500 户),每日可收棉纱 1760 斤。

在发展基础较好的辽北省,早在 1946 年 5 月,就已组织合作社或手工纺织厂,发展纺织。到 1947 年 7 月,洮南一带有织机约 1500 台,纺户 11000 多人;大赉市有织机 300 多台,纺户 5000 多人。辽北省棉花、洋纱来路较易,领导重视,虽然接近前线,但纺织工业颇有成绩,全省有纺户 28000 多人,织机 4000 多台,发展办法是贷棉给织布厂,由织布厂转放纺户,织布厂贷净花 80 斤,回收布匹 44 斤。松江省估计有 2 万多纺户。黑嫩省的纺织是 1946 年从亚麻纺织与"机关生产"开始的。亚麻纺织因技术和资金困难,只发展到 1000 多纺车就下降了;棉纺织也因原料困难与利薄而发展不起来。到 1947 年夏,因获得原料,有"纺织运动委员会"领导,才恢复起来,有三四千纺户,三百余台布机。吉林省的纺织工业,1947 年夏季已"展开成群众运动",仅延吉市就有 1 万多纺户,总计在 15000 纺

---

① 东北解放区财政经济史编写组等编:《东北解放区财政经济史资料选编》第 2 辑,黑龙江人民出版社 1988 年版,第 206 页。

户以上,有原料不足的困难。牡丹江的纺织工业,以前因原料困难,几全部停顿,现原料供给不成问题,但因粮价高、工资成本大,亦发展不快,总计不过 3000 多纺户。总计东北解放区,至 1947 年夏,共有 90333 纺户,并可增至 126986 户;以每天每户纺纱 2 两,1 个月 30 天 1 年 10 个月计算,则需原料净花 2700—3600 吨;织布方面,现有织机 6385 台,并可能达到 8744 台,除织土纱每机每天消耗棉花 5 斤计算,则所纺土纱需使用 3600—5000 台织机,其余织机 3000—4000 台,另须洋纱补给。一年须补给洋纱 4500—6000 吨。

不过合作社方面,现有组织领导和管理制度尚不完备,明显带着"机关生产、官办营业性质",效果并不理想。无论领导方面如何强调为群众"谋利",但在处理问题上总是变成"机关生产性质";或者是"为发展合作社自己而剥削群众劳动"。这在纺户看来,"和商人放花一样没有更多的好处,甚至还不如给商人纺线更为合算方便"。因此,工业部总结认为,"各个地区必须检查改造纺织合作社,由官办变为民办公助,由公营企业变为完全群众合作经济事业",以促进纺织合作社的更快发展和健康成长。①

农村中的手工业生产合作社,据吉林省 1948 年 8 月统计,全省共有合作社 159 个,其中农村生产合作社 23 个,农村综合合作社 35 个。吉林省汪清县鸡冠砬子村合作社,1947 年春耕期间,开办了 1 个铁匠炉,打镐 20 把,加钢(淬火的俗称)40 把,重拍 20 把,打车瓦 50 付,修理犁杖千斤 7 个、洋犁 2 个、锛子 13 个、斧子 30 把,打新斧子 5 把,铁匠炉共收入 17 万元,农民节省 45 万元。夏锄期间铁匠炉打锄钩、锄板各 200 个。另据 1948 年合江省 15 个县市不完全统计,共有生产合作社 90 个,生产供销综合性的合作社 20 个。在综合性合作社或合作社中附属的小工厂、小作坊 131 个,内油坊 47 个,铁匠炉 17 个,制米厂 15 个,皮铺 7 个,木铺 4 个,麻袋厂、磨坊、织袜厂各 3 个,纸坊、窑业各 2 个,火柴厂、纺织厂、草袋厂、麻

---

① 东北解放区财政经济史编写组等编:《东北解放区财政经济史资料选编》第 2 辑,黑龙江人民出版社 1988 年版,第 29—33 页。

绳铺、农具合作社各 1 个。黑龙江桦南县群众合作社开办车铺,制造大车 60 辆,廉价贷给群众,秋后交还大豆;开办铧子铺,铸出铧子 5 万个;还开办有麻袋工厂。依兰团山子区合作社也开办了铁匠炉、修理大车等。乡村和小城镇合作投资经营的这些手工业小工厂、小作坊,根据群众需要,扶助农业生产,按季节给群众准备生产工具或生活用品,有力地配合了农业大生产运动。①

在城市中,部分手工业生产合作社的产品和所需原料,由国营经济单位代销、代购。长春解放以后,工业生产合作社所需原料,由国营商店代购,产品由国营商店代销;建筑合作社包不起大的工程,则由国营工程队包下来,再分散包给他们;合作社零星购买建筑材料价钱高,则由国营工程队整批买下,然后按整批买来的价格转卖给合作社。1948 年后,许多城市,如吉林市昌邑区、合江省佳木斯市、黑龙江省兰西县城区,在优属工作中还组织了军属合作社、煤炭合作社、磨坊合作社、纺织工厂、草袋工厂、草包工厂等。② 由临时性的物资救济发展到组织手工业生产合作社。

合作社工业经济虽然有所发展,但除东北北部解放之初,在特殊环境下,纺织生产合作社一度快速发展外,总的发展缓慢,工业或手工业生产合作社作为一种经济实体,相当薄弱,在整个工业或手工业中,并未占据重要地位。据 1949 年 11 月对全东北城乡各类合作社发展概况所做的调查统计,城乡各类合作社总计 5472 个,其中农村 4601 个,占 84.1%;城市 871 个,占 15.9%。从合作社性质、类别看,绝大部分是供销和消费类合作社,生产合作社只占很小的比重。城乡生产合作社(含城市烈军属合作社 84 个)363 个,占城乡各类合作社总数的 6.6%。其中农村生产合作社 154 个,占农村总社数的 3.3%;城市生产合作社 209 个(含城市烈军属合作社 84 个),占城市总社数的 24.0%。合作社社员在整个人口中所占比重也很低。各类合作社社员占同地区城乡总人口的 7.06%;其中生产社社员 26301 人,只占同地区农村人口 34162403 人的 0.08%;城市生产

---

① 朱建华主编:《东北解放区财政经济史稿》,黑龙江人民出版社 1987 年版,第 264 — 265 页。

② 朱建华主编:《东北解放区财政经济史稿》,黑龙江人民出版社 1987 年版,第 265 页。

社社员 70472 人(含城市烈军属合作社员 15049 人),只占同地区城市人口 5908530 人的 1.19%。① 时间短,环境又相当复杂,合作社特别是工业生产合作社数量甚少,在总人口中所占比重极低,是十分正常的。在东北解放区,合作社主要由供销社、消费社、生产社三类构成,在农村是以供销社为主,在城市是以消费社为主,生产社不占主要地位。这是因为供销社、消费社不仅股本低、能满足群众的生产和生活需要,而且消灭了商人的中间剥削,减轻了消费者负担,垫支的股本很快被收回,效果立竿见影。所以,供销社、消费社很容易创办和得到发展,而生产合作社所面临的条件和困难要复杂得多。除了生产资金和原料供给、产品销售,长期形成的分散、单干和自由散漫的生产方式与节奏,也是一大难题。因而在一些城市和行业,生产合作社往往建立困难,而且很不稳定,寿命短促。如 1949年上半年,长春市搞的一些工业生产合作社,大部分失败,存在下来的仅是那些不需要多少固定资金,以劳动为主的手工业合作社,例如建筑合作社等;黑龙江省绥棱县 6 区则停止经营皮铺、油房、铧炉等小作坊,将手工业生产合作社的资金转向了供销社。②

三、关内解放区的工业和工业建设

抗日战争结束后,无论是战后短暂的和平间歇期间还是爱国自卫战争开始后,为了恢复经济生产,满足人民生活和革命战争需要,关内解放区各边区对各自区域内的工业恢复和发展,一直抓得很紧,从未松懈。在解放战争前中期,人民解放军在攻占某些城市后,将部分工业机器设备拆卸、分散,搬回边区后方,这是在敌强我弱、没有十足把握固守城市的形势下,采取的一种权宜之计。这种措施持续时间不长,解放战争转入战略进攻后,这种措施很快终止。进城部队有全力保护城市工商业之责,无没收处理之权。新解放城市的一切工矿,一律严禁任意转移,严禁破坏,必须

---

① 东北解放区财政经济史编写组等编:《东北解放区财政经济史资料选编》第 2 辑,黑龙江人民出版社 1988 年版,第 232—234 页。
② 朱建华主编:《东北解放区财政经济史稿》,黑龙江人民出版社 1987 年版,第 267 页。

保持原状,就地开工。即使由于战略关系,要退出的城市和矿场,也不许有丝毫破坏,因为这些工矿都是人民的财富,不久将重归人民所有。这样,新解放城市的工矿业,只要未遭国民党和战争的破坏,全都完好无损地回到了人民手中,加入了解放区工矿业的行列。不仅如此,随着解放战争的推进,解放的大中城市数量增多,新解放城市工矿业很快成为整个解放区工矿业的重心,解放区的工业恢复和建设进入了一个新的阶段。

"八一五"日本投降后,工矿业的恢复和建设,成为党中央和关内解放区各边区、地区政府的工作重心。工业建设在各边区迅速开展起来,决心以最快的速度恢复惨遭日本侵略者劫夺、破坏的工矿业,满足解放战争和人民生活、经济生产的基本需要。

1946 年 1 月 18 日,《解放日报》为解放区开展大生产运动已进入第四个年头,发表题为《要超过已往任何一年》的社论,强调指出,为了发展解放区的经济,除了以主要力量发展农业外,还必须努力发展工业。现在解放区已经拥有若干中等城市和工矿区,工业在整个解放区的经济里面虽然比重还不很大,但是工业的发展是有极大前途的,中国共产党的奋斗目标是要使中国由农业国的地位升到工业国的地位上去,对于这个目标,从现在起就要做长久的打算。因此必须十分珍视解放区现有的工业,无论公营工业或私人工业,都应当使其繁荣生长。要努力发展为广大农民制造各种日用必需品的轻工业和手工业;另外还要很好地经营较大规模的矿山和工厂,公私工厂都必须认真实行劳动保护法,同时又须保证在合理经营下的正当盈利。由于解放区有良好的政治条件和安定的社会秩序,各地私人企业家想到解放区投资经营工业的大不乏人,应当予以欢迎和必要的帮助。要发展工业还须有大批的工业技术人才,应当爱护和优待现有的工业技术人才,使他们安心地为人民服务,同时有计划地训练新的工业技术人才。同时,各解放区机关部队,在不妨碍本身任务的条件下,仍须大家动手进行生产,在公私兼顾的原则下,建立革命家务,以减轻人民的负担和改善机关部队人员的生活。各解放区的共产党员和非党同志们,认识 1946 年生产运动的重要性,到农村里到工厂里帮助群众组织生产,帮助群众总结经验,学习各种生产技术,埋头苦干,长期建设解放区,以为全国和平建设的榜样。①

1946年3月28日,中共中央就解放区经济建设问题下发指示,其核心就是解放区工业建设。指示要点包括:(1)各解放区输出贸易,除了特别约定的交换之外,必须努力以换取输入工业及农业的大小生产工具为条件,以便发展生产。至于输入生产工具的种类,可以按照解放区的需要和客观可能条件处理。但目前须着重输入纺织工具。(2)国民党官吏在收复区所接收的敌伪产业,很多私自偷窃出卖,各解放区可由公家或在解放区投资的私人利用各种社会关系,相机购买一些有用的生产工具,但须以可能设法运入解放区为条件。(3)现在国民党区的自由工业家备受官僚资本的压迫,不能立足,很多技术人员失业,各地的党可利用各种社会关系或统一战线,与他们谈判,欢迎他们来解放区投资和工作。关于工业的土地、原料、劳动力、交通、市场、税则,应给予特别的便利,技术人员的待遇从优。(4)各解放区,特别是产棉区,原来的民间纺织业必须尽力恢复并鼓励合作,提倡私人投资。各地公私机械工厂和铁工厂,除了制造农具之外,应该努力试造各种纺织机,帮助民间手工纺织业逐渐改变为半机械化的纺织业。(5)各解放区所接收的敌伪工业,为着适应解放区发展生产的具体需要,可以进行必要的改造。恢复公路交通的事业,首先也须以适应解放区经济发展为原则。(6)各地党与政府必须选派得力的干部,负责组织经济的工作,根据当地的条件,拟出发展工业和农业的生产计划,以达到丰衣足食为第一步,并随时将真实情况报告中央。(7)解放区劳资关系必须采取合作方针,以达到发展生产,繁荣经济的目的,无论公营、私营,都是如此。任何工厂工会与党支部必须与厂方协同制订生产计划并协同执行之,力求以较低之成本得较多较好之产品,以此获得较多之盈利。劳资双方有利,工人之福利必须于发展生产繁荣经济中求之,任何片面的过火要求都将破坏解放区的经济。②

---

① 中国社会科学院经济研究所中国现代经济史组编:《革命根据地经济史料选编》下册,江西人民出版社1986年版,第17—18页。

② 中国社会科学院经济研究所中国现代经济史组编:《革命根据地经济史料选编》下册,江西人民出版社1986年版,第35—36页。

（一） 处于草创阶段的陕甘宁边区工矿业

在关内解放区,陕甘宁边区地域偏僻,经济落后,新式工矿业尤甚,某些民间手工业的发生发展,如纺织手工业的发展与棉花种植的推广,都是抗日战争中后期的事。据统计,1944年边区产棉300万斤,民间织小布31.8万匹(合大布7.95万匹),可供53万人穿用;1945年边区产棉150万斤,民间织小布52万匹(合大布13万匹),可供86.7万人穿用。1944年纺妇占总人数的12.7%,织妇占总人数的2.4%;1945年纺妇22万名,占总人数的14.7%;织工6万名,占总人数的4%,有织机24560台,其中土机2.3万台,手拉机1550台(一说织机24850台,其中土机2.3万台,手拉机1850台),纺车22万架。1946年共植棉37万亩,除去坏苗,估计30万亩,收棉300万斤,全年产布12万—13万大匹。

从生产组织看,民间纺织业有三种形式:第一种是合资经营的(人也参加)半工商店的形式,安置三四台机子,雇用两个织布工人,三四个学徒,掌柜们皆参与经营管理,并分工负责领导管理买纱卖布等一切工作。这一类是以织布为主,兼营其他商业。第二种是家庭形式,在家中安置两三台机子,自己动手,有的雇人,家中女人纺纱做助手,男子负责经营,逢集买纱卖布,这一类是以纺织为生活的。第三种是家中自纺自织产品,有的自卖,有的卖给布贩子,这一类是纯粹的家庭副业,但占的数量最广泛,产布最多。第一、第二种的生产工具,全是手拉机,第三种的生产工具,手拉机只占1000台左右,其余全是土机。它们都有一个共同的需要,即资本原料的调剂,帮助技术改进,建立销布市场。在延属、关中、陇东等分区,纺织尚未发展起来,粮贱布贵,农民吃很大的亏,正是发展纺织的有利条件。①

正是基于这种情况,1946年4月1日,陕甘宁边区政府制定公布《1946年到1948年建设计划草案》,其中工业方面,为了开发边区资源,

① 陕甘宁边区财政经济史编写组等合编:《解放战争时期陕甘宁边区财政经济史资料选辑》上册,三秦出版社1989年版,第370—375、405页。

刺激农牧业发展,提高边区工业必需品的自给程度,除推进农业建设外,还必须有计划有步骤地发展工业,以与农业发展相配合。鉴于当时边区经济条件,发展工业拟以民间手工业及家庭副业为主,公营工业为辅,彼此配合、相互促进。3 年间,按如下计划逐步实施。

(1)公营工业:一是石油。按已有器材及条件多加开采,1946 年除已打成之新井外,准备再打 5—6 口,清理旧井两口。预计出产原油 2.4 万桶(5 加仑/桶),如能完成此项计划,则 1947 年预计可打新井 6—8 口,争取产原油 8 万—10 万桶。为完成此项计划,除自力积极勘察外,尚须竭力争取探扩器,以便开采更有把握。二是毛纺织厂及制革厂。皮毛为边区富产之一,如能制为成品外销,不唯公私经济收入增加,且可进一步刺激畜牧业之发展。故除帮助发展小型作坊外,拟争取外资合作购置机器,改进技术,提高质量,争取产品出口。其进行程序:1946 年购置机器,次年设备安装,1948 年开工试制,正式生产,达到年制 25 万斤毛的成品和 5 万张皮的成品。三是火柴。边区火柴工厂有继续发展的条件,但须提高质量,降低成本,始可同他处火柴竞争。为此应增添设备,改进技术,期于 1947 年增加产量 4 倍。四是肥皂。边区牛羊油颇多,目前专制肥皂的新华工厂年产肥皂 40 万条,但肥皂销路主要在城市,不改进质量和降低成本,则无市场竞争力。因此须有机器设备,以提高产品质量,并加香料,根据边区产油量,仍以年产 40 万条计划为宜。五是难民工厂及振华纸厂。目前可继续生产,调剂公私使用,解决过渡时期中的供给困难。六是机器修理制造。由于边区交通不便,笨重机器转运困难,且须解决机器修理问题,故 1946 年拟设机器修理制造工厂,除精细机器向外购置,其笨重部分,则可自造解决,同时兼营修理,便于各厂修配,使之不得妨碍生产。

(2)民间手工业及家庭副业。经民主政府倡导,边区民间手工业已有某种发展,且种类颇多。原有的计为:纺织、毛毡、毛袋、裁绒毯、硝皮制革、造纸、榨油、丝织、草帽、瓷器等;尚待提高和发展的,计有熬硝、制磺、烧骨灰、烤烟叶、榨豆油、榨蓖麻油、铸制铁器用具、精炼糖、提蜂蜜等。政府对这些手工业应有计划地协助其发展。第一,1946 年建设厅拟派人赴绥德分区及延属分区实地调查研究,查明情况,1947 年订出扶助其发展的计划,对有基础并有前途的某些作坊或小工厂,帮助其改进技术,并于必要时在资力上加以扶助。第二,大量发展民间纺织。纺织为民间手工业的主体,银行应发放纺织贷款,促进自纺自织;贸易公司在贸易上助其周转;工业局应在技术上加以指导,提高其生产效率;合作社应与之配合,协助发展。首先在绥德分区及延属东地区达到民间穿衣自给,并逐渐向延属以西推广。第三,纸业。按税局材料,过去 3 年,仅东昌纸,每年即有 4 万令以上的进口,大部销于延安。因此,除与私人合作重新开办罗家坪纸厂,制造民用纸张外,并鼓励各地民间造纸业的发展。第四,毛织业。边区工业局与法院合办新华毛织厂;小型毛织厂、三边毛纺织拟加扶助,并为提高毛的质量,拟在定边设办打毛庄。第五,制革。为了培养将来的制革人才,与解放社合办西北制革厂,更为适合边区农村制革业发展(家庭副业)的学习,拟在延安(其他地区如条件适合亦可)投资或贷款与私人合办民间制革作坊,专制面革底供给鞋业之用。第六,草帽。在绥德分区应计划恢复并发展原有的草帽业。第七,豆油。绥德分区豆子产量大,价钱甚低,拟在分区提倡榨油作坊。如 1946 年收成丰登时,即于年底进行,否则缓办。第八,铁。瓦窑堡市之铁厂不举办时,拟在山西招贤或河南已来边区之铸铁熟练人员到瓦窑堡附近,将已有矿石,进行试铸工作,作农村副业之倡导。[1]

上述计划草案,由于涉及的范围广泛,未能给纺织手工业以特别的重视和促进措施。1947 年 1 月 7 日,边区政府又特别拟定了《1947 年发展民间自给纺织业的初步方案》。

陕甘宁边区的布棉供需关系,一直紧张。1946 年 4 月经济建设计划公布后,布棉供需矛盾更趋尖锐。布价更加昂贵。以 1946 年 11—12 月布价计算,1 石米换 6.5 丈小布,比 1944 年 1 石米换 7.4 丈,1945 年 1 石米换 9.3 丈都减少了。一把好镢头用 9 个半月,只能打细粮 6 石、米值 300 万元,草值 200 万元(其长毛刺 500 万元)。但一个好劳力妇女,除负

① 陕甘宁边区财政经济史编写组等合编:《解放战争时期陕甘宁边区财政经济史资料选辑》上册,三秦出版社 1989 年版,第 7—9 页。

担家务外,9个月可纺线32斤,织布51.2丈,扣除原料,可得净利350万元。所以,有的妇女可以"织一余二",有的家庭依靠妇女纺织收入度过春荒。这种布粮价格"剪刀差"的扩大,直接反映出边区农民所受打击和民间纺织业发展的迫切性,同时也成为刺激民间纺织业发展的动力。

发展民间自给纺织业的"初步方案",将边区分为三种类型,采取不同措施,一是纺织业已有发展的警备区,主要任务是使棉花下乡,以满足人民原料的需要,创造标准布,以提高布的质量;二是还没有长足发展的西部地区,包括延属西部、关中、陇东,动员和组织群众,自纺自织,传授技术,制造织机,解决工具上的困难;三是还有发展空间的地区(如"三边"地区),倡导示范植棉,促进棉织业与毛织业一同发展。"初步方案"决定将重点放在第一、第二两类地区。警备区解决棉花下乡问题,收买土布,创造标准布,改良技术和工具。在西部地区,首先在思想上进行启蒙工作,讲利害,算细账,让群众充分认识自纺自织的迫切性和巨大利益。同时供给原料与工具,传授技术,并具体进行组织工作,首先办好示范区,再逐步推广,坚持联系、检查、督促,及时总结经验,坚持不懈地"发动一个群众性的纺织运动,从而达到民间自给纺织业的开展,以改善人民自己的生活的目的"。①

然而,正当陕甘宁边区执行上述建设计划和发展民间自给纺织业的"初步方案"的时候,1947年3月,国民党军队由对解放区的全面进攻改变为向陕北、山东两解放区的重点进攻。3月8日,中共中央发出关于开展国民党统治区农村游击战争的指示,以开展敌后游击战、建立根据地配合正面战场作战。13日,胡宗南指挥15个旅大举进犯陕甘宁边区。19日,国民党军占领延安。毛泽东、周恩来等留在陕甘宁边区指挥牵制和歼灭敌人。刘少奇、朱德等组成中央工作委员会,到河北省平山县西柏坡村进行党中央委托的工作。三年经济建设计划的执行工作,亦做相应调整。

1948年4月,延安收复后,陕甘宁边区扩大。经过一段时间的生产

---

① 陕甘宁边区财政经济史编写组等合编:《解放战争时期陕甘宁边区财政经济史资料选辑》上册,三秦出版社1989年版,第405—411页。

恢复,边区经济和工业生产有所改进,但与国民党军进犯前比较,相去甚远,特别是工业品(包括民间副业及手工业)更不能满足人民需要,工农业的发展愈加失调。为了富裕民生,提高农业生产,急需发展工业生产,增加工业品供应,消灭或缩小工业品价高、农产品价低的不正常现象,并根据业已具备的有利条件(边区范围扩大和"华北经济统一产棉"等),以期达到边区军民穿布、用纸、肥皂、炭瓷、油盐等全部或大部自给,并组织部分土产及手工业品(皮毛、油、盐、炭、山货等)外销。1948 年 12 月,边区建设厅主持制定的《陕甘宁边区 1949 年经济建设计划(草案)》,确定工业和手工业发展目标。

(1)民间副业:一是纺织。由于中原、河南、大关中及平绥一带战争频繁,原产布区不能顺利生产,河南及大关中经关中陇东入口布已大为减少;平津布匹亦不能畅销绥远;因晋中缺布,华北晋南布已主销晋中平原,给陕甘宁边区造成纺织妇女纺织极为有利的条件。故组织边区 30 余万纺织妇女织布 120 万匹,是当时重要任务之一。为此,第一,要解决棉花供应问题。边区织布需花 360 余万斤(以每匹 3 斤计),零用花 127 万斤,共计 500 万斤(不含部队机关用花)。而边区产花为 500 万斤(黄龙分区约 400 万斤,老区 120 万斤)。倘有不足,除入口由贸易公司直接管理、供应各地外,大部分需组织广大商贩进行内地调剂,使纺织按季节经常保持一定生产量,勿因原料供应不足而妨碍生产。第二,为了保证和提高质量,必须创造"标准布",以巩固和扩大市场。办法是在中心城镇(如绥德镇川等地)设立交易所,按照群众习惯,以及地区、质量、需要的不同,分别登记,定出各种等级的商标,以资提高质量,便于推销。如工合在绥德等地倡导的"五二标准布",证明此种办法可以推广。第三,有准备地周转、调剂纺织供销,解决一部分贫苦纺织妇的困难,计划以 25 亿元(5 万斤花)作为纺织供销调剂基金,抽出小部分解决工具等困难问题,以扶助纺织业发展。第四,有计划地划分与调剂土布销路及市场。其办法除大公贸易机关进行外,由工合合作社组织商贩进行土布贩运。对于正当商贩,对于棉布贩运有特殊贡献者,给以鼓励,以资布花纱交流之畅通。

二是熬硝。为适应军需并增加群众副业收入,提高收硝 30 万—40

万斤(1948年20万斤)。为了顺利完成任务,必须多设收硝点,加强技术指导。

三是组织收集与制造山货。边区森林广大,山货(木材、木炭、五倍子、杏仁、山桃、木瓜等)极多,仅以杏仁一项,延安1948年即收2000余石,出油5万余斤,进款20亿元左右。组织群众大量收集与研究制造,不仅可增加群众收入,而且对边区工业发展亦有作用(杏油可制肥皂),并可组织部分出口(如关中木材等),换回农民必需品。

四是皮毛制造。皮毛为边区主要特产,估计年产渣皮15万张,春毛60万斤,黑绒25万斤,杂皮(狼狐皮等)10万张,可一面尽力组织出口运往华北及外地,一面恢复原来民间作坊,制造皮衣、磅线、毡毯和熬胶、制磷、造肥皂等。除边区自用外,还可外销成品。为了发展毛皮业,应注重技术交流,并计划办榆林皮毛制造厂一处,投资40亿元;扶助开设皮毛作坊50处,贷款30亿元。此项皮毛业为边区今天及将来重大事业,故于1949年做好将来开发的基础。

(2)作坊工矿业:一是炭瓷。根据子长产煤统计(原有12井产煤3000万斤,现有8井,产煤1800万斤),估计边区子长、延安、横山、米脂、子洲、韩城、淳耀等主要产煤区,年产1亿斤,加黄龙分区白水煤矿1亿斤和民间土法开采15处,约产1亿斤,共3亿斤。但因战争、灾荒、土地改革"左"的影响,大部停工。为供给人民足够燃料,增加人民收入,计划扶助恢复瓷炭窑各20处,投资40亿元(主要是白水煤矿),对新区或已经收过来的工矿业要慎重处理,反对"左"的冒险政策和右倾思想,并计划成立白水煤矿业管理处来掌握政策,对工人进行教育,以加强其生产管理。

二是制铁。边区共需补充犁铧2万—3万叶,大小锅1.3万口(30户1口),除子长农具工厂保证产铧1.2万叶(20户1叶),大小锅2000口,销三边延属大部、绥德陇东一部约50万人口地区外,其他由韩城、山西临县供给(关中亦可试制锅铧),但韩城因目前十分缺铁,而原有厂炉院10余处均陷于停顿,所以计划在韩城创办炼铁厂1处,再投资2亿元,以利扩大生产。

三是造纸与肥皂。边区原有公私造纸池子 165 个,1948 年开工生产 70 余个,而公营或公私合营即占 40 余个,故民间造纸业急需恢复生产,以供给边区需纸 2.8 万令(民用 3000 令,商用 9000 令,报纸 6000 令,公用 1 万令)。为此在黄龙恢复 15 个池子(1947 年恢复 15 个,原 40 个),关中扩大 6 个池子,延属 10 个池子,共新增 31 个池子,需贷款 10 亿元。采取订购等办法恢复民间纸业。边区共需肥皂 70 余万条,产羊油 10 余万斤。1948 年有民间作坊 12 处,年产肥皂 15 万—20 万条,加上新华化学厂产 20 万条,共为 30 万—40 万条,与总需要相差近半。所以要解决原料调剂和供销(主要是油,如试验杏油等),提高质量,反对只图数量、不讲信用、虚改牌号、图谋取巧的思想,并与外来肥皂竞争,达到顺利生产的目的。

四是油盐。边区计划产盐 1500 万—2000 万斤(10 万—12 万驮,)组织运输外销 1000 万—2000 万斤;产油 300 万斤,组织外销 100 万斤。因战争,三边、陇东、关中油坊多被敌人破坏或停止生产。故计划贷款 20 亿元,辅助恢复民间油坊,并帮助解决销路,组织运输。

(3)公营工业:公营工厂要重点发展,目标要贯彻企业化方针,实施企业化管理与战时工资制度,降低成本,提高质量,按期完成计划。各厂计划包括:一是工合直属各工厂中,火柴厂日产 10—20 箱(1948 年 11—12 月日产 8 箱),全年产 3300—3960 箱,全边区(老区)年需 4000 箱,可基本自给;纸厂 1949 年产纸 3500 令(1 令 1000 张),并准备逐渐转向民用纸方面;化学厂年产肥皂 20 万条,并增产甘油以供军需;铁厂年产犁铧 1.2 万叶,大小锅 2000 口,并改良农具及手工业工具,推广铁轮小大车,试制水车等。二是 1949 年设立毛皮厂 1 处,并准备设立烧碱厂 1 处,专门利用伊盟土碱烧碱制造生产。[①]

1949 年边区全力实施上述计划,部分完成计划,实现预期目标。民间棉纺织按计划目标,有纺妇 30 万人,年产土布 120 万匹。皮毛生产方

---

① 陕甘宁边区财政经济史编写组等合编:《解放战争时期陕甘宁边区财政经济史资料选辑》上册,三秦出版社 1989 年版,第 47—52 页。

面,除年产秋毛60万斤,春毛40万斤,皮15万张,全部达到目标,还另建皮毛作坊200处。炭瓷开采,估计边区子长、延安、横山、米脂、子洲、韩城、淳耀等年产1亿斤,加黄龙分区白水煤矿1亿斤,共2亿斤(民间土法开采15处产量不详),亦基本实现计划。边区年需犁铧2万—3万叶,1949年产1.6万—1.8万叶,勉强满足需要。肥皂仍维持1948年产额。产油方面,完全达到产油(主要是麻油老油)300万斤,组织外销100万斤的目标,并增加民间油坊200余处。卷烟制造,在外来纸烟禁止入口后,晋南纸烟很多,在延、关、陇地区,已恢复一部分卷烟作坊。火柴生产亦按计划执行。[①] 边区工业品短缺、价格高企的状况有所改变。

(二) 晋察冀、晋冀鲁豫等边区工业的不平衡发展

在华北解放区各边区、地区,日本宣布无条件投降后,随即开始了工矿业(作坊和农家手工业)的摸查和恢复、建设工作,1946年已初见成效,如以争取穿衣自给为目的的解放区民间纺织业,已具相当规模。在晋冀鲁豫区,熟练纺妇达300万人,年产布5000余万斤,除自给外,尚大量销往河北、山东及国民党统治区的其他地方。其中如冀南威县、曲同一带所产花布,畅销平津市场;晋察冀边区则除去帮助解放的热河及察哈尔外,冀中、冀晋两区布匹已能大部输出,冀晋三分区行唐、平山等6县,民间有纺车22万余辆,织机万余台,已超过抗战前水平。胶东有织机27万余架,文登、荣成等5县有50%—70%的妇女从事纺织生产。华中方面,据苏皖五分区(盐阜区)的材料,民间纺车近20万辆,织机8700余台。非产棉区的晋绥解放区,经民主政府提倡植棉,部分地区如兴县768个村,进行家庭纺织的即有757个,1946年上半年织布110万丈,可供全县半数人口穿衣。纺织业的兴旺,刺激了植棉业的扩张。晋冀鲁豫一个区的材料,全区共植棉850万亩,最少可产棉25000余万斤;晋察冀之冀中,1946年年植棉300万亩;冀晋区之10个县,亦达40万亩,以每亩收花50斤计,

---

① 陕甘宁边区财政经济史编写组等合编:《解放战争时期陕甘宁边区财政经济史资料选辑》上册,三秦出版社1989年版,第54—55页。

已在 10000 万斤以上。这给华北解放区的纺织提供了丰富的原料,保证其顺利运作。

各地民间纺织业的发展,使解放区农村生活发生了重大变化,晋察冀边区满城北台鱼村,纺织收入是该村全年农业收入的 3 倍,全村 1243 人,平均每人一年可节余粮食 4 石。冀中高阳李家庄,全村每月纺织收入 2400 余万元。1946 年已陆续购置土地 3000 余亩,牲畜 60 余头。山东临沂后七沟,日本全面侵华战争期间全庄房舍大部被烧,居民纷纷逃亡,解放后一年中,依赖纺织生产不仅已修筑房屋,且有 130 多家买了地,较过去增加耕地 200 余亩。冀晋区唐县大雨河村,因纺织发展,农民有更多资金投入农业生产,1946 年春每亩地价已涨至 6 万元(邻近非产布区的砖路村,每亩只 2 万余元),各地不断涌现出借纺织发家致富的新农民。冀中高阳李家庄外出逃亡 2 年的贫农张金毕、张金玉,从 1945 年冬开始织布,已买地 23 亩,房屋 1 所;战时乞讨度日的张振武与人合作织布,半年除获利 10 万元,购置水田 10 亩,骡子 1 头,已丰衣足食。妇女在农村及家庭中被歧视虐待的历史悲凉,也因纺织生产发展而逐渐消除。定县城东市庄镇青年妇女植树,1946 年春织布收入 2 万余元,籴了十几口袋粮食,等于她丈夫全年农业生产收入的一半。农民金贵和 1945 年冬全家的棉衣、口粮和 1946 年夏天的单衣,大半均得力于他媳妇的辛勤纺织。妇女们感到,"坐在树荫下,等着男人拿吃的来,一辈子也别想提高,要是能纺织,能下地,男人们不用说轻视,还得敬着点呢"。因此,参加纺织的妇女迅速增加,阜宁县城区 1000 多户市民中,有 900 多户卷进纺织运动,参加纺织的妇女有 1000 多人,过去很多不劳动的人,都已参加了生产。夏东街许姓母子原系小地主,现在母女三人都纺纱了。朱桂兰等十六个妓女,也抛弃了卖淫生活以纺纱过日。讨饭的胡老太婆向公家领了一架纺车说:"讨饭受人看不起,纺纱过活强得多。"现在该城乞丐已经绝迹,人民生活都逐渐改善。

各边区手工纺织生产的恢复、发展,还有赖农村合作社的统一供销与组织领导。晋察冀满城北台鱼村的纺织,即是采取家庭经营方式,而由合作社统一供销指导技术。该村布匹已独创"耕牛"商标。1946 年 7 月中,易县某布商一次即预订该村 300 万元的土布。在其他一些地区,参加纺织的妇女,都是合作社的基本社员。据鲁南 9 个县材料,这种合作社已发展至 1100 处。平邑县 400 个村庄,有 339 个庄子设有合作社,民间纺织妇女已成为其基本社员,山东临沂城,1945 年 10 月成立生产推进社,该县 1800 余家纺户,一年中通过合作社所得利润达 120 余万元。①

除了纺织,华北各边区、地区政府,还抓紧进行工业生产的全面恢复工作。

1945 年 10 月 5 日,山东省政府下发关于工商工作的指示,各地工商管理局抽调大批干部组织工作队随军出发,准备进占各大城市和经济中心,并将工作队的干部分派到新解放区去开辟经济工作,包围封锁敌占城市。这时我们的新解放区工作仍以货币斗争作为中心,调剂本币,排挤伪钞,借以稳定物价,恢复贸易,繁荣市场。

同时,要求生产建设更提高一步,首先是要建设已解放的中小城市,发展公营工业(或者公私合营),扶助私营工业和群众的手工业生产,组织运输,便利贸易,繁荣市场。这样才能使新解放区人民都有工作,都能生活,影响敌占城市人民对我们的态度。应当把这作为一个重要的政治任务,显示出新民主主义的经济确能保证人民丰衣足食,保证新中国的繁荣富强。

对于广大乡村的群众生产,应当继续扶助奖励,纺织手工业应继续保护,不应当梦想着城市的大工业,仍应依靠乡村群众生产,解决目前困难,今后还要依靠乡村(现在我们所占领的中小城市大多还是乡村)建设城市,进了城市,抛弃乡村必然失败。但应同时有作进入大城市的工作准备,学习管理工厂矿山,掌握科学技术。过去两月所得城市经济工作经验应当收集研究,教育工商干部,为进驻和管理大中城市做好准备。②

在"八一五"日本投降后,各边区、地区,拟订计划,确定目标,采取措

---

① 中国社会科学院经济研究所中国现代经济史组编:《革命据地经济史料选编》下册,江西人民出版社 1986 年版,第 486—488 页。
② 中国社会科学院经济研究所中国现代经济史组编:《革命根据地经济史料选编》下册,江西人民出版社 1986 年版,第 1—4 页。

施,恢复、发展工业、手工业,并争取尽快取得成绩,达到预期目的。

1946 年 1 月,晋察冀边区行政委员会召开财经会议并作出决定,在工业生产方面,采取公营、私营、合作经营三种办法,首先用人力恢复手工业副业,最主要的是发展纺织业,争取 1946 年做到棉布自给。在产棉地区提倡大量植棉,争取 1946 年全边区达到并超过 350 万亩。其他如面粉、榨油、皮革、毛织等,各地根据当地条件恢复与发展生产。在建立机器工业方面,要注意利用中小城市现有的技术条件,建立与恢复轻工业,制造棉、毛弹纺与面粉的机器,改良与推广群众中现有的优良工具,有条件地进行铁工具的制造。在矿业方面,则要大量开采煤矿,冀中、冀东、内蒙古、晋东北、雁北地区的盐碱业要大量发展,争取 1946 年达到食盐与碱的全部或大部自给。

在遵守边区政府政策法令的原则下,欢迎私人企业家来边区投资经营工业,共同建立与繁荣边区。在劳资政策上应在改善工人、店员生活与保证私人企业有利可图的原则下,适当增加工资,提高劳动效果。应鼓励手工业技术工人多带学徒,推行技术,对学徒生活待遇不应做过分的提高。

在合作社工作与手工业生产上,边区合作社本着"民办公助,生产第一"的方针,业已取得相当成绩。合作社组织了群众的剩余劳力,使农业换工与副业换工结合,利用群众的劳力、资金、原料、技术,开展群众性的多种多样的生产事业,增加了群众收入,解决了群众在克服灾荒中的困难,合作社有了新的发展,出现了更多的民办社与生产社。全边区由1945 年的 3841 社发展到 7362 社(缺冀察材料),几乎达到上年的 2 倍。合作社的生产业务有纺织、榨油、造纸、农具、医药、面粉、煤炭、熬盐、毛织等 20 余种,机关、部队经营作坊组织纺织业,都有相当成绩。①

1946 年 1 月财经会议后,晋察冀边区为贯彻会议决定,工业方面采取了一些重大措施。不过由于措施不力或方向不明确,加上恶劣的战争

---

① 中国社会科学院经济研究所中国现代经济史组编:《革命根据地经济史料选编》下册,江西人民出版社 1986 年版,第 24—28 页。

环境、撤出张家口和地区分隔,在工业方面未能取得应有的成效,边区经济环境明显恶化。

边区在工业方面提出的方针是"重点建立",但据称"究竟重点是什么,很不明确"。如当时张家口、宣化两处接收工厂20余处,如何处理,开工与否,迟迟未决,养着数千工人不生产,浪费很大。在工厂中还有一种更错误的思想,即认为"美货将来不可抗拒,不必生产"。投资工业上的款项比农贷多,但不是用于扶植乡村广大的手工业生产,而完全用于城市,是大工业的打算,其结果因撤出张家口,大部分的工厂都丢了,损失惨重。

从各个地区(当时称"战略区")看,冀东下了不少力量在渔业、纺织业、造纸业、草席业上,还是取得了一些成绩;冀晋区由张家口运回数十部机器,正准备建设大工厂,因战争爆发,国民党飞机轰炸,没有起什么作用;冀中区则主要搞"家务",工业没有大搞。因而全边区"在完成工业品自给自足的任务上成绩不大"。

1946年7月,晋察冀边区提出的下年度(1946年10月至1947年9月)财经工作方针是,"在可能爆发的反帝、反封建、反独裁的自卫战争条件下,坚持独立自主原则,力求自给自足,用大力发展农工生产,保障供给,反对国民党反动派的卖国政策,抵制美帝国主义的经济侵略,支援自卫战争的胜利"。为实现这一方针,在生产方面,除发展必要的重工业外,必须大量地、有重点地发放生产贷款,并大力组织群众生产,增产粮、布,发展民族工业,解决日用必需品(主要是发展农业生产与农村手工业作坊及副业生产)供应问题。但方针刚刚确定,战争骤然紧张,解放军撤出张家口,地区被分割、人口减少,许多工作未做,即行停顿。①

在晋冀鲁豫边区,1946年1月,民主政府提出了边区工业发展的目标和方针,在整体上确定边区工业的目标方向是"自制自给自销"。在具体步骤上,认为边区工业的发展,第一步仍应以恢复农村经济为主,发展

---

① 中国社会科学院经济研究所中国现代经济史组编:《革命根据地经济史料选编》下册,江西人民出版社1986年版,第103—104页。

手工业是第一位的。手工业将要为机器工业所取代，这并非自甘落后，实为条件所限，不能着重大的机器工业建设。但同时，也要尽可能从公私方面准备和积累资本，多开办一些为公私所必需的和有利可图的机器工业。这在边区是有条件的：山地产煤、产铁、出瓷器，销路很广，过去有"千里彭城，万里荫城"之称，而晋西南三角地带，河北、豫北平原地带又富于棉花、小麦之出产，如能把握这些特点，恢复开办几项必要工业，是完全可能的。

晋冀鲁豫边区的手工业，主要是纺织（包括一部分毛织、丝织）、造纸、榨油、熬盐、磨面等项。根据几年来度荒生产经验证明，纺织能供给军民需用；推销出境能交换其他必需品；能增加家庭收入，改善妇女社会地位。太行区几年来，纺织一项占人民收入比重很大，每年减少外汇约3万石小米，现边区区域扩大，为扩大产量，提高质量，争取全部自给，并向外推销，须动员广大妇女参加。在技术方面，要求弹花机、纺纱机、织布机都要注意制购，并要大量推广、使用手拉梭织布机。造纸、榨油、熬盐、熬硝、皮革等，亦要有计划扩充，并改良其质量，争取自给和一部分出境推销。

边区政府认为，亟待恢复及开办的工业为煤矿、铁业、瓷业、纺纱织布、化学、火柴、洋灰、小机器制造、打蛋厂等。过去上党铁货遍销河北、河南、山东、东三省各地，"九一八事变"受了一次打击，"七七事变"后几乎完全停止，现亟待恢复，筹谋打开出路。煤矿从上党到道清，沿平汉北上，直到石家庄，所有大小煤矿，均为边区政府所掌握。这些煤矿，过去许多用机器开采，其中最大的如焦作、六河沟、峰峰、石圪节都出煤很多，销路很广。自解放后，由于物资技术限制和管理不善，经营上有缺陷，国内和平不稳定，销路不畅通，亦大多赔钱。彭城瓷窑，虽有起色，但150座瓷窑才开了60多座。其他机器制造厂、纺纱、织布厂、化学厂、火药厂还在计划中。何时实现，还需努力，必须好好学习研究毛泽东经济问题、财政问题里"关于发展自给工业"一章，在工厂管理方面要坚决实行企业化，反对机关化，减少行政人员，精简机构，行政与职工会要在完成共同任务的目标下统一起来，耐心改造教育和团结旧职员发扬劳动热忱，进行革命生产竞赛，整顿劳动纪律，节省原料，爱护工具，降低成本，提高技术和质量，增加产量,适当改善工人待遇,实行"按质分等的分红制度"。劳动时间应依工厂性质而定,一般的要在9—10小时。

在整个工业方面,无论机器工业、手工业,必须在统一领导下,有计划地经营,极力避免盲目性和走弯路,因边区的目标方向是"自制自给自销",故生产的数量,供销的适应,都须计算周到,不然不是发生供不应求,便是生产过剩,乍赚乍赔。这对工业建设是不利的。

为了达到上述目的,就要实行"经济核算制度",实行成本计算和确立成本会计制度,建立按年、按季、按月的生产计划检查制度。总的要求是:"成本少,产品好,推销快。"[①]

晋冀鲁豫边区经过抗日战争结束后1945—1946年一年多的恢复、建设,工矿业的种类、数量、规模,都明显扩大。在恢复、建设工矿业的过程中,既有经验,也有教训;有成绩,也碰过钉子,走过弯路。边区党政和职能部门,认真总结,对面临的形势、工业状况、发展目标和应当采取的政策、措施,有了新的认识。

通过总结,边区领导主管部门深刻认识到,过去抓工业的态度,从建设思想上来说,大体上可以说是"为工业而工业,或是为繁荣城市而办工业",在"和平"以后,和平思想作怪,想得更大更远了,为参加全国工业化而办工业,不但不是着眼服务于农村,也不是着眼服务于边区。而是脱离了边区实际,幻想参加全国工业化。这就是边区政府走弯路、碰钉子的根源。

边区的实际现在很明显了,不是和平而是战争,边区依然是农村,城市只占极次要的地位,农村的交通是落后的。新收复的交通线,因为战争的关系都被破坏无遗了,在这样的环境里,不顾战争的威胁,不是战争所必需,也不是农村生产、群众生活所必需,而举办的工厂是失败的。不顾交通不便,而举办过分集中的现代化的工厂,是失败的,比如六河沟、焦作两个矿山,既处于战争威胁地区,产品又主要是向国民党统治区销售,销

① 华北解放区财政经济史资料选编编辑组等编:《华北解放区财政经济史资料选编》第1辑,中国财政经济出版社1996年版,第129—130页。

售本地只是很小一部分,又是规模较大的现代化的工厂,工人不足,动力浪费,运费昂贵,原料供给不易,产品成本加大了,成品由于军事对立,相互封锁,不易向国民党统治区推销,在边区本地销不了多少,而需要煤的平原去不了,结果煤在场子里堆积成山,工厂周转不灵。1946年由于和平思想支配,没有找到病根,贸易公司固定购煤的办法帮助其周转,只是从枝节上解决问题,结果解决不了。当国民党军进攻时,焦作、六河沟都被侵占了,丢了很多煤,损失很大。

当然,这个时期,还有适合实际要求的工业,或多或少有所发展。军事工业是大大地发展了,制革业发展了,是由于战争需要它;机器制造业和农具厂是发展了,是由于边区小型的机器工业增多和农业、手工业生产发展,工具的制修和改良需要它;印刷厂发展了,是由于宣传扩大和文化教育事业的发展与提高需要它;小型煤窑发展了,是由于群众需要燃料的供给(采煤供给群众燃料比群众打柴节省人力太多)。其他供给群众日用必需品的小型工业也都在增长。那个碰了很多钉子的大矿山,在备战后,把修理厂转移出来或改制军火,或改为制修工业、交通等所需的机器,也都成了边区有所作为的工厂了。采煤的人员和机器,针对需要,设置的小煤矿也有了顺畅的前途了。

以上两种情况说明,只有从边区实际出发,适合边区需要的工业,才有发展的前途,因此工业建设方针应该采取分散经营的方式,举办下列一些工业:(1)服务与供应战争,必须扩大与提高军火生产,以及有关军火生产的炼铁业和化学工业;(2)服务与提高农业、手工业、工业生产,必须发展机器和工具制造业,以改良生产技术,提高生产力,或节省民力,建立与发展对于剩余产品加工制造的工业以争取有利出口;(3)供给农民及其他群众生活必需品,必须建立与发展农业、手工业所不能解决,生产日用必需品的自给工业,结合手工业,争取边区日用必需品逐渐自制自给自足。

今后战争是向着有利的方向发展,已经解放了许多地区,将来进入全面战略反攻,地区必更加扩大,城市增多,工业也必然增多。对于新解放区的工厂,属于国民党官办或四大家族的应没收,但是一般私人资本及私资经营的工厂,应该加以保管,如果是符合边区建设方针,应该加以扶植,如因仍受战争威胁,或是暂停,或设法动员向内地转移,并帮助其再建。如果是与边区建设方针相悖的,帮助其改造,当前无条件改造的,暂时停办者听之。

土地改革后,给予工业广泛发展的道路,今后应放手发展私资经营和合作经营工业,除了军火工业,较大重工业和私人资本难以经营的工业,由公家举办外,凡是群众能办的,奖励私资经营,特别是扶植合作经营工业,只有如此,工业才有广阔发展的可能。①

1947年7月,在解放战争转入战略反攻的关键时刻,晋冀鲁豫边区政府关于公营工业的领导、经营、管理及其与地方的关系、工农关系的问题作出决定。由于边区各种工业性质不同、领导单位多,有军工工业及军需工业,有国民经济的公营工业,有民营工业及手工业等,为了加强联系和统一领导,加强生产的计划性与组织性,特决定在军政联合财经办事处领导下成立工业委员会,以统一指导各种工业建设,加强技术上互相帮助,经验交流,并规定实行公营工业的资本统一管理,包括现有各区的工厂,确定资本以后增减要有计划,经边区财经办事处批准,增设工厂以及公营工厂转让或停办亦需适当计划经过财办审核批准等。同时,明确划分哪些必须边区直接经营,哪些应由各战略区负责经营,以便各有努力目标,不致乱抓,以免引起上下不协调现象。属于边区经营的工矿企业种类包括:(1)在经济作用上影响上带有全区性的(包括全解放区、全国性)工矿企业。(2)军事工业(地方上公办的手榴弹厂、修械所例外)以及某些原料生产。(3)较大规模的重工业。(4)与国内国外公私有资本交涉关系的工矿企业。(5)为了创造经验和带有重要试验性的。(6)因特殊情况的必要由中央或中央局临时决定的。

上列工矿企业之所以必须由边区经营,系因必须集中全区的人力、物力、财力和技术,只有边区直接掌握才好办,而非一区力量能办理,即便根

① 中国社会科学院经济研究所中国现代经济史组编:《革命根据地经济史料选编》下册,江西人民出版社1986年版,第496—498页。

据目前的规模,一区能够办,但是一个区办理全区性的东西,在着眼上、发展上亦有矛盾的和受局限的,因此各区应经营上列范围之外的地方性的工矿企业。对于边区直接经营的工矿企业,则应随时随地关心协力把它办好,现在由于某些具体问题所引起工矿企业经营上的困难应上下一致努力加强克服。①

(三) 整合后的华北解放区工业及其变化

1947 年秋,解放战争转入战略反攻后,随着解放战争的加速推进和解放区范围的扩大,华北解放区的行政体制和地域区划,进行了重大调整。1947 年 8 月 1 日,成立华北财经办事处。华北财经办事处组织规程规定,华北财经办事处的任务,第一项是"制定华北解放区国民经济建设的方针";第二项是"审查各个解放区的生产、贸易、金融计划,并及时作必要的管理与调整"。办事处下设经济组,掌管关于农工矿业、合作、交通、运输、贸易、金融、对敌斗争等。② 1948 年 5 月 20 日,晋察冀和晋冀鲁豫两个解放区边区合并,华北行政委员会和华北军区成立。1948 年 8 月 19 日成立华北人民政府。

1947 年 12 月 11 日,华北财经办事处向各边区地区发出关于生产工作的建议,强调人民解放军几个月的胜利反攻,华北各地敌人已陷于被动地位,没有力量向各基本解放区组织大规模的进攻,华北各解放区应即大胆放手进行各种可能的生产建设,用一切力量迅速恢复解放区的生产和交通。明确当前的生产建设,仍应以农业生产为主,其次是发展各种手工业(尤其是纺织业)和农村副业,同时亦应根据已有的物质和技术条件,逐渐建设某些近代化的工业。在农村除了重点组织劳动互助,改进生产方法,以提高农业生产力,还应利用土地改革浮财,投入生产,利用农闲时间经营各种副业,如纺织、运输、编织、采集、挖山货、榨油以及其他各种手

---

① 中国社会科学院经济研究所中国现代经济史组编:《革命根据地经济史料选编》下册,江西人民出版社 1986 年版,第 503—505 页。
② 华北解放区财政经济史资料选编编辑组等编:《华北解放区财政经济史资料选编》第 1 辑,中国财政经济出版社 1996 年版,第 294—295 页。

工业,把劳力变为资金,以解决贫苦农民缺乏资本的困难。发展手工业应当采取各种奖励和保护政策,供给原料,推销成品,组织合作社和改进生产技术(改良工具)。

为了适应战争和群众需要,必须利用一切可能条件,建设某些近代化的工矿事业,如采煤、冶铁、军工生产;工农具制造、纺织工业,以及火柴、造纸、制糖等类工业。必须珍重一切天然资源(煤矿、铁矿),珍重一切机器设备,配合必需的干部和资金,有计划有重点地迅速恢复生产、发展生产,但为避免敌人空袭,和战争中可能的破坏,各种工厂仍应尽可能隐蔽。在战争中,有些地区受着国民党军严重摧残,目前首要工作,是帮助群众恢复生产,医治战争创伤,并应着手恢复各种公营企业。有些地区未受战争严重摧残,则应放手建设,把生产提高一步(生产组织和生产技术),并防止对各种生产资材的破坏和浪费。①

1948 年 5 月至 6 月,由晋冀鲁豫及晋察冀两边区政府共同主持,在华北某地召开了华北解放区工商业会议。会期历时 42 天,出席会议人员除政府、工会、公营企业的行政人员及职工会、合作社代表外,还包括私营工商业的资方代表 36 人,劳方代表 31 人。会议根据"发展生产,繁荣经济,公私兼顾,劳资两利"的指导方针,订立了实行中共中央保护与发展工商业政策的各项具体办法,并检查了过去工作中的缺点,使华北解放区工商业以后在统一的政策和具体办法下,获得健全发展的基础。

会议在充分肯定过去华北公营企业巨大成绩的同时,尖锐批评了公营企业经营管理中存在的严重问题,认为改善经营管理,是公营企业最迫切需要解决的问题,包括:(1)严重的浪费和无政府无纪律、盲目蛮干状态。会议要求以后必须坚决纠正,严格执行纪律制度。并决定提请两边区政府对此规定纪律。(2)公营企业所接收的敌伪及国民党官僚资本的许多工厂中,存在破坏性拆东补西和严重损坏现象。会议严厉指责这种

---

① 华北解放区财政经济史资料选编编辑组等编:《华北解放区财政经济史资料选编》第 1 辑,中国财政经济出版社 1996 年版,第 300—301 页。

损坏工业生产设备的行为,规定以后新解放城市的一切工矿,一律严禁任意转移,严禁破坏,必须保持原状,就地开工。即使由于战略关系,部队在占领后又要退出的城市和矿场,也不许有丝毫破坏,因为这些工矿都是人民的财富,不久将重归人民所有。(3)工厂在组织上、作风上的"机关化""军队化"工厂中非生产人员多,编制庞大;不注意成本核算,不重视盈亏;使用干部不重视技术及工作能力,而以所谓"资格""政治积极""老资格""贫雇"为标准,不从发展生产出发,而是从救济观点出发。会议规定工厂必须企业化,必须实行严格的经济核算制度。加强生产组织,解雇一切无必要的非生产人员,取消由军队中、机关中带来的勤杂人员等制度。用人行政,要重视技术和能力。会议指出,工厂中的政治必须服从于发展整个解放区的生产,离开了生产的利益,就没有什么抽象的政治。会议通过了公营工厂经济纪律草案,并送交两个边区政府核准实施。该草案规定,针对目前不少公营工厂在生产、经营、管理上的无组织状态,及由于本位主义、自由主义、官僚主义所造成的严重的人力、物力、财力的浪费现象,必须从思想上、组织上展开坚决的斗争,应该以发扬长处,改正缺点,高度地对国家对人民忠诚负责的精神,把公营企业推向前进。草案具体规定了建立褒奖制度、考工考勤制度,坚决消灭一切浪费现象,厉行节约,树立强有力的统一集中的领导观念,反对地方主义与自由主义等具体办法。所有公营工厂之一切生产计划、生产任务及财政收益任务,均由最高级政府统一规定执行,任何工厂领导机关不得擅自更改。[1]

薄一波在会议的结论报告中,特别严厉批评了部分党政干部工业建设、企业管理方面的无知、蛮干,强调当时面临的"最大问题是不会经营,不会管理";共产党干部"会管理队伍,不会管理工厂"。建设工业"最主要的是经营管理问题"。"没有知识,坚持落后,不学习……不虚心再加上落后劲,就把事情办坏了。""工厂经营管理问题,要放在第一位,现在用大力量解决这个问题"。"经营管理搞得不好,不解决就要毁灭。如果

---

[1] 中国社会科学院经济研究所中国现代经济史组:《革命根据地经济史料选编》下册,江西人民出版社1986年版,第239—240页。

共产党学不会,也要毁灭,历史上所有不会搞生产的政党,都要死亡的。"因为"资本主义能发展生产,就代替了封建社会。将来社会主义还要代替资本主义,也是这个道理"。① 会议还制定了有关工商业的 12 项基本原则和基本政策(草案),如工商业行政管理,公营私营关系政策,工商业负担政策,工商业联合会的性质、任务与组织形式,已被侵犯的工商业的处理办法,新解放城市保护工商业政策、私人工商业中的劳资、东伙、师徒关系的几项原则,公营工厂战时工资制度,公营工厂的经营管理问题,公营工厂经济纪律,合作社暂行条例等。② 从某个角度说,这次会议确实成为华北"工商业发展的起点"。

随着解放城镇数量的增加,特别是一批大中城市或地区核心城市相继解放,城市经济成为华北解放区经济的主体。因此,人民解放军在解放和占领一座城市后,有两件大事必须以最快的速度完成:一件是稳定社会秩序,工商业和城市公共事业尽快复工复产;另一件是尽快接管、没收国民党国家资本、官僚资本和敌伪企业,将其收归国有,成为城市的主体和骨干企业。如天津,1949 年 1 月 15 日解放到 17 日,各个工商业户都未开门,马路上只有零星纸烟菜摊。17 日下午,《天津日报》公布人民券为法定通货,并允许商人可以拒收国民党金圆券。同日中国人民银行也挂出收兑金圆券的比值。这些措施起到了催促复产复业的作用,因而市场交易日渐增多,摊贩市场明显扩大。19 日以后,较大的商店、商场、戏院,先后开门,乡村肉菜也大批入市。工业品也开始向外输出,但终因资本家顾虑很深,货币紊乱,年节在即,许多大商店并未开门,或开门也只是表面支应。据旧历年底统计,民营商户 33 行、7926 户,复业者 6471 户,占 81% 强。年节过后,经不断宣传解释工商业政策,中国人民银行委托银钱庄代兑金圆券,很快肃清了伪币,复业者增多。据 2 月 15 日 111 个商业行会统计,24944 家中,22631 家复业,占 90.8%。相对而言,工业复业较复杂。

————————

① 华北解放区财政经济史资料选编编辑组等编:《华北解放区财政经济史资料选编》第 1 辑,中国财政经济出版社 1996 年版,第 311—316 页)

② 华北解放区财政经济史资料选编编辑组等编:《华北解放区财政经济史资料选编》第 1 辑,中国财政经济出版社 1996 年版,第 321—349 页。

国营工厂因办理交接,复工较晚。民营资本家顾虑重:怕斗争、怕分厂、怕没收、怕无利可图,加上原料、工资问题,复工较难。但一些规模小、产品又为人民所需的工厂,很快就复工了。据2月15日18个行业统计,2143户中,1115户已复工,97户准备复工。据2月底37个行会统计,4380家中,复工者3921家,占89.5%。不在同业公会的小工厂、作坊,复工者占85%。到3月,有些工厂因工资问题初步调整,原料供应、成品推销问题部分解决,加之物价稳定,复工情况有了显著起色,资本家经营也比较安心了。天津解放后,花了近两个月时间,工商业才得以复工复业,基本走上正轨。①

关于接收城市官僚资本,就在天津解放当天,中共中央对天津接管人员下达了关于接收官僚资本企业的指示,特别强调必须严格注意,不要打乱企业组织的原来机构。对于接收来的工厂、矿山、铁路、邮政、电报及银行等,如果原来的厂长、矿长、局长及工程师和其他职员没有逃跑,并愿意继续服务者,只要不是破坏分子,应令其担负原来职务,继续工作。军管会只派军事代表去监督其工作,而不应派人去代替他们当厂长、局长、监工等。如果某个企业的主要负责人逃跑,或原来的负责人劣迹昭著,为大多数人所反对,而不能不撤换者,或系破坏分子,十分不可靠的分子,而不能不撤换者,即从本企业职工中提拔适当的人员代理。除非是无法提拔或我们派去的人完全是该企业的内行,能够无困难地管理该企业时,才任命他们直接负责该企业的管理。对于企业中的各种组织及制度,亦应照旧保持,不应任意改革及宣布废除。旧的实际工资标准和等级及实行多年的奖励制度、劳动保险制度等,亦应照旧,不得取消或任意改订。旧制度

---

① 天津工商业复工复业速度迟缓,主要原因不是战争破坏,而是国民党及其特务污蔑、造谣破坏。在解放天津的战役中,受炮火损毁的工厂、店铺429户,被奸匪趁乱抢劫者27户,但对整个复工复业的影响不大。对复工复业造成困难的是国民党的污蔑宣传和特务的造谣破坏。如用"清算斗争资本家"、"共产党的经济政策是三三制"(就是资方劳方政府分三份)、"平分工厂"、"私人营业没有前途"等谣言迷惑群众。其次就是资本家不了解共产党的工商业政策,顾虑"提高工资""增加税收""物价波动""无利可图",加上工人店员的某些要求,一度使其恐怖、怀疑,拖延了工厂复工复业。(华北解放区财政经济史资料选编辑组等编:《华北解放区财政经济史资料选编》第1辑,中国财政经济出版社1996年版,第639—640页)

中的一部分须要加以改良者,亦须等到后来详细研究后,才能提出更合理的改订办法,绝不是草率拟定办法或用老解放区企业中的制度去硬套所能改善的。只有如此,接收人员才能保持主动,否则,他们将立即陷入被动。

被派到各企业中的军事代表(即接收人员),对于大企业除派一个负责的总代表外,并可在各工作部门(十分必要时可在各车间)、各站、各段派遣代表,受总代表之指挥,并可设立监督部或政治部。这种军事代表的任务应是:(1)保障上级命令的实行;(2)保障生产的进行或恢复;(3)防止破坏或怠工,清查反动分子;(4)防止偷盗、贪污及浪费;(5)对职工进行政治教育与宣传,从职工中挑选干部;(6)协助职工组织工会及消费合作社等;(7)了解企业中的情况,学习管理生产。军事代表为了完成上述各项任务,应有权力监督企业中的一切活动,了解企业中的一切情形,要适当的人员向自己作报告,并在一切命令及指示上签字。生产的进行如有不好或发生破坏怠工等事,即应查明实情,追究责任,将进行破坏或怠工有据的分子,送交人民法庭。企业中共产党的支部及党员,应受军事代表领导,协助军事代表完善地完成上述各项任务。这就是说,军事代表不直接去管理生产,只监督原来的人员去管理生产,保障生产能照旧进行。这是比较轻而易举的。

对于国民党反动统治的政治机构,如国民党的军队、警察、法庭、监狱及其各级政府机构,是应该彻底加以破坏的,而不能加以利用。我们必须重新建立新的政治机构来进行统治。在旧的政治机关服务的人员,亦只能在经过改造后分别地加以任用,否则,就要犯原则的错误。但是对于旧的统治阶级所组织的企业机构、生产机构,在打倒旧的主人、换成新的主人之后,则不应加以破坏,而应加以保持,然后依照革命阶级科学准备的水准逐渐地加以改良即可。这是马克思、列宁多次说过了的,是完全正确的,我们应照这样来做。有些地方的接收人员彻底打乱了原来的企业机构,是错误的,妨碍生产的,不应再犯这种错误。①

----

① 中国社会科学院经济研究所中国现代经济史组编:《革命根据地经济史料选编》下册,江西人民出版社 1986 年版,第 269—270 页。

　　面对平津等大城市和地区核心城市相继解放的新局面,解放区的经济工作重心发生重大转变。按照毛泽东和党中央的指示要求,必须一反二十年来的先乡村后城市的做法,改变为先城市后乡村的做法。如果不把城市工作做好,使城市起领导乡村的作用,就不可能使乡村有进一步的发展,也就不可能使中国由农业国变为工业国。而把城市工作做好,使城市能起到领导乡村的作用,中心环节是迅速恢复城市生产,把消费的城市变为生产的城市。为了迅速恢复和发展城市工业生产,要正确处理公私企业的关系,确立国营经济的领导地位,使其他一切经济成分均朝着有益于国计民生的方向发展,对私营工商业,既要保护和鼓励其正当发展,而对其投机操纵的、野蛮的、不利于国计民生的部分,必须在活动范围、税收政策、市场价格、劳动条件等各方面,加以恰如其分地必要地适当地限制,引导其发挥有益于国计民生的积极作用,防止其发生不利于国计民生的消极作用。同时,为了避免产销脱节,做到产销两旺,必须逐步发展供销合作社,使其成为联系生产者与消费者的纽带,成为沟通乡村和城市的桥梁。供销合作社以公道的价格把工业品卖给农村,又以公道的价格收购农产品供给城市。这不仅可使乡村避免投机商人的中间剥削,而且可鼓励农民生产,发展乡村经济。①

　　党的工作重心由农村转入城市以后,在一个时期内,一些大中城市特别是新解放城市,城市党政工作的中心任务,是按照毛泽东指示,贯彻公私兼顾、劳资两利、城乡互助、内外交流,即“四通八达”的全面政策,恢复、改造与发展生产,变消费城市为生产城市,其他一切工作,都要围绕这一中心工作来进行,服从这一中心工作。具体步骤,实施情况,各有差异。在北平,恢复和发展生产的重点,主要目标是可以向农村输出和供给市民的有益国计民生的工业、运输业和有利生产恢复与发展的商业。在工业方面,从长远发展方针来说,第一位是公营工业(包括机关工厂)及公私合营工业;第二位是有益国计民生的私营工业;第三位是机关手工业生产

---

　　① 华北解放区财政经济史资料选编编辑组等编:《华北解放区财政经济史资料选编》第1辑,中国财政经济出版社1996年版,第498—500页。

和城乡手工业。但在当时具体情况下,对于恢复有益国计民生的私营工业,必须同公营工业一样予以重视。在各类工业恢复和发展步骤上,首先应该是恢复、改造与充分利用已有的工业,然后才是建立新的工业。北平的工业生产,不仅仰赖于乡村的原料,而且市场也主要在乡村。另外也有相当数量的手艺性工业,如地毯业等,市场几乎全在国外。同时又有不少工业,需要从国外购入机器与补充原料。为此,除应加强市贸易局工作外,还必须建立指导城乡贸易和指导对外贸易的专门机构,并吸收有经验的私商参加这项工作。必须动员、组织各种曾经经营城乡贸易和出入口贸易的关系和商人,按照政府的政策,来迅速恢复城乡的贸易与出口贸易,以促进与协助生产的恢复与发展。此外,在财经委员会下应设立议价委员会,在便利与恢复发展生产的方针下,评定公营企业某些产品的价格。还有,应根据恢复与发展生产的方针,审查旧的并拟定新的税则。另外还有,应确定保护城市房屋所有权及其买卖、租赁的自由,并解决郊区农地问题,以利生产的进行等。① 看来恢复、发展城市工业、手工业生产,有很多工作要做,很多繁杂问题要处理、解决,绝非一蹴而就。

由于原料供应、产品销售和市场条件等多种因素的关系,不同地区、城市工业、手工业门类、行业,恢复、发展状况各有差异。石家庄在华北解放区的城市工业发展中,可能是相对较好的。1949 年 5 月的材料显示,石家庄在解放一年半的时间里,由于准确执行了城市建设方针,城市工商业得到了很大的发展。据 1949 年 1 月统计,工业发展速度快于商业。私营工业由 705 户增至 1613 户,增长 128.8%,而公营的发展速度又大于私营。公营企业由 29 户增至 70 户,增长 141.4%。从资本规模看,新增户中,中小户居多,80% 以上工业户,资本总额只占全部工业资本额的 20%。工业中发展最大的是棉织、建筑、铁工、卷烟、电磨等行业。同解放前相比,增长 30%—160% 不等。最好的是棉织业与建筑业,棉织业由 31 户增至 184 户,建筑业由 2 户增至 16 户,卷烟业 58 户全是解放后发展起来

---

① 华北解放区财政经济史资料选编编辑组等编:《华北解放区财政经济史资料选编》第 1 辑,中国财政经济出版社 1996 年版,第 547—549 页。

的。此外,新增公营工厂,如华北铁工厂、裕华织工厂、造纸厂、玻璃厂、机器厂、卷烟厂等,都是解放前所没有的。工业从业人数,1948 年年底比年初增长 120% 左右。从与国民经济和民生的关系看,凡是有利于国计民生的工商业,都得到了发展,反之就逐渐衰退,不得不转业或停业。[①]

整个华北解放区的工业情况,据华北财经委员会 1949 年 5 月的材料,仅纺织业辑有解放后的情况或解放前后情况比较。日本全面侵华战争期间,华北绝大部分纺织厂为日敌所劫夺。太平洋战争爆发后,日本侵略者将 30% 的辅助设备作为"废铁"征收,强迫实行"中日合办",私营厂仅存北洋、达生及恒源 3 个厂。日本投降后,国民党政府将全部日本纱厂编入国家资本,当时华北共有"国营"厂纱锭 338280 枚,线锭 50456 枚,布机 8667 台,工人 17997 人;"省营"厂纱锭 47744 枚,线锭 2505 枚,布机 480 台,工人 704 人;私营厂纱锭 160924 枚,线锭 12086 枚,布机 2576 台,工人 6577 人,共计纱锭 546953 枚,线锭 65047 枚,布机 12063 台,工人 25278 人。解放后,共有纱锭 430272 枚,线锭 56948 枚,布机 9703 台,其中由军管会接收者,纱锭 290056 枚,线锭 44736 枚,布机 7140 台,由企业部门经营者,纱锭 52880 枚,线锭 2256 枚,布机 780 台,公私合营者纱锭 33564 枚,线锭 8000 枚,布机 1032 台。原棉需要量不完全统计为 1407450 担,即 14000 万斤,1948 年棉花产量共 17000 万斤,"不够全年工业所需"。按 1949 年计划产棉 30000 万斤,则略有富余。[②]

第三节　解放区的铁路和公路交通运输业

解放战争爆发特别是 1947 年年底解放战争转为全面反攻后,解放区

---

① 华北解放区财政经济史资料选编编辑组等编:《华北解放区财政经济史资料选编》第 1 辑,中国财政经济出版社 1996 年版,第 547—549 页。

② 华北解放区财政经济史资料选编编辑组等编:《华北解放区财政经济史资料选编》第 1 辑,中国财政经济出版社 1996 年版,第 625—626 页。

首先是东北解放区加速扩大，原来零散细碎、彼此分隔的根据地相互打通、连成一片，较大范围和较长距离的铁路、公路等交通线路相继回到人民手中，华北解放区铁路，亦部分通车。中华人民共和国诞生前，东北解放区是全国各解放区中唯一一个完整的、并设有行政管理机构（东北行政委员会）和铁路、公路管理机构（东北铁路总局、东北公路总局）的大区，铁路、公路交通运输业，继农业、工业、手工业之后，成为东北解放区崭新的实体经济产业。

东北地区的铁路、公路交通相对发达，交通网络相对完整。1944 年时，日伪铁路营运里程长达 11285 公里（参见本书上册），接近全国铁路总里程的一半；东北全境公路总长 10.8 万公里，占全国公路总里程 22.7 万公里的 47.6％。[1] 亦即铁路、公路里程分别占到全国铁路、公路总里程的将近一半。东北解放区铁路、公路的全面整修，铁路、公路交通运输业的恢复，尤其是铁路运输的恢复，不仅支援东北解放区的建设和关内解放战争，意义重大，为关内铁路、公路的整修积累了宝贵经验，而且从技术力量，机械、运输设备和铁路器材等方面，直接支援了关内铁路交通运输的整修与恢复。同时，关内解放区的铁路运输，亦部分恢复。

一、铁路运输的全面恢复和经营管理

东北全境铁路超过 1 万公里，经日本侵略者、国民党反动派的疯狂破坏，再加上苏联军队大规模拆运，回到人民手中的只是一个"烂摊子"：铁道线路，不少路段只剩下路基，甚至连路基也坑洼不平；机车变成一堆废铁；货车、客车成了一堆破烂；电信设备残缺不全；车站几成废墟；等等。然而，所有这些全都难不倒中国共产党人和工农大众。中国共产党人既然能够打败穷凶极恶的日本帝国主义和用美式装备包裹起来的国民党反动派，也就能够医治、整修旧世界，让其"旧貌换新颜"，变成一个崭新的

---

① 东北解放区财政经济史编写组等编：《东北解放区财政经济史资料选编》第 2 辑，黑龙江人民出版社 1988 年版，第 557—558 页。

世界。正是凭着这种信念,中共中央东北局和民主政府,在战争大环境下,克服各种难以想象的困难,随着解放战争的推进和解放区的扩大,只用了3年多的时间,逐段逐路修补,通车营运。到1949年3月,总计修复铁道线路5700公里,东北境内铁路已接近全部畅通,营业线路全长10028公里。同时制定规章,建立、完善和改革经营管理制度,逐渐恢复并不断提高运输效率和经济效益。东北铁路运输的全面恢复,不仅带动了东北解放区自身的经济建设,而且从人力物力和技术力量上有力地支援了关内铁路的恢复、建设工作,加快了全国的解放速度。

1949年年初,为保证铁路运输畅通,迅速调集大军南下、加快解放战争的进程,中央军委直接下达关于加强铁路运输设备的指示。因作为铁路通信关键设备的长途载波电话、调度电话及电报所用铜线,大部受到破坏,损失殆尽。为解决铜线困难,军委要求外贸部门将换回铜线或电解铜,作为"对外贸易第一位"的急务,突击完成,各地区亦须紧急"动员自己力量",拆收地方电话电报的部分铜线交给铁路部门使用,并收集铜块、铜元、铜器,自行炼解,加工生产铜线,以满足铁路通信"最低需要"。同时动员群众将破坏铁路时分存民间的器件及埋藏或投入河中的铁轨,收集并全数送回铁路应用。[1] 在当时的战争特殊环境下,关内地区(包括西北地区)铁路运输的恢复、使用,是由中央军委直接组织领导的。

(一) 铁道线路设施的整修和交通运输的恢复

铁路交通运输,对于东北解放区民主政府来说,既是一个崭新的产业,也是一个陌生而又任务异常艰巨的行业,起步困难重重。

日本帝国主义为了快速、高效掠夺东北经济资源,并将东北建成全面占领和灭亡中国的战略后方和"根据地",1931年"九一八事变"后,大规模修筑铁路,加速发展东北铁路运输,到1945年日本战败投降,14年间新修铁路干、支线共6251公里,加上原有线路,东北全境有纵横交错的大

---

① 中央档案馆编:《中共中央文件选集》第18册(1949),中共中央党校出版社1992年版,第172—173页。

小铁路 50 余条。

这些铁路及其相关设备,不仅是中国人民汗血的堆积,更是日本日夜不停地吸吮中国人民膏脂和财富资源的"巨型吸管"。1931—1945 年的 14 年间,这一条条"巨型吸管"吸吮的人民膏脂和财富资源,无以数计。

然而,"八一五"日本投降后,这些曾经给中国人民和中国经济造成巨大损失的大小铁路,并没有顺利和完整地回到人民手中,而是一再遭受洗劫和磨难。先是在日本投降前后,东北铁路被日敌严重破坏。在日军溃退时,许多机车及相关设备被丢弃在线路上,机车损坏,零件散失。据 1946 年统计,被破坏的机车占总数的 79.8%。更有部分机车被日军烧毁,零件丢失殆尽;许多客车只剩车厢四壁,门窗和内部设备全被拿走,1068 节客车中,被完全破坏者达 450 节,占总数的 42.1%;9662 节货车车皮中,许多连车壁也没有,被完全破坏者达 2482 节,占总数的 25.7%。铁路电线设施、电话系统也遭到不同程度的破坏,轻者占总数的 8.6%,重者达 100%。[①] 日本侵略军溃退时,还破坏了许多铁道工厂及分厂。

国民党势力进入东北以后,东北铁路再次遭到破坏。从 1945 年 11 月初山海关战役开始,到 1948 年 11 月东北全境解放为止,遭国民党反动派破坏的铁路达 3780 余公里;破坏的桥梁、涵洞计 1033 处,总长 43500 公尺;破坏的土木建筑达 6417 处。[②] 在东北铁路的营运方面,1946 年 3 月 1 日,国民党政府交通部宣布实行铁路"分区管理制",在沈阳设"东北特派员办公处",下辖锦州、沈阳、吉林、齐齐哈尔、牡丹江 5 个管理局。国民党华北军区指挥部在沈阳成立"军运指挥所",在各地成立了"军运办事处",利用铁路大规模调运军队。为了缓解军政冲突,专门成立"联合调度所"。随后又成立"东北运输总局"。在国民党政府管理"南满铁路"的 3 年时间里,除了军运与官僚资本的商运之外,真正用于民运的车辆和

---

① 东北解放区财政经济史编写组等编:《东北解放区财政经济史资料选编》第 2 辑,黑龙江人民出版社 1988 年版,第 488—489 页。

② 东北解放区财政经济史编写组等编:《东北解放区财政经济史资料选编》第 2 辑,黑龙江人民出版社 1988 年版,第 489 页。

里程,据统计还不到 1/10。[①]

另外,苏联军队曾一度以"中苏共管"的名义占据北满中长铁路,1945 年 8 月 8 日,苏联出兵东北,8 月 15 日日本宣布无条件投降当日,国民党政府同苏联政府签订《中苏友好同盟条约》,决定中长铁路由"中苏共管",并成立"中长铁路公司",下设中长铁路局,辖海拉尔、昂昂溪、哈尔滨、牡丹江、长春、沈阳、大连 7 个分局。理事长由中苏互任。苏军后又拆走大部分铁路设施、器材,使东北铁路又一次遭受重大损失。

东北铁路就是在经历了这一系列磨难后,才回到人民手中。面对这个破烂摊子,民主政府根本无法进行正常的营运管理,而且,由于东北全境的解放经历了一个艰难、复杂和反复的过程,铁路只能随着解放区的开辟、扩大,分站段、分区域进行修补和营运,一切因陋就简。"八一五"日本无条件投降后,为了防止铁路设备、财产继续毁失,一些地区的民主政府即行组织当地铁路职工,成立临时性的铁路局。1945 年 10 月,辽宁省人民政府接管锦州铁路局,在北安成立北安铁路局,管理滨北和齐北铁路各一部分;在林口成立林口铁路局,管理图佳线北部及林东线各一部分;在宁安成立宁图铁路局,管理图佳线南段;在齐齐哈尔,中共中央东北局决定成立齐齐哈尔铁路局,管理平齐、齐北及滨洲线各一部分。其他一些地区,有的也成立了相关铁路局,但存在时间和管理线路都很短,各自独立,互不连属,仅能利用旧有铁路员工,分散完成局部军运任务,无力顾及铁路的恢复和建设。当时因战争影响,两三年没有维修线路,枕木腐朽,线路凹凸不平,机车"七窍生烟遍体流汗",列车行驶摇摆震荡,行车速度每小时 30 公里,根本无法安全正点。铁路秩序也极为混乱,到处扣车,机车、车厢和设备、器材严重浪费、毁坏,苏军撤离后,时局动荡不定,旧有员工失去事业心,偷窃器材,国民党特务乘机活动,许多职员加入国民党,准备"接收"。当时铁路全线员工 7 万人,而党和政府派驻的管理干部只有40 多人。人数既少,又缺乏铁路管理经验,面对这种严峻局面,信心不足,不少干部抱着"下路的思想",准备打游击。当时铁路的情况,可用东

---

① 方青:《蒋匪帮怎样摧残东北铁路》,《东北日报》1948 年 12 月 10 日。

北一句土话概括,"老牛破车疙瘩套,力巴赶车翻江道"。①

　　为了尽快扭转这一局面,办好铁路事业,充分发挥铁路交通运输在解放战争和经济建设中的作用,1946 年 7 月 10 日,中共中央东北局作出《东北局关于加强铁路管理工作的决定》,成立东北铁路管理总局。由陈云兼任局长、李富春、陈正人兼任政委,吕正操兼任副局长,全面领导掌管各线铁路的方针政策,统一各种制度,调剂运输力量及财政收支,并下发关于加强铁路管理的指示及关于军队遵守铁路规章的指示,令党政军机关负责传达、深入教育,尽快使铁路的经营管理步入正轨。②

　　接着,东北局又下达了《东北局关于铁路工作的指示》,就过去的工作进行了总结,要求转换思路,在铁路管理问题上树立长期和全局观念,强调指出,在今后长期反复斗争中,掌握铁路是必需的。过去因为缺乏经验,特别是缺乏长期打算,着重于局部的眼前利益,算小账不算大账,导致铁路经营遭到无法估计的损失与严重困难。因此,必须树立在铁路方面与国民党作长期反复的斗争,为战争与建设服务的思想。要求铁路干部要下决心学习管理铁路,学习长期管理大规模企业,作为根据地建设重要课程之一。

　　《东北局关于铁路工作的指示》总结了以往铁路管理中的经验教训,归纳为两点:一是强调行政管理。此点应该重视,但必须群众支持、配合。单纯而无群众配合的行政管理并不适用。二是采取"一般清算斗争方式",但因罪大恶极的汉奸敌特已经潜逃,清算斗争演变成员工内部或职员、工人、农民之间的斗争,经济上员工、农民得不到利益(或利益很小);政治上增加了员工、工农间的隔阂,结果"两败俱伤,员工纪律松懈,铁路业务废弛"。因此,应该强调"员工合作、全路团结、自力更生、克服困难",除对群众所痛恨的汉奸敌特外,一般的清算斗争,无论员工对员工,还是农民对员工,均应停止,更不应该领导地方工农会斗争铁路职工会。

---

　　①　东北解放区财政经济史编写组等编:《东北解放区财政经济史资料选编》第 2 辑,黑龙江人民出版社 1988 年版,第 392—393 页。
　　②　东北解放区财政经济史编写组等编:《东北解放区财政经济史资料选编》第 2 辑,黑龙江人民出版社 1988 年版,第 379 页。

至于管理铁路的方法,"必须是领导骨干与员工群众相结合,以群众路线为基础,实行行政管理"。具体措施:第一,展开员工政治教育,肃清员工中"混洋事、磨洋工"的残余思想,提高员工为人民服务的思想。铁路是人民大众的血汗财产,在铁路服务即是直接为人民利益服务,亦即为员工解放自己的利益服务。号召大家同心协力经营铁路。第二,适当增加工资,改善员工生活。在基本工资的基础上,按公私两利原则,实行包工制、包件制、加工津贴,生产与节约成绩优良及工作上、技术上、业务上的创造与发明等,均应给予优厚的奖励。对有专长的高级员工与技术专家应给予技术与职务津贴,对于消极怠工、荒废业务者,应给以适当处分。第三,开展劳动英雄与模范工作者的运动,培养积极分子与领导骨干,给以物质与精神的奖励,晋级加薪并在政治上予以优待。第四,实行集体领导制度,由党、行政及职工会负责人成立段务、站务、厂务委员会,吸收员工参加管理铁路,共同讨论生产与工作方针及计划,并分工负责保证计划的完成,如其首长或军事代表为党员可兼任委员会主任,使领导一元化。第五,为了实现行政与员工群众相结合,以改善铁路的经营,各级铁路职工会必须改造或加强,以领导全体员工巩固与提高劳动纪律,爱护铁路财产,保证铁路行政与业务之完成。并从各方面改善员工生活,以提高工人的政治觉悟,充分发扬员工劳动积极性,自下而上配合与改善行政管理。第六,铁路干部来源主要是原有铁路员工,只有大胆使用原有铁路干部特别是从下级员工中放手培养提拔新干部,才能得到解决,凡是在劳英运动与学校训练中,经过发现与培养的积极分子,诚心诚意为民主事业服务,有能力、有办法,且在群众中有威信者,应不限等级,不拘资格,大胆提拔以至提拔到负责岗位。管理铁路的最大困难,是"两眼漆黑没有帮手"。铁路工作的老干部,其任务,一是政治领导。即提高员工觉悟性与积极性,给以任务,在实际工作中物色和大量提拔新干部。二是解决困难。即给以任务后给他们撑腰,并时刻关心与照顾员工生活。三是学习业务。老干部大多缺乏铁路知识,应向员工虚心学习。第七,交通部门是国民党特务活动的"大本营",特别是高级员工,更容易被国民党特务勾引,必须高度警惕国民党特务的危害性。铁路领导机关必须与地方党政密切配合,从管理工作上,从群众运动中肃清国民党特务的活动。铁路员工及其家属,系所在地的公民,政治上受当地党政机关的领导,业务上受路局领导,地方党政必须负责在所辖地区内协同路局肃清各站、段的国民党特务活动。①

东北铁路管理总局成立一个月后,1946 年 8 月,作为东北解放区最高行政机构的东北行政委员会成立,下设交通委员会,吕正操为主任,陈先舟为副主任。东北铁路管理局总局改隶属东北行政委员会,吕正操任局长兼政委,郭洪涛、陈大凡、马钧为副局长,下辖牡丹江、西满、哈尔滨 3 个铁路管理局,并健全和加强了各下属分局、站、段的组织机构和领导班子。

东北铁路总局及其主管部门成立后,总局下面又成立了工电部,各管理局设工电处,分局设工电科,逐级辖管工务、电信业务。组织机构、管理系统、规章制度初步建立并逐渐完善,领导班子和干部队伍加强,指导思想明确,铁路系统内部和铁路系统同解放军部队及铁路两旁农村、农民的关系,开始捋顺,东北解放区的铁路交通运输事业逐渐走上正轨。

为使铁路职工免受铁路两旁农村土地改革清算斗争的干扰,保持铁路员工队伍的稳定,加强工农之间的互助和团结,确保铁路运输业务的正常运转,1947 年 1 月 7 日中共中央东北局发出《东北局关于农村斗争与铁路的关系问题的指示》,明确指出,若土地改革斗争对象牵涉到铁路的工人和职员时,各地农会不得直接到铁路抓人,可将农民意见及材料由农会提交当地铁路党委或工会,由铁路党委或工会决定处理,或由农会与铁路党委和工会共同处理。如系地主、恶霸隐藏在铁路内者,亦须经过铁路党委和工会许可后,由铁路党委和工会交给当地农会去处理。同时,在工人与农民中均须进行教育,说明工人与农民是一家人,要互相团结,有事互相商量,而不是互相不管或互相对立。形成工农团结一致、互相帮助的精神。② 这样,既维护了铁路秩序,保证了铁路员工队伍的相对稳定,又

---

① 东北解放区财政经济史编写组等编:《东北解放区财政经济史资料选编》第 2 辑,黑龙江人民出版社 1988 年版,第 380—383 页。

② 东北解放区财政经济史编写组等编:《东北解放区财政经济史资料选编》第 2 辑,黑龙江人民出版社 1988 年版,第 384 页。

轻而易举地清除了隐藏在铁路员工中的地主、坏人,纯洁了铁路员工队伍,还维护和巩固了工农联盟,一举三得。

1946 年 7 月东北铁路总局成立后的一年时间内,由于全路员工的不懈努力,解放区铁路的修补和营运恢复取得了重大进展。据 1947 年 7 月统计,东北全境铁路总长 9501 公里(伪满时 1 万多公里),解放区铁路通车里程总长 4694 公里,占 49.5%;新收复线路 1483 公里,占东北铁路的 15.6%;正在修复的有 434 公里,占东北铁路的 4.6%。新收复区西安(今辽源)到朝阳镇已通车,安东局也有部分通车。总计东北解放区铁路全长 6611 公里,占东北铁路总长的 69.6%(森林铁路 600 多公里正在修复中)。

铁路运输设备的修补和运输力恢复,也取得明显成绩:1947 年同 1946 年比较,机车从 129 辆增至 451 辆,增加近 2.5 倍;车皮从 379 节增至 2095 节,增加近 4.5 倍;运输力从 1946 年 10 月的 146490 延吨公里增至 1947 年 6 月的 876817 延吨公里,增加近 5 倍;发放车次从 1947 年 1 月的 112 次增至 6 月的 387 次,增加 2.4 倍多;车速也从过去的每小时 30 公里,提高到了每小时 50 公里。

当然,也存在问题和困难,主要问题是财务制度和财务管理不健全,经营亏损,财务艰困。特别是 1947 年 5 月进入淡季后,收入减少,支出增加,经营亏损扩大:5 月亏损 6.3 亿元;6 月 12 亿多元;7 月 11 亿多元。3 个月累计亏损 29.3 亿多元。只能采取"刻苦兴家,渡过困难"的方针,节约自俭。而且,在战争期间,也很难实行铁路企业化(军用记账,用车比例达 13%—33% 不等),只能卖煤省煤裁员(行车每公里耗煤由 17 吨减至 7—8 吨;已裁员 3000 人)。[①]

1947 年年底,解放战争由战略防御转入战略反攻。东北解放区铁路修复的形势背景和任务,发生了重大变化。1947 年下半年,根据军事和生产的需要,首先修复了二道河子到蛟河间的线路,接着修复了拉滨线全线、长图线的蛟河到天岗段、平齐线的双岗到郑家屯段及宁嫩、佳富等线。

---

① 东北解放区财政经济史编写组等编:《东北解放区财政经济史资料选编》第 2 辑,黑龙江人民出版社 1988 年版,第 391—392、397—398 页。

到 1947 年年底,东北解放区铁路总长:干线 6737 公里,支线 1695 公里,专用线 334 公里,石山线 58 公里,总计 8814 公里。

1948 年,为了适应解放战争胜利发展的需要,加快了修复铁路的速度。大郑线的郑家屯通辽段、长图线的天岗饮马河段、平齐线所剩的郑家屯段、平梅线的西安四平段、大郑线的通辽彰武段、彰武新立屯段、新立屯西阜新段等,到 8 月底先后完工。各线大小桥涵亦均相继修竣。

为了进一步加强对铁路的领导,1948 年 9 月,东北行政委员会设置铁道部,吕正操任部长,余光生任副部长。9 月,正式实行负责制,首先是乘务员负责制。① 10 月,推行新行车法,即行车人员负责制。同月,成立东北解放区铁道兵团,负责抢修铁路、桥梁、通信设备。1948 年总共修复线路长达 2717 公里。营业的里程达到 9619 公里。

1948 年 11 月,东北全境解放,东北解放区的铁路运输事业的发展,出现了前所未有的大好形势。不过东北解放区铁路工人肩上的担子也更加沉重。除了充分发挥铁路的推动力,加快东北地区的经济建设,改善东北人民的生活外,还要通过铁路运输,运用东北的人力物力资源,特别是工矿业资源,全力支援全中国的解放事业,并利用东北铁路的实践经验和技术力量支援关内解放区铁路运输的修复工作。

经过三年的抢修与建设,东北解放区的铁路除少数线路尚未通车外,到 1949 年 3 月,总计修复铁道线路 5700 公里,东北境内铁路已接近全部畅通,营业线路全长 10028 公里,机车达 1538 台,客车达 1468 辆,货车 21336 辆,桥梁为 5125 座(含临时性桥梁 449 座),隧道 90 处,给水站 299 处,房舍 20938 处,工务段 60 个,养路监工员驻寨所 294 处,养路工区 1012 个。②

为了加快建设新东北的步伐,支援关内修路运输、解放全中国,1948 年 12 月,东北行政委员会铁道部作出《关于缩短车辆周转时间与改革制

---

① 亦称"包连制",即由一定集团的乘务员(两班或三班)固定使用一台机车,由他们对机车负全责。

② 东北解放区财政经济史编写组等编:《东北解放区财政经济史资料选编》第 2 辑,黑龙江人民出版社 1988 年版,第 490—491、497 页。

度的决定》。从 12 月 15 日起,实行新的冬季列车运行表,规定机车运用效能计算法。

由于工农业生产和商业贸易的迅速恢复和发展,矿山原料、燃料,大工厂及农副产品运输量的激增,使铁路的运输力大增,突破了原计划指标,并使铁路的财政收支状况好转。1949 年全年计划运输吨数为 30661596 吨,实际完成 103.3%。其次客运人数全年计划为 37170 人,实际完成 105.43%;客运营业收入计划为 2093579 万元,实际完成了 107.8%。[①]

为了取得人民解放战争在全国的胜利,保证完成中央铁道会议关于修复粤汉、陇海、淮南、同蒲等铁路的决定,中共中央东北局于 1949 年 7 月 29 日作出了《东北局关于筹运铁路器材保证完成中央修路计划的决定》,拆运北安至黑河段、凤凰城至宽甸段及至赛马煤矿段、索伦阿尔山段、叶柏寿至赤峰段的铁轨进关;于 11 月底前运送 270 万根枕木、9 万立方米原木入关。[②]

1949 年东北支援关内火车司机上百人,客车 300 余辆,货车 1500 余辆。[③] 钢轨、枕木、桥梁架也源源不断地运进关内。从人力物力上有力地支援了关内铁路的恢复、建设工作,推进了全国的解放速度。

在东北解放区的大力支援下,关内解放区特别是华北解放区,随着解放战争的快速推进,解放区范围扩大,从远离铁路交通线的偏僻农村山区,推进到铁路沿线和铁路两侧,解放和控制了部分铁路线段和若干车站,或某些较大的车站。随着解放区的进一步扩大,原来相互分隔的各个解放区开始连成一片,较长距离铁路线段甚至某一整条铁路都回到了人民手中,为铁路线段的完整修复和铁路交通运输的部分恢复提供了条件。同时,随着解放战争推进步伐的加快,特别是华北地区的大部解放和大军

---

① 朱建华主编:《东北解放区财政经济史稿》,黑龙江人民出版社 1987 年版,第 286 页。
② 东北解放区财政经济史编写组等编:《东北解放区财政经济史资料选编》第 2 辑,黑龙江人民出版社 1988 年版,第 517—518 页。
③ 东北解放区财政经济史编写组等编:《东北解放区财政经济史资料选编》第 2 辑,黑龙江人民出版社 1988 年版,第 498 页。

南下,大部队快速调运,已经解放地区物资运输和经济的恢复、建设,急迫需要铁路运输的全面恢复。基于这种情况,关内解放区尤其是华北解放区,铁路修复进度加快。

据1949年5月的材料,华北解放区铁路中,修复通车情况:(1)北平至沈阳的北宁铁路已全线通车。(2)北平至汉口的平汉铁路,已经通车的为北平—高碑店段(83公里)、石家庄—柳辛店段(6.8公里)、老田庵—郾城段(174公里)。另外,铁道部第二次工程会议决定,1949年6月30日前完成郾城—汉口段(379公里)修复,争取9月底该段全线通车;平汉路北段涿县至保定已于5月20日通车,保定—石家庄段修复定于6月10日开工,除滹沱河桥梁工程外,定于9月底完工。石家庄—新乡段的修复,7月1日正式开工。(3)道清铁路,焦作—获嘉段(28公里),已可通车。(4)津浦铁路:1949年5月铁道部第二次工程会议决定,除淮河大桥于7月底完工外,6月15日前先行分段通车,预计7月底可全线通车。(5)平绥铁路:北平—西湾堡(约249公里)、丰镇附近(约45公里),业已通车;周土庄—大同段线路已于4月29日抢修完毕,4月30日开始抢修口泉支线及大同—孤山段线路。至5月3日口泉支线已修至永定庄及峪丰西煤矿。5月5日,大同—旗子营正式通车。(6)同蒲铁路:现已通车者为鸣李—灵石段(149公里)。同蒲南段灵石—风陵渡(372公里),由石家庄路局负责,于7月中旬完成;北段大同—太原(357公里),拟于1949年12月底完成。(7)正太铁路,石家庄至太原,全长243公里,已全线通车。(8)石德铁路,石家庄至德州,全长180公里,已全线通车。[①]

（二）经营管理制度的建立与改革尝试

东北解放区经营管理铁路交通运输事业,是中国新民主主义革命开始以来,中国共产党和民主政府首次管理大型近代交通运输企业,不仅没有任何实践经验,甚至连推行某些最基本的管理原则、办法,也在党内、军

---

① 华北解放区财政经济史资料选编编辑组等编:《华北解放区财政经济史资料选编》第1辑,中国财政经济出版社1996年版,第630—632页。

内遇到阻力,为此必须进行相关的启蒙教育。

铁路交通运输是一个十分庞大而又复杂的网状运输生产系统。它既不同于公路交通运输,也不同于水上运输或航空运输,它是一种条件十分苛刻的平面网状轨道运输,在某一时间、某一路段的轨道上,只能允许单车、单向行驶。否则,由于火车的牵引力、载重量和惯性力极大,如稍有疏忽,发生对撞或追尾事故,后果不堪设想。所以,无论车辆调度、驾驶还是整个运输系统,都必须进行科学和严格的管理。然而,这在当时党内军内一些出身农民的干部中,并非人人都懂。

在东北解放区开辟初期,中共中央东北局和民主政府刚刚开始接管和经营铁路运输,不仅要教育党员、干部,要有长期和大局、全局观念,"必须纠正铁路工作上朝不保夕,得过且过的思想",要求铁路干部"下决心学习管理铁路,学习长期管理大规模企业,作为根据地建设重要课程之一"。而且,还要苦口婆心地说服铁路以外的党政军干部特别是军队干部,遵守"路章"(铁路的规章制度),并为此进行有关铁路运输特殊性的"启蒙教育"。1946年东北局下发的《东北局关于铁路工作的指示》,最后一大段文字,就是说这种"启蒙教育"。

《东北局关于铁路工作的指示》强调,铁路运输必须进行严格的科学管理,"地方党政不得干涉员工执行业务",部队亦要遵守"路章"。《东北局关于铁路工作的指示》特别指出,"少数部队破坏路章,是铁路遭受损失另一种重大原因"。在某些军队中不自觉地流行着一种铁路"是军队打出来的"思想,"因而军队或个人就可以破坏路章,滥加干涉,不了解车辆行驶是在全路有一定计划和有一定时间的,不了解铁路各部门是有机联系的科学组织,不管机车有无煤、水、牵引力大小、线路好坏、坡度大小、有无危险等,认为铁路规章太麻烦,直截了当威胁、殴打铁路员工及护路军,强迫开车、扣车、挂车、甩车,以致屡屡发生撞车出轨,大批指战员与铁路人员死伤,毁坏机车线路的严重事故,部队铁路均遭受无意义的重大损失"。为了避免悲剧重演,减少经济损失,全党全军必须吸取教训,"进行深入的爱护铁路与遵守路章的教育:第一,必须反复说明铁路是全党全军和东北人民用血汗换来的财产,任何损失都是我党我军与东北人民的损失,必须加以爱护,任何人均有保证行车安全之责任。第二,铁路是复杂的机械组成的整体,管理上是一套科学的组织,铁路员工中虽有一部分坏分子(必须清除),但一般员工是在我党意图下执行职务,铁路规章条例是经过党委讨论批准的,一切破坏规章不仅易使铁路财产遭受严重损失,即我党我军在群众中的影响亦受损失,遵守路章既可保障行车安全,个人亦免危险。第三,铁路干部应教育员工拥军爱路,对缺乏铁路知识的党政军干部与战士应进行耐心的说服与解释,使之了解铁路与遵守路章,对于军政人员在不违反路章范围内应尽量给以优待与照顾,以改善与融洽军路关系,使铁路发挥最大限度的运输力,为人民战争与人民经济事业服务"①。这种有关铁路运输的"启蒙教育",从一个侧面反映出东北解放区在初期对铁路运输作为一个运输实体进行有效管理时的困难程度。

东北解放区铁路运输的经营管理,经历了从单纯的行政管理到企业经营管理,再到尝试实行"企业化"经营管理的演变和发展过程。

在解放战争和东北解放区开辟初期,铁路作为一个运输生产单位,从内到外,都处于一种十分特殊的环境。就单位内部而言,各单位的干部来源,最主要是原有铁路员工,党和政府派驻的干部人数很少,当时民主政府管理铁路的最大困难,是"两眼漆黑没有帮手"。铁路职员和工人,全部是留用人员,鱼龙混杂,而且铁路系统又是国民党特务活动的"大本营"。特别是高级职工,更容易被国民党特务勾引。因铁路领导机关"两眼漆黑没有帮手",而铁路员工及其家属,是所在地之公民,在政治上受当地党政机关领导,业务上受路局领导,地方党政必须负责在所辖地区内协同路局肃清各站、段的国民党特务活动。但地方党政不得干涉员工执行业务。中共中央东北局规定,为了将国民党特务活动的危害降低到最低限度,铁路领导机关"必须与地方党政密切配合,从管理工作上,从群众运动中肃清国特的活动"②。显然,在这种复杂的政治和社会环境下,

---

① 东北解放区财政经济史编写组等编:《东北解放区财政经济史资料选编》第2辑,黑龙江人民出版社1988年版,第383—384页。
② 东北解放区财政经济史编写组等编:《东北解放区财政经济史资料选编》第2辑,黑龙江人民出版社1988年版,第382页。

不可能对铁路实行通常的企业管理。

从铁路的运输业务和营业收入状况看,铁路接收管理之初和1946年,铁路主要是军用、军运,运送军队或军需物资。铁路没有多少收入,也没有财务计划和财务制度,"经费不够,就到东北银行去拿",全都"没有限制,采取放任"态度。[①]

在这种情况下,当然不可能实行企业或"企业化"管理,而只能是实行"行政管理"。因此,根据当时的阶级斗争形势和铁路干部队伍状况,中共中央东北局决定:"管理铁路的方法,必须是领导骨干与员工群众相结合,以群众路线为基础,实行行政管理"。在管理和进行运输生产过程中,为便于集中意见,实行"集体领导制度"。具体办法是,由党、行政及职工会负责人成立段务、站务、工厂委员会,吸收员工参加管理铁路,共同讨论生产与工作方针及计划,并分工负责,保证计划的完成。如其首长或军事代表为党员,可兼任委员会主任,使领导"一元化"。

这种行政管理特别是实行"一元化"领导的行政管理,从根本上保证了党和民主政府对铁路的所有权和实际控制权,掌握和行使了对铁路运输业务的主导权或决定权。不过当时在铁路领导部门的党员和党政代表很少,也不熟悉业务,难以插手,铁路员工也希望,党员干部"不要一事不懂,横加干涉"。面对这种情况,解决的办法是加强员工的政治思想教育,培养积极分子与领导骨干,实现行政与员工群众相结合,改造或加强各级铁路职工会,领导全体员工巩固与提高劳动纪律,爱护铁路财产,保证铁路行政与业务的完成,组织员工参加各种政治斗争与活动,开展文化娱乐活动,开办夜校、子弟学校、家属学校等,以及办理员工消费合作社,组织员工变工生产,从各方面改善员工生活,借此提高工人的政治觉悟,充分发挥员工劳动积极性,"自下而上配合与改善行政管理"。[②]

1947年5月,东北解放区铁路经营管理开始由行政管理向企业管理

---

① 东北解放区财政经济史编写组等编:《东北解放区财政经济史资料选编》第2辑,黑龙江人民出版社1988年版,第397页。

② 东北解放区财政经济史编写组等编:《东北解放区财政经济史资料选编》第2辑,黑龙江人民出版社1988年版,第381—382页。

转变,并且提出了"铁路企业化"的重要概念和思路。

东北解放区的铁路运输实行行政管理后,在全路员工的积极努力下,圆满完成了繁重的军运、粮运任务,运输力有了显著提高,旅客列车做到准时开行,运输秩序初步确立。但由于过去临时命令甚多,总局领导偏重于现时业务,缺少定时性的工作布置,运营方针不够明确。1947 年 5 月运粮结束后,直至 10 月,全路将进入运输淡季,货运收入减少,而开支如换枕木、存煤、购置材料准备冬季运输设备等,较前期增多。全路面临着如何开源节流、安全度过淡季的严重问题。

在这种情况下,铁路总局转变原来实行行政管理时的思维和经营模式,提出了车务、机务两方面的业务方针,强调一方面尽一切可能开展营业,同时取缔贪污、偷窃、浪费等弊端,以增加收入,度过淡月;另一方面又要整理组织、调整力量,以提高工作效能,准备过冬。认为"这一方针的两方面是同等重要的,又是互相联系的"。

关于开展业务,不仅是必须的,而且有充分可能。为此总局及管理局均主动与地方政府或地方部队经营之企业(如煤矿、林业公司等),以"两利原则"订立合同,由路局承运煤炭、木材等。各局负责人应仔细了解管内各地各种公私企业对于铁路运输的需要。"不是坐等人家来找,而是走上门去找人家商定运输合同。"总局已有签订和批准的合同,可印发供各地参考,管理局也可自行对外订定合同,但签字前须经总局批准。一经批准签字,即应遵守信用,坚决执行。

接着,总局特别提出了"铁路企业化"的概念和思路。认为"铁路本为国营企业,铁路企业化非但不违背人民铁路的精神,而且只有实行企业化,铁路取得合理的利润才能够维持与发展业务,才能更好与较多地为人民服务。这一道理不仅全路员工应该深刻了解,而且要向各机关团体及广大群众推行解释,使他们都能了解。一切铁路工作者一方面要有真心诚意为人民服务的精神,要给运输主线以一切可能与合理的方便,同时又必须有企业化的习惯,学会做运输生意,采取一切正当的方法刺激招徕运输"。

为了实行铁路企业化,养成"企业化的习惯",总局对整顿各种收入,也痛下决心,纠正原来的衙门作风,原来一些车站的专用岔道租金、货场租金均一同取消。原来有的货场变成机关专有,全由工会承办,铁路并无收入。总局认为这些做法不妥。工会工作很重要,行政上应该帮助,拨给款项,但应该由路局办的营业仍应由路局办理。如工会愿意承办,亦应与路局订立合同,而从路局得到应有的收入。各级工会负责人应该了解铁路企业化的重要性,而予以积极支持。"不应该以为小的收入可以马虎,须知积少成多,整个东北解放区铁路的各种收入,合计起来是一个很大的数目。"同时,各单位应该采取具体措施,防止和取缔贪污、偷窃、浪费等弊端。还要进行深刻的思想教育,表扬廉洁奉公的员工,并以模范事例作为教育材料,以养成廉洁朴素的作风。

为了顺利整理组织与设备,调整力量,提高工作效能,准备过冬,"使铁路企业化做得更好",在机务工作、车务工作方面,不仅有大量工作要做,为过冬精心做好准备,更要改变旧的工作作风,重要耗材、用料必须核定标准。如在机务方面,定出煤炭、油脂、零件的标准消耗量,并切实检查督励执行。对于节约者给予奖励,浪费者应加以批评并纠正浪费现象,对于偷窃者应予以制裁。在车务方面,对各局的运输力与运输量应有比较精确的估计,并提高调度技术。另外还准备取消包车制。虽然包车制在过去曾经起过一定的积极作用,但对人力财力都有浪费,列车包车制应该取消,机车包车制也有重新考虑的必要。①

1947 年 9 月 15 日,在"人民铁路"这一口号提出临近一周年之际,《铁路生活》杂志发表题为《论人民铁路的管理方针》的社论,全面阐述了人民铁路的"企业化"管理方针。社论的核心是办好人民铁路,"全心全意为解放区人民自卫战争服务,为发展解放区的国民经济服务"。在这一基本的"服务观点"之下,铁路管理"应力求企业化"。铁路是一种近代化的企业,"企业化是铁路为人民服务的主要形式"。社论分析了"企业化"的内涵:它在铁路内部,"应当有科学的管理,精密计算运输成本,合

---

① 东北解放区财政经济史编写组等编:《东北解放区财政经济史资料选编》第 2 辑,黑龙江人民出版社 1988 年版,第 385—388 页。

理地组织和使用劳动力,合理地使用机器和材料,高度地发挥人力物力的效能,不浪费一分一毫的人力物力,以达到大量运输,迅速运输,运费低廉,以达到高度的效力服务于运输和促进解放区生产事业的目的";就铁路的外部关系而言,主要是通过企业化的形式来为人民服务。在当前的战争形势下,除了直往前方的军事运输和军事特程供应品的运输制记账、不收费,实际上由铁路无代价支援以外,其他运输一般的都应当按照国家批准的定率缴付运费。铁路应当牢记着为人民服务的基本观点,并且把这个观点贯彻到铁路的对外关系和工作作风中,应当尽量照顾各方面的合理利益,并随时随地向各方面耐心解释,使大家了解铁路上一套企业化的规章制度,不仅为铁路这个国家企业本身所必须,而且也为整个人民利益和便利所必须,因而使大家乐于遵守。企业化是为了合理地使用有限的运输力,避免浪费和滥用车辆,以便更好地为战争胜利和发展国民经济服务。在平时,国家企业应有"合理经营的正当盈利",但大规模的自卫战争正在进行,解放区各种实业尚待用大力进一步恢复的时候,人民铁路可以不求盈利,而只求维持运行和保护员工的必要生活水平。铁路企业化的科学管理的结果,应该是尽可能地来支持战争和刺激解放区生产事业的发展。铁路的收支如有不抵时,则由民主政府补助,但铁路工作者不能因此而产生"反正有国家补助,就不必再有企业化和生产节约了"的不正确想法。

社论还强调,对铁路应当有恰当的估量和认识。没有人民自卫战争的胜利,没有解放区农民的土地改革运动,没有解放区的建立和巩固,就不可能有人民铁路事业。没有解放区生产的蓬勃发展,也就不可能有铁路事业的发展。因此,应当把铁路看作整个解放区自卫战争机构和国民经济机构的一个组成部分,应当把铁路放在整体中恰当的部分地位。部分必须服从整体,部分必须配合整体。铁路对于解放区犹如人身上的血脉,又如机器上的枢纽。正因为如此,办人民铁路的基本观点必须是全心全意为人民服务、全心全意为人民自卫战争和解放区国民经济服务。为了将这一观点贯彻到一切实际工作中去,特向全路员工提出如下口号:第一,愿意当人民的铁牛。铁路好比一条钢铁制成的大牛,夜以继日地为人民工作,铁路工作者都应有当铁牛的精神,任重道远,要有埋头苦干、永不懈怠、永不埋怨的精神。第二,愿意当人民的伙计。人民是铁路员工的老板,当人民的伙计是最光荣的。要对人民负责,依靠人民的支持将铁路办好。既是为人民当伙计,就不应当有旧铁路的作风,老是坐在办公室里,架子十足,等人家来找,我不求人,人非求我不可。人民铁路工作者的作风应当是虚心诚恳,真心诚意为人民服务。第三,愿意做人民的工具。铁路是人民的运输工具。铁路员工一方面要欢迎和帮助人民多多使用这一工具,另一方面要想方设法提高这个工具的效率。第四,愿意当党和政府政策的广播机。铁路和各界人民有广泛和密切的关系。铁路对于党和政府的政策,如果能够根据具体条件切实体现(如生产节约、拥军、除奸、工农联合拥护土地改革等),那么就一定会起到党和政府政策的广播机的作用。反之,如果铁路上做了一些违反政策的事情,其坏影响亦较容易传播。①

1947年5月提出"铁路企业化"的概念和思路后,到当年年底,企业化的科学管理在东北解放区铁路各部门推行了半年多的时间,取得了一些进展,但离预期目标还差得很远,在铁路走向企业化的过程中,还存在许多缺点:一是预算制度尚未普遍建立,有若干开支是预算外的。"批条子"的现象还很普遍。二是决算还很慢,有的单位还没有办,即使办了的也不全面,对库存的检查尚不彻底,材料、燃料、现金等都有若干保留现象。三是还没有进行精密的计算,成本会计才在两个工厂试办,全套的会计机构还没有严密地建立起来。四是科学管理尚未开始,人力物力的组织、使用,亦不完全恰当,工作效率低,计划性不够,对时间的分配还不科学。五是实行企业化应有的各种制度的建立与组织机构的调整,都未普遍进行,特别是为了推行企业化,必要的对内对外的思想动员、宣传解释工作都做得很少。换句话说,就是为实行企业化的思想与组织准备工作都做得很差,或者说还没有认真做。综合这些情况后,总局总结说,现在实行的企业化,"还只是个口号,基础尚未打下"。

有鉴于此,总局向全路提出以下6项要求,严格践行,以加快推行铁

---

① 东北解放区财政经济史编写组等编:《东北解放区财政经济史资料选编》第2辑,黑龙江人民出版社1988年版,第409—415页。

路企业化的步伐。

（1）根据全路的生产过程、工作过程等订出适宜的标准，再根据客观的情况制订出一定时期的计划。

（2）应有严格的预决算制度，没有任何的遗漏与例外。

（3）改进技术，提高业务水平。

（4）实行严格的成本计算。

（5）使机构组织得更严密，人力、物力的使用更合理，科学的管理办法要在各部门制订出制度，打下基础。

（6）这一切要多吸收群众的意见和经验，也要吸收真正专家（不是假专家）的意见。

按照总局的思路，实行企业化管理，关键是建立科学、合理的规章制度并严格执行。在运行中出现这样那样的问题，就是没有科学、合理的制度，或者有制度而不严格执行。铁路有两部历史，一部是用文字写成的（由秘书室掌握的）；另一部是用数字写成的（由经理部掌握的）。经理部既然有一部铁路历史的记载，就是要将其他各部有关财政的活动，加以记录与整理。这部历史的正确与否直接关系其他部门的业务，经理部门用财政收支的关系将各部门联系起来，也就是要用财政制度把它们联系起来。如果说目前与个别部门的关系还不正常，有一个重要原因，那就是制度没有明确或者没有贯彻，在大家执行与贯彻制度的原则下，互相照顾，互相尊重，自然关系也就正常了。①

为了全面推行铁路企业化管理，1948 年 9 月 28 日，东北铁路党委发布《关于乘务负责制的决定》，批准 8 月总局机务会议通过的在全路实行"乘务负责制"（通称"包车制"）、废弃"轮乘制"的决议案。10 月 4 日，中共中央东北局批准了这一决定。乘务负责制正式实行。

乘务负责制（包车制），是由若干工人，分成两班或三班，固定使用一台机车，由他们集体负责保管、驾驶、清扫及简单地修理等责任。在"九

---

① 东北解放区财政经济史编写组等编：《东北解放区财政经济史资料选编》第 2 辑，黑龙江人民出版社 1988 年版，第 419—423 页。

一八事变"前,这是苏联特有的乘务制度,老中东铁路后期中苏合办时曾经采用过。日本帝国主义夺取中东路后即行废弃。1945年"八一五"后,苏军在中长铁路又实行包车制度。苏军撤离东北后,一部分工人仍保留这种制度。1946年冬,在五常运粮过程中,发现包车制有很大好处,于是加以推广,并上报总局。当时机车状态很差,"满身毛病,走不动路",总局根据牡丹江铁路局的试点经验,在全路推广,大大改善了机车状态,提高了机车的效率,胜利地完成了繁重的冬运任务。1947年4月,运粮工作结束后,随即开始了关于包车制的争论。反对的意见认为,包车制分工不明确不科学,是落后的;而轮班制是科学分工,是进步的。而且包车制有两种浪费:一是人力浪费。轮班制每台机车平均6人左右,包车制需要9人。全路以600台机车计算,包车制较轮班制要多用1800人,每人每年的工资以600万元计算,全年要多开支108亿元。二是车辆浪费。包车制每台机车要使用一辆宿营车,如以600台机车使用420节车厢计算,每节车厢明年收入以1亿元计算,全年浪费420亿元。

争论的结果,1946年10月间,在牡丹江林口模范机务段和图们开始试行轮班制。到1948年2月,发现效果不佳,损失很大。林口机务段由模范段变成了"破损段",机车20台,即有10次破损事故,其中9次是乘务员保护不周所致。5月、6月、7月三个月中间破损事故高达66次,机车质量急剧下降,机车"肮脏得不能见人,机车开到外局,乘务员搬到暗处,不敢露面",任务也无法完成,经济损失很大。仅3个月中,大轴发热31件,损失达10.47亿元,每月平均损失3.49亿元;油脂浪费,7月与9月比较,以行车10万公里计,7月浪费6800公斤,以每公斤3万元计,损失达2.04亿元。两项相加,每月损失5.53亿元。按一年12个月计算,损失达66.36亿元。如果全局30个这样的中等机务段,一年共损失1990.8亿元。而且,因破损增多、临时检修增加、定检量扩大,运用率降低,机车质量降低、寿命缩短等损失,都未计算在内。由此可见,实际损失必然大大超过上述两项损失。又如图们机务段,同时实行轮班制和包车制两种乘务制:30台机车中,除了跑外路的4台机车实行包车制外,其余均改为轮班制,6—9月破损事故35件,全都发生在26台轮班制的机车上。实行包车制的 4 台机车未发生一次事故。从机车使用率看,采用轮班制的牡丹江局同哈尔滨、齐齐哈尔两局比较,牡丹江局 7 月的机车利用率低于哈尔滨局 20%,低于齐齐哈尔局 10%,而牡丹江局的机车临时检修,高于哈尔滨、齐齐哈尔两局 1 倍。

在这种情况下,牡丹江局在 7 月末又改为包车制,8 月只有 2 次轻微事故,到 9 月未发生任务事故。牡丹江局 9 月的平均每日行车速度由 206 公里提高到 268 公里,如调度配车同样施行负责制,日行速度可普遍提高到 300 公里。如全局运输量需要 1000 机车,使用效率提高后,700 台即可足用,可节省 300 台机车,每台机车每年以 8 亿元消耗计算,一年即可节省 2400 亿元,工资尚未统计在内。

经过一年的试验,1948 年 9 月,东北铁路局党委会作出了《关于乘务员负责制的决定》,肯定包车制,废弃轮车制。10 月,中共中央东北局批准了这一决定。包车制从 1948 年 12 月 15 日全路全面实行,这是铁路管理制度上的一项重要的改革。这"不仅是机车乘务制的原则,而且将作为东北铁路业务管理上普遍的原则和方向"。还不止限于铁路,东北局又要求其他工业部门"都研究铁路经验,将负责制的原则,加以适当的有效的运用"。①

乘务负责制(包车制)施行后,立即取得显著效果。由于技术定额,责任明确,机车固定,一切举措得失,直接反映乘务员的工作态度和技术优劣,而专乘既容易体验机车的性能、特点,又使乘务员对机车倍加爱惜、保护,使其性能保持最佳状态,提高了机车的牵引力、开行速度和运输效率。出于对机车的关心、爱护、了解,乘务员开始观摩、协助机车检修,帮忙领取检修材料,对机车的状况、变化、损坏情况及其原因,以及如何避免等,都有所了解。更加有利于机车的保养,相应减少机车破损频率、程度及维修频率、费用,延长了机车的使用寿命。因而乘务负责制大大降低了成本,提高了运输效率。表 20-11 是乘务负责制施行前后机车若干运输数据的对比。

---

① 东北解放区财政经济史编写组等编:《东北解放区财政经济史资料选编》第 2 辑,黑龙江人民出版社 1988 年版,第 446—456 页。

表 20-11 乘务负责制效率提高概况统计（1948 年第一季度—1949 年第一季度）

项目 年份	货物列车及 日车公里		使用车 日车公里		每十万公里 需使用车数		全路平均 牵引车数		甲检间机车 行走公里		甲检一台 平均用工时	
	公里	指数	公里	指数	车数	指数	车数	指数	公里	指数	小时	指数
1948 年 第一季度	210.3	100	202.0	100	496.5	100	19.3	100	25931	100	1659.7	100
1949 年 第一季度	317.1	151	283.7	140	379.0	76.3	28.3	147	46631	180	1602.4	97

资料来源：东北解放区财政经济史编写组等编：《东北解放区财政经济史资料选编》第 2 辑，黑龙江人民出版社 1988 年版，第 524 页统计表。

1948 年第一季度乘务负责制施行前和 1949 年第一季度乘务负责制施行后比较,有关机车运输成本、效率的数据,都有不同程度的变化。总的趋势是效率提高,成本降低。货物列车、使用车日行里数和车头牵引力,分别提高了 40%—50%,这是效率提高。机车两次大修之间的运行里数上升了 80%,每 10 万公里用车数和大修一台机车的平均工时,也都略有减少,这是成本降低。总之,虽然乘务负责制施行时间不长,但效益十分明显。

继实行乘务负责制(包车制)之后,紧接着开始实行车务负责制。

1948 年 11 月,总局召开全路车务会议,决定改革旧的车务制度,建立"车务工作负责制"。总局认为这是"铁路运输工作的一个革命",是机务会议和实行乘务负责制的继续和发展。预期通过这种制度改革,加上各部门工作的保证,可将营业速度提高 40%,车辆周转率提高 20%。那么明年就可以节省 2000 亿—3000 亿元。本来早一点改革可以更早地提高效率,但在保守思想的笼罩下特别是还没有确定乘务负责制以前,是不可能的。但现在已经是非改革不可了。如果再晚,就将落后于形势发展了。[1] 不久,车务负责制同车务负责制一起在全路施行,并"开始奏效",涌现出一批先进调度所和先进车站,这些调度所管内的货车周转率与列车旅行速度都有了明显改善;车站的货车停留时间、中转时间和编车时间都大大缩短。[2] 负责制亦扩大推广,除了乘务、车务,负责制将普遍贯彻于工务、电务、站务、工厂以及全路党、工会、行政之各种工作单位中。[3]

建立和完善规章制度、优化和严格管理、推进"铁路企业化"进程,根本目的是发展生产力。而人是所有生产力中最积极、最活跃的因素,是一切生产力的原动力。党和东北民主政府在推行铁路企业化过程中,始终将人的因素放在首位,贯彻政治和技术相结合、群众路线和行政管理相结

---

① 东北解放区财政经济史编写组等编:《东北解放区财政经济史资料选编》第 2 辑,黑龙江人民出版社 1988 年版,第 464—465 页。

② 东北解放区财政经济史编写组等编:《东北解放区财政经济史资料选编》第 2 辑,黑龙江人民出版社 1988 年版,第 511 页。

③ 东北解放区财政经济史编写组等编:《东北解放区财政经济史资料选编》第 2 辑,黑龙江人民出版社 1988 年版,第 484、495 页。

合的方针,加强员工思想教育,提高员工的政治思想觉悟,树立和增强员工的主人翁责任感,发扬艰苦奋斗、自力更生的精神;在铁路运输经营管理过程中,坚持走群众路线,从群众中来,到群众中去,正确处理各种复杂的关系,包括一线工人和技术人员的关系、工人和技术人员中的青老关系、铁路与警察的关系、工会与行政关系、铁路与货主关系,以及工农关系,化解矛盾,加强团结;又在全路开展献纳器材运动、自觉运动、生产竞赛运动、生产节约运动、铁牛运动;等等,各方面都取得明显成效。

在铁路交通设施遭受严重破坏而又极度缺乏修补所需器材、配件的情况下,东北铁路总局就是通过群众路线,调动工人群众的积极性,发动全路群众献计献策、献器材,苦干巧干,推翻"巧妇难为无米之炊"的铁律,硬是在缺乏修补所需器材、配件的艰难条件下,将铁路、机车修好,投入营运。全路的普遍情况是,"修车时买的东西很少,一般的材料都是工人找的"。他们的口号是,"工人翻身,碎铁也翻身"。工人们自动利用时间,把车厂碎铁东西、废东西翻出来,修理货车,就根本没有买什么材料。1946年36棚修理货车车皮900节,材料也没有买。工人的工作时间,总局本来规定由8小时增至10小时,但实际上工人每天工作到16小时。又如铺枕木,日伪统治时期每人每日8根,而现时一般的是16根,最高纪录是38根。工人自动拿出的材料,价值达一两亿元。修理票房,原来做预算须几百万元、几千万元,现在工人不用钱就修好了。工程师的预算常常被批驳,铁路上的一切完全是工人自己利用时间修。总局的经验是,"必须发动全体工人群众,依靠群众组织,依靠工人的集体力量,才能办好铁路"。[①]

二、公路的整修与营运管理

日伪统治时期,日本侵略者为了扩大、加深侵略和强化对东北人民的

---

① 东北解放区财政经济史编写组等编:《东北解放区财政经济史资料选编》第2辑,黑龙江人民出版社1988年版,第394—395页。

法西斯统治,与 1 万多公里铁路相配合,修筑了 10 万公里以上的公路,约占全国公路的一半,构成了纵横交错、四通八达的公路交通运输网。"八一五"前后和国民党政府进驻后,东北公路一度遭到严重破坏。国民党政府曾在沈阳设立"东北公路管理处",执掌东北公路管理,并计划修筑以沈阳为中心通往铁岭、抚顺、本溪、烟台(辽阳市附近)、法库、辽中、新民七条线路和沈阳环城公路共 625 公里。但实际上除了进行简单的修补外,计划并未完成。1947 年,由于解放战争的迅速发展,解放区不断扩大,国民党统治区日渐缩小,公路交通运输几乎陷入停顿状态。

"八一五"日本投降后一段时间,解放区的公路,因战争破坏和自然毁损,大部分公路同样不能通车。为了适应解放战争的需要,加强对公路工作的领导,在东北,1948 年 3 月成立吉林省公路管理局。随后安东、热河、辽宁等省也相继成立了公路管理局,开始公路整修。仅安东、吉林、辽宁、热河四省即修补公路 9949 公里、桥梁 181 座。不过其他各线,因环境条件所限,未能全面开展整修工作。①

1948 年 11 月东北全境解放,东北行政委员会交通部于沈阳接管国民党"东北公路管理处",设立交通部公路总局,标志着东北全境公路正式回到人民手中,开始步入人民公路的新时代。

公路总局统一掌管东北全境的公路兴修、养护、运输事业的建立和发展。总局成立后,首先着手建立组织,招收技术人员,整理日伪和国民党政府残余资料,并同各省公路部门取得联系,了解各省公路情况,特别对所有工作人员进行思想教育,提高其政治觉悟,端正其工作态度。同时,东北行政委员会指示,在各省陆续成立公路管理局,县设公路股,区设公路助理员,村设公路委员(不脱离生产)。在省政府和公路总局的双重领导下,省负责行政领导,公路总局负责业务领导,普遍地有计划地推行公路工作。随即于公路总局下设立国营东北运输总公司,作为发展运输事业的骨干,以推进东北公路交通运输事业的发展。

---

① 东北解放区财政经济史编写组等编:《东北解放区财政经济史资料选编》第 2 辑,黑龙江人民出版社 1988 年版,第 560 页。

1949 年 2 月,东北行政委员会交通部召开首届公路会议,出席的有东北 10 省 3 市(日伪时旧行政区划)和内蒙古等公路局或公路部门代表。会议集合各方面意见,确定依靠各省、依靠群众的指导思想,根据当前需要和技术标准,拟订了一个公路整修计划,在发展生产、支援前线的总方针下,决定自 1949 年 3 月至 12 月,修复 19 条主要公路干线,全长 7182.4 公里(四季通车者 3415.4 公里,季节通车者 3767 公里),新建各类桥梁(包括木桥、洋灰桥、漫水桥、过水路面)634 座,总延长 11889 米,各类涵洞(包括木涵、洋灰涵及涵管)109 座,总延长 8581 米,码头及护岸 10 处,总延长 1450 米,渡船 10 只,补修桥梁 367 座,总延长 11225 米,涵洞 110 座,总延长 18 米。行政委员会拨给食粮 8 万吨,作为新建与补修各种构造物的工程费。路基路面则由各省负责动员民力从事修整。3 月间计划被批准,4 月开始动工。①

首届公路会议所确定的公路整修原则是,南部地区整修与铁路平行的线路,以便后方物资运往前线,协助和补充铁路运输的不足;在北部地区则整修城乡与铁路的联络线,以发展经济,沟通城乡,使后方物资能运到铁路沿线,再靠铁路运往前方,支援解放战争。整修原则及方式是桥涵等构造物以修补为主、新建为辅,由政府拨款修建。路基路面完全以动员民工的方式整修。

在会议上又通过各省都设立公路局,由总局及省府双重领导负责各省公路工作。初步决定了各省工程量及工程预算,明确布置了全年工作任务和工作方向,开始了 1949 年的工作。为协助各省完成任务,解决各省技术人员不足,总局先后派技术人员 50 余名赴各省协助工作。

首届公路会议后,各省根据大会决议精神及 1949 年度工作计划,先后展开公路整修工程及建立组织机构等工作,只是各省进展不太平衡。

组织机构方面,首届公路会议时,成立公路局的只有吉林、安东、热河、辽宁 4 省。会议后至行政区划改变止,除嫩江省外,其他各省都先后

---

① 东北解放区财政经济史编写组等编:《东北解放区财政经济史资料选编》第 2 辑,黑龙江人民出版社 1988 年版,第 561、577—578 页。

成立了公路局,在工作上建立了初步的专管机构。行政区划改变后,各省局机构进行了相应调整,或增设相关机构。辽东、辽西公路局下设有自主工程费开销的工程队和企业性的运输公司、土木公司、铁工厂和制材场等;热河、吉林另外设工程队、土木公司运输队或运输公司、修理工场、车站和办事处。至于松江、黑龙江并未加设附属单位。公路局直属机构,辽东、辽西分秘书、工程、路政、会计、材料5科;其他各省则仍直辖秘书、工程、路政3科。根据东北行政委员会1949年5月23日通令,各省管理局的组织机构和领导关系"基本上已经解决"。不过"通令"是就旧有省区的情况而言。当时规定省局干部30—50人;但行政区划改变,省区合并,工作量增多,公路局呈请交通部不转请政委会准予新省局除原有3科1队外,斟酌实际情况增设材料、会计2科及办事处,总人数50—70人,后又要求根据实际情况,各省局人员增为100—140人(勤杂人员不得超过干部的1/5),并有具体编制。①

　　工程进度方面,和组织机构的设置情况不同,初期进展相当缓慢。人员思想亦不稳定,如"有些人,不愿做公路工作,而愿做铁路和水利工作",积极性不高,工程进度慢。1949年度整修的19条公路干线,到5月,只有78%业经勘查,编制了较2月间新拟定的概算较精确的预算,可以领取3月、4月两个月的木材、洋灰等材料,并筹备必需器材作动工的准备工作。到5月末,路基路面工程才完成1811公里,占25%。具体到不同省份,进度极不平衡。进度最快的如旧辽西省,552公里已完成454公里,占90%,慢的如合江、松江、嫩江、黑龙江、吉林、沈阳等省市,在春耕后夏锄前或挂锄后才能动工。新建构造物中,除木桥617座11940公尺已完成159公尺,占1.3%,过水路面37处1717公尺,已完成100公尺,占6%,黑龙江省4座桥的防水工程外,其余混凝土桥涵12座284公尺,

---

　　①　计秘书科(下设人事、工薪、文书、总务4股)13—15人;工程科(下设设计、工程2股)20—25人;路政科(下设管理、路政2股)10—12人;材料科(下设材料、保管2股)10—12人;会计科(下设财务、出纳、审核3股)8—10人;工程队20—25人;运输公司勤杂人员8—10人。总计100—120人[见东北解放区财政经济史编写组等编:《东北解放区财政经济史资料选编》第2辑,黑龙江人民出版社1988年版,第533页]。

木造涵洞823处4870公尺,渡船10艘,码头8处336公尺,都未开工。补修构造物中,木桥244座4783公尺,完成250公尺,占5%,混凝土桥涵洞80座3944公尺,完成433公尺,占16%,木造涵洞90座608公尺,完成26公尺,占4%,沈阳市的木桥238公尺,完成120公尺,占50%,其余路面4处505公尺,还未动工。从省份看,辽宁、辽西、安东都进行了部分工作,至于合江、嫩江,基本上没有开工。

工程用粮款、材料方面,1949年3月已拨粮28900吨(内包括木材1万立方米、洋灰2465吨),除吉林、辽西已将材料完全运到现地外,其余各省因车皮等种种关系,只运回一部分,尤其合江因当地无粮,折粮现款到5月底还未完全领出。又如热河,因运输特殊困难,材料根本未运。所有这些,都对按时开工产生影响。4月拨粮等26941吨(内包括木材1.3万立方米、洋灰197吨、铁筋80吨),各省大部分还未能运回,动工遥遥无期。[①]

东北公路整修和运输恢复,之所以踟蹰不前,除了上述情况,还有多项难题:一是会计科目不确定、不完整,数目庞大的公路事业费(勘查费、路基路面工程费、测绘品消耗品费、备品费、图表印刷费)及工具费等,都从工程费中支出,1949年度各省工具费即达40亿元(合粮1000吨),均需报请东北政委会解决,不能占用工程费,直接影响工程进度。二是拨发材料种类、规格、尺寸不合工程需要,如桩木不够尺寸,或不能用于建桥。三是拨放各省的材料(木料),不能如期从林场运到铁路沿线,即使到了铁路沿线,亦因车皮缺乏,无法由车站运到工地。各省均等材料动工,如辽北省正有计划地把民工动员起来,但因材料运不到以致无法开工,辽宁太子河也因材料不能如期运到无法开工。四是动员民工遇到困难。各省1949年度"多以农业大生产为中心任务",农忙期间动员困难。五是公路用地没有明确划定,一些公路用地,在土地改革中,被分给了农民,又无明确界址,公路两旁无法植树取土,有的只得种在路基上,有的种在边沟里,

---

① 东北解放区财政经济史编写组等编:《东北解放区财政经济史资料选编》第2辑,黑龙江人民出版社1988年版,第532—534页。

也有的种在沟外。种在沟外者,农民恐其妨碍农作物生长,将其连根摇动,令其慢慢死亡,这对公路养护极为不利。[①]

到 1949 年 5 月末,公路总局为了了解各省数月来的工作情况,研究解决业务上的具体问题,总结工作经验,提高业务水平,在交通部支持下,召开了第二次公路局长会议,检查了各省第一次公路会议以后的工作情况,明确领导关系,确定了各省局的组织机构,研讨了各种施工办法。在各省互相帮助下,解决了一部分材料困难问题。最主要的是进一步发扬了全体工作干部对人民公路的基本认识。经过这次会议对修桥补路的价值有了一定的认识,并且将数月来各省实际工作分析总结,交流经验,使整个业务提高一步,对各省加强信心完成任务起了决定性的推动作用。

1949 年 6 月第二次公路局长会议闭幕后,各省正式确定和建立了组织机构,初步培养出一批工作人员,为以后的公路事业奠定了基础。2 月首届公路会议时,成立公路局的只有吉林、热河、辽宁、安东 4 省,各局人员很少,领导关系也不明确。会议后至东北行政区划改革止,除嫩江省外,成立 9 个省局,行政区划改变后,合并为 6 个省局,由各省主席直接领导。各局另设有企业性的铁工厂、制材厂、运输公司等,辽东、吉林还有附设的土木工程公司。9 月整编前,6 省局共有人员 530 名。连同总局,东北已有公路工作人员 827 名。

会议最后确定分配了工程量和工程预算,并为了预防夏汛起见,各省在 6 月间皆开始全力展开突击工作,在总局不断派员督促检查及协助下,各省工作都迅速展开。通过第二次公路会议,克服了材料运输、领导关系、施工方法、组织机构等困难问题,加强了完成当年任务的信心,奠定了工作的初步基础。

在工程方面,全年新建及补修桥涵 33924 公尺,完成了全部工程的80%,在施工方法上获得了初步经验。1949 年整修线路 19 条,长 7182.4公里(包括内蒙古在内)。确定的工程量中,包括主要构造物是新建木桥

---

① 东北解放区财政经济史编写组等编:《东北解放区财政经济史资料选编》第 2 辑,黑龙江人民出版社 1988 年版,第 534—535 页。

561 座,长 9506 公尺,涵洞 1073 座,长 7862 公尺,渡船 10 艘。补修木桥 276 座,长 6698 公尺,混凝土桥 29 座,长 2452 公尺,涵洞 120 座,长 832 公尺。总计长度是 33924 公尺。为修筑以上工程,共需工程费折粮 70477.38 吨。

公路整修,及时足量的材料供应是关键。公路整修工程最初开始时,面临的一个重大难题是材料无法及时供应。材料能否及时运到工地成为能否如期竣工的关键因素。特别是东北地区冰冻期较长,整修工作带有季节性,施工时间较短,必须在冰冻期内将材料全部运至工地,春融后马上动工才不致耽误工期。因而材料的供应成为整修工作中的主要任务之一。在此次整修过程中,也曾发生多次停工待料的现象,归纳各种原因,不外乎材料的产量与运输问题,材料的生产与运输则在总的经济建设任务下,与各生产建设部门都发生密切关系,因此有关公路材料的分配及运输,必须配合各方面的情况方能决定。在当时刚刚开始的经济建设中,工业、运输业各方面仍处于恢复发展阶段,一切供应尚未能合乎理想,材料除由政府支拨一部分外,其余更应就地取材,量材兴工,如产石地区则多修石桥石涵,并应配合材料生产情况,加入各部门生产计划(如木材加入林务局砍伐计划等),拟订运输计划,与生产计划配合,提高准备和预留较长运输时间,务使各地开工后材料源源供给,即可如期竣工,以免各工地因停工待料而发生浪费现象。

不过因材料问题而影响工程的情况,仍未能完全避免。如木材供应问题,即未能充分考虑到各种客观条件。有的公路局成立较晚,所需木材根本未列入林务局采伐计划;供应关内建设,对林场失火的意外损失、雨量少木排流送不下、运输困难等情形加以分析研究,及时改定对策,仍主观要求所需材料要符合标准,以致各工地往往因材料供应不及时而发生停工待料现象。又如热河多山地,不应多修木桥。尤其省内无林场,锦承铁路尚未修复,自外省向省内运输大批材料浪费既大,效率又低。第一次公路会议时,虽然了解这种情况,但未详加分析研究,想出适应特殊地区不同的材料和施工方式,而采取平均主义与其他省同样地拨给木材,总局既未深刻考虑检讨这样是否行得通,省局也只想到运输难。第二次公路会议提出就地取材,利用石、砖、杂木修桥的变通办法,会后热河提出六大困难(石工、铁筋不好、公粮无法销售、缺乏干部等),总局也未从根本上予以解决。因此拖延时间,又加上夏汛,工程进展非常迟缓,完成任务发生困难。

在公路整修过程中,公路局和工程队采取边施工、边学习、边积累经验改进工作的方法,各省因具体情况不同而互有差异。一般地说,采取集中直营施工的,比较接近工程标准和规定的工率。有的工地如宁安桥、清河桥一开始就组织了工程管理委员会,在工人中发扬民主、进行教育,启发其劳动热情,并制定劳动纪律,利用黑板报表扬、评功、竞赛等,走依靠工人阶级的路线,有些成绩,展示出往后进行的方向,并初步确定了正确的观点;采取分散进行的,工程进展上虽然比较顺利迅速,但由于有的县还没有足够的修路基础,有的让承包商做,在领导上如抓得不紧,仅有一般地布置工作,而缺乏具体指导、检查,就会产生相当严重的民工和材料的浪费与工程的不合标准等情况。

在公路整修工作中,路基路面工程全部依靠群众,动员民工整修外,桥涵工程的施工,各省根据各地的具体情况,采取了各种不同方式。在工作过程中根据种种客观条件,力求新的创造,摸索着在新民主主义社会条件下的合理施工方法。这样的施工方法就不是伪满和国民党的奴役人民、抓劳工来进行侵略统治而修路的方法,也不是以前战时为支援解放战争临时通车的补修办法,而应该是在省工节料、耐久美观、合乎标准、提高效率的原则下,加速完成全部工作。

一年来各省实际施工情况,在各地不同条件下,有的省局以工程队为骨干,大部分工程由省局集中直营;有的省局除少数大规模桥梁由省局集中直营外,其他桥涵完全依靠各县采取分散进行的方式。但无论何种方式,在要求合乎上述原则下,唯一的工作方向则应是坚决依靠工人阶级,确定劳动创造世界的观点。在施工中实行民主,发挥工人阶级的积极性、创造性,加强工友组织,随时进行宣传教育,树立工友的主人翁态度。在自觉的基础上,发挥高度的劳动热情,创造新纪录,提高工作效率。这一工作方向在各地都已一再证明是完全正确和适合于新的社会情况的,而且今后也唯有这样走上依靠工人阶级的路线,才能更好地更迅速地完成任务。

各省一年来施工当中,根据这一方针,逐步摸索了新的工作方法,并在各工地中涌现出许多的劳动英雄和典型事迹。有的工地如松江省的宁安大桥、倭肯河大桥,辽西省的清河大桥等工地都先后组织了工程管理委员会,吸收工友参加管理工程,制定各种劳动纪律,配合各种号召(如防奸、防火、防汛等),随时进行宣传教育,组织竞赛,民主评功评薪,及时利用黑板报等批评表扬,选举劳动英雄,因此提高工作效率及工作质量,如宁安大桥工程比原设计省工 50% 左右,尤其是打混凝土工程工率提高到每立方公尺仅用 0.34 个站盘工(伪满为 1.5 个人),创造新的纪录,同时提高了质量,试验结果表明,混凝土强度为伪满标准的 198%,安全率为 5.3%。至于其他工率,一般均比伪满提高 20% 以上。清河桥铁筋加工,第一次 4 吨半钢筋共用了 47 个工,以后组织竞赛,及时地批评奖励,第二次同样 4 吨半钢筋则仅用 14 个半工,第三次则仅用 10 个半工,工作效率提高到 3 倍以上,大大缩短了工期。有的工地因省局力量所限,不能集中直营时,则采用民主评资集体承包,订立集体合同,将工程包给全体工友,或采取按件小包的方式包给各工友小组的全体成员,避免了把头包工的封建剥削,同时鼓励了工友工作情绪,使工作效率大大提高。因此在依靠工人阶级正确领导的方向下,各工地虽然条件艰苦、技术落后,但都能顺利地加速完成任务。①

至 1949 年 10 月底止,东北公路整修工程,除辽东、热河大桥,太子河大桥及沈阳市沙河桥即将竣工外,其他各省较大桥梁都已全部竣工,总工程量、路基路面已完成 92%,构造物完成 80%。② 1949 年的整修任务尚未全部完成。

总体来看,东北公路的整修任务重,但起步较晚。1949 年整修的

---

① 东北解放区财政经济史编写组等编:《东北解放区财政经济史资料选编》第 2 辑,黑龙江人民出版社 1988 年版,第 540—543、545—547、549、551 页。

② 东北解放区财政经济史编写组等编:《东北解放区财政经济史资料选编》第 2 辑,黑龙江人民出版社 1988 年版,第 562 页。

7182.4 公里公路,只占东北全境公路的一小部分,而且是"临时性的整修"。东北全境公路的整修任务十分繁重。据 1949 年秋冬前后对东北 7747 公里公路的勘查,木桥完整者仅 10%,涵洞完整者仅 30%。整个公路路面破坏、边沟淤塞,严重阻碍运输事业的发展。1949 年的整修"还不能解决客观的要求"。1950 年度要求马上整修万余公里线路。总局经过详细勘查,决定 1950 年马上对 6548 公里的干线、支线进行整修。总局的近期目标是,"逐步地彻底整修最主要的干线,使成为第一等公路,使行车可达到迅速、经济、安全三大要求。这些路线的确定,要从全国的政治经济、文化、国防各方面着眼,经过详细的勘查,作出年度性的建设计划,逐步地完成"[①]。

1949 年东北公路的整修,为东北解放区公路交通运输的部分恢复提供了条件。该年总局已开办运输路线 87 条,计长 8520 公里,其中半数为总局或省局直接领导。东北公路总局和各省公路局,在路政、运输营运、车辆管理等方面,开始采取措施,建立和完善规章制度。

公路路政方面,1949 年 5 月第二次公路会议以后,才开始相关工作。在这之前,因有关公路养护方面的章则,如《东北公路养护暂行办法》《东北公路管理费征收暂行办法草案》等,皆未经东北行政委员会命令发表,各省养护路工作均无根据无法开展,组织未确立,尤以养路费无明令不能征收,养路经费无法筹措,影响工作的开展及推进。只有少数省区采取了若干措施。比较有成绩的是吉林,已经开始建立养护路组织;安东、热河已建立车站 4 处,开始征收管理费(安东是 3%,热河是 5%),并发放若干临时牌照;辽宁、辽西、合江、松江和黑龙江等省公路局设有路政科,但没有开展业务。如黑龙江路政无人领导。省工业厅有汽车 40 余辆,专作冬季协助运输公粮用,并且省主席不同意征收管理费。至于嫩江,过去仅在水利局内设公路科,未办路政,而汽车的管理是由省府秘书科办理。[②]

---

① 东北解放区财政经济史编写组等编:《东北解放区财政经济史资料选编》第 2 辑,黑龙江人民出版社 1988 年版,第 573 页。

② 东北解放区财政经济史编写组等编:《东北解放区财政经济史资料选编》第 2 辑,黑龙江人民出版社 1988 年版,第 534—535 页。

1949 年 5 月第二次公路会议后，在路政上制定了各种规章，发放汽车牌照，考验驾驶员，准备护路工作等，"有了统一路政的准备"，包括拟定养护路、汽车、胶轮车和驾驶员的管理办法草案等，业经政委会和交通部批准试行。截至 1949 年 10 月底，总局共发放汽车牌照 2636 副、胶轮马车牌照 25119 副、驾驶员正式执照 4947 份。还在沈阳举行了一次驾驶员考试，报名 1002 名，考取 311 名，合格率为 31%。考试合格的驾驶员被派往各省协助发放牌照、考核驾驶员工作。其中成绩好的是辽东、吉林，能有计划有系统地认真进行，布置周到。

在运输营运和管理上，开办运输线路，组织私人汽车与胶轮马车，有重点地建立检查站和运输站，在统一运输、集中散车的方针下，拟定运输管理上必要的规章制度，根据自愿两利的原则，管理私人汽车，使其自愿加入公路局的运输公司，以便有组织地担任运输任务。并对运输费作有弹性的规定，但计算成本后，其最高利润不得超过 20%。

关于营运组织及模式，总局设立了东北运输总公司，于 1949 年 2 月 3 日接收了沈阳南站原郑辅廷所办的运输合作社，以此为基础，办起了市内运输业，并由南站和沈阳市内向四周发展。同时开辟苏家屯、北站货运业务。同时创办了沈阳、辽中、大民屯间运输站，以及沈阳—法库、沈阳—抚顺、沈阳—鞍山、沈阳—大石桥、沈阳—开原等运输线，沟通沈阳四周城镇公路运输业务。接着又开辟了以沈阳为中心，通往沈阳西、东、南、北四条干线。向西经辽中到山海关，沟通了关内外公路运输，以补助铁路运输的不足；向东经抚顺、通化，与辽东省分公司经营的各线路连接起来，沟通各县城乡的运输；向南经鞍山，达营口，使海运与内陆运输衔接起来；向北经开原、四平、长春，与吉林省分公司经营的各线路连接起来。再以四条干线为中心发展支线，使东北公路网迅速地恢复和发展起来。

吉林、松江、辽东、黑龙江等省均设有运输公司和分公司，计有国营、公营、公私合营、私营汽车公司 24 家。在自愿两利原则下，已有公私营商汽车 794 辆加入公司。同时开始调查与组织胶轮马车，仅沈阳地区已有995 辆胶轮马车参加市内有系统的运输工作，已设立运输站 73 处，办理现地客货运输营业。①

牌照制发、车辆管理和管理费征收方面,汽车牌照由总局统一制发,胶轮车由总局规定样式、号码,由各省局制发,并定期检查车体、核验司机(牌照每年发放一次)。本着"用路者养路"的原则,征收管理费,最初规定其比率为汽车按运费的 5%、胶轮车按 3%。其后颁发《东北公路管理费征收暂行条例》,规定"凡以营业为目的而领有正式牌照行驶公路上的汽车与胶皮轮马车,除空车外,不论公营私营均征收公路管理费"。征收标准为,汽车每次按运费收入的 5% 征收;胶轮马车按月征收公路管理费一次,其费率为:单套车月征高粱米 20 斤,双套车高粱米 30 斤,三套车高粱米 45 斤,四套车高粱米 60 斤。四套车以上,每套按高粱米 15 斤的差额递增征收。个别未征或不愿按月缴纳者,可按日按次征收。但其费率按每月费率的每日数量增加 3 倍(路近当日往返者仅征一次)。所订高粱米数均按市价折收现款。②

为了加强公路的养护,还建立群众性的养护路组织,采取宣传教育、恢复大车道的办法,以禁止铁轮车通行公路。公路和铁路不同,铁路是"大动脉",公路是"毛细血管"。公路的联络面是网状型散布的,从城市到乡村纵横交错,延伸到每一个角落,因而与群众的联系最密切,不仅要靠群众的力量整修公路,也要靠群众的力量养护和管理好公路。

相对而言,东北由于较早形成了较为完整的解放区,公路的恢复、维护、建设和经营管理,比较规范。关内解放区,由于战事频繁,形成较为完整的解放区的时间比较晚,公路的恢复、维护、建设和经营管理,或尚未提上日程,或刚刚开始,尚未形成系统和规模。

《陕甘宁边区 1946 年到 1948 年建设计划方案》中的"道路工程"有

---

① 东北解放区财政经济史编写组等编:《东北解放区财政经济史资料选编》第 2 辑,黑龙江人民出版社 1988 年版,第 561—564 页;朱建华主编:《东北解放区财政经济史稿》,黑龙江人民出版社 1987 年出版,第 302 页。

② 东北解放区财政经济史编写组等编:《东北解放区财政经济史资料选编》第 2 辑,黑龙江人民出版社 1988 年版,第 575—576 页。

修路和养路计划。关于修路方面,富米路(富县到米脂)因汽车不便多行驶,连年未补修;绥宋路(绥德到宋家川)则根本不行驶汽车。和平之后,此两路极其重要。1946 年内须全部修复,现富延段(富县到延安)已动工多日,延米段及绥宋路亦应次第兴修。关于养护,以后交通频繁,养路极其重要。1946 年须设养护组织,分段负责,随时补修,以期畅行无阻。①

1946 年 1 月 26 日,晋冀鲁豫边区政府在部署该年经济和财政工作时提出,交通运输"须用大力解决",否则煤、铁、瓷器、粮食、棉花、山货是不能顺利推销,而且几年来,牲畜死亡,运输工具破坏,运费非常昂贵,有许多东西运不出去,因此某些经济上必需的道路,如邯长公路、运河滏阳运河,及一些大车路是应该加以修理的。一些轻便交通工具、载重汽车、胶皮轮车,也要事先注意收集,准备在可能行驶时,大量运用。②

1946 年 1 月 31 日,晋察冀边区行政委员会召开的财经会议决定,为便利城市与乡村及其他地区之间的物资交流,降低生产品成本,必须发展交通运输,有计划地修整与保护现有的公路,增修大车路,改良交通工具。③

1946 年晋察冀边区范围扩大很多,已有城镇 200 多个,有一些较大规模的工厂和一条铁路,按照上述 1 月财经会议决定,当时边区政府提出的方针是,在和平环境下,在交通工作上,是有计划地修整保护现有公路,增修大车路,改良交通工具。据称"执行中虽有成绩,但开支很大(如铁路),其中有不少浪费",具体情况欠详。④

1947 年七八月间,解放战争转入战略反攻后,交通建设更显重要。

① 陕甘宁边区财政经济史编写组等合编:《解放战争时期陕甘宁边区财政经济史资料选辑》上册,三秦出版社 1989 年版,第 11 页。
② 华北解放区财政经济史资料选编编辑组等编:《华北解放区财政经济史资料选编》第 1 辑,中国财政经济出版社 1996 年版,第 131 页。
③ 中国社会科学院经济研究所中国现代经济史组编:《革命根据地经济史料选编》下册,江西人民出版社 1986 年版,第 28 页。
④ 中国社会科学院经济研究所中国现代经济史组编:《革命根据地经济史料选编》下册,江西人民出版社 1986 年版,第 102 页。

1947 年 12 月,华北财经办事处在《华北财经办事处关于生产建设工作的建议》中,特别强调,近代化的工业与近代化的交通是分不开的。为了发展经济,便利前线供给,必须同时进行交通建设,如修造大路公路,开浚河道、建筑轻便铁路,组织运输公司掌握汽车、大车、船只,组织群众运输等,也须迅速计划进行。①

1949 年华北全区基本解放后,可能通车的公路里数共 12442 公里,华北公路运输总局工务处拟将华北公路分为四级修建:(1)特级路线:一是本区政治中心通海口之线;二是本区政治中心通邻区政治中心之线。这类特级路线当时共长 3685 公里,计平塘(北平—塘沽)公路 630 公里,平开(北平—柳园北口)公路 699 公里,平汉(北平—新乡)公路 630 公里,平古(北平—古北口)公路 132 公里,平榆(北平—临榆)公路 312 公里,平绥(北平—归绥)公路 647 公里,绥包(归绥—包头)公路 150 公里,包宁(包头—石咀山)公路 576 公里,津保(天津—保定)南线 312 公里,邯长(邯郸—长治)公路 180 公里。(2)甲级路线:本区和邻区间的干线及国防或经济上重要的公路线。(3)乙级路线:与铁路平行或沟通海口、矿区、重要城市的联络线。甲级、乙级公路可能通车里程合计 5070 公里。(4)丙级路线:次要城市之联络路线及其他支线或补助线,可能通车里程为 3687 公里。②

苏皖边区在抗日战争结束后的短短一年时间里,抓紧交通运输,修筑了约 2000 公里的公路和 400 余公里的县道,构成了以淮阴为中心直通南通、如皋、海门、启东、高邮、宝应、六合、泗县、宿迁、沭阳等地的公路网。航运轮船可通行一千三百余华里,帮船到处可以通行。交通工具除缴获之汽车、轮船外,还有民船、骡马等,陇海路尚有部分火车可用。③

---

① 华北解放区财政经济史资料选编编辑组等编:《华北解放区财政经济史资料选编》第 1 辑,中国财政经济出版社 1996 年版,第 301 页。

② 华北解放区财政经济史资料选编编辑组等编:《华北解放区财政经济史资料选编》第 1 辑,中国财政经济出版社 1996 年版,第 632 页。

③ 中国社会科学院经济研究所中国现代经济史组编:《革命根据地经济史料选编》下册,江西人民出版社 1986 年版,第 57 页。

第四节 解放区的城乡商业与对外贸易

城乡商业流通与对外贸易是解放区经济一个重要和有机组成部分,是满足军需民用不可或缺的条件。中国共产党、中国人民解放军和解放区民主政府对恢复和发展正常的商业、外贸,开展对敌贸易斗争,维持稳固的商业和市场秩序,稳定物价,始终不遗余力。解放战争期间,解放区的区域范围一直处于不断扩大的动态变化之中,这其中既有商业流通和城乡市场满足军需民用、促进生产、支援解放战争的一份功劳,决不可埋没,而商业流通和城乡市场本身,亦伴随解放战争的向前推进和解放区地域范围的扩大而不断壮大和初步完善。

就整体而言,解放区商业、外贸的进行和某种程度的恢复与发展,困难重重,并非一蹴而就、轻而易举。就地区范围而言,除了小部分抗日根据地外,大部分解放区是惨遭日本帝国主义长达 8 年和 14 年劫夺、蹂躏的关内沦陷区和伪满地区,有的复经内战破坏、国民党反动派搜刮,不少地方村落为墟,民众九死一生、家贫如洗,衣不遮体、食不果腹,几乎没有余物进入市场交换。因此,某一地方解放后,解放军和地方党、民主政权第一步是采取措施安定民众起居生活、恢复生产,第二步才是恢复商贸流通,整顿和维护市场秩序。恢复城乡商业流通、建立新民主主义商业体系的大致步骤和过程是:没收国民党国家资本和私人官僚资本商业,建立起第一批国营商店,通过国营商店对直接关系国计民生的重要物资,如粮食、棉花、纱布、食盐、烟草等,进行收购和销售,满足军需民用,稳定价格、市场,同时组织和发展城乡供销合作社(城市是消费合作社),协助国营商店从事部分物资的购销业务,使国营商店和合作社尽快成为城乡商业的主导。通过价格调节,缩小工农产品价格"剪刀差",缓解城乡矛盾,又通过价格导向,鼓励农民扩大棉麻烟等经济技术作物的种植,满足工业原料需求。对于私人商业,解放区民主政府采取保护和限制政策,允许和鼓励其正当的商业经营,但对其投机倒把则坚决斗争、取缔,以保证商业和市场的平稳发展。同时又严格禁止机关、部队、学校经营商业,已经设立的商店或其他变相的组织,应一律限期结束、撤销。为了打破国民党反动派的经济封锁,各解放区民主政府,在组建国营商店、主导区内城乡商业的同时,展开对敌贸易斗争,进行和统一进出口贸易,将其作为"经济斗争的中心环节"来抓,并取得成效,在一定程度上满足了某些民用和军需物资的供应。

一、恢复和发展商业、外贸的方针政策

解放区商业流通不只是连接生产与消费的纽带,而且直接担负着满足军需民用、安定社会、支持财政的重大责任。解放区商业作为一种完全新型的新民主主义商业,其发生和发展壮大,并非一个自然成长的过程,而是需要解放区党和政府相关政策方针指引与保护成长,既不能放任自流,也不能限制过严或操之过急。党和政府相关政策方针的任何失误和偏差,或执行不力,都会影响其正常发展,甚至直接导致原有商业的破坏,造成不应有的经济损失。解放区有关商业的方针政策,主要涵盖两个方面:一是保护私人工商业;二是坚持对内自由、对外严格管控的商业贸易政策。

(一) 对私人工商业的保护与管理

保护私人工商业,不仅是极其重要的商业政策,并同没收封建地主土地为农民所有、没收四大家族垄断资本归新民主主义国家所有一起,被毛泽东界定为新民主主义革命"三大经济纲领"之一。这一方针政策执行的好坏,直接关系到解放区工商业的兴衰存亡。在这方面,晋冀鲁豫解放区的情况,是一个很好的例证。

1948 年 9 月的资料显示,当时晋冀鲁豫解放区的工商业情况,大体分为三类城镇或地区:第一类,原有工商业全部或大部分保留并发展了新的工商业,如临清、南宫、衡水、曲沃、曲村等,经济发展,市场繁荣,这类城

镇(地区)约占1/4;第二类,原有工商业大部分或小部分垮台,新的工商业亦有部分发展,如邯郸、晋城、阳邑(武安属)、河南店(涉县属)等,这类城镇(地区),也大约占1/4;第三类,原有工商业大部分或全部垮台,新的工商业很少发展,如武安、大名、闻喜等,这类城镇(地区)约占1/2。

在这些地区,工商业被破坏而又不能迅速恢复,除客观原因(如战争和国民党反动政策所造成的破坏等)外,解放区党和政府政策方面值得总结的经验教训,有以下五个方面。

一是反奸清算时,奸、霸、特务、官僚资本等定义含混不明,没有明确和严格区分哪些商店、工厂才算是汉奸、恶霸、官僚资本,可以清算没收,哪些应予保护,这就大大伤害了工商业;土地改革中斗争了工商业,没有明确划定资本主义与封建主义的界限,有些人更认为工商业均带封建性,不斗争工商业,就不能肃清封建,就不能满足群众要求,如长治南大街,把中等商人全部斗垮;邢台、邯郸、晋城、武安、沁阳都是这一界限不分明,在笼统肃清封建的名词名义下将商人斗垮的。

二是推行高工资政策。发动工人运动一般都是盲目地从工人眼前福利出发,未慎重考虑工运政策的效果:究竟工厂、商店关门对工人有利,抑或经济发展了对工人有利? 抗日战争期间,太行地区就存在着无论是什么工人,工资都要维持养活一个半人的规定。日本投降后,邢台工人、店员年工资均在30万元(冀币)以上;义兴盛商号资金50万元,雇店员2人,一参军,店东出拥护费22万元;一娶妻,店东帮助32万元,其妻衣食住行由店东长期供给,工资照发。武安店员日工资15斤小米;彭城磁业工人日工资18斤小米,资方付不起工资,改成倒“四六分货”,随后大部分磁业歇业。

此外,一些店铺的情况是,店员开会、经理摆摊;店员看戏,经理做饭;理发、洗澡、看戏、牙膏、牙刷均由店东供给;资方赔垮关门解雇时,须经四道手续(工人小组讨论,户籍室登记,区工会通过,市工会批准),资方无自由解雇权。工人、店员工资高,特权多,好吃懒做。店东有“雇下店员,好比请下亲爹”的感慨。

三是统制垄断。大小市镇均有交易所(抗战中曾起过好作用),有些无论成交与否,皆得交费。各区相互封锁征重税,边区地税局、公安局、武委会等机关,乱没收、乱扣押,商旅裹足不前。商人外出须经五道手续,始能领到"路条",而且期限很短,过期不归者三个月不准外出,不少公安员,借开"路条"发财。邢台强制商人"转业",很多专行由此消灭。凡是赚钱的行业、货物都想统制(统制、统买、统卖等),统制后全部垮台。如南乐、清丰、观城的草帽辫,行销南洋、英国、美国等地,往年获利颇厚,实行统制后,辫商不来了,产品卖出不去,辫业垮台;安阳水冶镇,手工卷烟甚发达,实行纸烟专制后,全部关门;等等。

四是仗势排挤强占。有些城市解放前相当繁荣,解放后即跟着萧条下来。这类城市的工商业不是因为清算斗争而垮台,而是被机关、部队、团体的同类生产"巧取豪夺、排挤强占"而垮台。他们有些借军事、政治力量压人,强占铺面、工场、作坊,有电话、汽车、武装的便利,资本雄厚(多为挪用公款、战争缴获物资),囤积居奇,操纵市场;有些"简直是无法无天,运销违禁品,抗拒政府法令",明目张胆地破坏正常的商业和市场秩序。

五是部队攻入城市后,"纪律极坏,乱抓资财,完全是毁灭政策"。军工、供给、卫生、报馆、各部队、各机关、各团体生产人员,蜂拥而入,乱抓东西,接着就是老百姓跟着抢。在这种情况下,任何城市只要两三天工夫就被破坏干净,如邯郸、沁阳、焦作、运城等,就是这样被破坏的。苛捐杂税(如市街办公费、支差费、优抗费、招待费、秧歌费、慰劳费等),以及营业税评议不公,物价暴涨暴跌,均会严重伤害工商业。

亡羊补牢,犹未为晚。为了严肃纠正工商业政策中的"左"倾错误和违法乱纪行为,1948年9月10日,中共晋冀鲁豫中央局就地区工商业政策,作出了12项明确指示。

《中共晋冀鲁豫中央局关于工商业政策的指示》规定,"严格禁止清算斗争工商业,保护一切工商业(包括地主、富农工商业在内)"。地主、富农将土地财产转入工商业者,"一律欢迎,不准斗争"。地主、富农的手工工具,如纺车、织布机、织袜机、缝纫机、弹花机等,"一律不没收、不征收,准其留下进行生产";地主、富农工商业如已被清算斗争,但尚未分配,或仅转作群众股份(所谓"换神不换庙"),或虽已分配而尚未损坏耗光者,"均应立即无条件地退还原业主"。资本不足者,政府给予低利或无利贷款,务使其能继续经营。工商业主逃亡者,其商店、工厂"应坚决保护,不准侵犯,俟其归来后,仍交还原业主继续经营"。真正官僚资本与"最反革命分子"的工商业,归边区政府或行署处理,"其他任何机关、团体与个人,无权过问,边府、行署没收后亦不得分散,应继续经营"。

关于国营企业和私人企业的关系,强调要"克服国营企业中的统制垄断思想",规定国营企业中实行"公私兼顾、劳资两利"的制度和办法。凡对国营和民营均有利,或对国营有利对民营无害或害很少者允许经营,凡对国营有利而对民营害大者一概不允许经营。对敌经济斗争必须实行管理,但办法则应力求简便,解放区内贸易完全自由,取消"路条制",取消或改造"交易所",取消"农村管制人口出村办法,给人民以就业的自由";一切机关、部队、工厂、商店,必须接受当地党委与政府(工商管理局)的领导,取消其特权,与民营企业同等待遇,严厉取缔非法营业。

关于金融、贸易、合作、财政等职能机构的相互关系、业务守则,《中共晋冀鲁豫中央局关于工商业政策的指示》明确规定:银行、贸易总公司、合作厅、财政厅,共同合作,按时吞吐物资,实行全年贷款,大力支持生产,按季节有步骤地发行货币。强调贸易总公司的"主要任务为活跃市场,平稳物价,不担负财政任务,以便保持物价平稳上升(不上升亦不可能),不暴涨暴跌";取缔地方上所加于工商业的苛杂,除边区政府所规定的税收摊派外,其他任何机关、团体不得擅自摊派或增派,劳军捐款应出于自愿,不得摊派。对工商业者按所得纯利只征15%左右的所得税,并须规定合理评议、计算征收的制度;颁发合作社条例草案,取缔某些合作社非法行为,规定合作社性质、任务与营业制度,整顿合作社队伍,加强业务指导,有计划组织生产,调剂物资,其资本不足者由银行给予低利贷款,帮助其发展。

《中共晋冀鲁豫中央局关于工商业政策的指示》特别规定,《中国土地法大纲》所规定的废除一切债务,"不包括工商业的借贷来往账及货账在内"。

《中共晋冀鲁豫中央局关于工商业政策的指示》最后强调,要加强部队与地方的城市政策与工商业政策的教育,提高其政策水平。

为了贯彻上述方针,晋冀鲁豫中央局决定,召开全区工商业会议,邀集公私企业、商会、工会及政府的代表,检讨过去得失,研究三种不同城镇(地区)发展工商业的具体政策。各区党委应把各该区 2 万人以上城市,在 3 个月内作出总结,上报中央局,并做好运城、曲沃、晋城、长治、邢台、武安、沁阳、邯郸、临清、南宫、衡水、大名、濮阳、聊城、杨集等城市的工作。冀鲁豫并应恢复草帽辫业,取得经验,推动全区。①

以上各项关于工商业政策的指示、决定,虽然是针对晋冀鲁豫解放区一地情况,纠正该地偏差,解决该地问题。不过晋冀鲁豫解放区的情况和问题,并非该地独有,其他一些解放区,也都不同程度地存在,甚至更严重。而且这些政策决定系由中央局而非地方党委作出,又吸收了晋察冀边区行政委员会的相关决定内容(详见后文),代表了中央的意志和决策,实际上是中央商业政策的一部分。

总体来看,中央关于解放区商业的政策方针,核心是通过没收国民党国家资本和私人官僚资本商业,建立和发展国营商业,组织和发展城乡供销合作社,使国营商店和合作社尽快成为城乡商业的主导。同时保护私人民族商业,"公私兼顾,劳资两利",保证解放区商业流通的健康成长、壮大。

毛泽东在 1947 年 12 月的中共中央会议上所作的报告中指出:"没收封建阶级的土地归农民所有,没收蒋介石、宋子文、孔祥熙、陈立夫为首的垄断资本归新民主主义的国家所有,保护民族工商业,这就是新民主主义革命的三大经济纲领。"②具体到城乡商业领域,这三大经济纲领,就是没收蒋宋孔陈四大家族为首的垄断商业资本归新民主主义的国家所有,确立新民主主义的国营或公营商业体系,同时保护民族商业,特别是注意不要侵犯地主、富农经营的商业。在没收封建土地和旧式富农多余的土地

---

① 中国社会科学院经济研究所中国现代经济史组编:《革命根据地经济史料选编》下册,江西人民出版社 1986 年版,第 245—249 页。

② 《毛泽东选集》第四卷,人民出版社 1991 年版,第 1253 页。

时,不能没收或侵犯他们开办的商店,连同其手工工具,如纺车、织布机、织袜机、缝纫机、弹花机等,也一律不没收、不征收,准其留下进行生产。

在建立、完善国营或公营商业体系与保护民族商业两者之中,建立、完善国营或公营商业体系又是重点和核心。关于保护民族商业问题,曾多次受到"左"右两方面尤其是"左"的干扰,需要中央反复申令纠偏。相比之下,对于建立、完善国营或公营商业体系,关于国营或公营商业地位和作用,无论中央还是各解放区地方,一直是非常明确的。如在东北解放区,1946 年 11 月初,合江省委在接近肃清土匪、开始组建民主政府时,就作出了《合江省委关于发展工商业政策的初步决议》,明确指出,"公营资本在繁荣工商业方面是占有重要地位的。它的主要任务,不是在排斥与吞并私人资本,与民争利,而是在调节私人资本的活动,补助私人资本的不足与缺陷,使之与支持长期战争的需要及整个社会发展的利益相符合"。《合江省委关于发展工商业政策的初步决议》特别强调,能够起着这种照顾全局的调节与补助作用的,只有"大公家"的资本,至于"小公家"的资本,一般都是为了解决本单位供给上、财政上的需要,往往只照顾本单位的局部,不照顾全局,容易与民争利,破坏政策。因而"小公家"资本的活动范围是应该受到限制的,他们使用各种特权同私人资本争利的一切举动,是应该禁止的。①

合江省委对"小公家"商业资本弊端的分析,切中要害。因此,1947年 9 月 24 日,中共中央东北局作出决定,禁止机关、部队、学校经营商业。东北局的决定指出,根据过去的经验,机关、部队经营商业的弊病很多,不仅经营的机关"得不偿失",解决不了实际困难,且对外常违反贸易政策,对内则与民争利,使私人资本不能投到市场中去,妨碍了内地的物资交流,直接或间接影响国计民生。且由于盲目地贩运,浪费交通工具,特别是不守铁路秩序,更直接影响了战时运输。部分经营商业的人员,因为脱离了机关部队,不能受到教育与管理,日渐走向贪污腐化,以至于对革命

---

① 东北解放区财政经济史编写组等编:《东北解放区财政经济史资料选编》第 3 辑,黑龙江人民出版社 1988 年版,第 2 页。

事业的蜕化。因此,特决定师及军分区以下的机关、部队及后方机关、学校,一律禁止经营商业,已经设立的商店或其他变相的组织应一律结束、撤销。军区及纵队如须经营商业时,必须遵守财经办事处整个的贸易政策,及各该省所规定的各种法令。服从各该省贸易局的指挥,亦不得直接进行对外贸易。为补助各机关、部队的财政开支,除主力部队在作战时不能生产之外,所有部队机关及学校均应进行农业及手工业、牧畜等生产。为贯彻这一决定,各中央分局或省委及各纵队必须严格保证执行,限于10月内完全实行,并严防假借合作社名义或流动生产等,进行任何变相的商业经营。①

1948年11月,东北全境解放后,政府对国营商业规定的要求和任务是,大量卖货,回笼货币,平稳物价,大量采购粮食、原料、出口物资,发展对外、对全国对本区内的物资交流,为生产服务,为人民生活要求服务,并学会为人民做生意。② 这样的要求和任务,无论私人商业或"小公家"商业,都是无力承担的。

然而,当时在一些解放区的普遍情况是,公有资本、资金大量甚至过度投放商业领域,导致商业、市场紊乱。如1945年年末1946年年初,太行行署所辖解放区的基本环境是,"国民党顽固派占领大城市,人民武装占领中小城市和广大农村,解放区拥有丰富的粮食,是城市一日不能离开的食物。国民党区有碱盐,也是解放区的日常必需品",两者"在经济上有互相依存的一面,但双方不是自由贸易"。解放区在有利条件下,允许出入口,国民党顽固派亦如此。双方在经济战线上是"互相依存,又互相封锁的严重斗争局面"。但是,因解放区"领导不统一,管理无力",致使公营经济和机关生产、农村合作社等各项资本,"绝大部分用于投资商业,互相竞争,互相倾轧,破坏整体利益,影响内地市场与对顽斗争很大"。1946年1月12日,太行行署作出《太行行署关于目前对顽经济斗

_____

① 中国社会科学院经济研究所中国现代经济史组编:《革命根据地经济史料选编》下册,江西人民出版社1986年版,第636—637页。
② 东北解放区财政经济史编写组等编:《东北解放区财政经济史料选编》第3辑,黑龙江人民出版社1988年版,第261页。

争和工商工作的决定》,大力加强经济战线上的"一元化领导",有效平抑物价,紧缩通货,政府与公营企业一律停止大批购粮与吸收物资,并有计划地抛出一部分,地方供给,凡发货币者改发实物,以调节市场,并注意组织转移商业投资方面的活动资本到生产方面来。在组织领导方面,"统一步调,统一管理",将公营经济和机关生产、农村合作社等项资本,全部"统一于对顽经济斗争上来"。①

华中解放区情况,同太行行署辖区有某些相似之处,但"小公家"资本的力量和造成的影响似乎更大。华中分局采取的解决办法也不相同。该区部队、机关、团体因有部分经费必须"生产自给",普遍经营商业,而当时物价波动,市场极不稳定。中共中央华中分局发出"统一步调,平抑物价"的指示后,虽初见成效,物价日趋平稳,人心渐见安定,但仍有少数公营商店(实际上是"小公家"商店)"消极怠工",并不坚决执行,直接影响中央政策的贯彻。这种现象的发生,除了少数干部中的本位主义思想作怪外,一个重要原因是推行平抑物价政策,抛货和停止市场收购后,资金冻结,生意停顿,游资无出路,而且部队、机关、团体、商店负有生产自给的任务,出现很大困难。这一矛盾如不解决,党的政策亦难持久,物价无法保持稳定,市场势必重新紊乱。

1946年7月17日,华中分局为了进一步贯彻中央政策,发布《关于建立华中贸易公司统一公营商业的决定》,着手统一市场控制力量,稳定物价,并照顾各部队、机关、团体"生产自给任务",对各类公营商店采取两项重大调整部署,一是全部公营商店"由政府统一经营",使整个市场"成为一个统一的力量"。具体办法是由货物管理总局协同各地公营商店,组织华中贸易公司,负责"统一经营商业事宜"。贸易公司的任务不在专门图利,而主要是稳定金融,平抑物价,调剂进出口与内地物货流通。具体进行办法,由货物管理总局决定。二是责成所有机关、部队经营的商业,一律于8月底结束。所有存货,均依当地市价折成实物、资本,盘与贸

---

① 华北解放区财政经济史资料选编编辑组等编:《华北解放区财政经济史资料选编》第2辑,中国财政经济出版社1996年版,第561—562页。

易公司,按其交款日期,全部以清江王营的盐价,折成食盐,以实物入股(参加后如愿转入工业生产者,退股自由),参加华中贸易公司。华中分局为保证其能获得充分利润,以改善部队生活,并作为"生产自给"部分的来源,保证付给月利实物利润 1/10,以王营盐价付款(一次定好实物,不问市价涨落,均按王营食盐折价计算)。此项利润之大,超过一般商业利润。分局责成财政厅及贸易公司按时拨付,不得延误。如贸易公司盈利不足时,则由财政上支付。各部队、机关已有农工、手工业生产基础,或有可能开办农工、手工业者,应将现有商业资本,尽可能转入农工、手工业生产。边区政府财政、建设两厅,应尽最大努力,协助其建立生产事业。贸易公司对某些未设公营商店,而有机关、部队生产商店的重要城镇,应就此次结束的机关、部队、商店中,选择较有基础者,或数家合并,作为贸易公司商店,以便能更有效地掌握市场。

华中分局《关于建立华中贸易公司统一公营商业的决定》特别警告,自 1946 年 9 月起,如查获有机关、部队、团体私自做生意者,除没收其货物外,其经手干部,在党内应受严重处分,在行政上以破坏金融论罪。今后各部队、机关,对所领各种经费,均绝对禁止挪做生意。违者,视其挪用多少,照数扣发其下月经费。各地方政府及司法、公安机关事业部门,所征收的税款、罚金,或事业收入,一律依限缴交地方金库,严禁借给其机关生产,作生产资本。违者撤销其征收权。各公营商店,在 8 月内结束之前,仍需执行分局前次指示,不得争购物资,囤积居奇。①

在各解放区多个禁止部队、机关、团体经营商业的决定中,华中分局的决定似乎是时间较早,而且措施坚决、严厉的。不过早在半年多前,晋冀鲁豫中央局,就已作出决定,不准部队、机关经营或兼营商业。并分析了部队、机关经营商业的严重危害。明确宣布,"为克服机关部队一般生产及商业经营的混乱现象,决定机关部队以农工业生产为主,野战部队一般生产及商业经营一律取消,后方部队机关的商业经营采限制办法,逐级

---

① 江苏省财政厅、江苏档案馆、财政经济史编写组编:《华中解放区财政经济史料选编》第 2 卷,南京大学出版社 1987 年版,第 42—43 页。

统一管理及适当的集中经营,且一律不准做对外贸易"。承认抗战以来机关、部队进行一般生产及商业经营,在当时财政经济困难情况下曾经解决过一些问题,补充部队机关经费的不足,改善部队机关人员的生活,减少公家的支出,"这是其功绩的一面"。但是,反攻以后进入城市,"普遍闹和平思想,生活享受欲提高",有些商业经营甚至违禁贩卖军火及毒品,有些战争缴获物资、没收汉奸财产,投入自己商店变卖。"营利不择手段、巧取豪夺、挪用公款、支用民夫,甚至包庇斗争对象。部分干部则腐化堕落甚至变节蜕化。"至此,部队、机关的商业经营,"主要已不是改善群众生活,补助部队机关经费的不足的生产事业,而是为少数干部把持享受堕落逃避工作的场所"。此种现象"如不急予纠正,不仅失掉生产方向,将严重破坏政策制度危害群众利益,继续腐化干部,加大财政困难"。为此,晋冀鲁豫中央局决定:"县以下军政民,军区部队团营连县大队(独立营团);及机关个人的商业经营一律取消,由县(包括区)、专署、行署、边府、军区各级分别成立统一的管理委员会统一集中管理领导,且不准做对外贸易。原有各单位的资本以及经营干部需全部缴出,按营业状况及股本多少分红。为使后方部队机关生产纳入正规,而不成为破坏政策、危害人民及腐化干部,不准在职干部或任何吃公粮的人担任经营人员,不准依靠特权谋利,不准贩卖军用品,财经机关的机关生产不准兼营商业,卫生机关的机关生产不准兼营药店医院等,不准支用民力,不准挪用公款等。为保持共产党员的纯洁性,决定所有脱离生产的共产党员干部的财产向党登记,不得隐瞒。"①

这是值得永远牢记的历史经验和教训。

作为"三大经济纲领"之三的"保护民族工商业",一直受到党和根据地、解放区政府的高度重视。1947 年 10 月颁布实施的《中国土地法大纲》第十二条,"保护工商业者的财产及其合法的营业,不受侵犯"②,是最

---

① 中国社会科学院经济研究所中国现代经济史组编:《革命根据地经济史料选编》下册,江西人民出版社 1986 年版,第 14 页。

② 中央档案馆编:《中共中央文件选集(1946—1947)》第 16 册,中共中央党校出版社1992 年版,第 549 页。

简单扼要而又最权威的原则性政策规定,是此后各解放区保护工商业的指导纲领和政策依据。不过《中国土地法大纲》只是原则规定。但实际上,私人工商业者的政治面目、财产状况,经历了日本帝国主义14年和8年的侵夺、破坏、蹂躏,变得极其复杂。真正实事求是地保护工商业者的财产,并非易事。为此,1946年2月5日,中央就解放区私人企业的政策方针给时任中共中央华中分局书记、华中军区政治委员的邓子恢下达指示说,"党对解放区内私人企业的政策、方针,确属和平时期经济建设中的重要课题",对原敌占区的私人企业的财产,须按照不同情况,分别处理:凡在敌占期间,未与敌合作的私人企业,一律保护其继续经营。至于因敌伪强迫加入资本而变成敌伪资本与私人资本联合经营者,只要能证明敌伪资本确属强迫加入,则只没收敌伪资本充作官股,私人资本并不没收,以公私经营的方式继续经营;凡被敌伪没收的私人企业,一律发还原主。至于敌伪没收该企业后,又投入新的资本者,则敌伪的投资应予没收,充作官股,原业主则收回其原投资本的所有权,以公私合营的方式继续经营;某些应发还原主的私人企业,在收复后未曾发还,且已由政府或民间投入资本恢复生产者,原业主收回其原投资本的所有权后,亦应以公私合营或合作经营的方式继续经营;在收复前,确曾出力保护资材装备,使企业得免敌人破坏的职工;或在收复后,确曾出力抢修,使企业迅速恢复生产的职工,除政府予以奖励外,均应受到厂方的奖励和优待。在厘清和处理了私营工商业者的产权后,必须妥善处理私人企业同政府之间的关系、企业内部的劳资关系:私人企业的正当利润,政府应当予以保护。但私人企业不得故意抬高物价,紊乱市场,操纵国计民生;政府应当通过税收、贸易等政策法令,使私人资本有利可图,以扶助私人资本的发展,但私人企业亦必须遵守政府的工厂法、劳动法及其他一切法令,不得违法压迫工人,并适当地增加工人工资,以提高工人的劳动热情,增加生产。[1]

在土地改革过程中和土地改革后,如何保护工商业特别是地主富农

① 中央档案馆编:《中共中央文件选集》第16册(1946—1947),中共中央党校出版社1992年版,第69—71页。

(旧式富农)经营的工商业,是一个同样复杂的问题。因为土地法大纲只是原则上的规定,在实际贯彻执行过程中,有相当大的诠释和伸缩余地。在不同时段、不同地区或某种特殊环境条件下,保护工商业的政策措施,严宽、繁简差异颇大。前揭晋冀鲁豫中央局关于保护工商业的政策,是较为完整、周全的。其他解放区政府保护商业政策也不完全一律,或各有侧重。

1948年3月,哈尔滨农村土地改革接近完成,城市工商业登记业已结束,市政府贴出布告,订出3条规定:(1)凡原在本市之工商业者兼地主,或地主兼工商业者,除其在农村之土地财产已由当地农民处理外,其在本市之工商业,一律予以保护,不得侵犯。(2)在"八一五"日本投降后至我民主政府成立之过渡期间内,工商业之财产曾有许多变动,今后概以此次工商业登记为标准发给执照,承认其所有权。并自即日起,任何人不得侵犯其财产权;凡此次登记中尚有漏报者,自布告之日起于两星期内补报,过期无效。(3)工商业者必须遵守民主政府之法令,发展生产,支援战争。工商业者之营业受到保护,但不得阴谋破坏,资金逃亡,消极怠工,投机捣乱。如果有犯罪行为时,其处理须经市政府之直接处理或批准。其他任何机关团体,均无没收罚款之权力。[①]

陕甘宁边区的工商业,因1947年蒋、胡军队疯狂进犯,加上某些地区在土地改革中,曾发生侵犯工商业利益的"左"倾错误,一时妨碍工商业的恢复与发展。边区政府张贴布告,规定凡遭受蒋、胡军队重大破坏的工商业,无论属公属私,均应本政府保护工商业的方针,鼓励与扶助其恢复营业,地主、富农所经营的工商业,同时应受到保护。布告特别规定:曾因订错成分受到侵犯尚未纠正者,应一律迅速改正,退偿损失;对某些尚存顾虑,窖藏货物不敢营业者,应宣传解释鼓励其恢复营业。凡属工商业的借贷和来往账债,应予保护。同时免征1948年度商业税与临时营业税(不论固定经营或流动经营)。以农业为主兼营工商业者,在征收公粮

---

① 东北解放区财政经济史编写组等编:《东北解放区财政经济史资料选编》第3辑,黑龙江人民出版社1988年版,第70页。

时,只计算其农业收入,其工商业部分,不得计为副业征收公粮。《陕甘宁边区政府布告(第四号)》还特别规定,工商业者的财产及其合法的营业,如被侵犯,"工商业主可依法向政府司法机关提出控告"①。

1948年4月3日,晋察冀边区行政委员会根据《中国土地法大纲》第十二条的原则,就土地改革中保护工商业问题作出指示、制定政策,计有10条,内容相当全面、完整,为此后其他一些解放区制定保护工商业政策、条例时所援引、参考。前揭《中共晋冀鲁豫中央局关于工商业政策的指示》中,有相当一部分条款就直接参考了晋察冀边区的政策指示。

晋察冀边区的政策明确规定:凡遵守政府法令进行经营的工厂、作坊、商店(包括公营、公私合营、私营、合作经营),政府依法保护其财产所有权、经营自由权及正当的营业利润。任何个人或团体,均不得加以干涉或侵犯;地主或者旧式富农兼营工商业者,其与工商业相连的一切土地财产,同样受到保护,不得没收及分配;地主、旧式富农若已将其转移到工商业经营里面,这种财产也不再没收、分配;地主、旧式富农的技术性生产工具(如纺车、织布机、织袜机、缝纫机、轧花机、弹花机等),不应该没收或征收,但因其家庭劳动力不足,又不能雇人经营并为农民所需要者,其多余的部分,得由乡村农会接收分配;在过去复查中,已归农会接收的地主、旧式富农的工厂、作坊、商店,其没有分配的,应说服农民交还原主经营。已经分配了的,均须保持其继续经营,不得分散或破坏。如果所没收的工厂、作坊、商店,是属于新式富农、富裕中农、中农或其他工商业者所有的,则无论是否已经分配,都应说服农民交还原主经营,或尽可能设法补偿。

对官僚资本等的商业,《晋察冀边区行政委员会关于土改中保护工商业问题的指示》规定,官僚资本、战犯及罪大恶极的恶霸的工商业财产,经县以上法庭判决应该没收的这种财产,由政府处理,不由农会处理。若是这种工商业规模很小,又在乡村经营者,应由区政府处理。其规模较大者,应依情况分别由县、市、行署或边区政府处理。这些工商业,凡属有

---

① 中国社会科学院经济研究所中国现代经济史组编:《革命根据地经济史料选编》下册,江西人民出版社1986年版,第221页。

利于国民经济者,无论是决定交由政府接管还是由人民接收,均须保持其继续营业,不得分散或破坏。

为了安定商业秩序,保证商业交易的正常进行,《晋察冀边区行政委员会关于土改中保护工商业问题的指示》对于有关商业债务问题,亦有明确规定:凡属工商业户之间的债务、债权,一概不废除。农民与商业户之间赊买、赊卖及农民相互之间友谊借贷,均一律有效。地主、富农及高利贷者,在工商业中的债权,凡是不属于高利贷性质的债权,也不应该废除。至于工商征税,则应该以不妨碍并且保护工商业,特别是工业的发展为原则。

关于公私关系、劳资关系等问题,《晋察冀边区行政委员会关于土改中保护工商业问题的指示》规定,工商业资本家,应在新民主政府和国家经济的领导下,从事有益于国民经济的正当活动,并应保证工人生活的适当改善,但这种改善不应超出经济所许可的范围,工人应积极生产,使资本家获得适当的利润,并应鼓励工厂、作坊、商店及手工业者多带学徒。学徒的生活待遇,除在经济情况所许可及必要的范围内,作适当的改善和废除封建半封建性质的待遇外,一般仍应遵照过去习惯。在"发展生产,繁荣经济,公私兼顾,劳资两利"的总原则下,工人与资本家团结起来,共同为战争的胜利和国家的建设而奋斗。[1]

1948年夏,华中一些解放较早的地区已相继开展土地改革运动。根据华中土地会议的检查,在土地改革复查中,不少地方都有侵犯工商业的情况存在。这年5月28日,华中行政办事处特刊发《保护工商业布告》,详细开列保护工商业的10项办法,责令各级政府切实执行,坚决纠正偏差。

保护工商业10项办法的内容和原则精神,和其他解放区先期出台的同类办法、规定大同小异。但在条文规定上,更加完整、清晰、具体、周密。如保护工商业的综合性条文载明:一切工商业,包括大小商店、工厂、作

---

① 华北解放区财政经济史资料选编编辑组等编:《华北解放区财政经济史资料选编》第2辑,中国财政经济出版社1996年版,第549—550页。

坊、行商、坐商，无论在城市还是乡村，一律根据本办法加以保护。严格禁止清算没收工商业；地主富农经营的工商业及其与工商业直接相连的土地、房屋财产、生产工具等，不得没收分配。一切工商业者（除官僚资本及罪大恶极的反革命分子的工商业）的生命财产，都受政府保护，不得有侵犯侮辱的事情发生，更不得任意逮捕拘禁。但在《中国土地法大纲》颁布后，实行土地改革期间，地主或旧式富农为了隐藏其资产，冒充工商业，实际上并没有经营的相关财产，可由农民告发，经县以上政府调查，确实属于应没收或征收的浮财，则判决予以没收或征收，交当地农会分配。这就堵死了地主和旧式富农隐匿、转移土地、财产的漏洞。同时，《华中行政办事处保护工商业布告》根据南方水乡的特点，明确规定，一切内河船、海船、渔船、商船，也和工商业一样地加以保护，地主富农的船只也同样保护，不得清算没收。

凡过去侵犯了的工商业，除官僚资本及罪大恶极的反革命分子的工商业，要坚决实行发还或补偿；其已没收尚未分配的，应即全部发还原主经营；如已分配尚未损坏耗光，或仅转作群众股份的，亦应说服群众退还原主；确实无法退还者，可用其他办法（用其他果实或政府贷款等）补偿其一部分或全部，使其能恢复营业；工商业主逃亡在外，尚未回归者，其房屋财产，由当地政府代管或经营，待其回归即行交还原主，并允许其自由经营。如其财产已没收分配者，照前项办法处理；一切工商业者商业往来，债权债务，不论过去现在，一律继续有效，"不适用废债的办法"。

《华中行政办事处保护工商业布告》最后秉持"一碗水端平"的原则，规定了公私商业的权利与义务：一切工商业者，均须遵守政府法令，不得经营违法事业，不得走私漏税，不得垄断居奇。一切公营商店及合作社，也要同样遵守政府法令，不得有特殊权利。各地公营公司及银行须负责扶助当地工商业的繁荣发展，不得有所歧视。①

---

① 江苏省财政厅、江苏省档案馆、财政经济史编写组编：《华中解放区财政经济史料选编》第4卷，南京大学出版社1988年版，第303—304页。

　　广东东江游击区在特殊环境下,人民武装和民主政府以特殊的方式和措施,保护、救助工商业财产和工商业者。

　　1948年夏秋之交,国民党政府因法币制度即将彻底崩溃,于8月19日废止法币,发行"金圆券",1元折合法币300万元,强行"收兑"私人所持黄金、白银、银元和外汇。蒋区人民所有财产,突然变成废纸金圆券:以之经营商业,则物价冻结,且无货可办;以之经营工业,则原料被控制,而其制成品之售价竟在成本之下;以之存入银行,则金圆券的价值江河日下,瞬即化为乌有;将资金移出海外,则蒋帮特务军警密布,出口资金稍逾限额,即遭没收。工商业家走投无路,不得不把资金向各地农村逃避,以保持其资财的价值。在这种情况下,东江人民武装和民主政权,采取果断措施,保护私营工商业及其财产具体措施包括:(1)凡携金银、外币至游击区者,人民政府军队于得到通知后,沿路予以保护,护送至其所指定的目的地;(2)到达游击区的物资、金银,其没法储藏者,由当地政府或军队负责妥为分散储藏,其愿交当地政府或军队保存者,由政府给予收据,并按期予合法利息,于一定时期后提还者,政府当按其原来存入之种类及数量,原璧交还;(3)到达游击区的物资、金银,所有人如愿意在当地创办工商业者,当地政府给予必要协助,减轻其出入口税,免除一年以上的营业税、所得税和特别税;(4)到达游击区的资金,要开办农场者,由当地政府负责介绍租地,供给技术人才,并给予各种必要的协助;(5)到达游击区的资金,愿意移入东北、华北解放区,以发展工商业者,由政府负责设法转移,并给予种种便利,务使其能达到预期目的;(6)到达游击区的资金,愿意在当地经营侨汇者,政府、军队给予慎密保护和协助,务使信汇局与侨胞家属两受其利;(7)凡购买日用必需品转入游击区者,当地政府和军队应沿途给予保护,并保障其获得合法利润,其所得货款可购买一切准予出口物品,其愿将资金保留在游击区储藏或经营金融、工商业者,依上述各办法处理。[①]

---

　　① 中国社会科学院经济研究所中国现代经济史组编:《革命根据地经济史料选编》下册,江西人民出版社1986年版,第673—674页。

（二）对内自由、对外严格管控的商业贸易政策

除了在商业体制上，建立和扩大国营（公营）商业，保护私营商业；确立和巩固国营（公营）资本（"大公家"资本）的主导地位，同时保证私营商业正当和合法经营外，在内部商业和对外贸易方面，党中央与各解放区党和政府的政策方针是，根据不同情况严格掌控关系国计民生的重要物资及其交换，保障人民的生活需要，稳定物价、市场，并集中统一和严格控制对外贸易，输出口解放区富余的农副产品，输入军需民用紧缺物资，特别是军用器材和民用工业器材及原材料，有力支援了解放战争，加快了解放区的经济建设，保障和改善了人民的基本生活。

总体来看，在解放区内部，实行的是自由贸易。① 但是对直接关系国计民生的粮食、棉花、食盐等重要物资，根据情况随时调整部署，进行某种严格的管控。

1946 年 2 月，滕代远自北平函告中央，北平粮缺价高，市政府要求帮助，每月须定购粮食 1 亿斤。中央发现城市缺粮、缺煤及其他必需品，是战区所有大中城市的普遍现象，如天津、济南、青岛、保定、石家庄、太原、徐州、开封、上海等大中城市，均时闻缺粮、缺煤。根据这一情况，中央迅速通知华东、晋察冀、晋冀鲁豫、东北及晋绥、冀热辽、华东等中央局、中央分局，作出相应部署，要求各解放区贸易局"应有计划地适当地提高粮价，收买储存大批粮食，利用机会，贸易局公开与国民党各市政府进行谈判"。除沟通商业外，可另以私人名义（以老百姓面目）至城市开设粮行，领取粮食行照，使之长期合法在城市生根，控制粮食陆续向城市出售，交换日常必需品，满足解放区人民需要，否则将来交通恢复，粮食无限制流

---

① 1947 年 11 月 10 日东北行政委员会发布《东北政委会关于解放区内贸易自由的布告》，强调解放区内贸易自由，是"民主政府的一贯方针"，除皮革、羊毛及统购期间的粮食为取缔投机操纵，保持价格之稳定，应依照统购办法办理外，其他一切物资，在东北解放区内，俱应自由流通。粮食一项在统购期间过后，亦应恢复在解放区内自由流通，各地区一切与此相抵触之办法一律禁止。各级政府，各级机关、部队、团体不得以任何借口进行封锁。限制物资在东北解放区内自由流通。见东北解放区财政经济史编写组等编：《东北解放区财政经济史资料选编》第 3 辑，黑龙江人民出版社 1988 年版，第 40—41 页。

向城市,奸商操纵,反可造成解放区粮荒或工业品价高、农产品价低。

根据地不仅有部分粮食出口,且有大量的煤、棉、毛、皮、丝、植物油、药材、猪、牛、羊、鸡等出口,中央决定"选派可靠党员学做生意,特别是熟悉行情善做生意的党员寻找社会关系,以商人面目到各城市,领取行照,加入行会,开设行栈屠场。上述工作在城市能作出较大成绩,不仅能影响城市经济生活,而且对解放区经济发展亦有重大帮助,首先要使这些同志在思想上有所准备,使之了解这是和平阶段重大建设工作之一"。① 这无疑是未雨绸缪、高瞻远瞩的一项重大决策。

3 个月后,蒋介石国民党积极准备内战,而又正值青黄不接,南方产粮各省普遍旱灾,国民党政府在被解放区包围的重要城镇,大量囤积粮食,扣押解放区贸易局人员,抢夺其粮食。在这种情况下,为了照顾解放区民食,增加蒋介石国民党进行内战的困难,中央通知各中央局、中央分局,指示相关部门利用国民党扣押解放区贸易局人员、抢夺其粮食的正当理由,各解放区实行严格粮食管制,停止向顽伪军所占城镇的粮食自由出口,"以便取得有利的物资交换"。且各解放区本年春雨适度,夏熟可望丰收,富裕农民及地主必有余粮出口,特别是城市粮价高涨,解放区禁粮出口,势必发生偷运走私,因此,各解放区政府,应采取适当价格购存大批粮食,然后有计划地以一部分分散出口,换回解放区必需物资;同时动员人民储粮备荒,恢复与建立义仓(积谷)公谷等制度。总之,"以保存解放区粮食,增加敌人粮食困难为基本方针"。②

此后,在整个解放战争期间,粮食一直被作为一种重要的战略物资加以经营、掌控,在充分保证军需民用的前提下,又是一种最重要、最宝贵的出口物资,用以换回最重要和稀缺的军需民用物资,并且根据不同的条件和需要,在党的集中统一领导下,采取各种不同的经营方针和掌控手段。1946 年年末,在东北北部解放区,东北局发出指示,"为了迅速集中粮食

---

① 中央档案馆编:《中共中央文件选集》第 16 册(1946—1947),中共中央党校出版社 1992 年版,第 81—82 页。
② 中共中央文献研究室、中央档案馆编:《建党以来重要文献选编(1921—1949)》第 23 册,中央文献出版社 2011 年版,第 270 页。

出口,及时解决民用军需",建设根据地,坚持长期战争,"各级党委必须动员全部力量用战斗精神来完成出口粮食的计划"。收集(征集)、运送至沿途各较大火车站,验货、装车、载运等,一条龙作业,各运转站要保证8小时内装一列车,"不受风雪夜晚的限制"。为了加速工作进行,贸易公司和粮食局实行"合署办公"。为了提高相关部门的积极性,东北局应允将换得的物资,按出口粮食的比例与各地情况"合理分配,以保障各地的军需与民用"。[①]

　　1946年年末紧急集中出口的全部是公粮。1947年4月下旬,东北局下达关于购粮工作的决定,准备实施新的粮食收购计划,以"保证军粮,调剂民食与出口贸易任务的基本完成"。为此一方面发动和鼓励专署以下各级政府和群众团体积极参与购粮,并给予物质奖励。另一方面严禁部队、机关团体和私人购囤粮食或从事粮食经营,明确规定:各部队、机关、学校一律严禁做粮食生意,"如再有违背,定以纪律制裁";所有各地部队、机关、学校过去购囤之粮食,应急交出,并得按当地买粮的物资交换比率付给物资,或按当地市价给款;部队、机关、学校过去节余公粮,经证明确实者得交当地政府粮食局给价收买,不得自由买卖;所有各地公私设立之烧锅及酒精工厂,一律停止。公私油坊及其他粮食加工业生产,须由主管机关及专员公署有计划地加以限制和整理。其必需的加工粮食调剂,由当地粮食购买机关统一调剂。各部队、机关及当地居民需自给之豆油及粗粮加工,须根据人数及需要量规定定额,经分局及省委财经委员会批准维持必需的油坊及粮食加工业;私商过去购囤之粮食,由政府劝导出售给贸易公司,并按规定物资交换比率付物资,或按当地市价给款;凡部队、机关、学校直接或经过私商购囤粮食、投机取利者,以违反政策、扰乱市场、阻碍粮食工作论。除没收其粮食外,据情予以组织上之处分。[②]

　　不过强制清理和购买公私合法或非法囤粮只占购粮总额的极小部

---

　　①　东北解放区财政经济史编写组等编:《东北解放区财政经济史资料选编》第3辑,黑龙江人民出版社1988年版,第5—6页。

　　②　东北解放区财政经济史编写组等编:《东北解放区财政经济史资料选编》第3辑,黑龙江人民出版社1988年版,第14—15页。

分,绝大部分还是直接从农民手中购买,动员农民尽可能将余粮全部售卖。如合江省(当时张闻天任省委书记),据计算1946年有耕地54万垧,共收粮55万吨,100万人口每人口粮1石,计100万石,合30万吨;11万头牲口,每头饲料1.8石,计19.8万石,合5.94万吨;籽种以每垧0.25石计算,计13.5万石,合6.75万吨;应征公粮7.7万吨(后实征3.4万吨),原计划购粮8万吨(后实购8.1万吨),共计支出58.39万吨,超支3.39万吨,拟靠1945年余粮、黑地账外产量和杂粮解决。[1]

作为基本生活资料布匹、食盐的流通,某些条件特殊的解放区的盐、布供应,也是解放区商业政策方针必须解决的问题。如西北边区所需盐、布需要冀鲁供应,晋察冀和晋冀鲁豫由于组织合并,货币统一,没有多大困难。但山东解放区和西北解放区的货币尚未统一,还有许多障碍,需要设法解决。虽然海盐已经专设盐业公司,组织产销,掌握盐价。西北所需布、棉一部分靠财政调拨,一部分由贸易公司经营,此外则由人民"自由调剂"。然而,这两项交易有一个共同的困难,就是缺乏回货。这种贸易上的差额,造成了货币比价不正常的现象,即提高了北海币对边币和冀钞的比价,也提高了边币、冀钞对西北农币的比价。比价的提高会阻碍海盐和布、棉的运销,或提高销售地区的价格,致使消费者多受一重损失。贸易机关必须设法供给回货,减少贸易差额,并作通盘调拨(如此次所签订的三地区的物资交换协定),来调整各地区的货币比价。

各区物资交换的另一困难,是交通运输问题。西北运输困难更多。贸易机关固然应同交通机关配合,改善交通运输条件,但在当时主要还是依靠群众运输。所以如何掌握各地区的物价差额,保证运输者的应得利益,借以鼓励群众运输,以及如何在交通要道上增设骡马店、草料站,组织群众性的运输合作,也是组织各区物资交流中的一件重要工作。[2]

---

[1] 东北解放区财政经济史编写组等编:《东北解放区财政经济史资料选编》第3辑,黑龙江人民出版社1988年版,第19页。

[2] 中国社会科学院经济研究所中国现代经济史组编:《革命根据地经济史料选编》下册,江西人民出版社1986年版,第659页。

对外贸易①不仅是满足解放区军需民用不可或缺的一种手段,更是对敌经济斗争的一个重要方面,起着从经济战略上削弱敌人、壮大自己的关键性作用。因此,相对于解放区内部"自由贸易",在政策方针上,组织领导更加集中统一,管控措施更加严格,目的要求更高更明确。

陕甘宁边区在收复延安前夕,1948 年 3 月 26 日拟定公布的对外贸易总方针是,"为人民服务、稳定金融、发展国民经济、支持财政"。规定贸易必须配合金融政策,贯彻边区一元化的独立自主方针,坚决肃清敌币,打击白洋;在贸易政策上,坚决实行对外严格管理,有计划地争取必需品进口,同时严禁非必需品入口,组织土产出口,以达到出入口贸易平衡。在商业政策上,内地商业自由,但须运用经济力量,打击投机操纵者,以法令制裁违法走私者;对外贸易价格,应在等价交换的原则下,根据当时当地及其出入口物资供需的具体情况灵活掌握;内地市场务须掌握以土产经营调剂为主,毗邻解放区出产品为辅。如果边区产品与毗邻解放区产品均无或不足,又为国民生活或机关部队所必需者,始可按其需要程度输以少数外来必需品经营之,绝对禁止奢侈品、迷信品;发展国民经济方针,应以联系城乡繁荣农村交易,以刺激生产的发展,并以买卖关系调剂原料,收购成品,以发展民间纺织手工业及一切副业生产,公营工厂的发展则应当是有条件的;为了减少群众消费上受中间商人过分地投机操纵剥削,同时予私商以适当营业照顾,确定公司门市批发价与零售价应有区别,但不能相距过远;支持真正为人民生产、消费利益服务的合作社在现款交易原则下,公司予以优先批发与价格照顾,但作投机业务者不予支持。②

在华北解放区,1948 年 5 月,华北金融贸易会议对解放区的对外贸易作出了全面部署。会议确定的解放区对外贸易的主要任务,是推销解放区各种剩余土产,采购各种军用器材、重要生产资料和一部分民用的必需品,并且争取"有利交换"。所谓"有利交换",不但要高价输出,低价输

---

①　解放区的对外贸易,包括同其他国家的贸易和同国民党统治区的贸易两个部分。

②　陕甘宁边区财政经济史编写组等合编:《解放战争时期陕甘宁边区财政经济史资料选辑》下册,三秦出版社 1989 年版,第 121—122 页。

入，"尤其要以我们所不需要（或不甚需要）的物资，去交换我们所很需要的物资"。根据各地经验，对外贸易必须努力争取出超，出超才能争取贸易中的主动地位，有了主动地位才能获得"有利交换"。所以解放区对外贸易必须"奖励输出，限制输入"。

"奖出限入"必须根据敌我需要程度，而定出一定的尺度来。输出物资中间，粮食和棉花是敌我均需要的，必须严格掌握。粮食主要供给自己军民需要，如果有剩余首先调剂邻区，再有剩余才能特许输出，换回军用器材。棉花在冀南、冀中、渤海等地均有大量剩余，除调剂胶东、鲁中、晋西北等地外，可以掌握输出，换回军用器材。现在华北敌区棉花饥荒特别严重，棉花是解放区对外贸易"最有力的斗争武器"。一般山果、土产、皮毛、药材等类需要奖励输出，可以轻税、免税，取消各种不必要的限制（如结汇等），如果输出有困难，必要时可设法贴补。其具体办法是"热货带冷货"（以输出棉花、粮食等的较高利润来贴补）、"进口贴出口"（以输入数量有限的茶叶、红白糖等的较高利润来贴补）。应当把推销山果、土产等作为对外贸易的重要任务之一，懂得它是扶助农村副业生产、增加农民副业收入和争取贸易出超之一的重要工作。

输入物资亦应分别轻重缓急：首先保证战争所必需的军用器材的采购；其次采购发展生产所必需的工业器材；最后则可酌量输入一些人民的日用必需品。至于奢侈品和消耗品，则应当禁止输入，以节衣缩食的方法，支持战争和生产建设。现在敌人对军用品的采购限制很严，而对非必需品则采取廉价倾销的政策，愈是非必需品利润愈高。如果贸易经手人稍稍放宽尺度，这些非必需品便像潮水一样涌入，势必浪费外汇，妨碍军用必需品的采购。就是群众日常生活所必需的物资，如果可能自己生产，也应咬紧牙关严格限制。只有限制输入才能更迅速地刺激生产发展。但在山果、土产等输出困难时候，亦可特许换回少量茶叶、红白糖等，不过目的是奖励出口，而非放宽进口尺度。

为加强对敌经济斗争，解放区的对外贸易必须步调一致，即必须制定统一的税则、税率，有共同的进口、出口计划，并在一定范围内统一领导。关于统一的税则、税率和共同的进出口计划，华北会议已经提出具体意见,在征求各中央局财办同意后即可执行;关于统一领导,华北会议亦已决定,在天津、济南等地外围,分别成立出入口管理委员会,在中央财经部领导下吸收各地代表参加,其任务为掌握出入口的政策方针,商讨出入口的共同斗争计划,调解各地区间关于出入口的纠纷。各地区亦各自成立出入口管理委员会或出入口管理局,来统一领导各地区的对敌经济斗争(包括对外贸易、外汇管理及出入口税等)。为统一军用器材的采购工作,除在天津外围已成立统一的采购公司外,并拟在胶东增设统一的采购委员会,受中央财经部及华东财办的双重领导,商讨采购计划,分配采购物资,使今后巨大采购任务的完成,得到更有力的保证。①

　　东北解放区的对外贸易(包括对国民党统治区贸易和对苏贸易两部分)显示,无论华北会议之前还是之后,基本上都是按照中央所确定的对外贸易方针、任务进行的,虽然并非完全如华北会议所规定的,推销解放区各种"剩余土产",但采购的却是军用器材、重要生产资料和民用必需品,东北解放区的对外贸易(主要是对苏贸易)开始于 1946 年,从该年 12 月起至 1947 年 12 月止,总计出口各种粮谷 67.5 万吨,肉类 6000 吨;进口布 3000 万米,棉纱 560 吨,纺花 60 吨,火柴 5000 万小盒,糖 1000 吨,盐 3.9 万吨,轴线 240 万轴,长筒毡靴 4 万双,做鞋皮子 10 吨,钞票纸 800 吨,白报纸 580 吨,汽油 3300 吨,柴油 2000 吨,航空汽油 1000 吨,其他工业机械用油 2000 吨,卡车 500 辆,汽车带 1 万副,自行车 2700 辆,爆炸药 700 吨,导火线 230 万米,雷管 300 万个,煤 11.8 万吨,染料 27 吨,摩托车 150 辆,各种合金钢 500 吨,以及其他军用器材、卫生医药、印刷等器材及民用杂货共 600 种货物。按价值计算,出口、进口分别为 285 亿元,其中军用、建设器材等占 72%,民用物资占 28%。出口利润,因贸易完成之后,购粮价格提高,工农业产品价格"剪刀差"缩小,从而实物利润缩小,从全年计算,出口粮食 1 吨,如果购买民用品,则卖出后可换回粮食 4 吨,即每吨赚粮(获纯利)3 吨。

---

　　① 中国社会科学院经济研究所中国现代经济史组编:《革命根据地经济史料选编》下册,江西人民出版社 1986 年版,第 657—659 页。

从 1948 年开始的对苏贸易进口方针,根据一年中的发展与经验,除必需的军需民用成品及器材外,改为多进口原料,减少产品进口,以扶助解放区经济及军工发展,并争取提高比价。按已签订的贸易合同,实际出口谷物、畜禽、鸡蛋以及煤炭等,贸易价值 547.13 亿元。进口货物除原有种类外,新增加了多种军用、工业用器材、材料和农用机械等,主要计有:各种机器用、铁路用油 45277 吨,载重大卡车 3000 辆,牵引大汽车(拖炮用)150 辆,摩托卡 150 辆,消防车、加油车 65 辆,拖拉机 247 台,拖拉机用农机具 1527 件,人力畜力农具 990 架,矿山火药 410 吨,雷管 335 万个,导火线 50 万米,各种发射药 450 吨,军用皮面胶皮底鞋 50 万双,洋灰5000 吨,军工机器 169 台,亚麻工厂两个,以及纺织、造纸、油库及野战油库、矿山、航空、医药医疗、印刷、电影、机器机材、电气通信、无线电及广播电台、五金金属、工具、车辆零件、民用杂货、日用品制造原料等,共计4000 余种。归类统计,直接军用品约占进口货物总值的 40%,国营企业机器及原材料占 20%,文化、宣传器材材料占 5%,民用品约占 30%,其余5% 尚未确定。①

华中一些解放区,在开辟和建立初期,因地域范围较小,尚未形成相对独立的物资流通和供给体系,须在某种程度上依赖同周边国民党统治区的商品交换,一开始就很注重对外贸易及其管理,并制定相关政策方针。如苏皖边区,"为打破蒋匪掠夺物资阴谋,争取军民必需品进口,禁止匪币流入,以改善解放区人民生活,决定实行进出口贸易管理",于1948 年 3 月制定发布《苏皖边区九专署出口贸易管理暂行条例》,规定棉花、猪为专署"必须管理的物资"。至于其他管理物资,"由各县根据实际情况和需要另行规定"。管理办法分为群众性管理和行政管理两种。前者是在"复查"比较彻底、群众已经发动、群众"护税"搞得较好的地区,政府把管理权交给农会,由乡、村农会建立一定组织,专门负责物资管理。无论外来还是本地商贩要运管理物资出去、采购物资进来,都由农会审

---

① 东北解放区财政经济史编写组等编:《东北解放区财政经济史资料选编》第 3 辑,黑龙江人民出版社 1988 年版,第 276—279 页。

理、批准、相关手续。后者是在缺乏条件实施群众性管理的地区,由政府货物管理机关进行管理。凡商贩或花行、轧户要运皮花、猪等出口,先向货管机关办理手续。外来客商采购大批棉花出口,需先将物资或黄金进口。棉花、猪等管理物资出口,"必须换回一定数量的军民必需品,应限制消耗品进口,详由各县订定"。①

在某些解放区,贸易方针具有更强的针对性,因不同区块形势、任务不同,而有明显差异。例如,1948 年春,苏北边区的金融贸易方针是,"继续排斥匪币(按即法币),巩固和扩大华中币阵地,并巩固其信用,稳定物价,组织土产有利出口,争取军民必需物资进口,调剂内销,互通有无"。而"南线"(即"南五县",包括今靖江、泰兴、如皋、海门、启东)的具体方针是"建立金融贸易市场,加强对敌经济斗争,保障翻身群众利益,完成军需采购任务"。② 因为经过一年多的激烈和反复争夺,虽然"南线"已回到人民手中,但仍是"蒋后农村",主要物资吞吐港口、运输动脉,都还被控制在敌人手中。在局部力量对比上,敌人在经济和军事上均占优势地位,同时,因该地惨遭国民党反动派的残酷扫荡、摧残,经济、生产被严重破坏,人民生产力、购买力和生活水平都大幅降低,经济活力被窒息,市场混乱、麻痹。只能投入力量、采取办法,逐步激活、复苏。

不过随着革命形势的发展,华中解放区迅速扩大。1948 年 10 月 23日,华中工委召开第一次全华中财经会议,历时 20 天。会议的中心议题是,贯彻统一华中财政,发展经济,保证供给,支援自卫战争,争取大反攻早日胜利,会议作出了《关于金融贸易政策的决定》。会议第 3 天,即 10月 25 日,"为保护华中解放区生产事业及人民财富,扶持有利出口,争取有益进口,确保军民需要,支持革命战争",华中行政办事处颁布了《华中行政办事处出口主要货物暂行管理办法》,暂行管理的货物包括棉花、食粮、黄鼠狼皮、猪毛、猪鬃 5 种。棉花起管量为 30 市斤,食粮起管量为 80

---

①　江苏省财政厅、江苏省档案馆、财政经济史编写组编:《华中解放区财政经济史料选编》第 4 卷,南京大学出版社 1988 年版,第 396—398 页。

②　江苏省财政厅、江苏省档案馆、财政经济史编写组编:《华中解放区财政经济史料选编》第 4 卷,南京大学出版社 1988 年版,第 468 页。

市斤,黄鼠狼皮起管量为 10 张,猪毛起管量为 100 斤,猪鬃起管量为 5 斤。以后视情况需要,随时决定增删受管货物,并予以公布。[①] 与《华中行政办事处出口主要货物暂行管理办法》同时颁布的还有《进出口货物税征收暂行章程》《货物产销税征收暂行章程》《营业税征收暂行章程》《进口货物分运办法》《进出口货物税、货物产销税税表》[②],开始对进出口贸易进行规范化管理。

二、商业结构状况和城乡商业流通的恢复与发展

解放区的商业,主要由国营(公营)商业、合作社商业、私营与个体商业三个部分组成。解放战争期间,尤其是 1947 年年末解放战争由战略防御转入战略反攻后,随着解放区的迅速开辟、扩大,各种经济成分的商业相应发展、壮大。属于社会主义性质的国营(公营)商业,小部分沿袭抗日根据地的国营(公营)商业,更多的是解放区新建立的。国营(公营)商业一开始就在解放区商业流通领域居于主导地位,并且发展速度最快,力量最雄厚。作为集体所有制性质的合作社商业,也有小部分沿袭抗日根据地的合作社商业,绝大部分是解放战争期间集股新建的,因为一开始就受到解放区党和民主政府的高度重视,快速成长壮大,成为国营(公营)商业的重要补充和有力助手,对编织城乡商业网、减轻中间商业剥削、保护群众利益,发挥了巨大作用。私营与个体商业,绝大部分是原有商业成分的遗留。党中央一直坚持保护私营工商业是党和解放区民主政府的一贯政策,虽有部分私营商业在土地改革中受到程度不同的冲击或损害,后亦纠正、退还或给予补偿,总的来说,解放区私营商业的发展,基本上是健康和正常的。个体商业,即通常所说的小商小贩,分为两类,一类是有固定门脸或摊档的"坐摊";另一类是走街串巷和趁墟赶集的肩挑"走贩"。

---

① 江苏省财政厅、江苏省档案馆、财政经济史编写组编:《华中解放区财政经济史料选编》第 5 卷,南京大学出版社 1989 年版,第 154 页。

② 江苏省财政厅、江苏省档案馆、财政经济史编写组编:《华中解放区财政经济史料选编》第 5 卷,南京大学出版社 1989 年版,第 157—186 页。

这一部分商业的从业者,在城市多为贫民或失业工人,在农村多为贫苦小农或被完全抛离土地的无业者,他们人数多,但资本极其微薄,不少带有季节性,对整个商业的发展及兴衰变化,影响不大。

(一) 国营(公营)商业

1945 年"八一五"日本投降和随后解放战争爆发后,国营(公营)商业在不同地区、不同经济背景下,开始波浪式地发生发展、成长壮大。在原抗日根据地,首先是原有国营(公营)商业的延续,并随着解放战争的推进和解放区的扩大,在原有基础上加速成长、壮大;其次是在伪满和关内沦陷收复区,通过接收日伪工商产业,建立起第一批国营(公营)商业;最后是在相继解放的国民党统治区,通过没收国民党国家资本和四大家族为代表的官僚资本,也建立起了一批国营(公营)商业。三类地区原来情况完全不同,随着解放战争的爆发和推进,国营(公营)商业在不同时间、不同地点发生发展,全都成长为当地商业流通领域的主导力量。

解放战争初期,国营(公营)商业是以"贸易公司"的形式出现,并由民主政府直接和统一经营、统一部署,严格执行统一的经营准则和策略。

当时,解放区的国营(公营)商业刚刚产生,国营(公营)商店数量很少,地域分布稀疏,资本规模不大,经济力量有限,而当时解放区的经济形势和商业环境十分严峻,物资紧缺,市场物价大幅波动,民众生活缺乏安全感。在这种情况下,中央根据以往的经验,决定采取果断措施,统一市场控制力量,统一各个国营(公营)商店,并由政府统一经营,使市场成为一个统一的力量。各边区(解放区)政府统一各国营(公营)商店,成立全边区范围的贸易公司。

1946 年年初,晋察冀边区为集中统一国营商店的经营、管理,大幅调整了财经和商业管理体制。该年 2 月,冀晋行署根据边区财长会议的决定,取消贸管局,建立税务局和贸易局,由贸易公司领导商店业务,"以业务领导业务"取代原来的"政府领导"。将商业业务集中到贸易公司,按东、西、南、北四线,分别成立 4 个商店(总店)。一个店(总店)管 2—3 县或更多。如东线以原来的恒升号为基础,设在阜平,以加强东线领导,负责办理行唐、灵丘、正定 3 县的货物输出;西线店以五台为中心,管理崞县、代县;南线的天德店则以北线的浑源为基础成为两线的总店。对天津的输出,由冀晋贸易公司领导;涞源运输站暂存。① 这样,冀晋行署辖区公营商业的集中调整基本完成。"业务领导"取代"政府领导"后,政府对贸易公司商店着重"方针政策的领导,不干涉其业务,使各公司能放手经营,发挥其积极性与创造性"②。1948 年 3 月,边区贸易公司召开的总店代表会议决定:"规定标准市场、标准商品、标准价格,许可升降率,由公营商店适宜掌握,并保持商品的合理的差额,使私商小贩、合作社等都有利润可图。"又明确规定,稳定物价是贸易部门在 1948 年"大生产运动中的唯一任务"。③

在华中解放区,1946 年 7 月 17 日,中共中央华中分局作出决定,由货物管理总局协同各地公营商店,组织"华中贸易公司"来统一经营商业事宜,"其任务不在专门图利,而主要的是在稳定金融,平抑物价,调剂进出口与内地物资流通"。④

为了加强对国民党统治区的经济斗争,严格管控进出口物资,保证内地物资流通与供应,便于群众了解、监督,苏皖边区第五专署还于 1947 年 3 月 26 日详细公布了严禁进出口物资的名单:严格禁止进口货物,计分赌具、毒品、烟酒、美国货(军用品、医药器材、工业原料等除外)、化妆品、迷信品、调味品、日用品、布匹 9 大类约 66 种商品,其中迷信品最多,达 22 种;禁止出口货物计分粮类、工业原料、牲畜和军工用品 4 大类等数十种商品(粮类未细分,统括为"各种食粮油粮")。⑤

① 华北解放区财政经济史资料选编编辑组等编:《华北解放区财政经济史资料选编》第 3 辑,中国财政经济出版社 1996 年版,第 457 页。

② 华北解放区财政经济史资料选编编辑组等编:《华北解放区财政经济史资料选编》第 3 辑,中国财政经济出版社 1996 年版,第 473 页。

③ 华北解放区财政经济史资料选编编辑组等编:《华北解放区财政经济史资料选编》第 2 辑,中国财政经济出版社 1996 年版,第 548 页。

④ 中国社会科学院经济研究所中国现代经济史组编:《革命根据地经济史料选编》下册,江西人民出版社 1986 年版,第 629 页。

⑤ 江苏省财政厅、江苏省档案馆、财政经济史编写组编:《华中解放区财政经济史料选编》第 3 卷,南京大学出版社 1987 年版,第 160—161 页。

在陕甘宁边区，原来只经营进出口贸易的国营贸易公司，开始兼营内地贸易，肩负着稳定金融和物价、调剂市场、满足城乡居民需要的重担，在1946年秋至1948年春末的动荡和残酷战争环境中，更经受了严酷的考验。

1947年2月，国民党军队大举进犯陕甘宁边区，关中、陇东分区首先遭到敌人进攻，3月19日，党中央撤出延安，边区进入全面战争状态，市场严重混乱。关中、陇东口岸全部落入敌手，新土产卖不出去，进口停滞，物资渐感匮乏。一方面，公私商号均忙于埋藏疏散、搬运转移物资；另一方面，延安撤离后，市场由集中的城市转入分散的农村，关中、陇东、定边全部及延属的延安、甘泉、富县延长等市场全部沦陷，只剩下子州、志丹、安塞、子长一些内部的小集市。起初有部分商人跟着转移，但因转移者太多，有的中途回转，有的投敌。最后市场只能依靠贸易公司单独支撑。至于物资，靠毛驴、骡子驮载很是困难，但供给前方部队，则又太少。这是一大矛盾。同时，财政非常困难，税收几乎为零，而开支持续增大，只能主要靠贸易公司和银行承担。1947年3—7月，财政开支的66%以上要靠发行及银行垫支。不过即使如此，物价尚未飞涨，市场尚能控制，乃因贸易公司采取了如下措施：一是以卖代藏的物资政策。走到哪里，就在哪里卖货。因出售布匹棉花，既解决了群众纺织原料和换季衣被的问题，又回笼了货币（本币），维持了本币信用，从物资吞吐中调剂发行，以回笼货币调剂发行，以所得本币支持财政。1947年7月半财政开支的比例是：贸易回笼占28%，发行占38%，银行垫支占20%。二是发给实物（供给野战军）来代替发给本币，用以减少发行。三是恢复市集。其办法是贸易公司门市买粮卖布，并批发给合作社，带动私商恢复交易。四是组织对外的游击贸易。通过这些措施，得以基本上维持市场。

1947年四五月间绥德失守后，形势更艰难。因失去绥德这一边区唯一的主导市场，边区的物资交流、发行吞吐工作，进一步陷于麻痹状态。贸易公司和各"大公"机构手中物资都已用完，再加上8月后又出现严重旱灾，粮食更加短缺，粮价和物价飙升。以绥德为例，12种主要物价，1947年全年上涨了34倍。在这种紧急情况下，为了集中人力、物力、财力、权力和增强支援前线的力量,边区政府决定河东河西、大公小公、前方后方、财经贸易"大统一",清理、摸底家当,整顿队伍,严肃纪律,杜绝贪污浪费,适当调控物价。并采取多种措施救活经济,内地贸易方面,每县设立支公司或门市部,纠正过去外多于内的偏向;加强土产经营和人民必需品的供应;组织生产对流;公司不排挤私商,但必须领导市场;为剩余土产寻找出路,或用作代用品;对作坊性质的合作社,采取民办公助办法,订立成品标准,以商业关系收购成品;试办小型毛织、皮革、肥皂等作坊;坚持肃清"蒋币",打击白洋,贯彻本币一元化的货币方针;发展纺织,保证纺织利润。对外贸易方面,一是严格管理出入口;二是贯彻先友邻区后蒋管区的出入口贸易原则。价格政策方面,需进能进、需出能出者,等价交换;需进难进、需出难出者,可以不等价交换,即为出口补贴;需进大进、入口供过于求,需出大出,出口求过于供,在不影响进出口任务数量的条件下,进低出高,进行有利交换。内地市场价格,采取相对稳定及相对平衡的地区性调剂价格政策。[①] 贸易公司通过上述措施和坚持不懈的努力,逐渐缓解困难、恢复经济、复苏市场,保证前线将士和后方民众的基本需要,渡过了难关。

在东北解放区,1945 年"八一五"日本投降、东北解放后,各省分散建立商业、贸易机关,名称不一,受当地政府直接领导,无上下隶属关系,呈"各自为政状态"。其业务大致是:采购必需品供给军用;部分出卖没收品,变钱供给军用;跨区买卖(他区买进本区卖出,或相反),调剂部分民用物资;支持当地发行的地方货币;等等。

1946 年 1 月,按照中央统一部署,成立"东北贸易总公司"。其主要任务是,收购粮食;接收部分公粮出口;对苏联出口谷物及杂品;接收进口物资交财经办事处(即财经委员会),供给军用;出卖入口货及调剂粮食,并继续买粮,平稳物价,支持东北票。

1946 年 5 月 7 日又成立"北满贸易总公司",下设佳木斯、绥芬河、牡

---

① 陕甘宁边区财政经济史编写组等合编:《解放战争时期陕甘宁边区财政经济史资料选辑》下册,三秦出版社 1989 年版,第 148—161 页。

丹江3个分公司。公司的任务是,收购军用品(布匹、棉花、毛皮等);接收、清理敌产(但不出卖)。资金来源靠接收敌产、银行借款(收购物资交给国家)。公司与各省贸易组织无领导或隶属关系。因"只买不卖",故亦无业务往来。至1946年9月,北满贸易总公司与东北贸易总公司合并,北满贸易总公司名称消失。

1947年8月,东北财经会议决定成立东北贸易管理总局,隶属东北行政委员会下的财经委员会。总局既是管理机构,又是商业贸易经营主体。总局下属机构除对外贸易处、商业处、口岸办事处、编车站外,还设有毛皮公司和燃料公司。前者收购毛皮、农村山货出口;后者运煤卖煤。总局营运资金主要来自:1946—1947年对外贸易的一部分赢利;银行借款;与各省合并时接收的财产(包括其利润)等。总局运用这些资金从事进出口贸易,为国家购买物资,与公私营工厂订货(买与卖),调剂市场稳定物价。不过贸易管理总局的"全部资金属财金委员会",总局并无自主支配权,亦无完整、健全的财务和会计制度。总局将出口物资交到口岸,进口物资交到财委会物资处,就"算完成任务"。总局从物资处领取物资,属于"国家拨给,记账不付钱"。总局同铁路局及经济委员会(工业部前身)各企业交易,必须直接支付、结算,"因当时现金及物资计划性不够,常有发生周转不灵的困难,影响整个补助金不容易支付物资与现金"[①]。这是初时一些地区国营商业比较常见的情况。

1947年、1948年之交,解放战争转入战略反攻后,解放区范围迅速扩大,政治、经济和市场条件好转,国营(公营)商店数量增加,商业贸易有了更大的发展。

1948年7月,东北解放区政府为了适应解放战争的发展需要,对商贸管理体制进行了调整。东北行政会议决定,财政委员会、经济委员会合并,改称"财经委员会",贸易管理总局改为商业部,属东北行政委员会及财经委员会双重领导,下面设有粮食、燃料、鸡鸭、毛皮4家直属公司。各

---

① 东北解放区财政经济史编写组等编:《东北解放区财政经济史资料选编》第3辑,黑龙江人民出版社1988年版,第234—237页。

省贸易管理局则依当地情况改为商业厅或工商厅,成为省政府的组成部分,受商业部与各省府双重领导。各县则有的改为工商科,专司行政并领导业务;有的只有贸易公司。与上级关系同商业部对各省一样。[①] 1948年11月东北全境解放,更为国营商业和东北全境物资流通的发展,创造了大好环境。

总的来说,东北国营商店自1946年12月开始建立,逐渐发展壮大,1948年后,发展速度加快。到1949年3月止,总计其营业单位(包括商店、门市、营业所)达637个,有工人、战士、职员3.32万人,其中干部占57%,东北全境80%的城市都有国营商店分布,按业务性质分为百货、粮食、燃料、土产(毛皮、特产、鸡鸭、肉、蛋等)四个系统。

国营商店的业务方针和范围是:在农村收购粮食、副产品及工业原料,调整工业品与农业品价格(即减低工农产品价格的"剪刀差"),供应农民生产资料与生活资料,以促进农业生产的发展;在城市为调剂粮食,保证职工和市民生活供给,大量推销国营产品及组织私营企业加工业,调剂城乡供求关系,稳定物价,与投机倒把的奸商作斗争。1946年至1949年第一季度,国营商店收购推销物资见表20-12。

大批量采购与销售物资的结果,使国营商店在批发市场上占据领导地位。自1948年10月起,在主要物资上(纱布、粮食、海盐、煤)可以主动地调整物价,不为私商所左右。但由于国营商店网还不普遍,供销合作社尚不健全,零售市场仍有一半以上为私商所控制。因此,在国营商店物资分拨不当、调度不灵时,物价仍有波动情况。1948年年底面粉的涨价与1949年2月物价的波动,都与私商倒弄有关。

民主政府对于一般正当的工商业者是采取保护和管制的办法,但对于投机倒把者则采取坚决斗争的方式。其办法,首先对一般的工商进行登记,发给开业许可证,摊贩则分别集中于指定市场,发给摊贩证,行商则发给行商证,并规定凡已登记的各种商人行业,非经批准,不得随便转业、

---

① 东北解放区财政经济史编写组等编:《东北解放区财政经济史资料选编》第3辑,黑龙江人民出版社1988年版,第237—238页。

表 20-12　东北国营商店收购推销物资统计（1946—1949 年第一季度）

项目			年份		1946	1947	1948	1949 年第一季度	总计
收购部分	粮食	大豆	吨		31000	166528	202693	245883	646104
		苞米	吨		316	37229	127296	107394	272235
		高粱	吨		61	11400	66697	84760	162918
		谷子	吨		—	2742	30694	13837	47273
		杂粮	吨		115515	135893	157052	48226	456686
		小计	吨		146892	353792	584432	500100	1585216
	毛皮		万元		—	8126	2255094	4014765	6277985
			折分		—	12544	2195608	395008	2603160
	猪鬃马尾		公斤		—	117	503939	206779	710835
	烟草		公斤		—	888637	1136373	71806	2096816
	线麻		公斤		—	50	5316	1199870	1205236
	棉花		公斤		—	629601	4532538	2226724	7388863
	其他		万元		108706	430952	6126184	19980609	26646451
			折分		794054	2256293	5965126	1816583	10832056

续表

项目		年份	1946	1947	1948	1949年第一季度	总计
推销部分	粮食	吨	9111	105153	258117	62319	434700
	棉花	吨	1841	1107	1893	534	5375
	纱布	匹	34202	259197	355198	362917	1011514
	海盐	吨	24936	31902	110291	49410	216539
	煤	吨	43030	19134	147231	247373	456768
	杂品	万元	91071	1291139	20551717	41826449	63760376
		折分	665237	6765127	20012649	3802759	31245772

注:①1946年,1947年收购,推销只限于北满地区。
②杂品、皮毛及其他栏因品种不一,无法计算数量。
③金额以万元为单位。
④推销物资未包括商业部直接拨给工业部及铁道部之粮食、纱布、煤、盐等。
资料来源:东北解放区财政经济史编写组等编:《东北解放区财政经济史资料选编》第3辑,黑龙江人民出版社1988年版,第216页统计表改制。
⑤原表粮食小计,1948年错为584392;1949年1—9月错为500136;总计错为1585212,现均据细数核正。

停业或开业(坐商不能随便变摊贩)。这就限制了一部分资金在市场兴风作浪、倒买倒卖的投机行为。其次,就是组织各种市场管理委员会,各种行业同业公会,以代替过去为资产阶级自己服务的商会,规定市场整理摊贩,制定交易市场的制度和手续。最后,制定和公布条例,比如粮食开放,准许私人自由买卖和运输,对市场商品进行分类管理,马尾、猪鬃及重要出口物资,则加以限制,除商业部外,任何人不准收购及出口。

在价格政策上,1947年粮谷品种之间的差价不大,甚至大豆与高粱、苞米之间仅差十分之一二,而刺激性仍不显著。1949年购粮则大豆比高粱高25%,比苞米高40%。这种比价大大地刺激了大豆收购任务的完成,同时亦刺激了农民生产大豆的情绪。

国营商店在调剂工业品与农产品的价格方面,也做了不少工作,半殖民地殖民地制度下留下来的工农产品"剪刀差"有所缩小,按每匹白细布或每吨粒海盐换粮比价的变化情况如表20-13所示。

表 20-13　每匹白细布换粮比价及其变化(1946—1949 年)

项目	年份		1946 年下半年	1947 年全年	1948 年全年	1949 年(1、2、3月平均)
1 吨大豆	白细布	匹	0.34	1.49	1.93	2.71
	粒海盐	吨	0.07	0.26	0.33	0.40
1 吨高粱	白细布	匹	0.72	1.80	2.24	3.09
	粒海盐	吨	0.14	0.32	0.39	0.45
1 吨苞米	白细布	匹	0.72	1.85	1.86	2.17
	粒海盐	吨	0.14	0.33	0.32	0.32
1 吨苞食(大豆、高粱、苞米)平均	白细布	匹	0.60	1.71	2.01	2.68
	粒海盐	吨	0.11	0.30	0.25	0.39

资料来源:东北解放区财政经济史编写组等编:《东北解放区财政经济史资料选编》第3辑,黑龙江人民出版社1988年版,第218页。

以1946年粮、布平均比价做基数,与1949年1—3月粮、布平均比价比较,粮食提高343%,布匹降低77%。这样一来,调整了过去工业品与农产品的"剪刀差",大大刺激了农民的生产积极性(1946年北满有的地区大豆放在地里不收割,因收割后所值不够工资),大豆的生产量也显著地增多(1949年征粮、购粮的大豆数量,都超过了原计划)。对城市职工、市民方面,由于国家掌握了足够数量的粮食,保证了城市和工矿区的粮食供应,粮价平稳。

国营商店还提高技术作物价格,尽量收买农民副产,增加农民收入。

在收买农民技术作物价格方面,是逐渐提高的。如1948年春,收买棉花,由于没有深入研究棉花与苞米的生产成本,只是随行就市,当时每斤苞米价1700—2000元,棉花价钱是每斤6500—7000元,每斤棉花所值不足4斤苞米。结果严重挫伤了农民的植棉积极性;但是1949年第一季度收购时就注意纠正了。价格普遍提高,棉花由每斤12斤粮食提高至17斤粮食;线麻由每斤5斤粮食提高至8斤粮食;烟草由平均每斤4斤粮食提高至6斤粮食。总计收购以上自产工业原料总值3841亿元,棉花占50%,线麻占17%,烟草占27%。计算结果为,种植以上作物,较种一般农作物收入增加20%—40%。这给1949年扩大生产计划直接产生推动作用。

1949年第一季度在收购副产品方面,当商业部开始重视农村毛皮副产,普遍提高价格(如原皮每张由1948年的12.5万元提高到1949年1月份之后的20万元),就很快收购到各种皮革74.7万张,连同其他副产,价值解放布13万匹,增加了群众的收入。如在吉林、汪清一带,副产生产已占农民全部收入的25%(包括做木材),结果大大提高了农民副业生产的积极性。

不过在收购技术作物及副产过程中,国营商店还缺乏严密的组织工作,故给予一些投机者以剥削农民的机会。以后必须将这个业务组织到合作社内,使国家商业与合作社直接交易,消除中间剥削。此外应组织训练足够的技术人员,有计划地建设必要的设备(如冷藏设备),方能大量开展。

在收购方法上,1947年实行粮食统购、封锁,不准私商买粮,按区逐户派购,在农村,区与区、县与县处处封锁,铁路上超过50斤不准运输,以致各地粮价不平衡,物价波动,缺粮者不能及时调剂,缺粮农户至产粮区也买不到粮食,给群众造成困扰。在商业部门则收购困难,影响任务的完成,背上了城市调剂和国营工业调剂的重大负担。1948年购粮吸取1947年的经验教训,决定自由购买,但部分地区,由于有1947年统购思想作祟,并单纯地为了完成购粮任务,仍以限价、要证明等限制办法形成变相封锁,经过商业部屡次指示批评,才慢慢地纠正了。

国营商店在市场的调查研究也不够,存在明显缺陷。研究农民所需要的物资与所喜爱的品种(质量、颜色、样式、大小)不够。因此在推销货物中有许多不适合农民的需要。如农民需要色布,但国营商店准备的多是白布,结果推销不出去,农民需求无法得到满足,又影响了商店资金的周转。[1]

在推销物资方面,品种上缺乏多样化,季节性掌握不够,国营商店除纱布、煤、油、盐等主要物资外,农民所需要的其他物资很少,同时到了农民需要季节,国营商店准备的力量不足或没有及时大量推销,以致投机商人有机可乘,从中剥削。例如,1948年春季下酱时缺盐,盐价上涨,冬季是农民用火油的季节,但未能大量推销,到了1949年春用油时间已过再想推销又过了时;春节时正需要白面,南满几个城市的白面是过年才发到;天气日渐暖起来,商店还从北满发给辽宁若干皮帽、毡靴。显然,如果失掉时间性,就不能占领市场,也就不会完成销货计划与供应群众需要了。

另外,必须提高工作的计划性,1948年冬分拨给合江的布是将白布由哈尔滨运往佳木斯,由佳木斯发往林口县局,林口县局又装运回哈尔滨染色;食盐曾由哈尔滨发到北安再分至绥化;嫩江安达县局1948年曾花数千万元购存汗伞把子;不久以前布匹价格高涨时,国营商店若干单位尚保存大批纱布,南满几个地区小米奇缺时,而合江则存放大批小米,这些盲目乱干的结果,是糟蹋国家运输力量,影响物资及时供应,冻结资金,制

---

[1]　东北解放区财政经济史编写组等编:《东北解放区财政经济史资料选编》第3辑,黑龙江人民出版社1988年版,第215—219页。

造冷货。在今后巨大商品流转中，一定要周密考虑季节、时间、品种、数量、规格、标准、商品价格、消费对象、运输调剂等问题。

商品的品牌、质量问题也是国营商业亟待解决的重要问题，国营商业职工本来就不熟悉这门科学，又不注重学习，因此商店中出现了不少品质不佳的所谓"解放牌""大路货"商品。1948 年北满靰鞡缺货，但国营商店存货却无顾主，商店的胶皮鞋，学生、市民厌其太难看，而工人、农民则感其太不结实；布匹就不是各式各样有花带色的，总是八斤半或九斤半的白"解放布"，同样不能满足群众需要。

如果要求所有货物均由上级国营商店发给，显然是做不到的，这不仅是当时工业还不能达到这个水平，并且就若干物资来讲，分散加工制造倒会降低成本，如果大豆都集中到大城市榨油，运来运去则是"头重脚轻"，运费占去多半，各地有许多合作社或私营工业，可以在统一计划下进行订货或加工。各地商业机关也可以根据计划推动创立和建设若干棉织、针织、漂染、服装、食品加工工厂就地生产。另外，必须加强调查研究，经常注意各种商品销售情况，以扩大生产，提高质量，增加产品种类。①

东北解放区国营商店和国营商业存在的这些缺点和不足，是在前进和发展过程中出现的，主要同经验不足、业务不够熟练，或者同当时经济发展水平低下、国营商业体系尚不完善有关。在社会经济加速发展、国营商业不断壮大的过程中，是可以逐一克服和完善的。

在关内各解放区，随着解放战争战略反攻的展开和大步推进，解放区范围加速扩大，政治、经济和市场条件，以及职能机构，也都发生了很大变化，为国营（公营）商业和物资流通提供了更大的发展空间。

1948 年 10 月 5 日，华北财经委员会就西北财政、金融、贸易工作统一问题作出决定，根据中央指示，西北的财政、金融、贸易、交通、军事工业等财经工作中"一切可能的与必需的均与华北统一"。其中贸易方面，西北设西北贸易总公司，其下根据行署区设区公司，各专区县按需要设商店

---

① 中国社会科学院经济研究所中国现代经济史组编：《革命根据地经济史料选编》下册，江西人民出版社 1986 年版，第 720—721 页。

的总分支店。领导关系:区总公司受西北财经委员会和华北总公司双重
领导。为稳定币价,促进物资交流,在晋北由华北贸易总公司准备 10 万
匹土布、10 万斤棉花去支持;在物价措施上,华北区应求稳定,晋绥区则
适当提高布棉价格,以利布棉西流。在晋中,华北和西北贸易公司按原定
调剂计划,继续向晋中输送物资。之后贸易中的几个问题:(1)为了解决
西北的布棉和特产收购问题,华北贸易总公司于 1948 年冬陆续拨总值冀
钞 100 亿元的物资货币(计 60 万至 80 万匹土布,50 万至 60 万斤棉花和
一部分货币)到西北,其中 50 亿元物资用作收购特货,50 亿元收购粮食,
稳定明春物价。特货收购后即转交财政,另 50 亿元(即收购粮食)拨作
西北贸易总公司资金。此冀钞 100 亿元资金,须华北财委会批准,由总会
计于 12 月上旬增拨给华北贸易总公司。详细收购办法与质量等,由华北
贸易总公司与晋绥商定。(2)晋南地区除用公粮征收棉花 150 万斤外,
由西北贸易公司统一收购棉花 200 万斤,收购后由华北贸易总公司统一
分配调剂,太岳区即应停止自晋南地区吸收棉花,收棉资本由总会计增拨
华北贸易总公司资金 50 亿元,于 12 月上旬拨付。①

　　华北财经委员会的上述决定,运用公营商业的力量,大大改变和改善
了西部地区的商业条件及物资流通状况。

　　1948 年 10 月 19 日,华中财经委员会就贸易管理及进出口货物征税
工作作出决定:除有特殊意义的物资,仍可实行物物交换以保证需要外,
一般物资放弃过去的以货易货政策,只实行外汇管理,以便利输出;组织
解放区内部的物资交流,各分区货物管理机关应组织其大宗出产品向物
价较高的地区运销,如苏中可购运南通土布向盐阜销售,盐阜食油向苏中
销售;原有各革命根据地之间贸易管理应即日撤销,内地税所(除担任征
收盐税在外)也一律于 10 月 15 日前撤销。过去对粮草运输的封锁办法,
除边沿区政权不很稳固、环境不十分安定者外,一律取消,准予自由流通。②

---

　　①　陕甘宁边区财政经济史编写组等合编:《解放战争时期陕甘宁边区财政经济史资料选
辑》下册,三秦出版社 1989 年版,第 204—207 页。
　　②　江苏省财政厅、江苏省档案馆、财政经济史编写组编:《华中解放区财政经济史料选
编》第 5 卷,南京大学出版社 1989 年版,第 122 页。

在华北解放区,1948 年 5 月召开华北金融贸易会议,研究确定解放战争新形势下的物价政策、内外贸易和私营工商业政策,发挥和加强公营商业在稳定物价、推动对外贸易和内地贸易中的主导作用。明确对外贸易的主要任务,是推销各种剩余土产,采购各种军用器材、重要生产资料和一部分民用的必需品,争取"有利交换",不但要高价输出、低价输入,尤其要以不需要或不甚需要的物资,去交换很需要的物资。根据各地经验,对外贸易必须努力争取出超,出超才能争取贸易中的主动地位,有了主动地位才能获得"有利交换"。所以对外贸易必须奖励输出,限制输入。邯郸会议以来由于掌握"奖出限入"的方针,使若干地区从入超转为出超,从被动地位转为局部主动,因而能完成巨大的军用器材采购任务。往后军用器材采购任务将更巨大,还要采购一部分普通工业器材,以便从事生产建设。如何推销剩余土产,也对生产发展和人民生活有着重大关系。因而必须更明确地掌握"奖出限入"方针,完成肩负的重大任务。

1948 年上半年,在革命战争发生重大转折的关键时段,山东、华北解放区的对外贸易,基本上肩负了上述重大任务,不过区域之间互有差异。据不完整材料统计,贸易总额,山东最大,1250 余亿元;冀中次之,170 余亿元,临清再次之,130 余亿元(山东系北海币,冀中、临清系冀钞)。出口物资,山东区生油占首位,金银次之,海产品、棉花第三位,烟叶、土布、粮食第四位;冀中区,以猪鬃为主,蛋类、粮食、中药次之;临清,棉花占第一位,大枣、土布次之,山货、生油再次之。进口货物,工业用品及军用品占各区总输入百分比,山东最大,达 60%;冀中次之,为 45%;临清再次之,仅 38%;日用品及非必需品占各区总输入百分比,临清最多,达 62%,冀中次之,约 55%;山东再次之,为 40%。资料显示,山东、华北两区对外贸易的主要口岸在山东,约占两区对外贸易总额的 80%,冀中、临清两地合计仅占山东的 1/4。对外贸易收支状况,冀中为出超,计 5 亿多元;山东、临清为入超,均在 11 亿元左右。对外贸易方向,山东区为南朝鲜、上海、东北、香港、青岛;冀中区为天津、保定;临清则主要为济南(约占临清对外贸易总额的 95%左右)。从各区进出口货物类别统计来看,冀中军用品及工业品入口百分比虽然不及山东,但冀中出口物资中猪鬃即占该区总输出的 37%,而临清棉花出口占该地总输出的 85%,军用品及工业用品的入口却只占该地总输入的 38%(临清入口军用品及工业用品一部分统计在日用品其他项内,唯数量不大);这说明临清出入口贸易的管理,相对宽松。①

对外贸易固然是贸易公司(公营商店)的专责。区内贸易也以公营商店为主导,公营商店承担着调节市场、稳定物价的重大职责。1948 年年末华北冀中粮价波动,就是由公营商店调节、平抑的。

1948 年 12 月上旬至 20 日,冀中及德(县)石(家庄)公路沿线地区突发大范围的粮价猛烈波动,石家庄在 20 天内米麦价上升 100%,端村在 1日至 11 日 10 天内小米上升 76%,小麦上升 70%。其他物价在此期间虽亦上升,但不如粮价猛烈(一般为 30% 左右)。

此次粮价大波动爆发突然,范围广泛,而原因多种多样:除了通货膨胀外,还有平津战役、冀中秋粮征收、人民券新币发行、冀中北岳区购粮,以及游资捣乱等多个原因交织在一起:战争需要大批物资消耗,新币在战地集中发行,民夫在战地大量购买食物。加上各种纸币(冀钞、边钞、人银、东北币、长城券、冀热辽边币、北海币、农钞等)均集中于平津周围地区,民众无从区别与使用,因此"宁可多要价,以免吃亏";在此期间,冀中将原计划在九、十两分区折款征收的 8000 万斤粮食改为"征实"3/4(即征实 6000 万斤),民众已经准备好的纳税货币又大部分用来购粮。另外大部地区秋征尾数也在此时扫尾,助长粮价波动;此时又开始发行人民券,且未及时向群众进行必要的宣传解释,以致给群众造成错觉,以为人民券发行后,冀钞、边钞就会停止使用,故都"存粮不存钱";也在同一时间,即 1948 年 12 月上旬,华北贸易总局为了准备平津解放后的粮食供应,布置冀中、北岳在接近平津地区吸收粮食,无异于火上加油;嗅觉灵敏的商人,已知平津解放后需要大批粮食,粮价必然上升,社会游资一齐奔向粮食投机,"越买越涨,越涨越抓得心切,造成粮价的直线上升"。在这

---

① 中国社会科学院经济研究所中国现代经济史组编:《革命根据地经济史料选编》下册,江西人民出版社 1986 年版,第 675—676 页。

种情况下,解放区一些机关生产和"小公家"资本也与私商同样进行投机,甚至"与私商勾结,共同投机"。这样,多重因素交织在一起、多股力量沆瀣一气,促成了这次声势、危害巨大的粮价波动。

对于这种突如其来而又排山倒海式的粮价大波动,以及由此造成的社会恐慌,民主政府一方面通过召开群众大会、张贴标语以及剧场宣讲等方法,进行粮食落价宣传,稳定市场心理;另一方面由各地公营商店以低价直接发放粮食:其中冀中区 1948 年 12 月 24 — 30 日共低价售出粮食 228 万斤;辛集 24 — 27 日共售出 83 万斤;石家庄 23 — 30 日共售出 194 万斤;邯郸、曲周、大名 300 万斤,邢台约 200 万斤;衡水、曲阳、阳泉也一齐低价卖粮(但无统计数据)。十数日间共低价卖粮约 1500 万斤。

不过由于这次粮价波动来势太猛、范围太大、售粮放粮定价过低,加上其他多方面的原因,特别是缺乏合作社(真正好的合作社)的配合公营粮店的低价售粮,并未收到预期效果,反而为投机商囤积、高价倒卖创造了条件。虽然各地公营粮店低价售粮后第二天,粮价开始回落,但旋即反弹。由于只是单独对粮食采取价格猛落办法,而其他货物不但没有落价,有的还在上升,更加凸显粮食的低廉,农民无论家中有无存粮,都要设法购买便宜粮食。以致购粮者如赶庙会,络绎不绝。公营粮店门口从早到晚挤满了人。私营粮店、粮贩、机关生产和某些合作社,对公营粮店低价放粮开始时,一般都是冷眼观望,手中存有粮食的则发牢骚说,"这叫扶植工商业"?"买卖都叫公家做了","看他们能卖几天"?有的则说政府是在"耍手腕"。到落价放粮两天后,认为机会已到,便想尽办法买粮,他们以稍高于政府价格买回市民自公营粮店买到的粮食,或者化装为吃粮户到公营粮店买粮,甚至有些机关、商店、合作社开着机关的介绍信要买粮食,将其囤积等卖大价,或直接拿到黑市上去卖高价。并且形成粮食由城市向乡镇倒流。凡有公营商店出售粮食的城市,在粮价上形成了"盆地",城市粮价比周围乡镇低,以致出现粮食由城市向乡镇倒流的反常现象。以石家庄为例,公营粮店在石家庄执行平抑粮价措施,把栾城、藁城的粮食调进石家庄,而小贩及群众则自石家庄买到公营粮店的粮食又运回栾城、藁城。同时,由于粮食卖价太便宜,无论小贩还是农民的商品粮食都不再上市,而在市外暗中形成黑市,如石家庄小米卖580元,小麦750元,而黑市价格小米750元,小麦950元,比公营粮店的价格高27%—29%。这样一来,粮价下落,而其他物价相对上升,打破了粮食与其他物资合理的交换比率。如邢台一方尺土布可换一斤四两小米,邯郸一方尺土布可换一斤五两多小米,一斤棉花可换十一斤小米等。同时,由于粮食便宜,不但工人、市民、农民争购粮食,一切游资投向粮食,而且各种行业也都积存粮食。如邢台的棉花店利用市民买粮,石家庄的药铺、点心店也都大批地买起粮食来,凡是公家卖粮的地方,每日从早到晚都是挤得满满的购粮者,有的第一日买不到粮食,到第二日还等着买。粮食市场成了一个填不满的无底洞。

公营商店(粮店)在商业流通领域居于主导地位,又有一定的资本实力,有民主政权做后盾,低价放粮平抑粮价,也完全符合经济规律,在一般情况下只会成功,不会失败。但这次结果却是"损失大,收获小",未能达到预期目的。

这种情况的出现,既有客观原因,也有主观失误。根据华北贸易总公司(公营商店总店)的总结,大概有以下几个方面。

一是过分强调区内"贸易自由",缺乏对市场的必要监督管理。自1947年5月工商业会议后,工商行政干部一般都认为,对市场必要的管理特别对投机商贩的强制管制,是"妨碍贸易自由,妨碍商业的发展",结果形成了投机的自由,商贩可以由公营粮店商店买了粮食到黑市上(也是"明市")卖大价,非粮行的货栈、花店看到粮食能赚钱,也把资金投向粮食而不受任何干涉。"这样的自由越多,投机的资本也越多"。结果,在这次平抑粮价的市场调整中,令人"感到最头痛的"正是这种"小商品经济的小有产者",对"国家经济措施的破坏性"。它"到处伸出触角,见空子即钻",制造物价波动,又破坏政府的物价措施,加大了平抑粮价的难度。这既是客观原因,从另一角度说,又是主观上的严重失误。

二是缺乏合作社(真正好的合作社)的密切配合。当然并不是没有合作社,而是没有及时联系和动员,以致"机关生产和某些合作社",对公营粮店低价放粮都是"冷眼观望"。以致公营粮店无法将廉价的粮食卖给真正需要粮食的基层群众，从而使奸商、小贩得以从中捣鬼，对公营粮店和基层群众进行两头"剥削"。工商干部哀叹，"孤军作战是这次措施遭受损失大收获小的重要原因"。

三是银行继续向商户贷款，助纣为虐。开始采取对物价的紧急措施时，公营粮店即请示财经委员会，要求银行停放并收回商号贷款，凡得到商贷的商户，多是以贷款进行市场上的投机（因为投机才能获得较大利润）。银行贷款虽获利息，但社会经济损失更大。道理很简单，1947年12月物价平均上升80%—100%，而银行的利息再高也高不过月息12分，即以12分计算，贷款者在一个月中即使不周转也获货币利润100%，即使交20%的贷款利息，还可净得80%的货币纯利，故商贷在银行保税上说是最不合算的。同时对解放区的经济以及对货币币值的巩固都是不利的。当时全区的商贷有数百亿元，如能在旧历年前全部收回，则对物价的平稳会起重大的作用。不过银行并不愿这样做。

四是由于商业经营业务不精，又没有及时了解情况，公营粮店确定粮价的基数是根据12月20日以前的水准，放粮定价过低，"脱离自然合理价格太远"，不仅妨碍商品粮进入市场，反而因粮价太便宜，刺激群众性的争购，使粮食由城市向乡村倒流。更有不少便宜粮食流入投机奸商手中，加剧了市场投机，加大了粮价上扬的推动力度。结果，低价放粮平抑粮价南辕北辙。① 这对于刚刚形成的华北解放区公营商业来说，无疑是一个十分深刻的教训。

关内各解放区公营商店的经营情况，因时因地而异。如冀鲁豫边区，1947年1月，对公营商店进行改组，当时确定的经营方针是"在不妨碍政治任务的条件下，全年要完成100%的利润任务"。利润提成办法，完成不足100%者，专署留20%，上解80%；超额完成者，专署留80%，上解20%。各公营商店片面的、单纯的利润观念十分严重，而"对本币的支持及生产的扶持未起到应有的作用"。华北财经办公会议后，明确了公营商

---

① 中国社会科学院经济研究所中国现代经济史组编：《革命根据地经济史料选编》下册，江西人民出版社1986年版，第680—685页。

店的经营方针是"扶持生产、稳定物价与保证供给"。区工商局于6月间召开经理会议,检讨了过去商店官化、洋化、汤水不漏、与民争利、粗枝大叶、不精确计算的坏作风,表扬了吃苦耐劳、泼辣敢干、忠实坦白的好传统,并强调提出反对恩赐仁政与单纯利润观念,减少内争、一致对外的口号。

区内公营商店分为地方商店与直属商店两种。前者负责区内市场调剂、物价稳定与生产扶持;后者专门经营特产,办理对外出口。如德丰玉,总店设于临清,卫河沿岸的高陵、井店镇、南崇元村、南馆陶、德州等地设支店或小组。主要任务是调剂运输,有船10余艘,运货款船30余艘。自冀鲁豫边区运粮食土布到临清换成棉花,一部分运回本区供给群众做纺织原料,一部分运渤海换回大盐或工业品。全年共购土布410万方尺,卖出286万方尺;吸收盐865万斤,卖出800万斤。另外自四分区余家集吸收一部分纸张、糖、电池、桐油等到临清出卖;华丰商店,总店设于阳谷,在黄河南皮毛市场潘溪渡及渤海、冀南皮毛市场大营、临清等地均设有小组,主要任务为自当地吸收土布或自冀南采购棉花运销山东渤海等地,并换回工业品销于本区。此外自河南收购猾子皮、牛皮、牛油,自清丰收买猪鬃等,向大营及冀中辛集出售或向天津出口。一年购土布380万尺,卖出460万尺(库存190万尺),购盐47万斤,卖出24万斤。此外尚有裕华烟厂(自产自销香烟)、同丰编庄(以经营草帽辫为主)、泰兴隆东记、西太恒、德昌商店、泰兴隆西记、济昌货栈、德丰商店等。

业务经营和资金运用、盈亏情况,随着解放战争形势的发展,1947年公营商店的资金运用较上年为好,大量外欠及冷货压仓的情况已经不多,资金周转加快。全年销售总额962299.9万元,平均资金224902.9万元,资金周转率为427.9%,纯利(不包括区局)490367.9万元,利润率为218.0%。①

陕甘宁边区,1947年年初至1948年4月下旬一年多时间里,遭到胡宗南军队的蹂躏、破坏,经济凋敝,民众困苦达于极点,其中延安、绥德地

---

① 华北解放区财政经济史资料选编编辑组等编:《华北解放区财政经济史资料选编》第2辑,中国财政经济出版社1996年版,第648—650页。

区最为惨烈。绥德在胡部进犯前,有大小商号 85 家、店栈 13 家,到胡部占领期中的 1948 年 1 月只剩商号 27 家、店栈 4 家,分别相当于原有的 31.8% 和 30.8%。延安、绥德收复后,百废待举,贸易公司绥德分支公司在极其艰难的环境下恢复商业贸易。因物资匮乏,生意不好周转,本币流通量大幅缩小,在群众中信用欠高,贸易公司门市部只能低价或亏本零星售货,以供给民众必需品、打击白洋、扩大本币市场。延安、绥德收复时,正是青黄不接,民众普遍缺粮,贸易分支公司各据点门市部,均做平粜粮食工作,门市部由多样性与极零星的售货方式逐渐改为较少样性与较整批的售货方式,将零星的生意让给小商人经营,并以批发物资解决商人缺货问题。当时虽然口岸有进货,但多数商人因资本太小,无法直接到口岸进货。夏收后,民众食粮困难大大减少,购买力增加,贸易公司便停止粮食平粜,改以吞吐物资、调剂市场、收购麦子为主。10 月华北与西北货币统一后,商业往来渐多,至 12 月中旬,因华北等地物价太高,公私商人到陕西购货者大增,致物资大量东去,货币大量西流,引起物价波动。贸易公司一方面主动提价,避免商人投机;另一方面建议上级统筹物资、调剂物价。

1948 年中,绥德贸易分支公司,基本上保证了党政军民的必需品供给,如花布、粮食、油、盐、碱及子州、横山等地的土布,一年中分支公司据点共卖出熟花 239227 斤,大量供给了纺织原料,对恢复与繁荣市场、平稳物价起了很大作用。由于商号减少,资金缩小,商人力量很小,市场物价的涨跌,贸易公司有力量掌握。故贸易公司一年来掌握了内地市场,基本上获得了商人的欢迎,也稳定了金融。有些商人说,"不是贸易公司批发货物,我们的生意就根本无法周转,生活亦难以维持"。不过 12 月的物价波动也证明,各解放区货币统一、商业畅通后,要如常维持以往的情况,只靠一区一地之力是不可能的,必须统一、全面筹划,方能减少盲目性,抑制商人的投机性,保证商业、市场的平稳发展。①

---

① 陕甘宁边区财政经济史编写组等合编:《解放战争时期陕甘宁边区财政经济史资料选辑》下册,三秦出版社 1989 年版,第 245—247 页。

在华中解放区,一些解放较晚的地区,一解放就筹备成立贸易公司,作为公营商店开展营业,既为南下部队补充军需,又及时解决当地群众的生产生活所需,如苏北泰州于1949年1月21日解放,2月成立泰州分区贸易公司,即时以巩固华中币和安定民众生活为直接目的,摸准市场特点,首先以民众生活必需品为主要购销对象,并注意健全和扩大架构,开始占领和主导市场。

1949年3月大军南下,公司已事先充分准备了供应的物资。在此后的半年中,先后向部队供应了:生豆油29.6万斤,食盐21.27万斤,黄豆14.4万斤,猪肉27.6万斤,香烟1.5万余条,酱菜19.5万余斤,酱油3000余斤,以及其他多种物资,总计价值华中币50亿元。为了方便部队购买,先后成立4个中心站、13个分站,在价格上以低于市价5%—10%的价格供应部队。不仅保证和改善了部队生活,并且使市场物资供求平稳,物价稳定。部分商人原来准备巨量囤积以待部队来后抬价出售,结果完全落空。

公司在保证部队后勤供给的同时,又全力保障民需民用。泰州解放时正值春荒时段,公司为了掌握粮食、解除粮荒,以洋纱等物资向二分区换购大米10万斤,稻麦等约20万斤,供应黄桥、如皋食粮58万余斤,公司粮饼部还直接向农民售粮24.5万余斤。如按每人每天1斤粮食计算,可解决5.5万人半个月的食粮,使其安全渡过春荒。

为了促进生产、解决农民所需肥料、解除农民可能遭受的高利贷盘剥,公司在夏耕中及时进行了豆饼调剂。计出售豆饼11.2万余吨,其中海安3.25万吨,靖江4万余吨,还有一部分调剂苏南。售价一般低于市价的7.5%。除了豆饼,调剂市场的还有洋纱1.5万余包,厂布7500尺,细布3000余尺,大米1476700余斤,以及其他多种物资,总值人民币7亿元。这些物资的市场投放和及时调剂,在当时的物价波动中起到了相当的稳定作用。

在1949年2月的涨风中,由于物价北高南低,北客南涌,游资冲击市场,导致物价巨变,公司采取主动出击、先发制人的策略,在向市场相机抛售货物外,先后调剂北线公司大量物资,包括洋纱3000余包、洋油500

听、洋火 500 听,以及其他物资,总计华中币 20 余亿元,南北呼应,终于将物价暂时稳定下来。继而 6 月涨风因受宁沪一线物价影响,加上本地奸商操纵居奇,抬高物价,直接影响民生。公司首先低价抛售大米安定人心,为便于市民购买,在本城分设 6 个代售处,12 天内抛售大米 48 万余斤,以及其他多种物资。这一措施获得市民称赞,认为如果公司不抛售大米,米价不知会涨到什么程度。

夏令时节为防止谷贱伤农,公司先后在姜埝(今江堰)、溱潼设立办事处,进行粮饼等调剂工作,如以大米兑换菜籽、纱布等必需品,直接进行物物等价交换。在有合作社的地方则通过合作社(如合作社代公司以饼换麦),促使城乡物资交流。尔后的工作方向,是在"繁荣经济,发展生产"的总方针下,设法沟通城乡贸易关系,加强物资交流,就已有合作社进行协助,通过合作社收购土产,调剂农民必需物资,务使农民在卖出粮食后及时买到必需品,减少中间剥削,另外准备输出苏北土产,争取有利销售,换回工业品,调剂市场。①

与前揭冀中公营商店平抑粮价、调控市场"损失大,收获小"的结果不同,泰州分区贸易公司成立(实际上从乡下搬到城镇)后的半年时间里,平抑物价、掌控市场的做法,基本上是成功的。其关键是正确、灵活和适度掌握公司牌价,既不能离市价太远,比市价低得太多,以免影响或自断物资来源,平抑物价后继乏力,半途而废;也不能差距太小,平抑物价有名无实,让市场自流,放松了对物价的管理。在这方面,公司既有经验,也有教训。其次,一定要有合作社的配合,不让投机倒把者钻空子,让基层群众得到实惠。这两条也恰恰是冀中公营商店平抑物价的教训。

(二) 合作社与合作社商业的形成和发展

合作社商业是国营(公营)商业的重要协作伙伴。合作社是解放区新民主主义经济的一个重要组成部分,而这是个体农业和手工业集体合

① 江苏省财政厅、江苏省档案馆、财政经济史编写组编:《华中解放区财政经济史料选编》第 6 卷,南京大学出版社 1988 年版,第 542—544 页。

作化的产物。毛泽东在党的七届二中全会上指出,"占国民经济总产值百分之九十的分散的个体的农业经济和手工业经济,是可能和必须谨慎地、逐步地而又积极地引导它们向着现代化和集体化的方向发展的,任其自流的观点是错误的。必须组织生产的、消费的和信用的合作社,和中央、省、市、县、区的合作社的领导机关。这种合作社是以私有制为基础的在无产阶级领导的国家政权管理之下的劳动人民群众的集体经济组织。中国人民的文化落后和没有合作社传统,可能使得我们遇到困难;但是可以组织,必须组织,必须推广和发展。单有国营经济而没有合作社经济,我们就不可能领导劳动人民的个体经济逐步地走向集体化,就不可能由新民主主义社会发展到将来的社会主义社会,就不可能巩固无产阶级在国家政权中的领导权"。谁要是忽视或轻视了这一点,谁也就要犯绝大的错误。"国营经济是社会主义性质的,合作社经济是半社会主义性质的,加上私人资本主义,加上个体经济,加上国家和私人合作的国家资本主义经济,这些就是人民共和国的几种主要的经济成分,这些就构成新民主主义的经济形态。"①毛泽东这里所说的合作社经济,包括生产、消费、信用三类合作社。同样,具体到商业领域,国营(公营)商业是社会主义性质的,合作社商业是半社会主义性质的,加上私营资本主义商业,加上个体商业,加上国家和私人合作的国家资本主义商业,这几种主要的商业成分,就构成新民主主义商业的经济形态。

党和解放区民主政府,一直十分重视合作社商业的组建和发展。同国营(公营)商业一样,在原抗日根据地,合作社商业早已存在,并有相当程度的发展。进入解放战争时期,原抗日根据地的合作社商业,在原有基础上继续并加速成长壮大。新解放区的合作社商业也从无到有、从小到大,与解放区同步发展、成长壮大。

在抗日老根据地,各类合作社(包括生产、消费、混合业务、信用、互助及小型合作社等)差不多村、区、县都有,它与贸易总公司、公营商店相结合,并且组织了劳动互助、群众纺织、运输及养猪、养鸡、养蚕等副业,起

---

① 《毛泽东选集》第四卷,人民出版社1991年版,第1432、1433页。

了交流物资、刺激生产、平稳物价、繁荣市场的作用。① 解放战争时期,抗日老根据地的合作社商业就是在这一基础上继续发展壮大的。

解放战争时期陕甘宁边区的合作社,多是抗日战争时期合作社的承接和赓续,或是在抗日战争时期原有合作社基础上发展、扩大、提升。

抗日战争结束后,在边区政府领导下,合作社均照原有章程,继续营运、活动。据 1946 年延安地区合作社联合会材料,东三县及鄜县、志丹等县合作社,对收买土产很是重视,仅固临、志丹、延川 3 县合作社共有资金 86000 万元,而用作收买土产即达 55000 万元,占资金总额的 64%。其中志丹县所收绒毛(1.4 万斤)已占该县产毛(5.5 万斤)的 20%。当时合作社曾有生产单位 57 个,包括纺织厂 6 个、油坊 6 个、粉坊 11 个、染坊 28 个、瓷厂 2 个、炭窑 4 座,占 244 个业务单位的 23.3%,共有资金 61000 元,占资金总额 37 亿元的 16.4%。在减轻群众负担上,如当时南区合作社包交公粮公盐,以及帮助教育费、自卫军放哨费等,发挥了相当大的作用。

陕甘宁边区合作社在 1943 年、1944 年间,曾一度蓬勃发展,突飞猛进。社数达 600 余处,业务单位 1200 个以上。拥有资金数十亿元。到 1947 年国民党胡宗南军队进犯边区前,边区还有 307 社。在抗击胡宗南军队期间,由于负责转移物资、坚持供销、维护本币,特别是 1947 年下半年至 1948 年,参加生产救灾与恢复生产工作,成绩更大,不仅端正了合作方针,组织了副业生产,增加农业生产收入,渡过灾荒,而且发展了广泛性的小型合作社。如关中旬邑清源合作社,在战争中和群众关系密切,在群众帮助下,所有物资全无损失,曾供销油盐 5000 多斤,卖药 30 多服,受到群众和游击队欢迎。另外还有,如延长联社,统一购货,避免抬高物价。子长西一区合作社背药篓子打游击卖药。延川东洋区染坊坚持在敌据点附近染布。延安河庄区陈拐子合作社,自党中央从延安撤出后,精减干部(10 人减为 4 人),在该区二四五 3 个乡背货串乡,因为货少,规定每家老

① 华北解放区财政经济史资料选编编辑组等编:《华北解放区财政经济史资料选编》第 2 辑,中国财政经济出版社 1996 年版,第 664—665 页。

布 3 丈,火柴 2—5 盒,13 天中销布 160 丈,火柴 36 包,群众将埋在地下的边币取出来又买到货物,非常高兴。在这一期间,合作社配合党政工作,在贸易公司帮助下,共组织了 50 万斤棉花的供销工作,连群众自行纺织共产小布约 40 万匹(每匹 5 丈长、1.25 尺宽),收购标准布 2 万余匹,恢复了边区纺织业 60%(战前产布约 60 万匹)。组织了东西两地运粮运动,前后运至灾区粮食 17.9 万石,组织群众熬硝 118 万斤。并且在这一时期调剂吃粮、种子粮,绥德计 1000 余石,延安地区在供销农具(1.4 万件)、发放农贷(16 亿元)、恢复集市(计 10 处),以及组织战勤、运输,设立移民站、收买土产(如羊油 3 万斤、马兰草 60 万斤、破铁 10 万斤)等。对救灾工作起了不小的作用。

直接经过战争锻炼,边区合作社质量明显提高,已由战前大部分或多或少地曾经单纯经商、投机违法,转为百分之八九十以上合作社从事正当业务,即组织与扶助群众生产,特别是纺织、运输、熬硝及作坊生产。出现了延安蟠龙合作社(贷放麦子)、安塞白庙岔合作社、关中淳耀贾恒春合作社(供销农具、土产)、三边吴旗陈丕秀合作社、陇东曲子联社,以及延安南区合作社(组织运输、战勤)等 38 社均有一件以上模范事例,38 个社占合作社总数(158 个)的 24%。这些合作社在生产救灾与恢复生产中均起到了某种带头或引导作用。

在 1948 年前后,边区合作社出现的一个新情况是,能从边区经济实际出发,在广泛的农村现有合作社基础上,组织了 24 个小型合作社。这类合作社或搞纺织供销,或组织农业与运输,或从事作坊生产及公益事业,都是群众共同需要,自愿结合起来的一种群众经济组织。如子长县王贺有已组织 8 个村 18 个组 56 人从事纺织变工生产。1947—1949 年已供销棉花 2000 余斤。具体办法,一是群众集资合购(如 1948 年秋,7 户集粮 6.2 斗买回棉花 27 斤,按入米数合分了);一是靠公家赊买按时还款及贷棉花扶助(如 1948 年春工合曾贷棉花 305 斤)。1949 年年初,刘家沟村成立小型合作社一处,专门供销棉花布匹及农具。又如延长彭仲仁举办义仓、学校纺织,动员积极分子出粮 30 石,为周围群众调剂吃粮、籽种。延安稍园子梁的农业合作、延长管村的消费合作,特别是新正马栏合作社所组织的各种小型合作,是很完美的一个典型:(1)它组织了民间 10 个骡子朋帮运输,由于代找脚路(给贸易公司揽货)及加以组织,结果两次赚米 8.3 石,节省劳力 2 人(应去 9 人,实去 7 人)。(2)它贷款扶助草料店 7 处,繁荣了马栏至双龙镇大路。如曾贷款任老二 200 元开店一处,一个月后即赚 1 万元,将贷款收回又转借任有才 350 万元开店,遂使此无人村庄移来四五户居民。(3)它组织了 3 人合伙在马栏开药铺一处,为解决资金不足,合作社入股 250 万元,便利了群众医疗疾病(以前要到四五十里以外买药)。(4)它组织了采集信贷,用以拉木板、烧木炭等。如组织王子奎等 6 人,贷款 100 万元,添购了斧头、平锛等工具,上山伐木;又组织马彦红等 4 人烧木炭,已烧了 3000 斤,由合作社找雇主。此外,该社又组织两个村的纺织、马栏市的摊贩及下乡做群众工作、捎买日用品等,将原有合作社面貌完全改变,为之一新,标志着合作社走上一个新的发展阶段。[①]

晋冀鲁豫边区政府在解放战争之初,就对合作社采取了积极扶助的政策。边区政府强调,"合作社是服务人民、服务农工副业生产、活跃农村信用,沟通农村城市货物交流,畅用土货的群众组织。它虽然是群众的组织,但政府应对其加强领导。现在合作社正处在危机的边缘中,如欲其担负起以上任务,必须用大的力量去支持帮助,主要是贷款。我们决定增加一批贷款,由建设厅银行,按各区情况,适当分配"[②]。晋冀鲁豫边区太岳区在关于 1946 年工商工作方针的意见中也提出,"组织合作社,是发展农村经济的关键,可以使散漫的农村经济组织起来,这样一方面可以限制和抵抗私人垄断,对农民有利;另一方面可以加强与壮大公营经济的调剂力量,一定要有足够的认识,大量发展合作社,扩大手工业生产,是今后长期经济斗争上的生死问题"[③]。由于政府高度重视,合作社发展很快。到

① 陕甘宁边区财政经济史编写组等合编:《解放战争时期陕甘宁边区财政经济史资料选辑》下册,三秦出版社 1989 年版,第 271—275 页。
② 华北解放区财政经济史资料选编编辑组等编:《华北解放区财政经济史资料选编》第 1 辑,中国财政经济出版社 1996 年版,第 134 页。
③ 华北解放区财政经济史资料选编编辑组等编:《华北解放区财政经济史资料选编》第 2 辑,中国财政经济出版社 1996 年版,第 564 页。

同年 5 月,全区已有合作社 800 个,社员 533981 人,股金 1759 万余元。①

不过晋冀鲁豫边区合作社的发展,并非一帆风顺。随着解放战争的推进和解放区的开辟、扩大,晋冀鲁豫边区部队、军政机关和团体,推行"左"工商政策,甚至严重违法乱纪,导致一些城市工商业的破坏和萧条。为了严肃纠正工商业中的"左"倾错误,中共晋冀鲁豫中央局在 1948 年 9 月 10 日发出的《中共晋冀鲁豫中央局关于工商业政策的指示》中,特别提出要加强对合作社的整顿,规范对合作社的组织管理和业务指导,帮助合作社发展。为此必须"颁发合作社条例草案,取缔某些合作社非法行为,规定合作社性质、任务与营业制度,整顿合作社队伍,加强业务指导,有计划组织生产,调剂物资,其资本不足者由银行给以低利贷款,帮助其发展"②。太行区党和政府、国营商业(贸易公司)一直坚持大力扶助合作社的政策,建立与合作社的业务联系,通过合作社以公道价格收购小生产者的农产品、工业原料(棉、麻、粮、白油等),保护生产者正当利益,以较低于当地主要市场同一质量的主要商品批发价格,售给合作社。通过建立业务联系,一方面领导市场,掌握工农产品交换;另一方面扶助和促进了各类合作社和合作社商业的发展。③ 长治则准备在各县市组织公营商店,与合作社粮店统一联系,形成粮食交易网,达到调剂粮食的目的。④

在陕甘宁边区,1947 年 3 月 19 日中共中央、中央军委撤离延安后,根据地被蒋介石、胡宗南军队占领,边区建设中断,转移至农村的公营商店及各地合作社,"均陷停顿状态,以致一时交换停滞,群众生产、日常必需用品的购买,日益困难"⑤。为克服上述困难,支持长期自卫战争,同年

---

① 华北解放区财政经济史资料选编编辑组等编:《华北解放区财政经济史资料选编》第 2 辑,中国财政经济出版社 1996 年版,第 569 页。

② 中国社会科学院经济研究所中国现代经济史组:《革命根据地经济史料选编》下册,江西人民出版社 1986 年版,第 248 页。

③ 华北解放区财政经济史资料选编编辑组等编:《华北解放区财政经济史资料选编》第 2 辑,中国财政经济出版社 1996 年版,第 840 页。

④ 华北解放区财政经济史资料选编编辑组等编:《华北解放区财政经济史资料选编》第 2 辑,中国财政经济出版社 1996 年版,第 843 页。

⑤ 中国社会科学院经济研究所中国现代经济史组:《革命根据地经济史料选编》下册,江西人民出版社 1986 年版,第 654 页。

5 月 6 日,边区建设厅给专员、县长发出指示,要求各县、区政府必须督促各合作社恢复营业,采取串乡卖货的办法,供给群众布匹、食盐、火柴、犁铧等必需品;寻找弹花工人弹花,接济群众纺织原料,找铁匠、锅炉匠打农具、接铧尖,为群众解决农具困难。以资流通农村经济,扶助群众进行生产;除与贸易机关进行联系购买布匹、棉花等货物外,并应利用各种社会关系,设法克服敌人封锁困难,向敌占区争取采购物资,以保证群众必需品的供给;在交易过程中,货价必须公平,严格纠正高抬物价和囤积居奇的思想与行为。同时,拥护边币流通,严禁行使法币。如向外购买货物需用法币时,应向银行合法换取。

为了实现上述要求,各地应依当地情况与游击战争结合起来,具体计划执行,发扬合作社人员刻苦耐劳、为人民服务的精神。对于好的合作社或干部,应随时给予表扬,对于破坏金融、营私舞弊、违犯政府法令的合作社或干部,应严予处罚,必要时可经过群众改组或解散之。①

山东、苏北和皖北等原抗日根据地老解放区、合作社和合作社商业也都延续下来,并有所发展,无论在抗日战争还是解放战争中,都帮助了农村生产的发展,并帮助政府、军队圆满地克服了军衣、军鞋等困难。在革命战争中作出了"很重要的成绩和贡献"。②

山东解放区相当一部分是原来的抗日根据地,在抗日战争期间就办起了合作社。1940 年 8 月,山东全省行政机构"战时工作推行委员会"成立后,随即开始开展组织合作社的工作。到 1942 年,全省已有一千多个合作社。不过当时合作社的方针、目标不明确,没有充分发动群众,合作社缺乏群众基础,大多数合作社是用摊派股金的方式组织起来的,在群众中没有威信,一经日伪"扫荡",便纷纷垮台。到 1943 年年初,已大部分消失,或名存实亡。1943 年后,根据地党和政府总结经验、吸取教训,不再一哄而起,而是稳扎稳打,"组织一个、巩固一个",

---

① 中国社会科学院经济研究所中国现代经济史组编:《革命根据地经济史料选编》下册,江西人民出版社 1986 年版,第 654 页。
② 江苏省财政厅、江苏省档案馆、财政经济史编写组编:《华中解放区财政经济史料选编》第 7 卷,南京大学出版社 1987 年版,第 30 页。

明确组织合作社以"扶助群众生产为其中心工作",并与这一时期紧急任务(发展纺织生产)密切结合,通过合作社来扶助群众纺织手工业的发展。合作社的发展方式提倡"民办公助",反对"包办公办"。合作社在群众中的威信开始树立起来,逐渐巩固发展。到 1944 年,全省又有两千多个合作社。

此后,山东合作社经过几次斗争考验,坚实发展,稳步前进。"八一五"日本宣布投降后、山东光复,到 1945 年年底,全省合作社总数达 4790 个,社员 100 万人,资金 5600 万元。在这一年中,大体增加了 1 倍。

1946 年年初,山东合作社进入了一个新的发展阶段。在业务类型上,除了纺织,开始扩大到运输、供销,试办信用业务,组织区联合社,并建立生产推进社或合作指导所,以解决各合作社业务上的困难。该年上半年的和平局面虽然只是昙花一现,却使合作社的发展获得一个很好的机会,山东新解放区的合作事业也在这时得到蓬勃发展。到 6 月底,全省解放区已有 8394 个合作社,社员 270 万人,资金 2 亿元。不过由于合作社的发展过分迅速,领导力量更加显得薄弱,这在新解放区尤为明显。因此,这些合作社中,半数以上不健全不巩固,甚至有名无实。

1946 年下半年,因恶劣的战争环境,边沿地区的合作社组织遭受严重摧残,或陷于停顿状态。不过仍有一部分合作社维持或巩固发展,有些地区(如滨北)在土地改革中还增加了许多新社。据 1947 年 1 月对 58 个县的统计,总共有 7353 个合作社,社员 190 万人,资金 42500 万元。有些地区不仅发展村社,且已建立区联合社。如鲁中沂山区就有 8 个区联合社,其中宿山区联合社有 65 个村社;滨海区有 7 个区联合社和 22 个中心社,有 21 个合作社的资金超过 100 万元,其中莒南十字路永利合作社在半年中,资金就从 9 万元扩大到 500 万元。

山东合作社在其蓬勃发展的过程中,很快成长为农村各种生产事业的一支庞大力量。如象碑廊的聚丰合作社,日照的利民合作社均在没有纺织传统的"空白地区"发展纺织生产。到 1947 年 1 月,聚丰已经发展纺车 3000 余辆,织机 600 余张。利民在城关就发展纺车 2000 余辆,共有四五个区 36 个村的群众在其扶助下从事纺织生产。海阳济元渔民合作社帮助 400 余户渔民恢复生产,改善了生活。广饶广济医药合作社为全县人民治病,1947 年上半年就治愈 12000 余人。在合作社的奖励扶助下,全省纺织产品已能全部自给。据 1947 年年初统计,全省已有纺车 250 万辆,织布机 52 万张,1946 年共织大布(1 码宽、40 码长)500 万匹,单单纺织收益就能养活 500 万人,约占全省人口的 1/6。

山东合作社事业在其发展过程中,不仅数量扩大,而且质量、层次明显提升。临沂生产推进社的成功,是一个重要标志。临沂生产推进社创办于 1945 年 10 月。当时临沂城关无业游民约占城关人口的 2/3,生活毫无办法。民主政府通过创办推进社的方式扶助群众生产,发展合作事业。经过一年多的努力,已在城关发展 4000 余辆纺车,吸收数千妇女参加羊毛纺织。1946 年秋冬共织毛袜七八万双,并在城关组织了 29 个各种类型的合作社,社员 3500 余人;在城北岔河区帮助 4000 余张布机恢复生产;组织了 7 个职工合作社,社员 1000 余人;并组织了 54 个村的职工会。推进社还在城南傅家庄辅助群众恢复铁业、窑业生产,并将合作社业务范围从生产扩大到产品销售,协助他们每日推销 40 万元成品。推进社还主持召开滨海、鲁中、鲁南三地区的联合运销会议,组织各合作社实行联合运销。在临沂生产推进社及滨海合作推进社的帮助下,各合作社合资在海口设立了一个联合运销站,办理土产运销。

生产推进社、合作推进社是合作组织更高级的业务联系机关,在工作薄弱的地区,又是扶助生产合作事业的有力的推动机。山东解放区群众经过几年的经营实践,已能自己管理村社,有些地区已能自己管理区联合社,但要自己组织和管理县以上的联合机构还是相当困难。所以民主政府除用民办公助方式发展村社和区联合社外,又用公私结合方式创办生产推进社及联合运销站等。通过这种公私结合方式,使群众生产事业和民办公助的各级合作组织能够更迅速地发展。

由于山东农村基本上仍是耕织结合的自给自足经济,合作社的业务类型,是以各种门类的手工业生产为主,供销(产品运销)为辅,逐步做到生产与供销结合,有效解决农业生产的各种困难。这方面的主要工作有:(1)采办农具肥料(如豆饼等);(2)运销农产;(3)经理农贷;(4)调剂耕牛;(5)利用变工组的剩余劳力经营各种副业。①

在原抗日根据地以外的各个解放区,党和民主政府在建立与发展国营(公营)商业的同时,通过组建以个体经济为基础的消费合作社,全力建立和发展合作社商业。

东北解放区因开辟时间较早,合作社的建立和合作社商业的开展也相对较早,取得了较好的成效,并且积累和总结了正反两方面的宝贵经验。

东北解放区的城乡合作社与合作社商业的发生、发展,从1945年"八一五"日本投降到1949年新中国成立的4年多时间里,以1948年《东北局关于开展农村合作社工作的指示》或稍后的东北全境解放为界,大致分为前后两个阶段。

"八一五"日本投降后,中国人民解放军在开辟解放区、恢复生产和商业流通的过程中,即开始建立合作社。在热河、西满、东满个别地区,早在1945年冬或1946年春,就已组建合作社,从事商业和运输。1946年7月,东北局发布"七七决议"后,曾动员大批干部下乡,发动群众进行反封建斗争。到1947年冬、1948年春,旧的封建剥削关系被破坏,新的生产关系刚刚开始建立。在这个过程中,由于尚未分配或暂时无法分配的斗争果实,如小型工厂、作坊、房屋、机器等,大量存在;由于极度枯竭的农村生产亟待恢复,并在当时发展生产、保障供给、生产救灾、支援前线的方针指导下,在已解放的各个地区,纷纷建立了许多合作社。

在地方党和政府的引领与组织下,各地各类合作社相继建立、发展。具体情况互有差异。据1947年4月对哈尔滨的调查,该市首个合作社——新阳区大众合作社,成立于1946年8月中旬,资本是由群众斗争伪满粮谷配给店的果实构成的。到1946年年末,先后建立起十几个合作社。一部分走的是与大众合作社同样的路径;另一部分是贫民会利用迁返日侨后拍卖启封物品的钱款组织起来的。进入1947年,1月又建立了

①　薛暮桥:《抗日战争时期和解放战争时期山东解放区的经济工作》,山东人民出版社1984年版,第150—158页。

12家。一般来说,各阶层民众对合作社的认识还不深,实际生活也还没有使民众感觉到需要有合作社。2月1日市政府与东北贸易总公司为调剂粮价保证民食、实施廉价售米,对推动哈尔滨市合作社运动产生了巨大影响。一些受到上级指示,但还在观望、酝酿者,经这一刺激,迅速产生。2月成立的合作社数目,超过前6个月的总和,截至3月13日,已达84家。就资本而言,最初无须群众自己拿钱的约占1/10,其余都是群众凑股。全市62家群众性合作社的资本总额为40268100元;22家机关团体的合作社资本总额为12446460元,合计52714560元,哈尔滨全市工商业资本总额为15亿元,合作社资本额相当于工商业资本总额的3.5%。①

在合江省,1946年11月,《合江省委关于发展工商业政策的初步决议》指出,"在发展工商业方面,以个体经济为基础的生产与消费合作社,应该起很重要的作用,各地方党应根据人民切身的需要,帮助建立民办合作社。首先在一个区、一个乡,建立一个典型的、先行突破一点,然后再向其他地区发展"。"决议"特别警告,建立的合作社一定要是"民办"的,不得强迫命令。"官办的、强制性的、形式主义的合作社,一律禁止成立。"②在省委"决议"的指引下,合江省开展了合作社和合作社商业的建设。

安东市的合作社发展情况,据1948年10月的调查,到该年7月止,市内有工厂合作社10家,股金2亿元,社员6000人;街道合作社51家,区联社6家,资金281409万元,社员数量无精确统计,据若干街道的材料,社员约占全街户数的70%。这些合作社大多兼有生产和供销的双重职能。合作社所属合作生产事业及工厂作坊43处(或多一些),参加生产的男女工人最高时达35579人,可做军鞋(最高1个月出鞋13万双)、制军衣、织草包、织布、纺纱等;这些合作社同时承接货物供销业务,计有所属粮食配卖所46处,每月配卖贫民粮达159万斤,领配给粮者99189人,每月运销粮食及豆油等最多达50万斤,廉价卖给社员。

---

① 东北解放区财政经济史编写组等编:《东北解放区财政经济史资料选编》第3辑,黑龙江人民出版社1988年版,第8—12页。

② 东北解放区财政经济史编写组等编:《东北解放区财政经济史资料选编》第3辑,黑龙江人民出版社1988年版,第4页。

不过1948年6月后,由于原料缺乏、管理外行及生产上的盲目性,小本生产贷款无法收回,损失四五千万元,又没有得到公营经济的足够支持,以及资金太少、太分散,职员太多,职员和街道干部贪污、浪费等,合作社开始呈现紊乱状态,有的赔本,有的停顿或半停顿。

面对这种情况,市委着手对合作社进行整顿:在业务上确定以合作生产(主要是做军鞋及运销)和用盐换回粮食和豆油为主要业务,取消一些已垮或无前途的工厂、作坊,今后除与群众经济生活有直接关系的作坊(如磨坊)以外,凡以营利为目的的工厂、作坊,不再设立,将合作社的重点转入运销事业:一是解决社员部分粮食需要,同时根据形势变化,逐渐发展为较全面的消费合作社;二是支持合作生产,采购原料、运销成品,调剂资金。

在组织机构上精简合并。原来是一条街一个或两个合作社,1948年8月开始进行合并,在群众同意的基础上,以较好的合作社为基础,每三四条街合并为一个合作社。精减职员,并由各街道遴选,实行监理会及代表会的制度。使群众能直接行使管理、监督的权利,并加强区委的领导,改变原来那种任其自生自灭的现象。

同时检查、整顿,"贪污者赔,挪借者还",并结账、分红,除职工合作社不计外,安东全市区联社和街道合作社合并为207个街合作社、6个区联社,分红11123万元;配卖所合并为20处(自1948年9月份起,取消拍卖粮,配卖所取消,有的改为分销部)。精减职员184名;取消工厂、作坊15处,保留的生产单位28处,参加的生产者共18068人。以女工为主,计男工2863人,女工16511人,老弱694人,并拟将运销部逐渐发展为贫民和工人的消费合作社。①

在吉林,到1948年年末,一些材料显示,城市合作社的发展已经相当普遍,几乎街街都有合作社,而且名目很多。吉林市即有职工、公益、军属、制鞋、纺织、群众、人民等27社;延吉市有职工、军属、公民及各厢大小

---

① 东北解放区财政经济史编写组等编:《东北解放区财政经济史资料选编》第3辑,黑龙江人民出版社1988年版,第134—137页。

14 社；龙井市有四联（由 4 个厢社联合）职工、军属、妇女 3 社；图们市有军烈属、职工、众生、商业职工、铁路及各厢等 11 社；明月市 2 社；蛟河城区有群众、职工等 8 社；桦甸城区有农民、职工、人民等 13 社；敦化城区有市民、公民等 7 社。一共有 85 社。资金在 1 亿元以上的有 12 社。资金最多的延吉市职工、公民和桦甸城区的农民 3 社，皆有资金 27000 多万元。其他则只有几千万元的资本。社员最多的延吉职工合作社，有 3745 名社员。龙井四联社和桦甸农民社也分别有 2800 多名和 2100 名社员。业务范围上有生产、供销、消费等，以消费为主的占多数。

在 3 年左右的时间里，成立的合作社数量并不算少。但就整体情况而言，"大多数质量很差，资本少"，所起作用"还是很微小的"，这同合作社对本身业务定位不明确有很大关系。如认为"生产"就是做买卖赚钱；"为社员群众服务"就是"单纯追求红利"等。因此产生了严重的投机倒把现象，部分商人则利用群众名义，打着"合作社"的招牌，进行投机倒把活动。又由于领导上曾过分强调生产，笼统提出反对假合作社，取消假合作社，缺乏具体整顿措施，又在执行中出现过"左"和否定一切的偏向，虽然合作社受到了限制，但他们立刻摇身一变，牌子一换，又成了商店，并借民主政府保护私营工商业为护身符，重操旧业。据不完全统计，改为商店或因投机倒把垮台停业的，计蛟河城区 4 社、延吉市 4 社、龙井市 6 社、明月市 3 社、吉林市 5 社，共计 27 社，而真正由群众组织起来的合作社，因勉强转向生产，如纺织、纸坊、油坊、粉坊、卷烟、麻袋、草袋工厂等，资金本来就少，又因周转慢，很大一部分资金被原料压死，"资金不足""周转困难"成为普遍现象。合作社很难按时结账，红利又少，社员与非社员在待遇上没有区别，因此形成社员见红利少则抽、哪社红利多往哪社入的流动现象。一些合作社常常为分红发愁，如届期不能结账分红，便有垮台的危险。而解决的办法，往往是从投机倒把中找出路，但侥幸渡过难关的只是少数例子。

总之，合作社是普遍建立起来了，但困难重重，症结是"资金少，周转不灵"。光做买卖怕被说成是"假合作社"，发展生产"又不知搞什么好"。特别是东北已全境解放，交通运输迅速畅达，私营工商业获得充分发展，各种联合公司相继出现。相形之下,合作社经济效益显微小脆弱。群众基础差或脱离群众的合作社,更可能随时"闭门"。[①]

这一阶段合作社发展的一个基本特点是,合作社成立的多,陆续垮台的也不少。据不完全统计,到1948年11月,东北解放区还剩下2244个合作社。

从经营管理情况看,这一阶段成立的合作社,大体上分为三种类型:第一种,基本上是根据群众需要,是为群众服务的,经营管理较好,曾为群众解决了生产与生活上的困难,与国营经济有相当联系而又给社员多分红的。这种类型的合作社是最少数。吉林省汪清县的合作社多半属于这一种。第二种,利用未分的斗争果实,以营利为目的,以分红相号召,经营管理一般,有的与机关(区村农会与政府)开支混淆不清;有的与支援前线有密切关系,同时也给群众解决了某些生产与生活上的需要。这一种合作社数量比较多。第三种,纯为假合作社,完全以营利分红为目的,名为合作社,实际上是合伙商店;或者原是利用斗争果实办起来的,却有的为商人成分干部所操纵,进行投机倒把、违反政策的活动;有的被地方干部任意占用、贪污腐化、铺张浪费,以致亏蚀。这种类型的数量原来相当多,其后不少陆续垮台告终。这三种合作社,除第三种外,在当时恢复农村生产,组织生产救灾,支援前线,并在配合国营商业购粮,满足农民各种生产与生活物资需要等方面,都起了积极作用。

这些合作社的发起成立和组织领导,除个别省(如热河)县(如吉林汪清)外,大部分是由工作队扶助开办,或由区村农会,或其后的区村干部自发组建,而又各自处于不正常的分散领导之下。工作队成员多半是来自关内的干部,多少知道一些抗日战争期间合作社的情况,但不一定有实践经验。只知道办合作社就要搞生产、搞运输、开商店,要赚钱、多分红。当时不少斗争果实,如油坊、烧锅、粉坊等,的确很难分配。因此,为了利用斗争果实,就办起合作社来。有的开油坊、搞烧锅、拴大车,样样都

---

① 东北解放区财政经济史编写组等编:《东北解放区财政经济史资料选编》第3辑,黑龙江人民出版社1988年版,第145—146页。

搞;有的则开商店,专做买卖。再者,区村干部既忙于群众工作,忙于战勤,又不懂业务,又无方针,致使合作社的经营,往往陷于自流状态。不少合作社因此相继垮台。

另外,从社务与组织上看,在延续下来的合作社中,除上述第一种类型较好外,也大多是很不健全、很少是群众性的。如社员自愿入股者少,而是按斗争果实照例算一份,或用强迫命令,或受分红号召而来者多;又如,合作社的资金中,未分斗争果实和党政帮助的部分占多数,而真正由农民自愿拿出的群众股金占少数;再如民主管理与会议制度,大多很差或根本没有,而干部又是委派的多,民选的少;等等。

概而言之,在这一阶段,合作社是自发地产生了,但大多是样样都搞的所谓综合性合作社与消费合作社,是在各地区不正常的分散领导之下建立起来的,是自觉或不自觉、直接或间接地反映了对抗日战争时期合作社的思想与办法。合作社普遍缺乏群众基础,盈利分红观点很普遍和严重。尽管如此,它对当时农村经济的逐渐恢复,起到了一定作用,并给后一阶段合作社的整顿、改进与发展,提供了必要的准备条件。[①]

1948年秋,东北解放区大部分地区完成土地改革,随后东北全境解放,为合作社和合作社商业的发展,提供了更好的条件。在这种新形势下,东北合作社和合作社商业进入了一个新的发展阶段——农村供销合作社的提出和迅速发展阶段。

东北党和政府为了尽快着手开展农村合作社的组建、推广,1948年即将秋收之际,东北局下发《东北局关于开展农村合作社工作的指示》,明确指出,同关内解放区比较,东北解放区的城乡关系更为密切:有较多的商品粮要卖到城市,绝大部分农村副产品必须在城市(有的要到国外市场)才有销路;几乎全部农民的日用品都来自城市。这些商品的正常和更合理地流转,才能使农村各种生产得到发展。随着土地改革完成和土地的分散,农村中原有的一些经济组织已被破坏,在新的组织完备地建

---

① 东北解放区财政经济史编写组等编:《东北解放区财政经济史资料选编》第3辑,黑龙江人民出版社1988年版,第268—270页。

立以前,这一正常合理的商品流转,是广大农民也是城市工业的迫切要求,也必然是党和政府必须注意组织领导的工作。除了正确执行工商业政策外,"更重要的是用很大力量在农村中广泛建立农村合作社"。1946年以来,个别地区已办理一些合作社。有的帮助群众解决了一些问题,但有的流于形式,或变质瓦解。全盘说来,这一工作还未开展。虽然比起关内解放区,东北解放区政府可以掌握农民大量必需品,但是掌握的种类还不够,数量有时不及时,最主要的是各地能够把合作社办好的德才兼备的干部不足,建立合作社的工作,无法全面铺开,而"只能大规模而有重点地去开始,要求能以区为单位先建立一个村的,逐渐地能再有两三个到三四个村的合作社"。

《东北局关于开展农村合作社工作的指示》明确要求,"合作社初期的业务,应该是以解决供销为中心,供给农民以廉价必需品,帮助剩余的粮食与发展的副业产品找出路。这一条是广大农民普遍的要求,做好了必然会对农业生产、副业生产有帮助,实际上就是扶助生产。原有的互助组,在得到合作社对副业的帮助下,会更巩固起来,发展起来。广大农民由于牲畜的分散而造成的困难,也将获得解决"。

关于入社资格、合作社的股金和经营业务,《东北局关于开展农村合作社工作的指示》规定,"土改后的农村,一切人只要自愿入股,皆可成为合作社社员。尽量鼓励以实物或劳动力(运输)入股。合作社的经营以供给农民廉价必需品,帮助剩余粮食及副业品找出路为主,不是以赚钱为主,但同时必须要有以实物为标准的成本核算,使合作社有适当的利润。这样才会吸收更多的股金,合作社才会有更多的力量,为群众做更多的事业。片面地反对合作社盈利,片面地反对分红,对初生的合作社会是一个阻碍。同样也要反对合作社单纯盈利观点,特别要反对投机倒把、囤积居奇,否则不只是违反政策,且会把合作社搞到垮台"。社员入股数量不受限制,不怕任何社员入的股份多,因为合作社与一般合股买卖不同,任何人无论资金多少,都只有一票表决权。《东北局关于开展农村合作社工作的指示》强调,"广大社员群众一定要将合作社切实掌握在自己手里,而不被少数人所操纵"。

为了使国家与合作社有限的资金发挥更大的作用,《东北局关于开展农村合作社工作的指示》提出,可以提倡在国营商店与合作社之间互相订货、信用往来,不过两方面都要仔细研究而后订出合乎实际情况发展的必要的订货合同。信用往来之间应该有合理的利息。但是,银行一般地不进行合作社贷款,只在为了专门发展某一种生产事业有必要与可能时经过合作社发放。国营商店应该与合作社紧密结合,把合作社变成国营商店的支柱。国营商店也只有有了广大合作社网作为支柱的时候,才算是有了可靠的力量。国营商店与合作社是营业往来关系,但是要在业务经营方针方法上给予帮助。国营商店与合作社间的商业利润,一般的以公私两利为原则,在必要时只有利于合作社而无损于国家商店亦可以做。但如只有利于合作社而有损于国家商店时,除经商业部批准之外,一般不做。合作社应该是履行国家政策的模范,应该是与国家商业部门紧密团结,共同为贯彻政府经济法令的实施而与一切违反法令的现象尽力进行斗争。

《东北局关于开展农村合作社工作的指示》还强调,许多经验已经证明,必须要联系群众,经营得当,公私结合,合作社才能巩固发展。而关键之一是有德才兼备的干部。如何在土地改革运动的积极分子中选拔得力人员,吸收肯忠诚为人民服务的有能力的人才,这是开展合作社工作的先决条件。"合作社工作是生产运动的主要内容。合作社的发展巩固,是一般地区群众生产运动主要内容和标志之一",要求在秋冬时节抓好这一工作,"秋收将届,大规模冬季副业生产季节将到,一定要抓紧这一季节,把发展合作社的工作做好"。①

东北局的上述"指示"下达不久,1948 年 10 月 6 日,东北局会议通过的《东北局关于 1948 年农业生产的总结与 1949 年农业生产的决议》,特别提出了"组织生产的合作互助与供销合作问题"。

与《东北局关于开展农村合作社工作的指示》不同,《东北局关于

---

① 东北解放区财政经济史编写组等编:《东北解放区财政经济史资料选编》第 3 辑,黑龙江人民出版社 1988 年版,第 163—165 页。

1948 年农业生产的总结与 1949 年农业生产的决议》明确要求建立的就是"供销合作社",而不是"以解决供销为中心"的一般性合作社或综合性合作社;供销也不只是合作社的"中心"业务,而是"唯一任务";合作社的组建,也不是选择"重点",以区为单位先建立一个村的合作社,再逐渐增加、推广,建立两三个到三四个村的合作社,而是明确提出全面铺开,"从上至下"建立供销合作社,形成供销合作社立体网的组织指导方针;建立供销合作社的宗旨,也不是一般的供销,而是"无产阶级领导的国家经济对于农民小生产经济的联系与领导"。这是东北合作社工作上具有极大意义的重要文献。

《东北局关于 1948 年农业生产的总结与 1949 年农业生产的决议》强调,除农业生产中的互助组织外,"还必须在农村中普遍地从上至下地建立供销合作社,以建立无产阶级领导的国家经济对于农民小生产经济的联系与领导,减少商人的中间剥削,尽可能廉价地供给农民所需要的各种生产资料和生活资料,公道地收买和运销农民生产品,以提高农业生产力和发展各种农村副业。其方法应首先建立东北供销合作总社及各省省社,再选择若干县及乡为重点去征求社员,进行营业,以便取得经验和群众拥护后,再加以推广。供销合作社的唯一任务,就是协助社员生产保护社员利益,避免商人剥削。它必须以比较廉价的工具和商品供给农民,又以公道的价格收买和运销农民多余的粮食和原料及副业生产品,从而保护社员利益,而不应以剥削社员或非社员群众从而盈利分红为目的,如普通商人的做法一样。农村中的党和政府必须派出大批最好的干部去办理供销合作社,并用心学习做生意,但不是学习像商人那样如何去剥削农民和小生产者,而是学习如何能使他们减轻以至免除这种剥削,以便使合作社有强的领导骨干"。"国家必须帮助合作社的资金,并从税收运输及定货方面给好的供销合作社以各种优待。我们同志应该了解这种供销合作事业的巨大重要性,而不应该有重农轻商的观点。须知在小商品经济的范围内,商业是可以控制农业甚至破坏农业的,没有合理的商业,就不能使小农业有合理的发展。"

《东北局关于 1948 年农业生产的总结与 1949 年农业生产的决议》特

别提醒党员、干部,"由于封建剥削消灭,解放战争胜利,大城市解放,大工业发展的条件下,农产品必然大量地商品化,因此无产阶级领导下的农村供销合作社必将日益发展成为新民主主义社会中农村商品生产的指挥机关。由于这种供销合作社在今天还极不发达,还没有在全党内引起严重的注意和建立正确的认识,我们在今天必须对于这一工作给予更大的重视。应当指出,办好农村供销合作社,与提高农业生产技术,发展农业生产互助,具有同等的重要性。办得好的供销合作社,是组织农村生产与消费的枢纽。要提高农村生产,仅仅依靠党政机关在行政上去指挥还是不够的,还必须建立经济上的指挥机关。这个经济上的指挥机关之一,就是农村供销合作社。各级党政机关必须以最大的注意去建立真正能够代表群众利益的供销合作社。过去许多合作社办理不善的,如用投机商人的办法去剥削群众,以盈利分红为目的者,必须坚决加以纠正和取缔"。

《东北局关于1948年农业生产的总结与1949年农业生产的决议》要求党的农村干部将组织供销合作社作为提高农村生产的"基本环节"来抓。"许多在农村工作的干部感觉自己在发展村生产方面没有很多事情可做。因为提高农业生产技术,往往需要专门知识,而他们又往往没有或很难有这种专门知识。组织农业生产互助,又只能按照农民的意愿去做,我们的干部除了号召和从旁协助外,也不能有更多的事情好做;如果他们想做更多的事情,再加上急性病,他们就常常走上强迫命令的路子。然而他们不知道很好地去组织供销合作社,以便初步地把全体农民组织起来。这正是我们的农村工作干部在今天提高农村生产方面所应努力的基本环节。"[①]

1949年3月,东北传达了党的七届二中全会决议,5月21日《东北日报》发表题为《如何贯彻东北全党的转变》。党的七届二中全会决议和《东北日报》社论两个文件中关于合作社的部分,对东北的合作社事业,都有十分重大的意义。前者指明,合作社"是以私有制为基础的在无产

---

① 东北解放区财政经济史编写组等编:《东北解放区财政经济史资料选编》第1辑,黑龙江人民出版社1988年版,第497—499页。

阶级领导的国家政权管理之下劳动人民群众的集体经济组织",合作社是"半社会主义性质的";后者清晰说明了,当前之所以要特别重视发展农村供销合作社,乃因农村供销合作社是城市领导农村及城乡结合的最好组织形式。这就进一步明确了建立和发展农村供销合作社的指导方针。

由于东北全境的解放和东北地方党及政府的充分重视,这一阶段城乡合作社特别是农村供销合作社有了较快的发展。关于城乡各类合作社的发展变化,有不同时段、不同角度多种统计数据。有一种统计为:城乡基层合作社总数,1948年12月为2244个;1949年4月增至4198个,增加87.1%;11月为7395个,增加229.5%。农村合作社数目,1949年4月为1845个;9月增至4601个,增加149.4%;11月为6147个,增加233.2%。[①]另据1949年5月底对6个省的统计,共有农村供销性质的合作社5335个,平均6个行政村有一个合作社。[②] 还有一个统计,涵盖了1949年11月底东北城乡各种业务合作社数目,见表20-14。

从业务看,城乡合作社主要包括供销社、生产社和消费社三类,就整体而言,以供销社为主,计4302个,占总数的78.6%。不过在城市则以消费社为主,占城市合作社总数的65.7%。从合作社的城乡结构看,农村合作社占绝大多数(84.1%)。

另有一组统计数据,比较全面地反映了东北各省市合作社的内部结构和地域分布,情况详见表20-15。

表20-15中的数据涵盖时间或来源,吉林为1949年6月、7月、8月,热河省为同年7月前,其余均为1949年年末总结数据,统计相对完整、准确,比较全面地反映了中华人民共和国成立前后东北解放区城乡合作社的整体情况。同表20-10数据比较,合作社数据和内部结构更为完整,如表20-15所示,东北全境合作社总数达8678个,从内部结构看,仍以供

---

① 东北解放区财政经济史编写组等编:《东北解放区财政经济史资料选编》第3辑,黑龙江人民出版社1988年版,第272页。

② 东北解放区财政经济史编写组等编:《东北解放区财政经济史资料选编》第3辑,黑龙江人民出版社1988年版,第245页。

表 20-14　东北城乡各种业务合作社发展比较（1949 年 11 月底）

总社数	农村						城市					
	供销社		生产社		消费社		供销社		生产社		消费社**	
	社数	占总社数百分比（%）	社数	占总社数百分比（%）	社数	占总社数百分比（%）	社数	占总社数百分比（%）	社数	占总社数百分比（%）	社数	占总社数百分比（%）
5472*	4128	75.4	154	2.8	319	5.8	174	3.2	125	2.3	572	10.5

注：* 原资料为 5422，疑误，现据细数核正。

** 消费社包括职工消费社 332 个；一般消费社 156 个；军列属社 84 个。

资料来源：据东北解放区财政经济史编写组等编《东北解放区财政经济史资料选编》第 2 辑，黑龙江人民出版社 1988 年版，第 233 页 "东北各省（市）合作社
分布情况统计表" 综合改制。

表 20-15　东北各省市合作社分布情况统计（1949 年）

合作社类别 地区	所属县数	总计	县市社	区联社	供销社	消费社	生产社	行政村数	供销社与行政村之比（%）
辽西省	25	1216	—	—	1061	155	—	5696	18.6
吉林省	25	1024	24	140	628	174	58	4022	15.6
热河省	22	1072	22	—	959	73	18	6745	14.2
松江省	35	1517	32	19	1260	166	40	3678	34.3
辽东省	33	1889	32	132	1429	231	65	6247	22.9
黑龙江省	36	1637	36	83	1298	220	—	4319	30.1
鞍山市	1	35	—	—	7	26	2	—	—

续表

项目\n地区	所属县数	合作社类别						行政村数	供销社与行政村之比(%)
		总计	县市社	区联社	供销社	消费社	生产社		
本溪市	1	38*	1	—	8	26	3	—	—
抚顺市	1	34	1	—	—	30	3	—	—
沈阳市	1	216	—	—	41	175	—	999	4.1
总计	180	8678	148	374	6691	1276	189	31706	21.1

* 原资料总计数据颇多讹误：合作社类别总计数据，县市社错为 188。各省市合作社总计数据，热河省错为 1073；本溪市错为 37；各省各类合作社总计错为 8677；以上讹误之比不包括鞍山、本溪、抚顺。

注：1. 供销合作社与行政村之比据相关数细数加总核正。

2. 表内数据所反映的时间或来源，除吉林为 1949 年 6 月、7 月、8 月，热河省为 7 月前外，其余均为 1949 年年末总结数据。

资料来源：据东北解放区财政经济史资料选编写组等编《东北解放区财政经济史资料选编》第 3 辑，黑龙江人民出版社 1988 年版，第 259 页"东北各省（市）合作社分布情况统计表"综合改制。

销社为主体,供销社占各类合作社总数(不含区联社和县市社)的82.0%,平均大约每5个行政村有一个供销社,供销社发展较普遍的松江省,平均大约每3个行政村有一个供销社。同时,除了行政村基层合作社,还有区联社和县市社,已基本形成合作社的立体网。

社员人数,据1949年5月底6个省的统计,前述5335个农村供销性质的合作社,有社员2693819人。① 另有统计称,城乡合作社社员合计,1949年9月为2832021人;11月为4189343人;12月为5940955人。②

上述合作社和社员人数统计数据说明,在第二阶段,城乡合作社数目增加了375%,社员人数增加了259%。其中农村合作社数目增加406%,社员人数增加376%。

从合作社资金、财务、业务方面看,1949年5月底,上述6个省5335个农村供销性质的合作社,共有资金8826亿元。③ 另据统计,1949年年底,省市以下各级合作社的基金总计(亦即归社员所有的资金,包括公积金、股金、入社费和下级社缴纳金等在内,信贷和国拨资金不在内)为9836亿元。1950年第一季度末增至16764亿元,增加70.4%。同时,这种基金在资金总额中所占比重,不仅在基层社已达90%以上,即以省市社以下各级社的合计数来看,也已达70%左右,而且已从1949年年底的69.7%,增加到1950年第一季度末的74.5%了。这说明,在本阶段内,合作社的群众性已有显著的增大,而且在继续增大着。合作社的零售额,1949年为50332亿元,占全东北人民实际买入总额的14.3%;1950年第一季度的零售总额为62351亿元(比1949年的统计较为准确),约占同期全东北人民买入总额的29.3%。这说明合作社的零售业务,在社会零售商店流通总额中所占的比重,1950年第一季度已较1949年度扩大

---

① 东北解放区财政经济史编写组等编:《东北解放区财政经济史资料选编》第3辑,黑龙江人民出版社1988年版,第245页。

② 东北解放区财政经济史编写组等编:《东北解放区财政经济史资料选编》第3辑,黑龙江人民出版社1988年版,第272页。

③ 东北解放区财政经济史编写组等编:《东北解放区财政经济史资料选编》第3辑,黑龙江人民出版社1988年版,第245—246页。

1 倍以上。①

东北全境解放后,城市消费合作社同农村供销合作社一样,进入了一个新的发展阶段。尽管当时发展合作社的重点是农村供销社,对城市合作社是采取巩固和发展的方针,但城市合作社的发展速度还是大大加快了。1949 年一年增加的社数,超过了前三年合作社总和的两倍多。社员人数,1949 年年末比 4 月增加了 34%。发展的具体情况详见表 20-16。

表 20-16　东北城市基层合作社发展情况统计
（1948 年 12 月—1949 年 12 月）

项目 年月	合作社数		社员人数	
	实数	指数	实数	指数
1948 年 12 月	399	100	—	—
1949 年 4 月	676	169.4	886912	100
1949 年 9 月	821	205.8	841720	94.9
1949 年 11 月	1248	312.8	733683	82.7
1949 年 12 月	1315	329.6	1192698	134.5

资料来源:东北合作总社:《四年多的东北合作社工作·附表一》(1950 年 6 月),见朱建华主编:《东北解放区财政经济史稿》,黑龙江人民出版社 1987 年版,第 371 页改制。

新发展的合作社中,多数是职工消费合作社。如沈阳市从 1948 年 11 月初到 1949 年 8 月,新建立合作社 160 个,其中工厂合作社 78 个,街道合作社 21 个,农村合作社 21 个,资金 360 亿元,社员达 20 万人。表 20-15 反映了 1949 年消费的地区分布情况。合作社(主要是消费社)的营业额由 5 月份的 800 亿元,增加到 6 月的 1400 亿元,其中代销国营商店的物资 700 亿元,占营业总额的一半。②

在关内原抗日根据地以外的新解放区,合作社和合作社商业的发生发展,因解放和解放区开辟时间先后不同而互有差异。解放时间较早的地区(如华北部分地区),合作社和合作社商业有较大程度发展;解放时

①　东北解放区财政经济史编写组等编:《东北解放区财政经济史资料选编》第 3 辑,黑龙江人民出版社 1988 年版,第 272—273 页。
②　朱竟之:《沈阳市合作社概况》,《东北日报》1949 年 8 月 30 日。

间较晚的地区(如华中、华东地区),合作社与合作社商业形成、发展的时间亦相应较晚,规模较小。

在华北解放区,解放较早的内蒙古地区,1947年4月23日成立内蒙古自治区人民政府,随后开展土地改革运动,废除封建土地所有制和封建剥削;又在政府的巨额投资和东北商业部的支持下,迅速建立国营商业体系,不仅很快在内蒙古各主要市镇的市场上占据了领导地位,在农村采购土产和推销货物上形成了领导力量,准备在三大公司(粮食公司、畜产公司、百货公司)系统下普遍发展国营商店的商业网,又大力扶助农村供销合作社,提高其贸易总额和流转速度,巩固国营商业的领导地位,缩小奸商的市场活动范围及消灭其投机倒把的非正当买卖,并引导他们走上有利于国计民生的正规发展。

在这种情况下,内蒙古解放区的合作社和合作社商业也获得迅速发展。据初步调查统计,1947年仅有合作社10处,1948年增至36处,到1949年3月止,已增至56处,社员13229人,其中农村合作社为49处,城市合作社7处,按性质类别来分,供销社40处,消费社10处,生产社6处。资金总计为79.63亿余元,其中包括群众股金55.37亿余元,占总资金的64%;斗争果实股金21.07亿余元,占总资金的29%;公股3.18亿余元,占总资金的7%。这些合作社给农民解决了不少难题,如阿□旗(原文献缺失——引者注)的合作社给群众解决种子46500斤,豆饼347块,花大豆3400斤。其他各旗也大致如此。工商部为加强合作社工作,特成立了合作指导处,并开办了合作社干部训练班。[1]

在华中解放区,党和民主政府虽未专门针对合作社的工作下达指示或作出部署,但1947年11月12日,华中工委关于工商业问题的指示中,特别规定,没收的商店、作坊,不要拆散、分掉,可以采取标价出顶招盘等办法,变钱分给群众;地主在乡村中的小商业小作坊(主要是副业)与农业生产不可分离者,如小粉坊、小油坊等,当其土地耕牛粮食浮财被清算

① 中国社会科学院经济研究所中国现代经济史组编:《革命根据地经济史料选编》下册,江西人民出版社1986年版,第289页。

拿出以后,既不能继续经营,而群众又要求分的可以动。各家分得后无大用处者,可几家分得或全村共有,组织合作社,共同经营,或招盘出顶,变价分配。[1]

另外,某些专署或县市民主政府、公营商业,也曾组织或利用合作社参与推销物资、调控物价的活动。如 1948 年初夏插秧季节,苏皖边区一专署(苏中江北海安、如皋一带),为了向农民平价售卖肥料,支援夏耕,海安贸易公司组织 12 个合作社,直接向农民销售豆饼 21 万片,可插秧35000 亩,增产稻谷 52500 石。[2]

华中、华东解放区有规划和全面地组织、发展合作社的时间较晚,大概始于中华人民共和国成立前后。为全面贯彻党的七届二中全会决议关于合作社问题的基本方针,华东局于 1949 年 11 月 26 日发出《华东局关于开展合作社工作的指示》,宣布在华东地区"谨慎地、逐步地而又积极地"开展合作社工作。强调目前的环境与抗日战争和解放战争时期,都有根本的不同,无论老区还是新区(特别是新区)均应注意吸取成功的经验,避免失败的教训,有重点有计划地稳步发展。应从办理初级综合性的供销合作社入手,与国营商业分工合作,以加强城乡物资交流,促进城乡生产,暂时还不可能直接发展高级性的生产合作社(如合作工厂、合作农场),应防止不从实际出发的急性病。城市和农村发展合作社的重点和要求各有侧重:"城市应在供销合作总社的推动与支持下,以发动组织消费合作社为主,尽可能保障工人、其他劳动者、学生和机关人员的实际生活水平;农村应以供销和运输为主,求得积极打开销路,尽可能满足劳动人民关于生活上与生产上的某些需要,并注意结合发展劳动互助和各种有销路的手工业生产小组。"

《华东局关于开展合作社工作的指示》特别提醒,全党应深刻注意:新民主主义的合作社经济是半社会主义的经济,并且是整个人民经济的

---

[1]　江苏省财政厅、江苏省档案馆、财政经济史编写组编:《华中解放区财政经济史料选编》第 3 卷,南京大学出版社 1987 年版,第 109—110 页。

[2]　江苏省财政厅、江苏省档案馆、财政经济史编写组编:《华中解放区财政经济史料选编》第 5 卷,南京大学出版社 1989 年版,第 585 页。

一个重要组成部分;因此,合作社必须依照人民政府关于合作社的政策、法令在劳动人民群众自觉自愿的基础上,将劳动人民群众自己的资金和劳力组织起来,由劳动人民群众依民主集中制的原则实行集体经营,并由此取得国营经济的各种优待和帮助。党对合作社的领导,首先要善于将国家政权的管理和扶助作用与劳动人民群众的自主精神合理地联系起来。"既要防止因强调国家政权的管理和扶助,而在实际上使合作社变为公营商店的倾向,又要防止因强调劳动人民群众的自主,而在实际上使合作社孤立无援或任其自流地蜕化为资本主义经济的倾向。"

《华东局关于开展合作社工作的指示》要求摆正合作社工作的位置,在城市和农村以不同的方式方法,组织不同类型和作用的合作社:在一般新区,城乡工农群众尚未充分发动与组织起来以前,合作社工作应主要服从于发动群众。合作社只有积极支持与参加群众运动当中,才能使合作社有重点地由下而上地适当发展。一方面,工会、农会、青年以及妇女等团体,亦应在发动与组织群众的过程中,善于运用合作社来积极关心与切实解决群众日常生活和生产上的某些经济要求,使群众运动更坚实有力和便于从政治上教育提高群众。因此,在组织合作社的初期,应采取分散发展、统一领导、由下而上与由上而下密切结合的方针。即城市(主要是中等以上的城市)由下而上发展起来的关于工人、学生、家庭劳动妇女等的消费合作社,则隶属于该城市工会、青联和妇联,由各团体分别负责发展、建设和领导;关于农村基层的供销合作社,则隶属于农会,由农会负责发展、建设和领导。另一方面,各地人民政府可根据工作需要和实际条件(干部、资金、下层基础),由上而下地、有重点地建立各级供销合作社,以全力配合国营企业,发展城乡的物资交流,发展内河和内地各交通要道的运输合作社,并由此以全力支持城乡由下而上成长起来的各种群众性的合作社,成为各地区群众性联盟社未产生以前的营业中心与业务指导系统。各团体、学校、机关合作社,在直接为社员群众服务的原则下,亦可分头进行城乡交流。"但无论采购或推销,都必须经过在地区的工商贸易机关或其上级供销合作社,以免步调不一,弄乱市场,致使投机商人钻空子。"

　　《华东局关于开展合作社工作的指示》明确规定了在老区和新区发展合作社的不同方针,以及对旧式"合作社"的处理办法:老区(如山东、苏北、皖北)的合作社,一般应暂以巩固发展为主,密切结合有关部门,进行整顿和提高,加强干部的政策教育,贯彻为社员服务的方针。特别是在已完成土地改革的地区,应大胆地积极地充实老社,发展新社。在县以上由上而下的联合社或联盟社未成立之前,应先由上而下建立各级供销合作社(原有"合作推进社"名称是否改变,由当地党委考虑决定)。已结束土地改革地区的农会,应以发展与加强合作社工作为主要的任务。对新区原有的旧合作社,基本上应采取不打乱、不分掉、分别改造、逐步恢复营业的方针:一般工厂、农村和学校的单位社,应争取有关群众团体的监督和领导之下,依新的社章有步骤地进行整理和改造;县以上的合作社应区别原系公营或系群众由下而上建立的联合社,前者由人民政府派干部接管改造为供销合作社,后者则应争取团结在当地人民政府与供销合作社的领导下,逐步进行整理;对一般旧的所谓"信用合作社",可依照《华东区私营银钱业暂行办法》处理。

　　《华东局关于开展合作社工作的指示》还指令,为了加强对合作社工作的统一领导与管理,首先在县以上的各级党委下按需要成立合作社工作委员会,由党委指定政府有关部门、群众团体及合作社的主要干部参加;并以此为基础,吸收有关的必要的党外人士参加,组成各该级政府的合作社工作指导委员会,专门负责有关合作社问题的思想、政策指导及行政上的管理与扶持。目前合作社干部在思想上,应特别注意加强群众观点和整体思想的教育。一方面要说服合作社改变过分依赖政府而不主要依靠群众的偏向;另一方面各国营企业部门(如工商、交通、农村水利、银行等)亦应逐步分别制定各种优待和扶持合作社的具体办法。此外财政部门应按合作社工作的进度与需要,尽量解决合作社必要的资金。

　　《华东局关于开展合作社工作的指示》最后强调,由于经验不足、组织不健全、干部不多、资金缺乏,特别是广大新区群众还没有充分发动起来,群众对合作社的认识还不够等困难条件,无论在城市还是农村,无论老区还是新区,也无论发展新的还是改造旧的,都须防止急性病,并须注意掌握典型,积蓄经验,深刻体会与掌握由小而大、由低到高的发展过程。同时,各级党委应特别注意加强合作社干部的训练,并培养大批干部参加合作社部门工作,作为合作社有力的骨干。无论老区还是新区,只有抓紧这一环,才能主动地适应新的发展趋势,并求得有领导的发展。[1]

为规范合作社的组织管理,规范合作社与中国人民银行及国营工商企业的业务关系,1949 年 12 月 1 日华东解放区同时颁发了《华东区合作社暂行登记办法(草案)》(1949 年 12 月 1 日)、《华东区人民银行与合作社建立业务关系暂行办法(草案)》(1949 年 12 月 1 日)和《华东区合作社与国营工商企业建立业务关系暂行办法(草案)》(1949 年 12 月 1 日)3 个文件。[2]

《华东局关于开展合作社工作的指示》和 3 个文件的颁发,引导和加速了合作社的发展。不过在时间上,这种发展已是在 1949 年年末以后了。

(三) 私营和个体商业的波浪式发展

由于中国共产党和抗日根据地、解放区民主政府一贯坚持推行保护工商业的方针政策,无论是在原抗日根据地还是新开辟的解放区,私营和个体商业都大体完整地保存和延续下来。不过在历史发展进程中,在不同时段,因政治经济环境的变动,党的一贯政策亦有某些微调或侧重;在不同地区,地方党和政府对中央政策方针的理解、执行,互有差异,特别是在轰轰烈烈的土地改革运动中,同一政策的执行,差异会更大。加上一些工商业者复杂的阶级、社会背景或政治取向,在土地改革运动中难免受到冲击。尽管事后部分得到纠偏和退赔但资金供应和业务经营,多少都会受到影响。同时,大小商贩又多利用战争环境和价格波动的市场条件进行囤积居奇、投机倒把,资本经营往往大起大落。因此,私营和个体商业的经营和发展,既非直线上升,也不可能完全稳扎稳打,而是波浪式的或

---

[1] 江苏省财政厅、江苏省档案馆、财政经济史编写组编:《华中解放区财政经济史料选编》第 7 卷,南京大学出版社 1987 年版,第 30—33 页。

[2] 江苏省财政厅、江苏省档案馆、财政经济史编写组编:《华中解放区财政经济史料选编》第 7 卷,南京大学出版社 1987 年版,第 178—183 页。

起伏式的发展。

在不同时段、不同地区,私营和个体商业的生存环境与经营状况,差异颇大。

解放战争初期,在原抗日根据地,私营和个体商业的生存环境与经营状况,直接同政治、社会环境和党政部门工商政策或城市政策息息相关。如晋冀鲁豫边区,解放战争前期区内工商业情况,明显分为不同的三类地区:第一类,原有工商业全部或大部保留并发展了新的工商业,约占全区1/4;第二类,原有工商业大部分或小部分垮台,新的工商业亦有部分发展,约占全区1/4;第三类,原有工商业大部分或全部垮台,新的工商业又很少发展,约占全区1/2。①

半数地区或城市工商业"垮台",主要不是战争破坏或对敌伪资产的"清算斗争",而是推行错误的城市政策,或者"被机关、部队、团体的生产巧取豪夺、排挤强占而垮台"。② 冀中行政公署对工商管理局参加战时工作,因作出了这样的政策规定,要求全力"恢复新收复区工商业。无论城镇或农村,均需抓紧时间召开商人会议,宣布我之工商业政策,安定民心,恢复营业。同时结合公营商店组织与带动商人推销土产,沟通新老区经济",并"加强组织管理,严格防止乱抓物资与破坏政策等现象"。③ 所以在晋冀鲁豫边区,冀中地区工商业的情况相对较好。

直接影响私商业务经营和生存环境还有一个十分重要的因素是税收和税收政策。陕甘宁边区黄河东岸的临县碛口镇,向为陕北土货及天津、石家庄、太原洋货集散地,在20世纪20年代社会环境相对稳定时,土货洋货交汇,四方商贾云集,行号业务有"东班""西班"之分,商业曾盛极一时。1938年太原沦陷,货源困难,上述买办封建性的半殖民地市场开始变化。至1940年晋西事变后,抗日民主政权成立,市场发生新的根本性

---

① 中国社会科学院经济研究所中国现代经济史组编:《革命根据地经济史料选编》下册,江西人民出版社1986年版,第245页。

② 中国社会科学院经济研究所中国现代经济史组编:《革命根据地经济史料选编》下册,江西人民出版社1986年版,第245页。

③ 华北解放区财政经济史资料选编编辑组等编:《华北解放区财政经济史资料选编》第2辑,中国财政经济出版社1996年版,第532页。

变化。许多大商人带着资本跑去榆林、天津等较大城市,大商人只剩下个别(如万兴德)"老字号",其余均属中小型买卖。同时也开始自己建立农村纺织业(织标准布)和向敌占区进行经济贸易斗争的公营商店。到1944年、1945年开始走向中兴。镇上铺面从1944年的190家增至1945年的270—280家,其中私商从168家增至270—280家,公营商店从22家增至37—38家,增幅不小,并出现了工商兼营的作业字号。虽然其资力、规模、活动范围远逊于前,但它们中有一部分已具有为人民为农村服务的新民主主义性质了。

税收方面,据老的中小商人称,在日本全面侵华战争爆发前,营业税一类负担,主要转嫁在他们头上。而作为资力10倍于他们的大商人,负担仅多于他们一倍。边区民主政权管制期间,这一状况并未得到根本转变,而且大商人大地主得寸进尺,采取各种方法逃避负担。1947年边区政府提出"整奸商"方针,加重税收,将营业税对象主要集中于大商人,而且征实折款。表20-17反映了1947年临县碛口镇营业税负担情形。

表20-17 临县碛口镇营业税负担统计(1947年)

项目\成分	商人结构		原征额(石)			实征额(石)		
	户数	占比(%)	原征	缓交	减免	总额	户均额	占比(%)
地主	13	3.6	44.14	30	3.576	60.564	4.658	1.86
富农	19	5.2	60.956	—	1.24	59.716	3.143	1.84
大商	44	12.1	2883.932	360	46.44	2477.492	56.306	75.95
中商	110	30.5	592.876	—	20.596	572.280	5.203	17.55
小商	176	48.6	93.243	—	1.14	90.103	0.512	2.80
总计	362	100	3725.147	390	72.992	3260.155*	9.006	100

注:* 原统计表为3262.155,错。业经细数累计核正。

资料来源:据陕甘宁边区财政经济史编写组等合编:《解放战争时期陕甘宁边区财政经济史资料选辑》下册,三秦出版社1989年版,第43页改制。

表20-17中统计显示,税收负担一反昔日,"大商百,小商一"(大商中最高负担为120石),将近80%的负担落在占户数20%多的大商和地主富农身上,占户数近80%的中小商,只负担20%多的税收。至于公营

商店(不包括公商中的私股及雇员),因在 1946 年已预借过农币 639 万元,1945 年的负担又重于私商,故 1947 年免征。一部分商人在税额限期缴纳的办法下,又吃了部分物价下跌的"亏"。同时,为防止有的商人逃跑,先后抓了几十人。结果这种将负担主要集中于大商和地主富农的税收政策,和政策执行方法上的简单粗暴,不仅损害了私人商业的经营环境和营业条件,更加大了对党的工商政策的误解和疑虑。如认为民主政府"反奸商"的目的是要"摧毁城市,繁荣农村";又因无外汇不能外出办货,或者外出办货怕被认作"大商"而被整;等等,营商意欲大减,从而直接导致了 1947 年碛口镇商业特别是私人商业的明显萧条。

当时碛口镇商业发展变化突出特点是"公盛私衰"。贸易公司四大门市部货物最多,顾客也最多;私商则相反。当时公私商在对外斗争上利益是一致的,对待某些客观条件(如交通不便、被敌封锁、货源困难等)的态度也是一致的。但公商却有许多较有利的条件,如外汇方便,消息灵通,交通运输较顺畅等,私商则否。而且贸易公司本身愈扩大,这种公私差异的程度愈加深。不过"公盛"并非"私衰"的主要原因。因为在当时情况下,缺少了公商还不行。如第八堡(距离碛口一站路)贸易公司撤退后,盐涨到 1.2 万元(碛口 4000 元)、棉花涨到 3.5 万元(碛口 2.1 万元)却买不到,但粮食以 16 万元的高价(碛口 12.5 万元)又卖不出去。这是没有了公商而出现的局部畸形现象。[①]

绥德(绥市)商业在边区保卫战后,也极度萧条。绥德城关在战前有大小商号 200 余家,摊贩亦有数百家,战后仅有较大商店 7 家,全部为公营。另有小草料店 7 家、中药房 4 家、染坊 4 家、民生纸厂及鱼池沟纸厂门市部 2 家、私商 11 家、皮房 3 家、麻绳铺 2 家、摊贩 68 家,还有织布机 19 架,其中开动的 10 架。但在此之前,绥市曾有织布机二三百架。

商业如此低落,据调查,主要有三个原因:(1)土地改革政策出现严重"左"的偏差,不但侵犯一般商人的利益,而且小商、摊贩一锅端:一个

---

① 陕甘宁边区财政经济史编写组等合编:《解放战争时期陕甘宁边区财政经济史资料选辑》下册,三秦出版社 1989 年版,第 41—44 页。

仅有 10 垧多地、开小饭馆的贫农,被打成"恶霸"斗争;一个只有 4 垧地、卖挂面的被"清算"(后来问题已改正);一个织布匠,全家 5 口人,有山地 2 垧、川地 2 垧、菜地 2 块,共折 10 余垧地,织布 30 余年,有 5 架织布机,被定为富农(决定退还原物,留一部分菜地);一个油漆匠雇一学徒,有人说他放了 200 元账,也定为富农;郭某家有 22 口人、44 垧地(自种),曾参加革命,因入合作社有 200 元,于是被"加"成了富农,为的是要那 200 元。另外,脚夫牲口也被折成土地。骆驼顶 8 垧地、骡子顶 10 垧地、驴顶六七垧地。在三皇峁一带的一百多名脚夫,不敢回家,怕把骆驼折成土地,当作地主斗争。结果弄得小商、小贩、脚夫个个人心惶惶。(2)胡宗南部队侵扰,人民生活贫困,购买力降低;敌机轰炸,上路缩短来货不易。(3)1947 年、1948 年商税加重,尤以 1948 年夏季借粮为甚,并且公粮与营业税合征。据称蟓镇冯某,过去卖豆腐,后经商,曾做过违法生意,后来与公家合营,1947 年出了 80 石公粮,1948 年又是 80 石;四区一天姓商人,1947 年出了 1 石 3 斗公粮,5 次借粮借了 6 石,1948 年评议应出 7 石。调查者提出,绥市商业到底是萧条还是恐惧,认为"恐惧是主要的,萧条可能有,也只是作为恐惧造成的不正常现象"[1]。这一结论未必妥帖。上述资料揭示,萧条显而易见,商人恐惧则进一步加剧了这种萧条。

原抗日根据地以外解放区私营和个体商业的基本情况和变化,东北解放区中,解放较早的北部地区和解放较晚的南部地区;关内开辟较早的华北解放区和开辟较晚的华中、华东解放区,情况多有差异。

在东北解放区,私营商业在伪满时期,基本上分为两部分:一部分在政治上是大汉奸,在经济上是大配给店的主人。他们和日本帝国主义势力勾结在一起,资本大,但人数不多。另一部分是中小商人资本,他们也依附于日伪资本,承担配给任务,但所受限制很严、打击极大,在 1940 年日伪实行经济统制政策的摧残下,东北私营商业已极度衰落。

"八一五"日本帝国主义宣布投降、东北北部地区解放后,东北党和

① 陕甘宁边区财政经济史编写组等合编:《解放战争时期陕甘宁边区财政经济史资料选辑》下册,三秦出版社 1989 年版,第 61—63 页。

民主政府对大汉奸、大恶霸、大地主在城市的工商业进行了清算,但有严格的政策规定和限制。1947 年 8 月 8 日,东北局发出的《东北局关于清算地主在城市中工商业的指示》明确规定,"城市中的私人工商业在不妨害国计民生的条件下,必须尽量予以保留与发展,使其为人民服务"。因此"对于清算城市中汉奸、恶霸、地主的工商业,必须采取详细调查与稳重执行的方针",严格地注意克服可能引起城市混乱及工商业萧条的事项。城市中对于"挖地窖"须慎重,"对于中小地主不必挖,要限制于政府宣布没收的大汉奸、大恶霸、大地主之家"。对于一般的中小地主,"是消灭其封建经济与统治农民的封建势力。他们在城市的工商业,不论其大小,一律不动。寄居城市的一般中小地主,现在安分守己者亦不抓"。清算城市中伪满时的组合、会社及大配给店等汉奸经济,"只能清算该组合及会社的主要负责人,不能牵涉该组合及会社职员。对在伪满时商店兼配给店者,只清算其配给部分,不清算其商业部分"。①

　　在土地改革运动中,对一般中小地主和富农的工商业(包括在城市的工商业)多有侵犯,涉及范围大小、持续时间长短,各地情况不一。总的情况是不断侵犯,反复纠偏。由于中央(包括中央局)和部分省市委坚持推行保护工商业政策,部分城市、地区的私营工商业虽然在土地改革中受到某种程度的冲击与破坏,但亦有所纠正和修补,因而在土地改革后期或土地改革结束后,私营工商业有不同程度的恢复和发展。如哈尔滨私营商业,据 1946 年 2 月统计,全市工商业为 6347 户,其中工业 2784 户,商业 3563 户;到 1948 年 2 月,全市工商业增加到 22582 户,其中工业 12631 户,增加 353.7%,商业 9951 户,增加 179.3%。1948 年 3 月新开业 2028 户,其中工业 1537 户,商业 491 户。②

　　1948 年 3 月,哈尔滨市政府进行全市工商业登记,并特刊发布告,全力保护地主的工商财产。明确宣示,"凡原在本市之工商业者兼地主,或

---

　　①　东北解放区财政经济史编写组等编:《东北解放区财政经济史资料选编》第 3 辑,黑龙江人民出版社 1988 年版,第 28—29 页。
　　②　朱建华主编:《东北解放区财政经济史稿》,黑龙江人民出版社 1987 年版,第 379 页。

地主兼工商业者,除其在农村之土地财产已由当地农民处理外,其在本市之工商业,一律予以保护,不得侵犯"。布告特别说明,"在'八一五'日寇投降后至我民主政府成立之过渡期间内,本市工商业之财产曾有许多变动,今后概以此次工商业登记为标准发给执照,承认其所有权。并自即日起,任何人不得侵犯其财权;凡此次登记中尚有漏报者,自布告之日起于两星期内补报,过期无效"。[①] 3 月新增的工商业户,当大部分属于补登。

东北解放区南部地区,解放时间较晚,私营工商业的环境条件与北部地区迥异,其状况及变化也完全不同。

如辽南地区(伪满时期"辽南省"),是东北城镇最密集的地区。据统计,10 万人以上的有鞍山、营口、辽阳;3 万人以上的有瓦房店、普兰店、海城;1 万人以上的有盖平、大石桥、貔子窝、庄河、牛庄、熊岳、岫岩、复州、盘山;较大集镇有腾鳌堡、刘二堡、大安平、析木城、城子疃、田庄台等。其中辽阳、鞍山、营口、盘山、田庄台、腾鳌堡、刘二堡为 1948 年春新解放,其他为 1947 年夏、秋、冬陆续解放。"新解放与去年(1947 年)解放情况不同,大城市与中小城市情况不同,工业城市与供应农村或商业城市不同。"新解放城镇接近敌区,情况动荡不稳,几经残酷战斗占领之后,各部队、机关迅速搬运工厂器材、设备、物资,部队后勤争购补给。加上农民亦进城乱抓、乱抢等,致使城镇经济严重受损,工商业遭到破坏。

在解放后一个时间,辽南大小城镇商业的基本情况是:由于战争破坏,环境动荡,部队侵犯,群众分抢,初时市面极不稳定,后虽逐渐活动,但困难重重:一是工厂不开工,工人失业,农民受灾,城乡购买力均低;二是火车不通,货无来源;三是相当一部分店铺营业无生意。[②] 商人虽然表面说"对政策认识了",实际上还是害怕秋后再分。鞍山的商人说,"即使再相信,由于商人的特性,总摸着走"。营口发生部队副教导员举枪打死商人事(该副教导员正法),吓走商人 25 家。

---

① 东北解放区财政经济史编写组等编:《东北解放区财政经济史资料选编》第 3 辑,黑龙江人民出版社 1988 年版,第 70 页。
② 如绫罗绸缎、洋服、银楼首饰、木铺、桌椅条凳、五金业、百叶窗、水龙头,均无销路;饮食业、旅店无客人;等等。

各处城镇市场的共同特点是,铺面营业的少,摊贩多。店铺方面,辽阳登记的 1037 家,营业的只有 767 家;鞍山国民党占领时 2130 家,解放后开业的 1517 家;营口伪满时 4000 余家,国民党占领初期 3670 家,后期 1475 家,解放初期开业的 2000 家。摊贩方面,鞍山、辽阳各有 3000 个,尚未正式登记;瓦房店过去有 800 家铺面,解放初期开业的 580 家,正式登记的摊贩是 1000 个。摊贩多为失业店员、失业工人、破产商人、被斗地主富农。也有铺面卖不出去的东西,放到小市场赶集似的售卖。正式门面怕评税、怕招摇。"过去堂皇越好,现在越缩小越好;过去合股开大门面,现在拆股开小买卖,以便发生问题时互不'沾包'。"①到 1948 年夏天,这类情形才逐渐减少,开始向充实门面发展。这方面以海城商业为最好。

安东在"八一五"光复后,曾经两次解放,私营商业多次起伏,呈波浪式发展态势。"八一五"光复前,安东有工业 1026 户,商业 2228 户,"八一五"光复后,安东工商业经营环境根本性好转,有了顺利发展的条件。1946 年 2 月初,民主政府开始清查敌伪资产,打击、清算的重点是组合系统下的加工工厂与大配给商,对中小工商业采取宽大政策,并进而贷款扶助中小工商业。工商业户数稳中有升。1946 年 10 月解放军退出安东前,有私营工业 1481 户,私营商业 2276 户。随后国民党统治的七个半月中,工商业普遍下降。第二次解放前夕,安东私营工业减至 1441 户,私营商业 1762 户。1947 年 6 月,安东第二次解放,随后对国民党官僚买办资本及"八一五"光复后未查出的 16 家日伪资产,因"财政观点",个别处理过重。不过总的来说,安东市工商业解除了国民党官僚买办资本的羁绊,在民主政府的扶助下,又开始恢复和发展。到 11 月止,全市私营工业 1610 户,商业 1820 户。

然而在接着开展的土地改革运动中,大批农民进城抓人、罚款,"追浮拉浮",安东工商业受到严重冲击。总计土地改革中农民清算地主工商业 128 家,占全市被斗户的 22.8%。在随后的城市街道的"反奸"中,

---

① 东北解放区财政经济史编写组等编:《东北解放区财政经济史资料选编》第 3 辑,黑龙江人民出版社 1988 年版,第 71—76 页。

"斗政治与斗经济没有决然分开",更严重地伤害了工商业。共计工厂及街道斗争中,先后斗争的大小工商业 369 户(街道斗的 298 户,工厂工人斗的 71 户),占全市被侵犯工商业的 65.8%。同时省政府在没收官僚资本汤玉麟、大地主马龙潭的工厂、商号时,未有严格执行政策,为了追求财政数字,大肆牵连"挖浮",接收与之合资的联号达 25 大家,明显扩大了打击面。

结果,农民进城捉人"拉浮",工厂街道反奸诉苦清算斗争,政府没收地主官僚买办资本,"三者同时进行,造成风气,发生偏向,严重地侵犯了安市工商业"。1947 年 11 月,全市工商业 3430 户(工业 1610 户,商业 1820 户,挑贩行贩除外),被清算的 561 户,占总数的 16.4%(被斗工业 275 户,占全市工业的 17.1%;被斗商业 286 户,占全市商业的 15.7%)。尤其是追富反奸中的捉人打人,造成了全市的小工商业者恐慌,人人自危,怀疑政府现行之工商业政策,消极等待,观望不前,不敢大胆营业。加之有的被清算有的停业,有的兑出或缩小或转业,资金大部分冻结,一部分外流。个别的竟有拆房子卖木头,货架子劈柴卖,甚至向政府"献交"工厂、商店。①

斗争、清查、没收,引起了工商业者的恐慌和市场的不振、萧条。其时恰逢毛泽东在陕北杨家沟会议的报告——《目前形势和我们的任务》发表,报告要求切实保护工商业,强调"新民主主义革命所要消灭的对象,只是封建主义和垄断资本主义,只是地主阶级和官僚资产阶级(大资产阶级),而不是一般地消灭资本主义,不是消灭上层小资产阶级和中等资产阶级。由于中国经济的落后性,广大的上层小资产阶级和中等资产阶级所代表的资本主义经济,即使革命在全国胜利以后,在一个长时期内,还是必须允许它们存在;并且按照国民经济的分工,还需要它们中一切有益于国民经济的部分有一个发展;它们在整个国民经济中,还是不可缺少的一部分"。报告告诫全党,"对于上层小资产阶级和中等资产阶级经济

---

① 东北解放区财政经济史编写组等编:《东北解放区财政经济史资料选编》第 3 辑,黑龙江人民出版社 1988 年版,第 107—113 页。

成分采取过左的错误的政策,如像我们党在一九三一年至一九三四年期间所犯过的那样(过高的劳动条件,过高的所得税率,在土地改革中侵犯工商业者,不以发展生产、繁荣经济、公私兼顾、劳资两利为目标,而以近视的片面的所谓劳动者福利为目标),是绝对不许重复的"①。这里的每一句话几乎都是针对安东等地的情况说的。

　　毛泽东的报告发表后,省市领导开始意识到问题的严重性,迅速将诉苦、清算斗争转入"反奸"。随后东北局接连下发指示,新华社发表"二七社论"②,党内亦有传阅各地工商业纠偏报道。省市领导开始在干部、群众中进行纠偏教育,研究纠偏办法。不过当时仍然认为,街道斗争"基本上是正确的",发生的"偏差不大"。只是停止了斗争,没有严肃重视纠偏,没有提高到政策的高度,只单纯考虑群众的经济利益,"怕泼冷水,怕两头够不上"(侵犯了工商业者又失去了群众),再加上某些干部中的单纯财政观点,思想转变迟缓,纠偏执行不够坚决。省政府在开始决定退还给原业主的 11 家中,有的一直拖到 1948 年 5 月才退还。到 4 月为止,属于省市政府处理的 64 家,已决定退还的 24 家(省政府建设厅决定退还的 15 家,除建筑物、机器设备及原料外,应退款 16000 万元,到 1948 年 6 月只退还 8000 万元),各区街道斗争 298 家,群众仅退还 24 家;工厂工人斗争 71 家,仅退还 15 家。

　　1948 年 3 月 10 日,安东市召开工商业者代表大会,明确宣布保护工商业,由银行贷款 3 亿元进行扶助。各区又本着大会精神,分头召开工商业者座谈会,再次动员说明保护发展工商业政策。金汤区各街分别召开了会议,明确提出,过去隐藏的各类物资拿出来自由买卖,保证没有什么

---

　　①　《毛泽东选集》第四卷,人民出版社 1991 年版,第 1254—1255 页。

　　②　"二七社论"指 1948 年 2 月 7 日新华社为纪念"二七罢工"25 周年而发表的题为《坚持职工运动的正确路线,反对"左"倾冒险主义》的社论。社论指出,在解放区的公营企业与合作社经营的企业中,企业工人已成为企业主人,企业中没有"资方"与"劳方"的对立,没有剥削和压迫。在解放区的私营企业中,工人则具有既是社会主人翁又是被剥削者的两重地位。社论强调,新民主主义社会与社会主义社会不同之处,就是在新民主主义社会里,私人资本的企业在生产中还是不可缺少的成分,解放区职工运动的方针,应当严格地符合新民主主义的经济政策,坚持"发展生产、繁荣经济、公私兼顾、劳资两利",使新民主主义的社会生产力大大提高,逐步地有依据地发展到将来的社会主义的方向上去。

事（军用物资拿出来也有奖励）。经过这种动员、宣布政策及实际退还之后，工商业者有了底，开始恢复营业，最明显的是安东汽车行增加汽车60余台，有的是从地下挖出来的。市场开始活跃，工商业又开始走向繁荣。商户油漆门面、刷洗玻璃、争租门市房。自2月中旬至3月末一个多月中，除复业266家外，新开业261家，统计全市工业达1742户，商业2400户。金汤区据3月底的调查，全区工商业1570家中，仅有57家休业（其中大部分也在筹划复业和开业），新开业者有65家。

这期间农村土地改革高潮已过，进行纠偏和转入生产，封锁解除，城乡关系沟通。营口、辽阳、吉林等城市相继解放，海运开通，商人活动范围更广。同时税收改进，取消了流动税、印花税。纠偏后又调整了劳资关系。工商业者打消了怀疑与顾虑，更放心大胆地经营自己的工商企业。1948年5月、6月工商业的发展更快。据6月底的统计，全市工业已达2163户，商业3035户。① 这一数据比1947年6月安东第二次解放时分别增加50.1%和72.2%。安东私营商业的起伏式发展，在东北和关内解放区都有一定的代表性。

在东北全境解放以前，私营商业在内地商业上占相当大的比重，对于调剂物资余缺，沟通城乡物资交换，都起着重要的作用。一方面，他们通过向政府缴纳税款、冬鞋代金、购买公债等，支持了财政税收，支援了解放战争；另一方面，由于私商的趋利和投机本性，又经常发生扰乱市场、操纵物价的破坏性作用。除了内地商业，在1946—1947年，部分私商（主要是小商贩）与国民党统治区的贸易也比较活跃。买进的货物主要是纱、布、颜料和其他化工原料等，据估计，当时东北解放区和国民党统治区每日成交中纱、洋纱约100捆，洋布约100匹，颜料每月约10桶，每月买进货值约5亿元，其中哈尔滨成交纱、布额约占东北解放区成交的半数。因粮食和军用物资严格限制出口，卖出以黄金、猪鬃、马尾、贵重皮毛、参茸及山货、土特产为大宗。1948年安东、营口解放后，私商通过两处港口与

---

① 东北解放区财政经济史编写组等编：《东北解放区财政经济史资料选编》第3辑，黑龙江人民出版社1988年版，第107—115页。

国民党统治区的宁波、上海进行贸易。卖出物资品种有大豆、贵重皮毛、参茸及其他中草药材;买进物资主要是硼砂、明矾、阿司匹林、盘尼西林等药物。不过这种贸易已不限于私商。①

自 1948 年东北全境解放到 1949 年中华人民共和国成立一年左右的时间里,东北解放区私营商业虽个别省市户数轻微下降,但总体上仍呈现发展、扩大的态势。在北部,原松江地区 1948 年年底有私营工商业 15194 户,公营 25 户,"群营" 278 户,总计 15729 户。1949 年 1 — 3 月共开业 1777 户,增加 11%;新增资本 263 亿元,增加 15%。3 个月中废业 1001 户,减少 6.3%;减少资本 69 亿元,占原有资本 4.1%。开业、废业相抵,户数增加 4.7%;资本增加 11.9%。5 — 10 月,工业户数增加 3.2%,商业户数减少 1.4%。② 如同 1949 年 1 月比较,私营商业户还是增加的。吉林的私营商业,无论坐商、行商还是摊贩,全都是增加的。详情如表 20-18 所示。

如表 20-18 所示,无论坐商、行商或摊贩,均呈明显增长态势。其中坐商增幅较小,行商、摊贩增幅较大。如以 1949 年 5 月为基数(表中缺 5 月的行商、摊贩实数),坐商增加 6.7%;③行商增加 14.2%;摊贩增加 14%。行商由于负担税率降低,9 月后增加的幅度更大,其户数从 8 月的 2745 户猛增到 11 月的 6669 户,增加 143%。长春市行商户数和营业额的增幅都很大。1949 年 5 月有行商 504 户,其总营业额为 314240 万元,11 月增至 1964 户,营业额达 4310645 万元,户数增加 2.9 倍,营业额增加 12.7 倍。④

---

① 朱建华主编:《东北解放区财政经济史稿》,黑龙江人民出版社 1987 年版,第 380 — 381 页。

② 东北区税务管理局:《1949 年税务工作初步总结》(1950 年),见东北解放区财政经济史编写组等编:《东北解放区财政经济史资料选编》第 4 辑,黑龙江人民出版社 1988 年版,第 322 页。

③ 原表"说明"称,"坐商增加 7.2%"有误。此乃以 8 月为基数的增幅,以 5 月为基数的增幅应为 6.7%。现据表中实数计算核正。

④ 朱建华主编:《东北解放区财政经济史稿》,黑龙江人民出版社 1987 年版,第 381 — 382 页。

表 20-18　吉林私营商业变动情况统计(1949 年)

项目\月份	坐商(户)			行商(户)			摊贩(户)		
	开业	废业	现存	开业	废业	现存	开业	废业	现存
5 月	2103	1696	47413	—	—	—	—	—	—
6 月	2984	2117	48280	—	—	—	—	—	—
7 月	1792	2314	47758	—	—	—	—	—	—
8 月	859	1429	47185	269	226	2745	1241	1330	14692
9 月	1422	1320	47287	738	139	3829	906	1242	15896
10 月	2750	1607	48430	1331	103	5166	874	682	15870
11 月	3253	1094	50589	1498	192	6669	1854	859	16663
总计	15163	11577		3836	660		4875	4113	

注:1. 以 5 月为基期,坐商增加 6.7%;行商增加 14.2%;摊贩增加 14%。

2. 9 月以后行商大增,原因系行商税率较轻所致。

资料来源:据东北解放区财政经济史编写组等编:《东北解放区财政经济史资料选编》第 4 辑,黑龙江人民出版社 1988 年版,第 323 页"吉林省 1949 年私营商业变动情况表"改制。

南部地区,辽东省的私营工商业,1949 年的变动,同样呈明显扩大态势。详见表 20-19。

表 20-19 辽东私营工商业变动状况统计(1949 年)

项目 业别	1 月 户数	4 月		8 月		11 月	
		户数	增(+) 减(−)	户数	增(+) 减(−)	户数	增(+) 减(−)
坐商	25954	31736	+22.2%	31594	+21.7%	31105	+19.8
行商	—	6890	—	8310	+20.6%	13001	+88.6%
摊贩	—	16425	—	16047	−2.3%	14827	−9.7%
总计	25954	55051	—	55951	+1.6%	58933	+7.1%

注:坐商以 1 月为基期;行商、摊贩、总计以 4 月为基期。

资料来源:据东北区税务管理局:《1949 年税务工作初步总结》(1950 年),见东北解放区财政经济史编写组等编:《东北解放区财政经济史资料选编》第 4 辑,黑龙江人民出版社 1988 年版,第 324 页"辽东省 1949 年度工商业变化状况"摘编、改制。

表 20-19 中数据显示,私营商业中坐商、行商、摊贩呈波浪式、不平衡发展态势。坐商以 1 月为基期观察是发展的,但 4 月以后萎缩,摊贩以 4 月为基期,亦呈萎缩态势。不过行商户数稳步增加,11 月的户数比 4 月增加了 88.6%。所以从整体看,私营商业户是增加的。

在关内解放区,沦陷区光复初期的私营商业的基本状况,以及民主政府对私营商业的利用、改造,河北邯郸提供了比较典型和详细的材料。

"八一五"日本宣布投降后,1945 年 10 月 5 日邯郸解放,即时成立"军事管制委员会",全市实行了短时间的军事管制。邯郸原有的河北银行和工商企业,均由军队管理。3 天后,10 月 8 日撤销军事管制,工商企业交由工商部门接管。

邯郸商业由于法西斯殖民地化的统治,一方面,私商的背景和心态复杂,那里集中着不少根据地的逃亡地主,并与大商人有着密切的联系,存在着怕共产党斗争和盼望变天的心理;另一方面,全市商业有一个明显的特点,充满着买办性,很多商号都是经纪商,并不独立经营。据 1944 年商务会的统计,全市共分 39 行,769 家商号。详见表 20-20。

表 20-20 日伪统治下邯郸市内商号统计（1944 年）

种类	家数	种类	家数	种类	家数
客栈	26	理发	16	纸烟	5
货栈	18	肉架	10	旱烟	4
粮业	30	中药	17	烧酒	10
棉业	17（轧花作坊）	西药	13	鸦片	5
盐业	5	木业	14	酱菜	14
布业	26（含土布洋布）	书籍业	12（含印刷刻字）	首饰	4
铁货业	24	点心	5	自行车修理	14
油店	9（大油店）	澡堂	3	银钱业	4
成衣铺	16	妓女业	20	玻璃磁镜	8
轧面业	40	石炭业	6	钟表修理	10
饭业	127（饭摊在内）	染坊	6	镶牙	2
馒头	25	照相	6	煤业	2
菜业	20	洋广杂货	163	麻绳	4

资料来源：华北解放区财政经济史资料选编编辑组等编：《华北解放区财政经济史资料选编》第 2 辑，中国财政经济出版社 1996 年版，第 553 页。

这个统计是在前半年间的数据，邯郸光复时可能还不止此数。在各行业中，除了日伪的组合公司在市场占统治势力外，数量上则以洋广杂货最多，计 163 家，对市场的繁荣，有着重要的力量。对民众基本生活影响最大的是粮业、棉业。

日本全面侵华战争爆发前，邯郸粮业不到 10 家，但资本都比较大，主要依靠囤积居奇。邯郸沦陷后，日军对粮食实行统制，不准粮谷出境，也不准私商囤积，有 5000 斤以上的粮食均须向日伪报告，故过去的粮行全都停业。"七七事变"后，许多乡村中的小地主，因乡村不稳和出不起日伪的苛杂负担，纷纷跑到城里来合伙组织粮行，多少拿出一部分钱来，人也参加，资本很小，主要依靠抽佣金吃饭，有的也兼营粮食买卖，但这类粮行数量不多。这就是粮行的特点。

粮行在光复后共有 30 余家，粮食主要靠成安、广平、临漳、清丰、南乐来货。若能将太行山的粮食与平原的物资交流起来,粮食都出在农村,也最容易和冀钞结合,如能对这些粮行很好地掌握,邯郸将会成为沟通山地与平原贸易交流的枢纽。这些粮行的社会关系很多,在当地也很熟悉,是应该加以发展的。

再来看棉丝。日伪统治时,为了掠夺冀南丰富的棉产,会在两个公司下委托32个代理店专门吸收棉花。光复后仍有轧花作坊17家,每家均有数十辆轧花车,全市共有六七百辆。恒茂、恒兴、公兴记栈3家,并有3部火力机子,每部能带动20辆火力车子,每辆火力车的产量,仅白天即3倍于普通车子,加上夜晚,即能抵5辆普通车子。以往敌人掠夺的棉花,即专由这些轧花作坊轧制,不许私人轧。春天经过配给籽种,掌握植棉面积,日伪将邯郸划作3个掠夺区,三区划为采种圃,指定两家棉行在张家桥吸收;二区划为产棉指导区,指定3家棉行吸收;一、四、五区由棉业公会收买。除指定的机构外,私人不准收买。棉行的活动办法是,先向日伪预借棉款,将棉花收进轧好后以棉花抵还。他们获利的法子完全靠捣鬼,如将生花轧成熟花,每百斤出33斤,只报30斤,或在棉花中加水变潮,加重分量。

邯郸光复后,正值棉花成熟收摘,棉行愿意为民主政府吸收棉花。但棉行自己没有资本,要公家出钱:出手续费或采取包订的办法都行。根据工商部门的了解,可以利用棉行吸收棉花,但不能沿用日伪的一套办法。除了由公营商店掌握一部分棉花外,还应有计划地组织群众吸收。或逐渐扶持这些经纪型的棉行走向独立经营。这应是发展方向。从货币的角度看,棉花也容易与冀钞结合。同时棉花是山地与平原物资交流的主要对象。因此,有计划地扶持棉行,是恢复邯郸市场的一件重要工作。

粮食、棉花的集散情况显示,在山地与平原的物资交流和市场繁荣上,邯郸都起着集散转运的重要作用。这样,除了粮行、棉行,运输也是一个重要问题。邯郸的货栈在过往的运输上起了相当作用,应当加以利用。

货栈据1944年的统计有18家,光复后为14家,以往的营业是代客人买卖、保管、运输货物。靠抽栈佣与抽手续费获取利润,有的货物按包抽,有的货物按重量(百斤或吨)抽。通常棉花抽7%,粮食抽1.5%。代买代卖抽3%的手续费。平汉线车运困难后,货栈就没怎么营业了。因此,只要可以流通起来,货栈认为就可以干。如果将这种货栈和公营运输公司结合起来了,利用大车、地排子车进行运输,是有其发展前途的。

煤业方面,城市燃料是一个重要问题。估计全邯郸市每天即需煤50吨,仅两个工厂即需煤20吨,加上冀南平原巨量所需,煤业是可以而且必须发展的。因此,将西路磁武区的煤,如何供应全市及运往平原,是应该设法组织的。从煤炭货源看,峰峰煤矿储存着大量的煤,峰峰煤矿东南40里的马头车站已设立煤栈,在铁路交通恢复以前,用大车运往马头后,即可装船由滏阳河进行河运,经过邯郸市的柳林桥、张庄桥可供邯郸之用,沿河下游、冀南平原之用煤,都可得到供给。从马头到邯郸有16只船可用,每船水深可装10万—12万斤,水浅可装五六万斤,如此解决邯郸全市工厂、民用及近郊乡村之所需,绰有余裕。如此,煤业是可以大力发展的。在邯郸市内供销上,旧有的煤栈,尚可加以利用。①

由于邯郸城市解放后的恢复、建设时间很短,虽然主要是工商部门的初始政策或政策设想,不过仍可从中看出关内特别是华北解放区某些城市光复初期主要私营商业的一些基本情况。

一些解放较晚的地区、城市,特别是1947年、1948年之交至1949年年初,当时解放战争进展速度很快,并已临近全国解放,解放的中心城市或中小城镇、乡村,都不会有得而复失的危险,入城部队不会大肆搬运工厂、器材、物资,也不会匆忙没收或清理私营工商企业。在这种情况下,私营工商业特别是一些新解放大中城市私营工商业,不会发生政策性或其他人为的急剧变化,如果发生变化,特别是结构性变化,其原因主要是市场环境(包括城乡关系)、生活方式和习惯的改变。在这方面,石家庄、北平、天津、太原的情况比较典型。

解放前的石家庄,是一个有两千多工商户的工商业城市。已有相当基础的工业生产和较大的商业企业。1947年11月石家庄解放后,民主政府的基本政策是,在建立、壮大公营经济的同时扶持和鼓励私营工商业

---

① 华北解放区财政经济史资料选编编辑组等编:《华北解放区财政经济史资料选编》第2辑,中国财政经济出版社1996年版,第553—554页。

的发展。

解放后的一年间,石家庄工商业恢复和发展的基本情况是,公营经济的发展快于私营经济。公营企业解放前仅 29 户,到 1949 年 1 月增至 70 户,增加 141%。至于合作社、机关生产等更完全是解放后新发展起来的。商业方面,公营与合作社新增 43 户,资本总额至少与私营商业相等。

私营工商业的恢复、发展,工业明显快于商业。解放时私营工业为 705 户,1949 年 1 月增至 1613 户,增加 128.8%;私营商业解放时为 1562 户,1949 年 1 月增至 1995 户,只增加 27.7%。新增户中,中小户居多。工业方面,80% 以上是手工业户,仅占工业资本总额的 20% 左右。商业方面的情形也一样。

从行业看,凡是有利于国计民生的行业得到发展,反之逐渐走向衰亡。商业方面,获得显著发展的有货栈、肥料、油业、粮业、木材、杂货、煤业等行业。货栈由解放时的 11 家增加到 1949 年年末的 61 家;粮行由 19 家增加到 34 家;杂货由 125 家增加到 153 家。另外,由于生活方式、市场供求关系的改变,某些行业逐渐衰退或消失,如 15 户金店、8 户帽业全部转业或倒闭,绸缎、照相、皮鞋也都转业或衰落。在所有制结构上,38 户公营商店和 15 户合作商店,虽然从业人员只占全部商业人员的 20%,但"在经济关系上起着领导作用"[1]。

天津、北平,1949 年 1 月相继解放。两地解放后一段时间,人民政府只提出了工商业政策的一般原则,并未颁布具体法令;对于工商界自发的工人斗争,亦未具体给予指导解决、典型示范,政府相关部门与工商资本家,互不摸底。因此,平津私营工商业的状况及变化,并非人民政府的工商政策或政策取向,而是政治经济大环境和市场条件的改变。

天津一向依赖对外贸易。过去每月出口 400 万美元,在国民党政府偏枯北方的政策下,每月入口外汇只供给 100 万美元,其余均供上海。1948 年对外贸易因战争封锁及国民党官定汇价等政策而锐减,平均每月

---

[1]　华北解放区财政经济史资料选编编辑组等编:《华北解放区财政经济史资料选编》第 2 辑,中国财政经济出版社 1996 年版,第 824—825 页。

只有 200 万美元。在对外贸易中,外商占着绝对优势(约占全国贸易额的60%—70%),主要物资如猪鬃、皮毛、肠衣等,过去计划由外商经营。解放后对外贸易在停顿中,这是平津商业萧条和失业现象普遍的一个主要原因。同时,由于长期战争封锁,城市与乡村隔绝,解放后,农村小商贩大批进入城市。据统计,冀中在天津附近经常出入天津的小商贩在 5 万人左右。因旧有的乡村商业在土地改革中衰落了,平津商人不知农村市场管理情况,不敢下乡。虽然有些商人已派人到农村调查,但尚未正式到乡村进行贸易。而且平津商业的规模较大,土地改革后乡村商业与集市规模较小,存在一些不协调的现象。这就造成了平津货币集中、游资进行投机活动的客观条件。

这样,由于大批乡村商贩涌入城市,造成平津物价上涨、货币向平津集中的态势。同一时间乡村物价下跌。如天津小米由 5 元左右上涨至15 元左右,石家庄则由 14 元左右下跌至 9 元左右。因货币未能及时回流农村,从而促使游资在市场进行投机。在工农产品价格变动方面,农产品价格上涨慢,工业品价格上涨快,由于工业品迅速流入农村,造成农村工业品价格与平津相平的趋势,近期平津已感到关于工业品的缺乏(亦有一部分工业品被囤积起来)。而农产品价格上涨较慢,则对稳定城市工人、贫民生活大有好处。工人、贫民、小商贩反映吃饭比以前容易了。过去一个三轮车夫的收入,每天只有 3 斤米,现在增加到 10 斤左右。[1]这是平津解放后一段短时间内商人和商业市场的基本动态。

所有这些,直接影响私营工商业的状况及其变化。解放前夕,天津、北平私营工商业各有 3 万余家,其中工业,天津 5000 余家,北平 3000 余家。国民党统治时期私营商业方面,据统计,北平计 149 个行业,21590户,从业人员 162123 人;1949 年 4 月为 22048 户,户数增加 2.1%,从业人员不详。[2] 天津国民党统治时期计 108 个行业,24350 户,从业人员 141640

---

① 华北解放区财政经济史资料选编编辑组等编:《华北解放区财政经济史资料选编》第2辑,中国财政经济出版社 1996 年版,第 811—812 页。

② 华北解放区财政经济史资料选编编辑组等编:《华北解放区财政经济史资料选编》第2辑,中国财政经济出版社 1996 年版,第 814—817 页。

人;1949 年 4 月为 23495 户,从业人员 122562 人,户数和从业人员分别下降 3.5%和 13.5%。①

从总体看,平津两地私营商业的户数升降变化的幅度都不大;从行业看,绝大多数没有变化,但少数行业因市场条件或生活方式、社会风气改变,或生活水平提高,而大升或大降。如北平,碾磨房从无到有,解放后增至 13 户;柴炭煤业从 41 户增至 132 户,增加 2.2 倍;猪店从 17 户增至 50 户,增加 1.9 倍;肥皂业从 80 户增至 101 户,增加 26%。又如天津,猪栈业从 23 户增至 28 户,从业人员从 250 人增至 290 人,分别增加 18%和16%;而猪肉业从 649 户减至 541 户,从业人员从 1298 人减至 900 人,分别减少 16.6%和 30.7%;棉商业从 150 户增至 165 户,从业人员从 1200人增至 1320 人,各增加 10%;货栈业从 145 户减至 132 户,从业人员从2210 人减至 1949 人,分别减少 8.9%和 11.8%;木商业从 186 户减至 137户,从业人员从 1224 人减至 612 人,分别减少 26.3%和 50%;油商业从113 户减至 103 户,从业人员从 984 人减至 832 人,分别减少 8.9%和15.4%;粮食业从 664 户减至 532 户,从业人员从 7750 人减至 6004 人,分别减少 19.9%和 22.5%;煤油业从 90 户减至 63 户,从业人员从 505 人减至 408 人,分别减少 7%和 19.2%;盐商业从 124 户减至 75 户,从业人员从 485 人减至 275 人,分别减少 39.5%和 43.3%;丝绸呢绒从 928 户减至733 户,从业人员从 6293 人减至 4393 人,分别减少 21%和 30.2%;典当业原有 46 户,从业人员 264 人。解放后全部消失或关门停业。②

太原的情况有所不同。太原在 4 城市中,解放最晚(1949 年 4 月 24日解放),私营工商业的破坏、衰落程度最严重。沦陷期间已惨遭日寇洗劫、蹂躏,"八一五"光复后又被阎锡山暴政敲诈搜刮,雪上加霜。1945 年太原尚有私营工商业 3600 余户,而到 1949 年解放前夕,私营工商业仅剩1622 户,其中 600 余户申报歇业未被批准,或因缴不起"歇业税"(歇业前

① 华北解放区财政经济史资料选编编辑组等编:《华北解放区财政经济史资料选编》第2 辑,中国财政经济出版社 1996 年版,第 817—819 页。
② 华北解放区财政经济史资料选编编辑组等编:《华北解放区财政经济史资料选编》第2 辑,中国财政经济出版社 1996 年版,第 814—819 页。

须一次缴足一年的负担)而勉强维持、苟延残喘,实际经营者千户上下。解放军入城后,了解商人思想情况,召开各行理监事联席会议,解释政策,动员开门营业,又针对商人思想张贴布告,命令各商复工营业。并结合布告逐行召开座谈会,宣传政策。到4月底,开业者占30%,5月9日达70%。其未开业者,大部分因房屋机器损坏,缺乏电力原料。针对这种情况,同样是人民政府决定采用加工订货办法挽救私营工商业。5月6日由工商局召集私营企业与贸易公司开会,共同协商产销统一问题,以逐步恢复私营工商业,并确定私营民用工厂的原料、成品由贸易公司统一供给和包销。粮食、棉花、烟叶等原料由贸易公司保证供给,工厂出品由贸易公司以低于市场批发价5%—6%的价格包销。为了避免搬运过程中的消耗损失,大宗批发时,由贸易公司开条到工厂提取成品,工厂又起到仓库的作用。①

商业流通方面,由于历史的原因,私人商业网遍布城乡,而国营商店与合作社商业网发展需要一个过程,所以私营商业在整个购销总额中,特别是零售总额中的比重一直占优势,直到新中国成立前,私营零售额仍占社会零售总额的60%—70%。

在一些专业性商业或重要农产品、重要原料收购活动中,私人商贩都是一支举足轻重的力量,国营和合作社商业都不敢小觑。例如,华北棉花商人就是这样一股力量,1949年中华人民共和国成立前夕,华北国营商业在计划收购棉花时,就必须认真考虑它的力量,既充分利用,又要防止其捣乱。当时国营商业确定的办法是:对打包的棉商,"应当团结使用他们";对有资本有技术有设备的正当私商,"应采取掌握使用的方针,在服从我价格政策之下,可使用他们一天一清,为我代购;并严防其投机取巧行为。对其投机取巧、扰乱市场、破坏行为,应给以打击。不能发动私商到外区采购";对投机奸商,必须坚决打击。②

① 华北解放区财政经济史资料选编编辑组等编:《华北解放区财政经济史资料选编》第2辑,中国财政经济出版社1996年版,第826—828页。
② 华北解放区财政经济史资料选编编辑组等编:《华北解放区财政经济史资料选编》第2辑,中国财政经济出版社1996年版,第887页。

同时,国营(公营)商业和私营商业同行营运的过程中,也逐渐加深了各级政府及职能部门对私营商业的认识。开始懂得,在当前国营(公营)商业和合作社商业还不能完全替代私营商业的情况下,商人、私人商业资本对分散的农民交换、无数小市场的供求调剂,以及城乡物资交流,都有一定的作用。这种作用对社会生产生活是有利的、必需的。唯一正确的政策只能是加强领导,遏制其破坏性、投机性,允许其正当发展和正当利润的获得。不能把商人赚钱就叫投机。当然对商人囤积居奇、投机倒把的破坏性活动要进行限制,限制和反限制的斗争,是商业领域阶级斗争的主要形式;但限制要有一定的范围和标准,不能限制到发展生产,限制到正常的物资交流,造成交流阻滞、供应恐慌。[1] 正是这种认识保证了党的保护工商业政策在关内外解放区的顺利推行,保证了私营工商业恢复和发展。

三、城乡市场结构的建立与价格管理及市场管理

解放区城乡市场,从分散和局部开辟、建立、初步形成到发展、扩大,最后连成一个整体,形成全国范围的城乡大市场,经历了一个极其艰难曲折的过程。

1927 年大革命失败后,中国新民主主义革命进入土地革命的发展阶段。工农劳苦大众在中国共产党的领导下,拿起大刀、梭镖等原始武器,上山打游击,建立革命根据地,打土豪、分田地,建立工农政权,实行武装割据,走的是农村包围城市的革命道路,在相当长一个时期内,一切革命据点都是乡村而非城镇。无论土地革命时期的红色根据地,还是抗日战争时期的抗日根据地,几乎都是各个省县交界的偏远农村山区,交通闭塞,土地贫瘠,人口分散,生产落后,经济结构单一,最主要的甚至唯一的经济产业是农业种植业和农户家庭手工业。与此相联系,在地域结构上,

---

[1]　华北解放区财政经济史资料选编编辑组等编:《华北解放区财政经济史资料选编》第2辑,中国财政经济出版社 1996 年版,第 846—847 页。

只有农村,没有城市;在商品结构和商业流通上,只有农产品和农民家庭副产品,没有或缺少日用工业品;在市场结构上,只有窄小分散农村产地或原始市场,而无城市中转市场和终点市场。因为各个根据地的地域范围不大,并且相互隔离,单个根据地无法构成相对独立完整的经济和市场体系,不同根据地之间亦无法直接联结、优势互补(事实上也起不到优势互补的作用)。因此,根据地经济的基础十分脆弱。日本帝国主义和国民党反动派正是利用根据地的这些弱点,一方面对根据地实行严密封锁,防止工业品进入根据地;另一方面对根据地进行残酷扫荡,破坏根据地的经济生产,掠夺根据地的农产品,加重根据地的经济困难。

进入解放战争时期,解放区的整体形势和经济状况开始发生变化,改变了原来抗日根据地没有城市和城市市场、只有农村和农村市场的落后格局。

1945 年"八一五"日本投降后,毛泽东审时度势、高瞻远瞩,1945 年12 月 28 日发出了《建立巩固的东北根据地》的指示,目的就是要凭借抗日战争胜利的有利形势,尽快改变仅仅依靠偏僻农村实行武装割据的被动挨打局面,从量和质两个方面将根据地提升到一个更高的层次。毛泽东强调,"建立这种根据地的时间,需要三四年,但是在一九四六年一年内,必须完成初步的可靠的创建工作"①。中央同时派出大批优秀干部进入东北,进行基础性的准备工作。1946 年 3 月 28 日,中央发出《中央关于派干部到大城市及交通要道开展工作的指示》,强调"为着建立各收复大城市及交通要道中的工作基础,应抓紧目前时机(国民党立脚未稳,人民情绪等),派一批适宜的干部到各大城市去建立工作。首先是打入学生群众,重要产业工人中,开展职工、学生、青年及妇女群众运动,并进行统战工作"。各地必须着手调集一批干部,进行短期训练后,分布到附近城市和交通要道工作,为将来的解放、建设工作奠定基础。② 1946 年 4 月18 日,东北人民解放军解放长春;4 月 28 日,东北民主联军进驻和解放哈

---

① 《毛泽东选集》第四卷,人民出版社 1991 年版,第 1179 页。

② 中央档案馆编:《中共中央文件选集》第 16 册(1946—1947),中共中央党校出版社1992 年版,第 108 页。

尔滨。长春和哈尔滨作为全国解放最早的两个大城市,翻开了革命根据地和新民主主义革命历史的新篇章。大型工商业城市成为根据地(解放区)一个有机组成部分。根据地(解放区)有了先进生产力和生产关系,而且有了工人阶级的领导,根据地(解放区)呈现出崭新的城乡结构和精神面貌。1948 年东北全境解放后,东北成为首个有较完整的工业体系和工商业大中小城市配套的大区解放区;随着对日伪资产和国民党国家资本、私人官僚资本的接收、清理,以及农村土地改革的完成和城乡国营(公营)、合作社经济的建立与巩固,较为完整的新型城乡市场结构亦随之产生、形成。

在关内,原为抗日根据地各边区的解放区,向各自周边地区扩大,相继占领和解放若干小城市或中心集镇,开始逐渐改变关内解放区的地域结构和市场结构。1945 年 8 月,凭借世界反法西斯战争和中国抗日战场的空前有利形势,8 月 9 日和 10 日,毛泽东主席和朱德总司令先后发出号召和命令,要求解放区武装部队举行全国规模的反攻,对拒不投降的日伪军坚决予以消灭。8 月 23 日,八路军收复和解放察哈尔省省会、伪"蒙疆联合自治政府"所在地张家口。张家口是八路军、新四军在大反攻中收复的第一个省会城市,张家口的收复使晋察冀与晋绥解放区连成一片,并为进军东北打通了道路。①

解放战争爆发后,关内原有的其他抗日边区解放区,也都开始攻占城镇,扩大范围,相互打通和连接,合并为更大范围的解放区。1947 年 11月 12 日,华北人民解放军解放了石家庄。这是关内地区解放的第一座中等以上工商业城市。石家庄的解放,拔除了敌人在华北的一个战略要点,使晋察冀和晋冀鲁豫两大解放区相互打通。1948 年 5 月初,华东解放军结束胶济线春季攻势,先后攻克城市 17 座,使津浦路以东地区除青岛、烟台、临沂等敌人据点外,全部解放,形成包括潍坊等城镇和胶济铁路为干线鲁中解放区;17 日,华北解放军攻克晋南重镇临汾。随后,晋冀鲁豫与

---

① 不过八路军(解放军)对张家口的占领只保留了一年多的时间。1946 年 10 月 11 日,在国民党军队大举进攻的情况下,解放军为减轻损失,保存实力,又主动撤离张家口。1948 年12 月 24 日,人民解放军再次收复张家口,同时奏响了平津战役胜利的序曲。

晋察冀两解放区合并为华北解放区,华北联合行政委员会和华北军区成立。中共中央和人民解放军总部迁至河北平山西柏坡村。

1948 年 9 月 7 日,毛泽东拟定的辽沈战役的作战方针,将各战役的目标明确为消灭国民党正规军和占领城市,并作为指标具体分配给各野战军和各兵团。希望 1948 年 7 月至 1949 年 6 月,能歼敌正规军 115 个旅左右。要求华东野战军歼敌 40 个旅左右(7 月歼灭的 7 个旅在内),并攻占济南和苏北、豫东皖北若干大中城市;中原野战军歼敌 14 个旅左右(7月已歼两个旅在内),并攻占鄂豫皖 3 省若干城市;西北野战军歼敌 12 个旅左右(8 月已歼一个半旅在内),并攻占陕甘宁 3 省若干城市;华北徐向前、周士第兵团歼灭阎锡山 14 个旅左右(7 月已歼 8 个旅在内),并攻占太原;各部同时配合罗瑞卿、杨成武两兵团歼灭卫立煌、傅作义两军 35 个旅左右(7 月杨成武已歼 1 个旅在内),并攻占北宁、平绥、平承、平保各线①除北平、天津、沈阳三点以外的一切城市。② 此后一年间解放战争的各个战役,基本上就是按照毛泽东所定方针和预期目标发展的。

在华北地区,1948 年 7 月 21 日,人民解放军结束晋中战役,歼敌 7.4万余人,解放县城 14 座,使太原成为孤城,为随后夺取太原创造了有利条件。9 月 24 日,山东省会济南解放。1948 年 11 月初,人民解放军解放东北全境后,国民党军华北“剿匪”总司令傅作义为避免被东北和华北的人民解放军联合歼灭,决定收缩兵力,固守北平、天津、张家口地区。11 月22 日,驻保定的国民党军撤至北平地区的涿县附近,人民解放军随即解放河北省会保定。紧接着 11 月 27 日,人民解放军解放山海关、秦皇岛。北平、天津已成为两座孤城。1949 年 1 月,天津、北平相继解放。华北最后一座省会城市太原,于 4 月 24 日获得解放。③ 至此,基本上结束了解

---

① 北宁线,指北平(今北京)至沈阳的铁路;平绥线,指北平至绥远(今属内蒙古自治区)包头的铁路;平承线,指北平至承德的铁路;平保线,指北平至保定的铁路,即今京广线一段。

② 《毛泽东军事文集》第五卷,军事科学出版社、中央文献出版社 1993 年版,第 1 页。

③ 解放太原的战役早在 1948 年 10 月 2 日就已经打响,11 月 13 日完成并大幅紧缩了对太原城的包围,可以随时攻城。但辽沈战役结束后,国民党军华北“剿匪”总司令傅作义集团已成惊弓之鸟。中共中央军委为稳住傅作义集团,1948 年 11 月 16 日中央电令缓攻太原。直至1949 年 4 月 20 日才开始全线攻城,4 月 24 日全歼守军,太原解放。

放华北的战争。5 月 1 日,大同敌军接受和平改编,山西全省解放。作为黄海天然良港、山东和华北工贸重镇与海陆运输枢纽的青岛,亦于 6 月 2 日获得解放。青岛的解放彻底摧毁了国民党在山东的统治,使山东陆地全部解放。为开辟海上交通运输,发展工农业生产,支援向全国大进军、完成全国解放的伟大任务打下了更加扎实的基础,而且标志着国民党在整个华北地区的统治被彻底摧毁,标志着华北全境解放,继东北之后,华北成为第二个有较完整的工业体系和工商业大中小城市配套的大区解放区。

在华东、华中、西北地区,1948 年 9 月 24 日济南解放后,中共中央军委决定发起淮海战役,10 月 11 日,毛泽东就发出了《关于淮海战役的作战方针》的指示,挥师南下,着手部署歼灭长江以北国民党军刘峙集团的大会战。① 因徐州战事吃紧,蒋介石将驻守郑州的孙元良兵团、驻守开封的刘汝明部调往徐州战区或其外围,郑州、开封防守兵力减弱,解放军乘机于 10 月 22 日、24 日将铁路交通枢纽郑州、河南省会开封一并解放。② 1949 年 1 月 10 日,历时 65 天的淮海战役胜利结束,歼敌 55 万余人,作为苏北重镇、南京门户和国民党政府巨大军事基地的徐州,已在 1948 年 12 月 1 日解放。1949 年 3 月 25 日,中国共产党中央委员会与中国人民解放军总部迁至北平,正式由乡村转入城市;毛泽东主席和朱德总司令在西苑机场举行阅兵式。

1949 年 4 月 15 日,中共和谈代表团将与各方商定的《国内和平协定》8 条 24 款交给南京和谈代表团,并限其 20 日以前表态。20 日,南京国民党政府最后拒绝在《国内和平协定》上签字,至此,国民党当局的"和平攻势"宣告破产。4 月 21 日,中国人民革命军事委员会主席毛泽东和中国人民解放军总司令朱德,发布了《向全国进军的命令》,命令各野战军全体指战员和南方各游击队,"奋勇前进,坚决、彻底、干净、全部地歼灭中国境内一切敢于抵抗的国民党反动派,解放全国人民,保卫中国领土

---

① 《毛泽东选集》第四卷,人民出版社 1991 年版,第 1351 页。

② 其中开封是第二次解放。1948 年 6 月 22 日,中国人民解放军曾攻克开封,因战略需要,旋即撤离。

主权的独立和完整";"逮捕一切怙恶不悛的战争罪犯。不管他们逃至何处,均须缉拿归案,依法惩办。特别注意缉拿匪首蒋介石"。① 当日晨,刘伯承、邓小平等领导的第二野战军和陈毅、粟裕、谭震林等领导的第三野战军,在西起九江东北的湖口,东至江阴,长达五百余公里的战线上,强渡长江。4月22日,西北解放军收复延安;23日,人民解放军解放了国民党统治的中心南京,宣告国民党统治的覆灭。5月3日,解放浙江省省会杭州。12日,淞沪战役开始。14日,在武汉以东团风至武穴间一百余公里的地段上强渡长江。16—17日解放武昌、汉阳和汉口。渡江战役至此胜利结束。20日,解放陕西省会西安。22日,解放江西省会南昌。27日,在中共上海地下党组织的配合和接应下,第三野战军解放了中国最大城市上海。6月,彭德怀等领导的第一野战军和贺龙等领导的华北野战军联合作战,歼灭胡宗南的主力,为解放大西北地区奠定了基础。7月下旬,第四野战军发动赣南战役,解放赣州和江西全境。8月4日,国民党湖南省主席程潜和第一兵团司令陈明仁等率部起义,湖南省省会长沙和平解放。17日,解放福建省省会福州。26日,甘肃省省会兰州解放。9月5日,解放青海省省会西宁。19日,国民党绥远省主席董其武,兵团司令孙兰峰等率部4万余人起义,绥远省会归绥和平解放。25—26日,国民党新疆警备总司令陶峙岳、政府主席鲍尔汉率军政人员先后通电起义,新疆和平解放。10月底,内蒙古地区全部解放。

至此,中华人民共和国成立前夕,华东、华中、西北地区全部获得解放,和东北、华北连成一片。在农村,解放较早的地区,已相继完成或开展土地改革运动,解放较晚的地区,也部分开始减租减息,减轻农民负担;在城市,一经解放,立即开始了对日伪资产和国民党国家资本、官僚资本的清理与没收。据统计,1949年共没收官僚资本主义企业2858个,占旧中国资本主义经济的80%。② 在此基础上建立起了颇具实力的国营(公营)产业,形成了全国范围的和逐渐规范的新型城乡市场结构。

① 《毛泽东选集》第四卷,人民出版社1991年版,第1451页。
② 马洪林、郭绪印:《中国近现代史大事记》,知识出版社1982年版,第142页。

　　大范围和全国范围的新型城乡市场结构产生和形成后,如何有效进行与规范价格管理和市场管理,是摆在解放区党和政府面前的重大课题。这一课题的正确解决,不仅是解放战争加速前进、城乡人民正常生产生活的有力保证,还必须为新中国成立后的价格和市场管理摸索经验。

（一）城乡市场价格和价格管理

　　解放区的城乡市场是随着解放战争的向前推进而逐渐形成和不断发展、扩大的。与此相联系,解放区城乡市场价格体系的形成、解放区党和政府的市场价格管理,也有一个摸索、发展和积累经验的过程。而其中特别值得注意的是城乡市场价格的剧烈波动,曾给解放区的经济生产、人民生活和价格管理造成了极大的困扰。

　　抗日战争中后期,国民党统治区货币贬值,物价大幅上涨,进入解放战争时期,货币贬值和物价上涨速度加快、幅度加大,呈加速发展趋势,最后形同离弓之箭。各抗日根据地和解放区,尽管严格管理物价,采取一切措施稳定物价,防止物价上涨或大幅波动。但因抗日根据地和解放区(特别是解放战争前期)市场供应的日用工业品,相当一部分来自国民党统治区,解放区不可能独善其身,再加上商人的投机、走私,无论东北还是关内,物价波动、上涨也是解放区市场的常态,平抑和管理价格是市场管理工作的中心环节。

　　在 1948 年 11 月东北全境解放前,东北解放区市场主要是北满地区。北满当时有哈尔滨、齐齐哈尔、佳木斯、牡丹江四个大、中城市,成为北满各地区的经济枢纽。具体到物价方面也是这样。"城市物价粮食带头,城市物价尤其是哈、齐、佳、牡的物价,又能影响乡村物价的变动。"[1]因此,平抑和管理物价,首先是城市物价,而管理城市物价,关键是管理粮价。民主政府从 1946 年年底开始着手对哈尔滨的物价进行调节[2],1947

　　[1]　东北解放区财政经济史编写组等编:《东北解放区财政经济史资料选编》第 3 辑,黑龙江人民出版社 1988 年版,第 37 页。
　　[2]　东北解放区财政经济史编写组等编:《东北解放区财政经济史资料选编》第 3 辑,黑龙江人民出版社 1988 年版,第 80 页。

年和 1948 年物价迅猛上涨，各地的市场物价工作也相应加强，粮价管理是其核心。

据 1947 年哈尔滨的价格变动和价格管理情况显示，因政府下乡购粮，导致 1 月粮价上升。政府将所购粮食进行对苏贸易，从苏联换回布匹、百货，故 2 月、3 月百货价格平稳，没有随粮价上涨。大批购粮资金于 3 月涌向农村，接着在 4 月，这批资金向城市集中，导致 4 月物价上涨。为了平抑粮价，调剂粮食源源不断地进入哈尔滨，加上禁止"小公"（各机关公营经济）购粮，大批纱布抛向市场，"使粮价下降和稳定，领导纱布的下降和稳定"。6 月再次出现物价猛涨，更甚于 1 月。其主要原因是，端午节临近，商人争购节货，大量游资齐集城市。同时松江省失调，乡村粮食飞涨；乡村粮价高过城市粮价，而政府调剂粮食不及时。为了平抑粮价，政府又调剂粮食源源不断流入哈尔滨，纺织局大量订织布匹，百货公司大量发展妇女纺纱，国民党统治区的棉花也已入境。同时加强了粮食登记、取缔抬高粮价、登记经纪等方面的市场管理。这样，回复"粮价平稳、纱价下降，游资乘隙集中黄金"。收缩通货对物价平稳收效，立竿见影，面粉由 250 元/斤降至 110 元/斤，下降了 56%。①

这次不仅平抑和稳定了粮价，并且从中总结出重要经验：在物价上涨时，必须善于掌握物价。如有足够物资大量抛出，自然可以终止对物价看涨的心理；如果物资不甚充足，勉强抛出物资，其结果是物价未稳，物资已售完，物价将更形上升。在物价必然上升时，强力压低，亦不能奏效。在这种情况下，比较可行的办法是收缩通货，减少货币数量去稳定物价。亦即相对使物资需求减少，使看涨心理发生转变。1947 年 6 月下旬，哈市粮价步步上升，虽大量抛粮数日，试图压住投机心理，结果游资集中粮食，亦未能压低投机浪潮。当时形成了普遍的社会投机粮食的心理，加之特务造谣，阴谋破坏，大有造成社会不安的可能。市政府及时采取取缔投机者抬高粮价的措施，同时强迫商人购煤 10 万吨。虽然实际售煤仅数万

---

① 东北解放区财政经济史编写组等编：《东北解放区财政经济史资料选编》第 3 辑，黑龙江人民出版社 1988 年版，第 30—34 页。

吨,但在收款 2 亿元之后,商人立即感觉市面银根转紧,抛钱购物的心理立即转变为存钱看物价跌落的心理,政府又动员做 20 万双军鞋,投放市场,吸款 14 亿元,并催缴上半年营业税,使市场银根进一步吃紧,商人心理进一步对物价看跌。百货公司还将大量抛售纱布的办法改变为以花纱换纱布为主,同时进行市面抛售,使布匹生产者的资金从投机转向正当生产,使市场作为投机对象的纱布减少,使有限的纱布直达正当商人之手,投机之风因而大减,布价由上升转而下跌。市场管理亦逐渐加强,开始对早市进行组织管理,并将作恶的投机者立即加以逮捕,处以罚金,游街示众,一时大快人心,投机者不得不有所警惕。① 由于多管齐下,才使得物价总体暂趋平稳。

1947 年 11 月,哈尔滨物价再次大幅波动。当时哈尔滨粮食存量不足,不能普遍分配,主要依靠大量面粉及旧存粮食和四郊粮食入哈。于是,粮价再次带头上涨;这时已是初冬,市场对布匹和煤炭的需要增加,布价跟随上涨,平稳了一年的燃料价格也紧随其后,而且游资还转向杂货,杂货上涨幅度亦大。不过这次物价的涨幅较春季与 6 月的两次为低。② 在客观方面,主要由于平分土地,私商活动受到限制,又加以老百姓分得了衣物,布匹需要量减少,以及自 7 月以后对"小公"游资的严格管理,"小公"不敢在市场公开活动,使物价易于管理。同时,由于经济力量与行政力量的配合,由原来"自由购买,大量抛售"的办法改为"管制原料,掌握成品"的方法,减少了私商在纱布上的投机活动;加上东北银行黄金力量"雄厚无比",金价稳定。③ 于是,到 12 月物价又较快地平稳下来。

1948 年哈尔滨全年物价,1 月曾呈跌势,但时间不长,旋即逐月上升,升幅呈波浪式扩大。"4 月涨风突起,5 月、6 月较剧,9 月更为炽烈。"10

---

① 东北解放区财政经济史编写组等编:《东北解放区财政经济史资料选编》第 3 辑,黑龙江人民出版社 1988 年版,第 49 页。
② 1 月物价波动时,较上月上升 61.3%;6 月物价波动时,较上月上升 52.3%;11 月物价波动时,较上月上升 26.4%,见东北解放区财政经济史编写组等编:《东北解放区财政经济史资料选编》第 3 辑,黑龙江人民出版社 1988 年版,第 50 页。
③ 东北解放区财政经济史编写组等编:《东北解放区财政经济史资料选编》第 3 辑,黑龙江人民出版社 1988 年版,第 50—53 页。

月新粮上市,11月曾一度回落,但幅度极微,仅为2.8%。粮价下跌。11月东北全境解放,花纱布来源增多,纱布价亦曾回落。迨至12月,则又呈微涨。在整体上,哈尔滨1948年物价总指数较1946年12月高71倍半,较1947年12月亦高达9.8倍以上。从各类商品的涨幅看,1948年12月与1946年12月比较,涨幅最大者为主食品,高达98倍以上;其次为副食品,亦高达95.5倍;涨幅最小者为燃料品,也将近37.8倍。与1947年12月比较,涨幅最大者为杂品类,高达13倍有奇;其次为燃料品,亦高达13倍以上;涨幅最小者则为主食品,亦达7倍有奇。1946年、1947年比较,情况各异。1946年主食品涨幅最大,燃料品最小;1947年杂品类涨幅最大,主食品最小,衣着品介居二者之间。[①]

处于战争环境并同国民党统治区有进出口贸易的情况下,虽然无法避免物价波动、上涨常态化,但由于民主政府采取了较为有效的管理和控制措施,物价上涨的势头,特别是作为物价龙头的主食品价格,涨幅还是有所缓和,由1946年涨幅最大,变为1947年涨幅最小,不能不说是物价管理的一大功效。

1948年11月,东北全境解放后,工农业生产迅速恢复,物资交流畅通无阻,与关内各解放区的经济联系相应加强,物资比较充足,主力部队和大批干部入关,物资消耗减少,财政负担减轻,货币发行减少,这就为稳定物价提供了前所未有的良好条件。在新的形势下,东北局把克服物价上涨作为东北财经工作的一项重要任务。1949年3月间,东北财经委员会规定,1949年全年的物价指数最高不得超过100%,要造成一个物价平稳的局面,借以稳定生产建设的工作。

为了实现上述目标,各省市采取经济手段与行政管理相结合的方法,加强国家商业网与合作社的建设,大量推销货物,回笼货币,发行公债,调整税收,加强对私营工商业和市场的管理,加强物价情报工作,实现物价的基本稳定。如吉林省采取的方针是,"按群众需要和我们力量,放手抛

---

① 东北解放区财政经济史编写组等编:《东北解放区财政经济史资料选编》第3辑,黑龙江人民出版社1988年版,第166页。

售物资,回笼货币,依靠群众力量,和合作社向私商的投机破坏行为作斗争,相对的稳定物价"①。这一方针基本上达到了预期目的。特别是从1949年第二季度开始的大力推销货物、回笼货币、加强对工商业的管理,成效明显,使物价从1月开始的涨势到4月"即转硬为疲,迨至5月、6月两月更显呈跌势",下半年物价上涨幅度也较小。1949年12月与1948年12月比较,各省市涨幅大小不一。黑龙江物价上涨130%,其中农产品上涨200%,工业品上涨70%;吉林粮食上涨23%;沈阳物价较1948年年末平均上涨68.1%;热河物价上涨94.1%。② 从地区上看,北满各省市物价上涨指数普遍较高,大体与哈尔滨上涨指数接近,而南满各省物价上涨指数普遍较低,与沈阳上涨指数比较接近。虽然地区间差别较大,计算也不一定很准确,但与前两年比较,1949年的物价,确由暴涨走向平稳,没有出现在一两个月内暴涨二三倍以至于五六倍的现象。从涨价的物品看,也已经不是粮食、布匹或金银当先。以哈尔滨为例,在九类物品中,粮食纱布上涨的速度已下降到第4位和第8位,投机性圈套的金银价格上升的位次已经列在最后。③ 上述情况表明,国营(公营)物资力量已起主导作用,投机破坏的活动受到了相当程度的抑制。

在关内解放区,无论是原抗日根据地、沦陷光复区,还是原国民党统治区,也无论是解放战争前期还是后期,物价上涨均为常态。

解放战争初期,在原抗日根据地晋冀鲁豫边区、冀鲁豫边区,从1946年4月起,都出现物价暴涨。晋冀鲁豫边区物价由平稳走向陡涨,在一个月之内涨了1倍半至2倍,到5月半后趋向平稳。维持了40多天,到7月初又开始大涨,比6月平稳期间上涨了1倍,总计半年内,物价涨了4—5倍。④ 在冀东解放区,由于敌人对生产直接间接的破坏与战争的消

① 东北解放区财政经济史编写组等编:《东北解放区财政经济史资料选编》第3辑,黑龙江人民出版社1988年版,第221页。
② 东北解放区财政经济史编写组等编:《东北解放区财政经济史资料选编》第3辑,黑龙江人民出版社1988年版,第266—267页。
③ 朱建华主编:《东北解放区财政经济史稿》,黑龙江人民出版社1987年版,第397页。
④ 中国社会科学院经济研究所中国现代经济史组编:《革命根据地经济史料选编》下册,江西人民出版社1986年版,第632页。

耗,生产量相对减少,消费量相对增加,加上敌人封锁分割,交通不畅,战斗频繁,地区范围多变,在经济关系上与蒋管区又不能完全隔绝,因此物价波动很大,往往以波浪或跳跃形式上涨。[1] 冀鲁豫边区从4月上旬开始,物价急剧上升,在半个月内,一般物价上涨了1倍。麦子每斗由310元涨至600元,棉花每斤由120元涨至200元。物价不仅有一般的上涨,且有暴涨暴跌的现象,甚至因谣言操纵而发生无谓的涨落。[2]

华中解放区,从1946年5月下旬开始,在1个月时间内,全区物价狂涨3倍以上。与法币的汇价从1∶30跌至1∶16,甚至1∶12。其主要原因是巨额增发通货,又违背中央指示,绝大部分不用于生产,而是投入市场贸易投机。各机关生产部门不顾政治影响,不问物价高低,在市场上互抢物资,互相抬价,见货便收,通货浮于市面。结果影响所及,解放区工商业、财政收支和党政军威信,均大受打击。工厂生产、市场交易有全部停顿的危险;政府财政支出空前庞大,财政赤字日增;人民生活困苦,党和政府威信遭受损失。[3] 华中解放区二分区物价,半年间涨了5—7倍,1947年1月涨至7—10倍。[4]

解放战争后期,在整个华北解放区,大部分地区自1948年夏秋相继解放后,物价一直呈"梯形上升"态势,到新中国成立前,曾发生五次较大波动。[5] 从1948年的物价变动看,8月初至12月中旬5个月间,全区物价始终在波动、变化中。可约略分为3个阶段:8月上旬至10月中旬,全区物价处于徐徐疲落状态;10下旬至11月底是物价回升阶段;12月初至12月中旬是物价波动阶段。

---

① 华北解放区财政经济史资料选编编辑组等编:《华北解放区财政经济史资料选编》第2辑,中国财政经济出版社1996年版,第522页。

② 华北解放区财政经济史资料选编编辑组等编:《华北解放区财政经济史资料选编》第2辑,中国财政经济出版社1996年版,第565页。

③ 江苏省财政厅、江苏省档案馆、财政经济史编写组编:《华中解放区财政史料选编》第1卷,南京大学出版社1987年版,第295—296页。

④ 江苏省财政厅、江苏省档案馆、财政经济史编写组编:《华中解放区财政史料选编》第3卷,南京大学出版社1987年版,第119页。

⑤ 中国社会科学院经济研究所中国现代经济史组编:《革命根据地经济史料选编》下册,江西人民出版社1986年版,第706—707页。

　　物价波动除了政治、社会等因素,和农业生产季节也息息相关。1948年8月上旬是华北区秋前物价的最高峰;中旬后则处在秋收季节物价大变化中,物价逐旬上涨的态势随告停止,全区所有商品的价格开始回落。一般情况是,物价高的地区回落较多,低的地区较少;各种商品之间的价格比例,亦是价格高的回落较多,低的较少;地区之间的商品差价,亦有所缩小,平衡性加大。到10月下旬,农业生产大秋已过,加上华北财委会7月23日决定的停止3个月发行纸钞的期限届满,全区物价开始回升。特别是济南解放,山冀、北钞统一行使后,华东位处华北的广大纵深地带,物价基数甚高,使华北东南部的冀鲁豫、冀南、冀中东南部、太行东部,物价上涨很猛,带动华北全区物价形势发生巨大变化,由10月以前全区范围的物价"北高南低"的总体趋势一变而为"南高北低"。从地区上看,原晋察冀边区物价变化较小(有的下落);原晋冀鲁豫边区,尤其是东南部物价上涨幅度较大。从各类商品的价格变动看,布、棉价格上涨幅度较大,粮食次之,食盐平稳,白油下落。12月上旬后,华北北部地区(冀中、北岳)物价开始波动,到12月10日,蔓延至冀中全区,北岳的平西、冀西地区,石德及正太全线,冀南北部,太行东北部及渤海大部(小清河以西)。在这半个多月中,各类商品几乎全线上涨,其中粮食涨幅最大,低的20%—30%,高的40%—50%,甚至超过50%;布、棉次之,一般10%—30%,个别低于10%或高于40%。

　　这次华北区的物价波动,都是粮食带头,而致其他商品跟随上涨。粮食中小麦价格涨幅最大。从价格波动源头看,由冀中北部开始向南蔓延,就华北全区而言,北部上涨最多,南部变化较小。山冀、北钞统一行使以后的南高北低、山区高平原低,一变而为北高南低、平原高山区低。工业品则相反,南高北低、山区高平原低,形成了粮食、白油由南而北,面对即将解放的平津。大城市工业品由北向南、面向农村。造成了平津解放后农产品(特别是粮食)与工业品交流的总趋势。①

　　按全年物价涨幅计算,小米、小麦、杂粮、棉花、土布、食盐、植物油、燃

---

① 华北解放区财政经济史资料选编编辑组等编:《华北解放区财政经济史资料选编》第2辑,中国财政经济出版社1996年版,第728—732页。

料 8 种主要商品,如以 1947 年 12 月的价格为 100,1948 年 12 月的价格总指数为 361.2,亦即上涨了 2.6 倍。其中小米、小麦、杂粮、棉花 4 种粮棉农产品的涨幅最高,均超过 3 倍,棉花达 4.27 倍。食盐涨幅最低,为 1.17 倍。[1]

进入 1949 年不久,华北区物价又开始出现新的波动。4 月由于春旱,起始于冀中灾区的粮价上升,带动平津物价上涨,随即发展成为全区性的不平衡的连续上涨,尤其以衡水、石家庄以北、平津以南物价涨幅最高,"使城乡交流失去常态"。[2] 山东解放区物价,1949 年 6 月下旬已开始微涨,进入 7 月,即发生巨大波动:济南自 6 月 30 日至 7 月 14 日平均上涨 50%;青岛自 6 月 30 日至 7 月 13 日,平均上涨 65.7%;徐州自 6 月 30 日至 7 月 13 日,平均上涨 63.5%;新浦自 6 月 28 日至 7 月 10 日,平均上涨 92.36%;烟台自 6 月 30 日至 7 月 13 日,平均上涨 29.65%;德州自 6 月 30 日至 7 月 13 日,平均上涨 41.35%。不足半月,各地物价平均上涨 57.1%。此次物价上涨的特点:第一是全面波及,第二是渤海、胶东上涨较低,青岛、徐州、鲁中南上涨速度最大,使山东物价已开始改变过去北高南低的物价形势。[3] 太原自 7 月中旬开始,物价上扬,部分投机商人乘机抢购货物,尤其是密切关系民生的粮食、棉花、布匹等,如天宝金店曾用 200 万元人民币抢购纱布;40 余家私营货栈几乎全部经营了粮食。贸易公司门庭若市,拥挤不堪。私商只购不售,加剧了市场紧张空气,持续到 8 月初方趋平静。到 10 月中旬,涨势又起,投机商人再行活跃,混乱现象更甚于上次。[4]

在华中解放区苏皖边区,1948 年一年中,物价总的趋势是上涨的,仅下半年就涨了好几倍。如以 7 月初的物价指数为 100,年底如皋西来区

---

① 华北解放区财政经济史资料选编编辑组等编:《华北解放区财政经济史资料选编》第 2 辑,中国财政经济出版社 1996 年版,第 836 页。

② 华北解放区财政经济史资料选编编辑组等编:《华北解放区财政经济史资料选编》第 2 辑,中国财政经济出版社 1996 年版,第 825 页。

③ 中国社会科学院经济研究所中国现代经济史组编:《革命根据地经济史料选编》下册,江西人民出版社 1986 年版,第 703 页。

④ 华北解放区财政经济史资料选编编辑组等编:《华北解放区财政经济史资料选编》第 2 辑,中国财政经济出版社 1996 年版,第 901 页。

等 3 地的物价指数见表 20-21。

表 20-21　苏皖边区如皋西来区等 3 地物价指数
（1948 年年末）　　　　　　（1948 年 7 月 = 100）

项目 地区	农产品指数	工业品指数	平均指数
如皋西来区	1073.6	827.9	950.75
太县古溪区	957.7	617.4	777.6
台北南阳区	367.91	319.37	343.64
总平均指数	793.07	538.22	630.66

资料来源：《苏皖边区一专署一年来的金融贸易工作》，江苏省财政厅、江苏省档案馆、财政经济史编
写组编：《华中解放区财政经济史料选编》第 2 卷，南京大学出版社 1987 年版，第 572 页统
计表。

表 20-21 显示，农产品涨幅较高，工业品的涨幅稍低。半年间 3 地农产品涨了近 6 倍，工业品只涨了 4.4 倍。不过农产品的猛涨，主要在 1948 年 12 月普遍缺粮时节，如皋西来镇 10 天就涨了 48.66%，不仅影响工业品，而且更使物物交换普遍起来，原是本币市场，也有以粮计值、拒用本币的现象了。[①]

在华东解放区，苏北 1949 年上半年，物价的上涨速度，"确非近数年来所曾有"。以淮阴、益林是年 1 月初与 6 月底的物价相比，上涨指数达 850—1000。其中农产品又远较工业品为高。淮阴总平均指数为 876，农产品平均指数达 1320，豆油最高，达 1674，黄豆、猪油、食盐均在 1000—1400，小麦较低，为 718；工业品平均指数为 758，洋纱最高，为 791，白报纸最低，为 394，赤金为 723。益林总平均指数为 973，土产品平均指数达 1206，食盐最高，达 1807，其次棉花为 1431，猪肉最低，为 815，米、黄豆、豆油均在 1100—1250；工业品平均指数为 757，纱布最高在 800 以上，白报纸最低，为 373。

半年间的物价波动，大致可分为以下三个阶段。

---

① 江苏省财政厅、江苏省档案馆、财政经济史编写组编：《华中解放区财政经济史料选编》第 2 卷，南京大学出版社 1987 年版，第 572—574 页。

第一阶段（1、2月份），涨风由北向南。

1月份时，北线淮阴、益林等地因物价较鲁豫地区低很多（一般相差1倍以上），分割封锁解除后，大量北客南来抢购，市场受到巨额货币冲击。淮海战役结束，大量民工复员，大军南来休整，供应需求浩大，购买力骤然增加，物价掀起激烈涨风，至1月底，赤金、洋纱、豆油等，都涨了1倍以上，布匹、纸张、粮食亦在百分之六七十。因交通关系及旧历年关影响，南线物价未受波及，一般较北线低达1倍，江都、樊川等最低地区差不多有两倍。

1月中至2月初，沿江形势改观，南通、扬州、泰州等相继解放。进入2月，大量北客（包括鲁豫地区及淮海、盐阜地区）闻讯而来，抢购物资，物价猛烈飞腾。至2月底，扬州、泰州均涨1倍以上。南通尤为猛烈，2月8日至30日，涨1倍半至3倍之巨。而北线淮阴、益林等地，2月上旬因鲁豫客商续有抢购，物价再涨5—8成。中旬开始后，因物价上涨过高，不但与鲁豫地区持平，个别工业品尚高出一等，因此北客趋向沿江一带，生产压力减轻，直至月底，均呈价格平稳、货币紧缩态势。

第二阶段（3月、4月），从短暂上涨转入下降。

3月初，各地先后掀起涨风，但时间短暂：北线益林只有两三天，淮阴也只四五天即告熄灭。涨幅很少达一成。南线上涨时虽不到一成，但个别地区仍然甚为惊人，如靖江1日至7日一周间，农产品平均升一成，工业品升4成多；泰州农产品涨3成多。而南通、扬州、东台上涨均不到一成。这次涨风主要原因是大军集结沿江地区，供应浩大，军运繁多，影响交通，造成短时间的供求失调；另外，国民党对长江的封锁，也影响货源。

此后各地物价连续下降，尤其大军渡江后的4月下旬，各市场商人竞先脱货，物价疲落不堪，4月底与3月初比较，通州、扬州、泰州、淮阴、益林5大市场的物价均跌落三四成。直至5月5日以前，各地均仍见跌。下跌的主要原因是，苏北与鲁豫地区及苏北各地物价水平相等；人民政府有计划地供应了大军需要，不使市场上银根松滥、供求失调而影响物价；长江封锁解除，大量南货北进，同时胜利消息鼓舞了人民，市场商人不但消除了货源的顾虑,而且增加了对人民币信任、珍爱的心理,商人竞筹货币,赶往江南进货。

第三阶段(5月、6月),南北涨风夹击。

这一阶段出现了苏北解放区前所未有的物价涨风,各地从5月初到6月底,平均上涨指数达400—500,稻米、棉花、豆油均暴涨5—7倍。

首先是由北向南以金、纱带头的5月涨风。月初,苏北南部地区金、纱价格仅相当于徐州、济南的七八成至一半,而苏南刚解放,贸易与物价均未正常,因此5月5日以后即因北客的抢购,洋纱、赤金不断上涨,其他物价亦受牵动上升,直至月底得到上海解放的喜讯始转平稳。这次上涨以益林幅度较高,平均达72%,洋纱上涨达1倍半;通州、扬州、泰州、淮阴平均涨30%—50%,亦以洋纱居首,均在70%—80%。

接踵而来的是因上海所引起的6月的第二次涨风,上旬在上海因奸商使用银元投机引起上涨的影响下,在4—10天的时间内,苏北的通州、扬州、泰州物价均涨2倍,益林涨1.3倍左右;中旬物价回软,各地均跌1/3内外。6月20日以后,因江南复涨与阴雨梗阻交通,在粮食、棉花牵动下,物价又起全面涨风,直至月底,尚未停息,各地均涨五六成。

6月物价以沿江地区上涨较剧,通州、扬州、泰州平均上涨2—3倍,淮阴、益林上涨1倍半,其中,通州、扬州、泰州稻米、豆油、棉花、猪肉等均上涨3—4倍或以上。

苏北解放区1949年上半年的物价波动出现了一个重大改变:以往一贯由北向南物价波动的规律,开始转变为由南向北的规律,6月的苏北物价已紧紧追随上海,即是明证。此后即使北方物价波动向南侵袭,也必定因交通关系而先趋京沪沿线后再向苏北。不过物价变动规律仍遵循着季节性走向,保持着一贯之春夏季农产品上涨较工业品上涨为烈的传统格局。同时,大涨小回落的波动规律亦无改变。①

---

① 江苏省财政厅、江苏省档案馆、财政经济史编写组编:《华中解放区财政经济史料选编》第6卷,南京大学出版社1988年版,第217—219页。

　　解放区市场物价波动不稳,甚至暴涨暴跌,不仅严重影响城乡人民特别是基层民众的日常生活,破坏正常的经济秩序和社会秩序,而且直接干扰和阻碍解放区的经济恢复与建设,破坏党和政府在人民群众中的威信。在解放区市场物价波动已经常态化的情况下,平抑物价,进行严格的物价管理,全力维持市场物价的相对稳定,也就成为解放区民主政府发展内外贸易、促进城乡物资交流的核心工作。而作为国营(公营)商店总店的贸易公司,则是这一核心工作的直接执行者。1948年3月,晋察冀边区贸易公司召开的总店代表会议甚至明确规定,稳定物价是贸易部门在1948年“大生产运动中的唯一任务”。①

　　解放区的商业贸易政策,内外有别,对外贸易“严格管理”,内地贸易“尽量自由”。“不准许任何人来统制内地贸易,干涉人民自由贸易。”不过这种自由也是相对的,“不能任其自流,为了扶持生产,保证人民需要,应随时注意各地物资供求状况,注意物价变化,作有计划地调剂”。最基本和核心的措施,就是调剂物资,调节市场,“使物价不致猛跌猛涨,以平抑和稳定物价”。但在执行物价政策时,不应无原则地压价或提价,以致妨碍输入,影响生产。同时要兼顾生产者和消费者两方面利益,必须按季节性收买与抛售日用生活产品;还要照顾到适当的运销利润,以利物资运销。②

　　这种贸易和市场政策、政策导向无疑是正确的,但执行起来仍有相当大的难度,特别是在解放战争初期,在某些被国民党统治区紧紧包围并切割、分离,根基脆弱的解放区,执行难度更大。如冀东解放区,1946年5月后才逐渐建立与开辟,随后9月遭敌人进攻、扫荡,大部分县城被侵占,有些主要集镇亦相继落入敌手,主要交通线也被敌人控制,原本完整的解放区“被分隔成散地”,以致运输、贸易困难重重,资金严重缺乏(包括购买款6亿元,全区仅19亿元)。敌人扫荡又损失约2亿元,愈加力量微

----

　　① 华北解放区财政经济史资料选编编辑组等编:《华北解放区财政经济史资料选编》第2辑,中国财政经济出版社1996年版,第548页。
　　② 华北解放区财政经济史资料选编编辑组等编:《华北解放区财政经济史资料选编》第2辑,中国财政经济出版社1996年版,第493页。

薄。因此 1946 年秋收时,农产品上市也无力收购,致农产品价格低落,百姓吃亏很大;1947 年春物价波动,也无大力支持,结果边币币值下跌,物价猛涨。

冀东解放区虽然条件艰苦,困难重重,不过同时蕴藏着希望,敌人固然占据了城市,但大部分乡村仍在革命者手中。1946 年敌人进攻、扫荡时,贸易组织很快转移与分散到了乡村,并按事前规定,所有贸易组织均以"区不离区、县不离县"的原则坚持工作。故当敌人兵力一退,就能马上恢复正常工作,安定了市面。① 虽然边币十分被动,物价涨势凶猛,亦得以迅速稳定。"有的七天,最多没超过半月的时间就把物价平下来",并从中取得经验,如注重宣传、解释,团结、支持商人;平抑物价与掌控集市"两位一体"等。因冀东解放区并无工商城市,集市是市场的主体。如果集市掌控不好,平抑物价只是一句空话。同时,控制物价还要和掌握物资、支持群众生产紧密结合。1946 年花生油销路不畅,各榨油坊面临停工危险。贸易公司大批收购花生油,使 300 多家油坊得以继续生产。贸易公司还掌握了一批棉花,作为供给纺织原料之用;麦收时又掌握了一部分麦子,避免了麦价过分下降。②

物价波动、暴涨的情况复杂,原因不一,必须采取针对性措施进行平抑、控制。如 1946 年上半年晋冀鲁豫边区物价多番暴涨,其主要原因:一是内战影响。人们鉴于战争会导致通货膨胀、物价高涨的规律,加上特务造谣、捣乱,纷纷购物防备,导致物价高涨、市场动荡。二是国民党统治区生产停顿、经济萧条、灾荒袭击。全国 19 省遭灾,灾民达 4000 万人,物资匮乏,物价飞涨,解放区物资外流,物价上涨"不可避免"。三是解放区通货膨胀、财政收支失衡。边币发行增加,且"开源很差,节流上亦不够",也影响了物价。四是公营商业主要是机关商店,"囤积居奇投机取巧,成了风气"。由于物价波动,机关生产,觉得农工生产交通运输不如经营商

① 华北解放区财政经济史资料选编编辑组等编:《华北解放区财政经济史资料选编》第 2 辑,中国财政经济出版社 1996 年版,第 494 页。

② 华北解放区财政经济史资料选编编辑组等编:《华北解放区财政经济史资料选编》第 2 辑,中国财政经济出版社 1996 年版,第 505—506 页。

业有利,经商不靠囤积居奇,又得不到大利,因此假借"公家"权势,借着"公款"做投机生意,以"小公"害"大公",本来物资已感缺乏,囤积物资更加重这一现象。五是管理出入口不严密。半年来几乎完全"放任自流",解放区物资特别是粮食、棉花、土布等大量外流,奢侈品与洋烟、洋酒等大批涌进,出入走私现象十分严重,外汇也没有很好的管理,任人夺取,必需品出入兑换上失去了平衡,物价起了变动。

针对上述五项原因和漏洞,边区政府采取了五项措施,堵塞漏洞,开源节流,规范管理,平抑物价。一是加强工商税务管理局机构,严格组织与管理对外贸易,禁止奢侈品、外来烟卷、洋油、呢绒等入境,并限制纸张、洋火、颜料入境,禁止粮食、棉、布等出境,禁绝走私,任何机关、团体、部门都须遵守贸易政策和法令,不能假借特殊权力破坏整个解放区的利益,实行外汇管理,以出境物资换回必需品。但内地贸易必须完全自由,任何区域或县,都不能私自实行封锁,以免妨碍物资交流,窒息经济活动。二是紧缩通货,停止发行边币。财政上多开财源,弥补亏空,一切开支,必须先"大公"而后"小公",必须先供军费,而后再支政费,先照顾部队生活,而后再照顾政府生活。银行立即停止向商业与机关商店贷款,期满者坚决收回,未到期的可斟酌情况收回大部分或一部分,此后将贷款转向工农业、交通、运输等事业,各级政府部门已领未用之经费、事业费,须送回财政部门,归入金库。以后领用经费,须按照审会计制度,按月支领,不得预借,以免公财私用。三是在行政上和资本上统一管理机关商店,取缔囤积居奇。机关商店除在营业活动中取得部分利润外,更负有调剂物资、平抑物价、巩固本币安定金融的任务。在经营上应随买随卖,不应该囤积居奇,应"贱买贵卖"(即物价贱时要比市价高点买,物价贵时要比市价低些卖)。不应贱不买,贵不卖(贱时不买或者比市价低点买,贵时不卖,或者比市价高点卖),更不应贵买死不卖,以免加剧"大公家"财政损害,加重人民负担,违反了原来的本意。四是改掌握物资为调剂物资。政府和公家、机关商店存的粮食、棉花、布匹、食盐等,应随时酌情抛出一部分或大部分,以调剂市场,或供给军用,而不应该囤积在那里待价而沽。五是改善交通运输,加速修理内地"经济道路",改善运输。群众的运输合作社、运输互助组、运输队等,亦须有计划地组织起来,利用农闲,从事运输事业。①

1946 年 4 月,冀鲁豫边区物价上涨的原因与同年上半年晋冀鲁豫边区物价上涨的原因大多相同或相近,采取的措施或紧急对策,也都大同小异。

冀鲁豫边区物价上涨的原因:一是在邯郸、冀南高价采购军需布棉,导致大量布棉北流,货币南来,改变了区内原有的供求关系;二是以棉布价格为主导引起其他物价(包括工业品)上升;三是国民党违反停战协定,向边区进攻,导致形势紧张,特务造谣,奸商囤积,加上"变天"思想等,提高法币币值,加大物价涨幅;四是适逢春季入超季节,入口工业品增加,而原本的出口物资却在向北逆流,入超加大,法币币值进一步上升,反过来刺激物价上涨。

针对这种情况,边区政府采取对策:一是加强出入口管理,黄河沿岸暂时停止来往,以防国民党反动派的袭击。担运货物出口,必须换回必需品入境,严禁一切消耗品、奢侈品及关金、法币流入边区。二是现金、白银一律禁止出境,严防走私,内地金银收买,一律由银行机关办理。三是全区的政府负担、税局税收及贸易往来,一律使用本币,不得违反。② 同时,准备好一批足以控制物价的重要物资(如粮、棉、布等)于物价平稳时坐镇市场,于物价急剧上升时猛力平抑,使物价就范而止。③ 这些都取得了较好的成效。

对华中解放区从 1946 年 5 月下旬开始的全区物价狂涨风暴,中共中央华中分局也立即采取了针对性的平抑举措。华中分局认为,这次物价高涨的主要根源是通货膨胀。而导致通货膨胀的基本原因是"生产不足,进出口不平衡"。因此,控制物价暴涨的"根本办法是发展生产(农工生产)厉行节约"。从整个解放区来讲,只有发展生产,增加财富,求得经

---

① 中国社会科学院经济研究所中国现代经济史组编:《革命根据地经济史料选编》下册,江西人民出版社 1986 年版,第 633—634 页。
② 华北解放区财政经济史资料选编编辑组等编:《华北解放区财政经济史资料选编》第 2 辑,中国财政经济出版社 1996 年版,第 566—567 页。
③ 华北解放区财政经济史资料选编编辑组等编:《华北解放区财政经济史资料选编》第 2 辑,中国财政经济出版社 1996 年版,第 573—574 页。

济上的自给自足,再加上厉行节约,才能减少不必要的输入,减少对国民党地区的依赖,求得进出口的平衡。就党政军来讲,只有节省开支,并求得部分的生产(农工生产)自给,才能减少财政支出,求得政府收支预算的平衡。然而,过去机关、部队用于生产的绝大部分资金,都是投放到商业运销,不能增加财富,不是真正的生产,"违背中央政策,得不偿失"。机关、部队生产主要是为了减少财政负担,但由于大家都做生意抢货物,粥少僧多,免不了投机取巧,刺激物价,结果自给的数字小,而财政负担反而增加好多倍。做生意表面上赚了钱,实际上无不亏本,最后生产资金全部蚀光。人民和政治上的损失,更是无法估计。

针对这种情况,华中分局提出的具体对策和救急办法,就是停止收购、抛出物资,紧缩通货。银行紧缩发行,并向市场抛出物资,使游资回笼;收回部分资本,将其转移到农工生产。同时合并公营商店,各系统大小商店,首先尽量做到"小店并为大店,多店并为少店",以打下将来进一步合并统一的基础。地方县以下、部队团以下"立即停止经营商业"。各单位严格做到不再增加商业运销资本;各商店单位1946年7月底以前,一律停止吃进口货物(能自行组织出口直接换购进口者例外,军工器材、弹药、电料、西药、机器例外),更不得套购其他公营商店抛出的物资。同时,抛出物资数量与速度,要与节省开支联系起来;抛出物资、紧缩通货,要与投资农工生产联系起来。另外,抛出物资,要在商人中进行宣传动员,争取商人同时抛出,反对奸商套购、囤积居奇。

上述政策、措施的实施,迅速见效,淮阴、东台开始抛售物资后,物价已经开始平稳。政府表面上赚得少一些,但支出可以减少,与多赚效果相同。①

解放战争后期,在整个华北解放区,大部分地区自1948年夏秋相继解放后,物价一直呈梯形上升态势,到新中国成立前,曾发生五次较大波动。② 这次华北区的物价波动,几乎都是粮食带头,而致其他商品跟随上

① 江苏省财政厅、江苏省档案馆、财政经济史编写组编:《华中解放区财政经济史料选编》第3卷,南京大学出版社1987年版,第120—122页。
② 中国社会科学院经济研究所中国现代经济史组编:《革命根据地经济史资料选编》下册,江西人民出版社1986年版,第706—707页。

涨。1948 年 12 月上旬至 12 月 20 日,冀中及石德路沿线更发生粮价剧烈波动。

　　对于这段时间的物价波动,华北解放区党和人民政府及贸易公司、行政公署,采取了有效的处置措施。1948 年 12 月 23 日,冀南行政公署指示贸易公司、建华公司及其下设各总分店一律停止在市场上吸收粮食,并在粮价特高的灾区及产棉区出售一部分粮食,卖粮买棉,调剂粮棉交换比例,支持灾区人民生产自救及防止棉农遭受过分的打击,影响明年棉花增产。冀南银行各市办事处,在物价暴涨时,停止贷款并适当紧缩筹码,禁止进行变相的抢购性的仓库经营,以利物价的平稳。① 由于党政机构及相关机构齐心合力,每次都"采取了认真的有力的措施,大量抛售物资(主要是粮食、纱布),使历次物价波动面未能蔓延,归于平稳"。②

　　对华东解放区苏北等地 1949 年上半年空前剧烈的物价涨风,苏北党政和工商部门既采取了措施,又认真总结了经验教训,在对市场物价的掌控技巧和水平上提高了一步。过去因公营贸易部门无组织地收购而引起的物价波动,基本上没有了,一般均能通过当地公司统一采购;采购技巧的掌握运用也较自如了,逐步消除和减少了商人对公司的投机,同时也加强步调与调度的统一,对物价起了一定的平稳作用。不过在 1949 年春季苏北物价涨风中,仍有牌价过分低廉的失误。1949 年 2 月南通刚解放时,北线淮阴、益林、东台等地物价连续飙升,南通公司开始营业时,主要货物的牌价均比北线低二三倍,较南线低物价的扬州、泰州亦低七八成。导致大量北客蜂拥抢购,商人不肯抛货,压力挤向公司,未几公司主要物资销售殆尽,市场转为商人所操纵,物价扶摇直上。到月底涨至 1 倍半至 3 倍半之巨。开苏北物价上涨"最高纪录"。同时,公司牌价缺乏灵活性,时常低于或高于市场价格,被商人投机钻空子。经过认真总结,苏北工商部门认识到,对今后市场物价的掌控,必须从整体观念出发,现在物价已

---

　　① 华北解放区财政经济史资料选编编辑组等编:《华北解放区财政经济史资料选编》第 2 辑,中国财政经济出版社 1996 年版,第 733 页。

　　② 中国社会科学院经济研究所中国现代经济史组编:《革命根据地经济史料选编》下册,江西人民出版社 1986 年版,第 707 页。

经是全国的问题,不能只考虑狭小的局部地区。苏北物价基本上已听从于上海,掌控物价不仅要考虑上海的因素,还要尽可能运用苏北的经济力量,支援上海物价的平稳,这样才能平稳苏北物价。同时也要重视如何防止局部的物价波动,对于局部的物价暴涨,必须大力压制,以免波及其他地区。还要大力支持人民币,这是平稳物价的基本问题。因为货币同物价起着相互支持的作用。货币威信的提高可使物价平稳,而物价平稳又提高货币威信,使货币成为保值手段。另外,为了有利于发展生产和促进物资交流,既要防止物价暴涨暴跌,又要使价格结构建立在适当、合理的基础上。销地价格必须适当高于产地价格,不能高低倒挂,保证运销者的合法利润。要更好地掌握物资波动规律性与季节性,从有计划地调剂供求着手,使工业品与农产品保持正常的交换比率。要坚决同投机奸商作斗争,为此要从经济方法着手,大力支持合作社,通过合作社交流农工产品,供给城乡人民需求,减少商人中间剥削。①

山西太原市对物价波动也采取了有效的平抑措施,并及时总结了经验教训。对1949年7—8月的物价波动,采取的措施是,由交易所大量调配粮食,实行街道配售,凭证购买,并限制和处罚了部分投机商人,很快平息了涨风。对10月的物价波动,省政府为保护生产,免遭破坏,实行了对私营棉织业的配纱办法;并对布商实行凭营业证分组分期、限额购买办法;检查私商电报及外区来的投机商人,抽查粮店、粮栈、货栈、布庄之囤积货物,冻结和处分违法商人(被处分的商人共23户),以事实教育了一般商人。但在平抑物价、管理私商方面还有不少缺点和不足之处。如由于干部缺乏,对市场管理软弱无力,对私商的监督、统计带有盲目性,所以在打击投机商人方面,不能有目标地抓住"老虎",却捉住部分"苍蝇"。虽然"苍蝇"没有打错,但效果还是不够大。②

冀东解放区,由于敌人破坏和战争消耗,生产减少,消费增加,加上敌

① 江苏省财政厅、江苏省档案馆、财政经济史编写组编:《华中解放区财政经济史料选编》第6卷,南京大学出版社1988年版,第220—222页。
② 华北解放区财政经济史资料选编编辑组等编:《华北解放区财政经济史资料选编》第2辑,中国财政经济出版社1996年版,第901页。

人封锁分割,交通不畅,战斗频繁,形势多变,在经济关系上与国民党统治区不能完全隔绝,因物价波动持续,并往往波浪式或跳跃式上涨,对人民的生产生活影响甚巨。冀东行署在平抑和管理物价的过程中,通过调查研究,综合分析,总结出该地物价波动一般性规律和某些特殊规律。明确物价涨落的基本规律是供求关系,供过于求则落,求过于供则涨。但供求关系错综复杂。在时间和季节方面,农产品在收获后价低,青黄不接时价涨(1946 年麦收后,1 斤麦换不了 1 斤小米;1947 年四五月间,2 斤多小米换 1 斤麦)。在贸易上,一般旺月物价涨,淡月物价落。在地区方面,一般产粮区粮贱、工业品贵;产布区布贱、粮贵。货币与商品的供求关系,及货币流通量的增减,直接影响物价的涨落。在生产发展、商业繁荣、货币市场扩大和信用巩固的情况下,即使加大货币发行,流通量增加,物价指数也往往不变,或比货币增加的指数小;反之,货币量虽不增加,而物价指数往往上升,或上升指数比货币增加的指数大。在使用同一货币的友邻区物价高于我区时,友邻区的货币即流入我区,往往引起物价上涨;反之货币外流,往往引起物价下落。如此等等。[①] 懂得和掌握了这些规律,在平抑和管理物价时就可以高屋建瓴,避免瞎子摸象的短视行为。

在探索、掌握物价变动规律的基础上,华北解放区政府拟定出了掌控物价的几条基本原则和实施办法。

掌控物价的基本原则是:(1)扶持生产。此乃首要原则。掌控物价不仅使一般的生产者有利可图,同时要使工业原料、工业成品的生产者有较高的利润可图,通过物价政策指导各种不同的生产的发展与增长。(2)保护生产。物价暴涨暴跌都会打击生产、破坏生产。掌控物价的最高要求是物价平稳。但不得已时,也要使物价平稳地上涨下落。(3)调剂物资,物畅其流。掌控物价必须照顾生产、运输、贩卖、消费各方面的利益,为此,就必须物畅其流。总的要求是要使物价成为指导生产、保护生产、分配物资的一个最有力的武器。

---

① 华北解放区财政经济史资料选编编辑组等编:《华北解放区财政经济史资料选编》第 2 辑,中国财政经济出版社 1996 年版,第 522—523 页。

掌控物价,除了促进和发展生产,主要实施办法是:(1)掌握和保持几种重要物资(如布、棉、粮、盐、油),在几个主要市场上的一定价格与交换比率。这几种重要物资的交换比率如下:1市斗米换皮棉2.25—2.525斤;1市斗米换土布13.5—18.375方尺;1斤皮棉换小米0.389—0.444市斗;1斤皮棉换土布6—7方尺;1匹土布(32方尺)换小米1.739—2.373市斗;1斤杂粮换食盐5—7斤。以上交换比率是就产粮又产棉区而言,产粮不产棉区的交换比率,有了上述交换比率为基础,自会有其一定比例。掌握交换比例的原则,是一面注意粮食的供应与调剂,一面注意布棉的增产。(2)规定和保持地区间的价格差额,使货畅其流。如保持产销地间一定价格差额,使生产运销都能获得一定的利润,消费者也不吃亏。(3)保持一年四季重要物价的平稳,注意季节性调剂,尽力避免剧烈波动。货币增、缩,财政征收与抛售,贸易部门的经营,都须掌握季节性而采取适当的吞吐,减少季节波动。(4)贸易与财政结合:凡财政超支、财政征收以及财政抛售、采购,必须与贸易结合。财政征收,贸易就必须购货,财政上采购,贸易上就必须回笼。(5)战争频发地区,部队集中,粮食油盐菜蔬等最易突涨,贸易部门应事先准备实行平抑。

为了能够将实施办法落到实处,必须改善公营部门的运销业务,特别是组织群众运销,帮助群众解决运销中的困难,平时加强各地区各市场的物资交流。如遇某地区某市场物价发生暴涨暴跌时,应组织动员群众,拿出力量进行稳定工作。其中特别重要的是公营贸易机关的吞吐要主动,在开始时就要根据供求关系及其趋势等,事先决定或吞或吐。如果涨跌之势已成而避免不了时,就应主动进行稳涨或稳跌。限价限斗、硬提硬压固然不对,但用主观的人为的掌握,则是非常必需的。[①] 归结到一点,科学有效地掌控物价,既要手中有物,更要心中有数。

(二) 不断摸索中的城乡市场管理

市场管理特别是全国范围的城乡市场管理,是摆在中共中央、解放区

① 华北解放区财政经济史资料选编编辑组等编:《华北解放区财政经济史资料选编》第2辑,中国财政经济出版社1996年版,第670—671页。

党和政府面前一项全新的、比物价管理更为艰巨的任务。

物价管理固然是市场管理的中心环节,但其范围毕竟只限于市场价格的掌控、调节,而市场管理的任务,是通过制定和实施市场相关规则、规章、条例、制度、决议、方针、政策、方法,不仅要保证交易有条不紊地进行,更要将原来半殖民地半封建的城乡市场改造成为新民主主义的城乡市场。而对市场价格的平抑、掌控、调节都是按照市场管理的相关规章、制度进行的。物价管理工作取得的成效也是与对工商业和市场管理工作的加强分不开的。

没有规矩不成方圆。解放区的城乡市场管理,就是从市场的相关规章、制度开始的。

在东北解放区,东北全境解放前,东北解放区城乡市场主要是北满地区。1946 年 11 月 7 日,《合江省委关于发展工商业政策的初步决议》,其中不少是要通过加强市场管理来实施的。该初步决议规定,为使该省的大量农产品及加工业品大量输出,换入工业必需品,应该限制"小公家资本的活动范围",鼓励私人贸易的发展,"一切妨碍私人贸易的障碍物(如许多不必要的关卡、税收、摊派、检查与没收,强占商店商场等),必须坚决废除"。①

从 1947 年开始,从整理哈尔滨各机关、部队、公司企业的组织与人员入手,开始进行市场管理,着手整顿市场。同年 6 月 30 日,中共中央东北局发布《东北局关于整理哈市各机关、部队、公司企业的组织与人员的决定》,规定冀察热辽军区、南满军区、西满军区、吉林军区,及各纵队以纵队为单位成立办事处,各有职责,并"不得做贸易生产(经营)事业,不得违犯市政府及卫戍司令部的法令,违者除处罚办事处负责人外,并没收其贸易生产(经营)的货物资金"。为使各部队单位的游资,不作投机商业,扰乱市场,而又有利,可资调剂,可采取以下办法,一是由东北财经办事处帮助向工矿企业投资。二是存入东北银行作长期投资,特别给予每月

---

① 东北解放区财政经济史编写组等编:《东北解放区财政经济史资料选编》第 3 辑,黑龙江人民出版社 1988 年版,第 2 页。

10%的利息;各单位的游资存在私人银行商店者,必须一律收回,转存东北银行,违者没收。①

1947年9月24日,中共中央东北局又发出《东北局关于禁止部队、机关、学校经营商业之决定》,强调指出,部队、机关经营商业,不仅得不偿失,而且违反对外贸易政策,对内与民争利,使私人资本不能投到市场中去,妨碍内地物资交流。直接或间接影响国计民生。因此,"部队及后方机关、学校,一律禁止经营商业,已经设立的商店或其他变相的组织应一律结束、撤销"。②

1947年11月10日,东北政务委员会发布《东北政委会关于解放区内贸易自由的布告》,明确指出,东北解放区贸易自由,是"民主政府的一贯方针"。为此规定,除皮革、羊毛及统购期间的粮食为取缔投机操纵,保持价格稳定,应依照统购办法办理外,其他一切物资,在东北解放区内,俱应自由流通,粮食一项在统购期间过后,亦须恢复在东北解放区境内的自由流通。各地区一切与此相抵触的办法一律禁止。各级政府,各级机关、部队、团体不得以任何借口进行封锁,限制物资在东北解放区内自由流通。倘有故违,当即严重处罚。③

1948年对市场的管理工作,开始扩大和深入,经东北行政委员会批准,哈尔滨市相继制定了工商业保护和管理暂行条例、工商业登记办法、摊贩管理条例和管理经纪人暂行办法。1948年1月27日,《哈尔滨特别市战时工商业保护和管理暂行条例》发布,3月14日又发布《关于保护工商业问题的布告》。前者的基本精神是,对各类工商业既要保护,又要依法管理。该条例第三条规定,承认公营、公私合营、私营、合作社经营的工厂、商店均为合法营业,政府保护其财产所有权及经营的自由权。在遵守政府法令的条件下,任何人不得加以干涉及侵犯。同时,该条例严格规定

① 东北解放区财政经济史编写组等编:《东北解放区财政经济史资料选编》第3辑,黑龙江人民出版社1988年版,第15—17页。
② 东北解放区财政经济史编写组等编:《东北解放区财政经济史资料选编》第3辑,黑龙江人民出版社1988年版,第38页。
③ 东北解放区财政经济史编写组等编:《东北解放区财政经济史资料选编》第3辑,黑龙江人民出版社1988年版,第40—41页。

了工商企业必须遵守的规矩：公营、公私合营、私营、合作社经营的工厂、商店必须于每月末将本月生产及营业情况，按照工商管理局所发之生产报告表切实填报不得隐匿；工厂、商店不得无故停业废业，其转业、废业、迁移及缩小营业范围，均需事先呈报工商管理局批准；凡欲在本市新设工厂、商店，必须于筹备前将工厂设备（附图）、资金、动力、原料来源、成品销路、职工人数、生产计划等，送工商管理局审查，经批准后始得营业；工厂、商店不得投机倒把，囤积居奇，不得冻结资金，或逃亡资金（逃往蒋管区），违者均为犯法行为，当依法严惩；工厂、商店设备，必须适合一般安全及卫生条件，倘因安全及卫生条件设备过劣，而招致职工身体之直接损害者，除由厂方发给抚恤金外，并课以罚金。[①]

1948 年 11 月东北全境解放后，解放区政府的市场管理从北部地区延展到整个东北地区，并从以下几个方面扩大和加强了对市场的管理工作。

一是制定和颁布了管理工商业的各种条例、办法，普遍进行了工商业登记（包括坐商与行商）与抽查工作，对登记不实、隐瞒资金、造假账、卖钱不记账等欺骗行为进行了批评教育乃至罚款等处分。如松江省拉林县在抽查中，处罚了几家有隐瞒资金行为的商户后，有 40 多家向政府重新登记，资本超过原登记数字 1 亿元。有的工商管理部门与税收部门配合，查出私商多种假账。对工商业的开业、废业也做了规定，不经批准不准随意开业、废业、兼业、转业。

二是整理摊贩。在战争环境中摊贩畸形发展，给市场物价工作带来不利影响。通过登记整理，成立摊贩管理委员会，将从业者编成小组，指定市场，令其从事正当经营。动员 18 岁至 40 岁的青壮年小贩参加生产建设工作。经过整理，除南部少数新解放区的城市外，多数城镇摊贩数量减少，摊贩市场的管理也得以加强。

三是部分地区对经纪人（交易员）进行了审查登记。如吉林市对牛马牲畜经纪人进行审查、登记，对合格者发给许可证，整顿交易市场，禁止

---

① 东北解放区财政经济史编写组等编：《东北解放区财政经济史资料选编》第 3 辑，黑龙江人民出版社 1988 年版，第 65—66 页。

使用"行话""拉手"等行为。长春则于国营信托公司内成立经纪人交易室。松江省对交易员审查、管理更严,采取取保登记办法,经审查批准后方可营业,未经批准的,促其转入生产。

四是整顿与建立工商会及各业联合会(同业公会)。按照商业部制定的《工商会组织条例草案》,各地对原有工商会进行了整顿,经过协商与民主选举,建立了新的工商委员会。与此同时,成立了各业联合会、同业公会。这些组织成了解放区政府与工商业者联系的桥梁,便利了政府对工商业者的管理与引导。①

总的来说,东北解放区特别是南部地区的市场管理,开展时间不长,涵盖面不广,更缺少相关经验。一些城市或地区的情况显示,管理或不到位,或措施欠妥,成效不显著。例如,呼兰各行业普遍感到资本短缺,原因除了土地改革中侵犯工商业所造成的损失外,主要是大量社会游资都活跃在投机性的"倒腾"小贩和"跑经济"上。因为这类"倒腾"利润既快且大,又比较隐蔽,这实际也是投机性小贩之害。有些管理政策,效果并不理想。呼兰皮革业原料严重短缺,乃因禁宰耕牛之故。但据熟悉情况的人说,禁宰耕牛,结果牛不但没有增多,养牛的反而减少;过去不禁宰耕牛时,牛不但不少,养牛的反而很多。究其原因,主要是东北除了山地用牛耕地较多外,平地很少用牛耕地,主要嫌牛慢,也不能拉脚跑车,又没人愿意插犋换工。过去平地养牛,多半是烧锅油坊和地主利用荒草甸子放牛作为副业,养肥后卖皮肉,和养猪差不多。现在禁止宰牛,结果连一向作为副业不耕种的牛也限制住了,致养牛者愈减少了,弄巧成拙。至于统制(统销)问题,也值得研究。过去伪满统制可谓相当严厉。稍有违反,即严刑峻法,但仍有机可乘。如统制皮革时,商人一次宰四五头,以一头报税,其他顶替出卖,再偷着将牛皮卖给皮铺或将皮子存起,叫皮匠到家里做靰鞡出卖。统制铜时,商人将铜器表面涂漆或镀铅,依然制卖。从现在政府统制看,如哈市禁止铅料出口,商人将铅条熔化后,捣碎成铅渣,依然

---

① 朱建华主编:《东北解放区财政经济史稿》,黑龙江人民出版社 1987 年版,第 397—398 页。

可以出口。呼兰盆窑用铅,即用此法买得。过去粮食统制时,小贩即小倒腾,改买草袋,每个袋底装上几斤粮食,集中一起就是好几十斤。再如呼兰统制皮革,但皮革业并未减少,近来反而增加,问其原料来源,回答是买的贸易局不要或挑剩下不成材料的碎烂旧皮子。贸易局只收成张血皮,结果连一个皮革厂的原料都供给不足。商人实际上是将过去对付伪满的办法对付政府,故意将皮子割成碎块,或涂旧晒干。[①] 总之,某些统制或市场管理效果不明显,有待研究改进、完善。

在关内解放区,日本宣布投降,抗日战争结束,中共中央与解放区党和政府,就开始专注解放区特别是新解放城市的工作,而城市和市场管理是其中一个重要组成部分。1945 年 8 月 20 日,晋冀鲁豫边区政府颁发了《新光复城市若干具体问题处理办法》。该处理办法共计 11 项,其中第 4 项规定,新光复之城市,"一律进行户籍之调查登记",严厉取缔敲诈勒索之行为,保障人民财产权;第 6 项规定,"稳定社会秩序,恢复工商业,使失业者走入工作中";第 8 项规定,贸易方面,废除敌人之配给制度,取消敌人一切掠夺、垄断、专卖制度及机构,取缔囤积居奇,实行自由贸易,公买公卖。[②] 1945 年 9 月 2 日,中共中央专门就新解放城市的工作下发 8 项指示。其中第 5 项指出,在较大城市中,必要时成立粮食管理机关,召集粮商,研究粮食需要与来源,协助粮运,疏畅粮源,首先供给劳动人民。[③] 河北邯郸就是按照这一方针进行的。1945 年 10 月 5 日邯郸光复后,晋冀鲁豫边区工商部门马上以处理商店作为中心环节,展开市场调剂工作,将当时到达邯郸的 10 个机关生产都组织起来,首先取得价格上的统一,并由其中 55 家私人商行负责代销,从 10 月 14 日到 20 日的七八天中,共调剂粮食 20 余万斤。在稳定货币比价及支持冀钞上都起了不小的作用。在市场上交易的本位币逐渐由伪钞转变为冀钞。不过后来由于低

　　① 东北解放区财政经济史编写组等编:《东北解放区财政经济史资料选编》第 3 辑,黑龙江人民出版社 1988 年版,第 152—155 页。
　　② 华北解放区财政经济史资料选编编辑组等编:《华北解放区财政经济史资料选编》第 1 辑,中国财政经济出版社 1996 年版,第 121—122 页。
　　③ 华北解放区财政经济史资料选编编辑组等编:《华北解放区财政经济史资料选编》第 1 辑,中国财政经济出版社 1996 年版,第 3 页。

价抛售的结果,不少粮食进入商人手中,没有发挥更大的作用。①

1946 年后,关内各边区、解放区政府,开始从各个方面或层面着手进行市场管理,随着解放战争的加速推进,从乡村集镇扩大到中小城镇,再到大中城市。不过并没有大刀阔斧破旧立新,而是修旧利废,基本上沿用国民党政府时期原有的一些制度和组织,适当调整、改造,为我所用。

解放战争前期,在解放区尚无中等以上城市、尚未形成城乡市场结构的情况下,边区政府为了有效管理市场,掌控物价,防止物价大幅波动,在主要集市继续保持和利用原有的交易中介经纪、牙人,并制定相关规则,对牙纪进行教育改造和严格管理。不过各个边区或同一边区内不同解放区,具体政策、办法,不尽相同。

晋冀鲁豫边区冀中解放区,早在抗日战争期间就已建立和完善了原有经纪组织(一些地区称为"交易所"),"洗刷坏分子,增补新骨干",进行"新陈代谢",取得良好效果,在维持正常的物资流通和市场秩序中发挥了意想不到的作用:市场上的大宗商品成交,都要通过经纪组织。随着时间的推移,它已经成为执行边区政府贸易政策"最基层的力量"。它感觉最敏锐,能即时知道物资流转的动向,及物价波动的原因,而通过成交以中间人的资格,巧妙加以掌控。如物价不应波动而波动时,经纪人不按高价予以成交。发现某种物资走私资敌时,既能了解其原因,也能从成交中实行制止。对行使法币或杂钞的奸商及无知小贩,不但不予成交,且报告主管机关加以处理。不仅如此,经纪组织已大部发展成为信用的组织,经营代办买卖成交、保管(粮食、棉布、牲畜)等业务,不但对农民有许多方便,对公营商店及较大的私人企业,便利尤多,特别是当物价波动时,公营商店所存的物资,或政府的粮食,不能不依靠它在市场上发挥其调剂的作用。由于经纪组织的改造、调整,使农村市场交易权从封建势力手中转移到了人民手中,不只剔除了传统交易中的陋习,活跃了农村经济,而且政府征收的交易费也有了保证,解决了财经困难。在改造和整顿经纪组

---

① 华北解放区财政经济史资料选编编辑组等编:《华北解放区财政经济史资料选编》第2辑,中国财政经济出版社 1996 年版,第 555 页。

织的同时,各主要城镇又普遍建立了工商业联合会。通过它教育商人,使之了解党和解放区政府的政策,提高其觉悟,解决其经营困难,且从工商业联合会中征讫了商业税。①

冀鲁豫边区的市场管理,对原有牙行、经纪的淘汰、改造和集市交易所的设置、运行,早在抗日战争期间已经就绪。1942 年大旱,边区政府为组织生产自救,渡过灾荒,冬季成立集市交易所,规定农村交易的主要物资(粮食、牲畜、布匹、棉花及油菜籽、干果等)由政府管理,必须经集市交易所成交,"交易所以外成交为非法,由政府取缔之"。交易所的成立和发展采取了从集中交易到统一管理的两步走方式。集中交易是强制行店牙纪到指定地点交易(交易所有商店支持,手续费低,不限制老行店牙纪的佣率高低),而且必须取消陋规(如撒合子、抓样子等);统一管理则是根据法令取缔行店牙纪。主要物资交易介绍权集中归交易所。

交易所同行店牙纪经过短时间竞争,工作已稍有基础,对牙纪个人好坏也有所了解,即在侧面调查的基础上,采取个别口试的办法,分期招收正式交易员,正式成立集市交易所,集中管理。在交易员招考中,凡经调查为群众憎恨及反对、须淘汰的牙纪,即令其落榜,以保证交易员的质量。经过招考,交易员新老搭配。边区政府的口号是,"政治与技术结合""新老交易员相互学习"。交易手续费统一限定为交易额的 1%。交易所建立后,首先将重要物资经过交易所管理起来,解决了贸易领域防止重要物资走私的问题。部分地区的交易所在工作开展过程中,还在交易所内新增了信托业务,代商贩办理托购托售业务,托售差额(相当于商业利润部分)归交易所全体分配,既便利了商贩,也增加了交易员收入,在工作业务中继承了旧行店好的传统。②

晋冀鲁豫边区和晋察冀边区冀东区政府,也相继加强了集市经纪人员的审核、管理和教育、改造,规范集市交易和牙纪人员的职业操守。

---

①　华北解放区财政经济史资料选编编辑组等编:《华北解放区财政经济史资料选编》第2 辑,中国财政经济出版社 1996 年版,第 502 页。
②　华北解放区财政经济史资料选编编辑组等编:《华北解放区财政经济史资料选编》第2 辑,中国财政经济出版社 1996 年版,第 642—643、646 页。

晋冀鲁豫边区政府为便利人民买卖粮食,防止经纪人员从中舞弊,1946 年 6 月 24 日就粮食交易手续费和相关事项颁布办法,规范要求各行政公署市场对办理过斗、过秤人员的选择,必须严格审查、登记,由县市统一印制过斗、过秤执照,发给过斗、过秤人员,规定边区境内市场,买卖各种粮食,均须经交易人员过斗、过秤手续,并缴纳粮食交易手续费。缴纳办法是卖方于粮食卖出后,向政府核准设立的交易所或核定代收机关缴纳。其税率最高不超过交易额的 2%。其中一半交政府,补助地方建设所需费用,另一半充当过斗、过秤人员酬劳。为便利粮食买卖,各地县市政府得视实际情况成立交易所,选雇公证人员,办理过斗、过秤手续(公私粮商及合作社经政府允许,亦得办理过斗、过秤手续)。办理过斗、过秤人员或粮商及合作社过斗、过秤时,不得有洒合、漏粮,额外勒索舞弊等事情,违者以贪污论。①

晋冀鲁豫太行区,由政府建设部门接管市场管理、城市大集镇的工商业工作后,对市场牙纪人员、交易员的政策、办法,作出改变。一般集市均无经纪牙人等交易中介。各地城市和较大集镇,原有交易员为群众交易方便,仍可暂设,但要力求防止过去经纪人牙行的恶劣习气,必须慎重人选,时加检查与教育。此种过渡办法应能逐渐取消,由各该地之合作社、工商联合会办理,不再抽取交易费,所有各地交易员均归区公所领导。所有各地城市和较大集镇现抽交易费,均按过去习惯,除交易员开支外,一律解缴县政府财政科,作为地方款收入。交易员开支,由各专县根据当地习惯具体规定,原则上采用雇佣性质,每日以米计算。另外,除粮食交易、牲畜交易外,其他一切交易不应再抽交易费。各地应严格遵守并时加检查,在一般集市中,即应不另设交易员,均组织该地合作社由群众自己办理。交易费不再交政府。政府可经常检查,以防流弊。②

晋察冀边区冀东区政府,于 1947 年 2 月制定了《冀东区牙行管理登

---

① 华北解放区财政经济史资料选编编辑组等编:《华北解放区财政经济史资料选编》第 2 辑,中国财政经济出版社 1996 年版,第 574—575 页。

② 华北解放区财政经济史资料选编编辑组等编:《华北解放区财政经济史资料选编》第 2 辑,中国财政经济出版社 1996 年版,第 560 页。

记规则》。该规则规定,凡欲在区内各集市进行牲畜、斗秤等交易的牙纪人员,均须事先向该管税务机关报请登记,经确定录用后,发给牙纪证,始得在该集市进行牙纪职业。凡经录用的牙纪人员,受当地税务机关领导与管理,并得按牙纪业务的不同,分别编为小组。牙纪人员必须严格遵守下列规定:(1)进行交易须恪遵政府法令;(2)交易成交后,须按买价报税,不得瞒价或漏税;(3)讲生意一律要以边币为标准;(4)无论对任何人,均须公平估价,不得有敲诈勒索及欺骗群众等恶劣行为。如执行不力,或故意违反规定者,得酌情取缔其职业或送交政府处理。未经录用的牙纪,如有私自进行牙纪职业者,处以千元以上万元以下之罚金,连续犯或情节严重者,送交政府拘押,并依法处理。①

在冀东解放区,作为市场管理的一个重要环节,开始着手进行对坐商、商贩的组织、管理,规定凡有铺面的坐商必须领取营业证(首先从集镇做起),按业务或住地组织坐商小组(每组以3—5人为宜),每组设小组长1人,各坐商以户为单位组织商会。无铺面的行贩,必须领取商贩营业证(首先从集镇做起)。按业务或住地组织商贩小组(每组以3—5人为宜),每组设小组长1人,由各小组长组织商贩联合会,设主任、副主任各1人。通过商会、商贩联合会传达政策法令,提高商人认识,并在坐商小组、商贩小组中,建立互相监督、互相保证、互相批评的制度,用以保证政策法令的实施。凡赴国民党统治区做买卖的商人,也必须领取"赴蒋管区商贩通行证",否则不得通行。在填发通行证时,必须携带商贩营业证,登记出口货物及预购入口货物。

另外,每一集镇成立集市管理委员会,由该镇公营商店、银行、税务三部门各出1人、商会出1人、商贩联合会出1人,村工商委员、治安员、村长共同组成。集市管理委员会受所在区工商助理员的领导,经常的工作是管理入口商人、稳定物价、维持市场秩序。②

---

① 华北解放区财政经济史资料选编编辑组等编:《华北解放区财政经济史资料选编》第2辑,中国财政经济出版社1996年版,第492页。

② 华北解放区财政经济史资料选编编辑组等编:《华北解放区财政经济史资料选编》第2辑,中国财政经济出版社1996年版,第511—512页。

1947年春荒时,冀中解放区为了粉碎国民党反动派掠夺粮食以支持内战的阴谋,将加强外线稽查缉私与内地管理作为市场管理的中心环节,将解放区地域划分为内、中、外三线,严格限制粮食流动的地域范围,中线与外线间村庄须有区以上证明才能到中、内线间买粮;外线以外村庄,一般不准到内地(外线以内)买粮。严格禁止物资(如粮食、燃料、牲畜)走私。为此必须健全村的经济委员会和集市委员会,孤立和教育走私商民,加强市场检查工作。同时组织和发展生产,组织出入口贸易,"变走我之私为走敌之私"①。

随着解放战争向前推进,解放区范围加速扩大,土地面积和城镇、市场、工商户数量大幅增加。如冀晋解放区,截至1947年5月,冀晋全区共有大中小市场213个,据12个县统计,共有工商户2万户左右。特别由于乡村物资交流的畅通,形成市场,逐日赶集的人数增多,小市场在千人以上,大市场在万人上下,市场的作用日显重要,市场管理相应加强,管理机构日趋完善,目的、要求更明确,水平也相应有所提高。冀晋解放区各县,按市场和工商业发展情况,管理市场的机构"市公所",分为"重点市公所"和"一般市公所"两种。"重点市公所"的工作重点以管理市场及掌握税收为主。"一般市公所"改为"贸易稽征所"。商会组织以市、镇、村为单位,有20户商号以上者,可建立商会;分散在乡村的零散商人可建立商人小组。市镇商会受市公所领导,无所之区受区贸管员领导,区县不另设商会领导机构。对牙纪要采取教育、改造、逐渐减少的方针,将其组织、改造,逐渐转变到其他有利市场交易事业上或其他事业上去。同时必须明确,市场管理要以"便利商民,为人民服务"作为"最高原则"。一切市场管理工作要以90%的精力做便商利民、为人民服务、繁荣工商业、便利交换、组织运输、稳定物价等工作,而以10%取之于商的税收。②

1947年7月,解放战争由战略防御转入战略进攻后,解放战争的前

---

① 华北解放区财政经济史资料选编编辑组等编:《华北解放区财政经济史资料选编》第2辑,中国财政经济出版社1996年版,第516—517页。
② 华北解放区财政经济史资料选编编辑组等编:《华北解放区财政经济史资料选编》第2辑,中国财政经济出版社1996年版,第527—528、532页。

进步伐大大加快,解放区范围加速扩大,各个解放区开始连成一片,特别是重要铁路干线和大中城市包括一些中心城市相继解放。全国性的城乡市场体系开始形成。随着革命形势和解放区经济结构、市场结构的发展变化,中共中央和解放区政府的市场管理也进入了一个新的阶段,市场管理的着眼点、落脚点或重点开始由乡镇集市转移到城镇特别是一些大中城市或中心城市。同时由于解放区扩大,行政建制改变,市场管理的理念、方针、措施发生变化,原来的边区干部难以适应,在一段时间导致部分地区市场管理的松懈、停顿或混乱。冀鲁豫区1948年的市场管理工作就一度出现这种情况。

冀鲁豫解放区,自1942年秋冬后,一直是交易所统制主要物资交易来进行市场管理,而冀中解放区,行使市场管理的机构是集市委员会。前揭资料显示,两者都是成功、有效的。1948年5月20日,晋察冀和晋冀鲁豫两个解放区合并。1948年8月19日成立的华北人民政府,宣布取消冀鲁豫区的交易所"特权",成立集市委员会,撤销交易所。一方面,由于交易所运行时间较长,一部分工商干部更是从交易所的工作中培养和提拔起来的,认为交易所"功劳很大",对取消交易所"特权"的提法和做法,思想上有抵触,市场管理工作直接受到影响;另一方面,交易所撤销后,私人行栈很快恢复、发展。私人行栈既对商品成交起着直接的调剂作用,但又产生严重毛病。特别是行栈组织者,一般都是旧牙纪行人,惯于捣鬼,走私漏税,大秤买进,小秤卖出,挪用公款,囤积物资,高抬物价,兴风作浪。由于放松管理,更显出其捣乱本领。由于冀鲁豫区特别是河南地区长期处于战争环境,商人为了免被敌人摧残,有的即改坐商为行商,同时在解放军军供采购上,多是通过私商往来敌我之间,也给了他们以操纵价格、谋取高利、投机取巧的机会。因此1948年的投机资本,大大发展,投机商人增多。市场管理工作的放松,同样表现在对出入口与仇货的管理上。1948年市场上的仇货问题,十分普遍,对解放区生产是有影响的。1948年12月的物价波动,在一定程度上也是市场管理松懈造成的恶果,私人行栈结合投机商人囤积居奇、投机渔利、兴风作浪,是造成物价暴涨的直接原因。

经过总结、分析和一年来工作的检验,华北人民政府工商部认为,冀鲁豫解放区 1948 年市场管理工作上出现的问题,在思想认识上主要是在反"左"中产生了右的偏差;在措施和机构设置上,为了加强农村市场上主要物资——粮、棉、油的管理,交易所组织,确有存在必要。① 但集市委员会组织,乃是市场上的唯一领导组织,应负责领导全面工作。并要求冀鲁豫区政府将过去稳定市场的方法、反对投机商人的经验,以及对私人行栈进行管理的经验等,撰写补充报告。② 如此,问题得以圆满解决。

解放区的市场管理,当其范围基本上限于乡镇集市时,货物出卖者的主体,基本上是农民和家庭手工业生产者,并非商人。而主要货物的交易过程有操诸旧式行栈牙纪之手,市场管理的重点主要是对中介和主宰交易的旧式行栈牙纪的管理和改造,是货物交易的公平、交易程序的规范化。到解放战争后期,解放区的市场管理范围转变为以城市市场为主,重点也转为对作为市场交易主体的商人和工商业者、摊贩的管理,包括申请登记注册、市场准入、业务经营、市场交易等相关制度的建立和规范等。

1948 年 12 月 16 日,华北区人民政府制定了《华北区工商业申请营业登记暂行办法》,规定凡在本区设有固定厂址、门市、字号的工商业,除应领营业牌照之小艺匠小商贩外,均应依据本办法的规定,于开业之 20 日前,填具申请书,载明:(1)名称;(2)类别(独资、合伙、公司——有限、无限股份);(3)地址;(4)经理人;(5)股东与股东会;(6)制造或营业项目;(7)创设年月,向当地县(市)工商主管机关申请登记,经审查属实,发给营业证,方准营业。如系公司经营,则申请营业登记时,须经当地政府呈请行署(市)复核后,转请华北人民政府工商部核准。③

华北区人民政府对随后相继解放的平津两大城市的市场管理工作,

---

① 华北人民政府工商部后来在 1949 年的工作总结报告中说:"订定了粮食、纱布、百货等交易所条例草案,并在平津石等城市试行,根据经验证明,交易所的成立并管理投机操纵与实行国家对私人资本主义的统计与监督上起了一定的作用,是城市工商管理中不可缺少的部分。"(华北解放区财政经济史资料选编编辑组等编:《华北解放区财政经济史资料选编》第 2 辑,中国财政经济出版社 1996 年版,第 897 页)

② 华北解放区财政经济史资料选编编辑组等编:《华北解放区财政经济史资料选编》第 2 辑,中国财政经济出版社 1996 年版,第 838—839 页。

③ 华北解放区财政经济史资料选编编辑组等编:《华北解放区财政经济史资料选编》第 2 辑,中国财政经济出版社 1996 年版,第 727—728 页。

采取了比较谨慎和稳妥的方针。华北区人民政府认为,过去日本人与国民党"对平津市场是有管理的。市场已经集中(天津粮食,有细粮、粗粮市场各一,实行交易证照,禁止市场外的批发交易等。北平亦近似)"。这对人民政府"管理市场有便利条件"。因此,在市场管理方面,决定"基本上继续使用国民党遗留下来的管理方法,在已有的交易所派军事代表,除个别必要的改变外,暂不建立新制度(天津已在粮食交易所派军事代表)。内地亦须加强管理"。由于解放后开始"未抓紧市场管理工作,(市场)有些混乱现象,但较易于收拾"。在市场管理方面,必须使城乡建立正常的商业联系(天津已开始实行商人到内地进行贸易的签发证照办法),同时要警惕平津商业资本与内地商业结合后对于市场的危害作用;必须将经营与行政进一步结合起来,成立大城市的百货商店,掌握百货市场;目前平津各级部门间互不联系的各自为政现象还很严重,要求迅速建立平津两市的经济委员会。①

　　天津市政府对天津市场的"混乱现象",自然看得更清楚,感受更深刻。特别是关系到广大市民饭碗的粮食市场,情况更为紧迫,"急需要加强管理",必须"有效地管制粮商投机取巧,颁布粮食管理办法",并在1949年4月采取紧急行动,大力加强了杂粮、面粉市场的管理。主要措施是组织、教育交易员,整顿和完善交易员制度;加强对买卖粮食商人的审核和管理;推行市场准入制度,对审查合格的交易员和粮商发给入场证。

　　为了掌控粮食市场的价格及其变化,以启泰栈、金城、万春斗店三大粮食面粉市场为单位,把交易员一一组织起来,每十个交易员自由结成一组,民主票选出5—6个交易员代表,组成交易员联合会。联合会设委员代表一人,组织、宣传、统调、检查委员各一人,管理日常交易事项及对交易员的教育工作。粮食交易费的征收、分配,也进行相应调整。交易费原系从量计征,物价波动时交易员吃亏,拟改从价计征。联合会的代表从交

————————

　　①　华北解放区财政经济史资料选编编辑组等编:《华北解放区财政经济史资料选编》第2辑,中国财政经济出版社1996年版,第812—813页。

易员收入中抽出6%,其中4%归交易员代表,2%充作办公费。这样,交易员代表可获得中等成交能力交易员的收入。全体交易员均无意见,应属合理。

为了稳定市场价格,防止投机倒把商人和非交易员混入市场内,规定买卖粮食的商人和审查合格的交易员均持有入场证,才能入场采购。乡间小贩和本市正当粮商在未行核准前,可由粮业工会介绍,由本局行政科批准发给临时入场证进行交易。没有入场证者不得擅入市场。发证完毕,卫戍部队连同公安局派出所并派交易员站岗,并检查交易员维持成交秩序状况。市场秩序"马上焕然一新"。

为了解决面粉原料来源,贯彻公私兼顾的经济方针,1949 年 4 月底市工商局会同贸易公司召开面粉厂商会议,实行公私合作,有组织、有步骤、有计划地统筹小麦。粮油公司初步与厂商订立实施草案,共组采购原料及供应成品委员会,办理购麦配用及配售成品、公认市价等事宜。

天津的这次市场管理工作,还进行了工业开业、歇业变更登记、工商业营业登记,粮食市场则着重抓了粮食、面粉市场的管理,对面粉市场外的成交及面粉厂商、粮店、栈房的管理其少顾及;对正当的粮商和投机倒把的商人也未进行分析研究,对打击投机商人后游资的出路工作没有很好地考虑。不过数量庞大、影响广泛、工作繁重的摊贩管理问题,已开始考虑,正处于起步阶段。[①]

在商人这个群体中,小商贩人数最多。日本全面侵华战争和战后时期,由于经济严重破坏,工人农民失业失耕,小商贩人数更是成倍增加。一些大中城市解放后,乡村小贩大批涌入城市。前揭华北区人民政府的材料也提到,由于长期战争封锁,城市与乡村隔绝,解放后,农村大批小贩随即涌进城市。石家庄市一天有 1500 人涌进。冀中区统计,在天津左近,经常出入天津的小商贩在 5 万人左右。[②] 小贩人数的大量增加,还有

① 华北解放区财政经济史资料选编编辑组等编:《华北解放区财政经济史资料选编》第 2 辑,中国财政经济出版社 1996 年版,第 821—822 页。

② 华北解放区财政经济史资料选编编辑组等编:《华北解放区财政经济史资料选编》第 2 辑,中国财政经济出版社 1996 年版,第 812 页。

一个重要原因,商人不了解解放区人民政府的政策,存在惧怕斗争的心理,往往隐匿、逃避,化大商为小商,或让伙友去摆小摊,形成摊贩的畸形发展。因此,华北人民政府强调,"新解放城市整理摊贩的工作非常重要"①。上述情况在天津市亦甚普遍,天津市政府从1949年4月起,开始进行摊贩的整顿、管理工作,各区自择重点,对摊贩逐一进行登记、审核,发放申请书和牌照,与整顿市场相结合,取缔其非法活动,建立正常的市场秩序,具体做法是先登记进行初审,区别对象发给申请书,审查批准后再发牌照。计全市11个区,收回申请书5042份,正式发出牌照530个。② 发放的牌照只占收回申请书的10.5%,可见"非法活动"的"小贩"数量之多、比例之高。

随后,北平市人民政府于1949年5月24日制定公布了《管理摊贩暂行办法》,张贴布告规定,凡在市内借摆摊以维持生活者,政府承认并保护其正当的营业,但应依法办理登记手续,领取营业牌照,并照章缴纳租税;为维持交通秩序,对摊贩进行整顿,采用两种办法:一是择地迁移;二是就地管理。此项办法公布后,倘仍有不守法令及不听劝告者,政府依法执行。《管理摊贩暂行办法》共有8条,除布告述及者外,对摊贩申请登记、领取牌照、营业地点、支搭棚厂限制、"浮摊"管理、摊位租金和营业牌照税缴纳,以及违章处罚等,都做了明确规定。其中关于临时露天市场及马路旁浮摊的管理及相关规则,条文具体、细密,如露天市场内应按行业划分地段、编定地号,地号大小得由各区政府按具体情况予以规定;马路旁摆设的浮摊,每一地号,以3尺宽6尺长为标准;摊贩非经建设局批准,不得支搭固定性棚厂或建筑物。各临时露天市场及马路旁摆设浮摊地点,得视工作需要,设置管理所或管理员负责管理市场的一切行政事项,公安与税收机关,得分别派员办理公安与税收事宜。③

山西省太原市,大约从1949年7月开始对摊商进行整顿、管理。据

---

① 华北解放区财政经济史资料选编编辑组等编:《华北解放区财政经济史资料选编》第2辑,中国财政经济出版社1996年版,第829页。
② 华北解放区财政经济史资料选编编辑组等编:《华北解放区财政经济史资料选编》第2辑,中国财政经济出版社1996年版,第823页。
③ 华北解放区财政经济史资料选编编辑组等编:《华北解放区财政经济史资料选编》第2辑,中国财政经济出版社1996年版,第833—835页。

各区调查统计,太原全市 7 月的摊贩为 5973 户,12 月为 5291 户。7 月调查的摊贩来源,大体分为 6 种:(1)失业军官及旧公教人员和伪属,占 22%;(2)失业工人、店员,占 20%;(3)大商化形,占 10%;(4)逃亡地主不敢回乡者;(5)外来灾民及到城市谋生的农民;(6)长年依靠经营摊贩的贫苦市民。12 月较 7 月减少的原因,主要是人民政府大力复工复业,大部分工人店员就业,部分地主回乡,灾民回家,并经人民政府重点整顿摊贩,开辟了大中、开化、民众、中央四个市场,新容纳了 470 户转营为坐商或半摊半坐的固定形式。在人民政府正确的政策下,坐商增加,摊贩呈现日渐减少的趋势。太原市的经验是,开辟固定市场容纳摊贩。这是整理市容、管理摊贩的主要方法。①

华中、华东解放区,除新四军抗日根据地外,绝大部分地区解放时间较晚,相当一部分是在新中国成立前后,进行城市建设和市场管理的时间很短,在新中国成立前,这些解放区在地域上处于不断扩大变化的动态中,这些解放区,多是在局部范围内开展市场整顿和市场管理工作。

1948 年夏,解放战争由战略防御转入战略进攻。已届一年,解放区范围加速扩大。为了配合解放战争的战略进攻,加快解放战争的进程,苏皖边区所辖各行政区,相继开展了市场整顿和规范的工作。

1948 年 7 月 5 日,苏皖边区第二行政区专员公署②,"为确保爱国自卫战争需要,实行合理负担,繁荣市场",制定征收牙税暂行办法,明确规定,凡在该行政区开设牙行者,一律照章纳税,并须一次缴清,由货管机关开具牙行税收据。按市场情况,牙税征收标准分为 4 等:甲等按佣金额 18%征收;乙等按佣金额 16%征收;丙等按佣金额 12%征收;丁等按佣金额 8%征收。具体征收办法是,根据每月的营业税收入额,以实抽佣金百分率计算得出其佣金总收额,再以佣金总收额依规定之税率计算,得出其每月应缴之牙税额。牙税次月月初征收(例如 6 月牙税应在 7 月初征

---

① 华北解放区财政经济史资料选编编辑组等编:《华北解放区财政经济史资料选编》第 2 辑,中国财政经济出版社 1996 年版,第 901 页。
② 苏皖边区(江淮)第二行政区专员公署(简称"江淮二专署")成立于 1948 年,其辖区包括淮宝、淮泗、泗南、泗阳、泗宿、盱凤嘉、泗五、灵凤及洪泽湖地区。

收),按月结算,不得拖延。牙行开设前,必须建立进货登记簿,送交货管机关查验。客商货物进入牙行后,行主应立即将货物与进货登记簿送货管机关登记。登记后则由货管机关在货物上盖"已登记"花。行主把货物分运或试销时,则按时携带进货登记簿至货管机关登记。货管机关每至月初,则凭各行之进货登记簿计算其上一月之营业总额、佣金总额,根据所规定的税率征税。每月终了,牙行如不继续开设,应向当地货管机关申请停业,并缴销牙行营业执照。

货管机关对牙行的严格的监督、查验,既是为了保证牙税的如额征收,也是对牙行业务本身的监督,是整顿和管理市场的一个组成部分。故此,征收牙税办法还规定,牙行在未开设以前,应向当地货物管理机关申请,经核准后,发给牙行营业执照,方准营业,否则以擅设私行论处。凡开设牙行,必须在固定地点营业,不得擅自移动或分地经营,否则以私行论处。牙行抽取佣金不得超过货物买价的 5%,违者取缔营业资格。牙行应随客自愿投行,不得硬性强迫,亦不得拖欠客商货款、垄断市场、抬高市价,违者除勒令停业外,并按情节轻重,予以处分。①

1948 年 11 月中旬,苏皖边区第五专署召开货物管理会议,18 日通过会议决议案,其中一项重要内容是整理市场,规范市场交易和市场秩序。具体措施是:(1)打通干部思想,正确执行牙行政策,纠正过去整理牙行中的偏向,切实取缔牙行陋规,以繁荣市场;(2)奖励工业成品的质量提高,进行商标注册,保护经营权;(3)通过申领营业证,完成各业的注册工作,维护工商信用;(4)取消对市场各种不合理的措施,简化稽征等各项手续,以利工商业发展,同时要取消议价及随便干涉营业权利的行为。并且要求立即行动,各级单位"统一步调,统一布置,一致进行登记,填发营业证,整理市场"。②

地处苏鲁交界的苏皖边区第六专署,为配合即将发动的淮海战役,

---

① 江苏省财政厅、江苏省档案馆等、财政经济史编写组编:《华中解放区财政经济史料选编》第 5 卷,南京大学出版社 1989 年版,第 347—348 页。

② 江苏省财政厅、江苏省档案馆、财政经济史编写组编:《华中解放区财政经济史料选编》第 5 卷,南京大学出版社 1989 年版,第 505—507 页。

1948年10月上旬召开银行和货物管理工作会议,对1948年下半年的银行和货物管理工作进行初步总结。其中市场管理方面还存在诸多问题。如维护市场秩序方面,存在滥没收、滥处罚,甚至缉私中饱的现象;对牙行存在"红眼病",不能正确认识到牙行可以帮助介绍买卖,交易便利,解决客商生活、住宿等困难,能促进资金周转、信用担保等作用,所以任意抽收"优抗基金"和营业税,有的抽到35%,个别地方有不能解决的问题,竟然从牙行抽取佣金来弥补。有些牙行反映,其佣金"是同公家平分的"。还有地方干部有入牙行"干股"的剥削现象,牙行营业税的评定、征收(现暂定税率为15%),有待研究;实行商业贷款的针对性不强,后续工作不够,未及时检查、了解承贷户的营业状况,对商人、摊贩教育不够,贷后了事。[①] 会议总结和归纳了问题,亟待解决,市场整顿任重道远。

1949年2月3日,淮海战役刚结束3周半,南通一解放,苏北军区南通区军事管制委员会即发出布告,明确宣布"南通全境已告解放,各商店行庄应即复业"。为便利市场交易,平衡物价,促进新老解放区及城乡物资交流,规定华中银行所发行的钞票(华中币)为华中解放区之合法通货,此后一切货物买卖必须一律以华中币为本币计算物价,并公布华中币与金圆券的兑换比价。根据南通原来金圆券物价情况,暂定华中币1万元兑换金圆券180元(即金圆券1元折合华中币55.5元)。此后授权南通杭州银行随时按照市场情况调整比价,挂牌公布。又为便利对山东及华北各解放区进行原料采购、产品销售及一切商业往来,中国人民银行及山东北海银行所发行之钞票,可以互相流通使用。其比价为华中币与北海币为1:1,对人民币为100:1(即人民币1元折合华中币或北海币100元)。"如有拒用上列三种钞票或混乱比价者,以扰乱金融论处。"

军管会布告又提醒和告诫商民、市民,金圆券及其辅币,是国民党政府掠夺人民财富进行反革命内战的工具。现在金圆券大幅贬值,物价一日数涨,广大人民及工商业者损失财富无法计算。商民应迅速自行设法

---

① 江苏省财政厅、江苏省档案馆、财政经济编写组编:《华中解放区财政经济史料选编》第5卷,南京大学出版社1989年版,第539—541、546、553页。

将手中金圆券派出,具体办法可至市政府货物管理局及各分局登记,"领取证明书,包封出口",向蒋占区换回物资,减少损失。目前为照顾实际困难,准许金圆券暂时按照规定币值流通;军管会将视市场情况发展,在一定时期内宣布禁止使用。军管会布告还绝对禁止银元流通使用及私自买卖,违者以扰乱金融论处。[1]

南通区军事管制委员会及时、果断的布告和相关措施,既迅速恢复了市场交易,稳定了商业、金融和社会秩序,又减轻了人民群众的经济损失,加深了人民群众对新政权的信赖,对尔后南通经济的恢复、发展,产生了深远的影响。

1949年2月9日,淮海战役结束一个月,苏皖边区江淮第二行政区专员公署即制定商业管理办法,举行商业登记,推行市场准入制度,并发布训令,说明原因:淮海战役结束后,第二分区的局势已完全巩固,城镇商业逐渐恢复,市场日益繁荣。但解放不久的城镇,由于国民党政府封锁压榨,苛捐杂税弄得民穷财尽,并留下不少恶习、陋规,如抬高或压低物价,假冒商标,囤积居奇,贩卖货币,在市场上兴风作浪,影响市场繁荣,有碍工商业的发展。公署鉴于此,为确保工商业之发达,特决定从2月15日起举行商业登记,至月底完毕。所有城镇商民应申请注册,方准合法经营。[2]

《江淮第二行政区商业管理暂行章程》明确和具体规定了必须登记注册的城乡商户门类:(1)城镇之各种商店,包括京广杂货,布、帽子、鞋子、油酒、瓷器、茶食公营等商店,公私企业;(2)乡村城市各种厂场、烟社,如油坊、纸坊、糖厂、肥皂厂、卷烟社、煤烟社、酒坊、牙刷厂、染坊、中西药房、纱厂、毛巾厂、织布厂、玻璃厂;(3)各种摊贩、行商、屠商。[3] 上列工

---

①　江苏省财政厅、江苏省档案馆、财政经济史编写组编:《华中解放区财政经济史料选编》第6卷,南京大学出版社1988年版,第299—300页。

②　江苏省财政厅、江苏省档案馆、财政经济史编写组编:《华中解放区财政经济史料选编》第6卷,南京大学出版社1988年版,第304页。

③　《江淮第二行政区商业管理暂行章程》还特别开具了不在该章程登记之列的商户业别:(1)水旱磨坊、老虎灶、烧饼店、挂面店、油条店、皮匠摊;(2)香烟摊、花生摊、缝衣铺、理发店、卖青菜、小饭馆,其他肩挑小贩,资本不足30万元者;(3)新华书店、群众性的农具合作社、纱布交换所、公办人民医院。

商户,须在未开设前觅取 1 — 3 户"妥保",向当地货管机关申请注册,经核准后发给营业执照,方准开始营业。现有工商户,如未经申请注册者,在本章程公布后 15 日内应向当地货管机关申请注册,领取营业执照。申请人应将店铺或作坊资本、工具、营业范围、日产量如实说明,不得隐瞒,否则查明后应受处分。各城镇应建立和健全商业协会,并下设各商/行业小组,成员由商民推选,经当地政府及群众团体核准。该协会之委员会为商民领导机关,教育商民遵守法令、调解商业所发生之纠纷事宜,并维持秩序。

商店厂坊如有下列情形:(1)违犯税章、包庇走私及买卖私货者;(2)不按期纳税,故意拖延或隐报产量及资本者;(3)抬高或压低物价和垄断市场、囤积居奇,并在市场兴风作浪者;(4)假冒商标,破坏商业秩序者;(5)不按物价进销登账,或经营违禁物品者,应按货管法规,给予处罚。罚则有三:(1)隐报资本或产量经查明确实后,按其隐报部分处以 5%—10% 的罚金;(2)经营违禁物品除全部没收外,得视其情节轻重送司法机关处分;(3)如私自开设,不履行登记,经再三公告仍置之不理者,除勒令纳税外,并应处以应纳税额 20%—30% 的罚金。[①]

与同类管理章程、办法比较,《江淮第二行政区商业管理暂行章程》一个明显的特点是,各项条款内容清晰、细密,如申请登记注册,不仅详细开具了需要申请登记注册的商铺厂坊名单,而且不在登记注册范围的商贩单位,亦有详细名单;违章处罚,也具体细微,没有任何真空或灰色地带,无论商户和管理者,都只能规规矩矩按章程办事,没有讨价还价或送人情、钻空子的余地。

1949 年 4 月 1 日,中国人民解放军百万大军渡江前夕,中共中央华东局发布关于接管江南城市的指示,这是对江南解放区解放之初的市场管理和城市建设的总指南。

华东局的指示规定,对新收复的人口在 5 万人以上的城市或工业区,

---

① 江苏省财政厅、江苏省档案馆、财政经济史编写组编:《华中解放区财政经济史料选编》第 6 卷,南京大学出版社 1988 年版,第 304 页。

均应实行一个时期的军事管理制度,由攻城部队负责同志和地方党政负责人组织成立军事管理委员会。其基本任务为:镇压反革命分子之活动,肃清反动武装的残余势力,恢复并建立革命秩序;保护人民生命财产及一切正当权利,建立革命政权;保证城市政策的正确执行与有秩序地进行各种接管工作;协助工人职员青年学生及其他劳动群众组织起来,作为城市革命政权可靠的群众基础。在上述基本任务大体完成,城市秩序安定,一切市政机关建立并经过上级批准以后,始得取消军事管制。军事管理委员会可委任市长并成立市政府。"凡我党我军既定之各项政策,应以市政府名义公布;但凡是带紧急性或试验性的处置,则可以军管会的命令行之。"对一切接管之工厂,应按原职原薪立即复工,这是保护工厂,安定人心,解决工人生活的基本环节。对一切恢复的城市,必须做到接收得好和管理得好。"从我们接管城市第一天起,我们的眼睛就要向着这个城市的生产事业的恢复和发展"。一切机关及部队人员,应实行公平交易,不得强买强卖,所有部队人员及公务人员乘坐公共汽车,或进入公众游戏场所,必须照规买票,所有汽车及其他车辆入城,必须遵守交通规则并服从交通警察之指挥。

同时,部队进入江南之初,必须集中力量消灭敌人及对各城市进行系统的接管工作,而尚不能进行有系统的全面的社会改革。因此,在接管江南各城市时,应采取按照系统、整套接收、调查研究、逐渐改进的方针,以便力求主动,避免被动,为此,必须实行以下11项政策,其中直接关系市场管理和城市建设的有第一、第二、第三、第四、第六、第九等6项,即:

第一,对一切官僚资本的企业及其他各种公共企业,如工厂、矿山、铁路、邮电、轮船、银行、电灯、电话、自来水、商店、仓库等,必须一律接管。并应采取自上而下、按照系统、原封不动、整套接收的办法,不要打乱企业组织原来机构。企业原有人员(包括厂长、局长、监工、工程师及其他职员),除个别破坏分子必须逮捕处分外,应一律留用,并令其继续担任原来职务。军事管理委员会只派军事代表去监督其生产,而不应干涉或代替其职务。对企业中的各种组织及制度应照旧保持,不应任意改变或废除。旧制度中有需要加以改良者,旧人员中有需要加以调整者,均须在了解情况后,再作必要与适当的处理。

第二,对私人经营的企业(如工厂、公司、商店、仓库、货栈等)及一切民族工商业的财产,应一律保护不受侵犯。私人工商业中如有股权不明或部分股东确为重要战犯或官僚资本者,应一般暂缓处理。但可先行登记加以监督,防止转移资金货物。对私营企业应坚持"公私兼顾,劳资两利"的方针。一方面要教育说服工人不要提出过高的劳动条件,避免生产降低,经济衰落,工人失业;另一方面要严重警惕资本家故意消极怠工,或借故降低工人的实际工资及其他待遇。必须防止将农村中斗争地富消灭封建的办法错误地应用到城市。同时,对故意消极怠工的资本家,应给以必要的适当的处罚。

第三,对国民党、三青团、青年党、民社党及特务机关等反动组织,应由军事管理委员会或市政府出布告,宣布解散,并没收其所有的公产、档案,严禁其继续进行任何活动。具体办法应遵照中央关于国民党、三青团及对特务机关的处理办法处理之。江南各大城市解放后对保甲人员可暂时利用,使之有助于社会治安的维持。其办法可按照中央关于暂时利用旧保甲长的通知具体处理。

第四,对学校与文化教育机关(如大学、中学、小学、图书馆、博物馆、科学实验室、体育场所等),应采取严格的保护政策。要迅速派人到各学校宣布方针,并与他们开会具体商定维持的办法。对原有学校(除国民党党校军事学校外)一概采取维持原状逐渐改良的方针。在课程方面,应取消其反动的政治课程、公民读本,其余暂行照旧;在教职员方面,除去掉极少数的反动分子外,其余应一概争取继续工作。

第六,部队进入江南应确定中国人民银行所发行的人民币为本币,对伪币、金圆券采取排挤方针,辅之以限额收兑。

第九,对新收复城市的旧有各种税收,原则上应该一律暂时照旧征收。除少数苛捐杂税(如防共捐、戡乱税等),应立即停止征收外,对一般旧有税收、税率及税则,应待调查研究后再行改革。在人民政府税收干部缺乏条件下,除对个别为人民所痛恨的旧税务人员应加处分外,对一般旧税务人员亦可暂行利用,以便逐渐训练改造或待将来再行调换。①

　　中共中央迅即批准了华东局的指示,并做了批示和补充,强调指出:根据平、津经验,军管会能很好地接收城市及工厂和资财,但军管会不能经营企业和工厂,故军管会在接收后,应迅速将企业、工厂和物资,分别交给各适当的负责的机关管理和经营,否则很难开工营业,即使勉强开工,亦难长期维持。根据平、津经验,新解放的城市,照旧收税是完全可能和必要的。但旧的收税人员,因在群众中种下很大的恶感,群众不信任,后来委任解放军人员任税收局局长,并由解放军人员带领旧人员去收税,发给人民政府税收局的收条,人民才踊跃缴税,这一经验望记取。城市解放后,常有许多自发的工人斗争;有些工人、店员在老板恐慌情绪下,分了店铺和作坊,有些区委和支部亦任意处理劳资纠纷。因此,在城市中常造成若干劳资斗争中的无政府状态,破坏人民政府的政策。故在城市解放后,应重新发表新华社的"二七"社论及其他若干关于工人运动的文章,并须规定每个城市的劳资问题及公营工厂中工人与管理机关的争执问题,均须一律经过市总工会及市政府劳动局审查和处理。军管会及党的市委,则须派得力之人去指导总工会及劳动局的工作,使其能有效率地解决一切劳资问题及公营工厂中工人要求问题的同时,并须告诫各支部和区委及其他机关,不要不经请示任意处理劳资问题。国民党的官僚资本企业中,大多有大批冗员及官僚制度,例如工厂中的警卫科、厂警等,工人、职员十分不满,要求迅速改革,而这些人员和机构,也可以迅速改革,故在确定工厂管理关系后,应即发动工人,迅速改革这些制度,以利生产。②

　　华东局的上述指示和中共中央批示,不仅为解放军接管江南城市提供了明确周全的思想指引与政策依据,而且有助于对江南城市的接管和市场管理工作的顺利推行,对已经解放、接管的江北城市的市场管理工作也同样有指导和借鉴作用。

---

　　①　江苏省财政厅、江苏省档案馆、财政经济史编写组编:《华中解放区财政经济史料选编》第 6 卷,南京大学出版社 1988 年版,第 16—22 页。

　　②　中国社会科学院经济研究所中国现代经济史组编:《革命根据地经济史料选编》下册,江西人民出版社 1986 年版,第 280—281 页。

　　江北泰州古镇,1949年1月解放时就注意市场整顿和管理。部队和行政人员进城后即掌握与利用旧商会进行工作,首先排除匪患与维持市镇秩序,再经了解、审查,改组商会和同业公会,利用其旧有的法制观念基础,加强新的政治教育,提高其政治认识,团结进步分子,借以配合政府进行工作。在市场整顿方面,配合国营经济如银行、公司等管理市场;对私营工商业物价之掌握,以市场自然为基础,不准故意抬高或压低,并令各公会填报每所商情,特别是油饼、粮食、纱布、五洋等。当物价波动时,除国营经济作有效对策外,工商局召开大会进行宣传员,以稳定人心。又进行工商业登记。取缔投机与非法活动,稳定物价后,配合税务局进行普查,工商业是否按照登记证上所批准之行业经营,特别是粮食、棉纱。经普查发现,未经批准而兼营其他业务者,如木行等纷纷将粮、纱等抛出,估计有粮万余石,纱七千余包。这对稳定物价也起了一定作用。另外,还配合公安、银行破获金银投机案13起,制造"红三星"烟等伪版案6起,送交法院处理,开大会教育,登报悔过,以保护正当工商业,取缔非法投机活动。同时进行工商业登记。此项工作始于7月15日,10月上旬结束,前后历时3个月,而后填发许可证。登记着重资本审查,注意依靠职工中的积极分子,团结正当商人,争取一切可以争取的力量,孤立少数投机与非法经营者。通过登记,了解了工商业的基本情况,初步建立了工商业户的管理制度,打下了对工商业行政管理的基础。①

　　关内外解放区商品交换和市场管理方面,遇到的一个重大问题是工农产品价格"剪刀差"。即工业品价格高,农产品价格低。产品的价格以其本身的价值为基础。不过由于供求关系等多种因素影响,产品的市场价格并不会同价值完全重合,而是以价值为轴心上下跳动。所谓工农产品价格"剪刀差",就是工业品的价格总是高于价值,而农产品的价格总是低于价值,而且随着时间的推移,二者与其本身价值背离的程度越来越高,工农产品的价格差距不断增大,形同一把张开的剪子。工农产品价格

---

① 江苏省财政厅、江苏省档案馆、财政经济史编写组编:《华中解放区财政经济史料选编》第7卷,南京大学出版社1987年版,第531—536页。

"剪刀差",并非解放区市场物价波动所致,而是一百多年来帝国主义对华野蛮侵略、残酷攫夺的产物,是列强掠夺中国、城市剥削农村在市场交换中的反映。日本全面侵华战争期间,日本侵略者在赤裸裸地进行暴力掠夺的同时,将扩大工农产品价格"剪刀差"作为掠夺的辅助或欺骗手段;国民党政府也通过扩大工农产品价格"剪刀差",发动和支持反革命内战,所以,在伪满、关内沦陷区和国民党统治区,工农产品价格"剪刀差"大到令人难以置信的程度,农民甚至用一年收获的粮食换不了一身衣服。

解放战争初期,在关内外部分解放区,民主政府的紧迫任务,就是大幅提高粮价,解决农民穿衣、吃盐难题。在原伪满辖区,民间布、盐奇缺。民主政府购粮和提高粮价前,合江省十七八岁的大姑娘,"衣服一丝一丝的,穿不上裤子";食盐在农村,比什么都宝贵,"用匙子一匙一匙地量着吃"。① 对此,民主政府购粮时,提高粮价,压低布价、盐价,缩小"剪刀差"。如以 1947 年 5 月的价格同上年 6 月的价格比较,即可见其升降变化。详见表 20-22。

表 20-22　布、盐和大豆、高粱价格变化统计
（1946 年 6 月—1947 年 5 月）

货物价格 年月	青市布（尺）		食盐（斤）		大豆（斤）		高粱（斤）	
	价格（元）	指数	价格（元）	指数	价格（元）	指数	价格（元）	指数
1946 年 6 月	110	100	40	100	0.7	100	2.5	100
1947 年 5 月	1000	909	200	500	68	9714	62	2480

资料来源:《合江省政府关于购粮工作总结》(1947 年 7 月 25 日),见东北解放区财政经济史编写组等编:《东北解放区财政经济史资料选编》第 3 辑,黑龙江人民出版社 1988 年版,第 21 页。

如表 20-22 所示,一年之间,作为工业品的布匹、食盐价格,分别上涨 8 倍和 4 倍;而作为农产品的大豆、高粱价格,分别上涨了 96 倍和近 24 倍。1946 年春,1 石大豆换不到 1 尺布,4 斗大豆才换 1 斤盐。而到 1947

① 东北解放区财政经济史编写组等编:《东北解放区财政经济史资料选编》第 3 辑,黑龙江人民出版社 1988 年版,第 20 页。

年,1 石大豆能换 2 丈布,1 斗大豆能换 7 斤盐。粮食值钱,农民生活开始有所改善。农民将盐布问题的初步解决列为共产党为人民服务的"四大惊人功劳"之一(另有分地、剿匪、修江桥三大功劳)。①

1946 年 12 月,东北国营商店建立,对外贸易渠道打通,民主政府大量收购粮食以后,根据市场物价变动情况,不断提高农产品价格,使工农产品价格"剪刀差"进一步缩小。从 1946 年下半年到 1949 年 3 月,大豆、高粱、玉米、混合粮兑换布、盐数量变化,见表 20-23。

表 20-23　大豆、棉布等工农产品兑换数量变化
(1946 年下半年—1949 年 3 月)

农产品换工业品　年份	大豆 1 吨换布、盐		高粱 1 吨换布、盐		玉米 1 吨换布、盐		混合粮 1 吨换布、盐	
	白细布(匹)	海盐(吨)	白细布(匹)	海盐(吨)	白细布(匹)	海盐(吨)	白细布(匹)	海盐(吨)
1946 年下半年	0.34	0.07	0.72	0.14	0.72	0.14	0.60	0.11
1947 年全年	1.49	0.26	1.80	0.32	1.85	0.33	1.71	0.30
1948 年全年	1.93	0.33	2.40	0.39	1.86	0.32	2.01	0.25
1949 年3 月	2.71	0.40	3.09	0.45	2.17	0.32	2.66	0.39

资料来源:据《商业部三年来工作概述》(1949 年 5 月),见东北解放区财政经济史编写组等编:《东北解放区财政经济史资料选编》第 3 辑,黑龙江人民出版社 1988 年版,第 218 页统计表改制。

表 20-23 所列数据显示,从 1946 年下半年到 1949 年 3 月的两年多时间里,工农产品比价已发生巨大变化,1946 年下半年,1 吨大豆只能换 0.34 匹白细布或 70 公斤海盐,到 1949 年 3 月,1 吨大豆可换 2.71 匹白细布,或 400 公斤海盐,以 1946 年粮布平均比价作基数,到 1949 年 3 月,粮布平均比价,粮提高 343%,布降低 77%。从而大大激发了农民的生产

---

① 东北解放区财政经济史编写组等编:《东北解放区财政经济史资料选编》第 3 辑,黑龙江人民出版社 1988 年版,第 20—21 页。

积极性。1946 年,因粮价过贱,合江省农民将大豆当柴烧,地里的豆子不收割,因所值不够收割的人工。大豆价钱提高后,当地大豆产量显著增加,1949 年征粮、购粮的大豆数,都超过原计划。对城市职工、居民而言,因国家掌握了足够数量的粮食,保证了城市居民的粮食供应,而且粮价平稳,市民生活安定。①

关内察哈尔省和平津两市,是典型的工农产品交换关系,工农产品价格"剪刀差"特别突出。察省是产粮区,大部分粮食输入平津,皮毛、山货是出口物品。很多工业品由平津供应,或经由察省输送到周边农村和小城镇。然而,巨大的价格"剪刀差",成为国内产品交换的拦路虎。粮食、山货、山药、皮毛价格太低,而洋布、毛巾、袜子等工业品价格太高。过去 1 匹洋布换 5 大石小米,1 条并不算好的毛巾要换 3 斤小米,1 匹土布也要换小麦 5 大斗。经过贸易公司的价格调整,1 匹白洋布换小麦 1 石 3 斗,1 匹土布换小麦 1 斗 5 升,但农民仍不合算。农民主要是拿粮食换工业品,所以购买力特别低。农民换回来的日用品主要是土布、食盐、火柴之类,毛巾、袜子在市场上的销路不大。农民只要能凑合,就不买布,结果形成察省北部农民存着粮食,拿布去换不出来的现象。估计 1949 年冬季察哈尔每人还不能穿上一身棉衣。② 这从一个侧面反映出工农产品价格"剪刀差"之大、农民生活水平与购买力之低了。

工农产品价格"剪刀差",不只是存在于察哈尔省和华北解放区,其他解放区也一样,甚至更严重。针对这种情况,解放区政府必须采取具体措施,缩小工农产品价差,保护农民利益。如苏北解放区政府和泰州贸易公司通过市场管理、物资购销、价格调节,特别是"高收低售政策"等项措施,既保证了市场物资供应,稳定了市场物价,又在一定程度上缩小了工农产品价格"剪刀差",保护了农民利益。

无论是平常环境还是物价波动,泰州贸易公司都尽可能通过市场缩

---

① 东北解放区财政经济史编写组等编:《东北解放区财政经济史资料选编》第 3 辑,黑龙江人民出版社 1988 年版,第 218 页。
② 华北解放区财政经济史资料选编编辑组等编:《华北解放区财政经济史资料选编》第 2 辑,中国财政经济出版社 1996 年版,第 861 页。

小"剪刀差"，保持工农产品正常的价格比例。在 1949 年夏耕期间，贸易公司调剂农民所需豆饼肥料，并压低价格卖给农民。当地豆饼市场价格以大麦计算，1 石大麦置换 7 片豆饼，而公司始终保持 10 片左右。在夏粮收购中，运往上海小麦两万袋，又从上海、南通调回工业品，进行抛售，以支持粮价。9 月，农民售粮季节，粮价普遍下跌，泰州尤甚。泰州米价比上海米价低 30%—40%，"剪刀差"进一步拉大。9 月 14 日价格，上海每包机纱相当于 6 斗大米，泰州每包机纱相当于 9 斗大米。在这种情况下，泰州贸易公司按照总公司指示，执行"高收低售政策"，提高粮价，降低纱价，缩小"剪刀差"。因此，"泰州纱米比价，始终没有超出范例"。①

第五节　解放区的财政和税收制度

解放战争是一场巨大的消耗战，在战争中如何动员和组织解放区的人力、财力、物力，保障战争供给，夺取解放战争的全面胜利，解放全中国，是一项十分艰巨而复杂的任务。毛泽东在 1945 年 12 月 15 日《一九四六年解放区工作方针》中说："发展生产，保障供给，集中领导，分散经营，军民兼顾，公私兼顾，生产和节约并重等项原则，仍是解决财经问题的适当的方针。"②中共中央 1947 年 5 月召开华北财经会议，专门研究了内战全面爆发后的财粮供应问题。《华北财经会议决定》（中共中央 1947 年 1 月 24 日批准了这个决定）成为解放战争时期财政税收方面的重要指导性文件。《华北财经会议决定》提出的一些基本性原则和办法，具体指导和规范了各边区财政税收工作的正常运转。

解放区财政收支的基本原则，既非"量入为出"，亦非"量出为入"，也反对不顾现实条件，单纯强调政府应施"仁政"的主张，而是一切服从革

---

① 江苏省财政厅、江苏省档案馆、财政经济史编写组编：《华中解放区财政经济史料选编》第 7 卷，南京大学出版社 1987 年版，第 489—495 页。
② 《毛泽东选集》第四卷，人民出版社 1991 年版，第 1176 页。

命需要,以满足革命和自卫战争(解放战争)的需要为宗旨。解放区财政的最大困难或问题是日益严重的入不敷出。在支出方面,由于战争规模扩大,脱离生产的人口数量增多,战争费用不断增加,财政支出大幅攀升;而赋税收入和财政收支运行方面,一度普遍出现税收征额上升、人民负担能力下降,支出预算不断扩大、收入来源和数额缩小的反向运动,入不敷出、赤字财政成为解放区财政收支的一般形态。面对这种前所未有的严峻局面,党中央、毛泽东告诫全党和边区政府,共产党绝不能像国民党那样,只顾军队与政府的需要,而不顾人民困难,竭泽而渔,诛求无已。这是旧统治者的思想,是一条死路,绝对不能承袭。但是,也不允许不顾革命形势需要,单纯地强调政府应施"仁政"。这也是错误的观点。因为在日本全面侵华战争时期,抗日战争如不胜利,所谓"仁政"不过是施在日本帝国主义身上,现在则是施在国民党反动派身上,与人民是不相干的。反过来,人民负担虽一时加重,但是渡过了政府与军队的难关,支持了解放战争,打败了国民党反动派,全国得解放,人民就有好日子过,这才是革命政府的"大仁政"。与此类似的是"量出为入"和"量入为出"问题。单纯的"量出为入"是不顾人民的旧统治者的思想,而单纯的"量入为出",亦是不顾政府与军队需要的所谓"仁政"观点。两者都是要不得的。[①]

　　当然,解决财政问题的根本办法,还是毛泽东提出的"发展经济,保障供给"八字方针。离开了经济发展,财政就成为无源之水、无本之木。财政政策的好坏固然足以影响经济,但决定财政的却是经济,没有经济基础而可以解决财政困难的,没有经济不发展而可以使财政充裕的。由于战争形势空前紧张,战争中的人力物力消耗空前巨大,战争直接或间接占有的劳动力数量繁多,如何发展经济,保障供给,比过去更加艰难,党中央和边区政府既要动员巨大力量来支持战争,又须保留必要的力量来发展生产,在两者之间取得平衡。因为生产如不发展,坐吃山空,如此大规模的战争很难长久支持;反之,战争如不胜利,生产也就没有安全保障。因

① 中国社会科学院经济研究所中国现代经济史组编:《革命根据地经济史料选编》下册,江西人民出版社 1986 年版,第 136 页。

此,必须妥善解决战争与生产两者之间的矛盾,包括人力矛盾和物力矛盾,把战争和生产很好地结合起来,以战争来保护生产,以生产来支持战争。

为了及时补充战争中的物资消耗,弥补财政亏空,党中央和边区政府决定大刀阔斧地开源节流:开源方面,取之于民、取之于己、取之于敌三管齐下;清查资财,盘点仓库;动员献粮、献物、献金,善用积蓄;增加发行,多印钞券,暂时舒缓财困;①修改和扩大农业税负担面,按照农村土地改革完成后的新情况,可考虑取消免征点,减少累进率差额,并按照各级土地平均产量征收(勿按实际产量征收),借以奖励增产。节流方面,杜绝贪污浪费,实行精兵简政:精减地方人员,充实部队;军队精简后方机关,充实前线;中心地区精简县、区武装,充实主力;地方机关精减勤杂人员,充实精干,提高干部质量和工作效率,弥补机关裁员导致的空缺;节省民兵、民夫开支,减少不必要的消耗;妥善安排干部家属和编余人员,自己生产解决困难,减轻财政负担;改变工作作风,少开大会,少说空话,多干实事,保证精简工作彻底完成。财政收支和财政制度方面:严格财粮制度,精确审核预算、决算,核实人数,消灭虚报重领弊端。严格供给标准,部队优于地方,前方优于后方,野战军优于地方武装,号召后方人员节衣缩食支援前线;减省地方经费,保障部队最低限度生活(吃饭穿衣)、弹药供给、医药供给、通信器材的供给和必要的炮兵、工兵建设;提倡同甘共苦,降低特殊待遇,严格纠正超过供给标准的浪费现象;大致划一各地区的供给标准,避免苦乐不均,影响部队团结;加强管理,防止资财损失,克服一切浪费现象;大力开展群众性的生产节约运动,树立艰苦奋斗的思想作风。号召干部向农民生活看齐,而勿羡慕地主、资产阶级的生活。抗战胜利以后各地区的供给标准均已有相当提高按照目前财政状况,这种生活水平已

① 中央也同时强调,这只能暂时救急,而不可能长久依靠。因为增加发行如不投资生产,而仅用以弥补财政亏空,必然助长投机囤积,加速货币流通,刺激物价高涨,结果增加财政开支,将使财政困难更加严重。增加发行亦不可能减轻人民负担,因为物价高涨、币价低落,损失还是落在人民头上,且其结果比加重负担更加危险。在战争困难,地区缩小时候,更不宜于滥发货币,否则可能引起恶性通货膨胀,使财政经济陷于崩溃状态。

经很难提高,而且在财政特别困难的时候,还应准备必要的降低。并号召人民节衣缩食,全力支援战争。而且战争不可能在几个月内取得全面胜利,不能临时应付,必须作长期艰苦奋斗的打算。正是凭借这些,中国共产党和中国人民克服难以想象的财政和经费困难,最终战胜国民党,取得了解放战争的全面胜利。

一、解放区财政的基本方针政策

解放战争是一场巨大的消耗战,在战争中如何动员和组织解放区的人力、财力、物力,保障战争供给,夺取解放战争的全面胜利,解放全中国,是一项十分艰巨而复杂的任务。这一任务的艰巨性、复杂性和矛盾性在财政领域表现得尤为突出。关于解放区财政的基本方针,毛泽东在 1945 年 12 月 15 日为中共中央起草的对党内的指示中说,关于财政,抗日战争时期的"发展生产,保障供给,集中领导,分散经营,军民兼顾,公私兼顾,生产和节约并重等项原则,仍是解决财经问题的适当的方针"①。

这无疑是 1946 年和整个解放战争时期都适用的财政指导方针。不过毛泽东的这一财政指导方针,并非直接应对战争。而是用于和平、战争两手准备下的地区和平建设。当时,"双十协定"尚未被撕毁,蒋介石对解放区的全面进攻还未开始,指示下发次日,由周恩来、董必武、王若飞、叶剑英、吴玉章、陆定一、邓颖超组成的中共代表团还从延安飞往重庆,准备出席政治协商会议。就在这一指示的前面,毛泽东还对 1946 年的财政工作做了具体指示:"为着应付最近时期的紧张工作而增重了的财政负担,在一九四六年中,必须有计划有步骤地转到正常状态。人民负担太重者必须酌量减轻。各地脱离生产人员,必须不超过当地财力负担所许可的限度,以利持久。兵贵精不贵多,仍是今后建军原则之一。"②

1946 年 7 月自卫战争开始后,毛泽东以中央的名义,就财政方针和

---

① 《毛泽东选集》第四卷,人民出版社 1991 年版,第 1176 页。
② 《毛泽东选集》第四卷,人民出版社 1991 年版,第 1176 页。

财经工作问题，多次下发指示。1946 年 7 月 20 日在《以自卫战争粉碎蒋介石的进攻》的指示中指出："为着粉碎蒋介石的进攻，必须作持久打算。必须十分节省地使用我们的人力资源和物质资源，力戒浪费。必须检查和纠正各地已经发生的贪污现象。必须努力生产，使一切必需品，首先是粮食和布匹，完全自给。……在财政供给上，必须使自卫战争的物质需要得到满足，同时又必须使人民负担较前减轻，使我解放区人民虽然处在战争环境，而其生活仍能有所改善。总之，我们是一切依靠自力更生，立于不败之地，和蒋介石的一切依靠外国，完全相反。"[①]1947 年 2 月 1 日，毛泽东以《迎接中国革命的新高潮》为题，下发党内指示，其中专门谈到生产和财政问题。要求"各地必须作长期打算，努力生产，厉行节约，并在生产和节约的基础上，正确地解决财政问题"[②]。并提出了三个基本原则：第一个原则是发展生产，保障供给，必须反对片面地着重财政和商业、忽视农业生产和工业生产的错误观点；第二个原则是军民兼顾，公私兼顾，必须反对只顾一方面、忽视另一方面的错误观点；第三个原则是统一领导，分散经营，除依情况应当集中经营者外，必须反对不顾情况，一切集中，不敢放手分散经营的错误观点。[③]

（一）解放战争初期各边区"分散经营"的财政方针政策

解放战争初期，各边区都是以毛泽东的上述财政方针和指示，指导各自的财政工作，解决财经问题，支持解放战争。

陕甘宁边区，自 1942 年开展大生产运动后，就一直坚持毛泽东"发展生产，保障供给"的财政方针，作为党中央所在地的老根据地，在取得抗日战争的胜利后，又有力地支援了爱国自卫战争，并达到了休养民力的目的。一方面粮食逐年增产；另一方面公粮征收逐年下降，人民负担不仅相对减轻，而且负担数量也绝对减少了。其原因是机关部队的生产打下了自给的根基，提高了粮食消费自给率。在农业生产不断发展

---

① 《毛泽东选集》第四卷，人民出版社 1991 年版，第 1188 页。
② 《毛泽东选集》第四卷，人民出版社 1991 年版，第 1216 页。
③ 《毛泽东选集》第四卷，人民出版社 1991 年版，第 1216 页。

的基础上,边区政府还准备将现有的"救国公粮"负担,改为农业统一累进税。①

在苏皖边区,1945 年 12 月,边区临时行政委员会②发布的《施政纲领》,其中的财政方针是,实行财政收支统一,确立预决算及审计制度,提倡节约,严惩贪污浪费分子,按照人民负担能力,实行合理的税收制度,逐步废止公粮田赋,准备改征统一累进的农业税与营业税,巩固边币信用,稳定币价、物价,实行金融投资,扶助工农商业及合作事业。③

1946 年 2 月 1 日,晋察冀中央局专门就财政工作下发四项指示:(1)要求各地在力求收支平衡的精神下进行财政清理,一方面根据供给标准、生产任务,严格掌握所有财政开支,杜绝虚报;另一方面立即清查各部队、机关现存粮款与缴获物资,统一归财政部门掌握,作为今后开支之用。同时在各部队、机关开展大规模的群众性的节约运动。(2)冀中、冀东及各地新解放区,村款负担与浪费十分严重。某些村款负担甚至超过边区款,成为人民的最大负担。各省府、行署应当根据当地情形,规定村款开支标准,严格整理村财政,严禁规定以外的村款征收与开支。勤务动员也已成为人民的一个重大负担,各地须认真整理,严格限制。(3)各地财政预算及盈亏情形,这次边区财政会议有新决定,今年财政必须实行统一预算、分区掌握的原则,由各省、行署根据边区财政会议决定切实掌握各地开支,以求达到明年财政之更进一步的统一。(4)发展经济,保障供给是解放区财政经济的总方针,各地一方面应当用主要精力领导群众生产与机关部队生产,从发展生产中增加政府收入;另一方面还须努力整理财政制度,杜绝浮支浪费。除在生产方面中央局已发有指示外,在财政方面必须做到严格掌握编制与一切财政开支,建立与健全各级的审计委员会,严格

---

① 陕甘宁边区财政经济史编写组等合编:《解放战争时期陕甘宁边区财政经济史资料选辑》下册,三秦出版社 1989 年版,第 320—327 页。

② 苏皖边区临时行政委员会,1945 年 10 月 29 日成立于江苏清江浦(即淮阴城),辖苏中、苏北、淮南、淮北四个解放区(郑泽云主编:《苏皖边区史略》,中国文史出版社 2005 年版,第 25—26 页)。

③ 中国社会科学院经济研究所中国现代经济史组编:《革命根据地经济史料选编》下册,江西人民出版社 1986 年版,第 7 页。

纠正打埋伏与浪费现象。①

1946 年 3 月,察哈尔按照中央局的指示,省财政会议拟定的 1946 年财政方针和财政工作是,"在进一步切实贯彻发展经济保障供给的总方针下,努力发展公私生产,建立长期革命家务,积极开辟财源,彻底清查物资,厉行节约肃清浪费,整理村财政,解决抗勤问题,健全与坚持正常的财政制度,以争取收支平衡,减轻人民负担"②。

1946 年 6 月,国民党政府在美国支持下,撕毁政协决议,发动全面内战后,晋察冀边区形势急剧恶化,财政经济更加困难。10 月 11 日撤出张家口、平绥线被敌侵占,解放区范围缩小,部分地区被分割,全区物资调剂、交流受到很大限制,特别是棉布市场缩小,工业生产和财政来源都缩小了,除冀热辽外,只有 1200 万负担人口。在大规模的集中的运动战情况下,兵员需要增多,开支标准比过去提高,脱离生产人数比例很高(约占总人口的 2%),人民勤务负担也特别繁重。土地改革后,农民生产条件固然改善,但地主土地被清算分配后,地主在负担中的缓冲作用没有了,财政上的负担,大部乃至全部将直接落在农民身上。因财政支出扩大,人民在人力与物力方面的负担比过去加重很多,人民纳税一般已达到其总收入的 30% 左右(只就农业说)因此土地改革的成果,是否能造成农民生产力的提高,还要看边区政府财政经济政策是否妥善。否则,土地改革的成果将不能巩固,人民的经济情况不能改善。1946 年度收支极度不平衡,亏空数目极大,过去军队分散各区,边区级直接开支不大,因之各区上解边区之款亦甚少。现在边区要担负所有野战军的开支,但边区与地方财政关系上还没有依据这个情况适当解决,地方支持边区的精神准备也不足,从而增加了目前边区财政措施上的困难。因此,全区必须深刻认识当前财政经济的困难情况,以最大的决心和努力,紧缩编制,厉行节约,精密计算,发展生产,才能克服困难。

---

① 华北解放区财政经济史资料选编编辑组等编:《华北解放区财政经济史资料选编》第 2 辑,中国财政经济出版社 1996 年版,第 947 页。

② 华北解放区财政经济史资料选编编辑组等编:《华北解放区财政经济史资料选编》第 2 辑,中国财政经济出版社 1996 年版,第 951 页。

基于空前加大的困难,晋察冀中央局对今后财经工作作出了新的调整:(1)贯彻统一领导,分散经营的原则。过去边区强调集中,对分散经营注意不够,今后为适合分散的农村情况与战争环境,使各区的财经措施更能适合本区的特点,并培养各区独立整理财经工作的能力,必须更加注意分散经营。边区一级税局取消,此后各种税收,统由各区自己负责办理(边区在税收政策上统一)。各种税收的确定必须得到边区的批准,地方税收应进行整理,包税制度及地方税收之苛杂部分应取消。各区对边区担负一定的上解任务。各区财政盈亏由边区负责统一调剂。银行、贸易局由各行署或省府统一领导与经营,边区拨一定款项作为各区银行及贸易局的基金。边区银行及贸易公司负责在政策上的领导、物资上的调剂及外汇上的调度,各区在边区统一的政策与调度上,独立经营。统一领导表现在政策上与方针上的统一,财政、物资与金融的调度上的统一。要反对只顾自己不顾别人,只顾局部不顾全面的本位主义。(2)确定新编制与供给标准。根据自卫战争的斗争形势需要,与战争重大消耗下所必需的紧缩,减少非战斗人员,充实前方部队。地方军人数应有一定限度,以充实野战军,用以上原则,重新确定编制。并依照后方照顾前方,地方军队照顾野战军,以及财政困难,紧打窄用的精神,制定本年度供给标准。(3)开展1947年大生产运动。战争消耗极大,群众生活与财政情况已处在十分困难的境地。战争长期持续下去,将有不可想象的困难发生。为使战争能从容支持,而群众又不感到过于繁重,只有努力开展大生产运动。土地改革以后也只有努力开展大生产运动,农民才能真正享受到土地改革的胜利成果。因此,1947年大生产运动必须以最大的努力来进行,任何对大生产运动的忽视,都是单纯财政观点和对人民不负责的表现。(4)机关部队生产方针不应动摇,今后要养成全体人员的劳动习惯,亲自动手,克服困难,动不动要钱的雇佣倾向应加以纠正。各地区可根据当地条件进行农业、工业、手工业生产,并以商业生产作为辅助。但应纠正只搞商业不搞工农业的倾向,纵队、军分区、县以下不得经营商业;纵队、军分区、县以上的商店亦应减少单位,可共同经营一个商店。机关、部队商店的性质应成为群众性合作社的性质,为本单位全体群众服务,而不是解决少数人的问题。并应向政府缴纳营业税,商店人员不能带枪、穿军服,不能吃公粮,应当受所在地的政府管理,营业时不能利用本机关特权,不能占用公款,不能支用差役,在市场波动时,应执行政府所规定的一切紧急措施。为贯彻财经政策,实行统一领导,决定在中央局、区党委两级成立财经委员会和财经办事处。财经委员会是党委的一个专门委员会,财经办事处为政府的一部分,归同级政府领导。同时开展节约的群众运动。节约不能只是少数人监督多数人的节约,而是积极分子带领广大群众的自觉的群众运动。机关生产好的单位,除应担负的生产任务外,应自动地更多担负任务,以节省公家的开支,而减轻人民之负担。①

　　1946 年 10 月,《中共晋冀鲁豫中央局关于财经工作的决定》科学分析了解放战争的财政经济形势和突出矛盾,明确指出:"由于美国助蒋、反共、殖民地化中国的政策,中国内战将是长期的艰苦的,战争一时不能停止,明年(1947 年)将仍是全国大打的局面,且可能是最紧张、最激烈的一年。因此,财政工作的首要任务是保证长期战争的军需供给和部队生活的一定水平。但由于我区经过八年抗战(内有三年灾荒),一年自卫战争及找到发展经济的道路较晚、农村经济枯竭,人民负担能力大大减低,所以在完成财政任务时,又必须照顾到人民生活及其负担能力。"这就是毛泽东强调的"军民兼顾"。这是一个矛盾。在晋冀鲁豫边区的财政工作上,还不止这一个矛盾,而是三个矛盾,即"必须大量养兵,必须保障部队一定生活水平,和必须照顾人民负担能力"。从抗日战争开始,这"三个基本矛盾"长年存在。另外,在财务行政上还存在有:上级与下级、地方与军队间的矛盾,上级要求集中统一,下级要求独立自主,军队埋怨地方认为不能保障供给,地方埋怨军队有本位主义、无群众观点,甚至把地方看成供给部;在公营经济上,有公与私、大公与小公的矛盾;在区与区之间,又存在着相互封锁,对敌斗争对内交流不协调的现象。"这许多矛盾问题,从未得到妥善解决,以致财政供给困难,财务行政混乱,相互推诿相

　　① 中国社会科学院经济研究所中国现代经济史组编:《革命根据地经济史料选编》下册,江西人民出版社 1986 年版,第79—83 页。

互埋怨,甚至造成党内不团结。"解放战争爆发后,又产生新的问题,即落后的分散的小农经济、小手工业生产,加交通不便与比较近代化的集中的大兵团作战,和随之而来的供求之间的矛盾。边区党和干部对这一矛盾所产生的困难应有足够的估计。

关于人民负担能力,在八年抗战、一年自卫战争,农村生产未大发展、经济枯竭的情况下,人民负担能力究竟能有多大?究竟能支持多久?为了争取自卫战争的胜利,最低限度需要养兵多少才能继续作战?党政军民生活待遇标准,究竟应有多高方能维持?这三个问题互相制约,互相矛盾,经过认真研究分析,得出的结论是:人民的负担不能超过4斗至4斗2升小米;一个兵的生活标准不能超过15石小米。抗战期间曾宣布过战后负担可以减轻,现在反而增加了,这是为了保卫解放区,打败蒋介石,争取革命胜利,给人民谋永久幸福,增加负担是难免的。但必须有一个限度。1947年军费准备差不多核减1/3,这是很大的成绩,经验证明,只要采取民主方式、从思想上解决问题,部分了解全局、下级了解上级、上级照顾下级,再经过合理的精确计算,问题即可迎刃而解。

关于发展生产,保障供给,生产和节约并重的指导原则。为了完成"保障供给"的财经任务,财经工作应根据落后的分散的小农经济、小手工业生产加交通不便,且生产一时不容易大发展起来,及比较近代化的集中的大兵团作战所产生的严重困难的情况出发,"反对不作长期打算,无统一计划、无集中组织的头痛医头、脚痛医脚的办法。因此,必须大量发展经济保障供给,这是财经工作最基本的一环"。1947年春耕前全区土地改革初步完成后,要用全力组织全区的大生产运动。如果没有全区的群众性的大生产运动,增产粮食、棉花、布匹及其他日用品,就根本谈不到任何财政问题的解决;反对认为生产缓不济急,或认为农村生产利润不大,而把重点放在商业投机,甚至贩卖美货或发票子的观点上。应明确树立不依靠蒋、美,并抵制美货,实行保护政策,独立自主发展经济,争取达到自给自足的方针。必须积极开辟财源,发展公营工商运输事业,加强对外贸易的指导,加强内地物资交流,区间商业自由,不得自行征税,以便畅通贸易,发展经济。战争缴获物资归公,并进行清理后方,清出的物资缴公。这一开辟财源工作与大生产运动同时进行,反对把解决财政困难问题,仅仅放在节约上(这是十分重要的,但必要的不可缺少的开支则应充分保证),而应该把重心放在发展生产增加人民财富及积极开辟财源上。必须提倡精确的科学的合理计算,一切财政收支实行严格的审计会计制度,一切公营商业中实行成本会计制,严格整理村财政,建立计算人力、物力并向村民定期报告收支情况的制度,加强一切后勤司令部的工作,实行支用民力的计算制,要十分爱惜民力、物力、财力,提高对人民无限负责的精神;反对仇视制度一切机动处理的有害观点,反对以为只要在前线作战,即可不顾一切地不加计算地使用民力的想法。如一个战役的作战兵员数与民力支付的比例,根据计算和经验证明 1∶1 或 1∶1.5 即够用,而某些部队、某些地方往往用到四个甚至五六个等,浪费惊人。现在某些地方,民力的负担等于甚至超过其上解公粮数。提倡虽在战争紧张期间,亦能时刻计算节省民力、反对一把抓的现象,反对漫无计划,随要随给,要什么抓什么,一年不算账,毛手毛脚的作风,提倡全面计划、科学计算的作风。必须厉行节约,提倡艰苦奋斗,不浪费、不枉用一文钱,力戒铺张浪费,节省民力、物力、财力,坚决纠正以为抗战艰苦八年,现在应宽一些、享受一点的有害观点。为此晋冀鲁豫中央局决定,有关全区的财政政策方针,如人民负担、全区脱离生产人数、供给待遇基本标准、军费支付、对外贸易管理、银行发行等,统由中央局议决。关于供给原则和标准,必须地方照顾军队(军队待遇比地方待遇高)、普通区照顾作战区(较多战役地区的战争动员费由全区调剂补助)、平原帮助山地。供给以维持一般生活水平为标准,以实物计算,支拨粮款,先军队后地方,先上解后自己。1947 年预定预算及开支比例,每人每年平均直接负担 4 斗 5 升小米(这是抗战以来最高负担)。为了集中力量起见,决定成立中央局、区党委两级的财经委员会,对外称"军政联合财政办事处",是一个权力机关,其决定各财经系统须遵照执行。①

————————

① 中国社会科学院经济研究所中国现代经济史组编:《革命根据地经济史料选编》下册,江西人民出版社 1986 年版,第 9—12 页;中国社会科学院经济研究所中国现代经济史组编:《革命根据地经济史料选编》下册,江西人民出版社 1986 年版,第 60—61 页。

东北解放区,与上揭晋察冀边区、晋冀鲁豫边区不同,经受了日本帝国主义长达 14 年的蹂躏、攫夺,人民已经困苦不堪,财政负担能力远比老解放区薄弱。但因处于战争时期,负担异常沉重:脱产人员占总人口的5%—6%,公粮超出农民收获量的 15% 以上。村公费、战争动员等额外负担,比经常负担还要繁重。北部地区解放之初,先是靠敌伪物资,以后靠银行发行。到 1946 年年末 1947 年年初,敌伪物资用完,货币发行已达饱和点。"商业不流通,工业未恢复,人民生活仍是贫困,群众负担已够重,财政收入不能增加了。但战争的消耗,部队的扩大,1947 年的支出比1946 年更要巨大,财政一定更为困难。"

民主政府根据上述情况,确定的财政方针是:"生产节约。"而其中特别强调的是生产,强调的是积极方面,当然也必须节约。后方人员要节衣缩食,艰苦奋斗;前方流血牺牲,要吃饱穿暖。根据这一方针确定的政策是,清理家务、建立家务,调整各种公产及收入,绝不能以增加税收、增加人民负担或采取通货政策来解决财政上的困难。具体办法是:

(1)统一财政,克服紊乱和各自为政、各省各军苦乐不均的问题。统一的原则是"统筹分支",而不是"统筹统支"。统一的项目,一是税收,取消各省关卡,将各省关税性质的税收统一于财办处,内地税取消或合并税目。二是建立预决算的核算制度。无单据的账目不准报销,不准随便增加预算,各县对各省,各省对财办处要建立汇报制度。三是统一发行:统一和统制各省发行,首先要做到停止发行。四是统一对外贸易,各省公营商业必须采取合股分红办法,禁止各单位自行经营。

(2)生产自给。一是各省党政军民清理家务,组织清理委员会,将全部家务进行登记。除军工器材及大机械厂外,不拿走,原则上仍归各单位所有。二是各部队机关组织生产委员会,按当地情况主要进行农业、副业与工业生产。各生产委员会在会议上按各单位之情况,规定生产任务,由各省财政上调拨资金(即按人数分配生产)。私人在不妨碍公共生产及工作条件下,允许进行农业、手工业之生产。三是可进行工矿、工厂的生产,但不要赔本,地区要安全。各省可进行中型的工业生产,大的、各省无能力经营的,由财办处办。省对县亦然,不过只有大小之分而已。四是各县伪满时期的农场,可建立经济农场,各省和财办处建立实验农场。各县在伪满时有无农场,要报告财办处。五是司法机关的普通犯人,可进行生产。六是各级系统,特别是军队系统,要设立必要的军需工厂,如皮革工厂是合算的,成本少、质量好、不浪费。

(3)节约与禁止贪污浪费:一是降低供给标准,区别前方与后方、作战与非作战;上级机关尽量减少临时费、特别费;东北局一般的同志取消中灶,降低小灶到中灶,改善大灶;降低小孩与家属的待遇;不让保健费变成津贴,真正做到保健;部队战时供给标准,取消不合理部分,但战士生活必须保证饱暖,必须要照顾战士在前方流血作战。二是精简,杜绝干部少,马匹、杂务人员、警卫员多的情况。以后凡编制外人员、马匹一律不供给,生产人员除大的贸易公司外,概不供给。三是凡公营事业不论大小,一律实行经济核算制。四是不论大小首长,不准用公款以私人名义送礼。机关送礼应尽量减少。五是严格注意村财政之浪费。由上级派下去的人要严守制度,下面人员不供应上级下去人员。要防止乱动员,防止浪费。六是防止被服粮食浪费。服装规定一定尺寸,军队与党政民之颜色要有区别;收回棉衣,发给单衣,不交棉衣,不发单衣;建立人员服装介绍表制度,禁止买卖公家发给的棉衣及一切装备;粮食要有核算制;粮票要有大小两种,由粮政局发给,军队不准出卖与兑换粮食,违者刑事处分;公家烧锅停止,私人烧锅限制;凡生产节约好的实行奖励,浪费可耻,贪污处罚,重者重罚,轻者轻罚。尤其是财政经济机关,有便利贪污之条件与环境,应特别注意。经济机关要有适当的供给标准。①

(二) 华北财经会议和从分散转为集中的财政方针政策

由于战争规模空前,消耗巨大,又是以传统落后的农村经济和交通运输工具,支持近代化的运动战,战争需要与人民负担的矛盾十分尖锐,几

① 东北解放区财政经济史编写组等编:《东北解放区财政经济史资料选编》第4辑,黑龙江人民出版社1988年版,第30—35页。

乎无法解决。到 1946 年年末 1947 年年初,战争已经持续一年,新老解放区的财政经济全都深陷困境。在这种情况下,中共中央采纳晋察冀中央局的提议,召集华北财经会议。在这之前,1946 年 9 月,晋冀鲁豫边区在邯郸庞村召开财经会议,重点讨论了三个议题:人民负担有多大,能支持多久;一个士兵的生活标准有多高,始能维持;最低限度需养兵多少,始能继续作战。经过分析、讨论,统一和提高了认识,形成了前揭《中共晋冀鲁豫中央局关于财经工作的决定》的重要文件,明确了下一步工作方向,会议效果非常不错。于是中央于 1947 年 1 月 3 日发出通知,召开华北财经会议,规定主题是"交换各区财经工作经验,讨论各区货物交流及货币、税收、资源互相帮助、对国民党进行统一的财经斗争等项,并可由各区派人成立永久的华北财经情报和指导机关"。通过会议,"动员全体军民一致奋斗,并统一各区步调,利用各区一切财经条件和资源,及实行各区大公无私的互相调剂,完全克服本位主义",达到"长期支持战争"的目的。[1]

华北财经会议是一次十分重要的会议,会议历时将近三个月,回顾、总结了各边区的财经和金融工作经验,就一些重大问题展开深入讨论,统一了思想认识,作出了多个重要决议,确定了今后财经工作的方针,不仅对调整、统一解放区的财政政策和措施,协调各边区的财经关系,集中统一各边区力量,支援解放战争,加快解放战争的胜利步伐,具有十分重要的意义,而且为新中国的财经、金融工作奠定了基础。

财经工作是会议的主题和核心。会议高屋建瓴,而又脚踏实地,鉴于爱国自卫战争即将转入全面反攻,但国民党反动派在美帝国主义支持下,仍将顽强挣扎。革命党人必须更加努力,使用一切力量,艰苦斗争,才能取得胜利。为达目的,在财经工作方面,必须解决下面两个重大问题。

第一,如何保证爱国自卫战争中的财粮供给?这次战争在中国历史上是空前的,规模最大,人数最多,斗争空前紧张,消耗空前严重。以当时

---

[1]　中共中央文献研究室、中央档案馆编:《建党以来重要文献选编(1921—1949)》第 24 册,中央文献出版社 2011 年版,第 20 页。

解放区落后的农村经济和落后的交通运输工具,支持供应这样一个大规模的近代化的战争,困难自不待言。战争需要与人民负担是矛盾的,这个矛盾很难解决,但是必须解决,这就需要大家来想办法。战争最少需要多少军队,人民最多能够养活多少军队,生活待遇应当怎样规定,怎样保证,如何开源节流,既能保证战争供给,又不至于过分加重人民负担,更不至于妨碍生产发展? 战争虽然日渐接近胜利,但仍要作长期打算。不但需要克服目前困难,且须照顾将来,必须继续扶助群众生产,通过发展经济来保障供给。所以,保障战争供给,不仅是个财政问题,而且是个经济问题,必须通盘研究,通盘计划。

第二,土地改革以后,解放区经济建设应当采取什么新的方针? 土地改革使数千万农民抬头翻身,积极发展生产,支援战争,这是解放区财经工作上的一个很有利的条件。土地改革完成以后,封建经济制度自然迅速崩溃。但是封建经济制度崩溃以后,新的经济制度(新民主主义的经济制度)能否顺利发展,这个问题还要依靠民主政府主观努力才能解决。如果不能够在土地改革中间鼓励农民生产发家,如果不能帮助贫苦农民,解决由于土地更加分散和缺乏耕畜、农具所引起的困难,那么生产不但不能迅速发展,还有可能暂时减退。同时由于战争空前紧张,民兵、民夫纷纷支援前线,许多地区劳力缺乏,已使生产遭遇严重困难,这个问题也必须解决,在解决了中国经济的半封建性以后,还必须解决中国经济的半殖民地性,即自力更生,建设自给经济,争取经济上的独立自主。只有如此,才能保证战争胜利,争取新民主主义经济的真正实现。

会议检讨过去工作,交换各地区的工作经验,并讨论了上述两大问题以后,直奔核心,提出了财政经济工作的两个基本方针。

第一,"发展经济,保障供给"。自从毛泽东同志提出这一正确方针以后,各地均已开始重视经济工作,多数地区且已获得显著成绩,如农业生产和手工业生产的恢复和发展,最近几年是有显著成绩的;因此财政开支虽然年年增加,人民负担尚未感到严重困难,当时战争形势空前紧张,战争中的人力物力消耗空前巨大,如何发展经济,保障供给,将比过去更加困难,必须动员巨大力量来支持战争,同时又须保留必要的力量来发展生产。因为生产如不发展,这样大规模的战争很难长久支持;反之,战争如不胜利,则生产也就毫无保障。因此,必须更有计划地组织广大群众力量,且须更注意节约人力物力,想出一切办法来解决战争和生产这两大问题,要把战争和生产很好地结合起来,以战争来保护生产,以生产来支持战争。

第二,"公私兼顾,军民兼顾"。会议同时批判了国民党"竭泽而渔"的财政政策和某些人强调的"仁政"观点。国民党"不顾人民困难,只顾军队与政府的需要,竭泽而渔,诛求无已"。这当然不能承袭;但不顾现实条件,单纯地强调政府应施仁政,这也是错误的观点。因战争消耗巨大,必须大刀阔斧开源节流,才能渡过目前严重困难。但在增加人民负担时,仍须慎重研究人民的负担能力。战争不可能在几个月内取得全面胜利,临时应付不作长期打算,同样也是要不得的。同时,在经济上要公私兼顾。新民主主义经济是由公营经济、私营经济、合作社经济这三者所组成的。在这三种经济成分中,公营经济应在金融事业、对外贸易、交通事业和重工业生产中占领导地位(并非独占地位)但公营经济当时还不能在解放区经济中占主要地位,当时主要还是发展私营经济和合作社经济。公营经济应当扶助私营经济和合作社经济,不应与民争利,不应利用特殊地位阻碍私营经济的发展。在私营经济中,资本主义私营经济是应当扶助的、奖励的,它在独立和平民主的新中国实现后,将有更广大的发展。但在当时战时的农村环境中,资本主义私营经济因受客观条件限制,亦不能占主要地位。所以扶助小生产者的私营经济,并把他们逐渐组织起来,使之成为建立在个体经济基础上的合作社经济,便应成为解放区经济工作中的主要任务。把公营经济与合作社经济结合起来,通过合作社来扶助群众生产,这应当是解放区今后经济发展的方向。

在财经的组织领导方面,会议认为,为适应战争和经济发展的需要,必须逐渐从分散走向统一。抗战时期在敌人分割封锁的严重情况下,分散管理,独立自主解决困难,是完全必要的,非此不能克服当时严重困难,保证抗战胜利。但在今天自卫战争的情况下,如不逐渐从分散走向统一,则部队机动和经济发展必将因此增加许多困难。所以一致拥护在党中央的直接领导下,成立华北财经办事处,来调整各地区的货币、贸易关系,并在财政上作适当调剂。统一规定各地区的人民负担和供给标准,统一计划各地区的货币发行,经济建设,以及对敌经济斗争,并在这些基础上,逐渐达到各解放区财政经济工作的进一步统一。

在明确了财经工作的基本方针和组织领导后,会议还就财经工作的一些具体问题,进行讨论和综合,形成共识,并有初步答案,这些实际上成为各边区、地区的财经政策、办法,或为拟定、调整财经政策提供相关参数,作为制定或执行政策的准则。这些问题主要包括以下几个方面。

(1)开辟财源,保障战争供给。保障战争供给首先就要开辟财源。各解放区的财政收入,农业负担占最重要的部分,其他收入(包括各种税捐和专卖统销等类收入)仅占次要甚至不很重要的地位。如其他收入较多的山东,农业负担仍占一半以上,晋冀鲁豫占 3/4,其他各地均占 80% 上下。当时的解放区绝大部分是农村,即使在土地改革完成以后,农业负担仍然不可避免地要全部落在农民身上。过去有些地区把农业负担以外的其他税捐当作"苛捐杂税",而不认真征收,这是不正确的想法。其他税捐虽然也大部分转嫁到农民(农民是主要的消费者)的身上,但对生产发展影响较小,目前仍是民主政府应开辟的财源。

在其他收入中,包括各种税捐和统销专卖利润,其中主要的有进出口货物税、内地产销交易税、烟酒税、契税、营业税等。进出口货物税不但是一项重要收入,且为保护生产,调节输出输入,开展对敌经济斗争的一个重要武器,应与对外贸易管理工作配合。内地产销交易税也应当与市集管理工作配合进行,防止滥征,应当便利交易而不影响市集繁荣,晋冀鲁豫建立交易所的经验可供各地参考。烟酒可以征收重税,借以减少消耗,山东等地烧酒限由政府经营,成为财政上的一个巨大收入。会议研究各地税收尚未达到最高限度,如能好好整理,有些税收尚能增加数倍。某些特产品的专卖统销(例如山东的食盐),也在财政收入上有部分帮助。将来公营事业日渐发展,公营企业收入也许可能在财政收入上渐占重要地位,这比征收间接税是更合理的办法。

财政收入的第二个重要来源是取之于己，即机关、部队生产自给。过去几年对于克服财政困难也有相当大的贡献，如陕甘宁边区曾有某些部队作到完全生产自给。但因战争环境，生产自给是相当困难的，且掌握不好时易产生各种流弊。为杜绝流弊，纠正投机贸易所造成的市场混乱，去年各地多已开始整理部队、机关生产，规定部队、机关生产应以农业、手工业生产及运输为主，反对投机贸易，并酌量减轻部队、机关的生产任务，野战军全部生活均由政府供给。同时合并部队、机关所开设的公营商店，组织生产委员会来统一领导。或者取消这类公营商店，将其干部、资金交给政府贸易机关，给以一定数额的红利。部队、机关生产赢利的开支亦应遵守制度，向上报告，向下公布，反对贪污浪费。这些整理办法实行以后，已经收到部分效果，此后仍应按此方针继续贯彻下去。

第三个重要来源是取之于敌，即以战争缴获来解决财粮供给上的部分困难。如在武器、弹药方面，过去便主要是依靠战争缴获来解决的，大进军时所缴获的粮食等类物资，也在保证供给上起了相当大的作用。现在各地战争缴获仍然为数很大，如能用作财政收入，也可有助于战争供给（如最近晋南战役缴获归公的有粮食 3 万石，食盐 15 万斤，棉花 20 万斤，子弹 180 万发，对于解决财政困难帮助很大）。可惜过去大多未能好好接收，浪费破坏相当严重。最近中央指示"我们现在的后方是在前线，主要的军火、资材取之于敌"。今后必须特别注意这个问题，组织委员会来负责接收缴获物资，并在军队中间进行教育，克服本位主义思想。

第四个重要来源是清查资财，动员献粮、献物、献金，拿出过去的积蓄来渡过战争难关。过去部队、机关打埋伏的现象相当严重，至今仍有许多粮食、物资（大多数是战争缴获）到处埋藏，未能利用，甚至由于经手人的调动已经无人过问。这些物资必须清查出来，做到物尽其用。机关、部队过去所建立的家屋应当部分捐献出来，用以解决财政困难，支持战争需要。过去利用贪污中饱等类方法所取得的不义资财，如果自动献出，一律免予处分，否则一经查出，应受纪律制裁。

第五个重要来源是增加货币发行，来暂时解决财政上的困难。因紧急情况财政困难完全无法解决时，用增加发行的办法来暂时救急也是可以采用的。但只能暂时救急,而不可长久依靠。因既未直接增加物资财富亦不可能减轻人民负担,不可视为安全永久之计。

(2)精简节约,服从战争需要。与开源同样重要的是节流,即实行精简节约,减省财政开支。精简一方面要照顾人民负担能力,另一方面要照顾战争需要。一般来讲,脱离生产人员如不超过总人数的2%,尚有力量负担。如果超过2%,那就比较困难。如果超过3%,那就很难单靠普通开源节流方法所能完全解决,必须依靠邻区援助,或靠其他特殊来源才能克服困难。平原比较山区负担能力要大一点,战争时期比较和平时期困难要多一点。依此计算,现在多数地区已经达到饱和状态,有些地区且已超过,因此精简工作便很重要。

精简工作必须掌握下列几个原则:一是精简地方人员,充实部队,服从战争需要(部队至少应占3/4,地方人员不应超过1/4),在战争期间,全部财政开支军费至少应占85%,地方经费不应超过15%。二是部队要精简后方机关,充实前方,提高战斗力。三是中心地区要精简县、区武装,充实主力(部队中间应当有1/2至2/3的野战军)。四是地方机关要精减勤杂人员,减少骡马,保留工作所必需的干部数量。五是精简机构,可合并的合并,可裁撤的裁撤,精简业务,可不办的不办,可缓办的缓办。六是提高干部质量,提高工作效率,补救由于减少人员数量所引起的困难。七是在战争情况中,民兵、民夫开支浩大,必须努力节省,减少不必要的消耗。此外还要安插干部家属,以及其他编余人员,自己生产解决困难。适当改变工作作风,少开大会,少说空话,停止一切不必要的活动,这样才能保证精简工作彻底完成。

节约工作也应掌握下列几个原则:一是严格财粮制度,精确审核预算、决算,核实人数,消灭虚报重领等类现象。二是严格供给标准,部队优于地方,前方优于后方,野战军优于地方武装,号召后方人员节衣缩食支援前线。三是减省地方经费,军费主要用于保障部队最低限度生活(吃饭穿衣)、弹药供给、医药供给、通信器材的供给和必要的炮兵、工兵建设,其他开支亦应力求节省。四是提倡同甘共苦,降低特殊待遇,严格纠正超过供给标准的浪费现象。五是各地区的供给标准应求大体一致,以免苦乐不均,影响部队团结,但亦应有适当差别,富庶地区生活水平太低了会影响部队巩固,贫瘠地区生活水平太高了会脱离群众。六是加强管理工作,防止资财损失,克服一切浪费现象。七是开展群众性的生产节约运动,树立艰苦斗争思想准备。

抗战胜利后,各地区的供给标准均已有相当程度的提高,现又稍稍降低。目前多数地区服装供给是单衣 1 套(县区武装、军队后方及地方人员)至两套(野战军部队),鞋子 4 双至 6 双(干部少,战士多,平原少,山区多),棉衣两年 1 套(每年补充一半)。衣服一律采用土布,并应尽可能地采用土制颜料,菜金是 5 钱油、5 钱盐(地方各减一钱),1 斤菜,每月 1 斤(地方机关)至 2 斤(主力部队)猪肉,主力部队全由政府供给,地方机关部分需要自己解决。维持上述生活水准,部队每人每年平均亦需小米十五六市石,地方人员 10 市石,按照目前财政状况,这种生活水平已经很难再提高,在财政特别困难的时候,还应准备必要的降低。

(3)人民负担与负担政策。在扩大财政收入时,必须慎重计算人民的负担能力,在现今农业生产水平下,一个农民每年究竟能够负担多少粮食,难以精确计算。根据晋冀鲁豫边区研究,一般年景每人每年至多可以负担小米 4 斗 2 升至 5 斗(市斗、柴草在内),约占其农业收入的15%。如按这个标准计算,今天多数地区人民负担尚未达到最高限度,但各地土地多少不同,肥瘠不同,生产条件不同,年景丰歉又有很显著的差异,所以最高负担标准应当经过调查研究,因时因地各自规定。按照各地情形研究起来,农业负担如不超过其农业收入的15%,一般农民还不至于感到负担过重。在严重的战争情况下,应当号召人民节衣缩食,支援前线。如果每人每天能够节省半两到一两粮食,便可多养 20 万到 40 万军队,这对争取战争胜利自然是一巨大贡献。

其次值得研究的是工商业的负担。乡村中间除有极少数的商店、作坊外,大多数是流动商贩和手工业者。手工业者不应征税(或作副业收入征收),流动商贩因为过于分散,按照过去经验,也只能征收定额的牌照税。如用太麻烦的计算方法,往往费力多而收税少,得不偿失。城市和重要集镇可以征收工商业税,但按资金征收或按盈利征收的办法均难调查(因为商人都怕人家知道他的资金及赢利数额),形式上是科学方法,实际还是不科学的。根据某些地区的经验,最好还是采用分级计分办法,即由政府规定税款总额,而由商人自己民主讨论,按其资金、营业谋利状况评定等级,按级计分,分摊税款。这样既免调查麻烦,且较公平合理,这个经验可供各地参考。

在土地改革完成后,农业负担政策应按新的情况加以修改。经研究有如下考虑:一是负担面应扩大,免征点可考虑取消。因为一般农民均已分到土地,均应负担公粮。二是累进率应减少差额,因为地主以及部分富农已将多余土地分给贫苦农民,今天分得较多较好土地的大多数是抗属、烈属,不应加重这些人的负担。三是按照各级土地平均产量征收(勿按实际产量征收),借以奖励增产。四是军属、烈属、工属和孤儿寡妇没有劳动力的人家均应当酌量减轻负担。

(4)加强粮食工作。粮食征收是财政收入的主要部分,各地平均约占全部财政收入的3/4。在人民的全部生活中,粮食亦占最重要的地位。过去各地均有重财轻粮的错误观点,好像粮食损失一点不太重要,这样的错误观点必须彻底纠正。战争时期粮食供给是极重要且极困难的工作,粮食供给不上就会直接影响战争胜利。

所谓改进粮食工作,首先是要改进粮食征收工作。为了完成征收任务,且能正确执行负担政策,真正作到公平合理,必须完成土地的清查登记工作。在土地改革中,土地的清查登记可与土地改革以及税契工作结合进行。要把亩数、等级、产量分别清查登记,以便正确计算各户负担。清查登记乃至公粮征收必须运用群众力量,才能顺利完成。征收工作应在短期内突击完成。尽可能做到没有尾欠。边沿地区须早征、快征,配合武装斗争完成征收任务。

其次是要改进粮食的保管和运输、调剂工作。抗战时期各地公粮均由群众分散保存,避免敌伪掠夺,但很难管理,损失很大。现在中心地区多已建立仓库,集中领导,分散管理,但在边沿地区仍应交给人民分散保存。粮食的保管、运输应与调剂工作相结合,计算各地征粮吃粮多少,有计划地向缺粮地区输送。粮食贱的地区可备价采购,而在粮食贵的地区出售余粮。战争时期由于部队迅速机动,粮食的运输、调剂非常困难。应派坚强干部建立流动粮站,组织运输力量,完成这一紧急任务。

再次是要改善粮食开支手续,杜绝多支、重领等类贪污浪费现象。在战争期间,如何保证部队灵活机动不感支粮困难,同时又不紊乱支付手续,这也是个困难问题。应当灵活运用平时支粮证、战时支粮证和小额粮票等类办法,克服这一困难。民兵、民夫成千上万,东奔西跑,所需粮食更难精确计算。应在民兵、民夫中间建立供给机关,或归部队及兵站统一供给,消灭混乱现象。负责干部必须亲自掌握,以便及时解决困难,减少不必要的浪费。

最后是要与敌人进行粮食斗争。在敌人深入解放区作战时,粮食斗争便更重要。应当及时转移粮食,动员群众坚壁清野,这样不仅减少自己损失,而且可以加重敌人的困难。敌占城市被解放军完全包围时,也可组织力量封锁粮食,使其不易长期坚守。麦收、秋收期间,应在边沿地区,动员群众快收、快打、快晒、快藏,防止敌人掠夺,且应领导人民进行反征购的斗争,组织民兵和地方武装打击其抢粮队和征收队。且可大量收购粮食,把它掌握起来,方便与敌人进行粮食斗争。

(5)调整战勤,节约民力。大兵团的机动作战,粮食、弹药和伤病员的运送完全依靠民夫,战争勤务成为战区人民的最重要的负担。过去对于数万民兵、民夫的组织管理缺乏经验,浪费现象相当严重,战事紧张时往往达到一兵三夫。这样多的民兵、民夫东奔西走,有半数以上的力量是白白浪费的。若能完全做好组织管理工作,则平时三兵一夫、战时一兵一夫,已能完成战争勤务,且能改善运输供应工作。现在有些地区,因出夫太多,生产工作受到严重影响,战勤负担已远超过了公粮负担。因此把节约民力放在与节约粮食、资财同样重要的位置,这是减轻人民负担之一极重要的部分。

调整战勤,节约民力,首先是要改进民兵、民夫的使用办法,达到组织化、制度化:一是支用民夫应有严格限制,除运送伤病员和运输粮食、弹药等战争必需事务外,一般不应支用民夫。各地兵站应当负责检查来往人员,如有违反规定浪费民力现象,应予纠正。二是战勤需要和民夫使用应当通盘筹划,精确计算,减少一切不必要的浪费。要以指挥部队,使用部队的严肃态度来指挥民兵、民夫,使用民兵、民夫。三是改善民兵、民夫的管理教育工作,照顾他们生活上的困难,帮助他们家属解决生产上的困难,借以减少逃跑,提高工作情绪。四是在乡村中普遍进行支援前线的教育,帮助民兵、民夫解决困难,对于逃跑回来的民兵、民夫耐心教育,使其自愿重上前线。

其次,要使战勤负担公平合理,在这方面应当注意的:一是支援战争人人有责,不应当把战勤负担压在少数人的肩上。民兵、村干也要负担战争勤务,妇女可以参加磨面、洗衣、做鞋等类工作。二是战争勤务记分算钱,发给工票,可与劳动互助及优抗代耕互相变工。这样就不至于劳逸不均,且不至于因支援前线妨碍家庭生产。三是工商业者(包括雇工、店员)不能出夫时,可与别人变工,或以代金代替出夫。四是战区与后方,交通要道与偏僻地区战争勤务多寡悬殊,政府应当设法调剂。如规定每人每月应有多少天的义务劳动,后方酌收代金,用以补助战区,或者组织各地区的人民互相变工,使战勤与生产相结合。

最后,要改善交通运输工作,使战时工作部分经常化。如山东用常备民夫或子弟兵团来代替民夫担任前线战勤,比较临时动员民夫可以大大提高工作效率;野战军可以建立一定数量常备的担架队、运输队,平时加强管理教育,战时便能发挥大效果;还可加强兵站工作,兵站和粮食局应补充交通工具,建立运输队,使战时粮食、弹药的运输不必完全依靠民夫。并须改善担架,使伤病员的运送比较便利。当下虽然还不可能建立机械化的交通运输工作,但如完全依靠太落后的工具和游击战争时期所采用的办法,已不可能满足战争需要。

(6)整理村财政。村财政是当前财政工作最薄弱的环节。因多数地区对于村财政是采取放任自流态度,浪费现象相当严重。太行区是整理村财政较有成绩的地区,但据武安县的调查,村财政开支仍达边区粮款的40%—50%。其他地区可能更多,有些地区超过农业累进税的总额。为了减轻人民负担,保障战争供给,整理村财政与整理粮食工作,调整战争勤务有着同等重要意义。在准备反攻的关键时刻,更应当把整理村财政当作集中力量支援战争的重要措施(如太行山提"整理村财政,准备大反攻"),并与村干部立功运动结合起来。

整理村财政的办法,在新区要发动群众,改造干部,建立制度,清理财政,要与其他工作密切结合,其他工作做不好时很难单独收效。在老区则比较容易,主要在于加强领导,只要定出办法,大多能够执行。晋冀鲁豫整理村财政的办法有两种:一种是地方经费(包括村行政经费)全由县政府统筹统支。凡是统筹统支地方,开支一般比较节省。另一种是由县政府统一规定征收和开支标准,由村自己民主评议,按此标准自筹自支,按期公布账目,并交区公所审核。这种由上而下管理监督,由下而上民主评议办法,比较简单易行,可以普遍采用。

村财政的收入,应按各地具体情形规定,根据晋冀鲁豫经验,大概每人每年需要负担小米 5—6 斤。除依靠群众负担,还可整理公产、公款,及投资合作社等办法,以其收益或红利来补助村政开支,太行有些地区已经做到完全不需群众负担。山东在土地改革时保留部分学田,以其收益用作小学经费,这些办法均可采用。村财政的经常开支,主要包括村行政经费(干部津贴及办公费)、教育费(小学经费及文化娱乐)、武装费(民兵开支等)等。1946 年(和平时期)太行区的调查,村政经费约占 40%,教育费约占 35%,武装费约占 25%。此外还有若干临时性开支,如拥军、扩军等。这些临时性开支掌握不紧时会造成巨大浪费,如拥军、扩军费用,往往超过全部经常开支之和。所以村财政的整理不是财政机关能够单独解决,党、政、军、民均应共同负责,布置任何工作时均应考虑人民负担,否则很难收到实际效果。[1]

这次会议还对各解放区的财务行政管理情况进行了综合考察和分类比较。

---

[1]　中国社会科学院经济研究所中国现代经济史组编:《革命根据地经济史料选编》下册,江西人民出版社 1986 年版,第 134—148 页。

日本投降以前,由于日伪分割封锁,各根据地间均难互相联系,因此各解放区的财经工作,只能以行署作为单位(有些环境特别困难地区是以专署或县为单位)独立自主,自己解决困难。边区(或省)仅仅掌握政策方针,并在各地区间按其收支状况进行适当调剂。日本投降后,这种分割封锁状况大体上已打破,地域上已连接起来,加以野战军的机动作战,要求财粮供给上的统一,故于1946年1月开始,各解放区的财务行政均从分散走上统一的道路,在全边区(或省)的范围以内实行统筹统支。但为便于照顾地方困难,各行署(或县)仍保持部分机动权,村财政仍由村自己管理。

不过各边区的财务行政统一程度高低不同,大体上可分为三种类型:第一种是从省到县完全统一,全部财粮供给完全统筹统支,例如山东(1946年胶东、渤海还保持着部分的独立性,1947年亦已实行统筹统支);第二种是大部分统筹统支,小部分分散管理,例如晋冀鲁豫边区,几种重要财政收入(如统累税、进出口税、烟税、契税)是由边区直接掌握,其他则由行署自己管理;第三种是大部分分散管理,小部分统筹统支,这是晋察冀边区所采用的办法(各种税收均归地方征收,边区只保留上解及政府企业收入)。有些地区在行署与县之间亦不完全统一(如冀中),划出部分税收给县自己掌握。华中苏皖边区则根据大部统一、小部分散的原则建立边区、专署和县的三级管理体制。

统一与分散各有可取之处。统一的好处主要的有:(1)便利野战军的机动作战;(2)易于通盘调剂,避免苦乐不均;(3)便利内地物资交流及对外经济斗争。分散的好处主要有:(1)各地自己负责解决困难,能够积极想办法开源节流;(2)能够照顾各地特殊情况和特殊需要;(3)在交通困难地区易于自力更生,坚持工作。不过根据当时所处具体情况,除部分交通困难不易联系的地区外,分散管理已不适合新的战争要求,一般应从分散逐渐走向统一。边区必须直接掌握一部分的财政收入,来保证野战军的供给,必须做到人民负担和供给标准的大致统一,以免苦乐不均。各地的预决算应经边区审核,按照各地收支状况进行适当调剂。只是倘若完全统一,有些地区还有困难。所以大部统一、小部分散可能是相对易行的办法。①

华北财经会议召开期间,正是中共中央着手准备战略大反攻的关键时刻。1947 年 6 月 5 日,会议按董必武要求起草的《华北财经会议决议》报送中央时,正处于大反攻前夕。10 月 24 日中央批准《华北财经会议决议》时,大反攻的炮声早已打响。因此,中央希望会议"不仅仅解决一些具体问题,还要研究将来的不少大问题",要求与会代表彻底肃清本位主义、山头主义思想,从更高层面着眼。会议为快速推动各解放区的财经大统一,为新中国财经管理体系的建立,事先做好了充分的思想准备和必要的物质准备。这次会议的成功与否直接关系到与国民党军事对决的成败。因此中共中央对这次会议格外关注,并始终把握会议的进程和方向。② 当然,研究大反攻后出现财经问题、预先制定对策方案,也是会议必须解决的其中一个"具体问题"。

会议认为,由于部队缺乏近代化的交通运输工具,出击到蒋占区的时候,财粮供给便会遇到特殊困难。中原军区突围成功以后所以不能巩固发展,财粮供给困难亦系重要原因之一。将来部队胜利反攻,这个问题必须好好解决。

部队出击到蒋占区时,财粮供给主要是有三个来源:一是战争缴获;二是就地筹措;三是后方补给。因交通运输困难,后方补给会受到限制,尤其是粮草供给,主要只能就地筹措。战争缴获如能好好管理,也能够对战争供给起到重大作用。为了自己解决困难,应当组织一支财经工作队(开始可归军队领导,逐渐改为政府领导),随部队出发,处理战争缴获以及就地筹措等类工作。如果所到之处是抗日战争时期的老游击区,那么由在该区工作的地方干部来负责处理财经工作,更易迅速收效。

新解放地区如果接近老解放区,可以长期坚持,那就应该建立较经常的征收制度,应当尽可能地求其公平合理,但亦不能采用老解放区那种很细致的办法,只能够把旧的摊派方式稍稍改善。其次可以发行本币吸收

---

① 中国社会科学院经济研究所中国现代经济史组编:《革命根据地经济史料选编》下册,江西人民出版社 1986 年版,第 150—151 页。

② 马林:《华北财经会议纪事》,《中国金融》2018 年第 15 期。

蒋币，并可部分出售没收物资支持本币币值；一切征收、交易应当逐渐改用本币，以便吸收大量蒋币来供战争需要。此外还可发动群众斗争贪官、污吏、土豪、恶霸，没收其财产，部分分给群众，部分用作战争经费。对新解放区人民，一方面要反对"仁政"观点、恩赐观点，不向他们要求财粮供给，另一方面也要防止"抓一把"的殖民主义思想。①

如果部队深入敌区流动不定，一切经常性的财经工作不易建立起来。除掉战争缴获之外，主要只能依靠摊派罚没。旧有城市中的商会及乡村政权机构如不反对，仍可暂时利用，但应重征地主、富商，适当照顾群众利益，且不妨碍群众斗争贪污土劣。这些地区如果不能行使本币，可以考虑能否由华北财办统一发行流通券，与蒋币等价使用（因为等价所以易被群众接受），没收物资带不走的迅速拍卖，可以吸收蒋币并支持流通券，相信只要战争胜利，并有充分准备，部队出击中的财粮供给困难是一定可以顺利解决的。②

1947年8月战略进攻开始后，解放战争进入后期阶段，政治、经济和军事形势都发生了重大变化。在地域上，解放区面积、人口迅速增加，各个边区开始连成一片。大中城镇和连接大中城镇的交通运输线相继解放，解放区不再只是落后的农村和农业生产。与此相联系，财政方针和政策也发生了变化，华北财经会议确定的各项决议，很快在各边区开始付诸实施，并初见成效。

晋察冀边区冀中区，调整政策，严格制度，堵塞漏洞；提高认识，依靠群众，加强领导，开源节流，渡过了财政难关。在开源方面，大力进行农业统一累进税的征收，以保证财政的主要收入。加强一元化领导，党政军民共同负责突击，具体到村，走群众路线，采纳民意，讨论办法，合理分配征收实物，照顾军需民用，使人民负担公平，缴纳便利；启发干部、抗属、积极分子带头，影响其他，这一办法在1948年的麦征中作用尤大。又取之于己，加强

① 中国社会科学院经济研究所中国现代经济史组编：《革命根据地经济史料选编》下册，江西人民出版社1986年版，第170页。
② 中国社会科学院经济研究所中国现代经济史组编：《革命根据地经济史料选编》下册，江西人民出版社1986年版，第149—150页。

机关部队生产,"减少了财政上的好大困难"。同时开辟税源,建立自给自足的地方财政。在开源过程中,各级领导进一步认识了困难、"仁政"观点、片面强调群众观点,及只知直接向农民要东西而忽略其他方面的开辟财源、忽视间接税的收入等偏向,逐渐加以改正,扩大了财源,增加了收入。

在节流方面,冀中区干部认识到,过去节约运到"做得很差"。爱国自卫战争开始后,在大家认识困难的情况下逐步开展起来,特别是1947年4月华北财经会议以后,各级普遍开展了节约运动:紧缩开支,严格编制,干部生活水平自动降低,中小灶自动降为大灶,减少服装鞋袜,有的干脆全部自给,不向公家领取;烧柴大大减少,各地改风灶,自行节约,地方办公费用以及部队也都自觉地紧缩下来。在此基础上重新设计开支标准,每人每年一般地减少到1—2石的开支,从而打下了下年度节约开支的基础。此外,在节约号召下,地方实业费大行减少,一般的教员都减薪支前。随着节约运动的开展,各个机关部队还有不少献粮献金的。节约运动一方面需要自上而下地首长以身作则贯彻下去,同时还要自下而上地启发自觉自愿的群众性运动,而开支制度的规定要与节约运动相结合,使制度与自愿结合起来,才能使节约深入开展,使制度易于坚持执行。过去节约没有深入开展、制度不易为人接受,主要就是自上而下的贯彻执行不够,没有很好启发自下而上的自觉自愿所致。同时,严格财粮收支、保管,加强机构,明确职权分工,堵塞漏洞,减少了损失。又精密计算,避免差误。在变化无常的市场物价和战争环境中,根据家当和轻重缓急使用力量,以满足战争需要。为了减少负担,必须随时精密计算,比如出售与调运粮食在什么地区、什么时间才合算,由谁去做才妥当,及时调度款子,如何由分散到集中,以减少开支和物价波动的损失等,不用精密计算很难办到。另外,还整理村财政,"节村之流"。1946年以前,村财政负担甚重,有的占总负担的50%以上,浪费严重。1946年已提出整理,"节村之流"在中心区已见成效,不过整理工作还有待进一步普遍深入。①

————————
① 华北解放区财政经济史资料选编编辑组等编:《华北解放区财政经济史资料选编》第2辑,中国财政经济出版社1996年版,第1040—1043页。

1947年10月,解放战争进入战略反攻阶段后,晋察冀边区政府决定对财务行政制度作出大幅度调整。由原来的"统一领导分散管理",改为全边区"统筹统支"。决定指出,根据目前战争形势的发展,供应的集中,要求全边区财政全盘计划统一收支,集中管理统一调度,才能及时保证供给,支持长期战争,并保障胜利。9月财经会议决定"统一领导分散管理、各区保证一定解上任务"之方针,已不适于目前战争供应的要求,因此决定"自1948年1月起,全边区财政实行统筹统支"。

"统筹统支"的范围或具体内容包括:(1)收入:凡边区农业统一累进税、工商业税、出入口税、交易税、烟酒税等一切税收,及公营企业收入、没收罚款、战争缴获、公产收入、生产任务,与其他一切收入均为边区收入,各级财政部门在确定之任务下,负责组织力量保证及时完成入库,报解边区。(2)支出:全边区党政军民,所有机关学校之经常费、事业费等一切开支,均统一由边区财经办事处供给。具体支付手续供给事务由各级财政部门与供给部门办理。但一切开支之批准权及一切开支之支付权均属于边区财办处。(3)一切有关财政政策:如人民负担农业统一累进税、工商业税、出入口税、交易税等条例办法,及征收负担量、征收政策等,均统一由边区财办处决定或制订,各区不得自立税目、自订办法。上述政策的修正权亦属边区。各区若有不同意见,可提供边区修改,但未经批准前,仍坚持执行不得变更。(4)全边区党政军民学校的编制人马数字及供给标准,均由边区财办处统一决定,各级不得变更。(5)财政统筹统支之后,各级财政部门,在边区总的意图下,负责征收入库、保管、调运、组织供应、清理账目等事宜,以保证边区财政方针之贯彻实现。

各级财政组织机构亦进行相应调整:边区、行署财办处及专署以下财经委员会的组织不变;各级财粮合并,各级粮食局合并于财政部门,其干部仍做粮食工作、支前工作;建立全边区统一的金库,委托边区银行代办;粮库管理仍由各级地方政府负责。但为了适应战争需要,便于调度,必须适当集中与健全各种制度,各级粮库均对边区负责;为适应今后庞大的集中供给及减少各级保管支付解报等事务手续,决定由边区财政处建立自上而下的垂直实物库组织。除柴草由粮库代管外,布棉等实物,在征收中均分批解交指定之实物库管理。其他一些实物,如碎钢、烂铁、葵花、鞋子等,因过于分散,目前不集中地区实物库者,仍由地方政府代管,由财政处拨付使用机关,直接到地方政府取用(开正式收据),地方政府即凭财政处拨付书及收据抵解。[1]

晋冀鲁豫边区太行区,1947年7月21日,行署发出大力整理财政的命令,按照华北财经会议提出的建议,大力发动群众,开展以清查资材为中心的整理财政运动。"清理出的东西,分别归边、县、村管理,保证用在生产渡荒、支援前线上。同时各地机关团体部队,也要开展公物、公产归公运动。"同时制定公布《太行区整理财政办法》《太行区地方财政制度》。

《太行区整理财政办法》的"总则"载明,整理财政的目的是"建设地方财政,减轻人民负担,有力地支援大反攻"。整理范围是边、县、村三级财政;整理财政的基本方针和目标是"生产与节约并重,精确计算,点滴归公,克服混乱浪费现象,进一步做到财政与生产建设事业相结合,把死财政变成活经济,县、村两级财政主体做到生产自给";整理财政"要严格边、县、村三级财政制度,克服互相挤克现象,做到各自发展建立家务,使财经建设推向新的阶段";在整理财政中"要开展大清查运动,凡历年埋伏及无人过问的埋藏分散物资及未经上级批准抓取之资财,不论大公小公,公社庙产,均以本办法一律进行清理,分别边(区)、县、村三级归公管理"。

《太行区地方财政制度》载明,"通过大清理造成群众性的重视财政,树立大家当家、大家管理的主人翁思想。县、村两级财政整理后(特别是村),及时投资生产、按当地条件与生产建设事业相结合以做到生产自给,以财政养财政"。并列明县、村两级的财政开支项目,规定收入方面,县除组织间接输入外,"县村均应走生产自给道路,不足时可以征收一部,但应经过上级批准"。[2]

这是对边区、县、村三级财政制度特别是县、村财政制度的重大整顿

① 华北解放区财政经济史资料选编编辑组等编:《华北解放区财政经济史资料选编》第2辑,中国财政经济出版社1996年版,第1056—1058页。
② 华北解放区财政经济史资料选编编辑组等编:《华北解放区财政经济史资料选编》第2辑,中国财政经济出版社1996年版,第1244—1248页。

和改革。当时村财政比较混乱,村负担约占边区负担的30%—50%,情况严重。为了支援前线并渡过灾荒,整理财政成为迫切任务,不合理的负担必须停止。太行区党委提出,"灾荒严重地区,整理财政应成为生产渡荒的一个组成部分;灾荒较轻的地区,应成为大生产运动的一个组成部分"。而且特别强调,县村财政走上生产自给道路后,必须遵守三条:不能做投机买卖,不能剥削群众劳动力,不能运用特权。无论老区、新区、中心区、边沿区,都必须贯彻执行。① 经过严格清理、整顿,边、县、村三级财政特别是县、村二级财政大大改观,开始走上正轨。

东北解放区虽未派代表参加华北财经会议,但按中央精神,1946年9月,东北局就提出了整顿财政的步骤,开始统一财政。先由省统一,后实行东北解放区的财政统一。1947年1月召开的第二次财经会议,确定了"长期打算,发展生产,增进贸易,厉行节约,保障供给,支援战争"的基本方针,着手整理财政,首先实行以省为单位的财政统一与地方财政自治,进而实行整个财政统一与合理调剂。这期间,除南满与东满实行必要的调剂与补助外,已逐步实行大部统筹、小部自给,首先争取做到了公粮与贸易几项主要收入的统一,并在统一供给标准的原则下,实现了公粮与被服的统筹统支。依靠对外贸易,公粮购粮和一部分税收解决了全年的财政支出。发行在财政支出的数字上,已经降到次要的地位了。② 1947年11月15日,东北财经委员会制定公布了前方供给标准和后方供给标准。③ 为了适应关内外解放战争的发展变化,1948年年初,东北财政委员会将财政基本方针调整为"支援前线,支援关内,增进贸易,发展生产,厉行节约,保障供给"④。1948年7月,财政方针再被调整为"财政与生产

① 华北解放区财政经济史资料选编编辑组等编:《华北解放区财政经济史资料选编》第2辑,中国财政经济出版社1996年版,第1248—1249页。
② 东北解放区财政经济史资料选编编辑组等编:《东北解放区财政经济史资料选编》第4辑,黑龙江人民出版社1988年版,第104页。
③ 东北解放区财政经济史编写组等编:《东北解放区财政经济史资料选编》第4辑,黑龙江人民出版社1988年版,第68—77页。
④ 东北解放区财政经济史编写组等编:《东北解放区财政经济史资料选编》第4辑,黑龙江人民出版社1988年版,第117页。

相结合,以发展生产来增加财源,全力支援战争、支援关内"①。1948年8月财经会议后,为统一财政,规定南满三省,即辽南省、安东省、辽宁省的财政工作受辽东办事处领导。《财政工作条例(草案)》规定东北民主联军、东北行政委员会、东北局、松江省、合江省、牡丹江省、吉林省、辽北省、嫩江省、黑龙江省及哈尔滨市等系统直接与东北行政委员会财政委员会(以下简称"财委会")建立财务行政关系,上列各财政系统的一切有关财务行政业务,由财委会办公处执行。② 到1948年11月东北全境解放,东北解放区的财政基本实现了统一。东北财政统一后,1949年上半年在收支管理上出现两大困难,第一是收支不平衡,收入少,支出多;第二是预算无法固定,支出不断临时增加。对此,东北财政部将下半年的财政方针与任务调整为"开辟财源,增加收入,厉行节约"。一方面是开源,另一方面是节流,两者同时并举。③ 同年9月,全东北财政会议决定,在财政思想上明确从分散的消极供给财政转变到统一的生产建设财政,使财政政策、财政制度与国民经济的恢复与发展密切结合;积极开源,增加收入,节衣缩食,积累资本,促进工农业生产的发展,支援经济建设又监督经济建设中一切财政措施的执行,使地方财政与国家财政结为整体,局部服从全局,又发挥地方财政的积极性与创造精神。④

关内解放区,1948年4月延安收复后,陕甘宁边区地域范围扩大。财政方针亦发生变化,1949年实行财政统筹统支政策,"所有财政收支集中边区,促一切财力物力能集中支援战争"⑤。晋绥边区早在1946年底所决定的1947年的财政方针政策,在供给制度上,实行"统筹统支",降

① 东北解放区财政经济史编写组等编:《东北解放区财政经济史资料选编》第4辑,黑龙江人民出版社1988年版,第129页。
② 东北解放区财政经济史编写组等编:《东北解放区财政经济史资料选编》第4辑,黑龙江人民出版社1988年版,第146页。
③ 东北解放区财政经济史编写组等编:《东北解放区财政经济史资料选编》第4辑,黑龙江人民出版社1988年版,第266—267页。
④ 东北解放区财政经济史编写组等编:《东北解放区财政经济史资料选编》第4辑,黑龙江人民出版社1988年版,第284页。
⑤ 陕甘宁边区财政经济史编写组等合编:《解放战争时期陕甘宁边区财政经济史资料选辑》下册,三秦出版社1989年版,第626页。

低后方机关的生活水平,保证前方的最低需要,在这总的方针下,除作坊、煤窑以及机关部队之合作社留下继续生产外,其他一切家务、商店等全部收归大公,作为财政开支与农业贷款之用。① 1947 年 11 月 13 日,晋绥边区行署、军区司令部联合发布命令,统一财供领导、合并机构,规定生产与财政结合,收入与支出的掌握统一,精简机构,提高工作效能,克服财政困难,加强自卫战争的供应。② 进入 1949 年,华北、华中地区解放战争的进程空前加快,战争供给、财粮筹措和相关财政问题,特别是新解放大中城市的财政问题,也空前尖锐。在这种特殊情况下,既要解决日益浩瀚的战争供给,又要及时防止和果断治理财政混乱,最简单而有效的办法也是财权集中、统筹统支。1949 年 3 月 21 日发布的《中共中央关于新区筹粮的规定》中,对部队筹粮机构、筹粮方式都做了严格限制。③

一些新解放的大中城市的财政收支,亦由所在解放区人民政府统收统支。1949 年 3 月 26 日,华北人民政府发布命令,鉴于北平、天津两市接收工作已告一段落,各种税收正在整理,一切暂有端倪,两市之财政收支,及应纳入正规,以便财政部门掌握收入,核实开支,并使华北财政能作通盘筹划,进行统一调度。因此,自 4 月 1 日起,在平津两市尚未建立市地方财政以前,一切收入解缴华北,一切开支编造预算向华北领取。关于天津市之海关出入口税收入及长芦盐税收入,为便于划清税收系统,则应自解放后有收入之日起,全部解缴华北金库天津分库。其在此令到达之前,已被天津市军管会拨用者,即由天津海关及长芦盐务局取得军管会正式收据,向华北金库天津分库抵解。④

一些区域、城镇解放一段时间以后,地方和城市管理渐入轨道,为了

---

① 晋绥边区财政经济史编写组、山西档案馆编:《晋绥边区财政经济史资料选编·财政编》,山西人民出版社 1986 年版,第 577 页。

② 晋绥边区财政经济史编写组、山西省档案馆编:《晋绥边区财政经济史资料选编·财政编》,山西人民出版社 1986 年版,第 588 页。

③ 华北解放区财政经济史资料选编编辑组等编:《华北解放区财政经济史资料选编》第 2 辑,中国财政经济出版社 1996 年版,第 1533—1534 页。

④ 华北解放区财政经济史资料选编编辑组等编:《华北解放区财政经济史资料选编》第 2 辑,中国财政经济出版社 1996 年版,第 1536 页。

方便地方政府经费使用,减少会计手续,开始对统筹统支的集中型财经和税收制度进行新的调整。1949 年 7 月 30 日,华北人民政府发出的命令称,前已将各行署、省、市之各种未经确定征收任务之税收及杂项收入,全部划给各省、区、市作为机动款,用以解决收支之不足,因未详细列明税收科目,导致在执行时很不一致,影响会计手续。为便于执行,兹再根据现行财政体制明确规定如下:农业税、工商业所得税、摊贩牌照税、临时营业税、薪资所得税、财产租赁所得税、印花税、货物税、交易税、屠宰税、烟酒税、矿产税、海产税(或出入口税)、盐税、缴获物资、没收敌产收入、国营企业收入、华北公产收入、没收品变价等 20 种税收,均为华北区财政收入。未经划拨者,各省、区、市一律不得自行动用。农业税附加、工商业所得税附加、县村公产收入、违警罚金、证照收入、规费收入,皆为县地方财政收入,归县支拨调用,不必上解本府。此外,现在经收之契税、司法行政收入、遗产税、房地产收益税、码头使用费、筵席税、娱乐税、旅店捐、房捐、工料费、手续费等项收入,均归各行署、省、直辖市留用,不再上解。① 这样,边区和省、市、县各有其税收及费用来源。财政税收及行政费用,有统有分。不过这种统分仍是暂时的,因为税收本身未经调整确定。

在划分解放区边区与行署、省、市、县的税收、经费的前后,华北人民政府还颁发了《华北区暂行财政会计规程》,"总则"明确规定会计年度和记账本位:(1)依民国纪元之年次,自每年 1 月 1 日起至 12 月 31 日止为一个会计年度。并从年度开始每 6 个月为一期,依此办理月结、期结及年度总决算。(2)区财政及地方财政会计统以实物"小米"为记账本位,一切收支均须折米并与原款原粮或原实物同时入账,各种收支凭证亦须具备折米数及原款原粮或原实物数。折合标准:现款依华北区金库条例实施细则之规定,实物粮秣均按征收折合率入账,支出时款项按各级审计部门所评定之折合率,粮及实物按支出折合率入账。(3)区财政及地方财

---

① 华北解放区财政经济史资料选编编辑组等编:《华北解放区财政经济史资料选编》第 2 辑,中国财政经济出版社 1996 年版,第 1621 页。

政收支入账,款项以中国人民银行发行之人民券为本位,粮秣以米、麦、料、草、柴为本位粮,实物以具体品种(土布、棉花、鞋、毛巾等)为本位实物,他种货币、粮秣及实物品种均应折合为本位粮或本位实物与折米数同时记入账表单据数额及折米栏内。

《华北区暂行财政会计规程》还详细订明了会计机构与职责、会计科目、收支程序、电报制度、账表组织、结账及决算、会计交代及附则等。①

至此,到新中国成立前夕,解放区的财政制度包括会计制度在内,已基本拟定、规范。

二、解放区的财政收入

在整个解放战争时期,各解放区(边区)的政治、经济和军事形势,多有变化,地域范围在不断变动、扩大,各边区的财政收入和包括财政收入在内的全部收入,其构成、来源和数量也在变动、扩大。其来源包括三个部分:即取之于民(税收捐派),取之于敌(战争缴获),取之于己(机关部队生产)。在不同时段、不同区域,三个部分各自所占比重亦多有变化。不过总的来说,创造和获取财政收入的条件都是十分艰难的。

东北解放区,在惨遭日本侵略者长达 14 年的掠夺、蹂躏和摧毁后,早已民穷财尽。1946 年解放之初,在财政上,具体说在获取财政收入方面曾经度过了一段极其艰难的时段。1947 年 1 月,关于地区财政问题的一份"结论报告"中,在谈到东北解放区是如何渡过财政难关时称,"过去靠敌伪物资,以后靠银行发行,现在敌伪物资已经用完,货币发行已达饱和点(平均每人 300 元以上)。商业不流通,工业未恢复,人民生活仍是贫困,群众负担已够重,财政收入不能增加了。但战争的消耗,部队的扩大,1947 年的支出比 1946 年更要巨大,财政一定更为困难",民主政权举步

---

① 华北解放区财政经济史资料选编编辑组等编:《华北解放区财政经济史资料选编》第 2 辑,中国财政经济出版社 1996 年版,第 1621—1635 页。

维艰。好在当时对外贸易已经打通,给了民主政府翻身的"有利条件和可能的机会",能将所得物资作为起家本钱,收缩部分通货,投资经济,打下基础。基本方针是:"生产节约",具体政策是:清理家务,进行生产,建立家务,调整各种公产及收入;而禁忌是:决不能以增加税收、增加人民负担或采取通货政策来增加收入,解决财政上的困难。① 这就是在走投无路的情况下,从"取之于己"开始获取收入。

通过对外贸易,发展生产,恢复经济,东北解放区的财政状况逐渐有所好转,财政收入增加。1947 年度(1 月至 11 月底)岁入总额为13595710.2 万元,其中财政收入 8216324.4 万元,占总收入的 60.4%②,由银行发行者为 5379385.7 万元,占总收入的 39.6%。

财政收入主要由以下五个部分构成:(1)公粮折款 2519731.7 万元,占总收入的 18.5%;(2)贸易收入为 4695616.4 万元,占总收入的 34.5%;(3)税款收入为 277699.8 万元,占总收入的 2%;(4)各省解款 475437.3万元,占总收入的 3.5%;(5)杂项收入为 247839.3 万元,占总收入的 1.9%。③

1948 年财政岁入计划为 386429279 万元,其中属于财政收入性质者372012308.7 万元,占 96.3%。其余为银行拨款、大连往来及暂存等项。④1948 年实际财政收入 58424 亿元折成粮食 362 万吨。其中:公粮 134 万吨,占 37.04%;对外贸易及纺织利润 128 万吨,占 35.47%;税收 62 万吨,占 17.15%。⑤

---

① 东北解放区财政经济史编写组等编:《东北解放区财政经济史资料选编》第 4 辑,黑龙江人民出版社 1988 年版,第 31 页。

② 财政收入数据疑误,1948 年财政工作报告将其改正为:12556324.4 万元,占总收入的70.01%。见东北解放区财政经济史编写组等编:《东北解放区财政经济史资料选编》第 4 辑,黑龙江人民出版社 1988 年版,第 128 页。

③ 东北解放区财政经济史编写组等编:《东北解放区财政经济史资料选编》第 4 辑,黑龙江人民出版社 1988 年版,第 105—106 页。

④ 东北行政委员会财政部:《东北解放区财政工作报告(1947 年 1 月—1948 年 11 月)》(1948 年 7 月 30 日),见东北解放区财政经济史编写组等编:《东北解放区财政经济史资料选编》第 4 辑,黑龙江人民出版社 1988 年版,第 128 页。

⑤ 朱建华主编:《东北解放区财政经济史稿》,黑龙江人民出版社 1987 年版,第 440 页。

1948 年 11 月,东北全境解放,1949 年实行东北财政统一,并推行建设财政,"集中财力、物力于恢复工业、投资生产";"对收入尚须设法开源,对支出则不能有求必应"。① 1949 年全年财政收入折成粮食 1055 万吨,比上年增长 1.91 倍。其中:公粮 246 万吨,占财政收入总额的 23.32%;企业利润 323 万吨,占 30.61%;税收 227 万吨,占 21.52%,各项均有明显增长:公粮增长 85.07%;企业利润增长 1.5 倍;税收收入增长 2.7 倍。②

关内地区,不同边区、地区,不同时段,财政收入状况,各有差异。

陕甘宁边区,1945 年"八一五"日本投降至 1947 年 3 月国民党军队攻陷延安前的 1 年半时间中,经历了相对和平和战争两个时段。1945 年 8 月至 1946 年 9 月为相对和平与备战时段。这一时段的财政特点是脱离生产人数减少、开支扩大,而财政收入减少。盐税由 1945 年占总收入的 11%减至 6%,减少 5 个百分点;公盐代金取消,1945 年公盐代金收入占总收入的 5%,1946 年已无收入。两项合计减少了 10%。所幸 1946 年肥皂畅销,全年贸易税共收入 378880 万元,连同税收共计券洋 518786 万元。其中贸易税 73%;税收 22%;盐税 4%;其他及邮政 1%。结果,1946 年财政收支相抵,尚结余券洋 49310 万元。③

1946 年 10 月至 1947 年 12 月处于备战与战争状态,1947 年 3 月 19 日国民党军攻陷延安,边区范围缩小,财政收入下降,而脱离生产人数倍增,财政空前困难。边区为支援战争,积极谋划增加收入,1947 年 3 月即向商人预借上半年营业税 20500 万元,全年实收 90720 万元。四五月间又指示各地加强临时营业税征收,约收入 4000 万元。12 月又布置下半年营业税细粮 1000 石,折本币约计 36100 万元(实际收不到这么多)。以上各项收入连同货物税、盐税约计 116800 万元,加上贸易税 300000 万元

① 东北解放区财政经济史编写组等编:《东北解放区财政经济史资料选编》第 4 辑,黑龙江人民出版社 1988 年版,第 286 页。
② 朱建华主编:《东北解放区财政经济史稿》,黑龙江人民出版社 1987 年版,第 439—440 页。
③ 陕甘宁边区财政经济史编写组等合编:《解放战争时期陕甘宁边区财政经济史资料选辑》下册,三秦出版社 1989 年版,第 376—377 页。

及其他收入,截至12月底,共计券洋436000万元(比上年大幅减少)。其中贸易税占68.8%;税收24.31%;盐税2.49%;其他收入3.91%;各机关财产收入0.47%;邮票0.02%。[①] 1947年财政收入分类情况,详见表20-24。

表20-24　陕甘宁边区财政收入分类统计(1947年)

项别		金额(万元)	占总额百分比(%)
收入	税收	105997	2.22
	贸易税	300000	6.29
	盐税	10840	0.23
	其他	19206	0.40
	小计	436043	9.15
亏空		4330835	90.85
总计		4766878	100
折米(石)		174610	—

注:原表百分比数据多有讹误,业经重算核正。
资料来源:据陕甘宁边区财政经济史编写组等合编:《解放战争时期陕甘宁边区财政经济史资料选辑》下册,三秦出版社1989年版,第599页改制。

表20-24中所列只有贸易税和货物税(含盐税),未计农业税(公粮)。全部税收和其他收入合计,尚不及全区财政支出的1/10,超过90%依靠中央补助。

1948年4月延安收复后,陕甘宁边区地域范围扩大,边区进入了新的发展阶段,1948年提出"开辟财源,增加财政收入"的方针。边区大部分老区收复后,又将晋绥地区划归西北,西北人口近700万人,耕地5000余万亩,7月经西北局通过施行"开辟财源,以财政解决财政问题"的财政方针。据此计划了陕晋两地1948年下半年与1949年上半年的财政收支概算。财政收入概算,详见表20-25。

---

① 陕甘宁边区财政经济史编写组等合编:《解放战争时期陕甘宁边区财政经济史资料选辑》下册,三秦出版社1989年版,第377—378页。

表 20-25　陕晋两地财政收入概算(**1948 年下半年与 1949 年上半年**)

项别	折合细粮(大石)		项别	折合细粮(大石)	
	石数	占总数(%*)		石数	占总数(%*)
公粮	1100000	62.86	税收	130000	7.43
酒专卖	30000	1.71	机关生产	10000	0.57
公营企业	10000	0.57	华北援助	200000	11.43
烟罚	200000	11.43	土地登记费	70000	2.29
总计	1750000	100			

注:*百分比为引者所加。

资料来源:据陕甘宁边区财政经济史编写组等合编:《解放战争时期陕甘宁边区财政经济史资料选辑》下册,三秦出版社 1989 年版,第 517 页综合编制。

　　这是延安收复后,在老区继续收复、新区扩大的新形势下,即时拟具的陕晋两地(随即明确为陕甘宁晋绥边区)财政收入概算,十分粗略。主要收入是公粮、烟罚、税收和华北援助 4 大项,合计占全部收入的 93.15%,其中公粮一项即占总收入的 62.86%。农民成为边区财政最主要的负担者。有了公粮一项,外援的比重即相应降低,华北援助只占 11.43%。

　　表 20-25 中项收入计划,执行和完成情况,从河西部分(陕甘宁边区)的情况看,并不理想,其中完成计划者,计有粮食、税收两项,部分完成者,计有药品推销(即"烟罚")、机关生产两项,大部落空及全部落空者,计有酒专卖、土地登记费、公营企业 3 项。因此"财政困难更为增加了"。① 1948 年河西地区(陕甘宁边区)财政收入和困难状况,详见表 20-26。

表 20-26　陕甘宁晋绥边区河西地区财政收入
(**1948 年 1—12 月**)

项目		金额*(万元)	占总收入(%)
收入部分	税收	5894500	7.25
	家务交公	4056500	4.99

---

　　① 陕甘宁边区财政经济史编写组等合编:《解放战争时期陕甘宁边区财政经济史资料选辑》下册,三秦出版社 1989 年版,第 519 页。

续表

项目		金额*（万元）	占总收入（%）
收入部分	生产自给	550730	0.68
	邮务收入	5600	0.01
	没收款	638830	0.79
	其他	89960	0.11
	粮变款	1290000	1.59
	小计	12526120	15.41
垫借部分	贸易垫支	24609800	30.28
	银行垫支	44150000	54.31
	小计	68759800	84.59
总计		81285920	100

注：* 原表单位为"元"，现改为"万元"。原资料百分比数据不甚准确，业经重算核正。

资料来源：据陕甘宁边区财政经济史编写组等合编：《解放战争时期陕甘宁边区财政经济史资料选辑》下册，三秦出版社 1989 年版，第 527 页改制。

如表 20-26 所示，作为边区财政收入的最大项的税收，只占总收入的 7.25%，另"家务交公"占 4.99%，总计占 12.24%。值得注意的是，原本是边区财政收入最大项的公粮（粮变款）仅占 1.59%，微不足道。全部实物和现金收入只占边区总收入的 15.41%，贸易垫支和银行垫支占 84.59%。

进入 1949 年，陕甘宁晋绥边区解放战争大踏步前进。5 月大军西进，西北 5 省解放，解放区由农村转入城市。全边区人口由 709 万人增至 2500 余万人，耕地面积由 5500 余万亩增至 13000 余万亩。不过西北地方贫瘠，又基本上是农村，随着解放区地域的空前扩大与脱离生产人员数量的大幅增加，财政任务也空前艰巨。全年财政收入远赶不上财政支出，整个西北财政收入粮食在外，约占财政支出的 10%，全靠中央补助解决。①表 20-27 是陕甘宁边区政府 1949 年度财政收支总决算表中的收入部分。

---

① 陕甘宁边区财政经济史编写组等合编：《解放战争时期陕甘宁边区财政经济史资料选辑》下册，三秦出版社 1989 年版，第 624—625 页。

表 20-27　陕甘宁边区政府财政收入(1949 年)

项别	金额 (万元*)	百分比 (%)	项别	金额 (万元*)	百分比 (%)
1948 年结余	2063	—	行政收入	4768	0.01
税收收入	3064969	6.61	司法收入	1138	—
盐税收入	2065854	4.45	没收收入	45629	0.10
土产收入	1059689	2.28	其他收入	2476718	5.34
生产收入	15447	0.03	补助收入	35272000	76.01
粮变收入	1774823	3.83	各项收入 小计	46402098	100
公营收入	610946	1.32	总计	46404161	—
公产收入	10117	0.02			

注:*原资料单位为"元",现改为"万元",万以下四舍五入,尾数与原资料略有误差。原资料小计、总
　　计和部分百分比数据不甚准确,业经重算订正。

资料来源:据陕甘宁边区财政经济史编写组等合编:《解放战争时期陕甘宁边区财政经济史资料选
　　辑》下册,三秦出版社 1989 年版,第 623 页改制。

　　如表 20-27 所示,各种税收收入所占比重很小,作为主要税项的公
粮变价(折价)也只占 3.83%,微不足道。高达 76.01% 的收入是中央补
助。这是在西北新区尚未开始税赋征课的原因。

　　陕甘宁边区的财政困难,除了财源匮乏,绝大部分依赖中央直接补助
和发行钞票,还因发行导致钞票贬值,物价上涨。所有财政收入,包括税
收、公粮折价、中央补助等,因物价上涨受到损失。如西安市第三季营业
所得税 4 亿元,原可得小麦 4 万石,征收入库时,物价波动虽提至 6 亿元,
但折麦不到 1 万石。中央补助,全年按米价指数计,损失亦很大。在空前
的大发展形势下,受财政供给人员时有增加,各种事业也时有发展,财政
预算经常变更、经常追加,收支难以计划与掌握。

　　不过,所有这些都是胜利中的困难。军事胜利,广大地区解放,负担
财政人口数量增加,并由完全的乡村经济转到有城市的经济条件,加上其
他解放区的大力支持和无私援助,提供了克服困难的经济基础,直接保证
了战争供给。1949 年 5 月,华北 20 余万大军挥戈西进,路过晋南地区,该

地在 5 月中至 6 月底一个半月中,总共筹集粮食 18.2 万余石、草 4090 余万斤、油肉菜 80 余万斤、柴炭 860 余万斤,共动员民工 161900 余人、畜力 162400 余头、服畜工 582400 余人(包括大车 45333 辆,每辆至少 3 套)。40 余万大军集结关中地区,该地 3 个多月中,共筹集粮食 130 余万石,缝制军鞋百余万双,动员民工 57 万个、大车驮畜折工 29 万个。同时实行统筹统支的财政政策,所有财政收支集中边区,一切财力物力集中支援战争,并兼以预借粮政策、合理负担政策及各项税收政策,制定预借粮办法,预借以地主、富农和中农为对象,按其收入作标准,地主借 40%—50%,富农借 25%—35%,佃农借 20%,中农借 10%—15%,贫农一般不借,需要时少借一点,负担面一般达户口 50% 左右。解放军进入新区后,普遍实行预借粮政策,部分保证了供给和财政收入。[①]

晋察冀、晋冀鲁豫等边区政府,对财政收入及项目,一般订有十分粗略的预算。表 20-28 就是晋察冀边区 1945 年 10 月至 1946 年 9 月的财政收入预算决定。

表 20-28　晋察冀边区财政收入预算(1945 年 10 月—1946 年 9 月)

税别＼项目	地区	数额(万大石)	百分比(%)
农业统一累进税	冀晋	45	8.1
	冀中	125	22.5
	冀东	65	11.7
	热河	61	11.0
	察哈尔	47	8.5
	小计	343	61.8
出入口税	全边区	50	9.0
冀东盐税	冀东	15	2.7
地方税[*]	全边区	97	17.5
其他	全边区	50	9.0

① 陕甘宁边区财政经济史编写组等合编:《解放战争时期陕甘宁边区财政经济史资料选辑》下册,三秦出版社 1989 年版,第 625—626 页。

续表

项目 税别	地区	数额(万大石)	百分比(%)
总计	全边区	555	100

注：* 包括工商业税、烟酒税、牲畜税等。

资料来源：据见华北解放区财政经济史资料选编编辑组等编：《华北解放区财政经济史资料选编》第2辑,中国财政经济出版社 1996 年版,第 977—978 页综合整理编制。

从表 20-28 中可见,按边区的预算决定,1946 年度晋察冀边区的财政收入一共有 5 个大项,将其全部折成粮食,共计 555 万大石。其中占比重最大的是农业统一累进税(以下简称"统累税"),计 343 万大石,占总收入的 61.8%;其次是各项地方税,计 97 万大石,占总收入的 17.5%。

晋察冀边区政府十分重视财政预算和财政原则,决定秋后即按照各地需要,拨付各地全年所需粮食,各地自行调剂支配。各地收入超过预算的,归边区政府支配。这样做既避免苦乐不均,也是为了从根源上防止腐败,和随意苛索,加重人民负担。预算决定还特别强调,"下年度必须坚持财政,解决财政原则,核发货币于财政,必须坚持基本上平衡物价原则,不增加人民间接负担,而利农工商业之发展"[1]。

晋察冀边区的上述财政预算,未见决算资料。但其中冀中区有预决算,现将其结果列为表 20-29。

表 20-29　冀中区财政收入预决算(1946 年)

税别	预算数 (石)	决算数		备注
		实数(石)	占总收入 百分比(%)	
农业统一 累进税	1220700	1251542.74	86.55	——
烟酒税	16000	22259.20	1.54	烧锅投资 3 万石,除返工外,尚亏 7741 石
出入口税	18000	65774.50	4.55	——

---

① 华北解放区财政经济史资料选编编辑组等编：《华北解放区财政经济史资料选编》第2辑,中国财政经济出版社 1996 年版,第 978 页。

续表

税别	预算数（石）	决算数		备注
		实数（石）	占总收入百分比（%）	
商业税	—	6472.76	0.45	—
特种收入	—	618.00	0.04	包括没收缴获
其他收入	—	11705.77	0.81	包括司法行政罚没及杂收
上年结存	75988	87613.17	6.10	—
总计	1330688	1445986.14	100	—

说明：原资料预算、决算总计数有错，业经细数重算核正，百分比（%）亦重算。

资料来源：华北解放区财政经济史资料选编编辑组等编：《华北解放区财政经济史资料选编》第 2 辑，中国财政经济出版社 1996 年版，第 1036 页统计表。

收入决算中包括全区 4 个专区的收入，其收入数超过预算数 115298.74 石，其中全年农业统一累进税完成占分配数 92.53%（预算时是按 90% 计算的），其他收入、商业税、特种收入都未列预算。从税入比重看，直接税（农业统一累进税）占总收入的 86.8%，加上上年结余所占比重 5.9%，总计为 92.7%；而间接税收入则只占总收入的 7.3%。

晋察冀边区政府为了践行"下年度必须坚持财政，解决财政原则"的执政承诺，1947 年年初制订了 1947 年度全区财政计划。其中财政收入部分，见表 20-30。

表 20-30　晋察冀边区财政收入预算（1947 年）

地区＼项目	农业统一累进税（万石＊）	其他收入＊＊（万石＊）	上年结余（万石＊）	总计（万石＊）
冀中区	170	35.2	4	209.2
冀晋区	66	12.15	—	78.15
察哈尔	31	1.3	—	32.3
总计	267	48.65	4	315.65

注：＊ 原资料单位为"石"，现改为"万石"。1 石＝320 市斤。

　　＊＊ 其他收入包括工商业税、罚款没收、公营事业收入、生产任务等。

资料来源：据华北解放区财政经济史资料选编编辑组等编：《华北解放区财政经济史资料选编》第 2 辑，中国财政经济出版社 1996 年版，第 1008 页改制。

由于 1946 年 10 月撤出张家口、平绥线被敌侵占,晋察冀边区地域范围缩小,财政收入大幅度下降,由 1946 年度预算的 555 万石降至 315.65 万石,下降了 42.4%。

与上年度财政预算不同,1947 年度财政计划较为全面、详细,各个地区的施政和开支都受到财政计划的严格规管与限制:全边区脱离生产的人数(亦即由财政供给人数)由边区中央局召开财经会议确定,全边区脱离生产的人数为 255000 人,其中军队人数 209500 人,占 82.14%;地方人数,包括党政民、学校为 45500 人,占 17.86%。各地区不论任何部门,不经边区批准,不得增加脱离生产的人数。而且边区级各部门人数还要缩减;冀晋区与察哈尔合并之后,人数尚可缩减。

中央局财经会议还统一规定了全边区上述脱离生产人员的供给标准。财经会议根据照顾人民负担与战争需要,贯彻节约精神,参照各地区物价,同时兼顾地方照顾部队、后方照顾前方、暖区照顾寒区的原则,全区供给标准基本上统一,以求得全区脱离生产人员生活待遇的基本一致。①

晋冀鲁豫边区从 1945 年日本投降前夕至 1946 年,财政状况极为艰难,1945 年大反攻年,因事先准备不够,军人数量、粮食装备需求猛增,财政打下了"窟窿"。对国民党的自卫战争,又是在紧接八年抗日战争持久而巨大消耗的基础上进行的,没有任何休息、调整的间隙。如果照抗日战争的办法继续打下去,党政民均负担不起,而减粮降低生活水平,军队又会很快会被拖垮。银行抓住公粮发行钞票,若马上兑现,算账还债,将会立刻被扫地出门。因此,当时克服困难、渡过难关的基本一环,是清理财政,减轻村负担、社会负担,提高人民对边区的负担能力。故合适的办法是节约民力、发扬民主、适当征收、合理分配、以发展生产、保障供给。如果不整理财政,在现在负担的基础上,每人再加征 2.24 斗小米,将会大大影响群众生活和生产。当时问题的症结是,财政已困难至极。因财政困

① 华北解放区财政经济史资料选编编辑组等编:《华北解放区财政经济史资料选编》第 2 辑,中国财政经济出版社 1996 年版,第 1007—1008 页。

难(用发行解决赤字)影响经济(物价上涨),而经济反过来影响到财政预算不足。这一问题的解决,是当时"全党的任务"。①

关于晋冀鲁豫边区的财政收入,1946 年度有一个简单的财政概算。收入分钱款、粮食两个部分:钱款包括(1)税款(农业、营业、出入境、烟酒、契税等)611564 万元(其中,间接税为 16 亿元);(2)透支 180500 万元。粮食共收 4645374 石(160 斤/石):边区粮 2072903 石;地方粮 2572471 石。② 钱款收入中的透支 18 亿元,即是财政亏空。

1947 年的财政形势仍然严峻甚至更加严峻。表 20-31 是晋冀鲁豫边区 1947 年度财政收入概算。

表 20-31　晋冀鲁豫边区财政收入概算(1947 年)

税别 \ 项目	地区	数额（万斤小米*）	百分比
各项征收	冀鲁豫区	50688	占各区征收数 45.65%
	冀南区	26480	占各区征收数 23.85%
	太行区	23040	占各区征收数 20.75%
	太岳区	10828.8	占各区征收数 9.75%
	小计	111036.8	占总收入 63.74%
税收	冀鲁豫区	9476	占总税收 45.53%
	冀南区	4648.47	占总税收 22.33%
	太行区	4520.6	占总税收 21.72%
	太岳区	2168.6	占总税收 10.42%
	小计	20813.67	占总收入 11.95%
公营事业收益	边区	19113.0927	占总收入 10.97%
银行透支	边区	23251.7373	占总收入 13.35%
总计		174215.3	占总收入 100%

注:* 原单位为"斤小米",现改为"万斤小米"。
资料来源:据见华北解放区财政经济史资料选编编辑组等编:《华北解放区财政经济史资料选编》第 2 辑,中国财政经济出版社 1996 年版,第 1172 页改制。

① 华北解放区财政经济史资料选编编辑组等编:《华北解放区财政经济史资料选编》第 2 辑,中国财政经济出版社 1996 年版,第 1169—1172 页。
② 华北解放区财政经济史资料选编编辑组等编:《华北解放区财政经济史资料选编》第 2 辑,中国财政经济出版社 1996 年版,第 1093 页。

　　表 20-31 中各项征收包括统一累进税(或公平负担)、工商营业税、行政司法收入、契税、公产等;税收包括烟酒税、货物税。各县具体数额,均由各区自行编造决定,由边区汇总。而一些数额如农业统一累进税的决定,是以人民最高限度的负担能力(以每人平均负担小米 4 斗 1 升至 4 斗 2 升)为标准。即使如此,预算收入仍然不够支出,只能部分通过银行透支(银行透支占总收入的 13.35%)来弥补。

　　财政预算制定一年后的执行情况是,实际收入减少,而支出增加,只能设法追加收入。1948 年 4 月前的一年中,预算全边区支出 178800 万斤,收入连间接税共 136000 万斤(平均每人负担 4 斗至 4 斗 2 升),收支相抵不敷 42800 万斤。由于形势变化,脱离生产人数增多,黄河归故复堤,1947 年 7 月被迫追加军费,支出增至 227134.4 万斤,收入亦增为 175834.8 万斤,收支不敷亦扩大到 51599.6 万斤。除间接税外,每人平均负担小米 5 斗 6 升,如加地方村粮款,每人平均负担在 8 斗 4 升左右,占其总收入的 21.7%。大力开展生产运动,积极培养财源,刻不容缓。

　　1948 年度财政收支预算,除努力开源外,并依据华北财办规定供给标准,再三核减开支确定总收入(间接税在内)为 216472 万斤,总支出为 265525.8 万斤,赤字为 49053.8 万斤。1948 年年初,收入方面,土产收入减少 1 亿斤。收入由于实行统一,机构变化,烟酒生产缩小,估计最好情况也只能完成一半(1 亿斤)。而支出大幅增加。如此总支出增为 278377.8 万斤,收入却减为 196472 万斤,收支不敷须透支 81905.8 万斤,占收入的 41.68%。因此至 1948 年 2 月底,物价平均上涨 124.11%。[①]

　　华中解放区(苏皖边区)的财政状况和财政收支,1947 年 8 月解放战争和边区转入战略进攻前,条件异常艰苦。1946 年 6 月国民党发动反革命内战,因苏皖边区毗邻南京、上海,威慑国民党的统治中心,是国民党军进攻的主要目标之一。面对敌人优势兵力的进攻,为保存革命力量,华中

---

　　① 华北解放区财政经济史资料选编编辑组等编:《华北解放区财政经济史资料选编》第 2 辑,中国财政经济出版社 1996 年版,第 1313—1314 页。

解放军主动退出淮阴、淮安等城镇,以农村地区为基础开展游击战争,因受条件限制,地区分割,财政状况极不稳定,更难以实行全边区统一的财政制度和财政收支。1947年8月盐城战役后,华中解放区转入战略进攻阶段。财政条件开始改变。1947年11月10日,华东局正式撤销中共华中分局和苏皖边区政府,成立华中工委、华中行政办事处和华中指挥部,统一领导苏皖敌后斗争。1948年8月底,整个苏北除沿江地区、大运河淮阴至扬州段仍为敌人控制外,其余全部获得解放,苏北与江淮解放区连成一片。随后苏皖边区增强财力,扩大财政收入,支援解放战争,为淮海战役、渡江战役作出贡献。

　　1947年8月,华中解放区转入局部进攻后,开始清理财政,通过内部整顿,开辟财源,增加收入,减缩开支。1948年2月,华东局高干会议通过精简、节约、清理资财三大方案的具体办法,以充实财政、减轻人民负担、保证战争供应:(1)精简编制,把军队后方及地方党政民机关内的精壮人员及马匹精简出来,让不必要的人力和畜力,回到原来的生产岗位,加强社会生产,增加收入;(2)节省可以不用或少用的财力物力,用到战争方面;(3)清理各部门各单位的资财,化私为公,化小公为大公,集中统一调度,以充实财政,支持长期战争。[1]

　　在准备和开始大反攻的过程中,华中解放区范围不大,既是后方,又是前线。不但要同敌人进行残酷的军事斗争,还要同敌人进行艰难的物资争夺战和经济保卫战。敌人一方面加强海面封锁,加大苏皖边区物资采购难度,另一方面强化对边区经济的掠夺、破坏。国民党军在边区大肆攫夺,达到军队就地补给之效,同时滥施烧杀,摧毁边区经济。由于对敌斗争紧张,经济萎缩,生产力下降,农民收获量减少,负担相应加重,1947年一般公粮负担达20%。农民的负担很难再增加,亦即边区的财政收入很难再增加,甚至难以维持现状,因为边区财政已经出现巨大赤字。1948年1—6月的财政收支预算表[2],虽然没有具体数据,但可看出收支相抵,

---

　　①　江苏省财政厅、江苏省档案馆、财政经济史编写组编:《华中解放区财政经济史料选编》第4卷,南京大学出版社1988年版,第1页。

　　②　原资料收支项目详尽,但明细数据全部用"×"代替,难以利用。

有达5位数的杂粮赤字,文件警告,"财政上存在着这样巨大的赤字,对解决今天的需要,已感很大困难,对进一步发展反攻力量,困难更大"。在这种情况下,边区政府总结教训,认为主要原因是"由于全党当家思想未确立,缺少积极的发展的全盘打算,全党既未全力开源也未全力节约,因此在力量迅速发展的今天,发生财政上的重大困难,成为发展的阻碍"。于是改弦易张,由"充裕财政"改为"培养民力",首先是确立"发展生产,培养民力,增加群众收入,支持长期战争"的基本方针。反对只顾增加群众负担,不注意发展生产、培养民力,否则使群众无法再生产,也就无法支持长期战争。①

在华中解放区,这种入减出增、财政匮乏和解放战争形势发展需要的矛盾状况不只存在于九分区(今苏中江北如东、南通、海门、启东一带),其他地区亦然,甚至更严重。1948年3月23日,华中第一分区(苏中江北海安、如皋一带)党政军下发"联合命令",提出确保收入、厉行节约、整顿资财、生产救荒、整理组织、整理后勤"六大方案"。"联合命令"说,由于国民党军烧杀抢掠,破坏生产,捕捉壮丁,封锁经济,又连年荒歉,以及分区领导上对后勤动员与土地改革分地未能适当照顾生产,对灾荒严重性认识不足,以致灾荒加重。而战略反攻要求不断壮大武装力量,导致战争消耗增加。结果一方面是财政需要继续扩大;另一方面人民负担能力逐渐缩小,加上分区收入机构不健全,税源控制不严密,入不敷出的财政困难日益严重。这种情况的发展,直接威胁边区各项事业的开展,"若不决谋解决,其对战争与人民将会造成严重的恶果"。为此特作"六大方案",务必"做到全党当家,按级负责,坚决执行,以渡过难关,迎接胜利"。

具体到财政收支,全分区8个月(1947年11月—1948年6月)的财政收支核算,据已有材料统计,在粮食方面,如按各县的布置任务全部完成,保管支付控制严密,不再受损失,尚可求得收支平衡;在现金方面,收

---

① 江苏省财政厅、江苏省档案馆、财政经济史编写组编:《华中解放区财政经济史料选编》第4卷,南京大学出版社1988年版,第374—376页。

入总额最高只占支出总额的61%,最低仅占54%,亦即赤字最低为39%,最高为46%。这一严重后果,除了客观原因(如国民经济的下降、税源变化与战争环境等)外,也与领导上经常提供"全面材料"引起警惕不足,与不少部门和人员无全面观念、无长期打算有关。为了弥补这一巨大赤字,必须确保收入。

确保收入的具体措施,关于税收的:(1)各县区武装,特别是县区级武装,应把挺进边区、掩护征税列为军事任务之一,战斗不频繁而税源最旺的地区,其区级武装应列为主要的军事任务。检查其军事任务是否完成,以税收布置的任务是否完成为标准。(2)各县团应按军事会议决议之经济任务求得在1948年4月底以前完成此项任务,作为财委会对司令部的现金支出。(3)要坚决抽调可靠的基层干部与配备必要的武器,加强税收机构,并加强其领导挺进边区,严密点线控制,积极活动,避免早出晚归的活动规律。(4)要贯彻群众性的护税活动,做到货不漏税、税不重征,应把群众护税与群众运动结合起来,与税收机构点线控制联系起来,成为完整的税收网,求得对分区财政会议所决定的税收任务百分之百地完成。(5)正确执行工商业政策与货管贸易政策,培养与争取税源,是完成税收任务的可靠根据,各级领导应随时注意业务教育与政策教育。(6)党政军民无论其为采购或经营之物品,毫不例外地要按章纳税,不得有任何借口。(7)为保证任务的完成,责成各县县长随时把税收情况报告专员公署研究并执行奖惩。

关于粮食的:(1)本应完成的秋征任务,如现时军事情况有特殊变化,影响秋收,应认真从财政需要与群众负担力两方面出发,掌握阶级路线与群众路线的征收方法力求完成,任何单纯的"仁政"观念以及非科学的研究态度,都是会影响任务的完成、会犯错误的。(2)凡秋征未完成的地区,在1948年4月10日前,应全部完毕。边区秋征粮可按当地市价减低一成征收代金,代金以黄金为主,无黄金者,外汇亦可,但应随时报解,以免调度损失。(3)积极检查粮食保管户(有条件的可进行全面检查),做到无空头保管,不能保粮的地区立即转移。确保现粮,并教育群众,掩藏运输工具,以防国民党军抢粮。(4)坚决做到保支分开、凭证提粮制度,无机关正式提粮介绍信不得提粮。① 这些确保财政收入的措施、办法,真实地反映了苏皖边区财税征收和征收后保管、支取的艰难程度。

华中解放区第二分区(苏中江北宝应、兴化、高邮、江都一带),随着战争形势发展,部队和战勤民工数量大增,粮食赤字更大,军粮征收和保管任务,更为繁重、艰巨。1948 年 3 月,华中二地委关于紧急完成华中军粮任务的决定称,根据 1948 年 1 月华中军粮调度会议及最近华中数次电示:由于华中形势迅速发展,战争规模日大,战斗频繁,华中部队吃粮人数及战勤民工吃粮大大增加,使全华中原定军粮调度计划发生严重的困难,粮食赤字从 1948 年 1 月到当年夏收止,增至 20 万担以上,现金赤字亦增至 157 亿元边币。为渡过此次财政难关,华中除已决定整编、节约等四大方案外决定二分区于 4 月底前必须完成 5 万担稻子的借粮任务,以及以前规定的 5.5 亿元赤字现金任务,一律折交现粮 5.5 万担,即再须交华中军粮 105000 担(稻)(以前之 136000 担除外),并要求全党动员保证完成任务,以迎接反攻胜利。

华中二地委关于紧急完成华中军粮任务的决定又详细说明了二分区的粮食亏空情况,截至 1948 年 2 月底,实存现粮 149000 担(均折成稻子,大、小、元麦包括在内),预算二分区党政军自 3 月至 6 月,需支出吃粮 92200 担稻子,结存稻 56800 担,尚缺 48200 担,另须扣除交华中洋布任务折稻 13000 担,加上前次任务尚缺华中 2000 担,分区必须再有 4000 担准备粮,以防万一,共计需继续解决 41200 担稻子的收入。②

华中二地委强调,为完成以上任务,一般应以扩大新地区及过去已征而未征全的地区进行补征整理为主,向群众借粮为次。不论补征整理或借粮,不能单从任务大小来看,必须正确认识这次任务是极艰巨而又紧急重要的。本分区去年普遍收成荒歉,人民财力后勤负担很重(尤其是兴化),土地改革工作大部地区未能正确贯彻,产生浪费斗争果实,大批人

---

① 江苏省财政厅、江苏档案馆、财政经济史编写组编:《华中解放区财政经济史料选编》第 4 卷,南京大学出版社 1988 年版,第 423—425 页。
② 分派任务为:宝应 13000 担;兴化 5000 担;溱潼 5000 担;高邮 4000 担;江都 15000 担,共计 42000 担(必须全部交现粮)。

出走等现象,影响生产情绪不高。目前正值青黄不接,春荒已日趋严重,新恢复区群众受蒋灾亦极严重,部分地区已发现断口粮的情形。因此为保证部队供给,迎接反攻胜利,全党必须重视,坚决完成此任务,首先必须从党内到党外,干部到群众,进行深入的动员,耐心说服教育,在干部思想上必须克服认为这是财经部门的事,采取不关心态度,以及怕困难怕麻烦,在群众思想上要很好弄通,为了迎接反攻,迎接胜利,为了使自己永远翻身幸福,也应该克服一切困难,把所能省吃俭用下来的拿来交公粮。总之要从打通思想做起,要解决反对强迫命令、简单化、单纯任务出发。在某些力量比较薄弱的地区,全党应抽出一定力量与时间,来突击进行,不能单独让财经部门去做。在敌顽经常干扰扫荡的地区,武装要很好配合,领导上必须掌握情况争取空隙,事先做好一切准备工作,以便随时能突击进行,定期完成。[①]

在敌我短兵相接、斗争残酷复杂的情况下,财政收入就不是通常意义上的财政税收问题,也不是手执账本、算盘的财务干部所能单独完成的。

1948 年进入夏季后,人民解放军反攻节节胜利,解放区加速扩大,4月收复延安;5 月华东人民解放军胶济线春季攻势结束,克城 17 座,津浦路以东地区除青岛、烟台、临沂等敌据点外,全部解放;华北解放区加速度扩大,晋冀鲁豫与晋察冀两解放区合并为华北解放区;中原、华东人民解放军粉碎敌中原防御体系,6 月解放河南省会开封;7 月解放鄂西重镇襄阳,并结束晋中战役,解放山西大部地区;8 月成立华北人民政府;9 月解放山东济南。华中解放区在支援反攻、迎接反攻胜利的艰苦斗争中,不仅大环境发生根本性变化,本身也在巩固、扩大。到 1948 年 8 月底,苏北除沿江地区、大运河淮阴至扬州段仍为敌人控制外,其余全部解放,苏北与江淮解放区连成一片,财政收入也有所增加。

1948 年 9 月华中财委会的财政情况通报,大致反映了夏征、秋征的基本情况。夏征情况见表 20-32。

---

① 　江苏省财政厅、江苏省档案馆、财政经济史编写组编:《华中解放区财政经济史料选编》第 4 卷,南京大学出版社 1988 年版,第 457—459 页。

表 20-32　苏皖边区夏粮征购情况统计(1948 年)

项目 区别	原定任务(万担)		完成任务(万担)		超过任务(万担)	
	旧担	折合市担	旧担	折合市担	旧担	折合市担
一分区	61.12	71.7	61.12	71.7	—	—
二分区	13.64	16	14.49	17	0.85	0.99
五分区	31	36.36	38.32	44.98	7.32	8.59
六分区	30	35.19	38.15	44.75	8.15	9.56
九分区	61.15	71.74	68.49	80.35	7.34	8.61
总计	196.91	230.99	220.57	258.78	23.66	27.75

注:原表部分数据存在关联性讹误:五分区超过任务折合市担误为 8.58;九分区原定任务折合市担误
　　为 60;完成任务旧担误为 58.49,折合市担误为 68.61;总计栏原定任务两项数据分别误为
　　186.91、219.24;完成任务两项数据分别误为 210.57、247。已根据相关数据,分别核正。
资料来源:据见江苏省财政厅、江苏省档案馆、财政经济史编写组编:《华中解放区财政经济史料选
　　编》第 5 卷,南京大学出版社 1989 年版,第 99 页复核改制。

　　如表 20-32 所示,5 个分区的夏征任务,除一分区恰好如额完成外,其余 4 个区全部超额完成,最少的 0.85 万担,最多的达 8.15 万担,5 个区共超额完成 23.66 万担,占原定任务的 12.66%。

　　秋征收入,也比原来估计的数额高。原估计各乡区(分区)秋季税项收入 152.6 亿元,另各乡区金库上年度结存现金 10.8 亿元,华中盐税收入 5 亿元,合计 178.4 亿元(粮赋代金及华中其他收入计算在内)。

　　据一、二分区来信,一分区税收最高额仅能达到 50 亿元(减少 10 亿元),二分区税收可能达到 30 亿元(增加 10 亿元),其他分区税收变动不大,华中盐税及其他收入截至 9 月底,收到 24.3 亿元,粮赋代金估计为 24 亿元,因此,秋季整个收入约计 211.7 亿元。扣除粮赋代金 24 亿元,秋季整个收入为 187.7 亿元,比原估计数高出 9.3 亿元。

　　不过由于解放战争进程的加速发展,无论粮食还是现金,收入的增长速度远远赶不上支出,因而透支数额巨大。据统计,华中和各分区共计收入 240.68 亿元,支出 387.14 亿元,透支 146.46 亿元,相当于收入的 60.86%。[1]

---

　　[1]　江苏省财政厅、江苏省档案馆、财政经济史编写组编:《华中解放区财政经济史料选编》第 5 卷,南京大学出版社 1989 年版,第 98—99 页。

这是就华中解放区和苏皖边区各分区整体情况而言。具体到各个分区(亦称"专署"),情况略有差异。如一专署①,财政状况相对较好,可以大体完成华中财办布置的财粮收入任务,做到收支平衡或略有结余。1948 年,一专署有包括稻谷和小麦、元麦、大麦、玉米、黄豆、油菜籽、杂豆等在内的各类"现粮"6558.37 万斤,华中交代一专署"借粮"2120 万斤,实际完成 2143.45 万斤,超额 23.45 万斤;1948 年,一专署年财政收入4179118 万元,财政支出包括解交华中各款在内,共计 3923158 万元,结余255960 万元。② 不过这种情况苏皖边区并不多见。

1948 年 7 月后,随着全国解放战争形式突飞猛进、由局部反攻转为全面进攻,战争规模急剧扩大,战争供应的任务空前繁重。为了适应新的形势,竭尽全力支援战争,加强财政的集中统一。1948 年 7 月财经会议规定统一收支、统一制度的方针,随后华中第一次财务会议拟定了各种统一的财政制度与办法。但因情况不熟、经验缺乏,所订制度粗糙,难免主观。同时由于过去各分区处于独立自主、分散坚持的环境,难免仍然存在一些分散的倾向(上揭一专署相对有利的财政形势,从某个角度说,即可能得益于"分散")。在这种情况下,1949 年 2 月,又召开第二次华中财务会议,其主旨是强化和完善财政管理制度(包括经费管理制度、实物管理制度和审计制度)。会议在肯定 7 个月来财政工作成绩的同时,要求继续扫除分散与本位主义倾向;克服收支结账制度上的拖拉现象;在经费支出节约方面,加紧反对铺张浪费及违反支持原则的现象。会议特别强化和严密了经费管理制度,规定收支报告暂行办法,坚决贯彻项与项不得任意流用的原则,经费结余与已付未用的经费应主动缴库,或请求转入下月或下季。因实物供给是经费支出的大宗,会议强调,必须立即建立实物管理制度。现阶段的实物管理,应以被服、日用品、装具、医药、后勤、器材、建设、材料、报社器材及印刷材料、财务印刷材料及公用家具工具器具为主。同时要加强审计工作,贯彻经济民主,使专业审计与群众审计密切结合,

---

① 辖泰兴、如皋、泰州、靖江、海安、东台、台北等 7 县。

② 江苏省财政厅、江苏省档案馆、财政经济史编写组编:《华中解放区财政经济史料选编》第 5 卷,南京大学出版社 1989 年版,第 614、617、618 页。

并健全预决算制度,加强对预决算的审核,加强思想教育,结合经济民主,纠正事务主义工作作风,使财务工作与群众性的审计相结合。会议还同时拟定公布了《经费收支报告办法》和《实物管理暂行办法》,使经费收支和实物管理有章可循。①

此次财务会议后,一方面,华中解放区的财政收支和财务管理开始规范化;另一方面,在华中解放区加速扩大的同时,更大的变化是,1949年1月淮海战役结束后,大军南下,进入新区,离开后方,大部队既不能依靠后方或苏皖边区补给,因新区民主政权尚未建立或刚刚建立,公粮制度一时尚不能实行,只能采取就地征借办法筹措粮草,使华中解放区和更大范围的新区,财政收入和整个财政状况发生新的变化。

1949年3月21日,中央对新区筹粮作出六项规定:(1)除以缴获粮及伪政府屯粮拨充军食,当地如有地方公产收入之存粮亦可尽先借用外,不能依赖后方供给,主要地必须采取就地征借办法,解决军队的粮草供应问题。征借的粮草,将来另订办法拨还或顶交公粮;届时亦可宣布对大地主、富农所借出之粮食,即作为征发之军粮,或只顶还其一部分。(2)根据合理负担的原则,征借的主要对象是地主、富农,其次是中农。按其粮食总收入,地主征借40%—50%,富农征借25%—30%,佃富农征借20%,中农征借10%—15%,贫农一般不借,只有在不得已时,才可少借一点。马草按一定比例随粮附加。(3)南下的部队,可以团为单位,在政治部领导下,由随军地方工作人员及供给人员组成粮秣工作队,负责筹粮。当地保甲长及差务处之类的组织,凡可利用者均利用之,配合以民主评议,进行征借。粮秣工作队则一面监督他们,一面到群众中宣传解释党的借粮政策,检查保甲长或差务处的借粮政策执行情况,核对账目,责成其在群众中公布,防止其贪污中饱。(4)在新区应坚持财粮制度,爱护人民财富,反对浪费,严禁以粮食换各种物品。粮秣工作队按规定发给各伙食单位。不经过粮秣工作队,任何人不得征用粮草。为此,最好以军区或野战

---

① 江苏省财政厅、江苏省档案馆、财政经济史编写组编:《华中解放区财政经济史料选编》第5卷,南京大学出版社1989年版,第77—93页。

军为单位,印制统一的借粮证,由粮秣工作队统一填用。粮秣工作队有供给部队粮秣之责,也有检查粮秣开支之权。各伙食单位要向粮秣工作队报销。工作队也应有粮秣收支的详细账目,备政治部及部队首长随时检查。(5)征借粮秣时,一方面要保证部队需要;另一方面也要照顾到当地的负担能力,并注意了解有无部队征借过及征借了多少,据此决定征借的数量。同时要尽可能分散征借,不要只顾一时方便而集中一地征借,免使群众一次出粮太多,引起反感,并影响后来部队无粮可借。(6)部队进入城市,则主要依靠缴获解决军粮,如缴获不敷而又无粮接济,可经过商会向粮商暂时借用或定购短期粮食,再由商会负责筹款折价偿还。①

1949年4月21日人民解放军渡江作战次日,华中支前司令部按照3月21日《中央关于新区筹粮的规定》原则,制定了《苏南新区筹粮办法(草案)》,是中央新区筹粮的规定的进一步具体化。《苏南新区筹粮办法(草案)》规定,为保证大军粮草供给与京沪大城市的粮食供应,要求部队进入新区第一个月内,必须筹借大米3亿—4亿斤;大马草5亿—7亿斤;在6月底以前,征收麦季公粮小麦2亿—3亿斤。《苏南新区筹粮办法(草案)》强调,筹粮任务固然重要,务必完成,但必须注意贯彻党在新区合理负担政策的贯彻执行。"任务和政策应力求统一,不可偏废"。筹粮必须"按照人民的负担能力,分别轻重",借粮应以地主、富农为主,中农为次,贫农一般免借;在城市筹粮应以工商业资本家为主(工业家应低于商业资本家),中小商人为次,工人与贫民免筹。

《苏南新区筹粮办法(草案)》规定,筹粮办法分为四种:(1)随军借粮。由各随军借粮队,携带粮证就地筹措。凡经过部队筹粮的地区,政权建立后全面筹粮时,低于标准者可以补借;超过标准者,地主、富农部分暂不退还,中农生活确实困难者,可退还其超出部分,如佃贫农不论其生活困难与否,退还其超过3%部分。(2)清查、没收国民党军遗存和地方公产。部队或地方筹粮均须首先着眼于清查没收敌方所遗存的粮草和尽先

———————
① 中央档案馆编:《中共中央文件选集》第18册(1949年1月—9月),中共中央党校出版社1992年版,第187—189页。

借用地方公产收入的存粮。凡国民党政府征存或收购的粮草,国民党军遗存粮草,官僚资本家与战犯存囤的粮食,以及国民党政府存储的公仓积谷,除乡村社团的私有义仓或慈善救济机关的粮食外,均可清查没收,作为财政收入,充作军粮。凡没收之粮草均须发给原保管人没收证件;如有不应没收而没收者,经调查属实后再还给借据。(3)城市筹粮。城市筹粮为乡村政权未建立、筹粮未开始前,解决过渡期间供应脱节的必要办法。城市筹粮概不归还,统一称为"支前献粮"。执行时可通过旧商会,根据需要与可能,交给商会一定任务,并宣布人民解放军负担政策(除责成商会执行外,并公开向城市群众宣布),先由商会向粮行、囤户借出粮食,然后由商会按照政策合理派款,以粮食计算折成代金,交还粮行、囤户。无锡市区决定献粮(大米 10 万担至 15 万担),可供其他各城镇参考。其总任务一般规定较大城市以每人 30 斤计算,中等城市以每人 20 斤计算,繁荣的市镇以每人 10 斤计算。(4)乡村筹粮。乡村筹借粮草一律采取预借本年秋季公粮公草办法,个别地区如解放较迟,可征借并进,一面征收夏季公粮,一面附借秋季公粮。[①]

各地借粮任务初步分配,见表 20-33。

表 20-33　江南新区借粮任务分配情况(1949 年)

区别＼数额	最高数额（万斤）	最低数额（万斤）	区别＼数额	最高数额（万斤）	最低数额（万斤）
常州区	12800	9025	镇江区	3400	2800
苏州区	12100	9825	无锡区	1500	1000
松江区	8950	6770	总计	38750	29420

资料来源:据《苏南新区筹粮办法(草案)》(1949 年 4 月 20 日)(见江苏省财政厅、江苏省档案馆、财政经济史编写组编:《华中解放区财政经济史料选编》第 6 卷,南京大学出版社 1988 年版,第 117 页)编制。原表总计有误,本表已重算订正。

5 个区的分派借粮任务中,常州借粮数额最高,苏州次之,无锡最低。各地借粮数额,都分"最高""最低"两组数字。要求"各地均须保证完成

---

① 江苏省财政厅、江苏省档案馆、财政经济史编写组编:《华中解放区财政经济史料选编》第 6 卷,南京大学出版社 1988 年版,第 114—115 页。

最低任务,向最高任务努力"。各县任务由各地按上述原则与各县具体情况分配。所有随军借粮没有遗粮,除城市献粮外,均可计入上列各地任务数字内。

乡村借粮工作须在进入新区的 20 天至 1 个月内完成。筹借粮草以区为单位,直接入库由粮库掣给三联式的借据,随军筹粮所用于民间的定额粮据,统在入库时收回换给借据,借粮结束时即宣布该粮据作废。各地原地籍整理处、田赋处及其附属机关统由粮食局接收,其全部田亩册籍及账簿表册,各级粮食局之粮征部门须派出专人在军管会财粮部领导下完整接收,不容散失。接收之田亩册籍须迅速分发各区,并责成各区确实保管,借粮结束后全部缴回县局保存。

区以上各级党政军均须成立筹粮委员会,由党政军及财粮负责人组成,并以党委书记为主委,政府首长为副主委,负责统筹布置统一筹借与控制粮食等。各级筹委会下设立两个工作队,一个由全体参加筹粮工作人员中的非财粮干部组成;另一个由财粮负责干部领导全体参加筹粮的财粮干部,负责收集材料、编造册据、建立粮库,收受粮草等工作。

利用伪保甲长除按照华东局规定办法执行外,并须责令先缴好粮,以影响一部分较落后的群众;地方如有适当开明士绅,亦可发动起他们号召地主踊跃缴粮。国民党粮政机关全体人员、图书、伪保甲长等,除其中个别罪大恶极为群众所痛恨者外,凡可利用者均利用之;地方青年学生凡愿意参加工作者应吸收编入工作队,在工作队监督领导下进行工作。号召他们分别立功自赎或立功自效,在工作过程中,必须有意识有计划地加强政治教育、政策教育、纪律教育和群众观念的教育。筹粮结束后,挑选其中较纯洁的分子,组织征粮训练班,进一步加以教育,以增强夏征动力。

《苏南新区筹粮办法(草案)》最后强调,此次苏南新区筹粮任务繁重,但必须力求完成。因为这是能否顺利解放江南、迅速把苏南从城市到乡村稳定下来,并开始建设的关键。华东局在江南新区工作指示中指出,"军事供应是新区首先接触到的关系到军需民食一个最大的政策问题"。党和军队领导人,应以最大的注意力去解决这个困难问题,使之既能保证军需,又不致造成混乱,影响民生。各地对有利条件和困难条件均须有足够估计,充分利用有利条件,进行强烈的政治动员和力量组织,使人人懂得,今年的负担虽重,但只要咬紧牙关、争取全国解放,苏南人民的负担就会减轻,也才能得到彻底解放,使人人感到借粮是完全应该的,向解放军和人民政府缴粮是无上光荣的。只要做到了这一点,筹粮任务是可以完成的。①

苏南新区借粮这一异常繁重、艰巨的任务,经过党政军民的艰苦努力,终于圆满完成,满足了军需,不过民食大受影响,"献粮"受到肯定的无锡,情况尤为严重,6月后粮价接连上涨数倍至数十倍。然而新解放区由于战争费用浩大,不仅粮秣需求急迫财政收支亦相差悬殊,如不及时解决,"必难以支持战争"。因此,华东局决定,"必须扩大财政收入,求得收支平衡,在不妨碍人民生活原则下,酌量增加收入"。具体办法:一是每标准亩田增加田赋20元;二是开展"献棉运动",规定每亩收获20斤以上净花者献棉1斤,每亩收获10—20斤者献棉半斤。已献棉之地亩,不再增收田赋。②

简而言之,在新中国成立前,征借或献粮、献棉是人民解放军南进部队获取补给的主要方法,是苏南和江南新解放区财政收入最重要的组成部分。这是不同于华北、西北、东北三大解放区财政收入的基本特点。

三、解放区的财政支出

财政支出的具体项目和收支情况,因时段和地区互有差异。总的来说,以军需和战争物资补给居首位。收支平衡状况,由于战争规模扩大,战争费用大幅增加,大都支出大于收入,入不敷出是解放区财政收支的一般形态,1947年8月解放战争转入战略反攻后,尤为突出。

东北解放区,从全国范围说,是形成较早的解放大区,在支援全国解

---

① 江苏省财政厅、江苏省档案馆、财政经济史编写组编:《华中解放区财政经济史料选编》第6卷,南京大学出版社1988年版,第114—119页。
② 江苏省财政厅、江苏省档案馆、财政经济史编写组编:《华中解放区财政经济史料选编》第7卷,南京大学出版社1987年版,第22页。

放战争方面作出了巨大贡献,东北解放区财政的基本方针就是:"支援前线,支援关内,增进贸易,发展生产,厉行节约,保障供给"①。在支出费用的分配上,是有统有分,一般原则是"统筹分支",而非"统筹统支",即是相对的统一,而不是绝对的统一。统一的目的"建立一个统一的财政制度",是为了避免紊乱,避免各自为政的现象,防止各省、各军苦乐不均。②

东北解放区的财政支出,或包括财政支出在内的整个财政,具体分为三个时期:1945 年冬至 1947 年 8 月东北财政会议为开创时期,财政支出"分散自给,较为混乱";东北财政会议至 1948 年 11 月东北全境解放,是财政支出"走向统一,大规模支援战争时期";东北全境解放后为"从以战争供给为主,转向财政工作为经济建设服务时期"。③

第一个时期,开创时期,东北处于"为敌分割"的局势,主要交通"为敌控制",财政特点是"地方性、分散性"。当时基本的财政支出是军费,基本财源是接收敌伪物资,没有公粮、税收,生产亦尚未恢复,因而没有正常收入。不过当时党政军人员不多,财政开支数字还不大,亦没有很大困难。就开支项目而言,1946 年的军费占支出经费的90%以上。④

1946 年冬到 1947 年春,财政工作有了长期打算,并开始了对苏联的贸易。1947 年 1 月,第二次财政会议确定了"长期打算,发展生产增进贸易,厉行节约,保障供给,支援战争"的基本方针。⑤ 依靠对外贸易、公粮购粮和一部分税收解决了全年的财政支出,发行"已降到次要的地位"。财政收入和支出最主要的目的就是"支援战争"。因此,财政开支基本上

① 东北解放区财政经济史编写组等编:《东北解放区财政经济史资料选编》第4辑,黑龙江人民出版社 1988 年版,第 117 页。
② 东北解放区财政经济史编写组等编:《东北解放区财政经济史资料选编》第4辑,黑龙江人民出版社 1988 年版,第 32 页。
③ 东北解放区财政经济史编写组等编:《东北解放区财政经济史资料选编》第4辑,黑龙江人民出版社 1988 年版,第 272 页。
④ 东北解放区财政经济史编写组等编:《东北解放区财政经济史资料选编》第4辑,黑龙江人民出版社 1988 年版,第 272—273 页;东北解放区财政经济史编写组等编:《东北解放区财政经济史资料选编》第4辑,黑龙江人民出版社 1988 年版,第 31 页。
⑤ 东北解放区财政经济史编写组等编:《东北解放区财政经济史资料选编》第4辑,黑龙江人民出版社 1988 年版,第 104 页。

仍是军费支出。1947年(1—11月),岁入总额17935170万元;岁出总额16835148万元,其中主要支出为军事性的服装装备支出10220802万元,经济建设投资3065370万元,其余为经常性支出1154243万元,临时支出1244501万元,补助各省814703万元,年终结余1100562万元。① 服装装备支出和经济建设投资分别占支出总额的60.7%和18.2%。同1946年的支出情况相比,虽然有所不同,军费支出仍是最大项。② 另对各省的补助,范围包括合江、南满、热河、内蒙古及华东等地。③ 金额占财政支出的4.8%,都属地方困难扶助,而非用于恢复生产和经济建设。如1945年12月建省的合江,由于日敌和"中央胡子"(国民党军)破坏、洗劫,仓库和矿山、铁路被毁坏;佳木斯房屋被焚烧,粮食被掠夺,人民和政府财政极度困乏。需要东北财政办事处支款补助。1946年东北财政办事处支款16000万元补助合江财政,1946年上半年的衣服和全年粮食尚未包括在内。1947年1—3月,东北财政办事处又支付了9200万元,还要在夏季支付6000万元,并支付夏衣及冬衣。总计1946年合江的自给经费只占40%,60%靠东北财政办事处补贴;1947年上半年合江的自给经费也只占50%;另50%仍靠东北财政办事处补贴。④

第二个时期,财政方面建立了一些制度,规定了前方供给标准、后方供给标准,作为以战争经费为主要内容的财政支出,有了基本准则和界限。最重要的是确定了统一集中、发展生产、保障供给、支援战争的明确方针。特别是东北财政部于1948年5月31日颁布《统一南满地区财政实施办法》,在财政体制上加强集中统一,由原来的"统筹分支",转为"统筹统支";在财政支出原则和方针上,从"战争供应性的财政转到经济建

① 东北解放区财政经济史编写组等编:《东北解放区财政经济史资料选编》第4辑,黑龙江人民出版社1988年版,第127—128页。

② 另据稍后的报告数据,1947年(1—11月)岁出总额为1280亿元,军事费用占85%以上。见东北解放区财政经济史编写组等编:《东北解放区财政经济史资料选编》第4辑,黑龙江人民出版社1988年版,第116页。

③ 东北解放区财政经济史编写组等编:《东北解放区财政经济史资料选编》第4辑,黑龙江人民出版社1988年版,第106页。

④ 东北解放区财政经济史编写组等编:《东北解放区财政经济史资料选编》第4辑,黑龙江人民出版社1988年版,第46页。

设性的财政”,由原来的保证战争供应,转变为保证战争供应与保证经济建设并重,支援战争与经济建设相结合,使战争供应得到可靠的保证。

《统一南满地区财政实施办法》,要求南满地区的财政“全部统一,(各省党政及独立团)一切经费、粮食、被服实行统筹统支,统一标准、制度,按季度统一编造预算案”,全部人员总额暂按 142358 人计算,被服人数以 139000 人计算。南满三省区之省营企业,其收益统一作为国家财政收入,定期缴库后,转给各省作为省之财政收入。公粮全部作为国家收入,支出根据统一标准,经核批后拨付。1948 年各省党政及独立团冬服根据核定人数,依照统一标准由国家供给,经财委会拨付原料,由各省被服工厂自行制造。下半年各省党政及独立团之军鞋,由财委会经辽办代发一双,另由各省负责解决独立团一双单鞋,其布料、工资由财委会发给。预备费根据经常费用总额,按 20% 计算,使用时由财委会负责核批。上项办法自 7 月开始实行。① 由此东北人民政府对各省财政权特别是财政支出、各种经费使用权实现了集中、统一。

1948 年的财政岁入和岁出计划均为 386429279 万元。财政岁出方面,其中属于财政支出性质者为 233983751 万元,占 60.6%,其余为国营企业,占 13.1%,财政积累占 24.8%,财政结余占 1.4%。②

第三个时期,即东北全境解放后,“从战争供给为主,转向财政工作为经济建设服务时期”。就财政收支而言,过去是“集中一切力量支援战争,所以过去的财政是供给财政,战时财政,是一切为着前线胜利”,1949年后开始转到“供给生产,支援经济建设”,要“把财政制度贯彻到生产建设上去”。③ 不过 1949 年从战争供给财政到经济建设财政的转变,有一个过程。是年 2 月,财政领导部门提出“一面支援战争,一面搞生产建设”,但未立即形成共识,相关措施不明确,组织机构亦不健全。财政计

① 东北解放区财政经济史编写组等编:《东北解放区财政经济史资料选编》第 4 辑,黑龙江人民出版社 1988 年版,第 120 页。

② 东北解放区财政经济史编写组等编:《东北解放区财政经济史资料选编》第 4 辑,黑龙江人民出版社 1988 年版,第 128 页。

③ 东北解放区财政经济史编写组等编:《东北解放区财政经济史资料选编》第 4 辑,黑龙江人民出版社 1988 年版,第 288 页。

划也相当笼统,没有季度、月份及分部门的详细计划。财政部门内部上下脱节,缺乏了解和信任。5月东北局和东北人民政府提出的目标、步骤是,今后财政主要是支持经济建设,明确转变方向,克服困难,摸索前进,并将主要目标放在支出和投资上。

1949年上半年的财政支出情况是,财政收入方面完成了全年计划的50%,其中农业税(公粮)完成了全年原计划的93%,占半年财政总收入的52%;工商业税完成48%;关税完成15%;盐税完成90%。工、商、关、盐四税占半年收入的14%。国营企业完成43%,占半年收入的27%。财政支出方面,上半年实际支出占全年原计划的44%。因为账目尚未转完,支援关内的部分数额未计算在内,实际支出数已达原计划的60%。其中经济建设投资支出占全年原计划的32%,占半年总支出数的33%;军事费用支出占全年原计划的48%,占半年总支出数的44.5%;社会文化事业支出占全年原计划的37%,占半年总支出数的5.8%;行政费用支出占全年原计划的9%,占半年总支出数的17%。[①]

这虽然是半年的支出,但可从中看出1949年全年的财政支出情况,其中经济建设投资已有所增加,但仍然明显低于军事费用。这是因为军费是减少了,但国防费增加了。在收入方面,税收到旺月可以增加,但公粮已基本征完,粮食已用完,现在仅剩下吃的粮食了。总的来说,财政收支上有两大困难:一是收支不敷,收入少,支出多;二是预算无法固定,支出不断临时增加。因此,下半年的工作方针和任务是,开辟财源,增加收入,厉行节约,控制开支,尽量缩小赤字。所谓"量出为入"与"量入为出"相结合,必须搞计划,同时对明年的赤字要有足够的估计,否则会处于被动。[②]

具体在收支方面,为克服困难,支持经济建设,保证投资,在收支方针上提出:第一,增加农业税收:原定公粮250万吨,后因灾减为230万吨。任务布置后,经多方努力,截至1949年12月底,许多县已完成或超额完

---

① 东北解放区财政经济史编写组等编:《东北解放区财政经济史资料选编》第4辑,黑龙江人民出版社1988年版,第266页。

② 东北解放区财政经济史编写组等编:《东北解放区财政经济史资料选编》第4辑,黑龙江人民出版社1988年版,第266—267页。

成任务,估计 1950 年 1 月底,可能超过 8 万余吨。品种方面,大豆基本完成,棉花更超过原任务一倍。农民普遍反映,"不超过 20% 不重"。这对 1950 年农民生活的改善,对农村生产力进一步发展,将是巨大的物资保证与精神鼓励。第二,增加工商业税收:原计划 4 万亿元,后改为 5 万亿元,拟具详细计划,紧紧抓住冬季旺月的时机,组织征收,截至 12 月底已完成 5.8 万亿元,大大超过原定计划,第四季度较第一季度增加 6 倍。第三,加速资金周转,严格经济核算,增加企业利润收入。情况尚可,纺织业利润已完成;林业利润 7000 亿元,可上交 4000 亿元,亦超过计划;工业利润初步计算不少于 100 万吨,贸易利润(主要是对外贸易)可完成原计划的 80%。第四,精简节约,1949 年大有收获。在整编节约运动中,精减 7 万人,大大减少行政开支。并检举与反对贪污、腐化、浪费,直接或间接帮助了国家积累资金,投入经济建设。①

关内解放区的财政支出,不同时期、各边区的情况差异颇大,但有一个共同点:开支中军费占大头;收入少,支出多,入不敷出,且有不断加剧之势。

陕甘宁边区,财政支出同财政收入一样,从 1945 年"八一五"日本投降,到 1947 年 3 月国民党军队攻占延安,一年多后,1948 年 4 月延安回归人民怀抱,再到 1949 年新中国成立,前后经历了三个不同的阶段。

1945 年日本投降至 1947 年 3 月国民党军队攻占延安的 1 年半时间中,1945 年 8 月至 1946 年 9 月为相对和平与备战的时段。这一时段财政支出的基本态势是开支扩大,而部分收入缩减。开支扩大,一是供给标准提高。伙食标准:大灶 1945 年炭 30 斤,1946 年肉 4 斤、炭 40 斤;小灶 1945 年肉 3 斤、炭 45 斤;1946 年炭 50 斤。奶费标准:1945 年 7—12 月肉 7 斤,1946 年 1—12 月肉 9 斤。二是供给范围扩大。地方一级(分区及各县)原由地方全部生产自给的被服、粮食、伙食、办公杂支改由财政厅供给;各部队原来部分或大部自给的粮食、被服全部改由财政厅供给。三是事业费增加。增加范围包括出发费(差旅费)、复员费、购粮和邮政费、投

---

① 东北解放区财政经济史编写组等编:《东北解放区财政经济史资料选编》第 4 辑,黑龙江人民出版社 1988 年版,第 316—320 页。

资与补助费等。

这样,人员虽然减少了,但财政开支反而扩大。1946 年财粮支出,计经费(包括被服)全年总支出券洋 470000 万元,折合小米 264000 石(300斤/石)。其中:军务费占 47%,其他费占 12%①,民政费占 3%,财务费占2%,政务费占 2%,保安费占 2%,地方费占 4%,司法费占 1%。粮食全年总支出 169250 石。其中:军务占 54%,补助(党与群众团体)占 8%,行政占 21%,临时费占 17%②。

以上经费、被服、粮食三项,全年共开支细粮 433250 石(300 斤/石)。1946 年平均以 65621 人计算,其中军事人员 38600 人,共开支 235331 石,每一军士开支 6 石 1 斗 1 升,如除去军事费 7920 石,每一军士开支 5 石 9斗。此外,党政民学占 27027 人,共开支 1979335 石,每人虽开支 7 石 3斗 2 升,如除去事业费 65700 石,每一党政民学人员开支 4 石 1 斗 5 升。全年收支相抵,结余券洋 49310 万元,结余与支出之比为 1∶9。③

1946 年 10 月至 1947 年 12 月为陕甘宁边区备战与战争时期,财政支出的特点是脱离生产人员及其占人口比重倍增,军费支出浩大,财政空前困难。脱离生产人数及其占人口比重见表 20-34。

表 20-34　陕甘宁边区脱离生产人员数量变化
统计(1946 年 9 月—1947 年)

项目　　年月	边区人口（万人）	脱离生产武装人数		脱离生产总人数	
		人数（人）	占边区人口（%）	人数（人）	占边区人口（%）
1946 年 9 月	150	45900	3.06	76305	5.09
1946 年 12 月	150	66986	4.47	98383	6.56
1947 年平均	120	119067	9.92	151928	12.66

注:表中脱离生产武装人数和脱离生产总人数,均包括牲口(1 头牲口折合 2 人)在内。
资料来源:据陕甘宁边区财政经济史编写组等合编:《解放战争时期陕甘宁边区财政经济史资料选辑》下册,三秦出版社 1989 年版,第 377 页综合编制。

---

① 其他费按军事与党政各占 1/2,则军务费共占总支出的 53%。
② 临时费按军事与党政各占 1/2,则军务费共占总支出的 62.5%。
③ 陕甘宁边区财政经济史编写组等合编:《解放战争时期陕甘宁边区财政经济史资料选辑》下册,三秦出版社 1989 年版,第 374—377 页。

如表 20-34 所示,这一时段陕甘宁边区一个显著特点是,边区人口减少,而脱离生产的武装人数和脱离生产总人数及其占总人口比重,成倍增加。武装人数从 1946 年 9 月的 45900 人增至 1947 年的 119067 人,占边区总人口的比重从 3.06% 升至 9.92%;脱离生产总人数从 76305 人增至 151928 人,占边区总人口的比重从 5.09% 升至 12.66%,分别增加了 1—2 倍以上。同时武装人数占脱离生产总人数的比重也增加了,从 60.15% 升至 78.37%。

在这种情况下,边区各阶层人民,男女老幼全都计算在内,平均不到 8 个人就要供养一个脱产人员;平均 10 个人供养一个军士或武装人员。而且,因军士或武装人员和脱离生产人员多为男性青壮年,随着脱离生产的军士或武装人员和脱离生产人员不断增加,边区人民中男性青壮年所占比重不断下降,亦即负担赋税的能力,亦即供养脱离生产人员的能力不断下降。

与此相联系,边区政府的财政负担大大加重,财政支出中的军费比重亦相应增加。

1947 年的全年财政支出数额及项目比例:经费:全年支出券洋 4766800 万元,其中已结算清楚的 4202900 万元,折米 22800 石,内军务费占 84.95%,补助费(党与群众团体)占 3.77%;粮食:全年支出细粮 232600 石、草 3400 万斤,其中军事占 80.0%,地方党政占 15.0%;被服:全年支出布 370900 匹,其中前方占 89.2%,后方党政占 10.8%。总的来说,整个财政开支中,综合经费、粮食、被服等,军事和战争费用的比重应超过 85%。①

由于脱离生产人数大增,边区人口特别是劳动力减少,因而财政收入减少,财政开支增加,导致财政亏空扩大。事实上,1947 年全年开支(除粮食、被服外)的 90.5% 是依靠银行发行与贸易垫款。以往边区财政的主要来源是依赖肥皂外销。自 1947 年战争爆发后,肥皂外销大减,最后

---

① 陕甘宁边区财政经济史编写组等合编:《解放战争时期陕甘宁边区财政经济史资料选辑》下册,三秦出版社 1989 年版,第 377—380 页。

为零,只能靠银行发行与贸易垫款支撑。90.5%的赤字中,银行发行占68%,贸易公司垫款占22%。这种情况到第三季度末和第四季度愈益严重。详见表20-35。

表20-35 财政开支与亏空(1947年9—11月)

项目 \ 月份	开支预算（亿元）	收入(亿元)		亏空(亿元)	
		收入额	占预算(%)	亏空额	占预算(%)
9	32	0.15	0.47	31.85	99.53
10	63	1.63	2.59	61.37	97.41
11	100	1.0	1.0	99	99

资料来源:据陕甘宁边区财政经济史编写组等合编:《解放战争时期陕甘宁边区财政经济史资料选辑》下册,三秦出版社1989年版,第380—381页改制。原表占比计算有误,业经重算订正。

表20-35数据显示,1947年9—11月3个月间,收入占开支预算的比重波浪式下降,亏空额直线上升,亏空占开支预算的比重波浪式升高,最后濒临顶点,财政困难已达极点。

表20-36是1947年全年陕甘宁边区财政支出分类统计。

表20-36 陕甘宁边区财政支出分类统计(1947年)

项别	金额（万元）	占总额（%）	项别	金额（万元）	占总额（%）
军务费	3570446	74.90	司法费	2215	0.05
行政费	80037	1.68	地方补助费	99626	2.09
民政费	53253	1.12	党及群众补助费	158530	3.32
财务费	37316	0.78	交通运输费	68111	1.43
经建费	466	0.01	其他	566835	11.89
教育费	103859	2.18	总计	4766878	100
保安费	26184	0.55			

注:①原表说明:金额以元为单位(现改为以万元为单位);其他支出项中有563890000元,由于未转账,故放在其他项。
　　②原表百分比多有讹误,业经全部重算核正。
资料来源:据陕甘宁边区财政经济史编写组等合编:《解放战争时期陕甘宁边区财政经济史资料选辑》下册,三秦出版社1989年版,第600页改制。

虽然是全年支出决算,军费所占比重比原来预算或估算略低,但仍是独一无二的大项,占总支出的 74.9%,即 3/4。其他都在 5%以下("其他"有多个细项组成),经济建设费更是微乎其微。而且这些支出,绝大部分没有实在收入支撑,前揭表 20-24 的财政收入数据显示,90.85%的收入属于亏空,亦即收支相抵,财政赤字相当于收入的 90.85%,这比原来估算或预计的 90.5%的赤字还要严重。

1948 年 4 月延安收复后,陕甘宁边区地域范围扩大,全区总人口和脱离生产人员都大幅增加,受财政供给人员由 35 万人增至百余万人,增加两倍以上,随着解放区地域的空前扩大与脱离生产人员数量的大幅增加,财政任务也空前艰巨。陕甘宁边区和整个西北,全年财政收入远赶不上财政支出,其经费、服装等开支主要靠中央补助,其比重约达 90%。[①]

为了扭转局势,渡过财政难关,1948 年边区先后提出了开辟财源,增加收入,解决财政问题的方针政策,计划了陕晋两地 1948 年下半年与 1949 年上半年财政收支概算。其中支出概算,见表 20-37。

表 20-37　陕晋两地财政支出概算(1948 年下半年与 1949 年上半年)

科目＼数额	折合细粮数(大石)		科目＼数额	折合细粮数(大石)	
	石数	百分比(%)		石数	百分比(%)
粮食	691290	34.73	被服	290275	14.58
经费	563811	28.32	临时费	44586	2.24
事业费	400793	20.13	总计	1990755	100

注:①原表附注:野战军吃粮以半年计。②表中百分比系引者所加。
资料来源:据陕甘宁边区财政经济史编写组等合编:《解放战争时期陕甘宁边区财政经济史资料选辑》下册,三秦出版社 1989 年版,第 517 页综合编制。

概算甚为粗略,开支仅有 5 项,仍以军费为主。因表 20-37 中野战军吃粮以半年计,如以全年计,则粮食增加一倍,再加上被服,则军费开支为 1672855 石,占总支出(总支出亦相应增大为 2682045 石)的 62.37%。至

---

① 陕甘宁边区财政经济史编写组等合编:《解放战争时期陕甘宁边区财政经济史资料选辑》下册,三秦出版社 1989 年版,第 624—625、629 页。

表 20-38 陕甘宁晋绥边区河西地区财政支出统计(1948 年)

系统别	项目	经常费(万元)	事业费(万元)	临时费(万元)	总计(万元)	百分比(%)
军事系统	野战军	45899800	—	4672696	50572496	62.92
	联直	4107111	4151733	2439564	10698408	13.31
	地方武装	7987822	—	—	7987822	9.94
	小计	57994733	4151733	7112260	69258726	86.17
党民系统		608179	1435212	353208	2396599	2.98
政府系统	边政	1203986	3089603	1090303	5383892	6.70
	分区政府	2725843	196112	418004	3339959	4.15
	小计	3929829	3285715	1508307	8723851	10.85
总计		62532741	8872660	8973775	80379176	
百分比(%)		77.80	11.04	11.16	100	

注:原表单位为"元",现改为"万元"。原表费用总计及费用百分比有误,业经重算核正。

资料来源:据陕甘宁边区财政经济史编写组等合编《解放战争时期陕甘宁边区财政经济史资料选辑》下册,三秦出版社1989年版,第528页改制。

于收支平衡状况,若野战军吃粮以一年计,则支出为 2682045 石,与前揭收入(175 万石)相抵,不敷 932045 石,相当收入的 53.26%。

从表 20-37 的执行情况看,财政收入较原计划大为减少,而财政支出较原计划增多。为摆脱困境,一年来在财政上大力开源,尤其是开辟了黄龙新区的财源,但所有这些财源仍与整个财政开支的需求相去甚远。1948 年度陕晋两地财政赤字达 74.63%,财政仍处在极端困难中,一方面,财政收入不能按计划完成;另一方面,财政支出则屡次超过预算,更增加这一困难。[①] 表 20-38 的统计数据,联系相关收入统计,清楚地反映了这种困难。

如表 20-38 所示,1948 年陕甘宁晋绥边区河西地区的总支出为80379176 万元,当年收入 906744 万元,结余 8888538 万元,收支有余,似乎财政状况甚佳。其实完全是一种假象。因为 81285920 万元收入中,84.6% 是贸易垫支和银行垫支,并非实体收入。同时,在支出中,有些款项应批未批,而事先已经预借,但未统计在支出中,更主要的是军事系统秋冬两季的决算未上报,缩小了支出数字,实际须补之数,大大超过结余数。所谓结余纯系假象,财政亏空实际上比字面上的收支统计更要严重得多。[②]

总的财政收支情况是,1948 年陕晋两区(即陕甘宁晋绥边区)共收入农币 60485047 万元,支出 238429955 万元,收支相抵不敷 177744908 万元,占总支出的 74.63%,相当总收入的 4.39 倍。[③] 由此可见财政亏空的严重程度。

进入 1949 年,西北解放战争加速向前推进,西安和关中大部地区相继解放,陕甘宁晋绥边区范围继续扩大。虽然西北解放区人口增加,但随着解放战争的加速推进和各项工作的开展,脱离生产人员的数量和比例继续增大,脱离生产人员从 1948 年的 486600 人增至 1949 年的 904893

---

① 陕甘宁边区财政经济史编写组等合编:《解放战争时期陕甘宁边区财政经济史资料选辑》下册,三秦出版社 1989 年版,第 524 页。
② 陕甘宁边区财政经济史编写组等合编:《解放战争时期陕甘宁边区财政经济史资料选辑》下册,三秦出版社 1989 年版,第 527 页。
③ 陕甘宁边区财政经济史编写组等合编:《解放战争时期陕甘宁边区财政经济史资料选辑》下册,三秦出版社 1989 年版,第 594—595 页。

人,增加85.96%,占边区人口的比重由7.5%升至8.2%,人民的财政负担越来越重,财政收支愈益艰难,只能依靠中央补助来维持。1949年1—6月,边区共收入人民币627782.74万元,支出626432.65万元。虽然结余1355万元,但收入中有中央补助600000万元,占总收入的95.57%,边区自身收入仅占总支出的4.43%,微不足道。①

表20-39是陕甘宁边区政府1949年度财政收支总决算表中的支出部分。

财政支出项目比较简单,最主要的是经常费、临时费、生活费三大类,每一类都包括军务费、政务费、地方费三项,且军务费最多。三大类占全部支出的87.04%,其中军务费为65.84%,占三大类支出的75.23%。被服费的分配情况不详,前揭1947年被服支出分配,"前方占89.2%,后方党政占10.8%"。据此,表20-39列被服费,前方约占6.59%,后方党政占0.8%。那么此表财政支出中,军务费占72.43%。实际上,边区一年来,军事支出占全部经费支出的80%左右。地方费占20%左右。表20-39列交通费,也是用以恢复交通、支援前线的费用。这"说明了财政支出的绝大部分是支援战争"。②

表20-39数据显示,不仅收支相符,且有结余,达到收入的11.39%,相当可观。不过此乃"借花献佛"。实际情况是,随着军事节节胜利,地区扩大,财政支出大大增加,财政收入远赶不上财政支出的要求,"支出与收入之间,大大的不相符,财政赤字很大",亏空约达90%。为弥补财政赤字,不得不由中央发给各种物资与发行钞票。由于"中央的大量补助及其他解放区的援助,使西北最大的战争供给基本上得到解决,渡过了困难"。③

---

① 陕甘宁边区财政经济史编写组等合编:《解放战争时期陕甘宁边区财政经济史资料选辑》下册,三秦出版社1989年版,第595页。
② 陕甘宁边区财政经济史编写组等合编:《解放战争时期陕甘宁边区财政经济史资料选辑》下册,三秦出版社1989年版,第625页。
③ 陕甘宁边区财政经济史编写组等合编:《解放战争时期陕甘宁边区财政经济史资料选辑》下册,三秦出版社1989年版,第625页。

表 20—39　陕甘宁边区政府财政支出统计（1949 年）

项别		金额（万元）	占总额（%）
经常费	军务费	9545998	23.53
	政务费	1601202	3.95
	地方费	1160826	2.86
	小计	12308026	30.33
临时费	军务费	3668244	9.04
	政务费	721922	1.78
	地方费	3170060	7.81
	小计	7560226	18.63
生活费	军务费	13353191	32.91
	政务费	338927	0.84
	地方费	1752613	4.32
	小计	15444731	38.07
交通费		2263839	5.58
被服费		3000040	7.39
各项支出总计		40576862	100
本年结余		5827299	—
总计		46604160	—

注：* 原资料单位为"元"，现改为"万元"，万以下四舍五入，尾数与原资料成有细微误差。

资料来源：据陕甘宁边区财政经济史编写组等合编《解放战争时期陕甘宁边区财政经济史资料选辑》下册，三秦出版社 1989 年版，第 624 页改制。

　　晋察冀、晋冀鲁豫等边区政府,对财政收入及项目,一般订有十分粗略的预算。晋察冀边区即订有 1946 年度的财政收入预算概要。但对财政支出预算,却异常笼统,只要求"各地应于 8 月底前制定 1947 年度预算(包括地方军、地方人员及地方开支)",并无全边区财政支出预算和相关详细数据。①

　　晋察冀边区虽然订有 1946 年度的财政收入预算概要,但未见决算,更无财政支出的预算、决算。不过所辖冀中区不仅有 1946 年度财政收入预决算,且有 1946 年度财政支出预决算,详见表 20-40。

表 20-40　冀中区财政支出预决算(1946 年)

项目　科目	预算数(石)	决算数(石)	
		决算数	占总开支(%)
政费	82512	101744.20	7.18
社会福利费	41200	31758.98	2.24
文教费	25000	25334.90	1.79
城特费	10047	5519.22	0.39
经建费	72750	54818.54	3.87
财务费	50000	54854.98	3.87
补助地方	20000	28286.25	1.99
解上	400000	464896.64	32.81
爆炸粮	20000	28120.30	1.98
预备费	40000	35378.35	2.50
军费	608479	586328.48	41.38
小计	—	1417040.84	100
结余	—	28789.30	—
总计	1369988	1445830.14	—

注:①原资料总计数、百分数多有讹误,业经全部重算。
　　②原资料表内备考栏(本表已弃)注:十分区 1—6 月军费开支决算数未列入。
资料来源:华北解放区财政经济史资料选编编辑组等编:《华北解放区财政经济史资料选编》第 2 辑,
中国财政经济出版社 1996 年版,第 1037 页统计表。

―――――――――

　　①　华北解放区财政经济史资料选编编辑组等编:《华北解放区财政经济史资料选编》第 2 辑,中国财政经济出版社 1996 年版,第 977—978 页。

财政支出预算、决算中,军费是最大项,占决算支出总额的 41.38%。其次是"解上",即上缴边区政府,占决算支出总额的 32.81%。两项总计占决算支出总额的 74.19%,即接近 3/4。从"解上"用途来看,其中应有一半以上充作军费。如按一半计算,即为 16.41%。那么冀中区财政支出中,直接或间接充作军费部分占支出总额的 57.79%,超过一半。

从收支平衡的角度看,收支平衡略有结余。决算结余部分占支出总额的 2.03%。虽然比例不大。但也难得。这可能同冀中条件较好,1946年大部分时间处于和平环境有关。

1947 年年初,晋察冀中央局召开边区财经会议,制订了 1947 年度全边区财经计划,确定了全边区脱离生产人数,包括大军区及野战军人数(12 万人)、地方党政军民学人数(4.55 万人),并确定了上述脱产人员的供给标准,从而对边区的财政负担范围及数量,有一个大致的框架。在此基础上,制定了全边区 1947 年度的财政支出预算,详细情况见表 20-41。

表 20-41 晋察冀边区财政支出预算(1947 年)   (单位:石)

项目＼区别	冀中区	冀晋区	察哈尔	边区级	总计
军费	436062	199599	191128	1449800	2276589
地方费	206451	77360	55192	90000	429003
业务费	54000	29000	15194	70000	168194
预备费	20000	25541	8000	24000	77541
总预备费	—	—	—	200000	200000
解中央及调剂友区	—	—	—	200000	200000
上年结亏	—	—	—	225000	225000
生产贷粮	—	—	—	300000	300000
总计	716513	331500	269514	2558800	3876327

注:原表部分总计数据讹误,业已分别根据细数计算核正。

资料来源:据华北解放区财政经济史资料选编编辑组等编:《华北解放区财政经济史资料选编》第 2 辑,中国财政经济出版社 1996 年版,第 1008 页改制。

全边区按照预算,1947 年支出总额为 3876327 石粮食,若剔除上年 225000 石结亏,1947 年实际支出 3651321 石。军费是最大项目,占总支出的 58.73%。其次是地方行政费,占总支出的 11.07%,两项合计为 69.8%,接近 7 成。另外,关于上解中央("解上")及调剂友区,表中只有边区 20 万石,未列各区数额。各区解上总数为:冀中区 1375457 石,冀晋区 45 万石,察哈尔 53486 石(该省合并于北岳区后,解上任务尚可增加)。边区的财政计划决定特别提醒:根据财政收支预算,全区尚有 69 万石的赤字。解决办法是:(1)下年春季征收 40 万石;(2)其他收入 10 万大石;(3)救济物资变价 10 万大石。尚余 9 万石赤字,"须全区认真掌握开支,增加收入,以消减赤字,争取作到收支平衡"。①

晋冀鲁豫边区从 1945 年日本投降前夕至 1946 年,是财政状况极为艰难的一段时间,入少出多,严重收支不敷。边区所辖太行区,在 1945 年 8 月对日大反攻开始前,原本有余粮 10 万石,"颇称小康"。因大反攻扩兵,粮食军需民用大增,连连亏空。对国民党的自卫战形势,又是毛驴加扁担,对付现代化装备的敌人,运一斗小米上前线,平均使用 2.5 个人工连磨面使 3 个工,民力战勤负担加重,生产时间和生产收入减少,亏空进一步加大。军粮一项,1945 年预算为 4433.6 万斤,实支 6688.2 万斤,超支 2254.6 万斤;民政粮一项,预算为 1306.7 万斤,实支 2375.3 万斤,超支 1068.6 万斤。1945 年粮食总计算,除小麦 10 万石吃完外,连民兵作战开支等,共亏小米 3395.7 万斤。经费原预算为 25225 万元,除开支外又多花 82000 万元。太行区无法支付,向银行透支了 82000 万元。粮食亏下无办法,即向人民追支,发行粮票 4000 万斤。1946 年情况稍有好转,概算原亏 1000 余万斤,经一年节用,尚亏空小米 421.19 万斤。1947 年又亏空加大,收支相抵,净亏 4608.39 万斤。②

---

① 华北解放区财政经济史资料选编编辑组等编:《华北解放区财政经济史资料选编》第 2 辑,中国财政经济出版社 1996 年版,第 1007—1010 页。

② 华北解放区财政经济史资料选编编辑组等编:《华北解放区财政经济史资料选编》第 2 辑,中国财政经济出版社 1996 年版,第 1170 页。

晋冀鲁豫边区全区的财政收支,1946 年度有一个简单的概算。支出分钱款、粮食和村款粮三部分:钱款包括(1)军费 65.2 亿元(82%);(2)政民费 14 亿元(18%)。粮食包括(1)军粮 20321 万斤、料 3066 万斤;(2)政民粮 8572 万斤、料 599 万斤;(3)行政粮(民兵作战粮、运费损耗)4334 万斤。合计 36892 万斤(合 230.6 万石)。村款粮(小学教员、村干津粮、村中一切办公杂支等)257 万石。

收支概算显示,钱款收入 61.16 亿元(不含透支 18.05 亿元),支出 79.2 亿元,收支相抵,实际亏空 18.04 亿元。18.05 亿元透支即是弥补亏空。粮食收入 464.54 万石,支出 487.6 万石,收支相抵,亏空 23.06 万石。①

1947 年,晋冀鲁豫边区的财政收支状况仍然甚至更加严峻。表 20-42 是晋冀鲁豫边区 1947 年度财政支出概算统计。

表 20-42　晋冀鲁豫边区财政支出概算(1947 年)

(单位:小米斤)

项别　　　　　数额	数额(万斤)	百分比
军费	吃米　15496.8	占军费 12.24%
	吃麦　9625.9	占军费 7.60%
	马草米　1577.3	占军费 1.25%
军费	马料米　2055.2	占军费 1.62%
	柴米　6771	占军费 5.35%
	经费米　61448	占军费 48.54%
	被服米　29609.5	占军费 23.39%
	小计　126583.7	占总支出 72.66%

---

① 华北解放区财政经济史资料选编编辑组等编:《华北解放区财政经济史资料选编》第 2 辑,中国财政经济出版社 1996 年版,第 1093 页。

续表

项别 ＼ 数额		数额（万斤）	百分比	
政民费	边区级政民费	吃米	530	占边区级 12.21%
		吃麦	400	占边区级 9.22%
		料米	150	占边区级 3.46%
		经费米	3259.4	占边区级 75.11%
		小计	4339.4	占政民费 9.92%
	各区级政民费	冀鲁豫	17164	占各区 43.55%
		冀南	7692.7	占各区 19.52%
		太行	9060.6	占各区 22.99%
		太岳	5497.4	占各区 13.95%
		小计	39414.7	占政民费 90.08%
	合计		43754.1	占总支出 25.12%
预借费			3876.9	占总支出 2.23%
总计			174214.7	100

注:原说明:

①军费原财经会议决定 1108800 万斤,年前第一次缔造改为 115592.8 万斤,因战争的变化,近又追加战费 10990.88 万斤,共 126583.68 万斤,总计与原规定相比超过数从预借费内支付 15783.68 万斤。

②各区政民费包括行政教育、实业、交通、公安、社会事业、民众团体补助等费,各区在总数内可以自行活动调剂并编各区具体支出数目,送边府备案。

③边区级政民费原定为 4000 万斤,最后编定为 4339.45 万斤,比原定超 339.45 万斤,亦由原定预备费内支出。

④预备费原定 20000 万斤,除军政费用支用外,现只有 3876.87 万斤。

资料来源:据华北解放区财政经济史资料选编编辑组等编:《华北解放区财政经济史资料选编》第 2 辑,中国财政经济出版社 1996 年版,第 1173 页改制。

晋冀鲁豫边区这次财政支出概算,军费方面,各类物资,包括食米、马料、各类服装材料(如土布、棉花、鞋子、毛巾等),数量、地区分配,交送季节、时间,均有详细规定。政民费方面,各区政民学各类人员,包括政民学人员、荣誉军人、产妇、婴儿等的牲口配备数量,均有具体数据;边区级政民费方面,边区级政民的个人生活费,包括津贴、服装、食粮、菜金等,机关公用费包括公杂费、医药费、过节费、烤火费、旅费、病号菜金、马装马药马干等,以及各项临时费、教育费、社会事业费、其他费等,都有具体数据。

从各类支出的分配比例看,军费仍最多,占总支出的 72.66%,政民费次之,占总支出的 25.11%。从收支平衡看,仍然支大于收,亏空达 13.34%,拟通过银行透支弥补。

财政概算在执行过程中,由于情况变化,虽然收入、支出均有所增长,但支出的增长幅度明显大于收入,入不敷出的情况愈加严重。据初步核算,到 1947 年年底,实收为 171834.8 万斤(比预算少 4000 万斤),实际支出为 233761.6 万斤(非法开支,红白条子约 1 亿斤尚未计算在内),收支不敷须透支 61926.8 万斤,比预算扩大 44.69%。

1948 年度的财政预算,一是竭力开源,二是尽量节流。依据华北财经办事处规定的供给标准,反复核减开支,确定总收入(间接税在内)为 216472 万斤,总支出为 265525.8 万斤,总支出中边区军费 90056.5 万斤,支援外区及解上各项机动费 89847.5 万斤,分别占总支出的 33.92% 和 33.84%。另有边区党政民学各项费用 42877.7 万元。虽极力开源节流,仍有赤字,计 49053.8 万元,占收入的 18.47%。而且,预算执行中面临的新情况是入减出增,赤字扩大。收入方面,土产减少 1 亿斤;支出方面,开支不断追加:(1)陈毅谢富治、陈士榘唐亮陇海作战费 1200 万斤;(2)支援西北 2 万石(合 320 万斤);(3)军工预算增 882 万斤;(4)刘伯承邓小平新兵 15000 人,原定 4 月送走,后延至 8 月,须 2000 万斤;(5)山东、渤海流落边区粮柴票除消耗者外,还有 225 万斤;(6)刘伯承邓小平、陈毅粟裕、陈毅谢富治先后取去现洋 330 万元,共折米 5106.67 万斤;(7)支援西北 20 万石,原来预算中只列 18 万石,须增加 2 万石(合 320 万斤)。20 万石中除交实物 1.7 万石外,18.3 万石按 37% 计运费,除原预算 960 万斤外,又增加 123.36 万斤。收入却减为 196472 万斤。收支不敷,须扩大透支,计 81905.8 万斤,占收入的 41.68%。另外,尚有准备开支而未正式确定者,没有列入,否则透支须达 10 亿斤。[①]

---

① 华北解放区财政经济史资料选编编辑组等编:《华北解放区财政经济史资料选编》第 2 辑,中国财政经济出版社 1996 年版,第 1313—1314 页。

　　华中解放区,由于环境动荡、艰苦,敌情紧张,游击独立,没有建立完善、健全的财政制度,或有亦未严格执行,钱款乱支乱用情况普遍。有的地方基层向上级闹独立性,应该划分和上交的区款,未能严格执行,造成严重影响,以致主力部队最低限度的经常费菜金供给都发生困难。在这种情况下,边区或下面分区开始进行整顿。1947 年 6 月,华中分局第七地委出台了关于财政制度的决定,严格财政收支和财务制度:(1)划分分区款与县款,税款全部为分区款;(2)建立金库制度;(3)建立预决算制度,6 月份以前的账目立即进行结算,从 7 月份起,各县各兵团的预决算书分送财政局、供给部审核;(4)统一县财政,纠正区乡乱抓乱发乱支的现象;(5)严格经费标准,县不得随意变动。① 同年 7 月 18 日,华中军区第六分区司令部、苏皖边区第六专署联合命令,制定发布供给标准。② 随后,苏皖边区第六行政区制订公布会计办法。③ 这样,财政收支尤其是财政支出总算有规可守、有章可循了。

　　苏皖边区第一专署,南部紧贴长江,屡经国民党军反复"清剿"、劫掠,敌情紧张,财政制度亦一度"混乱不堪"。1947 年 8 月解放战争转入战略反攻后,行政区地域扩大,战略形势好转,是年 10 月 24 日,专署就稳定和严格财政制度、恢复正常状态作出决定,规定自 10 月份起,南线各县"恢复分区性统筹统支,一切收入归分区,一切支付由分区支付,自收自支,谁收谁支之混乱现象必须立即纠正",同时建立和完善预决算制度、严格收支制度,"一切收入归库,一切支出从库"。一切支出,凭专署财经处支付书,及该单位正式领据,向各县领取,县库得视库款情况一次或分次付款,无支付书者县库得拒绝支付。④ 苏皖边区的财政收支开始规范化。

　　① 江苏省财政厅、江苏省档案馆、财政经济史编写组编:《华中解放区财政经济史料选编》第 3 卷,南京大学出版社 1987 年版,第 201—202 页。

　　② 江苏省财政厅、江苏省档案馆、财政经济史编写组编:《华中解放区财政经济史料选编》第 3 卷,南京大学出版社 1987 年版,第 215—226 页。

　　③ 江苏省财政厅、江苏省档案馆、财政经济史编写组编:《华中解放区财政经济史料选编》第 3 卷,南京大学出版社 1987 年版,第 232—265 页。

　　④ 江苏省财政厅、江苏省档案馆、财政经济史编写组编:《华中解放区财政经济史料选编》第 3 卷,南京大学出版社 1987 年版,第 311—312 页。

不过随着解放战争转入战略进攻后,战争加速推进,战场大部分在新解放区,部队供给和以部队供给为首要目标的周边地方财政收支,很快发生新的和根本性的变化。在华中解放区,这一根本性变化是从发动淮海战役开始的。淮海战役从 1948 年 11 月 6 日打响,1949 年 1 月 10 日结束,历时两月有余,解放军参战部队及民工达一百数十万人,一个月所需粮食在百万担以上,战场又大部分在新区,久经国民党搜刮,民穷财尽。如此数量巨大而又时间集中、紧迫的军需任务,传统意义上的赋税征收和财政收支方法,既缓不济急又杯水车薪。唯一的办法就是就地集中、快速征借。因战场主要在华中地区,供应线离华中距离较近,故决定就近在华中解放区各分区征借 100 万担,不经通常意义上的赋税和财政收支程序,直接运送前线。①

淮海战役发动后,在华中解放区,除了部队粮食供给,现金收支和财粮调度上也发生了急剧变化。从 1948 年 10 月开始,"华中收入均在未入库以前即已调拨使用",不经任何财政预决算程序和入库出库等会计手续,各项支出完全在发行中调度,10 月后的两个多月中,由总金库直接支付之现金数字即达 250 亿元,主要项目计有华中财政支出116.8 亿元,军事供应采购 50 亿元,军用材料采购 34.6 亿元,淮盐生产资金 16.5 亿元,其中用于财政支出为 81%,充实生产贸易基金者仅 19%。

这些支出既然"完全由发行调度",故支出和调度的现金数额,决定权不在财政,而是直接取决于华中印钞厂的印钞能力。不过当时该厂的印钞能力每月只有 150—250 亿元,平均不到 200 亿元,因印钞能力有限,"以致经费感觉现款供应脱节"。例如各种生产建设贷款原定 10 月底完全付出,但迟至 12 月初才勉强付足淮北盐场生产需要资金 150 亿元;两淮原拟先拨出 20 亿元现款作银行基金,也只能暂拨 5 亿元,其他分行之采购资金为兑换基金亦均应付而未付,或仅付一部分。调度已极感

---

① 江苏省财政厅、江苏省档案馆、财政经济史编写组编:《华中解放区财政经济史料选编》第 5 卷,南京大学出版社 1989 年版,第 291—292 页。100 万担的地区分配是:江淮军区 25 万担,五分区 20 万担,一分区 18 万担,二分区 17 万担,九分区 14 万担,六分区 6 万担。

困难,且此后财政及发行将由华东局统一,华中印钞厂已准备随时停止印钞,故财政调度将会比以前更加困难。①

就地征借、借粮取代常规的赋税征收和米谷采购;银行"发行调度"甚至印钞厂"调度"取代通常意义上的财政调度、财政收支和财务制度,这是解放战争快速推进,大部队远离后方、进入新区作战的特殊形势下,在华中、华东地区出现的特例。

在华中、华东地方财政收支及财务管理上,施行权力下放,由统筹统支改为分筹分支、盈亏自理。1948年11月的华东财经会议和12月扩大的华东中央局扩大会议决定,"为统一财政,确定财政上之分工负责制度",各行政公署及直属省之专署、市政府为一个"财政单位",划定税源,筹划经费,由行政公署或直属省之专署、市政府在党委领导之下统一掌握,并应成为党委统一领导下的重要部门工作。地方财政收支盈余,一律由地方保存,移入下年度备用,不解省库;地方财政收支亏空,非因特殊事故,一律不由省府补助。②

四、粮赋税收、战勤征发和人民负担

解放区的粮赋和税收制度有一个逐步建立、调整和初步完善的过程。因历史条件和解放时间不同,关内外解放区有老边区(原抗日根据地)和解放区之分,而解放区又有新老之别。由于解放时间先后、民主政权建立和推行社会改革的进程各不相同,不同时段、不同地区粮赋税收、战勤征发和农民负担情况,差异颇大。在各个解放区,粮赋税收制度与征课情况而言,呈现多样性与渐进性的特征。

从总体上看,1947年8月解放战争转入战略进攻后,随着解放战争进程加快,一方面,解放区中新区范围加速度扩大,比重大幅上升,老区所

① 江苏省财政厅、江苏省档案馆、财政经济史编写组编:《华中解放区财政经济史料选编》第5卷,南京大学出版社1989年版,第296—297页。
② 中国社会科学院经济研究所中国现代经济史组编:《革命根据地经济史料选编》下册,江西人民出版社1986年版,第938、941—942页。

占比重不断下降;另一方面,战争扩大,解放军人数不断增加,战争形式也由战争初期的运动战,转为大兵团阵地战。不仅战场上的武装人员成倍和成数倍、十倍增加,而且离后方距离越来越远。在这种情况下,前线支援、后勤补给无论人力物力都以更大的数量和比率上升。解放战争前期的运动战,前线战士与战勤人员之比,一般为 1∶1;解放战争后期的大兵团阵地战,前线战士与战勤人员之比,上升为 1∶2、1∶3,甚至更高。这样,不说武器弹药、辎重设备的消耗,包括战勤人员消耗在内的军粮补给就成多倍增加。结果,农业劳力数量大幅下降,农业产量相应减少,而公粮征课增加,农民负担成倍加重。而且,农民负担的不仅是粮食、副食品,还包括牲畜、车辆,乃至生命。在整个解放战争中,解放区人民特别是广大农民,其负担的沉重程度,远远超出常人的想象。

(一) 粮赋和税收制度

就解放战争阶段而言,东北解放区是建立较早和相对完整的解放区,土地改革完成较早,粮赋和税收制度亦相对完善。不过从时间上看,东北全境解放前和全境解放后,税收状况有很大差异。

东北民主政权建立之初,由于战争关系,各省(市)财政税收未能统一。为了应付开支,完成上交任务,各省(市)及县府,各自为政,自立关卡,自定税则,自收自用。1946—1947 年,北满各省先后就公粮、出入境税、货物税等,订立章程、税则,进行相关税项的征课。不过这也并非纯粹的财利行为,其中也包含了税制的改革。

公粮是赋税和财政收入的主要来源,涉及面广,又有强烈的阶级性,社会影响大,民主政府将公粮征收政策的确立和公粮的征收,放在各项税收的首位。1946 年 8 月 24 日,为了保证军政人员供给,减轻人民负担,并求其公平合理,以发展生产,松江省制订公布《松江省建国公粮公草征收暂行条例草案》。该条例草案规定,凡居住在东北境内,不论任何国籍人士,"一律照章缴纳建国公粮,没有例外",并制订了各类耕地的公粮负担标准,详见表 20-43。

表 20-43　松江各类耕地每垧公粮负担一览表(1946 年)

(单位:公斤)

项目、农户	地别	正杂粮地				麦地		稻田	
		上地	中地	下地	下下地	上地	中地	上地	中地
每垧地征课标准	自耕地	80	65	50	40	50	40	200	180
	佃耕地	130	90	75	60	75	60	300	270
负担人	自耕地	80	65	50	40	50	40	200	180
佃耕户	佃户	40	25	25	20	25	20	100	90
	地主	80	65	50	40	50	40	200	180

注:原表附注:①正杂粮地包括:高粱、谷子、豆子、玉米、土豆、菜籽、陆稻等粮食经营地。

②麦地包括:大麦、小麦、燕麦等粮食经营地。

③稻田包括:水籼稻、粳稻、糯稻等经营地。

资料来源:据东北解放区财政经济史编写组等编:《东北解放区财政经济史资料选编》第 4 辑,黑龙江人民出版社 1988 年版,第 15 页改制。原表少量数据有误,已据相关数据核正。

如表 20-43 所示,《松江省建国公粮公草征收暂行条例草案》将耕地分为自耕地、佃耕地两大类,规定了不同的负担标准,后者比前者加重约 1/4—1/3 不等。加重部分由佃农负担,出租人和自耕农负担基本相同,佃农负担约为出租人或自耕农之半。这显示该条例草案贯彻一个基本原则:耕者有其田,有其田者自耕。

《松江省建国公粮公草征收暂行条例草案》还分别就土地农作登记,公粮免征、减征、加征等情况、对象,村屯公粮的评议、审议、奖惩,以及公粮折收代金、适当加收运费等,做了说明和规定。关于减免和加征问题,《松江省建国公粮公草征收暂行条例草案》规定,新老荒地,森林地与无收益地,鳏、寡、孤、独、无劳动力者,及其他某些特殊情况,予以免征;军人直系亲属、因天灾人祸遭受损失,其地租收入用于公共事业开支的公共土地等,公粮减征;持有大量土地的大地主,家中有劳动力、不从事农工商学诸业而赋闲的地主,予以加征。[1]

---

[1]　东北解放区财政经济史编写组等编:《东北解放区财政经济史资料选编》第 4 辑,黑龙江人民出版社 1988 年版,第 15—19 页。

继松江省之后,吉林省也于 1946 年 10 月 1 日制定公布了《吉林省政府征收公粮暂行条例》。与松江省办法不同,吉林省不论土地面积与等则,而是按家庭人口平均收入数量分级,实行累进税率:不满 200 公斤者,免征;201—220 公斤,征 1%;221—600 公斤,每增加 20 公斤为一级,每级税率提高 0.5%;601—990 公斤,每增加 30 公斤为一级,每级税率提高 0.5%;991—1350 公斤,每增加 40 公斤为一级,每级税率提高 0.5%;1351—2150 公斤,每增加 50 公斤为一级,每级税率提高 0.5%;每人平均收入达到 2151—2200 公斤时,税率为 30%;每人平均收入在 2200 公斤以上时,不再累进。①

该条例名为征收公粮,但其税制性质更贴近家庭所得税。一年后,吉林省政府于 1947 年 10 月 18 日公布征收公粮暂行条例,对上年暂行条例作出修正,放弃了累进税率,不过公粮征课标的物,并不限于耕地产品,而是包括所有收入。新条例规定,“应征公粮之收入,不论为农业收入或其他收入,均须缴纳公粮”。其粮食收入,“吃粮以种什么谷物交什么谷物。非粮食农产,以现价折成粮食”。土地产量按实际产量或存量计算:租入地按交租后的实存粮计算;自种地按实际收入额计算;出租地按实际收入租额计算。非农业收入依市价折成粮食“适当计算”。征收的基本原则是:“以土地产量为主,参考富力、民主评议。”单位面积公粮征额的确定和计算方法:土地农业收入按地质好坏、平年产量,定出土地等则计算。水田、旱地各分一、二、三等,每等按土地产量负担公粮。“其各等地亩的标准产量及应负担公粮数,由各专署按各该地区实地状况规定之”②征收方法相当繁复。

1948 年 10 月,东北全境解放前夕,东北行政委员会发布关于当年公粮征收的文件,强调为最后肃清国民党军,解放东北,支援全国,要动员农民踊跃缴纳公粮,保障战争供给,必须全力完成并超过分配给各省的公粮、公草任务。东北行政委员会规定的公粮征收率,北满为 20%,南满及

---

①　朱建华主编:《东北解放区财政经济史稿》,黑龙江人民出版社 1987 年版,第 442—443 页。

②　东北解放区财政经济史编写组等编:《东北解放区财政经济史资料选编》第 4 辑,黑龙江人民出版社 1988 年版,第 63—65 页。

洮南 10 县为 15%。在此框架下,各省必须根据土地等级,并照顾战区和后方、灾区和丰收区、产粮区和非产粮区、远区和近区条件,确定不同征收率,不得平均摊派或累进征收。为奖励种植,1948 年新开荒地(不论生荒、熟荒)一律免征。但 1947 年度由于二流子或地富逃走而摞荒之中上等土地,不得视为荒地豁免。秋征粮种,以稻子、大豆、高粱、谷子、苞米为限。并以高粱为标准进行折算。即高粱 1 斤,折抵稻子 7 两、大豆 8 两(或 1 斤)、谷子 1 斤、苞米 1 斤 3 两(南满 1 斤)。各地计征时,须扣除麦地,夏征所收小麦不能折抵秋征任务。但群众愿以小麦抵征秋征公粮时,得按 5 两小麦,折交高粱 1 斤。公粮、公草,一律不收代金。各省内地不易运出之公草,得在完成规定任务外,每 10 斤谷草,折交高粱(或大豆)1 斤。秋征公粮一律限次年元月底前,全部义务运送至交通线粮食局指定之仓库,交库入仓。①

在解放战争初期,东北解放区尚未连接成片,出入境税还是税收的一个重要组成部分,颇受政府重视,1946 年合江省即出台了《出入境税办法》,规定省内各县之间实行"自由贸易",但出入省境的货物,必须缴税,作为一省的收入,由省印制出入境税票,由各县代为征收,按月报省,不得动用。《出入境税办法》除规定某些货物禁止出入境、某些货物免税入境外,详细列明了课税出入境货物和出入境税率。② 征课出入境税货物及税率,见表 20-44。

表 20-44　合江出入境税货品及税率统计(1946 年)

税别/货别	项目	起征点	税率(%)
出境税	粮食(粗粮)	1 斗	5
	动植物油类	20 斤以上	5
	木材	15 立方米	3

---

① 东北解放区财政经济史编写组等编:《东北解放区财政经济史资料选编》第 4 辑,黑龙江人民出版社 1988 年版,第 138—139 页。

② 东北解放区财政经济史编写组等编:《东北解放区财政经济史资料选编》第 4 辑,黑龙江人民出版社 1988 年版,第 28—30 页。

续表

税别/货别	项目	起征点	税率(%)
出境税	煤炭	10 吨	5
	原皮*	5 张	5
	酒	10 斤	5
	叶烟	20 斤	10
	卷烟	20 盒	10
	鱼类、木耳、蘑菇	1 斤	5
入境税	酒、洋酒	10 斤	50
	叶烟	20 斤	50
	卷烟	20 盒	50
	迷信品	100 元以上	50
	化妆品	100 元以上	80

注:* 在禁止出境货品中列有板(原)皮——牛皮、马皮、猪皮。牛皮应为禁止出境货品。两处资料矛盾,存疑。

资料来源:东北解放区财政经济史编写组等编:《东北解放区财政经济史资料选编》第4辑,黑龙江人民出版社1988年版,第28—29页。

　　如表20-44所示,出境课税品主要为粮食、食品、工业和手工业原材料及烟酒,税率较低,除叶烟、卷烟为10%,其他均在5%或以下。入境课税品为嗜好品、迷信品和化妆品三类,税率较高,化妆品为80%,其余为50%。相对而言,禁止出境的货品种类更多,计有七大类数十种货品,布棉等纺织品和纺织原料、盐、米麦等细粮、牲畜类、药品、皮革、汽车和机器零部件等,全都禁止出境,禁止入境的货品较少,只有毒品、赌具。①

　　1947年上半年,合江、松江两省分别颁布《合江省货物税暂行条例(草案)》《牲畜交易税暂行条例》。前者强调,条例以"发展经济、振兴贸易,增加财政收入为宗旨",以货物为征税对象。凡应纳税货物之税目、税率、起征点等,系根据"奖励生产、节约消费之原则和合江省实际工

---

① 东北解放区财政经济史编写组等编:《东北解放区财政经济史资料选编》第4辑,黑龙江人民出版社1988年版,第29页。

作情况而定之"。因此,"凡生产运销必需品,奖励之,税率较低。生产运销非必需品、消耗品、迷信品、奢侈品限制之,税率较高。一切毒品禁止之"。条例规定,货品征税一般按照从价百分比征收,必要时对某些货物得从量征实(原文件税率表略)。①后者的宗旨则是"了解民间畜力流动情况,调整税收,避免重复现象,使人民负担合理与均衡",规定凡交易之牛、马、骡、驴、猪、羊,均依该条例征课牲畜交易税。税率标准,牛、马、骡、驴按当地市价从价5%;猪、羊从价7%。条例自1947年6月1日起施行。②

关于这些税项的征课、收入情况,合江省有所记载、总结。该省很早开始多个税项设置、征课。1946年4月1日颁布《合江省省税规程》,其中包括所得税(分营业所得税及不动产所得税两类)及消费税(包括烟、酒、面粉三项),复于1947年4月5日颁布《合江省特产税暂行条例》,课税对象为该省大宗土产物,按其性质为产销税。税收部分解决了该省财政问题。1947年1—5月共收税款20000万余元,占各县市同期财政总收入20%多。税收多的,如佳木斯市、富锦县,经费主要靠税收解决。部分地区通过税收建立了物资管理制度。如佳木斯市、东安市于1946年战局尚未十分稳定时,为保护物资,禁止机器、电气机器、五金类、重要西药、交通工具、汽油等运出省境,收到相当效果。1947年为支援前线,保证完成粮食统购任务,禁止粮食类出境及内地流通,基本上也达到了预期要求。③

1947年7月,东北税务总局召开北满各省税务局局长联席会议,指示各省之间互相承认税票,取消解放区内的出入口税,拟定统一税收条例草案,做到一省范围内的税收和税制统一。1947年12月,召开第二次税务局局长联席会议,讨论并通过了总局起草的货物产销税、牲畜交易税、屠宰税、市税、进出口税、出入境税等条例和征收营业税的几个原则,及

① 东北解放区财政经济史编写组等编:《东北解放区财政经济史资料选编》第4辑,黑龙江人民出版社1988年版,第41—44页。
② 东北解放区财政经济史编写组等编:《东北解放区财政经济史资料选编》第4辑,黑龙江人民出版社1988年版,第52—53页。
③ 东北解放区财政经济史编写组等编:《东北解放区财政经济史资料选编》第4辑,黑龙江人民出版社1988年版,第53—54页。

各种条例的细则。该项条例 1948 年 1 月 1 日经东北行政委员会公布施行,同时建立了统一的组织领导、票照、报解、会计制度。至此,东北税收首先在北满 7 省 1 市基本上统一。从 1947 年 12 月起,北满 7 省 1 市税款全部解库,行政委员会应付各省经费,由财委会从库提拨,各地不得坐动税款。从 1948 年 1 月起,北满 7 省 1 市均执行新税章税率,实行一物一税制。兴安省亦于 2 月起,以蒙古自治政府名义颁布新税章税率,南满 3 省也于 4 月起执行新税章税率。因此,除兴安省票照自制,南满要到 7 月 1 日起才能实行统一票照外,全东北解放区只要纳税有票,便可通行无阻。①

　　1948 年 11 月东北全境解放后,东北解放区联结成为一个完整的整体,商品流通和税收开创了新的局面。全境解放后,东北税务总局南迁沈阳,于 1949 年 1 月召开了第五次省市局长联席会,公布了上年修订的产销税草案,并布置征收 1948 年 10—12 月的营业税工作。到 1949 年春夏之交,东北税务总局所辖各级局、所,即共 11 个省局、2 个市局、159 个县局、568 个局所,另有 4 个关税局,大部皆已建立就绪。税制方面,取消了敌伪统制与剥削东北人民的苛捐杂税,施行适于东北具体情况的几项合理的税收,包括货物产销税、营业所得税、出入口税(关税)、牲畜屠宰税、牲畜交易税等,税项简明,归类清晰。② 税项确定后,随即相继制定了条例、办法,如《东北解放区行商登记及纳税暂行办法》(1949 年 2 月 1 日)、《东北解放区货物产销税暂行条例》(1949 年 2 月 20 日)、《东北解放区烟酒专卖暂行条例》(1949 年 2 月 20 日)、《东北解放区工商所得税暂行条例》(1949 年 8 月 2 日)、《东北区公粮征收暂行条例》(1949 年 10 月)等。③

----

　　①　东北解放区财政经济史编写组等编:《东北解放区财政经济史资料选编》第 4 辑,黑龙江人民出版社 1988 年版,第 178—179 页;东北解放区财政经济史编写组等编:《东北解放区财政经济史资料选编》第 4 辑,黑龙江人民出版社 1988 年版,第 187—188 页。

　　②　东北解放区财政经济史编写组等编:《东北解放区财政经济史资料选编》第 4 辑,黑龙江人民出版社 1988 年版,第 179—180 页。

　　③　东北解放区财政经济史编写组等编:《东北解放区财政经济史资料选编》第 4 辑,黑龙江人民出版社 1988 年版,第 148—149、153—159、250—253、305—309 页。

由于东北全境解放和税制规范、票照统一的时间尚短,税收机构、税务人员经验不足,新的税制、条例的施行,虽然获得成绩,取得了预期成果,但并非十全十美、一帆风顺,而是存在明显缺点和漏洞,尚须不断摸索、完善、积累经验。如行商营业税征课方面,虽然完成了部分任务,在管理上打击和限制了奸商的投机活动,保护了正当的守法商人。但在税收方面,还是让部分商人钻了空子,占了便宜。如沈阳行商,外区商人占96%以上。为了促使物资畅流,起初对外区商人相当放任,除来货在销货地课税外,其回购货物,凭外区路条自由运回本区。由于本区商人利用这个空子运货偷税,使税收遭受损失。后来才吸取教训,加强对外区商人运货的管理。税率方面,因税率过高,商人获利少,甚至赔本,部分影响物资交流。如三松 20 支洋纱,每捆天津价合东北券 106 万元,哈尔滨卖 140 万元,运费脚力平均每捆 12 万多元,税额 16 万多元,如果饭费旅费不计算在内,每捆可得利润 4 万多元,每次要运 20 捆纱,才够开支旅饭费。因此,两地货物虽有供求不平衡现象,物价虽有差别,商人也不愿运销了。同时,高税率也促成了偷税行为。一个月的营业总额,极容易适用最高税率,因此小行商宁愿不带行商证,被查到受处罚。处罚一倍的罚款,最多也不过 10%,若偷到一次,就捡到一次的便宜。所以管理尽管严密,各地偷税案件还是普遍发生。①

又如 1949 年第一期工商所得税预征,也是成绩很大,缺点不少。过去诸方面从未有过统一条例,都是各省各搞一套,虽然在政策方针上是一致的,但具体内容与贯彻政策在程度上却有差异。这次制定了统一的条例,并且由无计划走向了有计划,由凭各地征多少算多少,到制定预算分配任务,布置征收方法,并且限定完成任务的期限。这"给那些对工商业估计不足,轻信商人叫喊,盲目地对商人施仁政观点以有力的批判"。这次预征,大部分都能完成任务,不但增加了财政收入,在货币回笼、稳定物价、积累资本上,都起了一定的作用。这次预征还贯彻了工轻于商

---

① 东北解放区财政经济史编写组等编:《东北解放区财政经济史资料选编》第 4 辑,黑龙江人民出版社 1988 年版,第 290—292 页。

和合理负担的方针,鼓舞工商业者扩大营业的信心。如吉林有两家纺织工厂在这次所得税征收以后,要增加机器,扩大生产。抚顺市在未征收以前,工商业者不知要征多少税,怕因缴税干不了。经过征收以后,商人有了底,放心向前发展了。这次税收成绩不小,但缺点和偏差亦不少。如条例税率表有不适之处,主要是私营税率轻了,课税起征点较高,没有掌握好税收重点。税收负担不合理。如辽东省辑安、安东两县工业负担重于商业。吉林把牙膏厂按化妆品加征50%,延吉老头沟税所对瓦盆业没有按加减率表减征,不利于条件艰苦、利润微薄的小企业发展。①

　　从总体上看,东北全境解放后,1949年东北解放区的税收工作有了明显的发展和变化,方针正确,领导加强,作风转变,工作深入,克服文牍主义,很多市、县长参加征收委员会,亲自动员、号召商人自觉纳税,指导、帮助、督促、检查工作,加快了征收工作的进展,提高了征收工作的质量,并且通过查假账,增加了税收。各地商人普遍制造假账,偷税漏税。调查资料显示,80%以上(可能还要多)的工商户有假账,最高的达93%。隐埋账额一般为2倍至3倍。最少亦在一倍上下,最高的达1100%。有的商贩偷税额在亿元以上。通过查假账,大大增加了税收金额,对回笼货币,稳定物价,缓解财政困难,恢复经济生产,支援全国解放战争,都有着重大的意义。1949年的税收现金收入,超额完成任务,加快了货币回笼,减少了新票发行,缩小了财政赤字。东北解放区1947年的财政赤字为80%,1949年缩小到20%。税收还有稳定物价的作用。1949年每当估征所得税时,物价就平稳了,这已成规律。东北物价以1948年12月为基数100,1949年2月上升36.27%,3月升至78.55%,因3月实征1948年营业税,4月仅升至83.17%,只升了4.62个百分点。8月预征第一期所得税,物价只比4月上升0.63个百分点。4—8月的物价几乎没有上涨,7月有的还降了。由于及时抽回游资,物价始终没有出现大的波动。在正

―――――――――
　　①　东北解放区财政经济史编写组等编:《东北解放区政经济史资料选编》第4辑,黑龙江人民出版社1988年版,第295—300页。

确的税收政策下,工商业也稳步发展。1949 年公营企业增加了 64.3%,私营工商业增长 80%。①

关内解放区的税收及其变化,因时段和地区而异。各老解放区(原抗日战争根据地),在解放战争初期,基本上延续抗日战争时期原有税制,随着形势发展,战争扩大,战争费用增加,税制多有调整、变化,税种、征额或有增加。征课地区亦扩大到周边新区。其他解放区特别是 1948 年 8 月大反攻以后解放的地区,由于解放时间短,占领或经过的解放军大部队及民工,人数多,军需供给数量庞大,而这些地区的民主政权尚未建立或刚刚建立,无法承担部队军需供给的重任,因而几乎全部采用临时征借或捐献的办法。

陕甘宁边区,税收分为两个部分。一部分是以农民和土地征课对象的农业税(公粮);另一部分是以商人和手工业者为征课对象的若干税收。就征额和边区岁入而言,以前者为主。

农业税(公粮)方面,在 1943 年陕甘宁边区实行的农业累进税试行条例的基础上,1946 年颁布《农业累进税条例》,将农业收益与土地财产二税合而为一,一并征收。1947 年 12 月,在准备收复延安的关键时刻,边区政府依据条例,在"公私兼顾"的原则下,决定征收细粮 24.6 万石、草 4182 万斤,除归还民间历次借粮 146350 石外,实收 99650 石,必须赶在 1948 年 1 月底前完成。所收公粮,全部分散在"可靠居民中保存"。②

1948 年 4 月 19 日,延安收复前夕,陕甘宁边区政府鉴于战争、灾荒,农村经济遭到严重破坏,生产下降,人民负担能力大大降低,同时,农村经过土地改革,土地占有大体平均,根据边区当时经济特点,以及华北财经会议关于负担政策"应扩大征收面,减少累进率,照顾农民生活"的指示,决定对 1946 年《农业累进税条例》作出修改、调整:(1)执行"公私兼顾"

---

① 东北解放区财政经济史编写组等编:《东北解放区政经济史资料选编》第 4 辑,黑龙江人民出版社 1988 年版,第 322—328 页。

② 陕甘宁边区财政经济史编写组等合编:《解放战争时期陕甘宁边区财政经济史资料选辑》下册,三秦出版社 1989 年版,第 371—372 页。

的原则,适当减轻农民负担,公粮只能占农业总收入的10%,最高不得超过15%为宜。(2)农业税仅需征收收益税,取消征收土地财产税,取消扣除生产消耗。(3)采用以"常年产量为征收标准",借以刺激和鼓励生产。(4)公粮负担面扩大至80%—90%,既减轻负担,又支援自卫战争:绥德分区由60%—70%扩大至80%,延、关、陇等分区由80%以上扩大至90%。(5)适当规定各阶层负担的比例,以达到合理负担。土地改革后封建地主富农虽已被消灭,但仍存在新富农、富裕中农、中农、贫农等阶层的差别,负担仍应保持累进原则,但累进率缩小,并减少差额,最高累进率以不超过收入25%左右为原则(过去累进最高曾达35%,负担占收入最高达35%—52%)。(6)将过去的起征点改为免征点,收入超过所规定的免征点者,只按其超过部分计算负担。(7)计税法改为依常年产量为标准,规定一定额的产量折成标准亩,然后依每人平均标准亩多寡,确定每一标准亩的负担①。(8)鉴于战争、灾荒、土地改革使农村副业大受影响,交换停滞,农村副业除畜牧地区(如三边、陇东)之畜牧收入外,可予免征,以奖励副业的发展。待发展到一定程度,需要征税时,再行决定。(9)如何扶助生产基础差的新翻身农民,打下基础,发家致富,最好由政府在农贷及其他方面给予照顾,在负担上不必明文规定照顾办法。(10)军属、烈属、孤儿、寡妇,没有劳动力的农户,应当明文规定,酌量减轻其负担。(11)此后制定详细条例时,应以能否奖励和刺激生产为标准,凡是能恢复与刺激生产发展者,应有明确规定予以扶助与奖励。②

1948年4月收复延安,陕甘宁边区扩大,晋绥划入,陕甘宁边区扩大为陕甘宁晋绥边区。1949年人民解放军大部队西进,大片土地迅即解放,新解放区成为陕甘宁晋绥边区的一个重要组成部分,财政开支亦相应和加倍

---

① 例如,规定常年产量1斗折1标准亩,再依每人平均标准亩多寡规定税等(即规定累进率),如第1等,扣除免征点后,每人平均1个标准亩至10个标准亩者,每标准亩出粮2升2合;第2等,扣除免征点后,每人平均11个标准亩至15个标准亩者,每标准亩出粮2升3合;第3等,扣除免征点后,每人平均15个标准亩至20个标准亩者,每标准亩出粮2升6合;第4等,扣除免征点后,每人平均21个标准亩至30个标准亩者,每标准亩出粮2升9合;第5等,扣除免征点后,每人平均31个标准亩以上者,每标准亩出粮3升2合。

② 陕甘宁边区财政经济史编写组等合编:《解放战争时期陕甘宁边区财政经济史资料选辑》下册,三秦出版社1989年版,第452—456页。

扩大。为了充裕财政,增加税收,1949 年 6 月,陕甘宁边区针对新解放区的具体情况,公布《陕甘宁边区新区征收公粮暂行办法》,规定凡土地收入(包括地租收入及土地各种产物),一律征收收益税;地主富农的土地,并征收土地税,统称公粮,由土地收益所得人及土地所有人缴纳。公粮征额、税率,在一般地区不超过农业总收入的 15%,土地产量特丰地区(每亩通产 2 市石以上)以不超过 20% 为原则。计算与征收标准,土地收益以土地实收益计算,地主富农出租土地的土地税,以其租额 1/2 计算,自耕或雇人耕种的土地税,以其实产量 1/10 计算。收益税与土地税按以上标准计算后,依下列规定征课比例征收;凡产麦区每人平均不足 14 市斗麦子,产米区不足 8 市斗米(或小米)免征。每人平均 14 市斗麦子或 8 市斗米(或小米)以上者,按累进征收比例征收,最低征收 3%,20 市斗(或 8 市斗)以上征收 4%,26 市斗(或 16 市斗)征收 5%。凡收入超过 140 市斗以上者,统以 40% 的比例征收。公粮税率从 3% 至 40%,其间设有 37 个进级,级差均为 1%。[1]

新区尚未进行土地改革,而老边区情况不同,大多已完成土地改革,废除了封建土地所有制,消灭了地主富农阶级,土地占有分散。边区政府根据土地改革后的老区农村经济情况,1949 年 7 月 22 日颁布《陕甘宁边区农业税暂行条例》。[2] 该暂行条例共 6 章 25 条,基本上以延安收复前夕公布实施的"农业税征收及负担政策"为基础,但做了若干修订、补充,使其更加细致、缜密、切实可行。主要修订包括:(1)将制定条例的原则由"适当减轻农民负担",改为"使农业负担合理固定",删除无法保证兑现的承诺;将以农业、副业收入为征课对象改为以农业收入为税本,"非农业收入之土地(包括房院、地基、林牧地、荒地、道路、坟地等)及家庭副业收入,不征农业税";明确典当地、租佃地农业税的缴纳责任,强调"由土地所有人负缴纳之责";明确划定免税土地的种类、范围。(2)明确以

① 陕甘宁边区财政经济史编写组等合编:《解放战争时期陕甘宁边区财政经济史资料选辑》下册,三秦出版社 1989 年版,第 549—554 页。
② 中国社会科学院经济研究所中国现代经济史组编:《革命根据地经济史料选编》上册,江西人民出版社 1986 年版,第 956—960 页。两个版本大同小异,"解释权"均属边区政府。从文字表述和条款内容、缜密程度看,似乎"西北区"版在前,"边区"版在后。因"西北区"版第 23 条有"土地改革尚未完成地区,其农业税征收办法,另行制定"一语,"边区"版已删除。据此,"西北区"版的制订在 1949 年 6 月 24 日《陕甘宁边区新区征收公粮暂行办法》正式颁布之前。

土地常年产量为征收标准。(3)摒弃累进税制。(4)明确划定和计算扣除免征点人口及收益(包括机关、部队、学校、工厂及群众团体所经营的土地),产米区每人扣除6市斗小米,产麦区每人扣除9市斗小麦,消除灰色地带。(5)明确划定优待对象及批准权限:"凡贫苦军、工、烈属,丧失劳力之退伍人员、鳏、寡、孤、独之无劳力并生活困难者,经乡政府评定、呈县政府批准",并规定免征点高限。(6)明确农业税征收标准:扣除免征点后,按20%—23%税率征收(即每市斗征收细粮2升至2升3合)全年征收细粮(产米地区以米计,产麦地区以麦计)18市斤至20市斤,地方粮款,得由各县政府不超过农业税额1/5范围内,呈经行署批准,并转报准边区政府备案后附征之。(7)明确农业税每年征收一次,分夏秋两季缴纳,无夏收或秋收地区,得于夏季或秋季一次缴纳;征收农业税时,并得附征公草。(8)明确因灾减免及批准权限:"凡遭受水、旱、虫、雹或其他灾害,致收入特减,依定额负担额缴纳有困难者,得由该管县政府详具实情,呈行署(未成立行署者呈请专署),转呈边区政府核准予以缓征、减征或免征"。(9)明确规定农业税的登记、评定、审核及偏差纠正等的组织领导、办法。(10)条例适用于土地改革完成之地区,在该地区内,所有以前颁布之农业税条例,及其他农业负担办法,一律作废。①

《陕甘宁边区农业税暂行条例》出台,正赶上公粮夏征、秋征。西北5省夏秋征公粮,原下达指标8575159石,实际布置数为8076922石,较原下达任务减少5.87%。最后总共入仓公粮5757942石,相当于实际布置数的71%强。西北1949年征粮标准,原规定一般地区负担额不超过农业总产量15%,产量特丰地区不超过20%。根据各省市实际布置任务统计,陕西省全年负担占总产量14%,每人平均负担56市斤,每亩地平均负担14市斤;甘肃省全年负担占总产量的9.8%,每人平均负担43市斤,每亩地平均负担8市斤;青海省全年负担占总产量10.8%,每人平均负担41市斤,每亩地平均负担7市斤;西安市全年负担占总产量10.4%,每人

———————————

①　陕甘宁边区财政经济史编写组等合编:《解放战争时期陕甘宁边区财政经济史资料选辑》下册,三秦出版社1989年版,第554—558页。

平均负担 41 市斤,每亩地平均负担 18 市斤;全西北全年负担占总产量的 12.5%,每人平均负担 52 市斤,每亩地平均负担 11 市斤,各省市除宁夏负担略高外,其余均未超过原定一般地区的负担标准。

至于各阶层负担及负担面,依照原规定,贫农不超过 8%,中农平均不超过 20%,地主富农除土地税外,不超过 40%。负担面一般应达农村户口的 80%。各地实际负担情况,尚无全面统计,据关中礼泉、澄城、长武、旬邑、邠阳、乾县等 6 个县,及兴平多马区十三乡、渭南望华区第四乡的报告材料统计,公粮征收额占总产量的 13.35%,连同地方粮占总产量的 16.4%,平均每人收入 3 石 9 斗 5 升,每人负担 6 斗 4 升,出粮后尚余 3 石 3 斗 1 升。从各阶层看,地主负担公粮(连土地税在内)占收入的 35.7%,再加地方粮,占收入的 44.01%;富农公粮(连土地税在内)占收入的 29.33%,再加地方粮,占收入的 35.7%;富裕中农公粮(连土地税在内)占收入的 16.42%,再加地方粮,占收入的 20.5%;中农公粮占收入的 13.12%,再加地方粮,占收入的 16.29%;贫农公粮占收入的 7.7%,再加地方粮,占收入的 9.5%;雇农公粮占收入的 4%,再加地方粮,占收入的 4.8%。从负担面看,全部户数为 228008 户,负担户 188474 户,免征户 39534 户,负担面为 82.9%。① 据此,大致可见,群众负担与原定标准不远,基本上贯彻执行了合理负担政策。

营业税和货物税方面,陕甘宁边区或沿用抗日战争时期的税制,或制定新的条例、办法,实施和规范边区营业税、货物税的征课。

营业税是直接所得税,从 1941 年开始征收。当年起征税率为 2%,最高率 20%;1942 年改为起征率 3%,最高率 30%;1943 年起征率复升至 3%,最高率 35%。当时因此举目的是想达到商农负担合理。不过 35% 的最高农业税率,征课对象是地主,35% 的最高营业税率,征课对象是大商人。从政策上看,做法似欠妥当。②

---

① 陕甘宁边区财政经济史编写组等合编:《解放战争时期陕甘宁边区财政经济史资料选辑》下册,三秦出版社 1989 年版,第 631—632 页。
② 陕甘宁边区财政经济史编写组等合编:《解放战争时期陕甘宁边区财政经济史资料选辑》下册,三秦出版社 1989 年版,第 328—334 页。

为了调整、规范营业税的征课,1946年12月,边区政府制定公布了《陕甘宁边区营业税暂行条例》,对商民的纯收益,以货币的形式征收税费。该条例规定,凡在边区境内设有固定地址经营工商业者,不论公营、私营,均须缴纳营业税;从事临时营业者,则须缴纳临时营业税。征收原则,按其营业纯收益多寡,本着累进原则,每半年(6个月)征收一次,不满半年者,按月计算征收之。起征率为2%,最高率为30%。起征额暂为券洋2万元,最高累进额暂为券洋250万元,250万元以上不再累进。其累进额必要修改时,由边区政府命令行之。该临时营业税每批交易额以千分比计算征收。起征率为5‰,最高率为30‰,起征额暂定为券洋2万元,最高累进额暂定为券洋125万元,125万元以上不再累进。其累进额必要修改时,由边区政府命令行之。该条例还明确规定了营业税减征免征范围。免税范围包括:(1)纯系供给性质之公营工厂及政府鼓励发展之公私纺织、造纸、开矿、冶金、弹花、弹毛、制砂糖等企业者。(2)鳏寡孤独、老幼残废无所依靠及贫苦之小商仅能维持其生活者。减税范围包括:(1)属于机关部队学校之各种经营者,一律按8折减征。(2)凡经政府登记之生产合作社,一律按5折减征。(3)凡属合股性之小本经营者,按8折减征。(4)有益边区生产之发展,同时靠自己直接劳力经营之各种小手工业,得予分别减征:铁匠4折减征;铜锡匠、各种机械修理、毡匠、毛毛匠、打麻绳、织毛巾袜子、油坊、丝织业、成衣匠、大车厂、木工、熟食业、理发馆、马掌匠等,一律按6折减征。[①]

1948年10月前后,边区政府根据1946年营业税条例第6条及第11条的规定,又针对流动商贩制定颁布了《陕甘宁边区临时营业税暂行征收办法》,税率和征收办法是,按每次交易额的15%征收,规定货物运到店栈时,该店栈主应将货主或运货人姓名、货名、数量,即时报告税务机关(如有验货场须先经验货场登记),并保证该货主或运货人于货物出售后

[①] 陕甘宁边区财政经济史编写组等合编:《解放战争时期陕甘宁边区财政经济史资料选辑》下册,三秦出版社1989年版,第345—347页。

到税务机关纳税割票,否则该栈主应负补纳税款之责。如该货无货主随行,应由售货人或店栈代替纳税割票;凡往来之货物,在进行登记或验货时,应将运货人或货主姓名、货名、数量、运销地、住宿店栈等项详细登记,当日到店查验,由店主负责督促货主于成交后到当地税务机关直接纳税。① 这样,就将流动商贩也都正式纳入了营业税的征课范围,这是完善和规范营业税的一个重要步骤。

1946年制定颁布的《陕甘宁与晋绥区货物税暂行条例草案》,将陕甘宁和晋绥联合作为一个征税区,一次征税,通行两区。两区之间不得有"出境""入境"之别。凡条例所称"境内",均系指两边区,凡运进或邮寄区内之应税货物,不论在境内销售,或运往边区以外销售者,均须依照甲种货物税税率表征收之;凡边区产之应税货物运出边区销售者,悉依乙种货物税税率表征收之;凡边区产之应税货物,在边区境内销售者,悉依丙种货物税税率表征收之。凡进出边区(指两边区)之应税货物,在此方或彼方已纳出入境税,并有税票及查验手续者,即可自由运销,彼方或此方不得再征税费。凡两边区之边产应税货物,在两区境内运销时,如具有一方之纳税手续时,另一方不得再征税费。凡应税货物,征税均依从价征收,必要时得从量征收之。② 这就大大方便了两区的货物流通。

在华北、中原各边区,解放战争时期的税收种类,同陕甘宁边区有相似之处,分为农业税(公粮)和工商类税收两类,不过工商类税收的税目比陕甘宁边区多。抗日战争结束前后,各边区先是沿用抗日战争时期原有税制,维持或加紧税收征课,满足前方紧急需求,接着才利用和平间隙,开始调整、完善税制,增加税收,平衡负担。

华北、中原各边区,全都处于抗日最前线,"八一五"日本宣布投降前后,既是八路军与侵华日军的最后决战阶段,后勤军需万分火急,又届公

① 陕甘宁边区财政经济史编写组等合编:《解放战争时期陕甘宁边区财政经济史资料选辑》下册,三秦出版社1989年版,第495—496页。
② 陕甘宁边区财政经济史编写组等合编:《解放战争时期陕甘宁边区财政经济史资料选辑》下册,三秦出版社1989年版,第340—341页。

粮夏征秋征的关键时间,刻不容缓。在这种情况下,各边区才沿用抗日战争时期原有税制,增加税收支援前线。如冀晋区党委要求公粮"突击征收",全力支援前方,夺取城市,其口号是"胜利公粮,反攻公粮,多交,早交,提前完成";"保证公粮没砂土,没糠秕;好粮供前线,坏粮自己吃"。[①]晋冀鲁豫边区太行行署工作重点则是动员、组织群众长途"义运"公粮接济前线、供给部队用粮。[②]

冀晋区在突击征粮的同时,又突击征棉、征棉换布。征棉换布在1944年已首次实行,因经验不足,重视不够,完全依赖合作社,效果不太理想。日本投降后,征棉换布在军需、财政上均甚紧迫。部队冬装、翌年春装置备正等布、棉;在财政上,征棉换布相当全区财政收入的1/2(比上年棉数多几倍),不可或缺,对稳定金融、物价,促进今冬明春农村家庭副业生产,也起着很大作用。因此,地区政府决心总结经验,吸取教训,抓紧时间搞好新一年的征棉换布工作。所收籽棉,轧制成熟花后,除留部分充作棉衣、棉被絮棉外,全部换布。征棉换布采取"公私两利"原则,奖励棉布生产。具体采用"工资奖励制"或买卖关系(通过合作社办理)。或两者兼用。[③]

进入1946年,各边区开始着手改革、调整税制。是年6—7月,晋察冀边区和所辖冀东区,相继颁布农业统一累进税征收办法。

冀东区因抗日战争期间环境动荡,政权机构不健全,农业税一直保留敌伪统治时期"按亩均摊"的不合理办法,1946年6月,为平衡人民负担,根据晋察冀边区统一累进税税则的基本精神,制定《冀东区暂行农业统一累进税简易办法》。该办法规定,农业税征收范围为土地地租及农业收入、果木蒲苇收入,但不包括家庭副业及畜养收入、非专门运输业收入、区级以上党政军民机关或个人生产收入、新垦荒地三年以内之收入。农

---

①　华北解放区财政经济史资料选编编辑组等编:《华北解放区财政经济史资料选编》第2辑,中国财政经济出版社1996年版,第910页。

②　华北解放区财政经济史资料选编编辑组等编:《华北解放区财政经济史资料选编》第2辑,中国财政经济出版社1996年版,第1086—1087页。

③　华北解放区财政经济史资料选编编辑组等编:《华北解放区财政经济史资料选编》第2辑,中国财政经济出版社1996年版,第914—916页。

业税以"标准亩"为计算单位,并将资产与收入合并计算。计征农业税,基本原则和方法,与前揭陕甘宁边区大体相仿。[①]

《晋察冀边区农业统一累进税简易办法》,制定、下发在冀东区之前,但颁布在后,1945年7月2日才正式颁布。两个办法宗旨、原则基本一致,但计算方法互有差异。虽然均依土地常年产量计税,但冀东区的单位是"标准亩",而晋察冀边区用的财产收入折合单位是"富力"。将财产税与收入税合计。计算标准是:(1)自营地总收入(不扣除消耗)10市斗谷折1富力;出租地收租5市斗谷折1富力;佃种地收入15市斗谷折1富力。但若地主出农本(肥料、种子、耕畜、农具等)者,应先将其农本扣除。佃种地应先将其租额除去,然后计征。(2)尚未减租者应依法减租。在未减租前,应由地主全部负担(出租地按地主自耕地负担)。(3)典当地,出当人按1/4负担财产税,承当人按3/4纳收入税。但出当人生活贫苦者,经协议后得按过去双方约定办理。在此基础上计算富力,按家庭人口扣除免征点后,计算累进税率、税额。[②]

抗日战争结束前后,华北各边区在抓紧突击征收农业税(公粮)的同时,开始了对工商税、杂税的整理和规范。最先整理、规范的税项是契税、卷烟税。

1945年10月,晋察冀边区接连制定章程、办法,整理、规范契税、卷烟税。为"确定与保护不动产之所有权与买卖自由权",边区政府于10月15日修正公布《晋察冀边区契税暂行章程》,规定边区人民典买不动产,均须依章税契,买契按实价征税6%,典契按典价征税3%。先典后买者,准以原纳典契税额,抵纳买契税,不足之数,照数补足,但以买典同属一人者为限。逾期不税,或匿价偷漏者,除令照章税契外,由县(市)以上政府处罚。逾期一个月者,处应纳税额2/10的罚金,逾期两个月者,处应纳税额4/10的罚金,逾期三个月以上者,加重处罚,但最多不得超过应纳税额的一倍。如有匿价情事者,除令更换契约,补缴短纳税款外,并处以

---

① 华北解放区财政经济史资料选编编辑组等编:《华北解放区财政经济史资料选编》第
2辑,中国财政经济出版社1996年版,第969—974页。

② 华北解放区财政经济史资料选编编辑组等编:《华北解放区财政经济史资料选编》第
2辑,中国财政经济出版社1996年版,第975—977页。

所匿应纳税额两倍以上五倍以下之罚金。①

1945年10月20日,晋察冀边区行政委员会颁发《晋察冀边区卷烟统税暂行办法》,在张家口市及平绥沿线一带试行。该暂行办法规定,凡区内制造的卷烟、雪茄,25000支之批发价超过37500元者,从价征税40%;25000支之批发价不及37500元者,从价征税10%。卷烟统税,于制造场所运出时,向其制造人征收之。卷烟制造人拟将卷烟由制造场所运出时,应将其种类、牌名、数量、价格等项填写卷烟统税纳税申请书,向市县政府提出申请。各市县政府接到前项申请书,经调查确实征收税款后,发给卷烟统税票,并按其箱数发给卷烟统税完讫证,粘贴箱面,加盖检讫印后,方准行销。前项卷烟统税票及卷烟统税完讫证统一由行署或特别市政府印发。卷烟制造人以欺诈或其他不正当行为,意图偷税时,除补征其应纳之税外,得处以所偷税额半数以上四倍以下之罚金。②

1945年12月中旬,晋察冀边区行政委员会接连制定颁发了工商业收入税、营业税征收办法。12月12日边区政府公布"工商业征税办法"。其宗旨是"奖励工业及合作社事业,繁荣商业,并使负担公平合理"。按其性质和具体情况,工商业征税办法将征税对象分为免征、减征和征税三部分。下列各业免征收入税:(1)矿业(盐、硝、碱、硫磺及铁之冶炼铸造等亦包括在内);(2)灾民经营之运销;(3)合作社之收入(不以社员为主要对象之营业不在内);(4)荣誉军人以抚恤金经营之企业(与其他人合营者,只免荣誉军人所得部分);(5)未设铺之艺匠(木匠、泥水匠、石匠、理发匠、钉掌匠、铜匠、洋铁匠、小炉匠及其他编筐、编席等)。下列各项之收入税,减征2/3(依原额调查计算得出纳税额后,乘以1/3):棉毛纺织、皮毛业、农具制造、造纸、土靛染布、生药制造、陶瓷业、印刷业、运输业。下列各项减征税额1/3(依原额调查计算得出纳税额后,乘以2/3):药铺、编织及打绳、榨油、制肥皂、制圪帛、烧炭、粉坊。凡不属于上述税收

① 华北解放区财政经济史资料选编编辑组等编:《华北解放区财政经济史资料选编》第2辑,中国财政经济出版社1996年版,第919页。
② 华北解放区财政经济史资料选编编辑组等编:《华北解放区财政经济史资料选编》第2辑,中国财政经济出版社1996年版,第921—922页。

减免的各项工商业,不论公营私营或公私合营,悉依法全额征税。

征税之工商业,悉依其纯收入计征(纯收入系指总收入除去经营人员之消耗、从事各该业所养牺畜之消耗及营业消耗后之收入),以户为单位,不论兼营、单营、长年、临时,凡纯收入在20市斗米以下者免征,超过20市斗米者,其超过部分(纳税收入),依下列规定征税(全额累进不递减):纳税收入未满10市斗米者,征税1%。10市斗米以上至未满60市斗米者,每增加10市斗米,征税额提升1个百分点。纳税收入未满60市斗米者,征税6%。60市斗米以上至未满100市斗米者,每增加20市斗米,征税额提升1个百分点。纳税收入未满100市斗米者,征税8%。纳税收入100市斗米以上至未满500市斗米者,每增加50市斗米,征税额提升1个百分点。纳税收入未满500市斗米者,征税16%。纳税收入500市斗米以上至未满800市斗米者,每增加100市斗米,征税额提升1个百分点。纳税收入未满800市斗米者,征税19%。纳税收入800市斗米以上至未满1000市斗米者,征税20%。纳税收入1000市斗米以上至未满1600市斗米者,每增加200市斗米,征税额提升2个百分点。纳税收入未满1600市斗米者,征税26%。纳税收入1600市斗米以上至未满2400市斗米者,征税28%。纳税收入超过2400市斗米者,征税30%,达到累进最高率,不再累进。

工商业年度由阴历元旦至年底止。此次暂定于翌年阴历正月调查征收。关于烟酒等专卖品,除缴纳卷烟统税、制造烟税及酒税等税外,仍须依该办法纳税。[1]

新的工商业征税办法,系边区政府根据发展工商业政策及边区历年来工商业征税经验,将过去的征税办法加以修正而成,减免税对象、范围做了适当调整,税率亦再度降低。1945年春公布的税率已由上年5%—35%减到3%—30%,新办法税率再行下降,由3%起税改为1%起税。最高点则因城市解放,工商业发展,由原来的500市斗提升到2400市斗,实

---

① 华北解放区财政经济史资料选编编辑组等编:《华北解放区财政经济史资料选编》第2辑,中国财政经济出版社1996年版,第934—935页。

际税率亦行降低,原来 500 市斗以上税率即达 30%,新办法仅 16%。除特
大者外,一般均较上年减轻 2%—4%。新办法特别照顾下层,扶植小工商
业者,奖励发展家庭副业。以往家庭副业与临时经营不易分辨,多生问
题,新办法取消此种划分,纯收入 20 市斗以下者一律免征,超过者亦只征
超过部分,下层负担减轻。税率的制定,也是下层减轻较多(第一税等减
轻 3/4),上层减轻较少(收入 1500 市斗者减轻 1.26%)。商人税率,虽然
下层减幅较大,但对税收影响不大。据阜平城 26 个村镇材料,纳税收入
在 20 市斗以下的户数占 35%,纳税额占总额的 0.99%。收入在 200 市斗
以上的户数占 6%,纳税额占总额的 74.9%。故新方法使下层税率大为
减轻,但税收不致减少。①

　　继工商业税之后,晋察冀边区复于 1945 年 12 月 18 日颁布《晋察冀
边区营业税暂行办法》,对设有营业场的制造、运输、堆栈、旅馆、照相、餐
饮、理发、澡堂服务、租赁、中介、代理、新闻报纸、出版、印刷、娱乐、游艺、
放款、诸业征收营业税。对下列营业不征收营业税:(1)不以营利为目的
之公营事业;(2)政府批准之公益事业、慈善事业、教育事业;(3)合作事
业(不以社员为主要对象之营业不在内);(4)新闻报纸事业;(5)矿业。
营业税标准及税率:各业均有固定税率,从最低 10%(制造业零售)到最
高 60%(放款业、妓馆业)不等。②

　　1946 年 3 月,晋察冀边区制定公布《晋察冀边区货物税暂行条例》和
《晋察冀边区货物税暂行条例施行细则》,开始进出口货物税的征收。该
暂行条例的宗旨是,"保护边区经济,配合物资政策,增加财政收入",规
定以货物为征税对象,凡应税货物,一律照章征税。条例分别详细开列了
出口货物、进口货物的税目、税率名单,并有免税进口、禁止出口货物清
单。出入口货物的税率不算太高,多在 5%—10%上下,20%以上的不多。
出口货只有耕畜、木料、动物油、干草等;入口货为洋布及其衣帽成品、土

　　①　华北解放区财政经济史资料选编编辑组等编:《华北解放区财政经济史资料选编》第
2 辑,中国财政经济出版社 1996 年版,第 936 页。
　　②　华北解放区财政经济史资料选编编辑组等编:《华北解放区财政经济史资料选编》第
2 辑,中国财政经济出版社 1996 年版,第 938—940 页。

布、海味、奢侈品(税率最高,达40%)等。①

在晋察冀边区的税收中,财产、收益类税收门类相对较多,除前揭农业税(土地财产和收益税)和工商业税、营业税之外,1946年还出台了"所得税暂行办法"。所得税征课对象,计分三类:(1)缴纳营业税的有固定经营场所的各种营利事业所得及财产之所得,不论公营、私营、公私合营,不论经常或一时之所得"均属之";(2)不缴纳营业税的无固定经营场所的各种营利事业所得及财产之所得"均属之";(3)自由职业者、其他从事各业者之薪给报酬所得。"薪给报酬"不限于薪金,凡以劳力、智能、技艺直接换取之金钱、物资报酬"均属之"。但不包括党政军、团体、合作社、邮电、公私企业人员的生活费和薪金;政府批准的公益事业、非营利性事业、矿业、边区银行、报社和新闻机关收入等。上述三类收入扣除"业务必要消费"后,超过免税点(以户为单位,以半年所得2000元为免税点),按累进计算税率,第一、二类收入,半年不超过3000元,征税3%,而后按收入增加累进,提高税率,累进20级,至半年收入60万元,税率提升至30%,到达累进最高率,停止累进。第三类收入按月计税,每月纳税收入未满1000元者,征税2%,而后按收入增加累进,提高税率,累进13级,至每月收入3万元,税率提升至15%,到达累进最高率,停止累进。医生、工程师减半征收。纳税人申报时少报所得,多报消费,或以其他不正当意图偷税时,一经查出,除补征缴税外,并科以偷税额半数以上、四倍以下之罚款。②

从日本投降到1946年年底,是晋察冀边区在新的历史条件下,建立、调整、完善各种税制的重要阶段,取得了重大进展。如所辖冀东区,面对国民党的包围、封锁,又通过不等价交换进行物资掠夺,在一年多时间里,从无到有,制定了二十几项条例,建立关税组织和封锁带、人造关口,通过调整、完善出入口税制,加强对敌经济斗争,保护了区内手工业、金融和正

---

① 华北解放区财政经济史资料选编编辑组等编:《华北解放区财政经济史资料选编》第2辑,中国财政经济出版社1996年版,第954—958页。
② 华北解放区财政经济史资料选编编辑组等编:《华北解放区财政经济史资料选编》第2辑,中国财政经济出版社1996年版,第992—995页。

常贸易,保证了财政供给。①

日本投降后,晋冀鲁豫边区的新时期税制改革、调整和完善,开始于
1946 年夏季。1946 年 6 月 15 日,晋冀鲁豫边区政府颁布《晋冀鲁豫边区
工商业营业税暂行办法》,其征收对象为"以一定营利为目的事业",但农
业不在此限。具体征税及减免对象,与晋察冀边区营业税征收办法基本
相同。

营业税税则与税率,该暂行办法规定,按征收对象纯收益多寡,按累
进原则计算征收,起征额为 5000 元,起征税率为 2.5%,而后按纯收益增
加,逐级累进提升税率。经过 28 级累进,到纯收益为 300 万元,累进税率
为 30%,达于峰值,超过者不再累进。临时营业税按每批交易总额计算
征收,起征额为 5000 元,起征税率为 3‰,而后按交易总额增加,逐级累
进提升税率。经过 27 级累进,到交易总额为 300 万元,最高累进为 30‰,
超过者不再累进。该暂行办还订有罚则,工商业者若有违法或偷漏税收
情事,得予以处罚。②

晋冀鲁豫边区政府颁布的《晋冀鲁豫边区工商业营业税暂行办法》,
只适用于工商业营业税征收。在此之前,边区所辖冀南区于 1946 年 5 月
颁布的 1946 年度公平负担暂行办法,则适用于该区农业及农村工商业税
收负担(不包括城镇工商业负担),农业和农村工商业合并征收。

征收计算单位:(1)农业以人为计算单位,以户为征收单位;(2)工商
业的计算与征收,均以户为单位;(3)以农业为主兼营工商业,或以工商
业为主兼营农业,其工商业部分均并入农业。

《冀南行署颁 1946 年度公平负担暂行办法》规定了工商业负担与免
负担的收入范围:须负担的收入范围:(1)房租收入;(2)公营、私营及公
私合营之工商业和手工业作坊之收入;(3)大批羊群之收入。免负担的收
入范围:(1)家庭手工副业及畜养(牲口、猪、兔、鸡、鸭等)之收入;(2)其流

---

① 华北解放区财政经济史资料选编编辑组等编:《华北解放区财政经济史资料选编》第
2 辑,中国财政经济出版社 1996 年版,第 1011—1013 页。
② 华北解放区财政经济史资料选编编辑组等编:《华北解放区财政经济史资料选编》第
2 辑,中国财政经济出版社 1996 年版,第 1112—1114 页。

动资本在 5000 元以下的经营各业之收入;(3)经政府批准备案,以村为单位之合作社经营收入;(4)经政府批准备案之交易合作社的经营小组、机关合作社减半负担,以一户一人计,亦不累进。

计算单位与累进方法:农、工、商业收入之计算,均以"标准亩"为单位:土地收入,旱田以 240 方步一亩之收入为一标准亩,盐碱洼地或水浇地、菜园,按一定比例扣减或增加标准亩数,租佃地由地主一方负担,典当地列入承典人地亩累进计算负担;工商业收入,工业按纯利每 15 斗谷折合一标准亩,商业及房租收入,按纯利每 10 斗谷折合一标准亩,属于工商混合业者,按纯利每 12 斗谷折合一标准亩。

免征点与累进办法:将全家地亩及工商业收入折成标准亩后,不分男女老幼,在家者每人扣基本地一亩(全家每人平均土地不足 3 标准亩者,每人除基本地一亩半),其余按级累进负担。累进办法为一亩一级,第一级负担亩,一亩算一亩不累进,自第二级起,以 6 厘为累进率开始累进,每增加 6 厘累进一级。以 21 级为峰值,停止累进。21 级以上的亩,均以 21 级计算负担。该办法从 1946 年 5 月 1 日起施行。①

该暂行办法并未涉及具体税额、税率,只是就 1946 年度农业与工商业负担分别制订原则和基本方法,1946 年度农业税与公、私工商业税,都按该暂行办法的原则规定征收。1946 年 7 月 17 日,中共冀南区党委又发布关于各公营商店、机关、部队工商业负担问题的决定,强调"各公营商店与机关、部队之工商业生产,一律与私人经营之工商业同样负担";凡不立门面之生产部、生产科所经营之商业,一律要缴纳临时营业税。公营工商业,如有逃避负担者,政府可根据法令予以处罚,甚或停止其营业,如因此发生冲突者,由当地党委秉公处理。不但公私一视同仁,而且要求执行"先公后私""先大公后小公"的原则,以作私商的模范。②

---

① 华北解放区财政经济史资料选编编辑组等编:《华北解放区财政经济史资料选编》第 2 辑,中国财政经济出版社 1996 年版,第 1109—1111 页。
② 华北解放区财政经济史资料选编编辑组等编:《华北解放区财政经济史资料选编》第 2 辑,中国财政经济出版社 1996 年版,第 1122—1123 页。

1947年11月,冀南区又制定公布《工商营业税征收暂行办法》,规定凡在冀南区内,以营利为目的的工商业,不论公营私营、经常或临时营业(包括工厂、作坊、坐商商贩等),均应依照该办法,向当地工商机关按时缴纳营业税。

营业税的征收,以营业单位为课税单位,以营业纯利为课税标准(税本),以营业资本为评定税率等级依据。

营业纯利的计算,在扣除工资、利息、房租、邮电费之外,生活费按人扣除,以小米为计算标准,1—3人者,每人每月扣除120斤,4—5人者,每人每月扣除100斤,5人以上者,每人每月扣除90斤,凡直接参加生产、共同经营者,均计算人口,其专以营业为生、没有其他生活来源的小本商人家属,亦应计入人口数。

扣除成本消耗、得出纯利后,按资本额累进确定税率,详见表20-45。如表20-45所示,资本4万元为起征点,起征税率为20%。而后随资本额增加采用累进税率。计分12级,其中第2级至第11级,每级又分5等,总计整个累进,资本从4万元增至410万元,共累进52级,税率从20%升至31%,增加11个百分点,每级负担级差为0.2%。该办法的累进税制特点是,起征点较高,累进级数较多,每一级的级差较小,进级温和,更显公平合理。

晋冀鲁豫边区未见边区政府新的农业税(公粮)征收条例、办法,只发现冀鲁豫行署的相关办法。1947年5月1日,冀鲁豫行署“为使人民负担合理,保障供给”,将该署1943年3月10日公布的简易合理负担办法,加以修正,重新发布、实施。

该办法的负担计算,以土地为标准,一切有收益的土地(包括耕地、树林、果园、藕池等)应一律计算负担,其动产与人的收入部分,暂不计算负担。区内人民对民主政府的一切供给,均按照该办法计算负担,要求负担人口数,以县为单位,应达总人口的90%以上;负担量最高以不超过民户土地收获量25%—30%为原则。

具体计算负担的办法,则以人为计算单位,以户为负担单位。即各民户之土地以本户应计算人口平均之土地数,计算每人累进数。每人应累

表 20-45　冀南区工商业营业税资本等级与累进税率统计（1947 年）

项目\n级别	第 1 等		第 2 等		第 3 等		第 4 等		第 5 等	
	资本额（万元）	税率（%）	资本额（万元）	税率（%）	资本额（万元）	税率（%）	资本额（万元）	税率（%）	资本额（万元）	税率（%）
第 1 级	4—10	20.0	—	—	—	—	—	—	—	—
第 2 级	10.1—15	20.2	15.1—20	20.4	20.1—25	20.6	25.1—30	20.8	30.1—35	21.0
第 3 级	35.1—40	21.2	40.1—45	21.4	45.1—50	21.6	50.1—55	20.8	55.1—60	22.0
第 4 级	60.1—65	22.2	65.1—70	22.4	70.1—75	22.6	75.1—80	20.8	80.1—85	23.0
第 5 级	85.1—90	23.2	90.1—95	23.4	95.1—100	23.6	100.1—105	20.8	105.1—110	24.0
第 6 级	110.1—120	24.2	120.1—130	24.4	130.1—140	24.6	140.1—150	20.8	150.1—160	25.0
第 7 级	160.1—170	25.2	170.1—180	25.4	180.1—190	25.6	190.1—200	20.8	201.1—210	26.0
第 8 级	210.1—220	26.2	220.1—230	26.4	230.1—240	26.6	240.1—250	20.8	250.1—260	27.0
第 9 级	260.1—270	27.2	270.1—280	27.4	280.1—290	27.6	290.1—300	20.8	300.1—310	28.0
第 10 级	310.1—320	28.2	320.1—330	28.4	330.1—340	28.6	340.1—350	20.8	350.1—360	29.0
第 11 级	360.1—370	29.2	370.1—380	29.4	380.1—390	29.6	390.1—400	20.8	400.1—410	30.0
第 12 级	410.1[+]	31.0							—	—

注：①原注表：资本额满 4 万元者为第 1 级，负担率统为 20%；410 万元以上者为第 12 级，负担率统为 31%，此后不再累进。
②从第 2 级至第 11 级，每级又分 5 等，第 2 级至第 5 级每 5 万元累进一等，第 6 级至第 11 级每 10 万元累进一等，负担率增加 0.2%。

资料来源：据《华北解放区财政经济史资料选编》第 2 辑，中国财政经济出版社 1996 年版，第 1278 页改制。

进数之总和,即为民户应负担的总地数。民户皆按现有人口扣除免征点,计算负担。除免征点的规定是:(1)已进行土地改革的地区,一般户每人不足 3 亩者,每人除免征点半亩,不累进。每人平均 3 亩以上、不足 4 亩者,不除免征点,也不累进。每人平均 4 亩以上者,不除免征点,累进负担。(2)未进行土地改革的地区,一般户每人平均土地 3 亩以下者除免征点 1 亩后累进负担。每人平均 3 亩以上者,每人除半亩免征点后累进负担。(3)不论已否进行土地改革,革命军人与烈士的直系亲属不论其每人平均土地多少,一律除 1 亩免征点,其本人除 2 亩免征点。(4)无劳动力者(政民人员脱离生产后家中无劳动力者属之)每人除免征点 1 亩。

各户土地按"标准亩"计算负担。以每亩(240 方步为 1 亩)全年收入粮食(按二年三季平均每年收一季半计算)150 斤—180 斤杂粮(市秤)为标准,民户土地按质量好坏、产量高低,酌情评议折合成标准亩计算负担。土地自种、出租、佃种按实际收入折合标准亩,累进并计算负担。[①] 同前揭冀南行署同类办法一样,没有具体税率、税额,只有原则、方法和总则中规定的负担上限,即负担量最高不超过民户土地收获量的 25%—30%。

除了农业税(公粮)征收条例、办法,1947 年 3 月 20 日,晋冀鲁豫野战军政治部还拟定颁布了《新区借粮条例》。

该条例共 7 款,第一款开章明义申明,"我军进入新区,民主政权尚未建立起来,而后方粮食确又供给不上时,采取就地借粮解决之"。借的补给只限粮、米、面、柴、草、料之项。借粮对象只限于地主,禁止向其他阶层借粮,特别禁止向基本群众借粮。并应先向大地主借,然后向中小地主借。借粮数量亦要分大、中、小地主有所不同。借粮要有手续,一律将给予民主政府(边区或行署)之"借粮证",作为被借户以后抵交公粮之用。借粮在纵队借粮委员会统一领导之下,以旅为单位进行。每旅及纵直各成立一借粮组,单独活动之团,由旅借粮组派出适当之人员,随其行动办理借粮之事宜。向地主借粮时,要晓以大义,责其赞成,并承认所借之粮

---

① 华北解放区财政经济史资料选编编辑组等编:《华北解放区财政经济史资料选编》第2 辑,中国财政经济出版社 1996 年版,第 1202—1210 页。

食将来可抵公粮。对有粮不借之顽固地主,可斟酌情形,施以限制,但禁止以吊打等手段。借粮外不得没收地主任何东西。①

通过借粮解决军需用粮问题,在抗日战争时期已多次使用,不过在解放战争时期,由野战军制定条例、成立专门机构、印发"借粮证"、订立严格的借粮制度,在部队到达新区后,就地借粮,作为解决部队军需用粮的基本手段,这还是首次,它为几个月后解放战争转入战略反攻特别是大军渡江作战,全靠就地借粮补给提供了经验借鉴。

出入口税方面,1946年4月12日,太岳区政府鉴于交通沿线城市法币狂跌,国民党统治区官商私商企图大量抛出套取边区物资,边区经济遭受损失,迅即采取措施,加强货物和税收管理,规定粮食、棉花、烟叶、麻、皮毛、丝、木料,不论公私商人,非经经济总局之批准,持有特许出口证,且在指定地点交易者,均一律禁止输出,违者查获没收并给予处罚。其余允许征税输出之货物、换回等值之货物,按行署规定免货证办法办理,即凡输入、出口货物,必须通过当地持村政府证明,携带免货证到税卡纳税检查。目前允许纳税输出入之货物,均一律补税5%—10%。废除出入口税名目改征货物税。一切消耗品、奢侈品、违令品严格禁止输入。洋布、市布、毛巾、洋袜与外来纸烟等,均有碍边区之生产发展,都应绝对禁止。②

1947年4月1日,晋冀鲁豫边区政府为了提倡使用土货,有效抵制"顽美货物",将边区出入境货物税率,重新审订公布,自5月1日起施行,并对边区内地贸易、边区与友邻各兄弟解放区之间的贸易、出入口贸易的管理,作出重大调整。边区内地贸易一概自由,取消限制,各区间补征差额税、平价税和互相征税等办法,一概取缔,内地征收出入口税局所,亦合并撤销。对边区与友邻各兄弟解放区之土产品往来,除烟酒外,均得自由流通,不加限制,亦不征税。对国民党统治区的出入口贸易,仍本着奖励出口,限制入口的精神,出入口只征一道税。允许入境的国民党统治

① 华北解放区财政经济史资料选编编辑组等编:《华北解放区财政经济史资料选编》第2辑,中国财政经济出版社1996年版,第1192页。
② 华北解放区财政经济史资料选编编辑组等编:《华北解放区财政经济史资料选编》第2辑,中国财政经济出版社1996年版,第1101页。

区货物,经友邻解放区征税有税票者,不再重征,亦不补征。对出入口货物的管理,分别分为三部分:免税出境、禁止出境、征税出境(指出至国民党统治区);免税入境、禁止入境、征税入境。出境货物:各种干鲜菜蔬瓜果、副食品、山果、各种土产药材、棉麻丝毛、编织品、蜂蜡木梳篦子等杂用品、各种竹货竹器、各种陶瓷制品、生熟铁石棉等矿产矿石及兽骨烟酒等其他货物,免税出口;各种粮食、各种军需品、牛马骡驴等役畜、各种五金材料、兽皮等,禁止出口。相对而言,征税出口货品数量最多,税率高低不一:羊毛绒、草帽缠征税2%;粉条、粉皮、粉面、粉团、挂面、黑白瓜子、红枣、黑枣、鸡蛋、鸭蛋、各种植物油、各种油饼、蚕丝、党参、龙骨等,征税5%;猪肉、羊肉、各种植物油料、杂皮、熟皮、皮革、鸡、鸭、猪、老羊、绵羊、木柴、木炭、煤炭、猪鬃征税10%;生羊皮、猾子皮、狐皮、各种木料、各种棺板征税20%;各种动物油征税30%。入境货物:各种牲畜、生产工具、军用品、文教用品、工业化学器材、电讯器材、印刷器材、卫生医疗器材,以及食盐、各种纽扣、别针、汽车零件、汽油等,免税进口;烟酒、毒品、卷烟用品、纤维织制品、迷信奢侈品、洋烛、煤油糖精、各种高贵食品、各种染颜料、细瓷器、牙膏、牙粉、各种反动淫秽书报、各种赌具,禁止入境。相对而言,征税入境货品更多,税率亦较出口税高,多在30%以上。其中表芯纸、油、漆、胶征税5%;粉连纸、有光纸、报纸、大板纸、毛边纸、各种文具用品、各种球类、游艺用品、各种照相器材,征税10%;碱面、碱块、洋锁、洋钉、自行车及零件、胶皮轮带,征税20%;火柴、牛奶、藕粉、代乳粉、搪瓷碗盆及器皿、玻璃及玻璃器皿、雨衣、雨布、雨鞋、雨帽、雨伞、钟表及零件、茶叶、镜子、拖纸和拖粉(卷烟用材料),征税30%;红糖、白糖、冰糖,征税50%。[①] 入口税率和出口税率,高低悬殊,这同"奖励出口,限制入口"的政策精神是一致的。

另外,晋冀鲁豫边区政府及下属行署,还对若干专项税、杂税开展了清理整顿和规范工作。

---

① 华北解放区财政经济史资料选编编辑组等编:《华北解放区财政经济史资料选编》第2辑,中国财政经济出版社1996年版,第1195—1199页。

1946 年 6 月 24 日,边区政府同一天接连颁发《晋冀鲁豫边区烟酒征税暂行办法》《晋冀鲁豫边区牲口买卖税暂行办法》《晋冀鲁豫边区粮食交易手续费暂行办法》三个文件,前者规定,凡在边区境内以营利为目的设置厂坊、制卖各种烟类及各种酒类,无论公私经营,均须依照该办法就出产地征收产税一道。其税率为:(1)水旱烟从价征税 10%;(2)卷烟从价征税 15%;(3)酒类从价征税 30%。此项烟酒产税,为征收便利必要时从量征收。[1] 第二者规定,凡在边区市场买卖牲口,无论公私均须依照该办法缴纳牲口(牛、驴、骡、马)买卖税。税率为交易额的 3%,交易完成后,买卖双方向政府税收部门各半缴付。[2] 后者规定,凡在边区境内市场买卖各种粮食,均须经交易人员办理过斗、过秤手续,并依该办法缴纳粮食交易手续费,税率最高不超过交易额 2%,交易完成后由卖方向政府核准的交易所或核定代收机构缴纳。[3]

晋冀鲁豫边区政府还确立了契税税制,以确认和巩固各阶层民众不动产产权及其流转,同时亦借此开辟财源,解决财政困难,支援战争。1947 年 4 月,边区政府发出《晋冀鲁豫边区政府关于征收契税的通令》,规定凡在民主政府投税的契约,一律承认为合法,不再税契换约,但土地、房屋已改变业主者,仍需换契纳税;凡在敌伪政府及抗战前旧政权或蒋阎政权换契的契约,一律须重新换契纳税。契纸以一产一契为原则,不得归并不相连接之田房合立一契。

契税税率,按土地产量(以谷、高粱、豆类、杂粮为标准)分五等征收。特等:每亩产量 2.8 石以上者,每亩征税 300 元;一等:每亩产量 1.81 石以上至 2.8 石者,每亩征税 250 元;二等:每亩产量 1.1 石以上至 1.8 石者,每亩征税 200 元;三等:每亩产量 0.35 石以上至 1 石者,每亩征税 150 元;四等:每亩产量 0.35 石以下者,每亩征税 100 元。在土地改革中,先

① 华北解放区财政经济史资料选编编辑组等编:《华北解放区财政经济史资料选编》第 2 辑,中国财政经济出版社 1996 年版,第 1115—1116 页。

② 华北解放区财政经济史资料选编编辑组等编:《华北解放区财政经济史资料选编》第 2 辑,中国财政经济出版社 1996 年版,第 1117 页。

③ 华北解放区财政经济史资料选编编辑组等编:《华北解放区财政经济史资料选编》第 2 辑,中国财政经济出版社 1996 年版,第 1118 页。

典后买者,换契时按地等产量折半征收税款。

契税收入,除契纸费归地方,由行署规定外,一成归行署,九成上解边府。[1]

晋冀鲁豫边区所辖地区、行署在专项税征收和行业管控方面,走的步子更大。

冀鲁豫行署的措施是对烧酒实行"官产官销"。1946 年 8 月,冀鲁豫行署为充裕地方财政,决定下半年对烧酒开始"全部或局部实行专卖制度"。经营方式采取"官产官销",由政府财务科拨粮工商局负责经营。工商局与财务科为买卖关系,亦即工商局领财务科的粮,专卖利润统交政府作为财政收入。各专区需拨粮多少,根据具体情况确定数目,分别报告行署及区局,拨粮后即按当地市价作价,由工商局与财务科订立合同。原来商店经营之酒锅马上交出,由工商局全盘接收作为基点,以便取得经验而利专卖。民营酒锅一旦歇业,工商局尽可能全盘接收或出赁后接收。工商局按酒锅(或按池)之大小规定固定资本。此本利可至年终清账。除资本外所用财务科之粮食为买卖关系,但可暂时赊欠,最长时间不得超过 3 个月。[2]

太行区则于 1946 年 9 月 1 日公布水旱烟"产税"征收办法,开始征收水旱烟产销专项税,并大力强化了水旱烟的产销规管。该办法规定,凡在该区境内制造运销水旱烟者,不论公营私营,均得依照该办法办理:制造水旱烟厂场,除向当地政府登记领取营业证外,"并须领得水旱烟制造牌照,方准制造"。水旱烟"产税"就制造厂场征收。"产税"从价征收,按烟质优劣,分别普通、特等两种估价,不过税率、税额不详。

该办法对水旱烟的生产、销售实行极其严格的管控。水旱烟出厂,其分量须固定,分为 1 两、2 两、4 两、8 两、1 斤五种,不得零散及无包装出售。水旱烟包装纸必须加印厂名、地址、商标。水旱烟征税后,必须在包

---

[1]　华北解放区财政经济史资料选编编辑组等编:《华北解放区财政经济史资料选编》第 2 辑,中国财政经济出版社 1996 年版,第 1200—1201 页。

[2]　华北解放区财政经济史资料选编编辑组等编:《华北解放区财政经济史资料选编》第 2 辑,中国财政经济出版社 1996 年版,第 1127 页。

纸上加盖验讫戳记。盖戳时还须同时盖上重量戳记。烟厂之刮刀，须按顺序编号，发给刮刀登记证，逐号粘贴，方准使用，不得使用未贴证刮刀。如有增减，随时向原领机关申请补发或注销。

另外，该办法对烟厂的偷税违章行为，制定了异乎严厉的惩处和告发奖励措施。除对偷税违章（如私造水旱烟、未完税出厂、出售散烟、使用旧税戳纸、使用无厂名包纸、容量超过包面量等）的烟厂、贩运商，没收产品、补交税款，处以一倍至三倍的罚金外，并从罚金中提出40%作为奖励金，奖励告发者或查获有功人员。①

1947年3月，冀鲁豫行署为了"限制大量宰杀牲畜，以保护生产，并充裕财政收入，支援战争"，颁发《牲畜屠宰税征收暂行办法》，规定区内屠宰牲畜，以营利为目的者，不论公营私营或公私合营，均须依该办法向该管工商机构或交易所缴纳屠宰税。牲畜（按即役畜）屠宰税从价征收，残牛、马、骡、驴等，征税10%；猪、羊等屠宰税从量征收，猪每头1000元，绵羊每头400元，山羊每头150元。旧历12月21日至年关，残废牲口及猪羊之屠宰一律免税。节日、婚丧、军政民机关或群众屠宰牲畜自用者，或牲畜病死群众屠宰分用者均免税。如余肉往市场出售，若系牲口肉，应按销售量从价缴税，若系猪羊肉，其余肉量在全头量半数以下者，按每头从量税额减半征收，余肉量在全头量半数以上者，按每头从量税额足数征收。私自屠宰牲畜及屠杀好牲口者，一经查获，除勒令补报应缴税款外，并处以应补税额一倍至三倍的罚金。提奖与货物提奖办法相同。②

1947年8月解放战争转入战略进攻后，解放战争进程加速，解放区范围加速度扩大，原来彼此隔离的边区连成一片。根据中共中央的建议，晋察冀和晋冀鲁豫两个边区于1948年5月20日宣布合并，中共晋察冀中央局和晋冀鲁豫中央局，合并组成中共中央华北局；两个地区解放军合并为华北人民解放军，两个边区政府于1948年8月19日组成华北人民

① 华北解放区财政经济史资料选编编辑组等编：《华北解放区财政经济史资料选编》第2辑，中国财政经济出版社1996年版，第1131页。
② 华北解放区财政经济史资料选编编辑组等编：《华北解放区财政经济史资料选编》第2辑，中国财政经济出版社1996年版，第1190—1191页。

政府。

随着民主政权机构的调整、解放战争的发展、解放区(包括新区)形势的改变,税收政策特别是新区的税收政策也相应发生某些变化。如《晋中行署颁发1948年度新区农业税秋征暂行办法》规定,根据晋中不同地区、不同情况,采取不同的征收办法。在土地已平分、封建业已消灭的老区及过去经过土地改革实行过民主政府负担政策,但经短期敌占今已解放的地区,均可采用华北人民政府的老区负担办法。在阎锡山曾彻底实行"兵农合一"地区,采取不累进的按负担亩征收办法。在未实行"兵农合一"、或明或暗不合一、亦未实行土地改革地区,采用以每人平均负担亩定分累进办法。因应累进或不累进的基本原则,采用不同方法。不累进的按亩计征方法是:将全村土地一律折合为负担亩①,而后按人口扣除免征亩,再以全村各户扣除免征点后之所有负担亩,平均分配全村应负担的公粮总数,求得每亩应负担公粮数,最后按每户所有应负担的负担亩数,求出各户的应征公粮数。累进计征办法是:同样先将全村土地一律折合为负担亩,而后以全村人口平均分配全村负担亩,求得每人负担亩数,以此作为计算分数的标准,在此标准以上或以下者,规定不同的累进计分方法,如每人平均地亩(负担亩)正合于此次计算标准亩数者,则其全家扣除免征点后所有应负担之地亩均以每亩一分计分。每人平均地亩在此标准以下,又在标准亩8/10以上者,则每个应负担亩均按8厘计分;在标准亩8/10以下、6/10以上,则按6厘计分。如此类推。若每人平均地亩在标准亩以上、但不到半倍,则每亩以1.2亩计分,超过半倍不足一倍者,每亩以1.4亩计分。如此类推。定分之后,以全村所计之全部分数除全村应负担之公粮总数,求出每分应负担之公粮,最后以户为单位,按其免征点之外的地亩(负担亩)计算公粮数征收。② 这样,既做到负担公

---

① "负担亩"的折合方法是:以本村数量最多的中等旱地为负担亩,其余水、旱、坟、碱地以此标准,按其质量、产量分别折合。假设上等水田1亩折2亩,沙地、碱地1亩折5分,山地3亩折1亩等。

② 华北解放区财政经济史资料选编编辑组等编:《华北解放区财政经济史资料选编》第2辑,中国财政经济出版社1996年版,第1391—1393页。

平,又不影响税收。

1948年10月10日,华北人民政府为"保护生产,繁荣国民经济,充裕财政收入,支援战争",决定成立华北税务总局及各级税务机关,掌握各种税收,整理出入口、货物、盐税、烟酒、工商、印花、交易屠宰等各项税收并负责管理盐务及烟酒公营等事宜。①

华北人民政府及其辖下华北税务总局成立后,相继就税制、税务及相关事项发出指令、指示,制定规则、标准。1948年10月23日,以华北人民政府的名义,发布关于农业税土地亩数及"常年应产量"定标准的规定。(1)规定土地产量,一律以谷为计算单位,各种耕地均以种植当地主要谷物的"常年应产量"折谷计算。(2)"常年应产量"之订定,应根据土地自然条件,并参照一般农户经营概况(施肥用工等),在当地一般年景下的收获为准。所谓近年的情况,不按抗战前的经营情形,也不按抗战时期最残酷时代(如1942年或1943年)的经营情形,应按最近四年来的经营情形,凡是环境安定的区域在订产量中,即应把这一条加进去。(3)种植作物的计算:应按当地具体情况及种植习惯,种几季即按几季登记,依其每年平均产量折谷订定。粮食折合率,依登记产量与征收一致的原则,由行署报请华北人民政府批准后执行。种植特种作物的土地均以种植当地主要谷物之常年应产量折粮登记。常年应产量,不包括秸秆柴草。(4)果树、山货、桑园、竹园、藕池等常年平均产量,应依丰收、歉收、挂枝、歇枝等情况几年的平均数订定,并按出卖季节的一般市价折谷五成计算。(5)土地常年应产量得依当地自然亩(习惯亩)评定之。但填造农业税清册土地亩数栏内,须将当地习用丈杆(丈地尺子)及亩数内是否扣除坟头、私道等实况,详加说明。县以上政府悉以营造尺(鲁班尺,即32公分,合0.96市尺)60方丈(即240方步)为一亩(即习惯所谓官亩)折合核定。②

---

① 华北解放区财政经济史资料选编编辑组等编:《华北解放区财政经济史资料选编》第2辑,中国财政经济出版社1996年版,第1401页。

② 华北解放区财政经济史资料选编编辑组等编:《华北解放区财政经济史资料选编》第2辑,中国财政经济出版社1996年版,第1408—1409页。

　　1948 年 12 月 25 日,华北人民政府颁发《华北区农业税暂行税则》,采取"有免税点比例征税的单一税则",规定凡有农业收入之土地,除该税则另有规定者外,均由其所有人缴纳农业税,典当地由承典人、承当人缴纳,出租地由出租人缴纳。耕地计算单位,定名为"标准亩"。凡常年应产谷十市斗之土地作为一个标准亩。其超过或不足十市斗谷者,一斗按标准亩一分,一升按标准亩一厘折算,升以下不计。所有农业人口,除另有规定者外,不论男女老幼,每人都扣除一个标准亩的免税点,免纳负担。鳏寡孤独无劳力者、革命军人、革命职员家属及烈士家属之无劳动力、生活困难者,得将免税点酌予提高。该税则还特别规定,耕畜及其所生幼畜,得依规定扣除消耗:牛、驴每头扣除一个标准亩的 4/10,骡、马每头扣除一个标准亩的 7/10,但主要用于运输或专供贩卖屠宰之牲畜,不在此限。该税则的征收单位定名为"负担亩"。[①] 每一负担亩,每年征收小米 25 市斤,地方粮款(包括村款在内)得由省政府或行政公署在每负担亩不超过小米 5 市斤之范围内,呈准华北人民政府附征之。农业税分夏秋两季征收,无夏收的地区,得由秋季一次征收之。为保证供给并便利人民缴纳,除征粮外,并得折征现款、布棉、柴草及其他实物。[②]

　　1948 年 12 月,华北区人民政府颁布了《华北区工商业所得税暂行条例》。其"总则"规定,所得税按纯收入累进计征,累进率最高不超过25%。所得税的征课范围,除了边区政府同类条例规定的工商业营利、房租等收入外,还增加了"工商业者之存放款及银行银钱业往来利息之所得"。房租方面,除了房产租赁所得(纯房租)外,增加了"器物租赁之所得"。征课范围更广了。累进税则、单位方面,该条例以冀钞为计算单位(边钞以 1：10 计算),纯收入 20 万元起征,起征税率 5%,20 万—50 万元的税率均为 5%。而后随纯收入增加,累进增加和计算税率,详细情况见表 20-46。

---

　　① "负担亩"系指一户为单位、其所有标准亩,扣除免税点及耕畜消耗以后,所余为应纳负担之标准亩。

　　② 华北解放区财政经济史资料选编编辑组等编:《华北解放区财政经济史资料选编》第2 辑,中国财政经济出版社 1996 年版,第 1449—1451 页。

表 20-46　华北区工商业所得税累进税率统计(1948 年)

等级＼项目	级距(万元)	税率(%)	增加数(万元)	累进率
1	20—50	5	30	1
2	50—90	6	40	1
3	90—140	7	50	1
4	140—200	8	60	1
5	200—270	9	70	1
6	270—350	10	80	1
7	350—440	11	90	1
8	440—540	12	100	1
9	540—650	13	110	1
10	650—770	14	120	1
11	770—900	15.5	130	1.5
12	900—1040	17	140	1.5
13	1040—1190	18.5	150	1.5
14	1190—1350	20	160	1.5
15	1350—1520	21.5	170	1.5
16	1520—1700	23	180	1.5
17	1700 以上	25	—	2

注:原表注:①纯收入以冀钞为计算单位,边钞即以 1：10 计算。
　　②每一等纯收入的最末数字计算,在第二等,如 49 万元算第一等,第二等就是 50 万元;最高率是 20%,1700 万元以上不论多少,都按 25% 计算。
资料来源:据华北解放区财政经济史资料选编编辑组等编:《华北解放区财政经济史资料选编》第 2 辑,中国财政经济出版社 1996 年版,第 1462—1464 页改制。

从表 20-46 数据可见,与前揭边区(如冀南区)同类条例比较,华北区条例有一个显著特点,起征点高,起征税率低,累进级数少,级差大,累进及计算方法简明清晰。起征税本 20 万元,起征税率 5%,整个累进只有 17 级,进至 17 级的 1700 万元,税率 25%,即达于峰值,不再累进。因而级差较大,每一级的税本增加额最少 30 万元,最多达 180 万元。这样,累进方法及计算相对简单,一目了然。按照该条例规定,工商业所得税的征收,先由纳税人自报收益,经同业小组及业内相关机构评议,再经工商大会通过。条例化繁为简,大大降低了商民操作的难度。该条例草案还有一项特别规定,各工商业中如有分红制度,在所得税征收时,须先缴纳税额而后分红。[①]

1949 年 3 月 15 日,华北人民政府还公布了《华北区进出口货物税暂行办法》,对进出华北解放区的货物,加强和规范控制及管理,并充裕财政,支援战争。该办法规定,凡准许出入华北解放区的"应税货物",均依该办法征收进口或出口货物税。进出口货物税税目、税率,分别暂按 1948 年 9 月海关进口税税则,1934 年海关出口税税则(1945 年 9 月修正本)的规定修正执行(该办法附有修正之点),其税目、税率无规定者,由华北区对外贸易管理局临时规定。进出口货物出入华北区时,须先呈缴华北区对外贸易管理局或其分局签发的进出口许可证,并办理检验、纳税或免税登记手续后,始得进口或出口。该办法对华北区同国民党统治区的贸易与同各解放区之间的贸易,严格加以区分。各解放区间贸易往来,只要持有起运港口贸易管理机关的证件,即"以内地贸易论,不征进出口货物税"。

进出口货物税征收方面,凡应税之普通进出口货物,一律从价计征,其价格均由海关按上周当地市场平均批发价格估定。市场无批发价的进口货物,以抵岸价估定征收。凡属统税货物进口,除完纳进口税外,应照章再征统税。商旅进出华北区携带自用行李、家具,旅途用品及馈赠之礼物等,确非贩卖性质者,均免课税。凡违法走私漏税,一经查获,除照章追缴外,并按情节轻重,处以税额一倍至三倍之罚金,其属特许进出口货物走私漏税者,查获后一律没收。该办法还规定了查获走私漏税或机关部队人员协助稽征部门查获者的提奖办法,以及直接稽征人员及其他任何机关人员,擅行处理罚没货物或勒索舞弊情事者惩处办法。[②]

在此之前,1949 年 3 月 4 日薄一波曾就有关关税税率的原则意见报告中央。报告称,因对关税没有经验,目前还缺乏根据来厘定合理的税率,故拟暂时仍采用 1934 年海关进出口税则,根据下列原则修正执行:

---

① 华北解放区财政经济史资料选编编辑组等编:《华北解放区财政经济史资料选编》第 2 辑,中国财政经济出版社 1996 年版,第 1462—1464 页。
② 华北解放区财政经济史资料选编编辑组等编:《华北解放区财政经济史资料选编》第 2 辑,中国财政经济出版社 1996 年版,第 1529—1530 页。中国社会科学院经济研究所中国现代经济史组:《革命根据地经济史料选编》上册,江西人民出版社 1986 年版,第 944—945 页。两个文件略有差异。

(甲)工业原料、机器材料、日用必需品,凡华北不能自制者,征税进口。(乙)凡能自制,但不够用的征税进口,税率以能保护我区工业为准。(丙)奢侈品及能完全自给之工业品(如纱布、火柴等)禁止进口。(丁)大宗而又能控制国际市场之物资统销出口(如猪鬃、生油、油料、煤、盐、铁砂等)。(戊)销售困难之出口物资免税出口。(己)除由国家专用之进口品(如道轨、铁路器材)外,一般均征进口税,以求增加财政收入。因税目、税率极为复杂,无法全文电请中央批准,故将原则电请中央指示,是否准予先行公布试行。①

　　1949 年 3 月 9 日,中共中央就薄一波的请示报告及相关措施作出批示,充分肯定华北人民政府关于海关进出口税则的做法,同意根据 1934 年税则加以修改后实行,强调这种修改"完全必要",并可在以后随时修改公布,限期实行,直至制定自己的税则。所提六项修改原则,中央也"基本同意"。但甲项免税进口之工业原料、机器材料、日用必需品等,凡不能自制者除特殊必需的若干货物外,亦应征税进口。因为这样对于国营企业亦无妨碍,对于私人企业,则有某种限制作用。又统销货物,亦应征税,但可用记账方法。进出口税则可先行修改实行,并将全文及修改之处送中央审查。②

　　随着大批大中城市相继解放,国民党国家资本、地方官办资本、蒋宋孔陈四大家族和国民党官僚资本等的各类企业被没收,成为国营和公营企业的主体,各边区、解放区原有的国营和公营企业,也迅速发展壮大,工商业部门的公营企业比重迅速增大。国有企业的税收对充裕解放区财政、支援战争的作用也相应增大。在这种情况下,华北人民政府专门就公营企业工商业所得税征收作出规定,凡属公营企业,无论工厂、矿窑、电力公司、运输公司、商号等,均须依其纯收入计征工商业所得税。其税率分别为:(1)工矿业课纯收益额 12%;(2)商业课纯收益额 15%;(3)运输

---

① 华北解放区财政经济史资料选编编辑组等编:《华北解放区财政经济史资料选编》第2辑,中国财政经济出版社 1996 年版,第 1524 页。

② 华北解放区财政经济史资料选编编辑组等编:《华北解放区财政经济史资料选编》第2辑,中国财政经济出版社 1996 年版,第 1523 页。

公司、电业课纯收益额 10%。所得税的计算和征收,工矿业按计划利润与超计划利润的收益分算,计划利润按月计征,或在每期领取资本时扣之,超计划利润的收益于年终决算后,除去全年计划利润后按超计划利润的收益计征,于翌年 3 月底交清。如其纯收益不及计划利润时,亦于年终结算后,申报税务机关退税。商业及交通事业,每年按会计决算期分两次缴纳,上半年于 9 月底交清,下半年于翌年 3 月中旬至 4 月底交清。①

接着,华北人民政府又就烟酒等专卖及专项税收作出部署和调整、规范,1949 年 5 月 20 日公布《华北区酒类专卖暨征税暂行办法》,宣布各地区酒类"悉归政府专卖,所有管理产制销售及征税,均由华北税务总局依本办法之规定办理"。专卖酒类包括:(1)烧酒;(2)黄酒(绍酒、仿绍酒、土黄酒均属之);(3)酒精(有毒及无毒);(4)洋酒、啤酒(生熟啤酒及其他仿照外国制品之酒类均属之);(5)果木酒露及各种改制酒。有下列情形之一经特许者,始得暂为私酿:(1)特产枣柿梨较集中的地区在秋后三个月内定期定量酿造之果木酒;(2)特产名酒及新解放区之现有酿酒业。友邻区私酒严禁入境;公酒在原则上互不输入。其有特殊约定入境者,须交本区专卖机关,以议定价格收购之。非解放区之酒类严禁输入,新解放区旧存诸酒,限期登记补税,交专卖机关或指定销区限期售尽。凡特许私酿酒业(指果木酒)及改制酒业、造曲业均须于开业前一个月前向当地税务机关申请登记(现已开业者补报),经审核批准发给许可证后,方得开业或继续营业,并须办理相关登记手续。

酒类税率和征税办法:酒税税率:(1)烧酒、黄酒、酒精均从价征收80%(酒精经证明确系供给工业、医疗等用途者得免税);(2)洋酒、啤酒、改制酒及解放区旧存非解放区诸酒类,从价征收 100%;(3)果木酒从价征收 50%。改制酒之酒税采溢价征收办法,按当时税额除去已纳之原料酒税款计征,并于完税证备注栏内,载明原料酒斤数、税照号码及所扣除

---

① 华北解放区财政经济史资料选编编辑组等编:《华北解放区财政经济史资料选编》第 2 辑,中国财政经济出版社 1996 年版,第 1522—1523 页。

之原纳税款金额。酒税征收以当地上月1日至25日之平均批发价为计算完税价格之根据,每月由省市区局调整并报华北税务总局备案。果木酒、烧酒、黄酒、改制酒以市斤为计税单位;洋酒以每打为计税单位;熟啤酒以每箱为计税单位;生啤酒及酒精以公斤为计税单位。酒类税款征收,除公营酒厂之稽征另有规定外,凡特许私营酒厂之酒税,依下列规定缴纳:(1)特许制酒厂商,交专卖机关后由专卖机关缴纳;(2)暂准酒类酒税,于出厂或出售前一次缴纳;(3)改制酒类酒税于改制成熟后缴纳;(4)税局于必要时,可按酒类制造商酿造情形,估定其产量征收,其税款按规定缴纳。已完税之酒类,行销全区,不得重征。该征税办法还规定了严格的稽征手续和严酷罚则。①

华北解放区的税收,随着解放区范围的迅速扩大,一大批大中城市相继解放,特别是1949年年初,在半个月时间内,天津、北平两大城市相继解放,华北地区的税源和税收结构,发生明显变化。为了扩大税源,增加财政收入,支援战争。天津、北平一解放,华北人民政府和两市人民政府,即着手恢复和整顿税收。

1949年2月12日,天津市人民政府税务局发出布告,宣布开征税收。首先开征的税目,计有印花税、货物税、所得税、屠宰税、使用牌照税、营业税、遗产税、码头使用费、房捐等。所征各税均暂用旧有的票照花证,并加盖"华北税务总局"及"暂作×元"戳记。所征税项均照解放前原订税目及稽征办法征收,税率除屠宰税从价征收外,其他各税均以过去完税额依照其当时购买力折合人民券征收。各税起征日期,除屠宰税已开始征收外,其余均自布告之日起征收。② 天津市委曾决定,地价税和筵席、旅馆等杂捐,俟税制改革后再行征收。但不获中央批准。中央认为此举"不妥,不如暂时收了,在一个月以后再改"③。

---

① 华北解放区财政经济史资料选编辑组等编:《华北解放区财政经济史资料选编》第2辑,中国财政经济出版社1996年版,第1577—1581页。

② 华北解放区财政经济史资料选编辑组等编:《华北解放区财政经济史资料选编》第2辑,中国财政经济出版社1996年版,第1512页。

③ 华北解放区财政经济史资料选编辑组等编:《华北解放区财政经济史资料选编》第2辑,中国财政经济出版社1996年版,第1512页。

紧接着 1949 年 3 月 1 日,北京市人民政府也贴出开征税收的布告,开诚布公告知市民,对国民党政府的税收,人民政府本应根据"发展生产,保障供给,繁荣经济,公私兼顾"之财政方针,但以本市甫告解放,税制之改革,尚需时日,兹先规定本市税收(除农业税外),除将国民党反动政府所征收或附加之绥靖临时捐、绥靖建设捐、守护团捐、城防费、马乾差价、兵役费及各种代购赔价和征税时所抽之"手续费",一切不合理之苛捐杂税,一律废止外,其他税收,暂时一律由原征收机关,按原税目、税率,继续征收。除前项规定之税收外,不论任何机关、团体、部队及个人,非经本府批准,不得再向人民征派一文一粟。布告附有开征税目税率,开征税目计分直接税 5 种、货物税 14 种、矿产税 1 种,另有营业税及杂色税捐 14 种,合计 5 大类 34 种。①

北平、天津在开征税收的同时,开始了对旧税制的清查、整理,逐一核查,或彻底废除,或整顿、改革,报请上级批准后实行。

1949 年 3 月 25 日,北平市税务局发布北平市印花税稽征暂行税则,并附有税目、税率细则。税目计有发货票、银钱货物收据、账单、股票及债券、保险契约、预买卖契据、营业所用簿折等 17 大类,各种票据税率(应贴印花)每面载价值 1000 元,贴花 3 元;保险契约,500 元以上至未满 15000 元者,贴花 1 元,而后随保险金递增;营业所用簿折每件每年贴花 20 元。如此等等。该项细则及印花税率,业经财政部审核批准,公布后即予试行。②

1949 年 8 月,天津市人民政府发布关于征收契税的通告,告知市民:天津市人民政府所拟契税暂行办法及施行细则草案,业经华北人民政府核准,即予公布施行。凡本市人民,在市区有买典及其他房地产权转移情事,除遵照契税暂行办法办理外,并应注意下列事项:(1)凡在契税办法公布以后成立契约者,须向财政局领购申请书及契纸,依规填写,并须双方派出所作监证,然后缴纳契税;(2)在契税办法公布以前成立的契约,

---

① 华北解放区财政经济史资料选编编辑组等编:《华北解放区财政经济史资料选编》第 2 辑,中国财政经济出版社 1996 年版,第 1520—1521 页。

② 华北解放区财政经济史资料选编编辑组等编:《华北解放区财政经济史资料选编》第 2 辑,中国财政经济出版社 1996 年版,第 1534—1535 页。

经由地政处审验登记,再由财政局依照买卖当时物价指数核定房地价值,以 7 月之平均米价,折合小米数,作为计税标准价,再以投税时之当天米价折款征收;(3)凡在日军统治时期,所税之契纸,未经伪财政局更换新契者,应一律按照财政局核定价格征税,换发新契;(4)上列二三两款之各种房地契税,统限于自通告之日起两个月内将税契手续办理完毕,逾限依照契税暂行办法第十条之规定处罚之;(5)新建筑之房屋,未经交易者,概不纳税,只收契纸工料费;(6)凡逾期不税或匿报契价,经人民检举因而查获者,得按罚金提给 3% 奖金奖励之。

天津市契税暂行办法草案计有 14 条,内容主要包括税契范围、税率和罚则三个部分。税契范围涵盖土地房屋的买卖、典当、交换、分割、赠予、占有等六种,实际上产权转移的所有形式包罗无遗。税率高低因转移形式而异。买卖、赠予、占有契税为契价或实际价的 7.5%;典当契税为契价的 5%;交换、分割契税为实际价的 2.5%。罚则包括逾期不纳、匿价和伪造契据三款,全都异常严酷:逾纳除补税外,并交应纳税额 10%—100% 的罚金;匿价除补税外,并交应纳税额 2—12 倍的罚金;伪造契据则送司法机关处理。①

天津解放后半年间,沿用国民党政府旧税制、税目、税率,取得了相当大的成绩。1949 年天津市全年的税收任务是 63999.8 万斤小米,在华北占首位。如以每个干部一年的全部开支为 1608 斤计算,可供 398009 个干部的开支。1949 年上半年全部收入折米 104018640 斤,相当全年收入的 16.25%,能供 64688 个干部的开支。国民党政府 1948 年全年收入折米 65419669 斤,1949 年上半年收入超过国民党政府 1948 年全年收入的 59%。②

华中、华东解放区,由于解放时间晚、战争激烈,区域范围小,彼此隔离,往往处于游击战争状态,缺乏征课常规税收条件。不过解放和建立时

---

① 华北解放区财政经济史资料选编编辑组等编:《华北解放区财政经济史资料选编》第 2 辑,中国财政经济出版社 1996 年版,第 1645—1646 页。

② 华北解放区财政经济史资料选编编辑组等编:《华北解放区财政经济史资料选编》第 2 辑,中国财政经济出版社 1996 年版,第 1637—1640 页。

间较早的苏皖边区,尚有相对完整的税收体系和制度。淮海战役及其以后解放的广大地区,即通称的"新区",大部队的军粮马草筹措,多以随军"征借""献粮"的方式,就地补给,但新区各级地方政府的行政费用,还是通过税收解决。先是沿用国民党旧的税制、税目、税率和征收机构、人员,随后进行清理、整顿、革新。有的在新中国诞生前已建立起新的税收制度。

苏皖边区,税收是其财政收入的主要来源。边区实行的主要税种有工商营业税、盐税、农业税(粮赋)、产销税、契税、货物进出口税等6项。

(1)工商营业税。营业税是苏皖边区第一大税项,1946年5月,苏皖边区政府修正营业税暂行征收章程,决定自夏季起实行。该章程规定,凡在边区境内以营利为目的的事业,均须按章缴纳营业税。营业税以营业总收入为课税标准;金融业及其他不能以营业总收入计算的营业,就以营业资本额为课税标准。营业税税率以营业总收入为标准者征8‰,以营业资本额为标准者征15‰。以营业总收入为标准者,营业总收入月计不满4000元或临时运货进出口每次货值2000元者;以营业资本额为标准者,营业资本额不满4000元者,均免征营业税。

已征产销税的工厂、作坊免征营业税,但其制品在市场上推销贩卖,仍应缴纳货物贩卖营业税。另外,专为供应政府机关和部队的事业合作社及贫民工厂,国防交通及其他公营事业,均免征营业税。但公营商店或公私合营的营业,仍照征营业税;农业生产及机关部队的业余生产,免征营业税,但机关和部队经营商业者,须征收其商业部分的营业税。自制自营以劳力所得为主的手工业者免征营业税。铜、铁、木、藤、篾、皮匠等店铺,理发店、烧饼大饼油条店、小磨坊、小砻坊小豆腐铺,凡新开店铺,如经营不满一月的,免征营业税。①

(2)盐税。盐税属专项税,由两淮盐务管理局直接管理,实行就场征税。边区政府规定,自1946年2月1日起,大籽盐盐税每百斤(漕秤)改

---

① 江苏省财政厅、江苏省档案馆、财政经济史编写组编:《华中解放区财政经济史料选编》第1卷,南京大学出版社1987年版,第234—239页。

征边币50元,小籽盐盐税每百斤(漕秤)仍征边币14元。盐税只征一次。除四、八两分区外,不得有重征行为。① 盐税收入是边区第二大财政收入来源,仅次于工商营业税。

(3)农业税(粮赋)。农业税是地方税的主要税项,三分区的粮赋公草按土地肥瘠不同,划分为甲、乙、丙、丁、戊五等征收,稻田征稻,杂粮地征杂粮。杂粮按一定比例折合小麦、大米。10斤高粱折合8斤小麦;10斤小米折合15斤小麦。芦滩田、草田未列入等级者,芦滩田征收其芦柴产量30%;草田征收产量50%。芦滩田、草田每年于秋季一次征收。六分区的财政收入主要就是粮赋,征收粮、草及田赋代金券,按每亩年收获量20—80斤、80—160斤、160—240斤、240斤以上四等,分别征1斤、2斤、3斤和4斤,年收获量20斤以下免征。1946年夏季,六分区总计征收粮赋252.3万斤,代金券2.63亿元。淮南路东根据地,粮赋负担,地主、自耕农均为3%多。七、八两分区采取统一累进税制,根据实际收获量,划分等级,按每人平均数3斗为起征点,3斗以下免征;3—5斗征3%;5—10斗征4%;10—15斗征5%;15—20斗征6%;20—30斗征7%;30斗以上征8%,达到峰值,不再累进。

1946年6月,中共中央华中分局,对该年夏季征粮工作作出决定,分配各分区的征粮任务:一分区7500万老斤;二分区1900万—2000万老斤;三分区1280万—1600万老斤;五分区4000万老斤;六分区3500万老斤;七分区4000万—4500万老斤。要求各分区将征粮作为夏季"中心工作",遵照边区政府征粮新条例,保证夏季征粮任务的圆满完成。②

(4)产销税。1945年12月,华中局财委要求,"各军区的几项主要产物,如盐、棉、油、油饼、土布、酒、烟叶等,可改为产销税就地征收。凡在出产的军区征过产销税后,其他兄弟军区不论过境或销售,只要不是向敌区或国民党区域输出,都不得再征第二道税"。另外,苏皖边区政府规定,

---

① 江苏省财政厅、江苏省档案馆、财政经济史编写组编:《华中解放区财政经济史料选编》第1卷,南京大学出版社1987年版,第46页。

② 江苏省财政厅、江苏省档案馆、财政经济史编写组编:《华中解放区财政经济史料选编》第1卷,南京大学出版社1987年版,第246页。

对在边区的手工业、机器工业,就其制成品征收产销税。产销税由买者负担,由厂方代征代垫代缴。香烟土烟、土烟丝、迷信品、鞭炮蜡烛等征10%;肥皂、植物油及饼类、纱布(家庭副业手工纺品免征)、皮革类征3%;腌腊类征8%;薄荷油征15%。

(5)契税。契税是由田地、房产的买方、承典方负担的不动产交易税。税目分买契税、典契税两种。由于边区各行政区彼此隔离,初时契税征收标准不一,如淮南路东,买契照契价征收10%;典契照价征5%。淮南路西则分别征12%和6%。苏皖边区政府规定,自1946年5月1日起,买契改征8%,典契改征4%。并且规定,民间田房交易,一律以官草契纸书写契约,不得以白纸书写,否则无效。

(6)货物进出口税。苏皖边区同其他边区一样,为保护边区生产,繁荣边区工商业,支援战争,保障人民生活的需要,边区政府对出入边区的货物进行严格控制。对重要军用物品、人民生活必需而又不能生产的物品,边区鼓励进口,免征进口税;对边区富余的土特产品,则鼓励出口,免征出口税。除此之外,其他货物禁止进出口或征税控制进出口。禁止与免税进出口的货物种类名称由边区政府有关部门发布命令予以规定。已征出口税的货物两地均不准再征出口税。进出口货物税从价征收。1945年12月召开的边区第一次货物管理会议对税目和税率做了统一规定,次年上半年又对税率做了调整,税率最高不超过39%。[1]

苏皖边区除以上6项税收外,另有牙帖税、屠宰税、杂税、司法与行政罚金等。1946年4月,华中分局鉴于统筹统支后,各地区开支多依赖上级,以致地区税收反而减少,而所有支出全部由财政厅发给,难于遍顾,因此决定省与地方(专署)划分税源,自6月开始,牙帖税,屠宰税,地方契、杂税,司法与行政罚没等,划归专署负责征收,以维持地区的行政运作费用,确实不够的,由边区酌量补助。[2]

1949年4月,人民解放军渡江作战,大部队远离后方,进入江南新

---

① 郑泽云主编:《苏皖边区史略》,中国文史出版社2005年版,第97—100页。
② 江苏省财政厅、江苏省档案馆、财政经济史编写组编:《华中解放区财政经济史料选编》第1卷,南京大学出版社1987年版,第160—161页。

区,在支援前线指挥部和渡江部队在随军征借、就地补给的同时,华东财政经济委员会作为长远之计,未雨绸缪,1948 年 11 月辽沈战役结束前后,召开华东财政会议,讨论华东地方财政划分原则、地方财政经费的筹措以及市财政、村财政等重大议题。关于地方财政经费的筹措,核心问题自然是税收。会议决议提出,地方经费的来源,为下列各项:(1)营业税;(2)迷信品产销税;(3)牲口交易税;(4)屠宰税;(5)市镇之房捐;(6)市镇之娱乐捐(即戏院、电影院等出售门票,娱乐场所,附加于票价之捐款);(7)公粮(农业税)一定比例之分成;(8)司法行政收入;(9)地方公营事业盈余收入;(10)地方公产收入;(11)地方清理财产收入(包括收复城市缴获物资交地方清理出售部分);(12)其他地方收入。决议特别说明:上列第六项农业税分成之比例,1949 年上半年度暂以各地经费扣除,上列各项预计收入除公粮后不敷部折算划分之,不规定各地一律之比例,待试行半年后再行决定。各项地方税收入之税率及征收方法,应遵照全省统一之税率、税则执行之。①

　　1949 年 5 月 14 日,华东财政经济委员会又就新区的税收政策问题,作出指示,规定新区税收的基本原则,提醒工作中的一些注意事项,强调为使大部队和大批党政干部进入新区以后,不使旧有税收中断起见,对国民党原有各项税收,除具显著反动性的如"反共戡乱"等捐应宣布废除外,均一律按原订税率、税则、手续继续办理。原有之各种票照加盖图记,改用人民券计算,继续使用。近发现丹阳县接收伪货物税中央税局后,即从组织上、制度上采取过去老解放区一套,废除了国民党原来的一套,致使税收工作不能开展,丹阳的毛病是:(1)降低原订货物税中之酒税 100% 为 50%。(2)不使用旧票,我们又无新票,致印花税无形停止,货物税在技术上发生困难。因为在时间上不允许我们马上印出新的,而像老区过去那样分散印刷,技术太低,又极易发生伪制,故必须使用旧票。但旧税票可能有散失及国民党过去已经售出,故

<hr>

① 中国社会科学院经济研究所中国现代经济史组编:《革命根据地经济史料选编》上册,江西人民出版社 1986 年版,第 939—940 页。

又需加盖图记。(3)取消原来较科学的征收手续,代之以过去游击形式的征收小组;取消了一切税款交银行代收,税局只办手续的办法,而用一手提征收册据,一手提钱袋的这种办法,在城市中是落后的办法。这些就是在农村中也须改变。(4)旧税收机关的中级人员撤职太早或不应撤职,不是改造他们,而是以不熟练城市税收的同志代替原有熟练的人员,以致税收大大减少。以上情形各地可能有类似情形,请注意检查纠正。

兹根据以上情形决定如下:(1)以区党委为单位,立即成立税务局,统一领导各区之货物税、中央税及地方税。对各地原有之货物税、中央税的机构,以暂时不动,继续征税,照旧工作为原则,统一受各区税务局之领导,并注意清查这些税收机关之收入、上解、尾欠等账目。(2)各市货物税局及中央税局均保留原来组织形式,京沪局直归华东财委会领导。(3)征收货物税时之估价,由各区党委财委会统一规定,并报告华东财委会。(4)一切税率的变更,均需经华东财委会审查批准后,始得实行。(5)凡有人民银行的城市,一切税收缴银行,税局只办手续,不经手现款。本市没有人民银行,也应缴存附近城市之人民银行。(6)以上税收收入除上海外,仍归各区和南京市支配,暂不上解。①

从这以后,新区一方面利用国民党原有各项税收,按原订税率、税则、手续继续征课,维持或补充地方财政收入;另一方面,各省或行政公署开始对旧有税制逐项进行清理、调整、改造,着手建立新的税收制度。

1949年6月1日,两淮盐务管理总局颁发盐税征收暂行办法,就两淮场盐的课税、检验、稽查、水陆运销制定了严格制度,规定盐税的检验与征收由各地盐管机关负责,如无,得由各地的货管机关依盐管局章程检验与征收。运税仍为就场征税。出场以后听其自由销售(对淮南小盐征收章程与办法,另定之)。为防止偷漏,场盐得指定坨地入坨,陆运得进行包装,水运得使用仓印与仓口单,方得通行。在场区就近地点,盐管局设

---

① 中国社会科学院经济研究所中国现代经济史组编:《革命根据地经济史料选编》上册,江西人民出版社1986年版,第946—947页。

有稽征所,凡运盐客商,于盐斤运出后,必须经由稽征所检验并加盖查验戳记,至销售地点方准有效。凡运盐客商,于盐斤运达销运地点后得连同税票,报请当地盐管机关查验登记。为便于盐商分批销运,凡税票在有效期内准予换发分运证。盐税一律就仓坨征收,盐商于购盐同时,须缴清税款,盐管机关的税票,交由盐商收执,方得起运。凡商人持有税票或分运证者,在本区境内,一律查验通行,沿途各机关,均需加以保护,不得借故留难。[①] 同一天又颁发了食盐分运证换发办法。

1949 年 8 月,苏南行政公署颁发印花税暂行条例,确定了印花税的征课范围、税率和罚则,并从 9 月 1 日起开始施行。[②]

1949 年 9 月,苏北行政公署建立完善了农业税收入会计制度,规范了有关粮草征收的收解、收入退出、晒耗、损失、储耗、归还、预借等具体处理及报销手续的一整套会计制度。[③]

不过新区解放的时间很短,对国民党旧税制的清理、整顿、改造,新税制的建立、完善,只是刚刚起步,并且仅限于局部地区,而且即使建立新的税制,因为没有实行土地改革、消灭封建土地制度,也只能是暂时的。1949 年 6 月 24 日陕甘宁边区政府颁布的《新区征收公粮暂行办法》规定,凡土地收入一律征收收益税,地主富农的土地一并征收土地税,统称"公粮"。在一般地区(即没有地主富农的情况下),公粮征收额不超过农业总收入的 15%,土地产量特丰地区不超过 20%。但对地主富农,最高税率为 40%。[④] 其目的,就是削弱地主经济,限制富农经济,让农民得到实际利益,为土地改革做准备。因此这种办法是暂时的,完成土地改革,土地占有分散化,公粮征收办法就要进行新的调整。所以,全面系统的清

① 江苏省财政厅、江苏省档案馆、财政经济史编写组编:《华中解放区财政经济史料选编》第 6 卷,南京大学出版社 1988 年版,第 178—180 页。
② 江苏省财政厅、江苏省档案馆、财政经济史编写组编:《华中解放区财政经济史料选编》第 7 卷,南京大学出版社 1987 年版,第 89—100 页。
③ 江苏省财政厅、江苏省档案馆、财政经济史编写组编:《华中解放区财政经济史料选编》第 7 卷,南京大学出版社 1987 年版,第 120—134 页。
④ 陕甘宁边区财政经济史编写组等合编:《解放战争时期陕甘宁边区财政经济史资料选辑》下册,三秦出版社 1989 年版,第 549—551 页。

理、整顿和新的税收制度的建立,是在新中国诞生并完成土地改革之后。

（二）人民的税赋和战勤负担

在为时 3 年多的解放战争中,无论前线作战、冲锋陷阵,还是战勤支援、运送弹药、粮草,或后方建设、强固堡垒,解放区人民特别是广大农民都是主力军、突击队。解放战争就是一场名副其实的农民战争,解放区人民特别是广大农民为解放战争的胜利,为中国的解放,忍辱负重,前仆后继,作出了伟大贡献和英勇牺牲。

解放区人民的负担（直接负担）,主要分为边区负担和地方（村）负担两个部分。从负担形式看,可分为粮秣（粮草）、现款与力役（即战勤）。实际负担情况,不同时间、不同地区差异很大。表 20-47 是 1948 年关内外解放区农民粮草、田赋负担统计。

表 20-47　关内外解放区农民粮草、田赋负担统计（1948 年）

项目 地区	负担人口（万人）	公粮田赋公草负担总额（亿斤）			每人平均收入及负担（均折合小米/斤）		
		公粮	田赋	公草	收入小米数	负担小米数	负担（%）
华北	4000	26.6	—	—	418	66.5	15.9
山东	2760	12.0	3.0	12.0	298	43.5	14.6
西北	600	3.2	—	3.2	360	53.3	14.8
中原	1900	15.3	1.6	3.0	425	75.5	17.8
东北	3000	43.0	—	不详	560	100.1	17.9
冀察热辽	900	7.4	—	3.2	333	82.2	24.7

注:原表注:①华北、西北、冀察热辽系小米,中原麦秋各半,东北全系粗粮。
　　②田赋已折成粮食计算。
资料来源:据华北解放区财政经济史资料选编编辑组等编:《华北解放区财政经济史资料选编》第 2辑,中国财政经济出版社 1996 年版,第 1401—1403 页多个统计表综合整理编制。

这是解放战争期间各个解放区（缺华东解放区,亦未完全按通常的"边区"划分）农民粮赋负担的一个节点。如表 20-47 所示,各解放区粮赋实物种类、总量、结构,人均负担数量及占粮食（折合小米）收获量的比

重,负担轻重程度,各不相同。人均负担小米数,最少的(山东)为 43.5
斤,最多的(东北)达 100.1 斤,相差一倍;占收获的粮食(折合小米)比
重,最低的(山东)为 14.6%,最高的(冀察热辽)达 24.7%,高低相差
10.1 个百分点。不过还不能据此判断相关地区农民负担的一般情况和
轻重程度。因表 20-47 中所列只是直接负担中的粮赋负担,且亦不完
全,粮赋负担中尚未计入公草(秸秆作为副产品,通常只会计算产值,不
作实物计入粮食总产量),如计入公草,则负担比重山东为 17.8%,西北
为 16.2%,中原为 18.5%,冀察热辽为 25.3%,华北仍为 15.9%。[①] 更主
要的是,表 20-47 中负担没有包括间接负担和直接负担中的地方(村)负
担,特别是战勤(力役)负担。而地方(村)负担和战勤(力役)负担一般
同边区粮赋负担不相上下,甚至超过边区粮赋负担。

从时间上看,随着战争的持续和不断扩大,或其他因素影响,解放区
人民尤其是农民的负担,往往呈不断加重的趋势。例如,晋冀鲁豫边区,
1947 年以人民最高限度的负担能力(以每人平均负担小米 4 斗 1 升至 4
斗 2 升)为标准,编制财政预算,每人负担 4 斗至 4 斗 2 升,但仍然收支不
敷 42800 万斤。其后由于形势变化,需要负担的人数增多,加上黄河“归
故”,收支增加。8 月,刘邓大军“南下”,陈毅、粟裕所部“西来”,预算又
有变化,除间接税外,每人平均负担小米增至 5 斗 6 升,如加地方村粮款,
每人平均负担达 8 斗 4 升,占其总收入的 21.7%多。到 1948 年预算,除
间接负担及地方村粮款,平均每人年负担 6.538 斗,比 1947 年增加 0.938
斗,负担占其总收入的 16.9%。如加上地方村粮款、战勤贴垫及各种社会
负担(还不包括间接税),平均每人负担则为 1 石,占其总收入的 26.3%。[②]

这种情况相当普遍,农民粮赋负担加重的趋势,从抗日战争结束前后
已开始显现。自卫战争开始后,加重趋势愈加明显。表 20-48 清晰反映
了这一变化。

---

① 华北解放区财政经济史资料选编编辑组等编:《华北解放区财政经济史资料选编》第
2 辑,中国财政经济出版社 1996 年版,第 1403 页。
② 华北解放区财政经济史资料选编编辑组等编:《华北解放区财政经济史资料选编》第
2 辑,中国财政经济出版社 1996 年版,第 1313—1314 页。

表 20-48 冀中、冀晋、察哈尔农民粮赋负担统计(1944—1947 年)

项目 年份	负担人口 (万人)	征收数 (万石米)	每人平均负担(斗米)	
			实数(斗米)	指数
1944	764	146.4	1.93	100
1945	1540	356.8	2.32	121
1946	1430	436	3.05	158
1947	1196	560	4.67	244

注:原表有冀中、冀晋、察哈尔三地相关统计细数,本表只取三地总计数,细数从略。
资料来源:据华北解放区财政经济史资料选编编辑组等编:《华北解放区财政经济史资料选编》第 2
　　辑,中国财政经济出版社 1996 年版,第 1542 页摘要改制。

　　如表 20-48 所示,冀晋边区 1944—1947 年,负担人口变化呈山峰型,先升后降,1945 年为负担人口高峰,此后下降。而征收公粮、每人平均负担数和指数,却稳步递增。1944—1945 年,负担人口和征收公粮数均上升,但征收公粮数的升幅明显大于负担人口数。负担人口增加 1 倍,征收公粮数增加 1.44 倍。1946 年、1947 年负担人口连续下降,而征收公粮数、每人平均负担数和指数继续稳步上升,农民粮赋负担恶性加重。

　　再从太行区 1946—1948 年边区粮赋负担的变化看,情况也一样,详见表 20-49。

表 20-49 太行区农民粮赋负担状况及变化(1946—1948 年)

项目 年度	总人口 (万人)	应产量 (万石)	每人平 均(石)	边区负担			
				总负担 (万石)	人均负 担(石)	负担率 (%)	负担率 指数
1946	501.6	2009.6	4.01	254.83	0.51	12.3	100
1947	500.49	1946.0	3.94	361.50	0.72	18.2	148
1948	515.48	1956.9	3.80	435.46	0.84	22.0	179

注:①原表注:粮赋实物为小米;1946 年统一累进税全免,未征马料,每人负担较轻;应产量减少原因,
　　主要是 1947 年土地改革后将地主富农过高产量重评,其次为缺乏劳力,未精耕细作。②负担率
　　指数为引者所加。
资料来源:据华北解放区财政经济史资料选编编辑组等编:《华北解放区财政经济史资料选编》第 2
　　辑,中国财政经济出版社 1996 年版,第 1543 页节录改制。

如表 20-49 所示,农民边区负担逐年上升,公粮折成小米,从 1946 年的 0.51 石增至 1947 年的 0.72 石,复增至 1948 年的 0.84 石,负担率(公粮占产量百分比)亦相应从 12.3% 增至 18.2%,复增至 22.0%,3 年间加重近 8 成。

陕甘宁边区则因解放区范围缩小和灾荒困扰,农民负担加重。1947 年边区耕地比 1946 年减少 23.4%,粮食减产 50%,同时损失了历年市场的积蓄粮 25 万石。因为战争需要,1947 年公粮负担比 1946 年增加 50%,负担占收入从 8.9% 增至 27%。另外由于土地改革的影响,各地过分缩小负担面,一般不超过 60%,形成"抓大头""打快牛"的"左"的倾向。①

同时间东北农民的粮赋负担上升幅度也很大,详见表 20-50。

表 20-50　东北解放区农民粮赋负担状况及变化(1946—1948 年)

年份 项目	负担人口(人)	负担面积(垧)	总产量(吨)	粮赋负担		
				实缴公粮(吨)	平均负担率(%)	负担率指数
1946	11320000	6460000	7670000	698170	9.10	100
1947	28181992	11361281	7083837	1510792	21.33	235
1948	37428364	16780933	12259846	2277609	18.58	204

注:①原表平均负担率(%)数据有细微误差,业经复算核正。②负担率指数为引者所加。
资料来源:据东北解放区财政经济史编写组等编:《东北解放区财政经济史资料选编》第 4 辑,第 227 页改制。

表 20-50 中数据显示,农民负担公粮总数,从 1946 年的 69.8 万余吨增加到 1947 年的 151.1 万余吨,平均负担率相应从 9.10% 增加到 21.33%。上升了 1.35 倍。与太行区情况不同的是,1948 年征收公粮时,临近东北全境解放,一方面,负担人口和负担面积提升,税源扩大;另一方面,南满刚脱离苦海,人民贫困不堪,负担能力更低。东北人民委员会规定,1948 年公粮征收率,北满定为 20%,南满及洮南 10 县定为 15%。② 所

---

① 陕甘宁边区财政经济史编写组等合编:《解放战争时期陕甘宁边区财政经济史资料选辑》下册,三秦出版社 1989 年版,第 520 页。

② 东北解放区财政经济史编写组等编:《东北解放区财政经济史资料选编》第 4 辑,黑龙江人民出版社 1988 年版,第 138 页。

以,1948 年的公粮征收总量从上年的 151 万余吨增加到 227.8 万吨,增幅达 50.66%,而平均负担率反而从 21.33% 降至 18.58%,下降了 2.75 个百分点。不过当时这种情况并不多见。

由于自抗日战争后期,特别是自卫战争爆发后,各边区公粮征收持续甚至加速度增高,到 1947—1948 年,边区人民(主要是农民)的粮赋负担达到了新的高度或解放战争期间的高峰。不过因各地自然条件、社会环境和农户家庭农副业经济结构、负担能力互异,粮赋负担轻重不一,或同样负担,但因各地生产发展、农民负担能力强弱不一,对生产生活的影响也不完全一样。某些地区对农民生产生活的影响不大,如据冀中区的调查,在抗日战争期间,1942—1943 年,负担虽轻,但群众因吃野菜而患病,因吃糠而拉不出屎来,因采树叶而跌伤,甚至卖儿鬻女等,都在那时。而到解放战争期间,1946—1947 年,"负担增加数倍,群众都不吃糠菜,买车买驴,盖房子,娶媳妇了"①。影响不是很大。但在另一些地区,似乎到了几乎无法承受的程度。北岳区就属于这种情况。表 20-51 是 1947 年北岳区 14 县 18 村农民粮赋负担统计。

表 20-51 列数据显示,每人平均边区公粮负担,负担数量及占人均农业收入或总收入的比重,高低轻重不一。最高的如行唐奋村、平山中白楼分别超过 11 斗和 12 斗,而最低的如平定三郊村、房山西关村,只有 1 斗多或将近 2 斗。相差五六倍至十倍不等。占农业收入或总收入的比重,最高超过 60%,最低不到 12% 或不到 5%。这种负担的高低轻重差别,同农户家庭经济结构也有一定关系。如浑源黄花滩,因种植特种作物收入较大,占农业收入的 26.11%,负担相对较轻,边粮分别占农业收入和总收入的 16.64% 和 15.37%;房山西关村的水磨、鱼雁(靠拒马河以雁捕鱼)、打荆条和果木收入占农业收入的 73.92%,中农阶层的副业收入更是相当于农业收入的 125.45%,所以边粮负担分别只占农业收入和总收入的 18.56% 和 10.63%;平定三郊村是靠矿业的半工半农村,副业相当于

① 华北解放区财政经济史资料选编编辑组等编:《华北解放区财政经济史资料选编》第 2 辑,中国财政经济出版社 1996 年版,第 1025—1026 页。

表 20—51　北岳区 14 县 18 村农民粮赋负担统计（1947 年）

项目 县村别	人口（人）	人均土地（亩）	每人平均农副业收入（市斗米）			每人平均边区公粮负担（市斗米）			
			农业	副业	小计	边区粮赋	占农业收入（%）	占总收入（%）
易县韩家庄	690	2.11	25.854	6.693	32.547	5.35	20.69	16.44
浑源郭家庄	1396	3.64	10.7	0.39	11.09	3.092	28.90	27.88
易县北河北	708	2.85	19.85	9.13	28.98	5.9	29.72	20.36
完县白庙	519	3.41	21.69	6.96	28.65	5.783	26.66	20.18
行唐各村	804	2.799	17.32	0.449	17.769	11.48	66.28	64.61
平山东望楼	510	2.902	15.345	3.754	19.099	7.163	46.68	37.5
平山中白楼	482	3.537	30.1	4.91	35.01	12.11	40.23	34.59
曲阳郭西旺	1800	2.79	8.973	1.48	10.453	4.177	46.55	39.96
望都东白村	782	6.173	41	1.05	42.05	12.3	30.00	29.25
徐水马亮营	1075	3.97	26.19	4.3	30.49	5.73	21.88	18.79
唐县西沿村	1018	2.485	17.97	5.18	23.15	6.421	35.73	27.74
房山西关村	241	1.56	10.69	7.9	18.59	1.984	18.56	10.67
涞水计鹿村	515	2.07	19.935	—	19.935	3.314	16.62	16.62
涞源五家湾	457	3.75	20.7	1.54	22.24	2.82	13.62	12.68

续表

项目　　　　　县村别	人口(人)	人均土地(亩)	每人平均农副业收入(市斗米)			每人平均边区公粮负担(市斗米)		
			农业	副业	小计	边区粮赋	占农业收入(%)	占总收入(%)
浑源黄花滩	432	5.29	21.27	1.77	23.04	3.54	16.64	15.36
宛平塔河	419	1.77	8.89	4.57	13.46	2.06	23.17	15.3
涞水下庄窝	419	2.17	17.149	6.51	23.659	3.25	18.95	13.74
平定三郊村	1119	2.43	9.92	14.71	24.63	1.16	11.7	4.71

资料来源:据华北解放区财政经济史资料选编编辑组等编:《华北解放区财政经济史资料选编》第2辑,中国财政经济出版社1996年版,第1389页摘要改制。边区粮赋占农户总收入百分比(%)系引者计算。

农业收入的 148.29%,边粮负担分别只占农业收入和总收入的 11.7%和 4.71%。① 不过这种情况是少数,边粮在总体上占农业收入或总收入的比重相当高。18 村中,12 村的边粮负担超过农业收入的 20%,有 9 村超过 25%,6 村超过 30%,4 村超过 40%,1 村超过 60%。

过重的粮赋负担,对农民的生产生活都产生了相当大的影响。如负担最重的行唐吝村,大部分耕地为水浇地,过去经常到城里买大粪施肥,因边粮负担重,大粪减少,1948 年"施肥很差";平山中白村有很多渠地需要施放大量肥料(豆饼之类),但无力投资,收获量减少;因负担重,土地改革中群众多不愿要地,如行唐吝村平分土地时,有 104.5 亩地分配不下去。中白村也同样有不要地的。其他村有的也存在这种现象。有些户虽然缴纳了边粮,当时看起来生活与再生产未受到影响,但多是从过去的积蓄中拿出来交了负担(如棉花粮食),或变卖东西缴纳的也有。也有无法缴纳而拖欠的。②

在其他一些地区,特别是某些灾区,公粮负担重,民众无法生活。如冀鲁豫边区济源县,1947 年麦收,全县收成好的也只有 5 成,差的则毫无收成。秋收亦只有 2 成,连种子都不够,很多地都荒着未种。因公粮负担很重,平均占农民总收入的 3/5,农民生活极为困苦,完全无以为生。1948 年春荒时节,50%以上的农户没有饭吃。③

和边区粮、款同时缴纳、负担的还有地方粮、款(村粮、款)。地方粮、款的数量多寡、负担轻重和筹措办法,因时间、地区而异。

村作为解放区的基层行政组织,不仅在维持和安定社会秩序,巩固解放区革命政权,动员和组织民众支援解放战争方面,发挥着十分重要的作用。在财政体系和财政收支方面,村财政是解放区财政体系的重要一环。在财政税收方面,广大村民作为解放区税收的主要供纳者,村政府的作用

① 华北解放区财政经济史资料选编编辑组等编:《华北解放区财政经济史资料选编》第2辑,中国财政经济出版社 1996 年版,第 1389 页。

② 华北解放区财政经济史资料选编编辑组等编:《华北解放区财政经济史资料选编》第2辑,中国财政经济出版社 1996 年版,第 1388—1389 页。

③ 华北解放区财政经济史资料选编编辑组等编:《华北解放区财政经济史资料选编》第2辑,中国财政经济出版社 1996 年版,第 1312 页。

固然不可小觑。而在财政开支方面,村政府基层组织麻雀虽小,五脏俱全,名目、数额亦不少,直接影响边区财政与村民负担及生活。因此,边区政府对村财政和村负担,一向十分关注。1947 年 1 月 20 日,察哈尔省政府制定关于村财政制度的原则规定,要求各村"不急之务不举,能省的钱就省",村财政的开支只限于:(1)村公所办公费,包括武委会办公费;(2)村教育费,包括小学民校经费;(3)临时费,包括担架、斗秤、水井的修理费,村干部到县受训伙食费,以及不属于其他各项的临时正当开支;(4)民兵武装弹药费(由武委会发给时则不另开支);(5)对敌斗争尖锐地区的改造地形费(根据实际需要与负担能力进行)。省政府对每一项都严格加以限制:第一、第二两项由县政府根据村庄大小、工作繁简,规定最高标准,在此范围内由村民代表大会具体讨论确定标准;第三项每月在不超过村公所办公费 1/2 的范围内,由村公所掌握开支,预计可能超过时,事先须报经区公所批准;第四、第五两项必须事先经村代表会或村务会议讨论通过并报县政府审查批准后方得开支。察哈尔省政府还规定,村政府不设伙食、不赔价,村干部不挣薪金,也不支零用。村款须很好保管,不得乱支乱借,开支不能超过标准,出入都要记在账上。村款收支须按月结账,开列四柱清单,向群众公布,不便张贴清单的地区,也须向群众口头公布。新旧干部交替时,必须办理交代并公布账目。①

冀东区也于 1948 年 9 月 10 日修正颁行《冀东区村负担暂行办法》,鉴于土地改革已经完成,土地业已平分到户,乃规定按土地常年产量实行评议,折合分数,取消原来分等级累进的征课办法,按分平均负担,以户为单位征收。评议产量以土地质量为标准,不以经营好坏为转移。为便于计算,规定产量小米 80 斤为一分,以红粮计算单位者,160 斤红粮为一分,分以下小数至二位为止。② 不过《冀东区村负担暂行办法》只解决了村负担来源和村负担征收的公平性问题,而未对村负担的名目、数额和村

①　华北解放区财政经济史资料选编编辑组等编:《华北解放区财政经济史资料选编》第 2 辑,中国财政经济出版社 1996 年版,第 1010—1011 页。

②　华北解放区财政经济史资料选编编辑组等编:《华北解放区财政经济史资料选编》第 2 辑,中国财政经济出版社 1996 年版,第 1390 页。

负担的开支、使用作出具体规定和限制。

在东北,1949年吉林双城县订有《村财政管理办法试行草案》,规定了村经费项目及其金额、经费摊派办法、村生产收支和村财政出纳制度。村经费项目包括办公杂支费、教育费(村私立校)、采暖费、临时费、包耕费等5项。摊派方式以土地为标准,平均摊派。烈属、军属、供给制之干属、家庭无劳力者,不承担摊派;有劳力者与供给制之干属同样摊派,但家庭生活水准在中农以下者,酌情减免。具体办法按季度筹措,分为二期,在三月、十月两个月中统一决定、统一交出。每次收款必须接到县令后施行。收上之款,统一交区政府入库,而后按月预算预借、决算报销,再由区政府将收支决算与负担状况按期报县。凡拥军、优属、慰问等,绝对避免摊派方式,不许动现款,一律采取动员实物办法,并须在统一决定下,将实行动员与分配之结果报区呈县备案。凡标准之外临时用费、建筑费以及战勤动员之特费等,必须事先请县批准后,按指示办理,不得先斩后奏。其他人力物力等动员,统按县指示办理,村不得用行政命令,折价雇佣或借口其他名义而施行摊派款项及实物(包括自然屯)。①

不过订有这种村财政原则规定、办法的省、县不多。村财政管理大多松弛,财政制度、财政收支混乱,农民村款负担轻重不一。自卫战争初期,某些地区如冀中、冀东及各地新解放区,村款负担存在着严重的浪费现象,"某些村款开支超过边区款,成为人民的最大负担",晋察冀中央局要求各省政府、各行署应立即根据当地情形,规定村款开支标准,严格整理村财政,严禁规定以外的村款征收与开支,勤务动员也已成为人民的一个重大负担,各地区须认真整理,严格限制。② 但过了大半年,到1947年年初,冀中区的情况仍未改善。冀中区党委称,"半年来由于对县财政的建立及地方税的征收缺乏经验,各县收支多少不等,因而发生收多支少及收少支多不相称现象。县财政在满足本身开支要求之下,收入小的想扩大

---

① 东北解放区财政经济史编写组等编:《东北解放区财政经济史资料选编》第4辑,黑龙江人民出版社1988年版,第247—248页。

② 华北解放区财政经济史资料选编编辑组等编:《华北解放区财政经济史资料选编》第2辑,中国财政经济出版社1996年版,第947页。

收入,而增加税收,收入大的,想减低税率,税收不易统一而形成征收紊乱,收入不平衡,苦乐不均"①。这正是各地村款负担轻重不一、苦乐不均的真实反映。不过总的情况还是苦的多、乐的少。表20-52 就是在这之后不久对冀中区 5 县 6 村 51 典型户边区款、村款负担情况的调查统计。

表20-52 中所反映的冀中区 5 县负担,边区款、村款合计,平均每人7.81 斗米,占总收入的 18.34%,在各解放区中,应属于数量较高、负担较重一类。其中村款约相当于边区款的 1/2,亦属中等偏高。从土地改革后各阶层的负担情况看,自贫农、中农到富裕中农、富农,负担程度递增,贫农负担最轻,占总收入的 8.55%;富农负担最重,占总收入的 32.06%。

农民负担的轻重及其影响,既取决于负担数量本身,同时与负担者的生产收入和负担能力有直接关系。表20-53 清晰地反映了这种关系。

如表20-53 所示,由于生产明显恢复和发展,农民的负担能力增强,虽然负担相当重,而且从贫农到富农随阶层变化递增,但并未相应形成留备消费的产品数量递减、经济状况恶化、对生产的影响严重性加剧的规律。税赋、村款负担已对农民生产造成显著影响,不过相对于明显过重的税赋捐派负担而言,对生产的影响程度,似乎还不是十分严重。这一点亦出乎当时调查者的意料。因此得出结论:"由于初步执行了党的大生产运动、土地政策,中心区人民又经过两年余来相对和平环境下的生息,民力已有不少的积蓄,人民负担能力已较前大为提高,故负担数量虽然加重,人民仍能胜任。在大反攻的紧急需要下,适当增加一部(分负担)尚有可能。今后如能继续贯彻土地改革、大生产政策,则人民负担能力可以继续提高。"②

在其他地区,农民负担或比冀中区更重,或同冀中区相当,或比冀中区轻,但不论哪种情况,其结果都远不如冀中区乐观。

---

① 华北解放区财政经济史资料选编编辑组等编:《华北解放区财政经济史资料选编》第2 辑,中国财政经济出版社 1996 年版,第 1002 页。

② 华北解放区财政经济史资料选编编辑组等编:《华北解放区财政经济史资料选编》第2 辑,中国财政经济出版社 1996 年版,第 1026 页。

表20-52 冀中区5县6村51典型户负担调查统计(1947年3月调查7月统计)

阶层 项目	户数(户)	每人平均收入(市斗米)			每人负担(市斗米)			边村负担占收入(%)	
		农业	副业	小计	边区款	村款	小计	登记收入	总收入
富农	7	66.74	3.07	69.81	13.608	6.786	20.394	41.37	32.06
富裕中农	8	60.2	4.09	64.29	11.94	6.63	18.57	28.45	27.49
中农	17	33.69	6.58	40.27	4.338	1.728	6.066	23.9	17.67
贫农	12	17.37	8.43	25.8	1.8	0.408	2.208	13.64	8.55
其他	7	21.98	11.53	33.51	3.66	1.56	5.22	25.5	15.6
加权平均数		33.12	9.08	42.2	5.2	2.61	7.81	24.26	18.34

注:5县6村为安平张散、马江、晋县总十庄、宁晋砖河、束鹿魏家庄、藁城下家寨。

资料来源:据华北解放区财政经济史资料选编编辑组等编:《华北解放区财政经济史资料选编》第2辑,中国财政经济出版社1996年版,第1027页摘要改制。

表 20-53　冀中区 5 县 6 村 51 典型户负担及其影响（1947 年 3 月调查 7 月统计）

项目\n\n阶层	户数（户）	人口占总人数（%）	收入分配（市斗米）				再生产状况（%）		
			总收入	边村负担		每人消费（再生产在内）	扩大	维持	缩小
				数额	占总收入（%）				
富农	7	1.93	69.81	20.394	29.21	37.356	28.5	48	28.5
富裕中农	8	16.4	64.29	18.6	28.93	30.24	50	37.5	12.5
中农	17	66.06	40.27	6.066	15.06	27.2	41	52	6
贫农	12	15.07	25.8	2.208	8.56	21.24	33	50	17
其他	7	0.54	33.51	5.22	15.58	25.56	14.3	57	28
加权平均数		100	42.2	7.81	18.51	26.85	37	53	10

注：原表"再生产状况"栏是用不同分数表示，如富农再生产状况的扩大、维持、缩小，同时分别用 2/7,3/7,2/7 表示，而百分比（%）或系分数换算而来，故不甚精准。

资料来源：据华北解放区财政经济史资料选编编辑组等编：《华北解放区财政经济史资料选编》第 2 辑，中国财政经济出版社 1996 年版，第 1027 页摘要改制。

前揭北岳区,14县18村粮赋和边村款负担,详见表20-54。

从表20-54中数据可见,北岳区的村款(包括募集)负担,明显比冀中区轻,与冀中区不同,大部分村的村款,不到边款的1/10。边款数量或边款、村款合计,数额也大多比冀中区低,超过冀中区只有3个村。然而,从边款、村款合计占农户总收入的比重看,又明显高于冀中区。18个村中,10个村比冀中区高,其余8个村同冀中区相当,或稍低。根本原因是北岳区农户收入少,负担能力低。冀中区6个村人均总收入达42.2斗,而北岳区18个村中,除望都东白村接近外,其余都相差甚远。因此,除少数副业特别发达的村,在相当一部分村,边村款负担明显超出了农民的负担能力,农民无法如期如额缴纳款项。有的被迫卖牲口(有一个村420多户即有50多户卖了牲口)、卖树、卖家具或其他物品,缴纳边村款。即使如此,仍然拖欠不断。在调查的典型村中,截至调查结束,中白楼尚欠1276斤,占总任务的16.13%(这还是比附近村欠得少的村),行唐吝村欠14065斤,占总任务的10.8%,其他因任务大而有欠数者亦不少。另外欠数大的,如四专区,1947年夏征所缴粮赋中,即有1561708斤(折5800.53石)属于1946年的尾欠。而1947年又有43063.615石的农业税(公粮)的尾欠,直到1848年8月尚未缴纳。[①] 这些都从侧面反映出农民粮赋和村款负担的沉重程度。

再看太行区人民的边村负担及其变化情形。表20-55集中反映了这一情形。

表20-55反映的一个突出情况是,人民的粮赋负担中,边区负担连年递增,地区(村)负担连年递减。太行区1946年地方负担100万石小米,每人平均负担0.19石小米;1947年递减至60.46万石小米,每人平均负担0.12石小米;1948年为51.55万石小米,每人平均负担0.1石小米。1947年较1946年减少2/5,1948年较1947年又减少1/6。

① 华北解放区财政经济史资料选编编辑组等编:《华北解放区财政经济史资料选编》第2辑,中国财政经济出版社1996年版,第1387—1390页。

表 20-54　北岳区 14 县 18 村粮赋和边村款负担统计（1947 年）

项目 县村别	人口（人）	人均土地（亩）	人均农副业收入（市斗米）	人均边区公粮负担（市斗米）				负担占总收入（%）	
				边款	村款	募集	小计	边款	边村款总计
易县韩家庄	690	2.11	32.547	5.35	0.106	—	5.456	16.43	16.76
浑源郭家庄	1396	3.64	11.09	3.092	0.085	0.064	3.241	28	29.2
易县北河北	708	2.85	28.98	5.9	0.171	0.06	6.131	20.35	21
完县白庙	519	3.41	28.65	5.783	0.402	0.186	6.371	20.18	22.22
行唐咨村	804	2.799	17.769	11.48	0.134	—	11.614	64.6	65.36
平山东望楼	510	2.902	19.099	7.163	0.379	—	7.542	37.5	39.489
平山中白楼	482	3.537	35.01	12.11	0.55	—	12.66	34.59	36.18
曲阳郭西旺	1800	2.79	10.453	4.177	0.771	0.052	5	40	47.7
望都东白村	782	6.173	42.05	12.3	1.105	0.12	13.525	29.45	32.33
徐水马亮营	1075	3.97	30.49	5.73	0.44	—	6.17	18.83	20.24
唐县西沿村	1018	2.485	23.15	6.421	0.234	0.0395	6.695	23.42	29.13
房山西关村	241	1.56	18.59	1.984	0.471	0.051	2.506	10.63	13.78
涞水计庵村	515	2.07	19.935	3.314	0.137	0.111	3.562	16.62	18.11
涞源五家湾	457	3.75	22.24	2.82	0.325	0.238	3.383	12.68	15.2

续表

县村别＼项目	人口（人）	人均土地（亩）	人均农副业收入（市斗米）	人均边区公粮负担（市斗米）				负担占总收入（%）	
				边款	村款	募集	小计	边款	边村款总计
浑源黄花滩	432	5.29	23.04	3.54	0.34	—	3.88	15.37	16.85
宛平塔河	419	1.77	13.46	2.06	—	0.11	2.17	15.3	16.1
涞水下庄窝	419	2.17	23.659	3.25	0.146	0.072	3.468	13.66	14.65
平定三郊村	1119	2.43	24.63	1.16	0.098	0.037	1.295	4.71	5.72

资料来源：据华北解放区财政经济史资料选编编辑组等编：《华北解放区财政经济史资料选编》第2辑，中国财政经济出版社1996年版，第1389页摘要改制。

表 20-55　太行区人民粮赋负担状况及变化（1946—1948 年）

项目 年度	应产量（万石）	边区负担			地方负担			边地负担（总计）		
		总负担（万石）	人均负担（斗）	占产量（%）	总负担（万石）	人均负担（斗）	占产量（%）	总负担（万石）	人均负担（斗）	占产量（%）
1946	2009.6	254.83	4.9	12.3	100	1.98	4.9	355.83	6.68	17.2
1947	1946	361.5	7.2	18.2	60.46	1.2	3.3	421.97	8.40	21.5
1948	1956.9	435.46	8.44	22.0	51.55	1.0	2.6	487.01	9.44	24.6

注：原表注：粮赋实物为小米；1946 年统一累进税，未征马料，每人负担较轻，产量减少原因，主要是 1947 年土地改革后将地主富农过高产量进行重评，其次为缺乏劳力，未精耕细作。

资料来源：据华北解放区财政经济史资料选编编辑组等编：《华北解放区财政经济史资料选编》第 2 辑，中国财政经济出版社 1996 年版，第 1543 页节录编制。

不过边区粮以更大的基数和幅度递增。太行区 1946 年边区负担 254.83 万石小米,每人平均负担 0.49 石小米;1947 年递增至 361.5 万石小米,每人平均负担 0.72 石小米;1948 年为 435.46 万石小米,每人平均负担 0.844 石小米。1947 年较 1946 年将近增加 1/2,1948 年较 1947 年又将近增加 1/5。

因地方(村)负担的减低数小于边区负担的增加数,所以边地总负担量还是明显增加了。太行区的边地总负担量从 1946 年的 355.83 万石增至 1947 年的 421.97 万石,复增至 1948 年的 487.01 万石。每人平均负担从 1946 年的 0.668 石增至 1947 年的 0.84 石和 1948 年的 0.944 石,占产量的比重,相应从 17.2% 增至 21.5%,再增至 24.6%。地方(村)负担以较小的基数和幅度递减,边区负担以更大的基数和幅度递增。导致边地负担总数增加,这是太行区边地负担加重的一个特点。

当然也有边款、村款(地方款)双增、双高的情况。这样,农民的税负负担处于一种灾难性的状况。如前揭冀鲁豫区济源县,既严重遭灾,公粮负担又已经很重,平均占农民总收入的比重高达 3/5,而村款负担又超过公粮。公粮外的社会负担包括劳军、村公所办公费、剧团费用、扩军费用等,"超过公粮负担数很多",以致农民生活极为凄惨,从 1947 年年底到 1948 年春,全靠野菜谷糠充饥。灾情最严重的王屋山区,很多村庄断垣颓壁,田园荒芜。许多贫雇农以至富农,均出卖儿女换三四斗粮食度荒。讨饭的更多。东竹峪村群众曾集体请愿,要求政府免差,并予救济。①

不过这种情况也并非济源独有,它在冀鲁豫区带有某种普遍性。自 1946 年 8 月陇海线反击战后,由于战争规模扩大,县村扩军任务加重,村财力开支增加,浪费加剧,村负担相当边区公粮负担的 50%—100%,甚至在 100% 以上。据 1947 年 9 月对该区 10 个村的调查,村负担占边地粮款

---

① 华北解放区财政经济史资料选编编辑组等编:《华北解放区财政经济史资料选编》第 2 辑,中国财政经济出版社 1996 年版,第 1312 页。

负担的42%,平均每亩11斤,平均每人44.06斤。[①] 据此,每人平均边地负担总额达到104.9斤。可见粮赋负担之沉重。

农业税(公粮)和边款、村款、募集等,都是物力、财力负担。解放战争时期,除了物力、财力负担,还有范围广泛,内容形式多样的人力负担。战勤、兵役动员、后勤动员各种形式的支援任务、公共水利工程、边沿区的工事修筑、抗属代耕、政府派差等,都是不可减省的人力负担。其中最为繁重并具风险的是战勤。解放战争是一场完全依靠传统农业、传统农民和传统运输支撑的现代战争。随着解放战争的不断扩大和快速推进,并由原来的运动战转变为大兵团阵地战和城防攻坚战,战勤和后勤动员在战争中的作用越发重要,人数不断增加,人民的人力负担也相应加重。而且,战勤力役,也并非单纯的人力负担,一般需要自备牲口、车辆和路途干粮、牲口草料。灾难、意外,皆属平常,常常给个人和家庭带来不可弥补的损失。

在解放战争中,人民的人力负担同财力和物力负担一样,都发挥着不可或缺的作用,人民群众为支援前线,保证前线供给,付出了巨大的代价。而且在部分地区,不同程度存在制度紊乱、负担不公平和浪费民力的现象。在冀中区,"对人民的人力负担比较轻视",不了解群众人力负担的艰辛,乱派力役,乱要车辆、人力,浪费严重,同时制度不健全,群众出差就要钱,派差不公平,抗属干部不出差,人力负担"边沿区混乱,沿交通要道的村镇频繁,机关所在村负担则重",严重影响村中团结与生产。[②] 在太行区,1946年一年内,由于战争关系,群众劳力支付,超过以往任何一年。不仅在出勤数量上空前繁重,而且即使在农忙季节,亦不能免于出勤。但服勤既不公平,又浪费严重。在整个勤务中,义运、参战、代耕、出勤(即支差)是力役中的"四大项":义运约占25%,参战占18%,代耕占16%,出勤占16%。其他零星勤务和杂务占25%。也就是说,有25%的勤务,

---

① 华北解放区财政经济史资料选编编辑组等编:《华北解放区财政经济史资料选编》第2辑,中国财政经济出版社1996年版,第1259页。

② 华北解放区财政经济史资料选编编辑组等编:《华北解放区财政经济史资料选编》第2辑,中国财政经济出版社1996年版,第1033页。

是未经正式支拨,由机关部队干部战士乱要乱派的。且在各项勤务上,都存在很大浪费,一方面不能科学地组织使用;另一方面又不顾农时与不该使用民力而使用的现象,冶陶调查浪费达30%即为一例。同时,好些地区大批干部不服勤务,甚至民兵也不出勤,服勤面非常狭窄。一般不服勤的人占应服勤人的1/5,甚至到2/3。这就使服勤的人负担更重了。①

为进一步发扬民力、爱惜民力,克服人力畜力困难,严格制度,加强组织领导,保证前线供应和自卫战争的胜利,解放区边区及时作出决定,规范民力分派、使用、管理。1947年6月,晋冀鲁豫边区政府适时颁布了《晋冀鲁豫边区政府关于战勤工作的决定》。为扩大战勤负担面,明确规定民众的服勤义务:(1)凡年届16—55岁的男子、17—45岁的女子、能载运之车辆船只、区村不脱离生产干部、一对牙口以上之牲畜,均须一律服务,按年龄和体质强弱,担任前方或后方不同勤务;(2)工厂矿窑及商店作坊,不论公私经营及合作经营,其工人店员职员均须按人力服勤。为照顾其工矿商店经营,可尽量少出勤工,折纳勤款。商店人员之勤务米,由商店支付之,其数量由住在村按勤务负担计折;流动及肩挑之出勤折米,向住在村直接缴纳。边区政府的决定,还具体规定了勤务范围及供给标准:(1)直接随军的担架民夫民兵运输队,均称前方勤务,需自带3天食粮,3天后由使用勤务指挥部供给。每日供给标准,民夫小米3斤半(菜金在内),骡马花料7斤半(草在内),牛驴花料6斤半(草在内)。(2)下列各项统为后方勤务:后方运送枪械弹药、服装、粮食等至指定地点或兵站及从兵站回运胜利品;转运部队伤病员;修砦破路;军工厂、医院、吃粮机关部队,山地30里平地60里之吃粮运输。行程30里及以上者(30里以内不供给)每日民夫小米2斤半(菜金在内),骡马花料7斤(草在内),牛驴花料5斤(草在内)。(3)以下统称村勤务:招待过往军人;拆洗部队伤病员衣服;缝军鞋织军布;给无劳力军烈

---

① 华北解放区财政经济史资料选编编辑组等编:《华北解放区财政经济史资料选编》第2辑,中国财政经济出版社1996年版,第1188页。

属代耕;看案带路送信;战时碾磨公米公面;翻晒仓库公谷。村勤务一律不供给。除上述勤务外,不得使用民力,明确和规范了战勤的分派、使用和组织管理。①

原来"轻视"人力负担、制度紊乱的冀中区,随着战争向前推进,不仅战勤需求紧迫,而且"复役动员面扩大"(退伍战士重上前线),代耕优抗已成为群众人力负担里"很重的一部分"。使党政领导越来越深切认识到,掌管"兵役动员、后勤动员和生产,人力是最重要的了";必须懂得,"老百姓的功夫就是'钱',就是'日子'。同时,人力负担会直接影响到财力负担,哪村人力负担重,财力负担亦重"。因此采取措施,建立妇女勤务,认真执行行署颁布的《战勤暂行办法》,严格制度,严肃纪律,"纠正乱要车辆"的官老爷作风,摒除不必要的浪费,加强勤务的组织领导,力促战勤、力役征派走上正轨。②

解放区所有人力负担中,战勤负担最集中、最繁重,而且随着战争的推进、扩大,呈不断加重的态势,其繁重、艰辛程度,超出常人想象。

在太行区,中心地区一般村庄每个出勤劳力(16—50岁)全年支付勤工达45—50天,边沿区或接近作战区,民众出勤则达100—120天。个别特重的地区,在150天以上。又据少数村庄统计,JP3‖在农民耕种季节内,服勤时间占21%。若再与粮款负担相比,劳力支付相当边区粮款负担的141%。③

晋冀鲁豫边区的战勤民力负担,从1945年7月初到1946年6月底的统计数字看,共用民工7393万个工;从1946年7月到年底,又用民工2869万个工;从1947年1月到3月底已用民工2180万个工。由于大规模的边区及外线或攻坚作战,运输线延长,物资笨重,敌我拉锯,民工牲畜财物损失耗费很重。1947年4月,河北朝城、观城,因供应柴草无着,被

---

① 华北解放区财政经济史资料选编编辑组等编:《华北解放区财政经济史资料选编》第2辑,中国财政经济出版社1996年版,第1239—1240页。

② 华北解放区财政经济史资料选编编辑组等编:《华北解放区财政经济史资料选编》第2辑,中国财政经济出版社1996年版,第1033页。

③ 华北解放区财政经济史资料选编编辑组等编:《华北解放区财政经济史资料选编》第2辑,中国财政经济出版社1996年版,第1188页。

迫将一部分房子烧掉。其他地区亦有此情形。冀鲁豫八、九分区因差重，累死牲口 450 头。该区为华北黄牛最大产区，战勤导致大牛变小，小变瘦，瘦牛等死。太岳区 1946 年二次攻运城，用去门板 23.3 万块，大梁 6 万根，椽 8 万根，口袋 15 万条，伤民工、民兵 600 余人，死牲口 100 余头；西北运粮及支援陈毅、谢富治部队共累死牲口 390 头。另据不完全的统计，从 1947 年 3 月 7 日到月底止，共用民力 170 余万工，伤亡 100 余人。晋冀鲁豫区直接间接、全部大部或小部供应之部队 80 余万，运输线有长达 2000 里者，短者亦在 200—500 里上下，农民能到前线支战勤者，只占总人口的 16%，以此则每人平均年支差 60 天左右(后方支差磨面，可达总人口的 30%—40%)，而差务又极不平衡，作战多集中于太岳、冀鲁豫两区。如冀鲁豫六分区，1946 年 1—8 月，战勤、河运军粮、军鞋的差力，平均每一壮年一年出差 102 天，即占去农忙时间的 56.7%。尤其在各条运输线上，调剂困难，差力负担更加繁重。①

冀鲁豫区济源县，因系灾区，加上参军人数较多，劳动力战勤负担加倍沉重。该县 7 个行政区，217 个行政村，20.6 万人，2/3 是妇女，加上 12000 户家属(计约 4 万人)，1947 年麦收，全县收成好的也只有 5 成，差的则毫无收成。秋收亦只有 2 成，连种子都不够，很多地都荒着未种。原因是既缺种子，又战勤负担太重，缺乏劳动力。全县全劳动力 2 万人，1947 年秋参军 4500 人，实有 15500 人，1947 年秋陈毅、谢富治大军南下，共出修船工 2 万个(400 个全劳力)，运粮 150 万斤(缺劳力统计)，六、七两区运柴草 840 万斤(其余 5 个区无材料)，去临汾抬担架 2400 人，运弹药及抬担架 10760 人(以上均是全劳力出差)。结果剩下的劳力，几乎全部时间出差。邵源一地平均每个全劳力每月 25 天以上出差。② 运粮给郑州、洛阳作战，均是妇女儿童。另外又划了 20 个村子为野战医院，群众

---

① 华北解放区财政经济史资料选编编辑组等编：《华北解放区财政经济史资料选编》第 2 辑，中国财政经济出版社 1996 年版，第 1314 页。

② 不只是邵源一个村，济源荆王村 2—3 月，也是平均每人每月出差 25 天，尚庄 3—4 月少 2 天，平均每人每月出差 23 天。华北解放区财政经济史资料选编编辑组等编：《华北解放区财政经济史资料选编》第 2 辑，中国财政经济出版社 1996 年版，第 1376 页。

不出差,专招呼医院。但 20 个村男女老幼及小学全体师生看护伤员,包括洗血衣、磨面、割草作铺草等,全都忙不过来。因燃料耗费太大,每天从晋城专车运来的煤有 50 大车,但还不够烧,许多果木树都被砍烧了,并开始有拆房子做柴烧的。①

如以某一单个战役计算战勤数量和民众生命财产损失,以攻临战役的战勤情况为例,同样十分可观,令人惊叹。

攻打山西临汾战役,由 1948 年 3 月 6 日至 5 月 20 日,计时 75 天,参战部队 61000 人,计 4575000 工,其间共动用民工、民兵、牲口车辆折工 5010510 多个,合 1 兵比 1.09 工。内计:随军常备担架民工 14729 人,东关及县城总攻临时动员担架 800 副,连同打援调来民工临时帮助转运器材,共 8595 人(均系工作结束即返回)。常备民工 311 万人,各种运输大车 77136 辆,每天平均用单车 1030 辆,其余为磨面、修路等零星使用。各种器材木料,计用小门板 258035 块,大门板 3357 块,檩条 102137 根,口袋 302270 条,锹镢 12436 把,铁轨 3429 根,棺木 2998 副,大小梯子 203 个,其余还有庞大数量的篮子、席子、毡子、被子等。粮食草料消耗:75 天共用小米 4738452 斤,小麦 7489417 斤,马料 1327211 斤,柴 16146361 斤,炭 837234 斤,草 3843059 斤。如加战役前后 40 天(2 月 16 日至 3 月 5 日,5 月 21 日至 6 月 10 日),总共用小米 7073452 斤,小麦 10965292 斤,马料 2127211 斤,柴 21145111 斤,炭 3356609 斤,草 3443059 斤。民工民兵伤亡中毒人数:总共 713 人,其中死 152 人,伤 281 人,中毒 280 人。牲畜损失:死伤共 384 头,其中被敌打死 39 头、打伤 29 头,疲劳致死 318 头。②

十分明显,民众承担的所有战勤,并非仅仅是劳力、汗水的付出,而且还包括家庭最重要的财产——耕畜、车辆和房屋檩条、椽子、门板,甚至包括自己的生命。这是战勤不同于其他力役的明显特点。

———————

① 华北解放区财政经济史资料选编编辑组等编:《华北解放区财政经济史资料选编》第 2 辑,中国财政经济出版社 1996 年版,第 1312 页。
② 华北解放区财政经济史资料选编编辑组等编:《华北解放区财政经济史资料选编》第 2 辑,中国财政经济出版社 1996 年版,第 1347—1348 页。

　　然而,即便如此,除了少数人心存埋怨或逃跑躲避勤务,绝大部分民众,不仅毫无怨言,积极主动投入支前运动,而且不顾疲惫、不畏艰险、英勇顽强,创造性地如期和保质保量地完成了战勤任务,保证了前线需要。同时发扬团结互助精神,不仅克服了战勤与生产的矛盾,而且提高了生产效率,战勤队伍也更加巩固。

　　1947年冬,在山东鲁西战场为时半年多的大拉锯混乱局面中,不论局势多么险恶、混乱,当地群众基本上都能保证对作战部队人力畜力的供给任务。这种保证不单是"数量上的够用",而且表现在"时间上的及时"。如在沙土集歼敌拉锯战中,在敌人刚拉锯过去,环境动荡,人心不安,秩序紊乱,壮丁极其稀少的紧张时刻,需定陶县紧急出800多副担架,及时补充火线战士伙食。定陶男女老幼全体动员,投入支前勤务,昼夜碾米磨面、出动担架和大车,完成了繁重的任务。11月下旬金鱼战役中,一天半夜12点钟给单县300副担架的任务,天亮后不到10点钟,担架全部到齐。这种情况"过去是不多的"①。

　　解放战争期间,在多个战役接连不断的紧急情况下,战勤亦在短时间内大量集中使用。在鲁豫交界地带,刘邓大军自1947年年中过黄河到年底的6个月中,经过近20次大小战役,在战勤方面,共动用民力约706494人工,约合9927272天,动用大车6930辆,牲口28270头,合畜工316010天。其中相当一部分是在农忙时节。为了不影响生产,民主政府将战勤剩余的男女劳力组合一起,自己讨论酝酿,自由结合组成互助组,根据劳力强弱评工计分,实行工票制,生产效率比平时提高了两倍。出差民工家里的秋收、种麦都得到了互助代耕。由于生产问题圆满解决,战勤担架队也更加巩固。②

---

　　① 华北解放区财政经济史资料选编编辑组等编:《华北解放区财政经济史资料选编》第2辑,中国财政经济出版社1996年版,第1290页。
　　② 华北解放区财政经济史资料选编编辑组等编:《华北解放区财政经济史资料选编》第2辑,中国财政经济出版社1996年版,第1290页。

第六节 新型金融与银行业的形成和发展

解放区的新型金融与银行业,既是在解放战争时期,伴随解放区的开辟、扩大,解放区民主政权的建立、巩固,发生发展和壮大起来的,又是筹集战争经费、供给和保障战争需要,恢复和发展解放区经济,满足解放区人民生产生活需要的重要条件和手段,对夺取解放战争全面胜利、解放全中国,发挥了不可或缺的作用。随着各个解放区边区、地区从分散建立、扩大到合并、统一,金融银行业经历了从各解放区彼此分隔,各自设立银行、发行和流通货币到相互衔接、协调、整合、最后全国范围统一的全过程。

解放战争时期,解放区的新型金融业与银行业,一部分是各抗日战争根据地原有金融业和银行业的赓续、发展、扩大,还有一部分是抗日战争根据地以外解放区新建立的,金融业和包括货币发行、流通在内的银行业,在新老解放区独立运行、发展,有力地支持、推动了各解放区自卫战争和经济恢复、建设。随着解放战争的推进和解放区范围的扩大,相互分割的各个边区,开始衔接、连成一体。各边区、新解放区原来各自独立的金融、货币体系可以而且必须逐步统一。

为了适应和配合解放战争快速推进的革命形势,在中央的指引和关注下,华北各解放区先后两次召开会议,第一次是 1947 年上半年召开的华北财政经济工作会议,参加会议的有晋察冀、晋冀鲁豫、山东、晋绥、陕甘宁五个边区、地区的财政经济部门的负责人。会议在汇报情况、交流工作经验的基础上,就自卫战争进入反攻阶段后,各解放区财政经济工作如何统一,财政如何保证军费开支、货币如何协调各大野战军作战的需要,进行了研究。中共中央批准了会议决定,其中包括各边区货币兑换比价。1948 年上半年又召开了第二次会议,即华北金融贸易工作会议。当时华北各解放区业已连成一片,地区间贸易往来和物资交流日益频密,各解放区货币的统一十分急迫。会议专门就金融贸易工作的方针和发行全国统一的新货币问题,进行了研究。会议决定并经中共中央批准,统一发行、流通人民币(最初称"人民券"),同时收回各解放区流通的原有货币,待全国解放,经济形势好转,再行稳定币值的工作。

同时,根据会议精神,为促进解放区城乡经济生产和商品流通的发展,支援野战军大兵团作战,加速固定各解放区货币比价,并发行统一货币,1948年10月20日,华北人民政府刊发布告,为便利华北与陕甘宁、晋绥两解放区货物交易,将华北与晋绥两区所发行的货币固定比价、互相流通。① 1948年11月22日,华北人民政府发布命令,统一华北、华东、西北三区货币,将华北银行、北海银行、西北农民银行合并,统一成立中国人民银行,于1948年发行人民币,作为华北、华东、西北三区的本位币,三区统一流通,为建立全国统一的人民币市场奠定了基础。

一、新型金融银行体系的承接、创立与整合、统一

解放区新型金融银行体系的创立、发展扩大和整合、统一过程,大致分为前期和后期两个阶段。从1945年"八一五"日本宣布投降到1947年夏季大反攻,是前期阶段。在这一阶段,各个解放区边区、地区,或承接抗日根据地的银行建制和货币发行流通,或新设银行,发行、流通货币,但无论承接还是新设,各个边区、地区的银行、货币,都是单独设置、运作,自成体系,互不连属、衔接、交流。从1947年人民解放军夏季战略反攻到1949年中华人民共和国成立,属于后期阶段。随着解放战争快速推进,解放区加速扩大,原来被分割、隔离的各个解放区边区、地区,相互衔接、合并,原来单独运作、各成体系的银行、货币,相互交流、调节,整合、归并,最后统一成立中国人民银行,发行全国流通、行使的统一货币——人民币,标志着全国完整统一的金融货币体系的最终确立。

---

① 中国社会科学院经济研究所中国现代经济史组编:《革命根据地经济史料选编》下册,江西人民出版社1986年版,第769页。

（一）新型金融银行体系的承接、创立与早期运作

关内外解放区的新型金融体系的发生、发展和整合、完善,大体上分为两种情况或类型:一种是抗日根据地各边区,基本上是抗日战争时期原有金融体系的承接、加强和初步完善;另一种是抗日根据地以外的解放区,如东北解放区、中原解放区等,新型金融体系,则是在创建解放区的过程中新建立的。

在原抗日根据地,陕甘宁边区政府于1937年9月成立后,即开始创设银行,建立自己的新型金融体系,将原中华苏维埃共和国国家银行西北分行改为陕甘宁边区银行。不过并未即时发行新的货币,而是继续使用法币。不过由于当时市场上辅币很少,难以找零,以致市场商品流通困难,陕甘宁边区银行乃于1938年以"光华商店代价券"名义,先后发行了面值一分、二分至七角五分等6种面值在1元以下的辅币代价券,信誉良好,实际上起到了本位币的功效,群众称为"光华票"。1939年,中共中央决定停止法币在边区流通,建立边区统一的本位货币。1941年2月,陕甘宁边区政府授权边区银行正式发行边币。因国民党顽固派对边区的严密封锁,导致1943年年底边区的物价急剧上涨,边币对法币比价急降。为此边区政府制定"物价慢涨""比价慢降""货币慢发"的"三慢"方针;1944年5月23日,西北财经办事处决定以陕甘宁边区贸易公司及其所属各公司的全部财产作为发行基金,发行贸易公司商业流通券。规定流通券1元折合边币15元(在以后流通中,流通券1元实折边币20元),其面值分为5元、10元、20元、100元、500元等7种。

抗日战争结束后,陕甘宁边区原有的金融、银行、货币体系,继续运行,贸易公司商业流通券("券币")继续流通,并发挥效用。不过由于形势发生重大转折,机构人员大规模调动,物价下跌,政治局势不稳,太多未知因素,财政收支、物资吞吐、金融发行、银行借贷,全都没有底细。当时的基本趋势是,物价下跌,食盐滞销,市场疲惫,本币退藏,工商业停滞,特别是工厂工业与合作社处境艰难,根据地政府财政收入减少,支出增加,银行负担加重,金融财政难以支撑。1945年12月,财经办事处会议编制

1946 年预算,按 1945 年底的,标准约需券币 15 亿元。其收入主要靠药品推销。由银行负责的 1 亿元,要在稳定金融前提下不在发行数内赚出 1 亿元来交纳。公司负担的 2 亿元,也不能动"老本"。总计全年发行券币 77068 万余元,流通于市面的为 92332 万元。结果发行增加 2.1 倍,物价上涨了 2.3 倍。

1946 年 1 月中旬正式编制该年预算,最高收入仅为 128000 万元,其中贸易税占 80%,内地货物税、盐税、商业税占 20%。支出为 197724 万元,赤字达 69724 万元,必须银行周转。由于赤字很大,财经办事处确定"以工业养工业"(指轻工业而言),财政上也不收税,必要时由银行投资。同年 5 月 20 日检讨财政收支,5—12 月收入券币 114600 万元,同期开支262300 万元,赤字 147700 万元,一再核减,还有赤字 115000 万元。因边区脱离生产人员数量大,财政负担重,140 万人要负担 7 万多人的军费开支。收入有限,供给浩繁。为了减轻负担,西北局要求复员整编,按 5.6万人编制预算,以减少赤字,避免银行大量发行。不过发行量还是相当惊人。到 6 月底,银行总计发行券币 17 亿元,实际流通于市面的为 15.1 亿余元。这是陕甘宁边区和平时期边区财政和银行发行的基本情况。①

1946 年 7 月,边区开始进入备战状态。当时国民党大举进攻边区风声日紧,西北局提出备战。8 月间探悉国民党计划打半年,边区计划打一年,需要至少准备半年的物资,已做好发行、吃老本、注意节约过苦日子的打算。9 月,边区正式进入战争准备和小规模战争状态,此后边区财政开支,主要靠银行发行支撑。财政厅制定的当月预算,收入 8500 万元,支出34500 万元,赤字 26000 万元,银行先发行券币 3000 万元。10 月,蒋介石下令并梦想一年消灭中国共产党,党中央考虑形势发展,必要时准备放弃延安,并实现疏散,缩小后方,派遣大批干部下乡,财政开支相应增加。10月的开支需要券币 5 亿—6 亿元,搬家费在内。而收入只有 12500 万元,银行发行 5000 万元,尚差 4 亿多元。财经办事处批准从贸易公司支 2 亿

---

① 陕甘宁边区财政经济史编写组等合编:《解放战争时期陕甘宁边区财政经济史资料选辑》下册,三秦出版社 1989 年版,第 68—71 页。

元,银行连同前面支出发行 2 亿元。11 月开支仍为 50467 万元,收入为 12000 万元,决定公司、银行各拨出 2 亿元。这样,1946 年下半年银行发行已达 4 亿元。

鉴于 1946 年 10 月的发行情况不好。边区认为如果比较西安物价上涨的程度来发行,边区尚可发行券币 5 亿元。而物价在延安涨得快、发行则发得慢,其原因当时认为是由于券币市场缩小了。因为:(1)法币、白洋、金子、农钞尤其是法币代替了一部分,白洋占了黄河地盘;(2)券币用途太少;(3)边区政府松弛;(4)食盐不统销,收盐不用券币。解决办法应该是:(1)扩大券币流通市场;(2)保持券币的兑换力量。如果用黄金政策最多可减少法币出超的 1/3,于是即向西北局建议,立即解决这一问题。11 月时局更为紧张,胡宗南以 10 个旅围攻边区,准备直扑延安。11 月 9 日财经办事处拟转变兑换法币的政策,在内部市场不兑换法币。并拟定 11 月经费,如打起来支 12.5 亿元,不打则支 7.5 亿元(被服在外)。除税收外,到 11 月底,由银行、公司各支 3 亿元。1946 年下半年的银行发行已达 7 亿元。

为了应对战时金融变化,在银行大发行之后,陕甘宁边区政府曾确定以下解决办法:(1)收公粮代金 2 万石,负担面可达 80%;(2)发自卫战争公债 10 亿元;(3)为保证供给需要,打开东路贸易,争取以赤金换物资,以调剂内部市场。

12 月边区概算,计划支出战时经费为券币 47194 万元,加平常经费 18770 万元,合计 65964 万元。而收入仅有 15500 万元,赤字为 50464 万元。财经办事处决定公司、银行各出一半,即各支 25232 万元。为了争取物资,主要是棉花、布匹和黄金,10 月 16 日财经办事处决定,分工合作管理黄金买卖,实行新的黄金对策,借以争取对敌贸易斗争的主动权。

截至 1946 年 12 月底,全年银行发行 220750 万元,累计发行总额为 327523 万元。1946 年发行额占发行总额的 67.40%,亦即 2/3 强。

经过 1946 年下半年的紧张备战,大兵压境,环境恶化,生产萎缩,收入减少,脱离生产人员和财政开支增加,而人民负担能力下降,经济疲弱。进入 1947 年,情况更艰难。

1947 年 1 月,预算 104 亿元。依据 1946 年决算为 55 亿元,每月平均券洋约 4.58 亿元。12 月更达 8 亿元。战争紧迫,人心浮动,发行增加,物价高涨,一二月份每月支出达 10 亿元。因此银行周转数额也日益扩大。2 月 20 日,西北局讨论 1947 年财政概算时,赤字高达 150 亿元,约合 40 万件土产。鉴于此,西北局强调指出,边区财政为坚持发展生产、保障供给,以支持自卫战争到最后胜利,第一,必须生产。人民的农业生产、纺织、植棉计划务须完成。第二,发展贸易,准备要随军销货。第三,发行部分票子支持战争。第四,纠正走私,建立预决算审核制度,实现节约,号召党政军动员起来支援前线。财经办事处要按此方针布置 1947 年工作。

1947 年 2 月底财政厅提出 3 月预算为支出 14 亿元,收入 2 亿元,欠一二月 3 亿元,合计赤字 13 亿元。解决办法:(1)提前收商业税;(2)停发后方 3 个月经费;(3)银行发行 8 亿—10 亿元;(4)禁用法币、白洋;(5)吃老本;(6)公司收布匹,先供给大公;(7)禁止走私。此时银行准备金实有 100%,但为应付战争,必须大量发行。布匹从南路不能来时,可改从太岳设法输入。因此,3 月 7 日财经办事处决定发行 10 亿—12 亿元。发行后由公司以物资(1000 匹布)支持。拖一段时间,即由公司周转 2 亿元。同时,拟即印发 10 亿元自卫战争公债,面额分 5000 元、10000 元、50000 元三种。定为二年归还,年利 5%。到期可顶交公粮,或纳税。公债则由银行筹印。对于部队,尽可能保证实物供给。

1947 年 3 月,胡宗南部队包围和进攻延安。从月初开始,边区党政机关部门包括银行发行库、资财处等核心、机要部门,相继撤离延安,3 月 19 日,大部撤离完毕。不过边区党政首脑机关和财政、金融、银行各职能部门,在撤离延安过程中,一刻也没有停息相关职能的行使。银行发行库分散转移,仍留一部分随军,供给战争需要。边区政府机关最后撤离,3 月 28 日转移白家坪,商讨金融贸易工作。当时财政支付预计 12 亿—15 亿元,主要由银行承担。银行支 8 亿元,公司支 2 亿元。野战军先支 3.7 亿元。预计随后 4 月尚需支 10 亿—15 亿元。

边区政府撤离延安后,形势愈益艰难。此时贸易已完全陷入停滞,百分之八九十的财政开支不能不依靠银行发行。10 亿元自卫战争公债,虽已计划与分配,但由于敌人进占瓦窑堡,公债来不及运走,即就地焚毁了。公司、银行总部随军转移,1947 年 4 月 5 日的南家湾会议,对战局发展进行了评估,准备在边区打上二年,一切依靠自力更生,并估计边区财政开支人员可能增加到 11 万人。确定战时方针为粮食第一、贸易第二,拟定以 20% 的药品划分给分区支配,并控制发行,必要时银行才发票子。同时,公司、银行将部分物资(主要是布匹、棉花)在农村抛售,以回笼货币。

边区政府撤离延安后,1947 年三四月间,边区主要市场除米脂城关外,几乎全被敌人占据了。针对这一情况,边区财经办事处在 1947 年 4 月 13 日召开的子长县西张家山会议,就当时的金融贸易工作作出决定:除在贸易方面,坚持关中、陇东、定边游击分散式的对外贸易,争取军用器材、被服等从东面输入;"大公"所存布、花、盐、火柴等物资,拿出部分供应市场、满足人民需要、流通券币外,在金融方面:(1)凡离战场稍远的地区,交换所兑换的工作应设法恢复;(2)黄金物资逐渐抛售,回笼券币;(3)发行应有节制,要与财政贸易密切配合起来,吞吐券币。据此,1947 年 4 月 23 日银行发出战时金融工作的指示,随即在涧峪岔、化子坪、平桥、真武洞、青阳岔等一线恢复集市,借以流通券币;在陇东、定边、绥德各分区,同样进行推行券币工作,在银行总行贸易总公司所在地安塞、子长,随军售布与出售黄金,随时兑换法币,即收回券币 4 亿余元。计从 1947 年 3 月 19 日至 5 月 20 日,共支付财政透支 202137 万元。其来源为:(1)发行 128000 万元;(2)回笼 38847 万元;折付法币 75000 万元,合券币 35300 万元。

为了稳定战时金融,从 1947 年 3 月 19 日至 5 月 20 日,总计回笼券币 55615 万元。经过大力吞吐,券币在市集上已经相对稳定。其时券币发行亦不太多,截至 5 月底,共发行 576300 万元,其中 47 亿—50 亿元流通市面,库存 10 亿元左右。

1947 年 6 月,胡宗南加强了对延安地区的清剿、扫荡、破坏。6 月末向安塞扫荡,7 月搜剿志丹县,其时边区政府仅保持黄河以西警区 6 个县和收复三边分区及陇东部分地方。内地市场全遭破坏,券币已很难流通。黄河两岸原为白洋市场,从 7 月起,边区政府严禁白洋行使,缉私、拿获使用白洋、敌币者,日有数起。同时农币西流,市场上明里暗里使用几种货币(券币、农币、白洋、敌币)。

在这种情况下,不仅市场萎缩,流通货币混杂,而且随着战争扩大,部队物资供给与市场调剂、财政与银行发行的矛盾加剧。一是财政主要靠银行发行支撑:从3月17日到7月15日止,不计粮食被服,财政厅的经常、临时各费开支为券币388000万元,其中财政税收仅占5.5%,贸易公司货币回笼占28%,银行垫支和发行券币分别占28%和38.2%,合计66.2%,亦即近2/3的财政开支依靠银行垫支、发行。二是银行过量发行导致物价猛涨。总的情况是,战前物价上涨幅度小于银行发行增加幅度,战争期间则刚好相反。1946年12月至1947年3月,银行发行增加45%,同期物价上涨20%,不到发行增幅的一半。自3月19日敌占延安后,情况发生重大变化。物价飙升,券币购买力猛降,物价指数远超发行指数。1947年3月15日至7月15日,券币发行实际流通额增加39%,而同期物价上涨285.5%,相当于前者的7.3倍。[①]

面对这一严重局势,边区政府为支援前线,保证战争需要,而又尽可能维持金融的基本稳定,采取了两项重大措施:一是缓和物价上涨,推行本币;二是继续必不可少的发行,支援前线。为了这些措施能够顺利推行,并达到预期效果,总行决定:(1)各分行及总行业务处在战时一律取消壮大资金的任务,以全力稳定金融。(2)基于对法币关系的新变化,全力推行本币,争取本币独占市场,放弃与法币的固定联系,完全摆脱法币对本币的直接影响,抛弃以往对法币比价求稳定的基本方针。配合争取必需物资的斗争,在有可能和必要时,逐渐提高本币比价。为了打击可能出现的黑市,肥皂输出,除部分收取黄金外,以物物交换为主。同时,各分区内地交换所一律停止对法币的交换,并将交换所在原有基础上逐渐转变为供给群众日用必需品的小型商店。为了适应战时情况多变、不易联系的特点,银行各分行应根据当地具体情况并参照临近分区情况,机动灵

---

① 陕甘宁边区财政经济史编写组等合编:《解放战争时期陕甘宁边区财政经济史资料选辑》下册,三秦出版社1989年版,第71—83页。

活,相对独立地决定一些对策,在牌价问题上可放弃和平时期的统一比价,依据不同情况采取差价政策。但需注意:差价不宜过大;在思想上需明确此措施是打击排挤法币的一种手段,须机动灵活;在一般情况下,内地法币比价可低于边缘区,以便先将其挤到边缘区,而后挤出边区。(3)银行各分行应协同贸易分公司组织内地集市,控制部分土产,组织物资对流。依据河川的交易关系,重点组织粮食、布匹、棉花、油、盐、炭等必需品的交流,只卖券币,不收白洋、法币;不从盈利出发,只为支持本币的流通。(4)银行各分行在敌人清剿、蹂躏过的地区,发放农村贷款,以缓解贫苦群众饥荒,恢复农业生产。[1]

1947年8月,敌人清剿靖边,占领绥德城。8月16日,边区银行总行、贸易总公司东渡黄河,进入晋绥边区,陕甘宁边区金融随即陷入非常混乱的状态。总行、总公司等后方机关携带的券币,在河东不能行使,一切仰给于晋绥边区,但河西前方仍须支付券币,因河西无其他收入,几乎全部以发行来垫付。所幸这段时间,解放军连续出击,节节胜利。大部分地区相继收复,边区情况大为好转。后方机关于10月26日又西渡黄河,返回陕甘宁边区。

总行、总公司在河东期间,1947年9月2日召开的兴县会议,曾商讨陕甘宁和晋绥两个边区财经工作的统一如何具体实施。10月14日确定币制统一,以农币为本位币,券币和农币暂时同流,以一比一的比价,在两边区内通用,以后逐渐收回券币,银行、公司合为一个机构。但因农币在河西地区一时流通不开,而河西军需任务十分紧急,券币实际仍需发行。

1947年11月财政预算,包括陕甘宁和晋绥两个边区,按10月碛口市场价,不包括粮食、被服、兵工事业费,仅经常、临时各费,合计180亿元,内河西81亿元,河东90余亿元。主要靠发行农币,券币只在农币难于流通地区发行。到10月底,预算照河西10月25日绥德物价,即需93亿—100亿元。而税收仅有1亿元,贸易周转缓不济急,主要仍然依靠银行发

---

① 陕甘宁边区财政经济史编写组等合编:《解放战争时期陕甘宁边区财政经济史资料选辑》下册,三秦出版社1989年版,第35—38页。

行。同时,不计河东,河西党政军必须92亿元。此时,两边区合计脱离生产人员达23.5万人。财政支付,由于药品不易销出,税收有限,不能不仍靠发行票子。12月预算176亿元,税收5亿元。因财政艰难,规定残废金不发,烤火费不发,按原供给标准肉油应各发半斤的,也不发。但即使如此核减,仍需110亿元左右。最终拟定发行80亿元,内前方60亿元,后方20亿元。这样,截至1947年年底,全年共发行券币1866955万元,累计共发行2194480万元。[①]

上揭兴县会议及会后关于陕甘宁、晋绥两边区财经统一具体措施,因当时条件的限制,未能执行。1947年11月12日,西北财经办事处又发出通知,正式决定统一陕甘宁边区和晋绥边区的金融货币,西北局确定以西北农民银行发行的农币作为西北解放区的本位币,而以陕甘宁贸易公司发行的流通券作为辅币。具体规定:(1)河西流通的贸易公司商业流通券与河东流通的西北农民银行的农币,比价定为券币1元换农币1元,准其互相连通,不得拒用;(2)贸易公司、银行及一切公私营业机关、商店,凡一切记账、讲价、清理债务等,此后均应以农币为本币,逐渐推行到群众中去。[②]

几天后,贸易公司和西北农民银行又共同拟订,并经西北局批准公布关于畅通贸易、稳定金融的方案。具体内容为:(1)推行肥皂,输出黄金、白洋、白银,换进军民必需物资。河西在西面、南面主要推销肥皂,争取物资与黄金。河东在东面输出黄金,争取棉花进口,其次换布匹等日用必需物资。1947年冬至1948年春应输出黄金2万两到2.5万两,棉花要收入400万斤(全由河东收买),在东路汾河沿岸要吸收粮食进来,解决军民需要。(2)组织公私运输,恢复商运。第一,调剂物资,使之对流;第二,恢复骡马店与运输站;第三,在河西恢复集市,建立贸易网,便利人民交换;第四,从速公布农币为本位币,券币为辅币,券币与农币合流,其比价定为

① 陕甘宁边区财政经济史编写组等合编:《解放战争时期陕甘宁边区财政经济史资料选辑》下册,三秦出版社1989年版,第83—85页。
② 陕甘宁边区财政经济史编写组等合编:《解放战争时期陕甘宁边区财政经济史资料选辑》下册,三秦出版社1989年版,第45页。

券币1元换农币1元,以沟通河东与河西物资互相对流。(3)加强肥皂缉私,严格禁止白洋、法币行使,严格管理外汇及出入口物资。(4)在目前首先应稳定陕边的金融。因为运输困难,物资一时接济不上,而大军云集,开支浩大,为保证军队供给及活跃国民经济,尚须在警区随行市出售极少部分黄金(但只准两以下为限)。各分公司、分行所在地可设银楼,已收集的元宝制成装饰品、用具配备饰金零售,以协助稳定金融。在三分区、九分区黄河沿岸,要筹集棉花、布匹、粮食及日用必需品,随市价出售,回笼本币,拒收黄金、白洋,在短期内需提高本币20%—30%,最低也要做到相对的稳定,以便河西提高物价,便利物资对流。(5)由粮食局在主要市镇用粮店形式,设立粮食调剂处,兼收斗佣,掌握粮价,推行本币。①

华北各解放区边区、地区,在抗日战争时期,也大多先后创立了各自的银行,发行流通各自的货币。

晋察冀边区于1938年3月20日,正式成立了晋察冀边区银行,并发行货币,面值为5元、2元、1元、5角、1角等五种。晋冀鲁豫边区的冀南分区,1939年10月15日成立冀南银行,发行冀南银行币,作为冀南行署和太行区两区的本位币。冀南行政主任公署于1939年10月10日发布命令,冀南银行发行的本币及辅币与国民党统治区中央银行、中国银行、交通银行、中国农民银行四行法币同值流通。山东根据地民主政府也于1939年开始发行自己的货币(北海币),最初发行的为面值1角、2角、5角的小额货币,作为法币的辅币。1940年7月,在鲁中设立山东北海银行总行,胶东区的北海银行改为分行,总行和分行各自独立经营。

抗日战争结束后,华北各解放区边区、地区,或在抗日战争金融和银行体系基础上,继续运行或增设、扩大架构,或根据情况变化、需要,对原有体系加以调整、变通,加强运作,驱逐和取缔伪币,抗衡和抵制法币,占领金融货币市场。

晋察冀边区冀东区,日本投降后,随即于1945年9月24日成立晋察

　　① 陕甘宁边区财政经济史编写组等合编:《解放战争时期陕甘宁边区财政经济史资料选辑》下册,三秦出版社1989年版,第46—47页。

冀边区银行分行(地点在河北玉田),并于同年冬季发行边币。当时充斥市场的伪币,因日本投降,彻底失掉信用,大多数群众不愿行使,而视边币为"至宝"(对国民党存有幻想而期待法币的只是少数)。当时边币由冀东区自己印刷,因面额小、印数少,社会需要甚急,比值定得高,变动也快。因掌握政策和斗争经验缺乏,再加上后方过来大批干部,带来不少大额边币,以及票贩子捣鬼,边币信用受到影响,1945 年冬至 1946 年春,边币对伪币的比值由 1∶30 降到 1∶1。到 1946 年第二季度,边币已成功驱逐伪币,但当时边币发行数量不足,恐市面交易停顿,更估计国民党政府禁用伪币推行法币,于是先发制人,行署决定在驱逐伪币的同时,由各专区或县印发流通券,计面额 100 元、50 元两种共 13860.85 万元①,解决了边币不足问题,驱逐伪币、初步占领市场,并建立了商店,打下了经济斗争的初步基础。

因流通券受到区域上的限制,不能普遍自由流通,伪币、法币乘机于 1946 年 5 月间发起经济攻势,引起物价波动,流通券被挤,边币币值下跌,法币大量流入。6 月,边区展开经济反攻,获得胜利,稳定了物价,提高了边币信用,有效地打击了法币。9 月,国民党军队对边区发动全面进攻,物价暴涨,边币再次下跌,流通区域缩小。到 10 月初,国民党因兵力不足,部分撤退,解放军反击得胜,边币信用和流通市场恢复,物价基本稳定,进而提高了边币信用。②

1947 年 4 月,晋察冀边区银行冀东支行为了方便提款人提款、省却双方点款之烦,拟订发行本票暂行办法,开始发行银行本票。规定签发本票的机关为冀东支行及其下面的各办事处。本票签发以本行存单或现款为准,每张不得超过 500 万元,使用有效期为 30 天。在有效期内,可供公私付款之用。本票可随时到原出票行提取现款,其他银行机构不负代收之责。

---

① 发行包括宝坻 3980 万元,香河 3965 万元,十二专署 230 万元,十三专署 2845.85 万元(内有 5 元、10 元、50 元券),十四专署 2850 万元,合计 13860.85 万元。华北解放区财政经济史资料选编编辑组等编:《华北解放区财政经济史资料选编》第 2 辑,中国财政经济出版社 1996 年版,第 32 页。

② 华北解放区财政经济史资料选编编辑组等编:《华北解放区财政经济史资料选编》第 2 辑,中国财政经济出版社 1996 年版,第 31—32 页。

本票如有遗失,签发银行不负追寻之责,但即时到签发银行挂失者例外。[1]

晋察冀边区冀热辽区行署,则利用现有金融架构,发行期票。因日本投降、时局大变,敌伪造谣,奸商操纵,致使物价涨落不定(目前一般物价向下降落),一般中小商人,因为赔累而停止营业,倒闭破产者日有所闻。人心惶惶。商业几乎停顿。冀热辽区行署为挽救商民危机,特发行期票一部,贷与十五、十八两专区商民,试行使用,以救眉急。如能通用,可续发到其他专区。其使用、贷出办法为:(1)期票的使用:期票暂代边币使用(仅限冀热辽区通用),完粮、纳款、公私交易,一律有效。由1946年1月1日至3月31日,持票向冀热辽区县以上政府或晋察冀边区银行冀热辽区分行兑换边币,过期无效。(2)期票的贷出与收回:期票由各专署、县政府负责贷出、收回。立账订约、贷款对象,着重解放区的中小商人。大商有破产危机者,亦可酌情贷给挽救危急。但贷数不得多于中小商人。月息1分,贷者应殷实商民作保,于1945年12月1日前,保证归还。[2]

晋冀鲁豫边区自日本投降后,解放区一天天扩大,一方面,通货需要量增多,必须紧急增发新币;另一方面,既要尽快废止光复区的伪币,又要防止法币乘虚而入,将老区的新型金融货币体系植入新区,占领金融货币市场。在太岳区,因日本投降后,解放区迅速扩大,通货需求增多,太岳行署专许太岳经济局,以其全部财产为基金,并由太岳冀南银行作保证,发行面额100元、50元、5元等三种工商业流通券,以1元当冀南银行太岳票1元行使。[3] 在太行区,因收复大面积沦陷区和不少矿山、工厂,新区货币工作任务相当繁重。太行区原本一律以冀钞、鲁钞为本位币,应该迅速停止伪钞流通。但由于敌人拒绝投降及拍卖货物,伪币尚在一些地方行使,能抵冀钞1角至1角5分甚至2角,国民党特务在未收复区宣传,

① 华北解放区财政经济史资料选编编辑组等编:《华北解放区财政经济史资料选编》第2辑,中国财政经济出版社1996年版,第44—45页。

② 华北解放区财政经济史资料选编编辑组等编:《华北解放区财政经济史资料选编》第2辑,中国财政经济出版社1996年版,第3页。

③ 华北解放区财政经济史资料选编编辑组等编:《华北解放区财政经济史资料选编》第2辑,中国财政经济出版社1996年版,第63页。

谓伪钞将来每元可换 6 角法币,制造混乱,在法币到达前,继续维持伪币的信用。因此,必须向群众戳穿其阴谋。大力宣传伪币作废,或组织将伪币暂时推向仍被敌人占据的城市,买回东西来。总之让群众尽快抛出伪钞,肃清伪钞,同时防止法币内流,并防止黑市活动,建立和扩大边币市场,以恢复新收复区的人民经济生活。另外,随着新区增加,解放区区域扩大,本币筹码紧张。行署提出的办法是,除从内地调拨一部分款项外,更主要是加强新老区之间的贸易,使边币流入新区,同时设法加快物资流通速度。要通过流通搞活经济,不能完全靠贷款来恢复经济。贷款只能起到一些引导的作用,主要还是要使物资交流起来。[1]

在冀鲁豫区,在日本投降后,根据新的形势、任务需要,适时开始了金融银行组织架构的调整,1945 年 12 月 30 日发出指示,按照行署召开的专员联席会精神,为了执行集中统一、财政统筹统支、银行代理金库,原来联署办公的工商局、银行从 1946 年 1 月正式分开,并各级建立组织:冀鲁豫区行定于 1946 年 1 月 1 日成立,各专区分行与县支行应按照行署制定的组织编制,迅速抽调干部充实其组织,以便 1946 年春进行贷款及代理金库工作。各县支行应根据该区实际情况,如两县,甚至或三县设一支行,并以何县为中心,组织建立及干部配备情形,须于 1947 年 1 月 20 日前报告行署。[2]

根据行署的上述指示,冀南银行 1946 年的工作方针,在银行组织架构方面,及时充实健全各级机构,加强干部业务教育,提高技术知识,培养银行工作人员。同时要提高本币信用及迅速实现全区统一本位币市场,包括彻底肃清伪钞、对其他货币的管理(包括法币及其他解放区货币),本币的统一发行与边币市场的整理。因为 1946 年新的局面,已经不像在抗战时期被敌人分割的局面,不论在交通上,或在其他方面,都是一个统一的整体单位。因此在货币的流通上,也要求达到一个在信用上和价格

---

① 华北解放区财政经济史资料选编编辑组等编:《华北解放区财政经济史资料选编》第 2 辑,中国财政经济出版社 1996 年版,第 65—66 页。

② 华北解放区财政经济史资料选编编辑组等编:《华北解放区财政经济史资料选编》第 2 辑,中国财政经济出版社 1996 年版,第 69 页。

上完全统一的本位币市场。①

1946 年 8 月,晋冀鲁豫中央局下发指示,要求全力采取措施,"平稳物价,巩固本币"。1946 年 8 月前的半年间特别是后 3 个月间,边区物价暴涨 4—8 倍,本币对法币比值下跌,平均由 1∶6 跌到 1∶4,给工矿业及家庭副业生产以严重打击,影响边区整个预算,使党政军民学生活遭受极大困难。指示强调,这一问题的产生,除了时局紧张、内战威胁及国民党统治区经济危机影响外,也由于边区领导过去一段时间对和平估计过高、对和平实质理解错误、对国民党顽固派经济斗争松懈所致:(1)错误认为和平即将到来,本币与法币将要平行,银行亦可能统一(统到国民党区),因而一改紧缩方针为大量发行的办法,半年中的发行额超过以往总发行额的若干倍,1946 年 8 月前的 3 个月,发行有超过之前的 3 个月的若干倍。发行用到工、农、矿、运输、合作事业、家庭副业是小部分,大部分是财政透支和物资囤积。由于通货膨胀,使供求失衡,形成物价与币值反比例发展态势。(2)错误认定和平实现后,美货不可抵挡,对外亦将实现自由贸易,因而放松了出入口与外汇的管理,货物税亦不重视征收。工商管理局机构一变再变,干部大批调动。由于这种盲目、混乱,造成严重走私与消耗品渗入,失去出入口平衡,本币与法币比值随之变化。(3)重财政轻经济的观点,始终没有得到很好的纠正。不是以"发展经济,保障供给"解决财政问题,而是以印刷机解决困难;不是以投资或贷款扶植农、工、矿、运输、合作、家庭副业等生产,而是单纯掌握物资(掌握物资供应与抛出物资、巩固币值、平稳物价相结合)。机关部队生产,不是经营农、工、矿、运输、合作、家庭副业等生产事业,亲自动手,发财致富,而是用大部分力量进行商业投机,巧取豪夺。结果形成生产消沉、操纵游资、捣乱市场的现象。

为了克服当前困难,要再重申中央发展生产、繁荣经济的方针。在任何情况下,都必须坚持独立自主、自力更生、自给自足的方针,发展并扶植

---

① 华北解放区财政经济史资料选编编辑组等编:《华北解放区财政经济史资料选编》第 2 辑,中国财政经济出版社 1996 年版,第 70 页。

农、工、矿业、家庭副业及运输、合作事业,一切要从长远打算。为了发展经济,采取保护政策与组织管理方针,采取紧缩发行,巩固本币、压倒法币的方针;采取平稳物价,防止暴涨暴跌的方针。具体措施包括以下几个。

第一,紧缩通货,财政上努力争取收支平衡,1946 年后半年所增加的军政费决不向银行透支;所有银行准备发行的本币,立即全部封存,准备购买物资款项未用出的一律缴回归库;所有机关、部队及机关合作社,存放银行、银号的款项暂行冻结,不准提取,各部队、各机关、各系统,预借经费、事业费未用者应缴回原领机关,归入仓库,以后当按审计、会计制度领发,不得预借。银行立即停止商业及机关生产贷款,已经贷出者,斟酌情况逐渐收回。今后贷款主要放在农、工、矿、运输、合作事业及家庭副业上,以刺激生产。

第二,加强工商、税务管理机构,严格出入口与外汇管理。有计划地组织可出口及剩余物资出口、换回必需品。禁止某些奢侈品、消耗品进口。对于某些可自造代替的物品,限制其入口,适当提高出入口税率,加强缉私工作,消灭走私现象。任何机关、部队要服从党的贸易政策及货物管理法令,不得借故破坏经济设施。内地贸易自由,任何区域不得私自实行对内经济封锁,以免妨碍物资交流,死滞经济活动。

第三,改变公营商业方针(机关生产在内),建立正常的商业关系。一切公营商店,应根据当前市场情况,停止收购物资,并要抛出一部物资,以调剂市场供求。并要动员所有公私商店(主要是机关生产商店)从全面着眼,为人民服务,为生产服务,不要再囤积居奇、投机取巧,只有建立正常商业交易行为,市场才能活动,商人才有正当利得。

第四,紧缩开支,保证供给。首先要清查核实党、政、军的人数,军队要进行一次彻底点验及登记武器、弹药、工具、服装等,坚决消灭吃空额的现象。要检查纠正已经发生的贪污及浪费现象,财政方面要贯彻统一集中的精神(但要更多照顾下面困难),进行一次清理,认真清查埋伏的财、粮、棉、布物资,为全区打算,撙节不必要开支。将清理出的与节省出的资财,作为后半年增加军费之用。原规定全年缴出生产任务 5%—15%,即将半年的交清。

今后军政费开支,要严格遵守审、会、预、决算制度,禁止挪用公款做私自活动,所有党、政、军、民、学的上半年决算,须于 9 月底报告各该上级机关,以备查核。各机关、各部队所经营的合作社,其款项如何开支,亦须作出清单、报告上级党委,免生浪费。

第五,加强运输,沟通各地有无。内地某些经济上需要的公路、大车路、河道,要及时修理,妥加保护。要严格实行支差雇脚办法,节省民力、畜力,以便从事商业运输。城乡群众合作社、运输互助组、运输队,须尽量发展。利用一切农闲,组织剩余劳动力从事运输,使货畅其流,脚费减轻,活跃各区经济。

第六,实行一元化的领导,各地经济、财政、工商、银行等各部门,应统一在党的领导下。各区党委之下,设财政经济委员会,讨论策划财经工作,要把党的财经政策,贯彻到群众中去。各级党的财经委员会,应指导经济部,领导全区经济建设,以达到全区自力更生,自给自足,发展生产的目的,经济部不应仅仅成为企业性的经营组织。

1946 年自力更生的条件,比任何时候都好。边区物产丰富,粮食、棉布、煤、铁、麻、皮毛、纸张、植物油等,可以自给而有余。食盐、洋火、烟叶、药材等,可以自给一部分,需要外来物品很少。只要各级党、各军区、纵队,均认识当前困难及所处物质环境,善于组织生产,发展经济,坚决执行上述方针,物价是可以平稳、本币是可以巩固、财政困难是可以克服的。①

苏皖边区(华中根据地)在抗日战争期间,由于敌人的分割、封锁,各根据地自力更生、独立作战,相互之间并无经济联系,为了各自根据地内的经济和财政运转、物资交换和流通,支援抗日战争,在金融货币方面,采取分散发行、分别流通的办法,各根据地都有自己的银行、货币,淮南、淮北、苏中、苏北根据地分别设立淮南银行、淮北地方银号、江淮银行和盐阜银行,各自发行淮南币、淮北币、江淮币和盐阜币,在各自地区内流通使用。

----

① 中国社会科学院经济研究所中国现代经济史组编:《革命根据地经济史料选编》下册,江西人民出版社 1986 年版,第 730—732 页。

　　日本帝国主义宣布投降前夕,华中根据地在金融方面采取重大举措,1945年8月1日,华中银行总行在皖北盱眙县张公铺宣告成立,于8月中旬开始发行华中币,规定与各地的地方币(淮南币、淮北币、江淮币和盐阜币)等值流通。日本宣布投降后,9月初,总行迁至淮阴。10月10日,清江直属支行开始营业。

　　1945年11月1日,苏皖边区政府成立,华中银行总行成为边区政府金融机构的核心成分,各地银行相继改组为华中银行分行,开始在边区范围内整合。苏中的江淮银行分别在如皋和高邮改组为华中银行一分行与二分行;淮南银行改组为华中银行三分行,设于天长;盐阜银行改组为华中银行五分行,设于益林;原盐阜银行淮海分行在沭阳改组为华中银行六分行;淮北地方银号改组为华中银行七分行,设于泗县。苏皖边区8个行政区中除第四分区(淮南路西)和第八分区(淮北路西)外,每个分区都有银行分行。分行以下设支行和办事处。全边区共有14个支行和33个办事处。办事处与兑换所遍布整个边区。[①]

　　在抗日根据地老解放区承接、加强原有新型银行体系,并向周边新区扩展的同时,人民解放军开辟、发展了一批新解放区,在新区同样建立起了新型金融和银行货币体系。

　　东北解放区是原抗日根据地以外,开辟、建立最早的大型解放区。1945年8月8日,党中央配合苏联对日宣战,命令冀热辽、山东、华中等地主力部队挺进东北,与东北抗日联军会合,开辟了东北解放区。同年10月,在沈阳成立了东北银行。不过进程并不顺利。东北野战军到达沈阳时,伪满“中央银行”以为苏军所占,野战军及相关人员只弄到部分印刷机,准备印刷钞票,因苏军不允许,只得将印票厂设于沈阳西南120里外的新民县,11月8日、9日才出票券,叫作“法币”,1元兑伪满币10元。原东北局决定的比值为1∶1。因有些同志不同意,从政治观点出发,认为“我们胜利了,我们的票子不能与伪币同值”,争论不休,历时10余天尚未发行,后苏军撤离,沈阳全部工厂物资为野战军所接收,拥有了雄厚

---

　　①　郑泽云主编:《苏皖边区史略》,中国文史出版社2005年版,第94—95页。

物资,因此东北局决定 1∶10。在沈阳开有东北商店,专售东北银行票子,物价低廉。在苏军撤离后三天内,东北银行票子信用极高,卖到十一二元,后苏军又返回沈阳,限令东北局撤离,并称有不法票子流通市面,禁止使用。群众因此"不乐意用了"。东北银行虽然尚有部分物资,但不雄厚,无法维持 1∶10 之比值,又因在转移中纸币版样丢失,故决定停止发行,将已发纸币收回。这期间东北银行共发行额计"法币"1900 多万元。①

后苏军要求全部(包括新民印票厂)撤离沈阳,于是将工厂分成两部分,一部分西走热河;另一部分辗转到达通化,继续出票。后进入长春,搞到部分机器、纸张,拟于哈尔滨设厂,因哈市不巩固,即将出票但又迁佳木斯,后通化工厂亦转移到佳木斯,合二为一,形成后来佳木斯之东北银行。

1946 年 11 月初,国民党军队开始向解放区大举进攻,接连占领了南满绝大部分城市和乡村,切断了南北两地联系,使东北解放区处于被分割的状态。在金融方面,也暂时无法统一全东北地区的金融体系和货币制度。因此,1946 年 3 月,东北局在抚顺召开的第一次财经后勤会议决定,"东北地区内,由东北银行发行东北流通券,通行全境,各省可发行 10 元以下小票在省内流通,并提议将辽东印刷厂合并于东北银行总行,停止发行 1 比 2 之辽东券"。②

东北银行印币厂迁到通化后,才决定发行东北流通券,各省则出 50元票面的辅币。东北银行流通券发行额,计通化 26 亿元、佳木斯 107 亿元,绝大部分作为财政开支,至 1946 年 9 月才开始收进物资,用作非财政开支支出,包括贸易公司、工矿铁路、银行存物资等,共计 38 亿元。到 12月,东北各地银行,直属总行的有齐齐哈尔、北安、牡丹江、佳木斯、安东五个。通化已属半独立性质,东北银行吉林分行发行省票 10 亿元,流通券 3 亿元。9 月 10 日,齐齐哈尔开始流通东北银行的流通券,哈尔滨市流通

---

① 东北解放区财政经济史编写组等编:《东北解放区财政经济史资料选编》第 3 辑,黑龙江人民出版社 1988 年版,第 379 页。

② 东北解放区财政经济史编写组等编:《东北解放区财政经济史资料选编》第 3 辑,黑龙江人民出版社 1988 年版,第 570 页。

额,估计约 40 亿元,已占领哈尔滨市场。①

除东北银行总行发行的东北流通券外,嫩江、合江、牡丹江、吉林、辽西、辽东都先后建立银行机构,发行地方券币。

在嫩江地区,1946 年 1 月,洮南解放,2 月建立东北银行吉江分行,2 月底开始发行东北银行吉江分行流通券,面额分 100 元、50 元、10 元、5 元等四种,总数计 2289.9 万元。

行使时间从 1946 年 3 月开始流通,至七八月间被收回。流通范围主要是嫩南地区,南至瞻榆、北到泰来、东至安广、西到突泉等 10 余县。由于数额不多,使用时间短,只是在城镇上流通,很少进入乡村。1946 年上半年,吉江分行还发行了 10 元券的"蒙文吉江券"约 400 万元,行使时间为 1946 年 5—8 月,主要在大赉、前郭旗、"三肇"(肇东、肇州、肇源)和扶余等县流通。5 月下旬,吉江分行迁至齐齐哈尔,6 月 1 日正式改名成立嫩江省银行,开始办公营业并发行省内地方流通券,面额分 5 元券 1 种、10 元券 3 种、50 元券 2 种、100 元券 1 种。总发行额为 67153.64 万元。行使时间从 1946 年 6 月至 1948 年 7 月。流通区域涵盖嫩江全省,并流入邻近省份,如黑龙江、辽北地区等。1947 年 3 月,黑龙江省与嫩江省合并,改称黑嫩省,在西满分局指示下,撤销嫩江省银行,将原两省分行合并为东北银行黑嫩省分行。1947 年 9 月,又决定恢复原来行政建制,东北银行黑嫩省分行恢复为黑龙江省分行与嫩江省分行。②

在合江,1946 年 1 月,合江银行成立,并开始发行"合江银行合江地方经济建设流通券",面额计 1 元券 1 种、10 元券 2 种。1946 年年初又增发一种 5 角券。均在全省范围流通。起初币值较高,对伪满币的比值为 1∶10。10 元券当伪满币等其他券 100 元行使。但因银行资金不充裕,缺乏生产品做后盾,在流通中,信用日渐跌落,由 10 元券当 100 元降到 70 元、60 元、40 元、20 元,最后 1 元顶 1 元,"在群众中间还不时发生争吵的

① 东北解放区财政经济史编写组等编:《东北解放区财政经济史资料选编》第 3 辑,黑龙江人民出版社 1988 年版,第 379—380 页。

② 东北解放区财政经济史编写组等编:《东北解放区财政经济史资料选编》第 3 辑,黑龙江人民出版社 1988 年版,第 512—514 页。

现象"。1946 年 6 月,北江银行并入东北银行,在佳木斯成立合江分行,统一货币,整顿金融市场,以东北流通券为本位币,合江券从 7 月开始卖给合江贸易公司,用物资收回。其时,市面流通的仍以红军钞、伪满币为多。合江流通券多为 100 元券。买卖物品往往无法找零,因而群众对流通券的信仰力不大。经过成立兑换所和银行本身的兑换,先后换成小票800 余万元,因市场上小额券逐渐活跃,群众对流通券的信用有所提高。

8 月,富锦成立支行,并发行券币,富锦币随同合江券流通变化。11月后,由于投机商人到国民党地区购货需用伪钞,伪钞又逐渐抬头,由百元顶百元升到百元顶 320 元。不过这类情形只是出现在黑市中,平常市场上少有百元伪钞,就连 10 元钞也很少见到。

同一时间,各单位、机关生产普遍购粮,东北流通券多流入到农村去。市面货币感到缺乏。特别是在 11 月中旬,由于交通阻碍,物价下落,很多东西卖不出去,市面货币尤显紧缺。但另外,流通券的信用不断提高。初时由于大小票的调剂有缺陷,大票多小票少,群众交易不方便,流通券的流通信用偏低。后通过兑换所增加小票,交易瓶颈解除,流通券的信用也得以巩固。[①]

在黑龙江,1946 年 6 月,在北安设立东北银行黑龙江省分行。在此之前,1945 年冬,克山县为了解决财政困难,恢复县内经济,经黑龙江省政府批准,2 月间由大众银行发行"克山县地方流通券"700 万元,只限县内流通,与伪满币等值。由于制作质量低劣,票面额又过大,流通范围狭小,旋即贬值,从 1∶1 下降到 10∶1,于 1946 年 6 月用东北流通券收回。在"克山县地方流通券"发行后不久,黑河地区亦经黑龙江省政府批准,于 1946 年年初发行 100 元券的"黑龙江省黑河地方流通券",发行额计1000 万元,限在黑河地区流通。流通时间亦不长,很快被收回。此外,在邻近的克东县,1946 年间经黑龙江省政府批准,曾发行 10 元券和 100 元券两种"克东县粮谷交易存款证",使用时间同样不长,6 月底由县贸易局

---

① 　东北解放区财政经济史编写组等编:《东北解放区财政经济史资料选编》第 3 辑,黑龙江人民出版社 1988 年版,第 409—413 页。

以物资收回。[①]

在吉林,1946 年 3 月,东北银行总行派人到吉林磐石筹备成立分行事宜,3 月底分行成立。分行初成立时,因按照 3 月财经会议决定,由各地银行发行辅币。于是由分行更名为吉林省银行,并专人筹备发行辅币事宜。至 4 月间,因苏军回国,省银行随省政府迁到吉林。到 5 月底,因随解放军退出长春、吉林,省银行又迁至吉东地区。7 月后,吉东各地分行相继建立。直到 8 月间,市政府决定,由省银行直接领导吉东各地支行。[②] 4 月,吉林省银行迁至吉林后,旋即发行"吉林省银行币",面值分 5 元、10 元、50 元、100 元等四种,全省流通,与东北币等值使用。1948 年 5 月停止流通,由东北银行吉林省分行用东北币收回。1946 年 4 月,由吉林省延边行政督察专员公署批准成立"吉东银行",6 月发行"吉东银行币",面值分 10 元券、100 元券两种,主要在敦化、和龙、龙井和珲春等地流通,不久亦被收回。

在牡丹江地区,解放后最初的金融机构是 1945 年 12 月经牡丹江市政府批准设立的牡丹江实业银行。为了解决地方财政和军队需要,实业银行随即开始发行面额为 10 元、50 元、100 元(其中 100 元券有 3 种)的货币,发行额为 2.2 亿元,主要在牡丹江市周边地区流通。1945 年 12 月,邻近宁安县也设立了地方银行,并发行"宁安县地方银行币"。1946 年 4 月,该区成立绥宁省,又成立实业银行宁安分行。1946 年 10 月,绥宁省改为牡丹江专署,直属东北行政委员会领导,同月成立东北银行牡丹江分行,牡丹江实业银行同时撤销。牡丹江实业银行币因制作质量太差,真伪难辨,曾连续发生伪造钞票案。因而流通时间不长,1946 年 10 月按 1：0.8(即打 8 折)兑成东北流通券。"宁安县地方银行币"发行不久,也用东北流通券收回。在东安地区,经东安专署批准,东安银行曾发行"东安地区流通券"1500 万元,限在密山、鸡西一带流通。不久也用东北流通券收回。在松江省,1946 年年初,由省贸易公司发行过一种 50 元券的"松

---

① 朱建华主编:《东北解放区财政经济史稿》,黑龙江人民出版社 1987 年版,第 505 页。
② 东北解放区财政经济史编写组等编:《东北解放区财政经济史资料选编》第 3 辑,黑龙江人民出版社 1988 年版,第 384 页。

江贸易公司流通券",限在松江省范围内行使,不久由东北银行用东北流通券收回。1948 年 7 月,松江省、牡丹江专署合并,牡丹江分行改为支行。①

在南部辽东、辽西、辽北地区,1945 年"八一五"日本宣布投降后,中国抗日部队进驻安东,10 月 24 日成立安东省政府,11 月 1 日就伪满"中央银行"成立东北银行安东省分行,1945 年 12 月,调来东北法币 40 亿元为基金,准备货币发行。1946 年 1 月成立辽东东北银行,统辖辽宁、安东两分行,同时发行辽东币(由胶东北海银行代印),对伪满币比值为 1：10。2 月初将其收回,2 月 16 日对伪满币比值改为 1：2,重新发行。在变动中"致使发行不畅"。当时东北银行总行发行的流通券对伪满币比值为 1：1。3 月间决定流通券与辽东币同时流通,辽东币限在辽东地区行使,后由总行统一发行。一度停印辽东币,改印面额 5 元的流通券,但不久又停印流通券,仍印辽东币,直到 1948 年 5 月才停止。1946 年 5 月撤出本溪,辽宁省重新区划,省政府迁至通化,同时成立辽南行署和东北银行辽南分行。1946 年 10 月撤出安东,辽东东北银行(辽东总分行)移至长白,专管发行。1947 年 5 月,辽东东北银行再移临江,后移通化。11 月将辽东总分行与通化市支行合一,对外复业,领导辽宁、安东、辽南三个分行。1948 年 6 月底,辽东总分行移安东办公,9 月与安东分行合并,称安东分行。②

辽西、辽北地区,解放后最初的新型金融机构是 1946 年 1 月在法库建立的西满实业公司"金融部",2 月由法库迁移到郑家屯,1946 年 3 月正式改名东北银行辽西分行,以后又多次更改名称。7 月改名为辽吉省银行,行址设在洮南县;1947 年 1 月再改名为辽北省银行,行址在四平市。该银行在辽西、辽吉、辽北三个阶段都发行货币。在辽西阶段发行

---

① 朱建华主编:《东北解放区财政经济史稿》,黑龙江人民出版社 1987 年版,第 506、509 页;东北解放区财政经济史编写组等编:《东北解放区财政经济史资料选编》第 3 辑,黑龙江人民出版社 1988 年版,第 391—392 页。

② 东北解放区财政经济史编写组等编:《东北解放区财政经济史资料选编》第 3 辑,黑龙江人民出版社 1988 年版,第 508—509 页。

"东北银行辽西地方流通券",票面额分为1元、5元、10元、50元、100元、200元等六种,主要流通于辽西省和辽北省境内。同时整理、兑换先前发行的一些地方货币,如开鲁同通辽发行的通鲁券2000余万元,辽北一专署发行的一专署所管辖地区流通券140万元,后由辽西行署出布告限期行使,一律由辽西银行负责1∶1兑换。辽西分行5月底由郑家屯迁移洮南县,又负责整理吉江银行的2800余万元吉江券,由辽吉行署贴出布告,限期两个月全部由辽吉银行负责兑换,过期停止办理。兑换收回的各地方券全部销毁,经政府批准由财政处负责报销。这些兑换的一个重要目的是保证辽西券的统一。因此,东北银行在通化发行的5元、10元面额流通券,也不准在辽西地区流通,流入的流通券全部由辽西分行负责1∶1兑换。辽西分行迁移到洮南后,又有少量东北银行100元券、10元券、5元券流入辽吉地区,起初与辽西券1∶1使用,但因当地铁路局、税局、公营企业都不收东北银行流通券,以致流通券贬值,流通券1元只换辽西券0.8元。后来铁路局、税局、公营企业照常收取流通券,其比值才恢复到1∶1。1947年,东北局决定统一发行,6月由东北银行总行派人封板,停止印刷辽西券,8月底正式将辽北省银行划归东北银行总行直接领导,改名为东北银行辽北省分行。[①]

辽东半岛旅顺大连地区,1945年11月8日成立大连市民主政府,12月在接收16家敌伪银行后,成立了工业、农业、商业三个银行。1946年7月1日,将这三个银行合并为大连银行。1947年4月,关东公署决定大连银行更名为关东银行,为防止区外货币流入扰乱金融,对苏联红军票和伪满币10元、100元券加贴同额"面值签",允许流通,稳定了币值,安定了人民生活。[②]尤其进入1948年,由于东北革命形势迅速发展,交通恢复,当年秋收丰稳,一些主要生活必需品价格步步跌落,人民生活改善。关东公署为了进一步提高币值,促进生产发展,经济繁荣,改善全区金融状况,统一货币,紧缩货币流通量,提高人民生活水平,决定实行货币改

① 东北解放区财政经济史编写组等编:《东北解放区财政经济史资料选编》第3辑,黑龙江人民出版社1988年版,第480—483页。

② 殷毅主编:《中国革命根据地印钞造币简史》,中国金融出版社1996年版,第348页。

革,自 11 月 15 日起,由关东银行统一发行新币,收回旧币。新币面额分为 1 元、5 元、10 元、50 元、100 元五种。

改革办法规定,凡旅大地区一切个人、机关、团体、企业,务须于 1948 年 11 月 15 日至 19 日 5 天内,将其所有之全部盖印伪满洲币和盖印苏军军用币以及未盖印之 1 元与 5 元伪满洲币和苏军军用币送交兑换处换领新币。上述所有旧币未兑换者,自 11 月 20 日起,即行作废,丧失其支付能力,并禁止流通,再不予以兑换。①

在热河地区,1947 年 6 月,冀察热辽并入东北解放区,1948 年 2 月在热河承德市成立长城银行总行,在冀东、冀热察和热河等地设分行。这三个地区在金融上,原来都是晋察冀边币市场,自 1946 年 8 月内战爆发后,国民党军队相继侵陷承德、赤峰及锦承路沿线许多城镇,这一地区遂陷入被敌分割的状态;在军事上出现了国民党军主动进攻、解放军退守防卫的局面,由于人民担心变天,在热河和冀热察有一段时间,群众拒绝使用边币,形成以物易物交易,法币很快进入这一地区。冀东因能独立发行边币,在金融上尚能主动进行对敌斗争,冀热察条件最差,在货币斗争方面,束手无策。热河为了扭转金融货币斗争方面的被动局面,支援解放战争,于 1947 年 1 月发行热河省钞,最大面额为 200 元。省钞发行后,在群众中的信誉很高,随着 1947 年的军事胜利和解放区范围扩大,省钞市场由林西、赤峰逐渐向南发展,1947 年年终,除热河省大部分地区流通使用(敌占地方除外),并收拾了残余的伪满币,把法币逼到点线上去,其流通范围仅剩星星点点或个别线段。② 自 1947 年秋季攻势以后,冀察热辽形势有了重大变化,三个地区已连成一片。原来冀东边币、冀热察之晋察冀边币、热河省钞不能在三个地区相互流通,以致在沟通三个地区经济,交流物资方面受到限制。为支援大规模野战军军需财政供给,以及集中力量对敌进行经济斗争、发展经济的需要,必须统一全区币制。因此政办处

① 东北解放区财政经济史编写组等编:《东北解放区财政经济史资料选编》第 3 辑,黑龙江人民出版社 1988 年版,第 460—461 页。

② 东北解放区财政经济史编写组等编:《东北解放区财政经济史资料选编》第 3 辑,黑龙江人民出版社 1988 年版,第 503—504 页。

决定发行长城券作为冀察热辽区的统一本位币。1948 年 3 月,建立全区长城银行机构,随即发行长城券,面值有 200 元和 500 元两种,5 月又发行 1000 元券。因发行不合季节,流行地区偏重热河,缺乏物资支持,一度导致物价速涨。秋收后才逐渐恢复平稳。经过几个月胜利形势的发展,特别是秋季攻势大胜利,东北及热河全部解放,为准备适应新的金融工作措施,决定 1948 年 12 月停止长城券的发行。①

在内蒙古和关内地区,一些新解放区或新老混合解放区,在解放战争中也先后设立了新的金融机构,确立了新型金融货币体系。

1947 年 5 月 1 日,内蒙古自治区成立,不久将东蒙银行改组为内蒙银行,在自治区内设有三个办事处。1948 年 6 月 1 日,自治区人民政府决定停办内蒙古银行,设立内蒙古人民银行,发行内蒙古人民银行新币。

1947 年夏季,人民解放军开始战略大反攻,强渡黄河,恢复并扩大中原解放区和苏皖边区,1948 年 5 月,中原军区成立,同时设立中州农民银行,发行中州币,并在豫西、豫陕鄂、江汉、桐柏等地区设立机构。随着解放战争的胜利发展,一度随新四军军部转移到山东与北海银行合并办公的华中银行,于 1948 年迁回苏北,恢复并扩大了分支机构。

广东潮汕解放区和东江解放区,1948 年年底设立裕民银行,发行裕民券,面额有 1 角、2 角、5 角、1 元、5 元、10 元等多种。裕民券与港币挂钩,裕民券 2 元合港币 1 元。1949 年 3 月,广东陆丰县人民政府曾发行河田镇流通券,在陆丰县境内流通,接着成立新陆行,发行新陆行流通券,面额有 1 角、5 角、2 元、5 元等四种,流通于海丰、陆丰、紫金、五华等县及潮汕地区一些地方。发行总额约 60 万元。1949 年 7 月,裕民行和新陆行裁撤,两行发行的票币停止流通。② 1949 年 1 月,闽粤赣边纵队在广东大埔乌岭成立,1 月 10 日大埔重镇湖廖解放,边区纵队财委在大埔角成立

---

① 东北解放区财政经济史编写组等编:《东北解放区财政经济史资料选编》第 3 辑,黑龙江人民出版社 1988 年版,第 504—505 页。

② 《中国近代金融史》编写组编:《中国近代金融史》,中国金融出版社 1985 年版,第 317—318 页;殷毅主编:《中国革命根据地印钞造币简史》,中国金融出版社 1996 年版,第 351—352 页。

军民合作社,用木刻版印制、发行流通券,面额有 1 角、1 元、5 元等三种,共发行 1 万元左右。流通券 1 元与银元 1 元等值。1949 年 7 月 8 日,南方人民银行在揭西县河婆镇成立,发行南方人民银行币,面额有 1 角、2 角、5 角、1 元、5 元、10 元等六种,并成为华南解放区唯一的本位币。南方人民银行币和岭南解放区上述货币,均以每 2 元折合港币 1 元计值。1949 年,紫金县人民政府发行 1 毫、5 毫、1 元三种流通券,初时以白银计值。南方人民银行成立后,1 元券停止发行流通,毫券以 1∶1 的比值,作为南方人民银行币辅币使用。1949 年前,琼崖临时民主政府经营的大众合作社,曾在白沙县发行 1 角、2 角两种银元代用券,总额 1000 元,与银元等值。为解决零钞不足问题,1948 年年底曾由西区行署合作社印制 5 分、1 角、2 角三种银元代用券,作为银元辅币使用。1949 年 5 月,琼崖临时民主政府宣布停用该银元代用券,由各级政府以现款收回,6 月又发出布告,以民主政府名义发行 5 分、1 角、5 角三种银元代用券,每 10 角兑换银元 1 元。1950 年 7 月,海南军政委员会发出通知,宣布停止流通,由中国人民银行规定牌价,由区乡政府负责兑换收回。①

（二）银行货币的整合、统一和人民币发行

1947 年夏,解放战争由战略防御转入战略进攻,包括东北解放区在内的各解放区边区、地区,范围迅速扩大,原来被分割、彼此隔开的各个解放区,逐渐连接,合成一片。各个解放区的内部和外部环境,都发生了重大变化,原有金融体系、货币发行、商品货币交换制度,已不能适应新的经济环境、战争供给和人民生产生活的需要,必须对原有金融体系、银行组织、货币制度及时进行兴革、调节、整合、归并,以顺应和推进人民解放事业的发展。

由于自卫战争一开始,战争形势、各个解放区的内外环境和条件,一

---

① 殷毅主编:《中国革命根据地印钞造币简史》,中国金融出版社 1996 年版,第 353—354 页。

直处于不断变化的动态中。各解放区的金融体系、银行货币制度和流通
状况,也相应处于范围和幅度或大或小、速度或快或慢的调整、变动中。
一般地说,在1947年大反攻前,金融体系、银行货币调整是在各解放区边
区或地区内进行,调整幅度和涉及范围较小;1947年大反攻开始后,金融
体系、银行货币调整多在解放区地区或边区之间进行,调整幅度和涉及范
围较大。而且随着解放战争的快速推进,解放区范围大幅度扩张,金融体
系、银行货币调整的幅度涉及范围加速度扩大。

事实上,在1947年大反攻前,从抗日战争结束开始,部分解放边区或
地区,金融和银行、货币的兴革、调整或相关措施,都在或大或小范围内相
继实施,有的牵涉范围较大的,还须中央出面协调。

在冀热辽区,日本投降后,为了适应新的形势和军事需要,出现了跨
边区或地区("战略区")的部队调动,因而产生跨区货币使用和流通问
题,需要中央解决。1945年10月4日,中共中央专门就这一问题给华中
局、山东分局并各中央局下发指示,谓最近各战略区部队有较大的调动,
有甲地区部队须调到乙地区或须经过乙地区进到丙地区者,因各战略区
域票币不统一,致发生货币流通上的许多困难,须加以适当处理。华中有
些部队奉命开赴山东,为该部队到达山东后所使用的货币问题,华中局曾
来电建议:准由华中另印一批北海票或准许华中票在山东通用。我们认
为:由华中另印一批北海票则票版不一,且紊乱了北海票的发行计划,故
不妥当,至于华中票在山东通用,我们认为不得不用时亦应有所限制,否
则将使市场陷入混乱。因此,中央提议:当甲地区部队到乙地区,或经乙
地区进到丙地区时,即由乙地区和丙地区的军区或行政财政机关事前准
备粮食和必需的经费,当部队进入本地区时,即发给进入的部队备用,或
者当甲地区部队到达乙地区和丙地区时,由当地银行兑换所负责,根据部
队的实际需要量,将甲地区票按一定的比值,兑换成本地区票,甲地区票
不在乙地区或丙地区市面上流通。万一乙地区或丙地区票因流通区域扩
大,筹码不足,不能完成此项兑换任务,可由双方事前商妥,甲地区票在乙
或丙地区之最高流通量和两种票币的比价,然后由乙地区或丙地区政府
通令,暂准按一定的比值通用,但在一定时期后,由乙地区或丙地区银行

负责加以清理,以免敌伪国民党特务奸商进行货币投机。①

对各边区货币日益普遍的跨区流通,有的解放区并未大惊小怪,而是举重若轻,无须惊动中央或上一级边区或省级政府,而是由行署一级分行下令,由下级银行按交换比价自行兑换和消化处理。1947 年 3 月 16 日,晋冀鲁豫边区冀南银行冀鲁豫区行即下达了关于友邻区货币处理办法的指示,谓"近来各地市场不断发现有友邻区票币流通,造成市场紊乱,增加商民困难",为了"巩固本币,稳定金融",决定对外来友区货币采取如下处理办法:(1)凡非本边区票币(如北海、晋察冀、陕甘宁等)一律不准在本区市场流通。如有此项票币者,可向银行按规定牌价兑换。(2)关于兑换价格,各分行应经常及时了解其接近之友区物价变化情况,按两地物价比较,可灵活决定兑换价格,但须及时报告区行,以便通知其他分行。(3)各分行所兑之其他边区票币,可自行兑出或设法处理,不必送区行,如数目较大,分行无法处理者,也可报区行。② 这可谓是一项与时俱进、公私两便的货币流通和调节措施。

东北解放区,在东北全境解放前,一些地区也对银行机构进行了连续和快速调整。如前揭旅大地区,从 1945 年年末到 1947 年 4 月,在一年多的时间里,从接手敌伪银行,不仅大连银行更名关东银行,对银行所有制和组织机构还进行了三次大的兴革调整。

晋冀鲁豫边区冀南地区,1947 年夏大反攻前夜。随着军事形势的发展,新收复区、新解放区增多,原来的金融体系和货币流通面临新的形势和新的挑战。果断肃清法币、以边币占领新区市场,成为老区政府和金融、银行机构新的重大任务。

国民党政府为了发动和扩大内战,滥发纸币,搜罗战争物资,市场法币严重泛滥,物价猛涨,法币迅速贬值。面对这一形势,解放区的新区货币工作,在指导方针和基本方法上,不能运用大量发行边币来收兑已濒临

---

① 华北解放区财政经济史资料选编编辑组等编:《华北解放区财政经济史资料选编》第 2 辑,中国财政经济出版社 1996 年版,第 4 页。

② 华北解放区财政经济史资料选编编辑组等编:《华北解放区财政经济史资料选编》第 2 辑,中国财政经济出版社 1996 年版,第 128 页。

崩溃的法币,而是主要采取排挤的办法以达到肃清的目的,即组织群众力量将法币排挤出去,换回有用的物资。不过在工作刚开始时,必须有适当的兑换,以指导币值,建立边币的信用基础。

在这种情况下,冀南银行采取的基本方法是,根据实际情况,将新区分为三种类型:第一种是首次解放,一面邻我一面邻敌地区,人民对边区政策了解不够,和敌区或多或少还有贸易往来,这种地区可能越来越多;第二种是周围或大部分地区毗连解放区或原是解放区,一度被敌占又被解放军收复,在经济上与老区关系较密切的地区;第三种是在军事上处于拉锯形势或游击边沿区。

针对三个地区的不同特点,冀南银行在统一方针下,运用不同的工作方法。

在第一类地区,一般采取通过短时间的混合市场,再过渡到统一的本币市场的办法。开始时必须张贴布告,明确规定法币流通的一定期限,动员和组织群众输出法币换回物资,并适当收兑法币,期限根据当地具体情况而定,兑换牌价不能离黑市太远,否则群众感到吃亏太大不愿兑换。为了刺激群众迅速推出法币,可采取逐渐降低牌价及采用法币币值乡村比城市低、内线比外线低的办法。在物价上一开始不应强调低物价,即使比老区及敌区稍高些也不可怕。通过物价币值的掌握,一方面排除了法币,换回了物资;另一方面打通了新老区之间的物资交流,在新区的边币就有了物资支持,边币市场即可很快地建立起来。

在第二类地区,应采取坚决迅速肃清法币的方法,应立即明令禁止法币流通,兑换期限应比第一类地区更短,工作的突击性也更大。但是,仍然需要克服银行一手包办兑换的办法,尽可能组织群众性的排挤法币、换回有用物资的运动。

在第三类地区,在冀钞工作的方针上,应坚守阵地,争取冀钞留根,为将来彻底肃清法币的工作打下基础。银行干部应当参加当地以武装为主的一揽子斗争。当解放军退去时,应对群众进行宣传,必要时可抛售一批物资,给保存、使用冀钞者撑腰。当解放军进入攻势时,应配合军事行动,推行本币,排挤法币。在敌占优势地区,采取武装游击的方式,并制裁少数仇视冀钞的商人,争取冀钞在黑市中广泛流通。在革命力量占优势的地区,配合军事攻势,将法币驱逐出境,确立冀钞统一市场的地位。在敌我犬牙交错的混合市场地区,应将法币尽量排挤,打入黑市,争取以冀钞为本位的合法市场。

另外,在某些地区,因敌我反复争夺,民众不用法币和冀钞,而是通行银元,工作人员在肃清法币的同时,也要停止银元流通,纠正"只打蒋币,不打银元"或"先打蒋币,后打银元"的做法。①

1947 年夏季大反攻开始后,解放战争推进速度、各解放区扩大和互相连接的速度大大加快,解放区的行政区划、党政管理体制,接连进行相应调整。与此相联系,商旅往来、物资交换、商业和货币流通的地域范围,都在迅速扩大。金融、银行、货币的改革、调节、整合力度、范围、层级也在强化、提升,大大加快了各解放区金融、银行、货币的整合、统一进度。

在东北解放区,解放区日益扩大,货币流通量不足,各地银根奇紧,资金周转困难;地区辽阔汇兑不通,致货币携带、计算均感不便,妨碍物资交流。同时破烂污损、模糊不清的流通券,仍多在市场流通,易于造假作伪,鱼目混珠。而且,各省发行的省钞,只限于各省境内行使,对于商旅往返深感不便。

东北行政委员会有鉴于此,特责成东北银行发行少数五百元券,专为调剂金融市场,便利商旅携带以及兑换破损券之用。至于各省发行的省钞,应由东北银行与各省政府会商有效办法,以资整顿。② 这是银行、货币整合、统一的第一步。

在关内,为了适应解放区不断扩大的需要,便利华北与陕甘宁、晋绥两解放区货物交易,1948 年 10 月 20 日由华北人民政府刊发布告,经与晋绥边区政府商定,将华北与晋绥两区所发行之货币固定比价、互相流通,并规定办法:(1)从 1948 年 10 月 20 日开始,冀南银行、晋察冀边区银行

---

① 华北解放区财政经济史资料选编编辑组等编:《华北解放区财政经济史资料选编》第 2 辑,中国财政经济出版社 1996 年版,第 144—146 页。

② 东北解放区财政经济史编写组等编:《东北解放区财政经济史资料选编》第 3 辑,黑龙江人民出版社 1988 年版,第 394 页。

所发行之钞票,与西北农民银行所发行之钞票,在华北与陕甘宁、晋绥两区准许互相流通。(2)冀南钞与西北农钞比价固定为1∶20,就是冀钞1元与西北农钞20元等值;晋察冀边钞与西北农钞比价固定为1∶2,就是晋察冀边钞1元与西北农钞2元等值,以后不再变动。两边区任何地方所有纳税交易及一切公私款项往来,一律按此比价流通收付,任何人不得变更。(3)不论军民人等,如有私定比价,投机取巧,意图扰乱金融、垄断物资者,一经查获,决给以严厉处分。[1] 这是不同解放区之间的货币调节、流通、整合。

在陕甘宁边区,1947年7月间,虽然延安和边区相当部分地区仍为胡宗南军队所占,地区缩小,贸易停滞,物资缺乏加上久旱不雨,灾情日益严重,边币信用大为跌落,发行后无法回笼,金融面临空前未有的困难,但面对解放战争大反攻的大好形势,也在金融方面积极采取调整和修复措施,迎接解放军大兵团西进。这些措施包括:(1)清查并动员贸易公司、银行、工业局、公营合作社的"家务"(家底)以维持边币。(2)吸收冀币与开辟晋冀鲁豫贸易路线。(3)"大公"逐渐做到控制部队民生必需,如油、盐、炭、布、棉、粮等,以推行边币。(4)提议前总将战争胜利品归公,提奖20%以支持财政。(5)前方各部队坚决维护与推行边币,使边币市场随着军事胜利的扩展而扩展,严厉打击法币、白洋。[2] 这五项措施中最具战略意义和前瞻意义的是第二项,为区域经济和货币整合,迈出了第一步。

1947年11月12日,西北财经办事处就统一陕甘宁和晋绥边区金融货币问题发出通知,不过不是引入冀钞,而是首先实施西北根据地内部的金融货币统一,决定以西北农民银行发行的农币为西北解放区之本位币,而以陕甘宁贸易公司发行之流通券作为辅币,并规定:

(1)河西流通的贸易公司商业流通券与河东流通的西北农民银行的

---

① 中国社会科学院经济研究所中国现代经济史组编:《革命根据地经济史料选编》下册,江西人民出版社1986年版,第769页。

② 陕甘宁边区财政经济史编写组等合编:《解放战争时期陕甘宁边区财政经济史资料选辑》下册,三秦出版社1989年版,第34—35页。

农币,其比价定为券币 1 元换农币 1 元,准其互相流通,不得拒用。(2)贸易公司、银行及一切公私营业机关商店,凡一切记账、讲价、清理债务等,今后均应以农币为本位,逐渐推行到群众中去。①

　　6 天后,即 1947 年 11 月 18 日,陕甘宁晋绥贸易公司与西北农民银行联合拟订公布畅通贸易、稳定金融的方案,主要包括五项:(1)推销肥皂,输出黄金、白洋、白银,换进军民必需物资。河西在西面南面主要推销肥皂,争取物资与黄金。同时从宜川与陇东一线吸收麦子、小米与杂粮,在宜陇主要以食盐换粮食,组织食盐与粮食对流。河东在东面输出黄金,争取棉花进口,并换布匹等日用必需物资。(2)组织公私运输,恢复商运。首先,调剂物资,使之对流。河西的食盐、碱、驴、骡、羊、牛、皮毛、药材运向河东,粮食运至警区。河东的铁、铧、棉花、布匹、洋火运向河西。其次,恢复骡马店与运输站。再次,在河西恢复集市,建立贸易网,便利人民交换。最后,从速公布农币为本位币,券币为辅币,券币与农币合流,其比价定为券币 1 元换农币 1 元,以沟通河东与河西物资互相对流。(3)加强肥皂缉私,严格禁止白洋、敌币的行使。严格管理外汇及出入口物资。并将其规定为党政军全体人员的当前任务之一,党政军机关人员应起模范作用。(4)在目前首先应稳定陕边的金融。在三分区、九分区黄河沿线,要筹集棉花、布匹、粮食及日用必需品,随市价出售,回笼本币,拒收黄金白洋,在短期内需提高本币 20%—30%,最低也要做到相对的稳定,以便河西提高物价,便利物资对流。(5)由粮食局在主要市镇用粮店形式,设立粮食调剂处,兼收斗佣,掌握粮价,推行本币。②

　　1947 年 11 月 23 日,陕甘宁、晋绥联防军司令部为了增强战时财政力量,支援前线,恢复战区人民经济生活,畅通交易,发展生产,争取反攻胜利,正式刊发布告,经与陕甘宁边区政府、晋绥边区行政公署共同议决确定,统一陕甘宁、晋绥两边区币制,确定两边区银行合并,定名为西北农民

――――――――――

①　陕甘宁边区财政经济史编写组等合编:《解放战争时期陕甘宁边区财政经济史资料选辑》下册,三秦出版社 1989 年版,第 45 页。

②　陕甘宁边区财政经济史编写组等合编:《解放战争时期陕甘宁边区财政经济史资料选辑》下册,三秦出版社 1989 年版,第 46—47 页。

银行,以西北农民银行发行的农币为两边区统一的本位币。一切交易、记账和清理债务,均以农币为准。前由陕甘宁边区贸易公司发行的商业流通券,暂与农币等价(1 元换 1 元)通用,自布告之日起,即予实行。严格禁止使用和携带法币、禁止银洋在市面流通。①

在中原解放区,中共中央中原局为彻底摧毁国民党及地主阶级在农村中的经济控制,准备建立完全的农民的经济秩序,建设巩固的根据地并部分地解决当前的财经困难,1948 年 1 月 25 日拟定颁布《关于发行中州农民银行钞票的决定》,确定中州钞为中原局所属各区统一的本位币,一切财政税收、公私交易、供给制度均以中州钞为本位币。其法定价格为每中州钞 200 元合银洋 1 元。冀南钞与北海钞等价,每元均相当于法币 50 元,或每 2000 元等于银元 1 元(高于此规定暂不压低)。亦即中州钞同冀南钞与北海钞的比价为 1∶10。《关于发行中州农民银行钞票的决定》要求,中州钞法定价格必须用一切努力加以坚持。冀钞对中州钞比价亦应力求稳定,如受外区重大影响,可视情况适当改变。冀钞与法币比值不及 1∶50 者,最好在中州钞发行以前提高。

《关于发行中州农民银行钞票的决定》拟定的中州钞发行和行使推广步骤及相关措施包括:(1)中州钞在若干商业集镇站稳以后,即应迅速争取在一个区、一个县内完全占领市场,禁止法币流通。在出入口贸易未控制前,不要顾虑法币外汇缺乏,不要怕入口货减少,不要怕商人暂时的叫嚣,要大胆拒用法币,并指导人民积极输出法币购回必需品。当中州钞未在全区取得决定性的胜利以前,应准许银元、铜元流通,并积极利用,以支持本币打击法币。(2)凡发行本钞地区,一切税收、罚款及公营商店之收入禁止接收蒋法币;一切部队、地方人员禁止使用法币、银元,如有法币、银元,应首先兑回本币然后使用。所有公私银元、法币均应在发行新钞时进行登记管理。(3)有基点地建立下层商店并兼办银行,发卖群众必需品,办理兑换。应经常拨给商店一部分公粮,调剂物价。一切战争缴

---

① 中国社会科学院经济研究所中国现代经济史组编:《革命根据地经济史料选编》下册,江西人民出版社 1986 年版,第 747 页。

获的商品及政府没收品均应交公营商店代卖。在法币与本币混合流通的条件下,要力求本币物价的稳定,但不要怕法币物价的高涨,两者不可混同。商店的主要工作是在法币物价不断上涨中,以物资力量维持本币物价的稳定,并在主动压低物价时不要同时也把法币提高。(4)中州钞必须俟土地改革完成、法币肃清才能真正达到巩固,但要努力缩短这个过程。在这以前主要支持办法是组织税收、商店卖货与办理兑换。困难虽多,但由于法币崩溃,通货缺乏,中州钞开始发行数量较少,足可支持。(5)拨给各区的中州钞,除指拨军费外,均应作为该区工商银行资金,任何财政透支均须请示中央局批准。生产贷款只在土地改革初步完成地区进行,由各区党委计划请示中央局批准后执行。(6)结合军事胜利及土地改革胜利,深入宣传中州钞是中原人民自己的货币,流通区域广大,基础雄厚。在市镇上,尤其在贫农团及农代大会上动员作决定拥护;在部队及一切工作人员中,要定出反对破坏本钞的纪律,深入教育,以加速中州钞本位币市场的建立和巩固。①

　　1948 年 4 月 6 日,华北财经办事处就晋冀鲁豫和晋察冀两边区货币实行固定比价及相互流通作出决定,强调指出,自石家庄解放以来,晋冀鲁豫和晋察冀两区的货币不统一互相通用,比价又不固定,使两区间的商业往来受到阻碍,商品不能畅顺流通,人民蒙受了不少损失,在过去敌人占领城市及主要交通线被敌人分割时,两区都发行自己的货币,在支援战争及对敌经济斗争上起了很大作用,是完全正确的,但在目前两区已完全连成一片的时候,两区的货币不统一就已成为建设发展经济与统一对敌斗争的重要障碍,为了便于人民的经济活动加强对敌斗争的力量,促进国家建设的发展,必须消除这种障碍,特规定两区货币的固定比价并彼此互相流通,由晋冀鲁豫边区、晋察冀边区政府行政委员会即将公布命令,确定自 1948 年 4 月 15 日起,冀南银行货币(冀钞)与晋察冀边区银行货币(边币)按照 1∶10 的固定比价(即冀钞 1 元等于边钞 10 元)在两区内一

---

① 中国社会科学院经济研究所中国现代经济史组编:《革命根据地经济史料选编》下册,江西人民出版社 1986 年版,第 751—752 页。

切地方彼此互相自由流通。这个固定比价以后"永不变动",两区各级党的组织和所有政府和税收机关、部队、银行、工厂、商店、学校必须坚决执行。这个决定不得有任何抬高与压低的行为。

华北财经办事处的《华北财办关于两区货币实行固定比价及相互流通的决定》特别要求,由于群众的习惯,两区货币流通之初可能发生群众拒绝使用友区货币的现象,因此所有政府税收机关、部队、银行、商店、工厂、学校,均定于由1948年4月15日起根据固定比价,在一切集市、一切乡村中同时行使不得有任何拒用现象,以引动群众使用,两区一切银行组织应保证群众要求,兑换时按照固定比价实行无限制的兑换,以坚定群众使用的信心,所有政府税收机关、部队、银行、商店、工厂、学校均有责任向群众宣传解释政府布告,并帮群众辨别真伪。两区各级党的组织必须保证上述决定之贯彻执行,并决心克服两区党政军及经济机关中可能发生的互不支持、互相封锁的本位主义现象,坚决制止任何货币的投机行为。凡有这种行为的应受到法律和党纪的处分。[①]

晋冀鲁豫和晋察冀两区货币实行固定比价及相互流通后,华北与山东两区的货币比价和相互流通问题,立即凸显。为了解决这一问题,使解放区的生产顺利发展,在1948年5月华北金融贸易会议上,由双方协定两区货币流通办法,基本精神和方针是,在华北各解放区货币尚未统一之前,克服本位思想,协调两区货币关系,在这一方针下,两区在接壤地带建立混合流通地带,并全线进行汇兑与兑换工作。具体任务是掌握和确定比价,开展两行所辖区的汇兑、金钱兑换工作以及办理清算。为此应组织物资交流,结合汇兑、兑换、调拨力量来适当地支持合理的比价,减少不应有的和不合理的波动,并以粮、棉、布、盐、牲口等几种主要必需品市场价格,作为计算物价指数的依据。两区货币比价由联合委员会在每月的例会上研究与决定,具体执行则由三常委商议决定,指挥各行、处、所执行,在一定范围以外,各行处所不得自行决定比价。同时,两区共出兑换汇兑

---

① 华北解放区财政经济史资料选编编辑组等编:《华北解放区财政经济史资料选编》第2辑,中国财政经济出版社1996年版,第250页。

基金 25 亿元,均以冀钞计算,双方各出一半,损益双方平均分担,其中作常用汇兑兑换基金 15 亿元,余 10 亿元为准备基金,用作周转不灵时以及至期不易清偿时,支持兑换、汇兑之用。汇兑地点:华北银行确定为河间、安国、辛集、石家庄、邯郸、邢台、临清、南宫、衡水,北海银行确定为惠民、柴胡店。

汇兑额数:汇兑付款额,华北与北海同指定各行、处付款额均以 3000 万元至 5000 万元为最高额(冀钞计算),同时至 2000 万元时即行清算偿还(石家庄付款最高额为 1 亿元,但到 7000 万元时即清算)。德州、沧州二处,向华北指定行处汇款总额,两地共计不得超过规定。

执行机构:两区在德州设华北银行、北海银行联合办事处。两区应出之干部、资金均于 7 月 1 日以前凑齐,7 月 1 日即开始全线工作。[①] 华北、山东两区的货币比价和互认流通问题已初步解决。

1948 年 6 月 22 日,中共中央就货币发行问题下发指示,强调“货币发行关系国计民生甚巨”,前因适应战争环境需要,由各战略区自行处理,现时虽仍不能立即统一发行,但必须为统一发行预做准备,各战略区应将(1)本年 6 月底以前,历次发行数目和发行总数,(2)票面金额、种类,(3)已经收回多少,(4)银行基金多少等项报告中央备查。嗣后各战略区如要增加发行,必须事先将新拟增加发行总额多少、票面金额多少以及准备情形如何等,报告中央批准,不能由各战略区视其需要自行决定。[②] 此后,各战略区不能再自由发行。

冀钞、边钞、北海钞、农钞、中州钞先后固定比价、统一流通,虽然在便利民商往来与物资交流上,是起到了很大的作用。但在货币制度上仍然存在着两个急待解决的问题:一是货币复杂。五种货币,几百种票版,印制技术不精,易于造假,群众不但对假票难以识别,即对各区货币亦有折算麻烦之苦。而且各区货币都有习惯上的地区性,亦不能作为统一货币

① 华北解放区财政经济史资料选编编辑组等编:《华北解放区财政经济史资料选编》第 2 辑,中国财政经济出版社 1996 年版,第 251—253 页。
② 华北解放区财政经济史资料选编编辑组等编:《华北解放区财政经济史资料选编》第 2 辑,中国财政经济出版社 1996 年版,第 255 页。

的基础。二是面额太小不便行使。经历从 1937 年至 1948 年十年战争的消耗,生产严重减退,各区货币的购买力,实已逐渐降低。1948 年,一张千元冀钞仅相当于战前的一角钱(实际购买力不超过 3 斤小米),1 元则仅相当于战前的 1 毫,公私款项在收付携运上均极感不便,市场交易亦受影响。公私企业为点款而增设许多人手,各银行以 4/10 至 7/10 的人员从事出纳工作尚感不足。明显滞碍了金融流转,不便于商品流通,严重浪费人力、物力,大大有碍于生产。并且在国民党"币改"之后,本币对国民党金圆券的比价形成过高的贴水(1948 年 11 月间 400 元冀钞比 1 元金圆券),此虽属计算上的差别,无关实值,但对群众心理上的影响及对敌货币斗争上亦属不利。

基于上述情况,为了进一步地统一四区货币,1948 年 11 月 25 日华北银行总行发布《华北银行关于发行中国人民银行钞票的指示》,经华北、山东、陕甘宁、晋绥政府会商决定:将华北银行、北海银行、西北农民银行三行合并,成立中国人民银行。即以华北银行总行为中国人民银行总行。以中国人民银行筹备基金及华北银行、北海银行、西北农民银行之全部资产准备统一为中国人民银行之资产准备。即于 1948 年 12 月 1 日施行。并于同日开始发行中国人民银行钞票,统一华北、华东、西北三区货币。新币与旧币固定比价,中国人民银行钞票 1 元等于冀币或北币 100 元,边币 1000 元,西农币或陕甘宁贸易公司流通券 2000 元。新币发行之后,旧币即停止发行并逐渐收回。在旧币未收回前,仍按固定比价照旧流通。如此,则可消除四种货币的复杂局面,减少货币收付携运之烦,并易于防假,改变对伪金圆券比价的不利形势,且对发展生产、支援战争提供了有利条件。

中国人民银行钞票之发行,不但统一华北、华东、西北三区的货币,而且将逐步地统一所有各解放区的货币,成为新中国战时的本位货币。同时,加强了对敌经济斗争的力量,给予国民党货币和经济上以致命的打击,加速其经济崩溃。

为了保证新币发行顺利,信用巩固,华北银行总行的指示要求各级行、处应进行以下工作:(1)在接到指示后,首先在内部进行教育,使所有人员了解发行新币的必要性与其重大意义,同时结合目前形势进行学习,提高干部思想,迎接胜利,提高工作效率,出纳人员还须注意熟识新币票样。(2)配合政权部门分发张贴华北人民政府关于发行中国人民银行钞票的布告,并组织力量,通过各种方式(开会、黑板报、广播等),向群众进行广泛的宣传解释,说明发行新币的意义及布告的内容,号召群众使用与爱护新币,宣传重点首先放在城镇和集市,然后普及于农村。(3)在新币发行之初,向公营企业介绍新币票样,说明对旧币是有计划地逐步收回。并协同公营企业注意稳定物价,大力支持新币。估计新币发行后获有新币者可能储藏,而推出旧币,为此应动员公营企业有计划地放出新币,并随时向群众进行解释、说明新旧币的比价,及旧币仍准流通的规定,应深切注意群众因误解而拒用旧币的现象。(4)各行处开始发行新币时,在地区上应有重点,在对象上可先付给公营企业或合作社,在方式上新旧币须搭配发出。在发出之后即随时注意收集新币流通情况及群众反映,如此在初步取得新币发行经验之后,再普遍发行。(5)新币发行与流通情况,各分行应每半月报告总行一次。华北银行名义即于 1948 年 12 月 1 日取消,改用中国人民银行名义。三行合并之后,一切组织领导及新的业务另行指示。钤记、图章另文颁发,新钤记、图章未发下前,暂时借用旧的。①

1948 年 12 月 1 日,华北银行总行发出《华北银行总行关于东北、中原区货币兑换问题的通知》,就东北、中原、华中地区多种货币在华北的流通、兑换问题作出规定。该通知指出,随着人民解放战争的顺利发展,华北与东北、中原区物资交流及部队、商民往来日益增多,同时,北线已有大量东北区货币流入华北区,南线行处则有兑换中原货币的需要,为了解决这一问题,特做如下规定。

(1)东北区货币现有东北银行流通券、长城银行流通券、冀热辽字边币、热河省银行流通券四种。中原区货币现有中州票、华中票两种。对上述六种货币,无论部队或商民带来,一律采取兑换的方法处理,不准在华

---

① 华北解放区财政经济史资料选编编辑组等编:《华北解放区财政经济史资料选编》第 2 辑,中国财政经济出版社 1996 年版,第 314—315 页。

北市场流通。

(2)规定比价的原则,是根据两区邻近市场主要物价的对比,即以两区市场主要物资及交流物资价格计算的自然比价为标准。以后北线(平绥线)与南线(陇海路北)行、处均应按照上述原则规定比价,并经常向总行报告友币比价情况。一般内地行、处对友币比价的规定则由总行随时通报友币比价变化,与南北线行、处采取一致的原则。目前各内地行、处对友币的比价可暂定为:冀钞1元等于长城银行流通券、热河省银行流通券、东北银行流通券10元,冀钞1元等于冀热辽字边币50元,中州票1元等于冀钞25元,冀钞与华中券固定为1:1。

(3)兑换基金问题:除联办外,一般行、处进行友币兑换主要是为了解决部队与过往军、政干部、难民的困难,而不是尽量供给兑换。因此,对于一般行、处的零星兑换(过往军人、难民及解放军战士等),总行不另拨兑换基金,对于部队的集中大批兑换,则由总行临时拨付基金。

(4)友币收兑后的处理问题:各行、处收进友币后,均须设法自行推出,北岳区行、处收兑之东北区货币,由北岳分行负责集中运至平绥线推出,冀中收进之东北区货币则直接与北岳出入口行联系,转运平西推出。南面行、处收进之中州票、华中券则均向南推出。各分行在不可能自行推出的情况下,可报告总行设法解决。

(5)各行、处应就地收集东北银行、长城银行、热河省银行流通券、冀热辽字边币等票样或钞券,在收兑时可据以鉴别真伪。并希望每种票样或钞券寄总行5份(可能时),以便转送其他行、处以资鉴别。如需支付价款可折价划总。

(6)前晋察冀边区银行总行于1947年11月19日总发字第179号通知规定"热河省银行币""冀热辽字边币"禁止流通,亦不兑换等各条即行作废。[①]

华北人民政府为维持和保证华北市场货币单一化,1949年4月30

---

① 华北解放区财政经济史资料选编编辑组等编:《华北解放区财政经济史资料选编》第2辑,中国财政经济出版社1996年版,第327页。

日刊发布告,停止东北、长城两种货币在华北地区流通。布告称,平津解放之初,人民币筹码不足,平津两军事管制委员会曾分别布告规定暂准东北银行钞票(以下简称"东北币"),在平津地区通用;冀东区流通长城银行钞票(以下简称"长城币")。现为使货币单一化,特对平津地区流通之东北币、冀东区流通之长城币做以下处理:(1)自 5 月 15 日起,平津地区及冀东区停止东北币及长城币流通;(2)凡持有东北币及长城币者,统限于 5 月 15 日前携带出境使用,或到当地中国人民银行照牌价兑换人民币;(3)上述兑换期限截止后,如发现有倒卖东北币或长城币者,即以扰乱金融论处。①

　　银行、货币的整合、统一,市场货币的单一化,除了单一新货币的发行,一项重要工程是市场流通的各种旧币的收兑。这项工程的工作量大,任务十分复杂、繁重。这些旧币虽然品牌杂乱,币值不一,但并非普通杂币、劣币或废币,而是边区民主政府先后发行的钞券,市场上有相当高的信誉,是为新币开辟和占领市场的先锋。对这些旧币的收兑,必须小心谨慎、公平合理,绝不能卸磨杀驴,让解放区人民吃亏。因此,1949 年 5 月 5 日中国人民银行总行发出关于收兑旧币的通令,制订了严谨的步骤和科学、合理的方法。

　　在步骤上,《中国人民银行关于收兑旧币的通令》规定,自 1949 年 5 月 15 日起开始收兑晋察冀边区银行钞票及兑换券、鲁西银行残留的定额本票及流通券、冀南银行发行之定额本票及其 500 元以下的小额钞票(500 元的在内)。收兑办法:(1)旧币收兑:各级行在营业中,尽量收回规定收兑旧币,不再发出;公私企业及合作社,凡收入之应收回的旧币,即送银行换取新币;委托公私企业及合作社代兑;残缺币按残缺本币兑换办法收兑。(2)收回整理:收回的旧币,按币别、券别分类整理,百张一把、十把一捆、由经手人盖章。各捆用麻筋捆扎坚实,加粘封贴,亦由经手人盖章。(3)交旧换新,把捆数点清后,呈报销毁,旧币交库后即可提用收

　　① 华北解放区财政经济史资料选编编辑组等编:《华北解放区财政经济史资料选编》第 2 辑,中国财政经济出版社 1996 年版,第 404 页。

兑券(新券)以资调剂。(4)假票处理,在收兑过程中必须严密注意假票,应按假票处理办法,严格执行不得马虎,若收回假票,按第五项规定整理,交库保存,以备销毁。(5)斟酌旧钞回收情况,迨至某种回收的旧钞失掉流通效能时,即行具报总行,汇集审核,并于适当时期,统一公告。停止于市面流通,只限制银行换成新币行使,以期加速肃清,彻底收回。

《中国人民银行总行关于收兑旧币的通令》还清晰交代了收兑工作中应遵守重要原则:(1)旧币兑新币,必须按等额兑换,交多少兑多少不得交少数旧币,提取多数新币,或预提新币。如因残破折扣,应按折扣净额兑换提用。(2)先收旧币,后付新币,以免影响发行流通额。(3)收兑券不经营业过程支付,必须同营业库分开,单独保管。旧币收回后,可作造纸原料,不应焚毁,各分行可根据各区具体情况,在纸厂附近,设立旧币储存库,将收回之旧币集中保存,以俟收兑完毕后,再由总行通知,移交纸厂造纸。[①]

显然,旧币收兑工程,十分科学、严谨,几乎没有任何漏洞,亦无须彻底扫清,只要残留旧币失掉流通效能,收兑工程即告结束,银行货币的整合、统一也最后完成。

不过影响市场流通货币单一化、妨碍新币流通的,除了旧币,还有银元等硬通货。特别是在南方新解放区,人民币不容易进去和站稳脚跟,银元成为人民币流通的主要阻力。上海市场用4亿人民券收兑金圆券,很快兑完。不过银元随即取代金圆券,成为上海市场上流通的主要通货。在武汉,银元亦甚猖獗。这是解放军渡江后金圆券迅速崩溃、南京国民党政府垮台的结果。这样在南方新解放区,金融市场出现了新的情况:金圆券不打自倒,人民券所遇到的敌人,"已不是软弱的金圆券,而是强硬的银元"。

在解放军过江以前,解放战争一般是先解放乡村,而后包围、解放大、中城市。这样在金融贸易上,人民币就先在乡村生根;城市一解放,人民

---

① 华北解放区财政经济史资料选编编辑组等编:《华北解放区财政经济史资料选编》第2辑,中国财政经济出版社1996年版,第411—412页。

币立即占领市场,比较容易地恢复了城乡交流(如沈阳、北平、天津)。大军过江后,情形就不同了,解放军先占城市,后占乡村,而城乡均是银元市场,乡村非但不能帮助城市推行人民币,而且增加了人民币推行的困难。沪、汉两地都是银元占领着市场,人民币不易挤进去。估计解放长沙、广州等城市时,亦会有相同情况。

鉴于此,上海市委及华东财委提出打击银元使人民币占领阵地的六项办法。中央认为这一斗争不是容易的,比对金圆券斗争困难得多,斗争可能延长很久。对此除政治手段外,还须陆续采取许多经济步骤。中央除同意上海市委及华东财委所提办法外,尚有下列各点须加研究:(1)明令铁路交通事业及市政公用事业,一律收取人民币。(2)税收一律征收人民币。另外请考虑是否可预征若干种税款。(3)以地方为单位,首先是上海,酌发实物公债。但应避免向工厂、商店普遍摊派公债。(4)像平津一样通令各私人银行查验资金。(5)开放各解放区之间的汇兑,其目的是以老区比较坚强之货币阵地来支持南方新区货币阵地。通汇之后,原来物价较低的老区可能因此物价上涨。但如果沪、汉两地区人民币不能占领市场,在大军南进,发行更多的情况下,沪、汉及南方高涨之物价会促起老区更猛烈的物价上涨。此点亦请华中、西北、东北加以考虑,提出意见。[①]

十分明显,金融、银行、货币的整合、统一,人民券(币)占领全国城乡市场,是一场激烈、艰苦的经济和政治斗争,绝非一蹴而就、轻而易举。

二、复杂艰巨的货币斗争

整个解放战争时期,各解放区的货币斗争,不仅贯穿始终,而且十分激烈而又情况复杂,斗争对象、范围相当广泛,不仅有日伪币钞和法币,还有金银硬通货和各地乱七八糟的杂钞,甚至还包括国民党伪造的解放区

---

① 华北解放区财政经济史资料选编编辑组等编:《华北解放区财政经济史资料选编》第2辑,中国财政经济出版社1996年版,第425—426页。

币钞。1946年冬,国民党伪造大批东北银行地方流通券,秘密运到东北解放区行使,以达到扰乱金融、摧毁东北银行地方流通券市场信用的罪恶目的,一度给东北解放区金融秩序造成极大祸害。东北行政委员会只得耗费大量人力物力(按票面10%奖给查获有功人员)将其清除。①

(一) 肃清日伪货币的斗争

日本投降后,各解放区尤其是东北、华北解放区,金融领域面临的一个艰巨任务是彻底肃清毒害深广的日伪货币。

日本投降前后,东北的金融和货币流通十分混乱。在合江省,1946年6月,东北银行合江省分行成立时,市面流通的票券五花八门。除了东北流通券、合江流通券,大量流通伪满币、苏军军用票,以及日本钞、朝鲜钞,还有煤票和当地下江银行发行的支票。在数量上,东北流通券、合江流通券反而很少。货币繁杂不一,比值亦参差不同。东北流通券开始流通时,没人愿意要。另外,由于市面的流通券多是百元券,群众找零不便,急需统一货币,调剂零整,合江省分行根据这一需要,进行兑换工作,并将其他伪币、杂币逐渐清除,到1946年9月后,市面货币逐渐统一,市面交易也以东北流通券为主了。②

伪满币祸害全东北最深。"八一五"日本宣布投降后,将伪满票库存全部抛出,共计120.25亿元,其中南满多、北满少,南满约70亿元,北满约50亿元。哈尔滨市流通额25亿元。③ 东北民主政府一开始就实行了打击、排挤的政策。在北满用打折扣的办法收购布、纱、金子,或限期兑换东北流通券。1947年1月8日,东北行政委员会刊发布告,正式宣布自1947年1月15日起,一律停用伪满币。布告严正宣判日本帝国主义通过发行伪满币进行侵略、劫夺罪行的同时,扼要说明了民主政府对伪满币

---

① 东北解放区财政经济史编写组等编:《东北解放区财政经济史资料选编》第3辑,黑龙江人民出版社1988年版,第381页。
② 东北解放区财政经济史编写组等编:《东北解放区财政经济史资料选编》第3辑,黑龙江人民出版社1988年版,第414页。
③ 东北解放区财政经济史编写组等编:《东北解放区财政经济史资料选编》第3辑,黑龙江人民出版社1988年版,第380页。

所施行的政策的原委:"查伪满中央银行发行之伪满币,为日寇经济侵略掠夺物资之工具,已造成东北同胞十四年之痛苦与贫困。'八一五'光复后,我民主政府处理伪满币颇感困难,因伪满币已落人民之手,如公布停用,则人民受害匪浅。为照顾人民利益计,曾分别设法减少伪满币之流通,一年以来颇著成效,目前我解放区内伪满币已近绝迹,停用伪满币,人民已无损失,特明令公布伪满币百元券、拾元券、伍元券,自一月十五日起一律停用",军政民各界务须彻底遵行。"倘有故违,则以扰乱金融论罪"。① 这样,在东北已经解放的地区,彻底清除了伪满币。北满币都赶到国民党统治区去了。

苏军军用票的流通、处理过程较为复杂。红军票总发行额为97.25亿元,其中南满40多亿元,北满50多亿元。1946年仅哈尔滨存有1000万元以上者有数十家。② 苏军撤出东北后,国民党统治区于1945年8月1日在沈阳、长春等地宣布停用红军票,并限期贬值兑换(百元券只兑法币10元),企图将苏军军用票挤向解放区,扰乱解放区金融。为此,东北解放区于8月8日在全区停用苏军军用票百元券,只准小票继续使用。结果,解放区和国民党统治区的苏军军用票有相当部分流入大连市。1947年春,大连关东公署因流入大连的苏军军用票数量太大,采取应对措施,对苏军军用票加盖印记,规定每人只准兑换盖印票3000元,小孩减半。多余者送银行保存。1948年11月,旅大地区实行货币改革,收回了一切旧币(包括苏军军用票和伪满币),发行关东币。到1948年年底,旅大地区基本处理完毕。在东北解放区其他地区,1949年8月开始登记,12月开始兑换,按1:30的比价,即1元红军币兑给30元东北币。同时规定各机关、部队所登记之公款不予兑换,可持收据到原登记银行将原款领回,作为任务上缴财政部。到1949年年底,最后完成了处理红军票的

---

① 东北解放区财政经济史编写组等编:《东北解放区财政经济史资料选编》第3辑,黑龙江人民出版社1988年版,第383页。
② 东北解放区财政经济史编写组等编:《东北解放区财政经济史资料选编》第3辑,黑龙江人民出版社1988年版,第380页。

任务。①

除了伪满币和苏军军用票,东北解放区还有查禁、清除国民党伪造的东北银行地方流通券的繁重任务。1946年冬,国民党将大量伪造的东北银行地方流通券,密运东北解放区行使,企图扰乱解放区金融、陷害人民。为彻底粉碎国民党此种阴谋、东北行政委员会专门发布严禁国民党伪票流通的通令。动员边缘地区军政民全体行动,严格检查国民党统治区入境商人,明确规定,"如发现密运假票,在万元以上者,处死刑;千元以上者,没收其所携之财物"。解放区内商号、摊贩,发现大宗纸币不辨真伪时,可到银行及公营商店鉴别。

解放区内地机关、部队、商店、摊贩大量出卖物品时,须注意买主之身份,严格检查其货币,如发现少数假票时,有权查明其来源及加盖"伪造停用"字样;如发现大量假票时,有权送交政府或公安机关依法严惩。并对检查出假票并查获使用人者,按票面额10%给奖。特别出力人员(如捕获密运大宗假票或破获行使假票线索等)另给特别奖金5万—10万元。规定"假票及使用人应解交当地政权机关(区政府以上),由政权机关代发奖金,县以上之政府得将假票及案情转报银行领奖"②。在东北解放区不仅有伪东北币,在各省地方还有各种伪地方币,如吉林除了伪东北币,还有伪吉东币,也要花大力清除。③

在华北解放区,日伪币钞,不仅荼毒深广,而且因国民党干扰、破坏,变得更加复杂、艰巨。在晋冀鲁豫边区太行区,"八一五"日本宣布投降后,平汉路西的大部分沦陷区和城镇先后收复,并收复了不少重要的矿山、工厂,解放区政治军事形势大好,民主政府规定新区货币一律以冀钞与鲁钞为本位币,所有新解放区应迅速停止伪钞流通。但因日军拒绝向八路军投降,又拍卖掠夺来的货物,以致伪钞币值跌幅不大,不少地方尚

---

① 朱建华主编:《东北解放区财政经济史稿》,黑龙江人民出版社1987年版,第511页。

② 东北解放区财政经济史编写组等编:《东北解放区财政经济史资料选编》第3辑,黑龙江人民出版社1988年版,第381页。

③ 东北解放区财政经济史编写组等编:《东北解放区财政经济史资料选编》第3辑,黑龙江人民出版社1988年版,第385、388页。

能抵冀钞 1 角至 1 角 5 分甚至有抵 2 角的。而国民党特务更在未收复区宣传,伪钞每元将来可换 6 角法币,以致严重影响废除伪钞的工作。①

在冀鲁豫地区,日本刚投降时,在八路军军事胜利和政治攻势下,伪钞一度猛跌,一般都跌到 5 分钱以下。但国民党宣布伪军是其"地下军",法币与伪钞"等值使用",伪钞即刻转为稳定,并跟着敌伪银行及洋行收回贷款,抛出奢侈品,伪钞物价均趋下降,币值提高。济南郊外,黑市已涨到 5 角钱了。在河南,国民党军队到达开封、新乡、郑州后,出布告宣布禁用伪钞,并规定 1 元法币等于 10 元伪钞,伪钞才开始下跌。形势变化纷乱。

面对错综纷乱的局面,冀鲁豫解放区工商局和鲁西银行及时下发指示信,提醒干部、群众,提高警觉,防止受骗上当。强调随着日本投降,伪钞必然变成废纸。但它有六七年的发行历史,成为民众主要的交换媒介,更是大地主、大资产阶级、汉奸搜刮人民血汗的工具,并用其政治上、经济上的势力进行操纵,以保持并扩大其财产,因此它不可能一下子作废。但是尽管如此,他们无论如何也挽救不了最终彻底失败的命运,伪钞必然逐渐变成废纸。

冀鲁豫工商局和鲁西银行制定的基本方针和斗争策略是:(1)总的方针是驱逐法币,肃清伪钞,争取有力地掌握法币、利用法币、打击法币和伪钞,掌握更有用的物资。(2)在新解放区不出布告禁止使用伪钞,但应宣布抗钞(边币)是合法的票子,伪钞马上要变成废纸。根据解放区的物价变化,并由银行公布抗钞与伪钞的比价、公布抗钞的主要物资价格,这样可以减少捣乱分子的扰乱,同时会促进物资交流,等抗币发行到一定程度时,即宣布定期禁止使用伪钞,并须首先利用战争缴获的物资在市场上出售,巩固本币。(3)在老解放区坚决禁止伪钞、法币行使,但对贫苦的基本群众,少用没收的手段,要严格禁止私自在集市兑换伪钞、法币的行为。有计划地在出入口城镇建立货币兑换所,在兑换交易中可适当收取

---

① 华北解放区财政经济史资料选编编辑组等编:《华北解放区财政经济史资料选编》第 2 辑,中国财政经济出版社 1996 年版,第 65 页。

一些手续费。(4)一般是国民党军队到达的地方法币币值高,伪钞币值下降,在受解放军围攻和交通要道破坏的地方,伪钞也已趋下降,因此应善于灵活掌握差额,利用这种不平衡的矛盾,争取有利的物资交换。①

在冀中地区,日本投降后,伪钞本应即成废纸,但由于敌伪顽合流,支持伪钞,仍继续大量发行,乘冀中解放区伪钞未肃清的空隙,向解放区市场侵袭,继续掠夺解放区物资,压缩与蚕食边币市场,这与顽伪合流、合作,企图抢夺已经解放的地区的图谋紧密配合。为了维护人民利益,对顽伪阴谋予以果断回击,全力驱逐伪钞。具体方法及步骤是:

(1)全面开展分段进行。各专区凡流通伪钞地区均须开展这一工作,六、七、八分区根据情况自行划段在1945年12月半(或再提前)达到全部肃清的目标。九、十分区伪钞市场较大,应以大力驱逐之。全冀中总的重点放在九、十分区。在步调上两个分区要一致,分区根据逐步收缩的精神,由内向外划分地区推进,一直推到沿铁路廿里距天津卅里的地区,总的要求在11月底前先后达到禁使;12月15日前先后达到完全肃清。六、七、八分区应尽可能向外伸展,深入到沿路村镇及城市。

(2)工作步骤。九、十分区城镇集市较大、经济集中,驱伪工作首先以城市集镇为主,对于过去尚未宣布伪钞禁使或虽经宣布而未严格执行,伪钞仍占有相当数量的地区,应由专署根据由内向外逐步压缩的精神,提前向人民公布各地区禁使与肃清时间(应当是内早外迟),以便群众事前准备使伪钞向外输送(掌握12月15日前全部肃清),并组织集市委员会、召开商人座谈会,将驱伪政策与他们的利益联系起来,使其严格自动自愿向外推挤、拒用,内地已经公布不准流通,携带者应继续严格检查没收。在禁使期间,一般不强定比值,除赢利票贩倒贩巨额伪钞破坏我金融政策者酌予没收处罚外,一般不进行没收,同时在大城市镇设银行临时兑换所(在附近各集市活动),在禁使期间行使伪钞者,查获后到兑换所予以兑换,比值要低于市价(外线),比值由银行兑换所公告不以政府名义规定

---
① 华北解放区财政经济史资料选编编辑组等编:《华北解放区财政经济史资料选编》第2辑,中国财政经济出版社1996年版,第66—69页。

比值。在肃清期间无论机关军队人民,无论行使或携带(无伪钞携带证者),一律没收制给没收证,但只限区以上政府及政府委托的机关有没收权。在外线边缘要口由分区银行办事处设立兑换所解决兑换问题,严禁伪钞内流。

(3)经济工作要跟上去,有力地配合驱伪工作:各专区商店这一时期业务进行应环绕驱伪工作、根据本专区驱伪计划及情况进行物资调剂,掌握市场支持边币,九、十分区应加强组织与六、七、八分区的物资交流,组织商人沟通物资,达到物资内流、边币外流以巩固九、十分区边钞阵地。此外,驱逐伪钞必须与封锁城市相结合、以困窘顽伪,严防伪钞内流。为了发展边区工业,减少对城市依靠及伪钞需要量,洋布及洋线、手巾自 11月 10 日起应一律禁止入口。①

在晋冀鲁豫边区冀晋区,尽管民主政府全力打击和肃清伪币,但顽伪合流、合作,一直负隅顽抗。国民党进入平津,对伪联银券②继续采取滥发政策,新发 500 元券、1000 元券及 5000 元券,物价高涨,持票人受害甚大。为保护解放区人民的利益,应坚决打击之,在边区严禁使用,用大力挤到未解放之大中城市或国民党统治区,或贬低其币值,以开拓边币阵地,提高边币威信。

同样,对伪蒙疆券亦应采取逐渐缩小流通区域,降低比值以便最后收拾的方针。伪蒙疆钞票,过去曾系敌人掠夺物资的手段,但今天伪蒙疆管辖区域,基本上已全部归我掌握、敌伪顽不能像利用伪联银券一样,继续滥发,以掠夺物资。为了人民的利益,应很好地加以收拾,逐渐缩小流通区域,自然降低其比值,待其币值跌至一定程度,即以有效办法收拾之。

对于伪满钞票,应根据边币一元化之精神,照顾东北友邻地区,逐渐使之流入东北地区。

打击伪钞应统一计划,统一步调,以免紊乱,兹规定:(1)对于伪联银

---

① 华北解放区财政经济史资料选编编辑组等编:《华北解放区财政经济史资料选编》第2辑,中国财政经济出版社 1996 年版,第 9—10 页。

② “联银券”是全面抗战时期,伪华北临时政府所设中国联合准备银行发行的纸币——“中国联合准备银行兑换券”的简称。

钞,在平汉路以东,由冀中行署拟订其斗争计划,出动主要力量,限期将伪钞挤向平津及主要交通线上去;平汉路以西;南部由冀晋行署拟具斗争计划,限期将伪联银钞挤向保定、石家庄、太原及主要交通线上去,北部由察哈尔省政府拟具计划,限期将伪钞挤入北平及主要交通线上去;北宁路以北由冀热辽行署拟具计划,限期将伪钞挤入平津及主要交通线。以上各个地区的货币斗争计划均应迅速报会,并互相通报,以便相互配合协同作战,此种任务,应最迟于1948年2月底完成。(2)对于伪蒙疆钞,由本会拟具计划,通知察哈尔省政府与冀晋区有关署县执行之。(3)对于伪满币,由冀热辽行署拟具计划,依据当地具体情况处理之,并迅速报会。以上三种伪钞,应以最大力量打击伪联银钞,以一部分力量适当处理伪满币与收拾伪蒙疆钞。①

晋察冀边区冀东区行署,1946年5月7日发出关于彻底肃清伪币、杂币与加强对国民党统治区经济封锁的指示,鉴于国民党统治区正式宣布伪币流通延至5月15日,兑换期限延至5月底,冀东区必须进一步彻底肃清残余伪币,将伪币有组织地登记运出去,严防国民党政府以延期办法,向边区大量推出伪币的阴谋。强调伪币不彻底肃清,切勿松懈。同时,打击伪币后,有些地区大量流入杂币,因此要严禁流入,在内地彻底肃清杂币,加强边沿地区兑换所,并派人到附近集市随集检查与兑换,边币数量不足,支行分发各办事处的兑换基金,切勿随便支配移作他用,以致影响全盘计划。另外,国民党统治区物价暴涨,粮荒严重,国民党政府为准备内战,大量收买边区粮食。边沿各地对国民党统治区务须严加封锁,抽调得力干部加强税务组织,建立对顽区封锁线。在税局领导下,成立各村不脱产的缉私小组,对国民党统治区实行粮食及其他禁止出口者的严密封锁。对伸入边区的国民党军据点(如丰润),更要从经济上围困之,使之与外边断绝经济往来,但对严厉封锁须严防滥没收。没收处罚须由税局处理,违者应受到严厉处分。近因国民党统治区边币比值高、彼方为

---

① 华北解放区财政经济史资料选编编辑组等编:《华北解放区财政经济史资料选编》第2辑,中国财政经济出版社1996年版,第13—14页。

购边区物资及扰乱边区金融,将大量向边区推挤伪币、杂币,加以票贩子从中取利,边区必须严查,对此类分子应交县以上政府从严处理。因此,必须强化出入口管制办法,除健全税收缉私封锁外,要管制对国民党统治区经商的商贩,进行登记限其多输入货物,不带或少带杂币,到边沿区即将杂币兑换,不许携带进入内地。对群众赴国民党统治区运销者,亦须到就近税务机关或出入口处之税所领取出入口证,以便管理。①

不过在有关冀东区的货币斗争和货币政策问题方面,冀东区党委同晋察冀边区党委之间,据称在认识与指导上都存在着"原则分歧",冀东行署曾连发数电,冀东区党委亦数次电报晋察冀中央局,但未获答复与指示。1946 年 8 月,冀东区党委就 1946 年前半年冀东货币斗争和货币政策问题,做了全面汇报和阐释,准确地反映了当时冀东解放区的货币斗争和肃清伪币同边币发行之间此消彼长的复杂关系及必须总结的经验教训。

当时的情况是,1946 年 4 月 15 日以前,伪币占绝对优势,边币占劣势,有些小块不同的阵地,4 月 15 日以后至 5 月初,冀东区对伪币展开全面打击,将伪币完全肃清,打击的伪币 200 多亿元,加上以前发出的约 500 亿元。此时市场空虚,边币信用高,正宜大发边币抢占市场,但边委会不敢放手发行,致法币乘机而入,商人推出伪币,因国民党统治区封锁,除零星换回一部分物资外,大部带回法币。此时如有充足边币,可以大批兑入伪币作外汇基金,当时比值边币比法币为 1：2.2,黑市为 2.5 元或 2.8 元,银行各兑汇所因无边币,宣告停兑,边沿区逐渐变成黑市场,内地边、法混合流通。5 月至 6 月半,法币由局部向边区进攻到全面进攻,边币时处紧张地位。反攻之后,边币少的地区以法币高价兑边币,以缩小边币市场;边币多的地区,以高价边币买法币,造成边币膨胀。此时,边区事先无准备无力掌握、加上经济部门薄弱,逐渐边币下跌,物价高涨。自 6 月底至 7 月初,冀东区对法币进行全面反攻,内地法币肃清,边币阵地已扩大与巩固。唯此次无边币,主要是行政与群众力量。经济部门边币缺

---

① 华北解放区财政经济史资料选编编辑组等编:《华北解放区财政经济史资料选编》第 2 辑,中国财政经济出版社 1996 年版,第 19 页。

乏,仍很单弱,边币、法币斗争形成在边沿区的对峙状态。因边区对出口管理不够,边币法币比例在边沿区挂牌为 1∶1.6,市场为 1.8 至 1.6 不等,平均为 1.4 元、1.5 元。市场因边币太少、市民感到筹码不足,以物易物。物价内地比边沿平均低,比平、津、唐山等地低得更多。农业品冀东产量大,市场上的边币不足 30 亿元。冀东边币亦流入国民党统治区一部分,估计市场上边币最多不过 40 亿元,在目前物价标准下,尚可增加发行 2—3 倍,不致膨胀,上半年物价平均涨 2 倍,除 5 月波动较大,一般尚不多。

边区对冀东全面了解与货币的斗争复杂性认识不够,因而对货币政策的掌握上既不及时也不大胆,表现对冀东区的意见不大信任,交通与时间条件不加考虑,错过有利机会。目前冀东边币极端空虚,绝不致膨胀,因此应在不引起物价波动原则下大量发行,吸收物资,以应付可能的波动,不应于此时采取紧缩政策,无端退出阵地,给法币让防区。①

（二）排挤、驱逐和肃清法币的斗争

无论在东北解放区还是关内解放区,对法币的斗争,情况都相当复杂。日本投降后,国民党统治区黄金与必需品价格大跌,而且法币市场扩大了。"物价下跌,币值提高,人心有些向法币"。在这种情况下,一些解放区对法币只能采取措施防止其内流,同时还要防止黑市活动。②

1946 年 6 月 17 日,晋冀鲁豫边区政府公布边区法币管理暂行办法,规定边区一切交易往来、公款收支均以冀南银行钞票(以下简称"冀钞")、鲁西银行钞票(以下简称"鲁钞")为本位币,其他关金、法币,一概不得在边区境内行使。持有法币、关金者,如在边区行使,须向冀南银行或其委托代办所兑换成冀钞后行使;凡携带法币、关金过境者,须向入境之第一冀南银行或税务机关登记,取得证明以便通行;凡带法币、关金出

---

① 华北解放区财政经济史资料选编编辑组等编:《华北解放区财政经济史资料选编》第 2 辑,中国财政经济出版社 1996 年版,第 22—23 页。

② 华北解放区财政经济史资料选编编辑组等编:《华北解放区财政经济史资料选编》第 2 辑,中国财政经济出版社 1996 年版,第 66 页。

境者,可由当地村公所开具证明文件,以便通行,不愿开者听之;未经登记
之过境法币、关金,经查验后,予以登记放行,一概不准没收;凡买卖关金、
法币者,须在当地货币交易所自由买卖,无货币交易所者,由冀南银行或
其委托代办所登记买卖;凡违法在边区边境内私自行使法币、关金,捣乱
金融者,依下列办法处理:(1)值本币 1 元以上至 1 万元者,处以行使额
1/3 以上 1 倍以下之罚金;(2)值本币 1 万元以上至 5 万元者,处以行使
额 1 倍以上 2 倍以下之罚金;(3)值本币 5 万元以上者,处以行使额 2 倍
以上 3 倍以下之罚金;(4)如属暗中行使捣乱金融、破坏本币币值者,除
没收其关金、法币外,人犯送司法机关究办。凡私人保存关金、法币者,一
概不加干涉。①

　　在东北,1945 年"八一五"日本宣布投降前后,国民党立即占领了一
些大城市,各主要金融机构亦随即建立分支机构,国民党政府的中央银行
于 1945 年 12 月 21 日发行"东北九省流通券"(以下简称"九省券"),限
在东北境内流通。从 1948 年 3 月起,又准许法币出关,与"九省券"的比
价为 10∶1,即法币 10 元兑换"九省券"1 元。到 1948 年 5 月止,据国民
党政府透露,"九省券"发行总额达 1 万万亿元。② 由于"九省券"滥发,导
致恶性通货膨胀,物价飞涨,经济崩溃。"九省券"对解放区的东北流通
券的比值变化,清晰反映出"九省券"的贬值速度和幅度,详见表 20-56。

表 20-56　东北流通券与"九省券"币值变化对照

年份	项目	东北流通券 1 元等于"九省券"(元)	"九省券"1 元等于东北流通券(元)
1946	上半年	1.08	0.91
	下半年	0.93	1.08
1947	上半年	0.83	1.20
	下半年	2.74	0.37

---

　　①　华北解放区财政经济史资料选编编辑组等编:《华北解放区财政经济史资料选编》第
2 辑,中国财政经济出版社 1996 年版,第 90—91 页。
　　②　朱建华主编:《东北解放区财政经济史稿》,黑龙江人民出版社 1987 年版,第 512 页。

年份	项目	东北流通券1元等于"九省券"(元)	"九省券"1元等于东北流通券(元)
1948	1—3月	10	0.10
	4—6月	30	0.03
	9—10月	201	0.005
	11月1—10日	3000	0.0003

资料来源:朱建华主编:《东北解放区财政经济史稿》,黑龙江人民出版社1987年版,第512页。

表20-56数据显示,1947年上半年以前,两种票券币值十分相近,"九省券"币值还略高于东北流通券,并略微上升。但此后加速跌落,呈一泻千里之势。到1948年年末,"九省券"3000元才等于东北流通券1元。亦即"九省券"1元才相当于东北流通券3毫,已成废纸。

1948年8月,国民党实行所谓"货币改革",发行"金圆券"以替代法币和"九省券"。当时规定按1:300万,兑换法币。到东北全境解放前夕,国民党在东北大约共发行"金圆券"2.52亿元。[①] 金圆券再次陷入通胀深渊。

东北民主政府对"九省券"和法币实行的是有步骤的打击、驱逐、消灭的政策。在时间上,1947年上半年前,无论在老区、新区,民主政府一直注意向人民群众展开宣传,揭示"九省券"的实质,说明它是国民党搜刮、劫夺人民财富的工具,国民党政府强制规定"九省券"不准汇兑、不准入关,存心坑害东北老百姓,因此必须迅速将其推往国民党统治区,以免解放区人民吃亏。为此明确规定,在老区解决禁止流通,新区因刚解放,或紧挨敌区,为照顾人民利益,限期流通,并按当时1:1的比价,兑换成解放区货币。

1947年下半年,东北和关内解放战争都开始大反攻,国民党为了战争需要,更加大规模增发纸币,其统治和纸币流通区域大幅缩小,纸币加

---

① 《中国近代金融史》编写组:《中国近代金融史》,中国金融出版社1985年版,第299页;东北解放区财政经济史编写组等编:《东北解放区财政经济史资料选编》第3辑,黑龙江人民出版社1988年版,第523页。

速度化水。而在东北解放区方面,区域加速扩大,同时在对外贸易方面,与苏联和民主朝鲜已打通,同国民党统治区贸易的重要性降低,这时对新区国民党货币的政策,是限期兑换不准流通,过期兑换则打折扣(当时辽西一些地区就是施行这一政策)。

到 1948 年时,东北的国民党军队已被迫退缩到有限的几个城市,大量的国民党货币集中在狭小区域,币值逐日猛跌。民主政府为了稳定解放区金融,防止国民党货币扰乱,对新区国民党货币"实行只公布敌我币值的比价,但不兑换、吸收,以便向外驱逐敌币"①。1948 年 3 月,吉林市解放时,吉林省政府规定,敌我货币比值为 1：50,但当时国民党统治区物价高度,实际不到 50 倍,其货币在新解放区行使就会吃亏,因而快速流向尚未解放的长春、沈阳,而使新解放地区的国民党货币绝迹。这是当时吉林市能在解放仅仅 10 余天的时间肃清国民党货币的一个重要原因。②

1948 年 11 月 8 日,沈阳解放。当天,沈阳军事管制委员会财政处张贴布告,宣布根据东北野战军司令部、政治部颁发的新区入城布告第八项规定,"自本军入城之日起,所有流通市面之各种'蒋币'如'东北九省流通券'、法币、'关金及金圆券'等一律停止使用,改用东北银行及各地分行之地方流通券"为市场本位币。查沈阳市已经遵照实行,停使一切"蒋币"。今后一切公用事业收费与缴纳税款只收东北地方流通券。"蒋币"停使后,特规定处理办法如下:(1)"东北九省流通券","金圆券"责成东北银行沈阳分行定价限期兑换。(2)兑换比率以东北银行地方流通券 1元兑"东北九省流通券"千元,以此标准,兑换"金圆券",则按国民党原比价 1 元伪金圆券兑换"九省流通券"30 万元比例兑换之。(3)原中央银行发行之"本票""关金""法币"一律不兑。(4)兑换"九省流通券""金圆券"限期 7 天,自本月 8 日起至 14 日止。③ 随着东北全境解放,国民党政

---

① 朱建华主编:《东北解放区财政经济史稿》,黑龙江人民出版社 1987 年版,第 513—514 页。

② 东北解放区财政经济史编写组等编:《东北解放区财政经济史资料选编》第 3 辑,黑龙江人民出版社 1988 年版,第 448—449 页。

③ 东北解放区财政经济史编写组等编:《东北解放区财政经济史资料选编》第 3 辑,黑龙江人民出版社 1988 年版,第 459 页。

府发行的各种货币,也在整个东北地区被全部消灭。

在关内,解放区在地理上与国民党统治区相连接,经济联系与经贸往来亦相当密切。1947年夏季大反攻之前,解放区主要是农村,占有的中等以上城镇数量有限,相当部分的工业品需要用解放区的农产品和土特产品到国民党统治区交换。不过这种交换并非互利互惠的平等交易。而是一种复杂而激烈的斗争。各解放区民主政府既要通过输出某些原本市场在外或自给有余的农产品、土特产品,获得法币并换购军用民用(尤其是军用)必需品,但又极力禁止法币进入解放区,防止国民党统治区的通货膨胀和物价波动影响解放区物价,损害解放区经济,或尽可能将这种影响和损害降到最低限度。因此,拒用和排挤法币的斗争,贯穿解放战争的全过程。

在陕甘宁边区,同法币既有联系,又有斗争。对法币的斗争开始于边币发行。"边币发行的过程,同时就是与法币斗争的过程"。在对外贸易上,为争取物资(主要是棉花、布匹及军工器材、通信医药器材),必须与法币联系起来。而在对内市场交易上,为保护边区物资(主要是粮食、牲畜等)不外流资敌,又必须与法币斗争,使边币与法币在边区市场上隔离开来。这种"有联合有斗争"的货币斗争,自1941年2月1日起到1947年8月边区政府东渡黄河为止,"禁止法币在边区境内行使"的禁令,一直坚持,从未动摇,但有变化。因在禁令下,法币转入黑市,1943年6月,外汇管理办法有所调整,规定凡携带法币在边区境内通行,数在2000元以下者,任其自由通行。满2000元以上者,必须向政府指定的检查机关登记,并领取通行证,"违者以破坏金融论罪"。这是一个漏洞,加上在检查站上没有真正检查,后来检查站撤销,更放松了法币的检查。这对以后法币的暗流,有很大影响。自1943年12月起采取了放松兑换尺度,交换所实行"无限制兑出法币"的办法,没有同时与政府禁止法币政令的严格执行相结合,即只有执行前者,没有执行后者。这就种下了市场上法币的无限来源。结果法币暗流畅通,边币市场被挤掉。

日本投降后,边区政府重申坚持:(1)贯彻禁用法币法令,在边币、法币同流区域,挤出法币,扩大券币流通市场。(2)依靠内外物价涨跌,进出口货物多寡,交换所法币兑换多少,财政需要和一些特殊情况的变化,适时吞吐券币,保持券币发行的指数不超过外面物价上涨的指数。(3)加强主导市场交换所,灵活周转交换所的兑换基金,适时地运用牌价政策,控制法币的比价,间接调剂物价。这一指导思想说明对过去的观点已开始依据新情况在改变中,而且也在1946年12月后的提高边币打击法币、以稳定物价的工作中加以实行了。可是在这思想本身,仍有难以克服的矛盾。为求稳定比价、打垮黑市,以间接调剂物价,亦必须无限制兑出法币。这与排挤法币、扩大券币流通市场是互相矛盾的。为克服这一矛盾,只有通过加强禁令来弥补这一缺陷,可是事实又证明这是很难办到的。①

1947年1月8日,陕甘宁边区政府以联防司令部的名义,刊发《战时严禁"法币"行使办法》,明确规定,边币(流通券)为边区之合法货币,凡边区境内一切公私款项之收支、交易、讲价、记账、票据、债务的清理等,均须以边币(陕甘宁边区贸易公司商业流通券)为本位币,严格禁止法币在边区境内行使。凡藏有"法币"而一时不出边区境外购货者,须将所藏法币持向边区银行或货币交换所兑换边币(流通券)。凡私藏之法币因正当用途欲携带出外者,须至各地交换所申请领取法币出口证,在边区尚未成立交换所之地区,须取得当地政府之证明文件,准予携带出口。凡因正当用途需要法币者,得照章向各地交换所兑换并取得"法币"交换证,始准携带出口。进口客商所携带之"法币",由住宿店栈负责通知客商到交换所兑换边币(流通券)行使,否则一经查出,则该店栈须分担客商行使"法币"之处罚。过境客商所带之"法币"限于入境地交换所兑换边币(流通券),出境时,在出境地交换所兑换"法币",违者依法惩处。

该"办法"还规定,凡有下列行为之一者的分别给予处罚:(1)自由行

---

① 陕甘宁边区财政经济史编写组等合编:《解放战争时期陕甘宁边区财政经济史资料选辑》下册,三秦出版社1989年版,第102—103页。

使法币者,买卖双方钱货一律没收;(2)违法携带之法币除强制兑换边币外,得科 50% 的罚金;(3)凡携带的法币与交换证不符时,均以违法携带论。凡群众报告查获之罚金及被没收之法币于兑换后,钱货 50% 交公,30% 归报告人(或扭送人),20% 归查获人。被没收之钱货,均以各级政府正式收据为凭,任何人不得借故私出凭证,混淆手续,否则以破坏金融论罪。税局检查站及政府公安机关始有检查权,其他军民人等不得自由搜查,如发现使用或私带法币时,有密报与当场扭送之权。检查机关人员,只限于市场上、税卡上与政府指定之检查站口,进行检查职务,检查时须携带证件出示,不得进家翻箱倒柜,随便拦路搜腰,否则被检查人有权拒绝检查,并可向政府控诉。如发现假公济私、诬陷敲诈、乱行没收等行为者,被没收人得依法控告。各级政府须依法受理,彻查严办,并保证由没收人赔偿被没收者损失之财物。[①]

抗日战争胜利后,陕甘宁边区打击法币的经济基础已有重大变化,抗日战争期间,边区经济条件尚未达到全面自给,边区周围(除黄河以东)仍与国民党统治区联系,则其经济关系仍然主要是法币。抗日战争胜利后,在经济条件已发生重大变化的情况下,边区政府对打击法币的方针作出新的调整:第一,坚持稳定金融、发展经济的方针,力争本币的稳定,防止物价的暴涨暴跌,调节发行速度,有计划地吞吐本币。同时坚决驱逐打击法币、白洋,建立统一的本位币市场,严格禁止法币、白洋及其他非本位币在边区境内买卖、行使与携带。

取消内部市场的货币交换所。在内部市场上,由公司门市部收兑法币。依据牌价只兑进、不兑出。巩固与扩大本币市场,缩小法币、白洋市场。"大公"(按即国营企业)以低于外面市价的牌价,收兑内地的法币、白洋,有计划地输出,换回人民所需要的物资出售,并组织群众用法币、白洋,到国民党统治区换回物资。在口岸上,以法币、白洋打击法币、白洋。即依据内外物价的变动,在外面物价上涨时,逐渐拉高本位币牌价,准

---

① 陕甘宁边区财政经济史编写组等合编:《解放战争时期陕甘宁边区财政经济史资料选辑》下册,三秦出版社 1989 年版,第 5—6 页。

许进口之必需品保证十足兑换,以打击内部法币、白洋的黑市而使之向外挤流。① 这样,既利用了法币,换回了必需物资,又防止了法币对本位币市场的扰乱和冲击。

不过部分地区或贸易分公司在对法币的斗争中,也出现过或"左"或右的偏差,甚至失败。

黄龙分公司的货币斗争,开始时过"左",后来则过右,在韩城、洛川等地,边币对法币的比价,过去前线总指挥部已提到 1∶4,该区未有请示,即将其降为 1∶3,这对推行本位币是极为不利的;尤其是延安光复后没采取积极的进攻,是极右的表现。又多次打报告和发电报,要大批敌币兑换为支持金融的主要工具,并强调无限制的兑换,这种办法仍然是承袭过去的错误思想,以致影响延属的敌币肃清和本位币推行。黄龙的偏差失误,受到贸易总公司的严肃批评。贸易总公司要求黄龙"采取紧急措施,政令经济应双管齐下",比价应即提至 1∶4 左右(延安为 1∶5),而且首先掌握粮食,使持本位币的随时能买到粮食(因目前延属、警区需要黄龙的粮食),另则掌握布匹、棉花、油盐。把这些东西掌握起来,金融问题则不大,差一些外汇有肥皂当可抵消。敌币必须立即管理起来,在中心区和接近老区的区域,应即取消交换所,兑进改为收买,停止兑出,收入的敌币送到边界去买东西,收进的白洋则送总公司,不能再抛出去为将来之害,宜川、洛川过去没有使用白洋的习惯,是这次种下的根子,应作为经验教训。②

关中贸易分公司在 1948 年 6 月的货币斗争中,则遭遇失败。

1948 年四五月份,解放军大部队在关中往来整训,花费到农村集市上的农币数量很多,在于压低法币比值、提高本币币值上取得了空前胜利,但农币、法币两种货币合流的市场仍然存在,不能彻底摆脱法币对边区金融物价的影响。因此决定 6 月在赤水从阵地上驱逐法币、建立本币

①　陕甘宁边区财政经济史编写组等合编:《解放战争时期陕甘宁边区财政经济史资料选辑》下册,三秦出版社 1989 年版,第 104—105 页。

②　陕甘宁边区财政经济史编写组等合编:《解放战争时期陕甘宁边区财政经济史资料选辑》下册,三秦出版社 1989 年版,第 173—174 页。

独占市场取得经验,并作出示范,请示地委、专署颁发禁令,通知各县协助银行启发群众、动员全体军政商民,从关中各地全盘驱逐敌币,以保护群众的财富、发展生产、繁荣农村经济。

但在开展货币斗争过程中,曾发生了很多矛盾和困难,没有迅速解决,因而造成敌币内流和黑市活动,影响内地某些物价发生波动,造成重大损失。

一是农币、法币皂价及兑换比价有时差额过大,引起敌币内流、黑市活跃。由于差价过大,商人有利可图,外商以不等价的法币在黑市换成农币套取肥皂出境,获取暴利,边区财富外流。

二是由于内地拒收法币,但有些口岸没有农币,内地农村集市上农币筹码也不足,贸易公司订购麦子、信用借贷,吐出农币。同时敌区物价高涨,物资不得进口,而只有法币进口。这样,边区拒收法币又吐出农币,恰恰给外商造成鼓捣黑市的条件。于是敌币流入边区套取了肥皂及某些农产品,结果由公私商号及农民群众承担法币贬值损失。

三是敌区物价在6月上涨甚为激烈时,没敢大胆适时提高比价,以致比价落在敌区物价上涨的后面,影响边区某些物资甚至上涨一倍。而不敢大胆提高比价的原因是顾虑黄龙的比价情况以及当时本身沉醉于差价政策的胜利的缘故。

因为比价没有赶上敌区物价上涨的水平,商人在卖5月下旬的农币价格就要赔本,因而农币物价也随之上涨,比如上旬外边土布涨到每尺3万元时,每尺在内地卖5000元,按比价(1：6)只换3万法币,刚刚够本。下旬外边土布每尺涨到法币8万就不会波动。比如6月上旬外边土布每尺3万元,比价变为1：10,在边区卖5000元农币,兑出5万法币,可得2万元的利润。到下旬外边土布猛涨8万元,比价变成1：20,卖5000元农币可换法币10万元还是赚2万元的红利。这样比价斗争,既不影响物资入口,又不致使内地物价波动。

四是政府对货币斗争、驱逐敌币出境、禁止法币流行的这项工作重视不够,虽然边府下了联合通令,但仅仅是张贴于墙壁,没有很好地召集当地贸易公司共同商讨如何排除法币、保护群众的财产、发展生产,借以调剂农村金融。比如,铁王土桥进行驱逐敌币工作以前,县政府已通知了各区,但在进行的时候,三区、四区就没有很好地召开乡长联席会议宣传动员、组织群众、集中各村的法币到银行去兑换,只是很个别地介绍,以致两个集上严禁法币流行的这几个区的群众手中还握有大量法币。比如,土桥区的书记自动协助公司进行驱逐敌币工作,其结果就较好。但铁王土桥正赶麦收和敌人窜扰,政府配合差,其结果就差。①

边区贸易总公司又去信关中分公司,批评他们在对法币的比价斗争中,在某些问题上"固执己见",没有吸取土桥物价猛烈上涨的教训,坚持推行农币、法币的货物差价政策,并准备扩展到每一个地方和各种物价上。总公司警告,"如长此下去,会酿成政策上的错误"。特别强调,差价只能在某些时候和某种程度可以利用,不能作为一个主要政策来实施:(1)差价只能在某种出口价格上求得不吃亏,既不能起保护全边区人民经济利益的作用,又不能起稳定物价的作用,总的来说,只能起些本位的作用(土桥物价和敌币在内地不能很快肃清,成绩就是皂价没吃亏)。(2)若是差价扩大到每个地方和每一种物价上去,实际上就是准许有两币制的存在,如果这样做,法币在内地永远也不能肃清。(3)差价虽然对法币有打击,但会出现黑市,不能与提比价的力量相比,会使群众模糊,起不到保护人民经济利益的作用。(4)差价长期搞下去,会使账目混乱,甚至容易发生舞弊。因此差价只能在某个时间,如法币进口突然、情况没弄清楚,暂时利用,而不能作为一个主要政策去实施。

贸易总公司认为,比价才是对外斗争、稳定内部物价、保护边区人民经济利益的有力武器。它在经济上有力量而政策上也有力量,群众也容易明了。使用办法也应该是:(1)内地应稍低于口岸,使其只能向外流,不能向内流。所以比价在内地法币尚未肃清的时候,应该是内地定低一些,口岸稍高一些。(2)比价不落于黑市之后,应提在黑市之前稍高一些,以免陷入被动,物资不进口、法币大批进口。应给口岸主动权,必要

---

①　陕甘宁边区财政经济史编写组等合编:《解放战争时期陕甘宁边区财政经济史资料选辑》下册,三秦出版社 1989 年版,第 193—196 页。

时先提后报。(3)倒黑市不是表示边区币制信用高的好处,而是表示对法币斗争的右,严格地说是我们掌握情况不够,没勇气大胆提,或因我们手中存有法币、怕吃局部的亏而忘记广大人民的利益。所以往往因这些问题使手中的有力武器(比价斗争)没有尽到保护人民经济利益的责任。(4)比价可稍高一些,也可看外面波动情况去决定。总之,稍微有点黑市对边区有利,使法币只能出去,不能进来,不能套取物资出去,因此对法币只能随进随出才可利用,否则拒收。这次几百亿法币损失过半,十分惨重。前段黄龙提比价遭受了许多阻碍,现已做了决定,并已提至1:30,情况大大地改变了,物价已跌30%—100%。不过不论比价高低,法币始终兑不出去了。所以在内地必须注意物资调剂和物价掌握(如这次土桥则不应该有的),对外必须掌握比价斗争,千万要注意,切勿陷入被动。至于差价政策只能临时利用,决不能成为一种主要政策。①

陕甘宁晋绥边区在总结上述经验教训的基础上,制定颁布了外汇管理办法,进一步加强了对法币的打击,加强和规范了对金银等本币外硬通货的管理,外汇管理办法明确规定:

(1)为维护解放区国民经济、稳定金融、巩固本币、促进国民经济的发展,特授权西北农民银行及西北贸易公司集中使用外汇,进行对外贸易。(2)禁止法币、白洋、条金及其他非本位币在境内买卖、行使与携带;银洋只准储藏;饰金在两单位以下者,只准银行及其指定之门市部或商店出售。(3)境内公司、商贩经营对外贸易,凡在本解放区货物税条例允许下,应以输出土产充抵外汇;但购入公司指定的货物,银行得给外汇。(4)在境内留存的法币、银洋,公司银行按牌价兑进不兑出,但持有军区以上负责人之批准与证明文件,向外采购军用品经核准后,得由银行兑给外汇,介绍出境采购;持有党政机关介绍信出外工作需要路费与工作费者,得由边境口岸上之银行兑给外汇。(5)外商输入税务条例所规定允

---

① 陕甘宁边区财政经济史编写组等合编:《解放战争时期陕甘宁边区财政经济史资料选辑》下册,三秦出版社1989年版,第231—233页。

许入口之必需品,贸易公司或经税局查验有期限者,得供给外汇或土产。
(6)不论公私商贩及过境人员,由境外携入法币银洋赤金及其他非本位
币过境者,必须将所带非本位币交入口处之银行查验,由银行发给出口证
件、限定出口路线、时间和地点出口,不得私行自由携过境,违者没收。
(7)不在边境口岸之银行,不办理供给外汇业务。①

在察哈尔,1947 年 2 月 17 日民主政府鉴于国民党发动内战后,军事
上不断失败,造成严重的经济危机,尤其自 1947 年 1 月 7 日上海发行 50
元、500 元面额现金,及 5000 元、10000 元面额之法币后,国民党统治区金
价、物价普遍猛涨,1 月 31 日北平金价每两涨到 53.3 万元,美钞 7700 元,
大米 920 元 1 斤,小米 460 元 1 斤,五福洋布每匹 13 万元,海岛蓝洋布每
匹 20 万元。又据边区 2 月 9 日情报,国民党统治区物价,由 2 月 6 日起,
天津金行停市,北平金价每两涨至 66 万元,2 月 7 日金行亦停市,上海金
价连日暴涨,金条涨至 591 万元,美钞突过万元、大米每斤 1150 元,小米
每斤 640 元,白面每斤 1300 元,其他货物涨 1/4—1/3。同时,由于国民党
统治区外汇基金已经用尽(虽颁补救办法也无济于事),美蒋 5 亿美元贷
款,估计在莫斯科外长会议以前不会批准,国民党统治区物价、金价必然
继续上涨。若不严加防止,势必波及边区法币可能大量内侵、奢侈品大量
倾销,用以吸收边区重要物资、刺激边区物价上涨。因此,察哈尔省民主
政府特采取如下措施。

(1)打击法币、提高边币比值、扩大边币市场:在法币高于边币的地
区,首先将边法币比值提高到 1:1,然后视具体情况逐渐提高,争取做到
在外长会议以前,提高到边币 1 元兑换法币一元二三角(当然能再提高
更好)。但一次不要提得太高,要随国民党统治区物价的上涨情形逐渐
提高,并在边缘区、游击区开展经济攻势与政治攻势,结合普遍宣传,动员
群众贬值抛出、拒用法币,压缩法币市场,边币随之占领阵地。

(2)加强边缘区缉私工作,严格内地市场管理,严禁法币内侵,外货

---

① 陕甘宁边区财政经济史编写组等合编:《解放战争时期陕甘宁边区财政经济史资料选辑》下册,三秦出版社 1989 年版,第 233—234 页。

流入,以及边区重要物资输出。

（3）指定公营、机关商店动员群众,乘机组织边区非必需品及旧存外货输出,换回必需品。

（4）各公营商店、机关部队商店,在边缘区游击区边法币混合市场,交易时均须以边币为计价单位,其比值均须按照银行牌价,边币比值许高不许低,齐一步调,共同对敌。在察南市场上,边币虽无公开比值,各商店在买卖物价上,必须依照此原则,以贬值法币、提高边币,以使边币流通,扩大市场,不得贪图小的便宜抬高法币比值,因为表面上是比值问题,实则是货币市场问题。[①]

晋察冀边区银行冀中区行对法币的斗争,由于冀中区特殊的地理位置和市场环境,与其他一些解放区不同,对法币的斗争,主要不是拒用、驱逐或排挤,而是利用法币购进军用、民用紧缺和急需物资,但当然也有斗争,而且相当复杂、激烈,斗争的主要内容和目的,是如何争取在主动和有利的条件下,兑换和利用法币。而且,既要利用法币,又不能让法币闯入和扰乱解放区市场。这是既利用又斗争,在利用中斗争。

在利用法币方面,据不完全统计,自1946年4月起到1947年12月止,晋察冀边区银行冀中区分行经营外汇流水(金银在外)共计23615758万元以上(1946年兑入法币、法汇1801697万元,兑出1661820万元;1947年兑入10143899万元,兑出10008432.8万元),合边币流水1357亿元(平均比值1.74元),每年外汇活动额为资金(平均40亿元)的17倍左右,支持军需采购共达338亿元,约占供汇的30%(缺河间1947年1—7月材料、泊镇1947年全年均未统计在内)。某些地区做到了主要地支持了采购(如大城1947年为76.4%,分行1947年为86.6%),大致上都保证了当时的军需采购。供给民用外汇达814亿—844亿元,在解决民用必需物资,特别扶持土产物出口(主要是对梨、枣、鱼、蓆、猪、皮毛等,如河

① 华北解放区财政经济史资料选编编辑组等编:《华北解放区财政经济史资料选编》第2辑,中国财政经济出版社1996年版,第30—31页。

间 1947 年所吸收的 110 亿元外汇中,75% 为梨、枣出口),从而扶助内地生产上,都有一定的作用。①

在利用法币过程中进行斗争,一个重要方面是边币法币比价斗争。从 1947 年以来,基本上摆脱法币贬值的影响,从而保护了边区内地生产,保护了物资,如 1947 年 1 月初,边法币比值为 1∶0.85,至 1948 年 1 月止,按边区和国民党统治区两地几种主要出口物资(白油、枣、猪肉、鸡子、粉条等)计算平均比值应为 1∶8.11,而 1 月底冀中各地牌价一般为 7.5—8 元。

在阵地斗争上,两年来经过胜芳、泊镇、保定外围、定县、正定、石东、有沧、永清,特别是收复石门等地肃清法币工作,共投下边币 70 亿元,俘虏法币在 185 亿元以上(不完全的统计)。

不过从货币斗争总方针看,仍存在相当大的盲目性。两年货币斗争的经验说明,对敌货币斗争应该服务于对敌贸易斗争(包括支持采购)与整个国民经济的发展,而又依靠贸易与整个国民经济发展去支持它。这就是货币斗争的总方针。但在总方针上,长时期内都不很自觉,发生若干偏差,以致造成许多损失,可分作四个阶段总结:

第一阶段是从 1945 年 9 月后到 1946 年 4 月,即在冀中财办成立及银行正式开展工作以前,当时虽处于日本刚投降,解放军展开胜利出击,解放区空前扩大的有利形势,但货币斗争却相当失利,如当时大量法币代替伪币逐步内侵,造成一面边币阵地的日益退缩(十分区武清、胜芳、信安等皆转为法币占绝对优势之市场,大批边币南流,而静海法币则已进到子牙河西),另一面边币伪币比值由 1∶16、1∶17 降到 1∶8、1∶9 的不利局面。这是由于当时独立自主、自力更生总的财经方针未能确立,整个对敌斗争各项政策的确立都缺乏坚持农村、依靠农村的长期打算。首先,贸易管理上解除武装,如 1946 年 2 月宣布出口解禁,敌乘机大量吸收边区粮食(二月粮贷即达 40 亿元)。而大批国民党统治区物资,如煤油、纸

---

① 华北解放区财政经济史资料选编编辑组等编:《华北解放区财政经济史资料选编》第 2 辑,中国财政经济出版社 1996 年版,第 51 页。

张、洋布、洋烟等倾销边区内地,严重打击了边区工业,给法币、伪币内侵开辟了大道,而当时货币斗争政策的独立自主精神不明确,只是宣布伪币非法,但对法币没有高度的敌情观念,只是限制流通的政策,对法币既不敢掌握,又不能坚决防止其内侵,因此,就不能消除国民党统治区物价上涨对边区的影响及法币内侵掠夺边区物资,而对伪币也是单纯的打击,没有贸易斗争支持。驱逐伪币时,官订牌价脱离市价过大,群众吃亏很多,而行署当时布置商店在边沿地区以边币购粮,由于边币缺乏物资支持,结果徒使物价上涨,边币也站不住阵脚。在和平思想下,没有明确的独立自主的财经政策(贸易政策和货币政策)是这阶段失败最主要的关键。

第二阶段是从 1946 年 4 月到 1947 年 1 月财经会议之前。这一阶段对法币的敌情观念较明确了,确定了最大掌握外汇稳定币值的方针。但由于整个对敌斗争的形势仍处于十分被动不利的地位,故形成了从货币斗争中寻求解决货币问题的孤军作战的局面。第一,当时整个财政大部分依靠发行,因而冀中区连续引发了经济大的波动,物价猛涨,从 6 月 15 日到 7 月中旬一个月粮价涨了两倍,洋纱涨了 60%。一年间边区物价上涨 12 倍以上,而国民党统治区只涨 4 倍左右。第二,贸易上外货倾销,入超严重,高阳一地月入洋纱 12 亿元边币,煤油入口最高时 10 天 1000 余桶。加之军事上敌人进攻,因此不可避免地造成边币下落、法币继续内侵,胜芳比值由 6 月 15 日的 1∶1 至 7 月 15 日半黑市已到 1∶0.85。因此,分行在 1946 年执行的大量掌握外汇、积累外汇基金(100 亿元)的方针,虽有其本身不得已的苦衷,但在以上发行、贸易根本问题未能彻底解决前,如在外汇严重供不应求,边币不断贬值的情况下,不仅不能稳定比值,反会更加刺激比价的下降(冀中只完成了 40 亿元,对比值刺激作用尚不大)。总之,货币斗争的孤军作战是这一阶段的主要特点。

第三阶段是从 1947 年 1 月财经会议后到 1947 年 8 月第二届财经会议前,这一阶段货币斗争不仅随着整个对敌斗争的加强而进入十分激烈、尖锐的阶段,而且由过去敌进我退(下坡路)转为敌退我进(上坡路)的新阶段。在半年多时间里,新解放区占领货币阵地,特别是在比值斗争上收到不小成绩,如在全行干部思想上,大力克服了单纯盈利观点与低比值思想,动员了全行干部全力为稳定边币币值摆脱法币落价影响、保护物资而斗争。结果边币法币比值由1月平均价格的0.85元上升到8月底的2.2元(六个月的外汇流水,虽在出口不利季节,仍在510亿元以上)。但在斗争方针上也存在着严重的缺点,如一方面对保护物资关系重大的边沿区阵地斗争重视不够,另一方面对比值斗争要为生产及出口贸易服务的认识也不完全(只有提高比价制止走私一面)。因此,犯了单纯为了稳定或提高比值而进行比值斗争的偏差。这一阶段的稳定与提高比值常脱离出口贸易的要求,如在5月1—6日,冀中各地比值由1.1元升到平均1.5元,个别地区有到1.6—1.75元者,6天内几乎提高30%以上。虽达到大量抛出法币(1—5日不完全统计抛出20多亿元),换回边币支持了西南线打击法币的斗争,并起到了一部分保护物资(如白油、土布停止出口)与稳定边区物价的作用,但思想上对于贯彻扶助出口、大力进口采购是看得很轻的,甚至为了稳定币值,要求采购机关暂时减轻对分行的外汇压力。同时,在决定币值时,一般考虑贸易情况较少,而对本身外汇库存力量考虑较多。甚至有时成为决定币值高低的重要条件之一。如冀中1947年上半年三次抛出法币,一方面固然由于国民党统治区物价之波动;而另一方面,也往往因外汇库存之积压所引起,如第三次抛出法币(6月间)提高比值,主要即因资金缺乏(当然基金太少和当时外汇不缺都是客观原因)。

第四阶段是从1947年7月第二届财经会议以后,一直到年底。这一阶段的特点是,分行强调了转入内地生产,但又放松了对敌货币斗争。表现在8月后,边币阵地斗争放松(如八分区浏河、唐官屯、王口虽已收复,但法币市场在两个多月内未能肃清,清苑法币也在暗流内侵),以及外汇之缺乏掌握与调剂(大城粉票因银行停放,发生暗流,并引起国民党统治区货物和美货走私)。对交易所放松管理,情报工作呈麻痹状态等,使工作受到不少损失。

形成放松的客观原因很多,如这一阶段银行工作方针未能明确(外汇工作准备多交出入口工商局),加以1947年下半年接连不断的会议,参加土地改革前和干部缺乏等,但从货币斗争的思想上看,第一,第二届财经会议,特别是三查与土地会议后,检讨了银行工作过去扶助内地生产不足,特别是对农村贫雇农服务不够,因此,确定了今后要大力发展生产为贫雇农服务,这是对的。但强调生产而放松了对敌斗争,轻视了货币斗争对保护生产、保护物资的重要作用,则又是错误的。第二,对冀中区外汇形势的估计上不了解全华北采购任务已经集中于冀中,冀中区已负担着十分庞大的军需采购任务,外汇供需将是长期的,基本上是处于供不应求的情况,因而要求大力掌握外汇,组织出口,开辟外汇来源,而主管部门则是单纯地从冀中局部着眼,决定了银行停收汇票(1947年10月),并大量支付金银(据不完全统计,仅分行1947年交永茂的黄金即达2224两,白银2977两,银元50万元,折外汇为450亿—520亿元之多),不仅消耗了外汇力量,而且也减少了土产出口,使长期支持采购受到不小的损失,这主要是由于不了解全面情况所致。

总之,对敌货币斗争以及整个对敌经济斗争,是保护国民经济发展的一个有力武器,因强调发展生产而放松货币斗争是错误的,但它又必须同贸易斗争及发展国民经济紧密结合,离开贸易斗争和发展国民经济,而孤立地强调货币斗争也是错误的。

关于阵地斗争方面。

对敌货币斗争包括阵地斗争、币制斗争与经营外汇等三项内容。阵地斗争与比值斗争,是货币斗争的两翼,相互为用。而两者又都必须经过外汇经营。而外汇经营又是支持采购的重要工作。它们是三环一套,不可偏废。

货币阵地斗争,从其地区性质和斗争方针、方法上的不同,大致分为新解放区的阵地斗争与边缘区阵地斗争两个部分。

一是新解放区阵地斗争。

在斗争方针上,新区货币工作的要求首先就是要达到坚决排除法币,使边币迅速占领市场的目的。方针有两个:第一,掌握法币占领阵地;第二,驱逐法币占领阵地。这两种方针的决定,主要是看当时边区外汇需要的缓急及新解放区的地理条件而定。采取掌握法币占领阵地的方针,是为了通过结汇交换投下边币占领阵地,并以收兑法币支持采购与币制斗争。冀中过去在定县、正定、青沧以及石门等占领阵地斗争中,都采取了这种方针。因当时正处于外汇不足,需以此掌握的法币提高全线的比值,做法不是完全正确,但估计由于整个华北采购的集中,外汇长期供不应求,一般仍可以运用"掌握"法币为主的方针。

以"掌握"法币占领阵地的具体做法,根据过去经验,主要有以下四点:(1)在新区应首先宣布的第一个政策是边币一元化,立即(小城镇)或定期(中等以上之城市)禁止法币流通,将法币打入非法、给群众在货币上以敌我分明的观念。(2)限期兑换。期限利于短,长了即无促进兑换的作用。不过亦须量力而行,即一方面要照顾军事形势及新收复区巩固的程度,另一方面也要考虑法币市场的大小及资金、干部是否充足等条件。同时根据定县、青沧等地的经验,在兑换期限将满前的突击宣传,对促进兑换有很大作用。(3)新收复区比值的规定,一般可稍高于自然比值,但须照顾全区尤其是邻区排挤或者是掌握的方针。为了刺激兑入,逐步上提的办法是可以的,但有限度不能报得过高了。收兑最好的方法是从物资支持与加强组织宣传着手,如果单从提高比值往往有失之过高的毛病,如沧县在过分提高后,法币一部分便转入黑市。为照顾基本群众利益,比值订定应该贯彻阶级路线,如在石门肃清法币中,规定工人、贫苦小贩收兑比值为 2 元,一般商民为 4.5 元,但差额不应太大。同时也要防止某些群众因私情关系低价代兑的偏向。(4)在肃清法币初期,可尽量利用城市的集市收兑乡村的法币(因一般附近村庄多依靠城市),青沧打击法币经验,尤应掌握住粮食市收兑,使法币不再往村里流动。在后期,则可运用如定南打击法币中下乡扫荡的方式,送上门去兑换,以利于农村中法币的彻底肃清,农村与城市采取差额兑换办法并不见得好。

总之,在以上各种方法中,必须贯彻一个基本精神,就是促使群众迅速兑换,以使边币迅速占领阵地。

采取驱逐法币的方针,冀中尚无系统的经验,1947 年 6 月青沧肃清法币时曾用过这一方针,这就当时条件说来(外汇局部膨胀,顽区物价正值波动,法币严重贬值时期新区紧接国民党统治区等),也是必要的和正确的。

所谓驱逐法币,就是要在边区掌握下,组织群众携带法币到敌占区换回物资来,这里所指"掌握",主要是对群众的宣传教育,并使排挤斗争与进出口管理密切结合。因为如果任其自流,群众可能购回大量国民党统治区货物和美国货回来;又或者发生资金之逃走(青沧战役后,王口逃出去的法币即约5亿元)。同时在自流情况下,亦不能达到边币迅速占领阵地的目的。

在新解放区肃清法币,不论采取"掌握"或驱逐的方针,都必须有物资的支持,而物资支持货币,主要做到及时、不中断,适合群众需要和定价妥当等四个方面。如在青县肃清法币过程中,东茂及群利商店及时抛售物资和银行收兑同时开始,其抛售者又是群众所需要的粮食、油、煤、盐等日用物品,在一二天内银行兑出数与商店接待人数大致相等,说明群众开初兑换边币后,立即到商店购回了物资。到第三天银行兑入1900多万元,而商店售货不过数百万元,五六天后,银行兑出边币4000余万元,而商店售货收入只1000万余元(即1/4),其后收兑数字即天天增加,尤其到集日兑出边币更多,可见边币信用已逐渐提高,物资支持实际上起到了边币扎根作用。

用于支持边币的物资来源,新区利用战争胜利的特点,可有以下几种:(1)战争中所缴获的物资,可以做到及时清查入库就地出售,这是支持货币最及时、数量也最大的,青沧两地即曾使用这个办法;(2)公营商店及时组织物资到新区支持,这是最根本的,且可根据群众具体需要源源而来;(3)部队随军供给之剩余物资及当地政府出售粮食(王口收复后,除国营商店抛售粮食外,随军合作社并出售油盐酱等,县政府并卖一部分粮食)都起一定作用;(4)必要时可结合管理市场,统购市场上主要国民党物资和美国物资等拍卖,一面支持边币,一面肃清主要国民党物资(如兴济渤海工商局即曾在该地统购洋布、煤油等物资)。

至于物资支持的作用大小,直接取决于物价政策掌握的好坏,一般要注意:(1)土产物可较老解放区稍高些,以便使新老区的物资调剂;(2)新区物价往往开始猛涨,但要采取"渐落"与"稳定"的政策,如在兴济肃清法币中物价上涨甚猛,北海商店开始定价也稍高,但接连天天往下落,没有几天涨风即止。

二是边缘区阵地斗争。

边缘区阵地斗争有以下几个特点:第一,在军事上由于接近敌区,长期处于游击战争与大规模拉锯运动战的动荡环境,如冀中十分区1948年1个多月来,环境即变换了两次。第二,在政治上大部分民主政权不能进行经常公开的活动。第三,群众条件由于长期处在战争和敌人淫威及反宣传之下,加以民主政权的工作不能经常进行,其觉悟性与组织性较差。第四,也是最主要的,是当地群众与敌顽区经济来往密切,群众有长期依赖城市工业品及推销农产物资的习惯。这个条件使边缘地区货币阵地斗争进行十分复杂与困难。

根据上述特点,边缘区阵地斗争的方针应该密切军政力量的配合,抓紧战争空隙控制集市,加强物资支援,改革群众对敌顽区经济依赖,争取逐步压缩法币,巩固本币的优势。在方式方法上一般要注意以下几方面。

(1)首先是密切与军政形势配合,就是要做到:第一,必须跟随战争的胜利或转移,利用战争空隙,进行坚持阵地和组织进攻或适时退却,为使银行适应于战争环境与地方工作结合,在行动上,工作方式上可采用"一揽子"的领导方法(共同行动分头负责);第二,与工商管理工作密切结合,控制边沿地区集市;第三,政府的税收,公营机关的一切交易,均须一律使用边币,以扩大边币流通之需要(1946年十分区打击法币斗争中,部队人员使用法币,政府收税也用法币,结果反给法币提高了威信)。

(2)在军政力量保护下,物资支持是开展边缘阵地斗争有决定意义的条件,经验证明,过去单纯使用行政力量(查禁黑市、没收、强迫登记兑换等),只有造成与群众的对立:如1946年七八月间,十分区组织"打法队"百余人,工作达二月有余,但法币则走入黑市,工作队离开该区,法币立即恢复内侵与公开合法的地位,群众并有呼"打法队"为"抢票队"者。其对立与不满可见一斑。只有彻底地解决当地群众生产物资之推销与其必需物资之供给问题,即将群众的经济生活密切与边币联结起来,才能达到真正巩固阵地的目的,才能解决边缘地区法币不断内侵与银行牌价不能带动市场货物定价及打破群众对法币的依赖的根本问题。根据冀中十支行在1947年夏与泰昌商店结合,并创造的物资支持货币斗争的经验,冀中比较成功的方法有二:一是以法币购粮、在混合市场卖差价,使粮食内流,法币外流;二是从大清河南购土制工业品,在混合市场卖差价,使土产工业品北流,支持边币阵地。以上两种形式结合起来,如能获得广大群众的参与和支持的话,即可形成整个物资(粮食)内流,法币外流,粮食南流,边币与土产工业品北流的大运动;不仅促使边币前去驱逐法币,而且促使土产工业品前去驱逐敌顽美货(当然要从提高边区出品及廉价方面进一步努力),粮食内流避免资敌。这种物资斗争与货币斗争紧紧结合(物资支持货币币值),不仅可以巩固与扩大边币阵地,而且为民族工业争夺市场,对保护粮食的斗争也可能因此走向胜利,这种物资斗争结合货币斗争的基本精神,在八九分区边缘地也是同样适用的,要使上述两种形式的斗争获得经常大规模的开展,还必须解决以下几个问题:一是边缘区的物价政策上必须造成前述物资(粮食)内流、法币外流、粮食南流、边币与土制工业品北流的贩运有合理的利润,才能造成群众性的贩运运动。二是抵抗敌顽美货的问题,在管制线内,应利用一切机会和条件将土制工业品推销于边区、国民党混合市场,而在管制线外,应以法币掌握群众所需敌顽和美国货,转而支持边币(买敌顽美货要边币)。三是还必须依靠各经济部门共同结合,大力组织群众、造成广大群众性的驱逐法币运动,在结合上,一般的银行可以经过自己的口岸边境兑换业务,给去敌顽区贩运物资或到内地贩运土产品者以法币或边币,并可与贷款业务结合起来,使群众得到贷款利益,能跟着牌价走(即按边币比值定物价)。贸易部门应大力组织商人关系,进行游击区与内地的物资交流,并要有计划地掌握上述的物价政策,使其卖价支持边币之比值,工商行政部门,一方面,应进一步开展反敌顽美货、反法币运动;另一方面,要有长期打算,组织内地工业生产、解决群众经济生活问题。

(3)进行边沿区阵地斗争,根据过去经验,在斗争策略上,应发挥其最大的机动性与灵活性,以适应其经常的动荡斗争的环境,第一,必须紧紧抓住战争的空隙,跟随战争的胜利或暂时的退却,一方面使货币斗争与军政形势密切结合,另一方面又要为支持军政形势服务。第二,必须密切注视敌顽区物价的波动,善于利用法币贬值开展攻势,造成群众争储边币的风气。第三,掌握贸易上有利季节,加强坚持阵地等工作,如过去十分区及清苑一度棉花出口及走私旺盛时期,由于阵地上放松掌握,使有利季节反转为法币内侵之不利形势,再如 1948 年大城粉条出口,由于口岸边境兑换放松,内地外汇亦无人掌握(出入口管理也松弛),结果反促成走私及法币内侵现象,今后都必须防止。①

在晋冀鲁豫边区,为了坚持本位币市场,杜绝法币内侵,对法币、关金坚持实行严格管理的政策措施,肃清市场上法币黑市,内地市场一律不准行使、买卖及保存(交易所亦不得成交);出口物资换回法币须在边境银行兑换,过境携带应有银行证明文件,否则一律没收处罚。

在新解放区、新收复区,虽然军事上取得胜利,但法币仍然占领市场,经济上还未摆脱敌人的掠夺。因此,新区货币工作第一步是坚决排除法币,使本币迅速占领阵地,这一工作务必党政军民共同配合,全力以赴。晋冀鲁豫边区的做法是:(1)处理法币的基本方针是组织群众性的驱逐和排除,组织群众拿蒋币到敌顽区换回必需物资(但要防止奢侈品大量流入),一切货币上的措施均应从便利群众排除法币出发。(2)采取必要的兑换,一方面通过兑换工作来发行本币,兑收一部蒋币到比值高的地方,调剂汇价,另一方面通过兑换指导币值。如单纯依靠兑换肃清蒋币,必造成大量发行,不能换回物资,反增本币发行的困难,并非良策。(3)新区一收复就可明令布告,规定一切交易必须接受冀钞,使群众明了本币是合法的,法币是不合法的。但为了便于群众排除法币,以免产生黑市,一般的仍采取酌情限期流通,到期坚决停用的办法。(4)科学掌握物价和比值:掌握法币币值要注意技巧,内线低于外线,乡村低于城市,有意识地使物价新收复区高于国民党统治区,促使法币由内线到外线,由乡村

---

①　华北解放区财政经济史资料选编编辑组等编:《华北解放区财政经济史资料选编》第2辑,中国财政经济出版社 1996 年版,第 51—60 页。

向城市集中。同时使必需物资从蒋区向里流。在新区一开始不必过于压低物价,要通过物价币值指导,来排除法币,换回物资,打开新老区的物资交流,本币赖有物资支持,市场很快即归人民掌握,物价就会渐渐稳定下来,过分地使物价压低及过分地压低法币币值,会造成群众吃亏,产生法币黑市,这对排除法币和开辟市场都是不利的。(5)因环境条件的不同,在某些具体措施上也应有所区别:周围大部接连边区及某些失而复得的地区,一般排除法币开辟冀钞市场比较容易,必须采取迅速坚决的排除态度,及早澄清市场,可宣布停止法币流通,即使限期流通,也应是短期的;一面靠边区、一面靠敌区,为敌久占、群众对共产党不甚了解的新解放区,蒋币不可能短期内肃清,不应操之过急,须经过缜密布置,有步骤、有组织地排除,初时可建立混合市场,进而变为本币市场;在战争频繁拉锯式的地区或游击区,货币斗争的目的,应是如何达到坚持冀钞阵地,在边沿区是采取缩小法币及扩大本币流通区,争取变法币市场为混合市场。这些地区的货币斗争必须与武装斗争相结合。①

1947年8月,解放军渡河南下,捷报频传,在新区迅速恢复财经组织机构,排除法币,恢复冀钞市场,平稳物价,是河南经济工作的总方针。在这种形势下,中共冀鲁豫党委,在清除法币和顺利开展新区货币工作方面,特别强调两个应注意的问题:(1)法币日趋没落,终致垮台,这是肯定的,但法币尚有广大市场和蒋美的拼命支持,尚不致立即成为废纸。因此对法币应持有正确态度,克服需要时不择手段乱抓一把,平时不管不问的现象。应当有策略地、有计划地将其作为经常工作之一,在低价地区吸收,高价地区抛出,依靠群众力量,走群众路线,价格上不能根据主观愿望,应深入了解黑市情况,只能稍低于市价吸收,不能离黑市太远。(2)对白银与以物易物的现象,基本上采取取缔方针,便于扩大冀币市场,但在群众中使用白银惯性较深的地区(如南旺的坡南),可以允许暂时保留白银、本币混合市场,但必须逐步统一于冀钞。至于过去系冀

---

① 华北解放区财政经济史资料选编编辑组等编:《华北解放区财政经济史资料选编》第2辑,中国财政经济出版社1996年版,第142—143页。

钞流通区者,应迅速明确禁止白银行使,对以物易物应增加筹码、加强教育中取缔之。①

1948 年,中原解放区驱逐和废除法币的斗争,是在发行中州钞和确立、巩固其市场地位的过程中进行的。中原区是 1947 年下半年建立的新解放区,原来是法币的独占市场,解放军南下带去了冀钞、北海币、华中币,造成多种通货并行的特殊情形,加上大量军事经费的投放,在中州钞发行初期又采取了银元兑现的临时办法,通货市场的情况比较复杂。

中共中央中原局在中州钞发行和投放市场后,同时采取了有步骤地驱赶和废止法币的措施:发表排除法币的社论,禁用 5 万元面额的法币,对大额法币采取排出与禁入措施。同时要求各区组织力量,果断驱赶法币,首先做到在各区 1/3—1/2 的地区肃清法币,争取大部分地区在 1948 年 9 月中旬实行法币停止兑换,如条件不成熟,可按各区实际情形推延十天半月,但不能再推迟。在 9 月底以后,全区大体上完全停止兑换。同时禁用银元,所存银元一律交银行,充作基金。在拉锯地区及敌占优势的游击区,只能暂时维持混合市场,但仍须宣传法币的危害,诱导群众抛出法币,张贴布告允许群众有拒用法币之自由,扩大本币流通,或允许当地商会发行 2 元、5 元流通券,以代替法币。而后在游击区变为中心区或新收复区时,发行本位币不再采取兑换办法,驱逐法币绝不手软。

在中州钞发行初期,市场上通行 6 种货币,因而捣弄票子的小贩大大增加。有些城市多至二三百家以上,投机捣乱,农民固然受害,正当商人亦深恶痛绝,更严重干扰法币肃清斗争,中原局亦下令,使用行政力量予以取缔。②

1948 年 8 月 7 日,中共中央中原局针对因辅币缺乏而引起的票子捣弄和金融混乱,迅速做到在 8 月底、9 月初大部地区肃清法币,以避免法币狂跌遭受巨大损失而保护解放区人民财产,在禁用法币地区及时解决

---

① 华北解放区财政经济史资料选编编辑组等编:《华北解放区财政经济史资料选编》第2 辑,中国财政经济出版社 1996 年版,第 162 页。
② 中国社会科学院经济研究所中国现代经济史组编:《革命根据地经济史料选编》下册,江西人民出版社 1986 年版,第 758—761 页。

辅币问题,采取紧急措施:(1)尽可能多印 2 元面额的中州钞,为此决定,统一制版,分散印刷,不印号码,不印底纹,经理印章制在版上,用普通磅纸印制。(2)责成各县、市政府立即印发流通券,标明某某县、市流通券,票面只限 1 元、2 元两种,发行额以全县人口计算,每人 1 元为限;市可照人口数每人 2 元或 3 元。为求迅速起见,用石印报纸或厚麻纸均可,与中州钞等价使用,但不兑现,规定六个月内由县、市政府负责收回。除成本外,其余额作财政收入解库。(3)流通券印成后,可加盖比较精制图章,以资慎重,而免假造。(4)由县、市政府统一发行,以中州钞收兑,在城镇、市集可选可靠商铺代理兑换,以求普遍迅速解决市场辅币问题。发行前,须由县、市政府出布告及各地召开座谈会说明理由。①

一些解放区为了确立本币(边币)的市场统治地位,在拒使、排挤法币的同时,也禁止白洋行使,因为白洋(银元)的行使直接冲击边币的流通,扰乱金融秩序,影响边币市场地位的确立。晋察冀边区在抗日战争期间就曾规定白洋不准流通。但抗日战争结束后,各地在交易中,仍有使用白洋(银元)的现象。1945 年 10 月 13 日,晋察冀边区行政委员会作出决定,重申前令,此后在交易中,一律禁止白洋行使(但私人保存不加限制)。人民欲行使所存白洋时,可向边区银行依规定价格兑换边币,其无银行地区,由贸易公司或其分公司或公营商店兑换。其收兑价格,由银行随时规定,挂牌公布。在兑换以前,携带中应持有村(街)长证明文件,否则"以私运论"。违反上项规定者,情节轻微者将白洋没收,情节重大者,除白洋没收外,并以扰乱金融论罪,由县以上政府处理。贸易部门兑换之白洋,统交银行处理,如自己需用,再向银行领取。②

在解放区内地,当法币被肃清后,国民党又不断制造假币,运入解放区,混进市场,蒙骗、坑害民众,扰乱、破坏解放区的金融秩序和商业流通。在华北解放区,1948 年 5 月后,各地相继发现伪造的冀钞、边币。5 月下

---

① 中国社会科学院经济研究所中国现代经济史组编:《革命根据地经济史料选编》下册,江西人民出版社 1986 年版,第 757 页。

② 华北解放区财政经济史资料选编编辑组等编:《华北解放区财政经济史资料选编》第 2 辑,中国财政经济出版社 1996 年版,第 4—5 页。

旬在冀中区,国民党利用便衣特务,用伪造的边币,以边币、法币 1∶11 的比价,兑换 100 余万元,青县查出 5000 元券假边币 100 余万元。河间等地也发生类似情形。5 月底高阳兴业商店于售货中收进假冀钞 20 万元(千元券)。另外,北平国民党国防部制造假冀钞、边币上百亿元(假冀钞系 BB 字头千元券、D 字头 500 元券,假边币系小 5000 元券),并于 5 月中已运至保定假冀钞 10 亿元(千元券)。此种假票在南口以南,高阳等地也有发现。

在太岳区介休,敌人在楷东村发行大蓝版 500 元券假冀钞,其特点除印刷模糊外,树枝只有两个,牛尾巴亦较粗。冀城、沁源、济源、晋城、屯留等地,6 月上旬发现假冀钞共 40 余万元,计有 6 种版别,13 种假票样(即大蓝版、大黄版、大红版、中绿版 500 元券,浅粉色版、蓝版 200 元券),以大蓝版 500 元券为最多。这些假票大部分是从河南、平介、安阳等地运进,而以来自安阳者最多。

在太行区,黎城,平顺、壶关、长治等地也不断发现假冀钞,均来自安阳,现安阳城里流通假冀钞很多,均系敌人在崔家桥所制造,品种计有黄色、蓝色 500 元券及 200 元券三种,印刷技术较高,真假难以辨认。又发现大红版 500 元券,绿版单号码 500 元券、黄底绿版大 500 元券(两边用白报纸贴的,冒充麻头纸),蓝版、浅红版 200 元券等五种,也有用白报纸印制的。这种假票在冀南三分区魏县一带亦查获三起,共 100 余万元。其共同特点是号码重复。

冀鲁豫一、三、四、六分区也发现大批假票,系济南敌人印发。

国民党的假票推行办法多种多样:(1)在地区上有重点。在津浦线主要是假边币(也有少数假冀钞,趁冀钞、边币统一流通不久,鱼目混珠进行破坏),在平汉南段陇海、同蒲沿线主要是假冀钞。(2)在边沿区以假票高价收买小麦,在游击区是强迫群众兑换或利用投机商人带入边区。边区内地市场则运用突击方法,连夜赶到内地将假票推出即马上返回,最近济南查获潜伏在边区内地推行假票的关系很多,现正审讯中。在安阳匪徒王自全又雇了三个专门推销假票的贩子,安阳推行假票的交易,过去是先行交款,其后是假票推出后再四六分红。(3)携带办法是利用妇女或穷人往边区内地携带,或在明处放一部分真票,在暗地放假票。(4)将真假票混合掺用,或以大额假票找取零星真票。(5)低价兑换、以假票低价兑换真票,或以假票低价兑换法币。

随着解放战争的加速推进,假票活动呈不断扩大之势。其特点:一是带有普遍性,各行署区均有发现;二是所有敌重要据点都往外推销假票,又都在麦秋季节一齐加强活动,已成了敌掠夺计划和手段的一个重要组成部分。

在这种情况下,如不改变反假票的方针,就不能维护群众利益和保护物资财产,冀币边币统一流通开始时,边区政府没有强调反假票工作,没有组织群众性反假票运动,只是为了服从统一流通的利益,尽量减少边币冀币向南北迅速开展的障碍,这自然是十分必要,但按后来统一的流通情况,除察南、雁北、与冀鲁豫、太岳部分地区外,冀币边币已普遍流通,但流通尚欠顺畅,在北部群众对假票的顾虑仍未消除,同时针对目前假票活动的特点,必须改变反假票的斗争方针,立即在边缘区,敌人据点周围,以及假票流通较严重地区,动员各种力量展开群众性的反假票运动,结合群众利益,进行广泛宣传,帮助群众提高识别假票的能力,组织缉私,防止假票侵入,严惩假票主犯,已成了边区的紧急任务。具体措施必须注意以下几点。

(1)在原冀鲁豫地区以及晋察冀内地假票较严重地区,应广泛开展反假票斗争,在边缘区及敌据点周围(如安阳、北平、天津、保定、济南等),组织群众性的查缉假票,凡自敌区带来的边钞冀钞均须严密检查,规定封锁带(如冀中)以防假票内侵。

(2)应加强银行贸易部门的反假票教育,组织识别假票的学习运动,使每一公营经济部门都能成为帮助群众识别假票的对照所,各行、处应与当地工商贸易部门协商组织这一学习,并在群众中通过识别假票教育、开会、轮流教育等办法(运用于城市及商人),对真假票的各个不同点,采取逐步揭发的办法。

(3)发现假票案,即须迅速追根究底,特别对于因受骗而行使假票者,应结合他们的利益,如帮助追根可从罚款中补偿他们的损失,必要时也可运用群众性的追根办法。

（4）制定查获假票处理办法（总行已拟就送政府，不日批下），对于假票主犯严惩不贷，但对悔过自新分子并能帮助追出根底的应予宽大处理。而对那些受骗的行使假票者，除没收其假票外，应进行教育解释，对于查获假票者，可根据情况予以奖励。

（5）加强反假票的情报工作，发现假票应立即通报各地，并应收集假票样报送总行。

（6）在边缘区土产出口，应教育群众换回物资，如有带回本币者应严格检查追究，并进行鉴别。

（7）注意调查敌区制造假票机关，及敌人发行假票的各种阴谋，在可能条件下能破获则设法破获之。

各级干部必须明确认识反假票工作是当前货币斗争中紧急任务之一，必须高度警惕，及时收集情况，组织反假票斗争的进行，重要情况及反假票经验，随时报告总行。①

三、信用合作社和私营金融机构的发展变化

解放战争时期，在各解放区，主要是广大农村地区，即使是原抗日战争根据地边区的老解放区，恢复农工生产和社会经济，最大的难题是资金缺乏，农民中困难户比重大。银行贷款支持，难以充分满足需要。传统的民间借贷，经过土地改革或减租减息，封建地主所有制被消灭或削弱，富农经济也受到冲击或限制，旧的封建高利贷被取缔。农民中的富裕阶层由于土地改革或减租减息的影响，不敢将闲置资金出借，民众之间互通有无的自由借贷关系也大为减少，甚至绝迹。一些地区农村的普遍情况是，农民获得了土地，却无耕畜、农具和资金进行生产，农民对生产资金需求愈加急迫。因此，总结和发扬抗日根据地创办信用合作社的经验，开创和

---

① 华北解放区财政经济史资料选编辑组等编：《华北解放区财政经济史资料选编》第2辑，中国财政经济出版社1996年版，第259—260页。

加速发展农村信用合作事业,发动群众自己动手,建立和普及农村新型借贷关系,调剂和充裕农村金融,是恢复和发展农副业生产、改善农民生活的必由之路。在这一政策思路的指引下,各解放区尤其是老解放区,农村信用合作事业在原来抗日根据地的基础上,又有新的发展。

解放战争时期,私营银行业也有所发展、扩大。1946 年 1 月重庆政协会议之后,国内曾一度出现和平局面,老解放区开展了热火朝天的群众生产运动,劳苦大众迫切要求恢复生产、发家致富,改善生活,新解放区城市的工商各业亟须修复,边区政府号召全区进行大生产运动,恢复、繁荣城市工商业。但是,要迅速活跃市场金融,调剂社会资金,解决群众生产困难,单单依靠国家银行,还远远不够,必须集合社会游资,依靠广大群众组织起来的力量,才能收到应有的效果。在这种情况下,私营银钱业逐渐恢复,有的地区还组织成立了大型私营银行。城市私营银钱业一度呈现欣欣向荣的景象。

（一） 信用合作社的发展变化和营业状况

在各解放区边区,民主政府和直接承担农村资金支持的各级银行机构,制定政策、积极采取措施组织农村信用社、发展农村信用事业,并取得成效。

在晋冀鲁豫边区,1946 年年初,银行一方面大量贷款,全力支持农业大生产运动;另一方面通过贷款支持合作社,特别是帮助组织和发展新的信用合作社,全力促进农村信用合作事业稳步发展。边区政府和银行干部深深懂得:1946 年的贷款虽然数目巨大,起着一定的作用,但整个边区内,人民经济活动所需融通的资金,绝非这些贷款可以解决,过去几年来,因为战争环境及生产不发展,交通不便,贸易不繁荣,更加上减租减息以来,农村私人借贷关系可以说几乎完全没有了,因为有钱人也不敢出贷了,所以有人说"高利贷没有了,但也借不到钱了"。今后和平实现,生产发展,贸易逐渐繁荣,交通也逐渐便利,社会中的资金融通不仅城市增加,而且乡村也必然增加。虽然合作社在各地区已有相当发展,但很不普遍,尤其合作社作信用事业者,更属寥寥无几。因此,冀南银行总行在 1946

年上半年工作任务内,即提出了以下的方针:"开展农村信用合作事业,发展群众性的借贷关系,以促进生产。"希望各地银行支行"不仅在发放本行规定之贷款上去努力,而且还能通过这些贷款进而组织农村群众性的借贷关系,使贫困死滞的农村金融,也能逐渐走上恢复活跃"。①

1946 年,晋冀鲁豫边区已在开展农村信用合作事业方面取得某些成绩。冀南银行太行区行经过半年的努力,建立了 4 个专营金融业务的合作社和 15 个由混合业务合作社兼营金融业务的信用部,并积极开展业务,获得初步成绩。据索堡混合业务合作社信用部的半年业务总结,其资金连透支银行 25 万元,共 50 万元。吸收定期和活期存款 63950 元。半年贷款户统计,农业 115 户,共贷款 273500 元,吸收群众资金 36.3 万元,共买骡驴 30 头,除参加互助耕地外,运输营利 26.23 万元,连同牲口利润共得利 184.69 万余元,小本商业性的贩卖,担挑运输贷款户 40 户(包括 10 个村的 13 户)共贷款 1147500 元,共营利 603928 元。本村妇女纺织 41 户,贷款 3 万余元,共营利 2 万余元,本社纺织部贷款 12 万元,代纺纱妇女购置织布机 4 架、纺车 60 余辆,统计全部资金周转 142.1 万元。除付银行贷款及存款利息,纯利 67015 元。群众得到 247 万余元。信用合作社是集聚群众游资、组织储蓄、组织群众资金互助,使资力、劳力更密切结合起来,以扩大生产的信用组织。统计说明,半年来的信用合作社工作,在组织农村游资,扶持生产上已起到了极大的作用。

在半年工作中,冀南银行太行区行在摸索中前进,取得经验,解决了组织信用合作社的几个问题:(1)业务专营、资金独立、整体分红,是混合业务合作社兼营金融业务的重要原则。它防止了混合业务合作社消费部侵占信用部资金的问题,又解决了富有的社员由于信用利息低于商业利润,而不愿投资信用部的问题。(2)"富人得利穷人翻身"是动员群众组织信用合作的有力口号,特别是有劳力而缺乏资金的人,在详细计算下,最易接受这个道理。如索堡合作社有一富农社员入股 6000 元,未成立信

---

① 华北解放区财政经济史资料选编编辑组等编:《华北解放区财政经济史资料选编》第 2 辑,中国财政经济出版社 1996 年版,第 85 页。

用部以前的 3 个月分红 9600 元,利润等于股金的 160%,而一贫农社员入股 500 元,按比例只分红 800 元,成立信用部以后,信用部所得利润为股金的 27%,入股 6000 元之富农社员,分红 1200 元(实际所得不只此数,因整体分红,其他业务部可补部分);贫农社员除分红 135 元外,三月间贷款 4000 元,加上自身部分资金买了一头牲口,按市场作价,得利 5 万余元。(3)信用合作社必须为生产服务和生产紧紧结合。不能只涨农业利润,而不将群众生产利润和信用社利润结合起来。不过索堡信用社与生产的结合还不够紧密,如商业贷款 140 余万元,纺织才 3 万元,其他副业生产也没有贷款。为了照顾钱业利润低,应从商业贷款上找利润,强调"以肥养瘦"。另外,从索堡生产组织上看,只是劳力互助,信用部没有渗透到生产组织中去,贷款是贷给个体农民。这样看来,完备的合作社应该是以生产为主,兼营信用与消费两种业务的混合业务合作社。这样,信用合作社将带有转移消费部业务资金到生产上的作用。①

1947 年中,晋冀鲁豫边区大部地区都完成了土地改革,开始进入发展生产阶段,自卫战争也已由防御转入进攻,农村总的任务是继续深入土地改革,努力发展生产,支援自卫战争,以求达到最后胜利。在这种新形势下,农村信贷工作又有新的发展。在土地改革已经完成的地区,群众的要求是"组织起来发展生产"。但由于土地分散、农民家底薄等原因,发展生产有很多困难(特别是农具、耕畜的缺乏),不论农业或副业生产,都缺乏资金周转。当时银行的首项任务是组织和发展农村信贷工作,大量地发放生产贷款,以活跃农村金融,扶助群众生产。

据冀南银行的记载,当时农村信贷工作大体上有两种情况:一种是组织和发展群众性的信用活动;另一种是银行发放贷款。不过银行贷款是有限度的,只有普遍开展群众性的信用活动,才是活跃农村金融解决群众生产资金问题的根本办法。群众生产组织起来以后,就迫切地要求资金周转,同时也开始产生了群众之间的各种信贷活动,因此在这时普遍地开

---

① 华北解放区财政经济史资料选编编辑组等编:《华北解放区财政经济史资料选编》第 2 辑,中国财政经济出版社 1996 年版,第 120—121 页。

展群众信用活动,既是需要的又是完全可能的。

根据太行区 1946—1947 年的情况总结,当时银行组织农村信用活动,开展合作社信用业务,有下列三种类型。

一是合作社兼营信用业务:群众生产组织起来后产生了剩余劳力,群众就要求以剩余劳力进行副业生产,以补助农业生产之不足,达到“耕三余一”。这样做光劳力互助不够,还需要有资金互助,于是就产生了群众性资金互助的信用活动。大体上有三种形式:(1)小型合作社:它是农副业结合,剩余劳力与游资结合,一面进行农业生产,一面进行副业手工业生产,按劳分红的组织。(2)以大合作社(村合作社)股金之一部分,贷给或投资到群众生产事业中,发展到能够独立经营时,抽回资金,转移对象。(3)合作社入股与存款相结合,以组织游资扩大资金。其做法是入股抽股随便(股额最少 5 元),股金到期按股分红,不到期抽股者以存款计息。这三种组织形式都是群众的创造,适合农村中资金分散、借还随便的习惯,适合群众的要求,有普遍发展的价值。

二是合作社的信用部:在合作社信用业务比较发展、群众资金周转比较灵活的地区,为了便于掌握资金,随借随还周转方便,就要求成立合作社的信用部。信用部是合作社信用业务发展到一定阶段的组织形式,是较高的信用组织。在合作社发展不平衡的地区开始组织这种活动时,先不必强调每一个社都成立信用部;但合作社信用业务比较发展后,就可以着手成立信用部,进一步推动信用活动。

三是信用合作社:这是农村信用合作组织中的高级类型,在当时一般的农村条件下,独立的信用合作社还不能大量发展,只有工商业比较发达或特种产业比较旺盛的集镇,信用合作社或合作社的信用部才有发展的条件。

当时冀南银行认为,根据这些情况,在群众生产已有基础、合作社发展较普遍的地区,农村信贷工作应普遍地组织合作社信用业务,银行贷款可通过较好的合作社去发放,这不仅便于贷款与生产结合,与群众游资结合,而且还能反过来推动合作社的信用业务。在群众开始转入生产、初步组织起来的地区,应立即着手组织合作社,试办合作社的信用业务;组织试办应根据当地情况及群众要求,不拘泥于某一形式,以便灵活创造经验,促进农村群众性信用合作活动发展。而银行支行是组织农村信贷工作和组织农村群众性信用合作活动的关键。①

晋冀鲁豫边区太岳区的农村信用合作事业起始于抗日战争胜利前夕,1945年7月,屯留罗村在银行帮助下成立信用合作社,集股16.4万元,其中群众股金麦子56.6石,玉米2石,豆子5.4石,小米1.1石,鞋6双,布6尺,现款1.64万元,银行为了扶植入股7万元。开始因贷款方便,群众对信用社很满意,后来因资金常被医药社挪用,存款又很少,贷款不能满足群众的要求,银行也未及时帮助,再加上物价上涨,信用社陷入停顿状态。1945年10月,沁源李成村(小集镇)成立信用部,共筹股金65000元(群众资本:麻皮1000斤约值4万元,银行贷款25000元),发放短期小额贷款,贫苦农民运输得到赞助,群众对信用社有好感。在这种影响下,柏子村亦于1946年春天成立信用社,后因物价上涨,资金被其他业务挪用而垮台。1945年5月,附城东冶村合作社为解决赊账问题成立信用部,这是群众自己的创造,银行和其他机关都没帮助和指导。他们的做法是:群众买货无钱,可到信用社借款,10天内不计息,若1月不还,按月1角付息,这样赊欠逐渐减少。1946年合作社开始办理存放款业务,存款2分半计息,贷款3分(不分用途和时间长短)。动员存款5万余元,贷款用途主要是纺织、运输,有时合作社也拿出资金调剂,8月,合作社分红后,群众感觉存款利息少,大部分存款被提走,此后存款就少了。11月,区联社建立信用部,该社随即取消。

上述情况显示,太岳区信用合作社历史较短,亦无明显的发展,基本上处于自生自灭与半停顿状态,主要原因是:(1)目的不明确,银行开展这一工作,主要是从便利自己贷款出发,发展群众生产,对组织群众资金的观点模糊甚至可以说没有。(2)单纯任务观点,帮助成立起来后,即算万事大吉,没有经常帮助和对业务进行指导,也不注意发现问题,研究与

① 华北解放区财政经济史资料选编编辑组等编:《华北解放区财政经济史资料选编》第2辑,中国财政经济出版社1996年版,第139—141页。

总结经验,任其自生自灭。(3)没有找到正确的方向,信贷业务没有和生产业务结合,进行统一分红,以致物价波动后,没人存款,迅速走向衰落。[1]

针对这种情况,1946 年 7 月,太岳地区银行召开分、支行经理会议,总结春季贷款工作,信用合作工作重新开始,提出冬季试办信用合作社,同时受到太行发展信用合作的影响,引起各地对工作的重视,一分区先从沁源着手,分、支行共同实验郭道信用社(因接受太行结合生产统一分红的经验,所以较有成绩);四分区阳城支行 1946 年冬组织区联社信用部及联防村信用社,1947 年春季,晋城、高平等地亦相继试办。

综合各地情况,组织信用社的工作,大概有如下办法或方式:(1)结合生产一元化的领导,以银行干部为主,与政府联社等干部共同组建信用社。沁源 20 天组成 11 个信用社,主要是通过一元化领导取得的成绩。(2)银行以贷款扶植。(3)区村干部在"生产为民立功"竞赛的号召下,完成任务的观点亦很浓厚。各系统保证动员股金,干部起带头作用,因此想尽一切办法打通群众思想,动员股金,完成任务。(4)典型示范效应,如郭道信用社成立后,伏贵群众自动搞起信用社。

截至 1947 年 7 月底,全区共有信用社 46 个,共有股金 4000 余万元,入股者包括农民、工人、商人、妇女、儿童、机关干部等,入股动机、要求各异,大概可分为以下三种:(1)有生产活动能力人入股,目的是多贷款。(2)缺乏生产力的人,特别是妇女与孤寡等入股,则要求多分红。(3)还有一部分中农,在政治动员说服下,以少数资本入股试探。也有些地方动员股金的方式较好,较易被群众接受。如阳城提出:"生产赚钱入股""剩余物资入股"。西冶合作社信用部 15%是物资入股。兴业银号动员入股时,沁阳村郭花荣互助组纺花赚洋 2 万元入股;沁源韩洪妇女亦纺花赚钱入股,群众生产情绪高,入社踊跃。一般来说,各地信用社动员股金并不太困难。

---

[1]　华北解放区财政经济史资料选编编辑组等编:《华北解放区财政经济史资料选编》第 2 辑,中国财政经济出版社 1996 年版,第 185 页。

太岳区信用合作社的业务经营方面,大致有以下几种:(1)存放款是主要的业务,但存款除市镇外,农村一般较少。也有个别地方进行实物存放(如伏贵、长坡等社)。有的合作社存款是活期存取,但按月累进计息。群众感到很便当(如郭道社)。在贷款手续上也很简便,农民说:"到咱自己银行,二指宽的条子就办事情"。贷款利息分工、农、商、运输数种,社员贷款有优先权,有的地方社员利息比非社员低,互助组比个人低,以示优惠、照顾。(2)投资工商业。作坊与运输上有掌握主要物资的,其目的主要是调剂利润,避免物价上涨吃亏,但也起到了组织群众生产的作用,二者兼得。(3)办理妇女纺织传习所,培养织妇(如郭道社)。(4)互助组密切结合办理工票兑现(如郭道社)。(5)代理支行兑换破币及为群众识别真假票等。

1947年,太行区组织的信用合作社有五种类型:(1)互助组内的信用业务:这是农村信用合作事业与群众生产结合最密切,而且最基本与最巩固的一种形式,这是沁源县的创造。这种类型只有三个。起初银行为了巩固互助组,使劳资结合、农副业结合,贷一部分款项(20万元)给互助大队。款项用途由大队长掌握,根据生产情况轮流贷给各个互助组,另选一人担任会计与保管(王家园是管工票的管钱)。张苟保互助组的信贷社,是信用业务进一步发展的产物,开始贷银行款20万元,抽出几个人搞副业,赚了12万元,大家生产情绪很高,互助组也由15人发展到75人,成立一个大队。群众体会到资金互助、劳资结合的好处,于是在互助组集股12万元,加上银行贷款,成立信贷社。

(2)村合作社信用部:一般是与合作社统一集股,统一分红。但沁源有些合作社兼办信用业务,单独分红。原因是这些村庄经济条件好,群众要求建立信用业务。合作社几年不分红,业务方向不明确,群众不满意,不愿与合作社统一分红。合作社经受这种刺激后,立即着手清算账目,改造业务。这种村合作社信用部,也是一种适合农民要求的信用组织形式,但它应当是互助组信用业务普遍建立后的产物。互助组是它的组织细胞,它应与群众生产密切结合。不过当时条件下尚不能普遍建立信用部,只有在互助组比较好、合作社业务方向正确的地方才可以建立。这种形式最适合于大的村庄,因为互助组信用业务普遍开展后,农民会感觉各互助组都举办信用业务,资金不能互相调剂,而且麻烦,进一步要求合作社设信用部单独经营。

(3)信用合作社(或"信用银号"):这是商业较发达的市场建立的单独信用合作社,如郭道信用社与阳城兴业银号。它的特点:一是存款业务为主;二是为了照顾社员分红,抽出一小部分资金投入工商业;三是资金周转迅速,能吸收一部分存款;四是农民、商人、工人共同集资组织的信用事业,对有生产活动能力的商人与农民照顾多,对于离信用社较远的不善经营的老实农民与贫苦农民照顾差。这种形式只有集镇与城市才能建立,不是普遍发展的方向。

(4)区联社信用部:这是阳城创造的形式,信用部与区联社统一集股,统一分红,通过信用业务,使区联社与村合作社联系较密切。区联社信用部是互助组信用业务与村合作社信用部普遍建立起来后的产物,它的作用主要是调剂各互助组与信用部的资金。这种形式是否十分需要,应视各区具体情况决定,不可一概而论。

(5)联防村信用社:这是阳城创造的类型,由四五个行政村集股组成,它是专业信用社,以存放款为主(实际上存款很少),抽出一部分资金投资工商业。联防村信用社虽然发放贷款,对扶助群众生产有一定的作用,但由于距离各村居民较远,发生贷款不便、对群众生产情况了解较差、各村之间因贷款多少不同而产生意见等现象。总之,联防村信用社的形式,不太适合分散的、落后的农村需要,在发展中应使它与互助组密切结合。①

银行和政府部门在组织、发展信用合作社的同时,也加强了对信用合作社的业务指导和规范管理。

在冀鲁豫区,银行结合贷款,对合作社进行扶持、指导,提高其质量和经营管理水平,明确银行对合作社的任务,是加强业务指导;帮助建

---

① 华北解放区财政经济史资料选编编辑组等编:《华北解放区财政经济史资料选编》第2辑,中国财政经济出版社1996年版,第185—188页。

立民主的领导制度,使合作社更好地为人民服务,为生产服务,并试办信用业务,开展群众性的借贷关系。要求各分行、支行、贷款所每一个单位,必须具体掌握一个合作社,以便创造经验,更好地指导其他合作社的工作。

银行与合作社的关系基本上是业务指导关系,但在目前合作社尚未有统一的领导机构情况下,银行应积极加以指导,大胆解决问题,必要时可利用会议形式或发动群众,交流各地经验,把合作社的业务提高一步。

银行和合作社干部,都必须明确合作社为谁服务和如何服务。合作社是有阶级性的,它是劳动群众自己的经济组织,不包括封建地主利益,它的任务是通过合作形式,团结中贫农劳力与资力,把分散的个体经济组织起来,为群众生产服务,引导群众发家致富,并办理信用、消费等业务,以满足群众的各种经济要求。

现存合作社,质量参差不齐,还有个别合作社隐藏着地主富农投机商人等斗争对象,应发动群众挤掉封建势力;有些合作社业务上有毛病,单纯办理消费或做投机生意,不但不扶植群众生产,甚至有的还限制群众生产,应经过民主讨论彻底改造;有的把群众斗争果实不经过分配、不经过群众同意,建立了合作社,名义上是群众的,实际上是由少数干部作主;有的合作社不敢收群众资金,或不吸收劳力股,把贫农挡在社外,或者只吸收贫农股,把中农挡在社外,这些做法都是错误的。

冀鲁豫区合作社中,业务方向比较正确的有以下几种:(1)以劳力为主进行全面生产的劳资互助社,组织全村劳力入股,分工进行农业副业的全面生产,但也做其他附属业务(如前李家合作社及柳庄合作社),这种社适合于地少劳力多、开展副业生产的贫苦村庄。(2)劳资结合以副业为主,兼营消费,有的并拿出一部分资金扶植群众生产互助组的混合业务合作社(如东五县等)。(3)以信用业务为主,用贷款投资组织群众生产,本身也经营一些专业生产或消费业务的信用业务合作社(如南崔庄大槐林等)。(4)城市及较大集市的专业小型合作社,按行业分组(如筑先城内民生等合作社)。

信用业务是银行在合作社工作中基本任务之一,区行7月会议还规定了各分行发展组建信用社的任务,六、八、九分行在年前各完成 3—5个信用社,四分行完成 1—3 个信用社(河南暂不规定),必须继续完成。一些生产较有基础的合作社,应注意诱导群众试办信用业务,使合作社更进一步帮助群众生产。已经有了信用业务的合作社,应帮助发展提高加以扶助,创造经验克服缺点,目前信用业务上的主要缺点,是没有存款业务,限制了业务发展,今后应用更大力量开展存款业务,加强信贷工作。

开始试办信用业务,应以现款为主,对发展实物借贷,应根据群众具体需要和本村条件,不要盲目地做。开展信用业务,应注意的几个问题:(1)存取方便;(2)存实物保证实物;(3)保证信用(存放都要保证信用);(4)存放款均须有利息(多少由群众自定)。

银行对合作社的贷款扶持,是合作社顺利发展的重要条件。对能为群众生产服务、方向正确的合作社,有困难时(主要是灾区或穷村),只要银行有力量即应予以扶植和帮助。贫农入股有困难时,要求银行贷款者,可以个别贷给,帮助其解决入股的困难。合作社还应特别注意吸收贫农劳力和妇女儿童入股,以扩大合作社的群众基础,对妇女儿童的入股,可给予一定保证,如不得本人同意家人不得提取,家人欠款不得用此顶替等,以减去其入股的顾虑。

最后还必须明确一点:合作社能否赚钱,这也是发展与巩固的基本条件之一。所以,如果是在为群众生产服务的原则下赚钱越多就越好,但必须注意防止不为生产只做投机生意的单纯利润观点。①

到 1947 年下半年或年末,解放区老区大部分已完成土地改革,大部分农民已成立互助组、生产合作社、信用合作社,或互助组、生产合作社内兼办信用业务,并在银行贷款工作中发挥更大的作用。银行的贷款方式也发生了重大变化。

1947 年,在晋冀鲁豫边区太行区,贷款仍然主要用在扶持翻身农民生产上,生产贷款分配科目包括农副业、工业、合作三种,但贷款方式和对

---

① 华北解放区财政经济史资料选编编辑组等编:《华北解放区财政经济史资料选编》第 2 辑,中国财政经济出版社 1996 年版,第 204—206 页。

象变了,不再是直接贷给私人,而是通过合作社与信用社发放,"随收随放,周转快作用大"。贷款通过合作社发放,不是委托业务,出发点不仅是为了款不离村、随收随放、借还及时,而且是为了积极推动与扶持合作社的信用业务与信用社的发展。因为只要信用社发展了,贷款贷给信用社(包括合作社),则既能满足群众要求,用途也正当,又能减少群众要求与货币发行的矛盾。

通过合作社,就是以合作社为贷款对象,会计上以合作社立户,贷款期限可按生产季节与每个社的资金情况分为3个月、6个月及临时周转三种,这样才便于村与村的调剂,当然不是说到期后收回不贷,只要不是调剂需要,可以付利续贷,款不离村。

既然通过合作社与信用社发放,则用途不宜主观规定,一般说只应分农副业与专业两种,会计科目也是这样。前者为了群众用途方便,后者为了有计划地生产;前者可全部通过合作社与信用社,后者按具体情况直接发放或通过专业合作社发放。但为了研究问题,可按照群众实际使用科目进行统调工作。不过目前成绩尚远不能满足群众需要。即以数量讲,信用社社数仅占合作社的10.9%,信用社资金仅占合作社资金的8.67%。在分布上说,还非常不普遍。而且中贫农关系问题、利息问题、经营路线问题、在金融上的三种经济(公营、合营、私营)关系问题等都还需进一步解决。①

1949年1月31日,北平和平解放后,中国人民银行总行负责接管平津两市金融机构,并加以调整改造,除了恢复中国银行和交通银行,还建立了合作银行(或合作部)。合作银行的业务主要是合作贷款和农业贷款,实际上还是以农贷业务为主,农贷一直是由中国人民银行的县支行或生产推进社(察省、冀中)办理的,县支行还有许多办合作业务,所以合作银行现在只需在一些大城市设立机构(最好先以分行合作部形式出现)试验与合作社进一步结合,不可急于建立垂直系统。②

① 华北解放区财政经济史资料选编编辑组等编:《华北解放区财政经济史资料选编》第2辑,中国财政经济出版社1996年版,第214—216页。
② 华北解放区财政经济史资料选编编辑组等编:《华北解放区财政经济史资料选编》第2辑,中国财政经济出版社1996年版,第422—423页。

　　按照中国人民银行总行的部署,合作银行全程参与了 1949 年上半年华北区的农业贷款工作,事后并进行了工作总结。① 不过合作银行并未出款,从工作总结中看到的是贷款的整体情况(包括缺点、问题),反映不出合作银行分担和具体完成何项工作(因所见"总结"系"节录",并非全文,合作银行的具体工作可能被删节了),无从窥测平津等大城市合作银行(或合作部)的详细情况。

(二) 私营银钱业的基本状况和政府管理

　　解放区民主政府在鼓励和扶植私营银钱业发展的同时,加强了对私营银钱业的引导和管理调控。由于历史基础、经济发展、政府监管多不相同,在各解放区边区,私营金融业的状况和发展变化互有差异。

　　东北的私营银钱业产生于民国时期。1931 年"九一八事变"前,东北地区带有近代银行因素的私营行庄为数甚少,钱庄产生较早,数量较多。1931 年"九一八事变"前,东北地区有行庄 207 家,主要分布在沈阳、大连、营口、安东、锦州、长春和哈尔滨等一些较大城市。如沈阳,1931 年有私营行庄 62 家,带有某种银行因素的有商业、世合公、林业、汇华、储蓄会等 6 家。其余皆为资力弱小的钱铺或钱庄,计有钱铺 10 家,以存放款业务为主,有银号、行庄 17 家,以兑换业为主;并从事各种货币投机倒把活动,如买卖金票、大洋等。

　　1931 年"九一八事变"后,日伪统治期间,由于日本侵略者的统制、攫夺,东北私营金融业急剧凋敝,数量日趋下降。1932 年 6 月 11 日日伪公布《中央银行法》,对原有银行、钱庄强行登记,以达其金融垄断、劫夺之目的。至 1934 年 6 月底以前,申请换领执照者,计 169 家,包括钱庄及银行两部分。是年 12 月末,准许营业者只剩 88 家。② 属于东北的 65 家中,个人经营者 46 家,资本不足 10 万元者,达 40 家。对此等银行,日伪或令

---

① 华北解放区财政经济史资料选编编辑组等编:《华北解放区财政经济史资料选编》第 2 辑,中国财政经济出版社 1996 年版,第 444—449 页。
② 准许营业的银行中,属于东北者 65 家,属于关内者 23 家,其中中国银行分行 13 家,交通银行分行 8 家,其他 2 家,各自独立。

其增资,或劝其合并,并须在一年内完成。至 1935 年 11 月,日伪实施《汇兑管理法》,以往以兑换或以关内汇兑业务为主的弱小银行,失去营业目标。及 1936 年年末,由个人银行改为股份组织并增资者 19 家,清理倒闭者 27 家。自 1937 年日本发动全面侵华战争后,至 1937 年年末,日伪曾两度修正《银行法》,复于 1938 年 12 月公布新《银行法》,对银行组织、资本额、经营业务等,又有新的限制。私营金融机构进一步减少。到 1945 年"八一五"日本投降,东北境内计有普通银行 16 家,额定资本 20800 万元,实收 5982.5 万元,较之 1941 年《金融机关稀密调整纲要》出笼前,银行数减少 28 家。①

国民党进驻东北后,对私营银钱业推行"放纵政策",大肆鼓励东北沦陷前旧有银行业迅速复业。在沈阳,国民党市政当局依据财政部所颁布的东北九省商业金融机关处理办法,及收复区商业银行复员办法,着手整理私营行庄,规定"'九一八'以前经财政部核准注册之银行号,均得依法申请复业"。于是当地资本家勾结官僚,利用其政治地位,争先设立银行号,吸收公款,投机倒把,获利甚巨,促成银行号畸形繁荣。一时私营行庄又增至 28 家之多,另外还有黑银行号 7 家,信用合作社(与私营行庄业务无甚差异)21 家。1947 年,市政府为整顿金融,根据东北经济紧急措施办法,指定私营行庄停止信用放款,一律改为抵押放款。并禁止贷放 30 万元以上放款(其后继续放宽至 500 万元),但油房、纺织厂之抵押放款,及纱布之进口押汇不在此限。该办法延至 1948 年 4 月 5 日方始解除。同年 5 月 17 日,又鉴于物价上涨、金融紊乱,再度指令停止一切放款,后经银行业要求于同年 3 月 6 日开放工业放款,并通令严禁招揽军政机关存款。规定贷款总额不得超过存款总额的 40%。唯前述各项办法,私人行庄几无遵守实行者,率皆利用暗账,仍任意贷款,并从事囤积投机。1948 年 8 月 20 日,国民党改革币制,发行金圆券,宣布法币和"九省流通券"贬值,同时公布财政经济紧急处分令,规定银行资本金不得少于金圆券 30 万元,钱庄资本金不得少于 15 万元,银行钱庄存放款利率规定活期

---

① 《东北经济小丛书·金融》,东北物资调节委员会 1948 年刊本,第 81—88 页。

存款月息 1 分 2 厘,定期存款月息 3 分,放款月息 5 分,迫令实行,唯彼时沈阳已临解放前夕,资本家官僚纷纷携款逃往关内,又因物价直线上涨,各行庄存款锐减,开支庞大,业务萎缩,未待实行前项办法,沈阳已经解放。①

1948 年,东北全境解放后,私营银钱业多有变化。而发生变化最早和变化最大的是关东行署地区的私营钱庄业。1948 年 11 月 2 日,沈阳解放,不到两个星期,关东钱庄业即因关东行署货币改革而遭到沉重打击。11 月 15 日,由关东银行统一发行新币,收回旧币。凡旅大地区一切个人、机关、团体、企业,务须于 1948 年 11 月 15 日至 19 日 5 天内,将其所有之全部盖印伪满洲币和盖印苏军军用币以及未盖印之 1 元与 5 元伪满洲币和苏军军用币送交兑换处换领新币。自 11 月 20 日起,未兑换的旧币即行作废,丧失其支付能力,并禁止流通,亦不再予以兑换。②

按货币改革办法规定,旧币换新币,比值因人、因阶层而异,有 1∶1 与 1∶10 之别。大部分均按 1∶1 兑换,一部分则按 1∶10 兑换,10 元旧币兑换 1 元新币,旧币缩水 90%。亦即旧币持有者遭受 90% 的经济损失。从各阶层和行业看,经济损失大小轻重不一。警察缩减 6.7%;个别有利国计民生的私营企业缩减 14.2%;工人缩减 21%(因为有的工人替厂方工会兑换了一些,故不准确);农村缩减 45.1%;其他缩减 48.7%;机关、团体、公营企业、钱庄等缩减 90%。

在这次货币改革中,据称私人钱庄是"经济上打击的主要目标之一",所受损失最大。钱庄与工商企业、地主富农不同,货币几乎是其财富的唯一载体。大连、旅顺地区 13 家私人钱庄,主要损失可从三个方面观察:(1)钱庄在银行的存款(11 月 14 日存款及 14 日后寄存现款),13 家银庄总计为 21100 万元,其中应以 1∶1 兑换者为 11100 万元,1∶10 兑换者为 1000 万元。共应由银行兑出 12100 万元,折减为 9000 万元,即

① 东北解放区财政经济史编写组等编:《东北解放区财政经济史资料选编》第 3 辑,黑龙江人民出版社 1988 年版,第 599—602 页。
② 东北解放区财政经济史编写组等编:《东北解放区财政经济史资料选编》第 3 辑,黑龙江人民出版社 1988 年版,第 460—461 页。

42.9%。(2)钱庄放款共为39200万元,均按1∶1收回,没有缩减和损失。(3)钱庄吸收的存款:11月14日的余额为45300万元。按照规定应付22100万元,缩减23200万元。因为货币改革,钱庄少付存户的232000万元之折减数,应悉数移交政府。不过钱庄放款不易收回,同时由于从银行所得之12000多万元,不足补偿其偿还政府的23000余万元,于是钱庄对政府还须负担11000余万元欠款。[①] 因此,钱庄处境异常艰难。

在东北其他地区,仅有几家规模较大的银行基本上保留下来。1949年上半年,在东北解放区内,开业的私营行庄共9家、17个单位,分布于沈阳、哈尔滨、锦州3个城市,见表20-57。

表20-57　东北解放区私营银行号地区分布统计(1949年上半年)

项目 行庄名	行庄数	分行数	总分行分布地区		
			沈阳市	哈尔滨市	锦州市
志城银行	1	3	4	—	—
哈尔滨银行	1	2	1	2	—
沈阳商业银行	1	1	1	—	1
功成银行	1	1	1	1	—
益发银行	1	1	—	2	—
民生银行	1	—	1	—	—
益和永钱庄	1	—	1	—	—
辽宁储蓄会	1	—	1	—	—
福增长银号	1	—	—	—	1
总计	9	8	10	5	2

资料来源:东北解放区财政经济史编写组等编:《东北解放区财政经济史资料选编》第3辑,黑龙江人民出版社1988年版,第582—583页。

如表20-57所示,大部分行庄分布在沈阳市。9家行庄中有7家的总行在沈阳市,其余2家总行分别位于哈尔滨市和锦州市;8处分行中也有3处在沈阳市,其余5处分别位于哈尔滨市和锦州市。

---

① 东北解放区财政经济史编写组等编:《东北解放区财政经济史资料选编》第3辑,黑龙江人民出版社1988年版,第491—493页。

各地私营银钱业的存留和发展变化,互有差异。沈阳解放后,市面秩序迅速恢复,私营行庄因政府实行保护政策亦较快复业。解放时复业者有志城、哈尔滨、沈阳商业、功成、民生、益和永、益通、益发、新生、益增庆、隆奉东、万亿恒、孚丰、储蓄会、世合会、永昌隆等 16 家行庄、20 个单位(志城有分行 3 处,益发有支行 1 处)。

唯复业行庄,大都缺乏流动资金,经营维艰,尤以国民党统治时期开业行庄,存款无多,而开支庞大,于承购公债后,资金益形枯竭,因此复业未及数月,又不得不宣告废业进行清理。总计 1949 年四五月间先后废业者为益发、益通、新生、永昌隆、隆奉东、万亿恒、孚丰、世合会、益增庆等 9 家行庄共 10 个单位。而所余行庄,仅志城、哈尔滨、沈阳商业、民生、功成、益和永、辽宁等 7 家行庄共 10 个单位。此外,解放后有深衡、同益恒兴两银号,未经政府许可,擅自开业,因有危害公益危险,已由政府查禁,勒令停业。

上述 7 家行庄 10 个单位中,志城、哈尔滨、功成、沈阳商业四行,因历史较久,营业较有基础,且均保有城市房产颇多,一旦经营发生问题,尚可用于弥补。但如益和永、民生、辽宁三行庄,均系国民党统治期间利用旧字号转开行庄。既无营业基础,又缺乏可靠资产,在经营条件上,与前四者有显著区别。各行庄在区域分布上,计沈阳市私行 10 个单位中有 5 个单位密集于沈河区城内,其有碍于业务发展自不待言。

沈阳私营银行均为股份组织,但按过去经营情形,其实权皆操之于大股东手中,如志城银行股份共 24 万股,而其董监事曹章甫、陈楚财、陈子和、王润田 4 人即占 11 万股。又如功成银行股份共 100 万股,而其董事长姜朴园一人即代表姜族股份 64 万股之多。再各行庄之主要董监事,现在多数仍未归来,董事会无从召开,此亦为私行业务未能开展的一个原因。

私营银行有敌伪股份者为志城、沈阳商业两家。计志城有敌伪股份 51539 股,沈阳商业有敌伪股份 8204 股,二者均由东北银行接收完毕。

私营银行的机构较大者为志城、沈阳商业、哈尔滨 3 家。计志城有分行 3 处,均在沈阳。沈阳商业有分行 1 处,在锦州市。哈尔滨有总分行 2

处,在哈尔滨市。其他皆无分支机构。

沈阳私营银行职工 207 名,其中副经理 53 名,主任 34 名,职员 71 名,工友 49 名。以当时业务情形观察,人员颇有过多之嫌。而尤以主任级以上人员,竟占全体职工半数以上,无怪开支庞大,经营困难。私营银行内冗员较多者为沈阳商业、民生两行。私营银行职工待遇,副经理平均 158 万元,主任平均 126 万元,职员平均 102 万元,工友平均 92 万元,总平均 118 万元。

私营银行业务以存放款为主,附带办理代收款项及代理保险,不办汇兑。

存款方面,1949 年 7 月末,私营银行全体存款为 259 亿元,其中活期为 203 亿元,占总存款的 79.6%,此为私营银行存款波动之主要原因。又私营银行存款来源,商业 105 亿元,占 40.5%,工业 67 亿元,占 25.9%,个人 87 亿元,占 33.6%,以商业居多。私营银行 1949 年半年来吸收存款状况:1 月为 255 亿元,2 月为 327 亿元,3 月为 510 亿元,4 月为 220 亿元,5 月为 210 亿元,6 月为 285 亿元,7 月为 259 亿元。3 月因一部分公营企业存款流入私营银行,且市面游资充斥,致使存款上升,但自 4 月已还,政府发行公债吸收游资并抑止私营银行公企存款。兼部分行庄宣告废业,于是存款又呈萎缩不振之势。

放款方面,1949 年 7 月末,私营银行全体放款为 95 亿元,对存款比率为 36.7%,其中工业放款为 55 亿元,占放款总额的 58.5%;商业放款为 39 亿元,占放款总额的 41.2%。私营银行放款对象,以铁工业、粮业为最多,制材业、代理店业、纺织业次之。

1949 年半年来私营银行放款状况:1 月为 127 亿元,2 月为 96 亿元,3 月为 129 亿元,4 月为 102 亿元,5 月为 94 亿元,6 月为 99 亿元,7 月为 95 亿元,放款亦以 3 月为最高。

存款准备,私营银行 7 月末存款准备总额为 144 亿元,其对存款比率为 55.7%,其中定期存款准备为 67 亿元,占存款比率为 25.8%,活期存款准备为 77 亿元,占存款比率为 29.9%。

代理业务,私营银行代收公营企业款项,截至 1949 年 7 月末达 1932

亿元,又代理保险额,截至 7 月末达 1604 亿元。

　　至于损益状况,私营银行截至 7 月末损益状况,志城银行总分行四处,收益 11.47 亿元,哈尔滨银行收益 800 万元,益和永钱庄收益 1.38 亿元,民生银行损失 1.37 亿元,功成银行损失 4100 万元,辽宁储蓄会损失 2.35 亿元,沈阳商业银行损失 5000 万元,以志城银行收益状况为最佳。不过行庄上期营业税尚未缴纳,如一经缴税恐必普遍发生较多亏损。

　　总的来说,私营银钱业在经济恢复、发展和群众经济生活中,还是有一定的作用:(1)吸收游资,私营行庄在吸收游资上,有其特殊性能,因为多数私营行庄历史较久,且为私人经营,能利用社会关系,吸收多数游资,一部分供给国家经建资金。现在私人的一部分资金,苟私营行庄存在,尚难期其即行走向国家银行。(2)扶助工业发展,私营行庄存款虽其来源以商业及个人者为多,但在放款方面,却着重运用于扶持工业。又私行放款,系以中小型工商业为对象,此类对象,目前尚非国家银行所能全面顾及。(3)代办国家银行事务,将来公营企业收款事务及保险事务必日趋增多,国家银行力所未逮,须由私营行庄辅助。

　　不过私营行庄的业务经营、资产产权,也存在不少问题。(1)民生、益和永二行庄为购买公债,及发生呆账等占用存款人存款甚多。计民生为购买公债及发生呆账等占用 7 亿元,益和永为购买公债占用 3 亿元,因此该两行庄缺乏流动资金,时常周转不灵。(2)解放前长春汇款未付款,志城、哈尔滨、沈阳商业、功成四行共为金圆券 214.7 万元,私营行庄已由伪中央银行领出而未付给收汇人者为金圆券 23.7 万元,此款应如何处理,国家银行正在研讨中。(3)辽宁储蓄会在国民党政府时期占用沈河区军署街原工商银行房屋,产权未定,其归宿尚须研讨。(4)志城银行董事长陈楚材解放前将该行资金携往北平数目,估计达黄金 289 两,虽已归还 80 两,但尚拖欠甚多,现正由该行严加追索中。①

　　解放战争时期,在关内解放区的私营银行、钱庄业也有所发展。1946

---

　　①　东北解放区财政经济史编写组等编:《东北解放区财政经济史资料选编》第 3 辑,黑龙江人民出版社 1988 年版,第 599—607 页。

年1月重庆政协会议之后,国内曾一度出现和平局面,老解放区开展了热火朝天的群众生产运动,劳苦大众迫切要求恢复生产、发家致富、改善生活,新解放区城市的工商各业亟待修复。在这种情况下,边区政府号召全区进行大生产运动,恢复、繁荣城市工商业。但是,要迅速活跃金融市场,调剂社会资金,解决群众生产困难,单单依靠国家银行及少数私人银号的支持,还远远不够,必须集合社会游资,依靠广大群众组织起来的力量,才能收到应有的效果。

在晋冀鲁豫边区,1946年3月冀南银行总行召开的区行经理会议,感到有成立一个全区性的大规模私营银行的必要。其时正值边区参议会在邯郸召开,当时即商约政府同意,邀请出席大会的经济界参议员共同商讨,一致认为此事非常重要,并愿参加发起组织。即时讨论通过在边区组织成立"瑞华银行",总行设于邯郸,并在边区主要城镇邢台、南宫、临清、济宁、菏泽、长治、晋城等处设立7个分行,资金额定为5亿元,规定每千元为一小股,1万元为一大股,分区募集,当即起草规章草案及募股启事,讨论完毕,全体签名作为发起人,至4月5日,又经过邯郸市商联会邀请各业代表讨论,全体一致赞同,并愿参加发起号召入股,至此前后参加发起者共69人,包括边区绅士名流、群众领袖、工商各界、合作社、机关团体的有声望人士。接着于4月9日召集发起人会议,当场选出11人为筹备委员,成立总行筹备处,呈请边府备案准予成立。各地分行在冀南银行及社会贤达协助下也相继成立,各地发起人均热烈认股,共计集资4.1亿元。至5月17日首届股东大会,修正通过了银行章程,选举了董事和监察。计董事13人、监察5人,正式呈请边府备案准予成立。

1946年6月11日,瑞华银行在邯郸开幕,正式营业,各地分行相继于8月5日以前均正式成立,开始营业。营业半年间,总行和各分会募集股金数目计:总行8671.485万元;济宁分行7763.9万元;菏泽分行4109.1万元;临清分行3043.6万元;南宫分行6119.6万元;邢台分行4432.9万元;长治分行4151.2万元;晋城分行4094万元;合计42388.485万元,占额定股本总额的84.78%。

瑞华银行的营业状况,从1946年6月开业到年终决算,大体经过了三个时段:初期开业时段,正值政协会议闭幕,整军方案签订之后,国内一度出现和平局面,群众欢欣鼓舞,农工商业形势活跃,物价稳定。同时边区政府及冀南银行竭力扶持瑞华银行的发展,营业上给予许多帮助与便利,特许经营金银、证券及仓库业务。银行内部人员均情绪高涨,工作积极,采取大量吸收存款与大量放款的方针。总行开幕半月内存放款总数超过2.5亿元。分行放款数额亦甚大,并附带经营金银、证券、仓库业务,并呈现蓬勃发展的趋势。但开业不久,内战爆发,物价暴涨,边区政府为平抑物价,采取紧急措施,7月15日颁发全区紧缩通货命令,瑞华银行亦采取紧缩商业放款,而大量增加工业、手工业、运输、合作、小本商业等放款的方针,其时各分行的城市业务也渐有头绪,当即提出帮助城市及农村信用合作事业的发展,总行、邯郸市分行、长治、晋城均开展此项业务,这是第二个时段。

1946年9月以后,战事更扩大,国民党军侵入边区,占领许多城市,飞机到处骚扰,菏泽、济宁被迫迁移行址,晋城应当地股东请求宣布撤销,总行及其他分行亦转入备战。这样,开业不到两个月,业务即遭受莫大损害,至年终暂趋稳定,业务始逐渐恢复。此为第三时段。

瑞华银行的各项业务状况,存放款业务方面,存款总额为2432047899.33元,其中临清分行110198560元,菏泽分行63104793元,济宁分行92514215.9元。放款总额为1405882002.88元,其中临清分行37141360元,菏泽分行19356560元,济宁分行6436万元。

仓库业务方面,瑞华银行采取独营和合伙两种方式,主要经营棉花、土布、食盐、粮食、煤炭、染料、山货。共计798792536.9元,其中济宁分行46407270.18元,菏泽分行68030471元,临清分行112275046元。7月物价高涨时抛售存货,9月物价下跌,市场呆滞,组织吸收,调剂土布、棉花、食盐销往山地;将山货、桃仁、白菜、花椒、铁货运往平原。[①]

由于瑞华银行将其任务主要放在营利方面,而当时物价直线上升,因

---

① 华北解放区财政经济史资料选编编辑组等编:《华北解放区财政经济史资料选编》第2辑,中国财政经济出版社1996年版,第126—128页。

此在业务方针上便确定以存款作为放款资金,本身股金完全从事经营,存款主要靠经济部门支持,主要精力放在商业、生金银买卖上。业务上与冀行发生矛盾,人员实行薪金制,待遇高,因而引起了各方面的不满。特别是开业不久时局发生急剧的变化,矛盾更加暴露。瑞华由一时轰轰烈烈的发展变为消沉。由于战争紧张,雇用人员不能坚持工作,有的自动离职,有的被开除。济宁、菏泽两分行失去城市市场打游击,机构与冀南银行合并,到11月邯郸吃紧,总行也迁移到阳邑而进行旧贷清理,全力进行仓库经营,各地反映要求取消瑞华银行。

晋城分行在战争紧张情况下,由区党委决定于10月即行撤销,总行与其他分行于1946年12月正式并入冀南银行。但为了将来的发展,避免影响不好,财产仍然独立,名义仍存在。

1947年战局好转,再次决定瑞华机构独立,方针上决定逐渐抽回公股,扩大私股,停止生金银、外汇业务,紧缩仓库经营和投资,以从事银行正当经营,创造城市信用合作事业的经验,干部一律实行供给制。之后即抽回公股28000万元,仅剩公股6600余万元,加上私股共10500万元,各分行也相继独立出来,归总行统一领导,党政生活归驻地党委领导,与冀南银行的关系确定为国家银行与私营银行之管理指导关系,瑞华银行向当地交纳合理负担。通过上半年的试验,由于物价平稳,囤积居奇受到严重打击,工商业利润正常,特别是工业、手工业利润比一般商业利润大,全体干部增强了信心。根据上述情况,瑞华总行于1947年6月底迁回邯郸旧址。①

晋冀鲁豫边区邢台市,因私营银号持有人携款外逃,民主政府组织民众集资,成立新的私营银行。

日本全面侵华战争沦陷期间,邢台原有16家银号,因日本侵略者实行所谓"组合制",强令银号"合资"经营,限定资金起码为60万元。银号停业,最后合并为三家,即裕兴恒、裕通、福聚,其董事、经理均为勾结敌伪

① 华北解放区财政经济史资料选编编辑组等编:《华北解放区财政经济史资料选编》第2辑,中国财政经济出版社1996年版,第218—220页。

压迫群众的劣绅。

邢台解放后，这些人都携款潜逃，银号垮台，民主政府为了方便群众，活跃金融市场，认为有组织银号的必要，遂于 1946 年 3 月通过商业联合会号召、动员和筹集股金，成立了福顺、汇丰、裕华等三家私营银号。其股东均为各该商业区的几家大商号、银号合资组成，资金均系 200 万元。因为董事、经理都选的是"斗争对象"，表面上在营业，实际上则是为了应付政府号召，暗地转移资金，群众运动一开始，除裕华银号尚留有资金及一个会计、几个店员外，其余均将全部资金带走，逃往石门、天津。

在这种情况下，民主政府结合群众运动，开始对裕华银号进行改造。

裕华银号原有股东 28 人，在群众运动当中大部分被斗争，当时主管部门领导存在着两种意见：一种是将银号股金退回群众；另一种是继续扩大股金使裕华银号复业。1946 年 2 月由群众运动转向生产运动后，由于群众新翻身后的生产要求，最后决定恢复裕华银号，用以扶植群众生产。

裕华银号是市内三区的一个钱号，在恢复工作中结合三区的中心工作。其时正当群众运动末期进行分配果实、转向大生产运动，故当即提出，恢复银号，更换人员，穷人当股东，来扶持自家生产。在分配果实的大会上，群众都将旧银号股东的斗争果实，转入新银号作股金，银号股东一变而为广大翻身群众。改组后的股东中，小商人与市民占 60%，澡堂及理发工人、农民占 40%，真正成了群众自己的银号。在相关条件成熟后，当即召开了股东大会。因大部分股东是贫苦群众，所以股东大会也是翻身群众大会，除报告了以前的营业情况外，选举产生了 7 名董事，聘请该街道贫民会主席和三区澡堂工会主席为监事。7 名董事中，除一名是旧商人外，其他全是工人、市民。在新的董监事会上，董事会确定了业务方针，产生了经理，主任则由董事会通过任用，并决定彻底整理内部，更换旧有人员，工人、市民掌握银号领导权，因此决定了银号扶植群众生产的经营方向。新的董监事会明确了吸收存款、扶持贫民摊贩生产及工业生产的营业方针，并立即扩大股金。在扩股中特别说明旧的经理的罪恶，新的银号已与其脱离关系，强调新银号扶持群众生产的经营方针。董监事在各个街巷利用各种会议进行宣传动员。结果，在 10 天之内股金迅速扩大,银号资金达到 10895363 元,同时吸收存款 7848925 元。2—7 月共吸收存款 2502198198 元,贷款 318228382 元,吸收的存款超过资金的 23 倍,业务逐月扩大。2 月和 7 月两个月的经营情况比较:2 月各种存款 36 户,金额 7848925 元;各种贷款及透支 41 户,金额 10851420 元;7 月份各种存款 48 户,金额 89822949 元;各种贷款及透支 492 户,金额 75840690 元,平均每月存款 4000 余万元,贷款 5000 余万元。1947 年 2 月至 6 月 8 日贷款情况见表 20-58。

表 20-58 裕华银号贷款统计（1947 年 2 月—6 月 8 日）

（单位:冀钞元）

项目 贷款别	贷款户数		贷款金额	
	户数（户）	占比（%）	金额（元）	占比（%）
小商摊贩	256	86.20	130644295	80.05
机关生产	8	2.69	2100000	1.29
坐商	18	6.06	19400000	11.89
工业	15	5.05	11045291	6.77
总计	297	100	163189586	100

注:原统计表贷款户数总计为 291 户,贷款金额总计为 193448621 元,均疑误。已分别据细数核正。
百分比（%）为引者所计算添加。
资料来源:据华北解放区财政经济史资料选编辑组等编:《华北解放区财政经济史资料选编》第 2 辑,中国财政经济出版社 1996 年版,第 200 页改制。

表 20-58 中数据显示,裕华银号贷款扶持的主要对象是小商、摊贩,贷款户数和金额均超过 8 成,分别占总数的 86.20% 和 80.05%,是真正面向贫民的银钱机构。

裕华银号认为开展业务活动,吸收存款工作是十分重要的,为此广泛地建立往来透支关系,适当提高存款利率,并代收政府税款,又经常了解市场情况,特别是谁家有无存款,对顾客照顾周到。每晚开会,汇报情况,必检查"态度"。他们的工作是"一揽子"地进行,白天大家多跑街,晚上大家都点票。由此在客户和群众中树立了良好的信誉。群众反映:"过去,一般市民摊贩,谁能到银号贷出一元钱呢? 今天不但能贷,还能当保人,不但当了东家,还能被选董事,真是成了自己的银号""啥时贷款啥时有,入股能分红(半年一元分五毛),还贷方便"。① 银行也全力扶持、撑腰,建立同业透支,维护其信用,给了裕华正当营业以充分的保证。

晋察冀边区张家口市,1948 年 12 月 24 日第二次解放,1949 年 1 月初进行关于私人银号金店的调查时,有私人银号 10 家、金店 12 家。银号、金店主(老板、常务董事、大股东等)相当部分为军政官僚,甚至汉奸、国民党中统特务,其性质属于国民党官僚资本,张家口解放时即已卷款潜逃。

若干主要银号、金店的资本性质、资金构成、经营状况如下:(1)汇通银号有股东 10 人、计 500 股,共计资金 5 亿元。"差事"伪察哈尔银行代表赵伯陶是伪省府委员,存款业务在"八一九"国民党"币制改革"前,每月一般 7 亿—15 亿元;"八一九"后 2 万金圆券。银号囤存实物:白面 40 袋、"高长旺"8 袋、"龙六"2 袋、"伙夫"5 袋、煤粮一部分,存"马振远小布"12 匹、"红五福"8 匹。(2)裕新银号为合资经营,共 50 股,资金法币 6 亿元,经理陈子善解放后在逃,伪省银行派张景黄为代表。存款煤 5 万余斤、白面百袋、洋火 20 箱。(3)晋泉源,1948 年 9 月 1 日开业,有股东 14 人,资金 7250 元金圆券,常务董事为张家口市副参议长,有股金法币 5000 万元,据说伪察省主席冯钦哉亦有股份。汇兑每月 30 余万金圆券。(4)永大银号,1948 年 4 月 15 日开业,股东 20 余人,资金 5 亿元,多是本地商人,前总经理王鸿钧,是国民党军统局官僚。(5)信昌裕银号,有股东 45 人,资金法币 5 亿元,经伪银省行批准出本票。存款有中和修理厂、企业公司、军管区、军管区医院等 4 家,金圆券 7000 多元,军管区司令张丽生也有过存款,存面粉 50 袋怕检查存入伪中央银行。(6)大川裕银号,股东 10 人、股金法币 5 亿元,均为私商,存款多时法币 30 余亿元,放款法币 24 亿—25 亿元,汇兑 8 月达 1000 亿元,多为平津二地牲口汇款。存煤 1600 斤、本地面 1200 斤、澳洲粉 5 袋、小米 400 斤、大米 2 袋。(7)宏茂银

----

① 华北解放区财政经济史资料选编编辑组等编:《华北解放区财政经济史资料选编》第 2 辑,中国财政经济出版社 1996 年版,第 199—200 页。

号,1948 年 6 月 4 日开业,股东 26 人,股金 5 亿元,存款每月法币 20 亿元,汇兑每月法币 200 多亿元,曾有国民党军十二旅旅长鄂粤生存款一两亿元。(8)世和德银号,股东 14 人,资金法币 5 亿元,经理侯丕显。汇兑每月法币 400 亿—500 亿元或金圆券三四万元,现存面粉 50 袋、炭 3 万斤、米 500 斤。

主要金店情况:全市 12 家金店中,以天成、天宝、同义最为股实,并设有同业公会组织。资金少者二三十两,多者七八十两。这些金店多与国民党军政人员有关系,或与平津两地属联号结构。较大金店概况如下:(1)宝丰,经理刘浔恒(已去北平),股东 8 人,每股黄金一两,共 40 股。多系军政官僚入股。尚有资产除存钟表、眼镜一部及房子一所外,并有照相馆一处,估计主要资产已迁走(尚未查实),暂时进行物品登记,并令其办理报告手续。(2)天成,1944 年开业,经理马玉山(已去北平),共 55 股,股东 31 人,内私商 30 股,国民党机关军队 25 股。自报财产计:黄金 12 两,白洋 20 元,市布 60 匹,银子 2000 两,首饰 700 两(带去北平)。(3)五华楼,1912 年开业,1916 年资金白洋 700 元,经理(股东)张子恒、股东文彬二人曾在 1945 年被民主政府没收黄金 20 两,另交保证金 25 两,原因是该经理给日本人当过区长,余银子 2500 两,全部资金 16 股,被没收 13 股,1948 年 7 月恢复营业。

张家口解放后,随即开始对私营银号、金店进行调查、清理,以军管会名义召集各号开会,说明清理政策,如债权债务,伪政府部队入股不准提取,清理完竣后,听候政府处理。

同时检查账目,责令各店自报,同业公会互报。调查中发现,各银号金店均设有两套账簿。一为日常经营使用,对付伪省行,是公开的;二为专门对付伪中央银行及税局。同时,上述资料显示,一般都囤积物资。金店的金银器首饰、钟表等是幌子,装饰门面,主要是买卖金银,或其他买卖。有的并兼营商业,如天成金店存包头驼毛 7000 余斤,还未运来,同义买过 200 只羊等。银号金店为了投机倒把,囤积居奇,找后台,拉拢伪军政、机关人员并有其股金。股东多在平津,经理大部逃跑,有的不肯暴露股东,如天成金店的 5 个股东副经理也不知是谁。吸收存款不少是非正当业务关系。① 这些都反映出张家口银行、金店这类金融机构的性质和业务经营状况的复杂性。

鉴于私营行庄等类金融机构,资本来源、组织结构、人员素质、业务经营等,情况和性质相当复杂,虽然对活跃金融市场,特别是一定环境条件下,在汇聚、利用社会部分领域的游资方面,确有某些不可替代的作用,但又有其自身固有的局限性甚至破坏性。因此,私营行庄等类金融机构的作用带有明显的双重性。为了利用和发扬其积极性、建设性,抑制和避免其消极性、破坏性,民主政府必须对其正确引导,进行严格的监督、管控。

如张家口市军管会,在接管城市的过程中,对银号、金店的基本政策是,调查情况,掌控大局,区别对待,慎重处理。不论银号、金店暂不停止其营业,但要积极采取办法了解其是否官僚资本及有无违法行为,发觉其倒卖金银,即派人监视其营业,但先不急于没收,彻底查清后再行处理,以免引起其他商户的不安。至于非正当经营而查有实据者,即着其停止营业,如天成、宝丰是敌军官和流氓组织起来的娱乐场所,或大量倒卖金银,即令其停业,以警其他。金店、银号因其作用各异,处理方法亦不相同。金店倒卖金银,扰乱金融,影响物价,妨碍生产,没有任何好处,应采取管制和取消政策;对银号则是管理的方针,限制其营业范围,除存放款、汇兑外,不准经营其他业务,在利息的规定上,要有利于工商业发展,但可比国家银行稍高。国民党军政人员在某些银号的股金,照初步了解情形看,不属官僚资本,故不没收,须由银行接管代理,审查清楚后,再决定是否没收或发还。不在张家口或逃跑的经理、股东等人员,提取股金或存款,须经银行或政府审查批准,以防假冒。②

1948 年 11 月东北全境解放后,民主政府随即制定办法,加强了对私营行庄的监督、管控。1949 年 2 月 19 日,东北银行集合私营行庄宣布管理事项,并由即日起实施:(1)私营行庄的存款总额,须抽出 50% 存入国

① 华北解放区财政经济史资料选编编辑组等编:《华北解放区财政经济史资料选编》第 2 辑,中国财政经济出版社 1996 年版,第 365—368 页。

② 华北解放区财政经济史资料选编编辑组等编:《华北解放区财政经济史资料选编》第 2 辑,中国财政经济出版社 1996 年版,第 368 页。

行,作为存款保证准备金(其中25%作为定存,月息4分,其余25%作为活存,月息1分2厘。此外私营行庄应自存10%作为临时支付之用。此项交国家银行存款,以每日存款余额计算(本项内利息因以后减息,亦行减低)。(2)私营行庄放款,其中工业放款不得少于60%,同时规定每户借款总额超过1亿元者,须经国家银行同意。(3)为避免投机者套取借款,危害公私行庄利益,私营行庄必须每日向国家银行填报存放款变动表,每月末作存放款明细表等报告,而后由国家银行向各行庄通报,以供参考。(4)私营行庄不得向外埠办理汇兑业务,如向外埠调拨资金时,须经国家银行同意,并由国家银行汇解。(5)私营行庄除办理存放款业务外,不准兼营其他业务,其业务负责人,亦不得兼任其他企业之董事或负责人等职。(6)私营行庄之存放款利息,应照国家银行的规定办理。

上述管理办法施行后,立即取得效果。第一,抑制了机关、公营企业单位存款流入私营行庄的趋向。管理办法施行前,私营行庄存款中,含有多数机关、公营企业单位存款,经由东北银行设法抑止,已经完全杜绝。第二,工业贷款增加。管理办法施行前,私营行庄工业贷款比率较低,2月管理开始时,仅为放款总额的33%,以后逐月增加,3月平均为43.7%,4月平均为53%,5月平均为58.1%,6月平均为60.9%,7月平均为58.5%。第三,存款准备金提高。管理办法推出前,私行交存准备金数目尚少,2月仅为存款总额的29.2%,管理开始后显著提高,3月平均为61%,4月平均为61.4%,5月平均为52.1%,6月平均为56.1%,7月平均为49.9%。又定期存款准备金,2月仅为3%,其后逐渐提高,3月平均为20.5%,4月平均为24.2%,5月平均为26.5%,6月平均为22.2%,7月平均为27.4%。第四,跟随国家银行推行低息政策。管理办法施行后,每次国家银行减息,私营行庄立即跟随,均取同一步骤,协助推行低息政策。不过因利息一再减低,私营行庄收益减少,入不抵出,若不设法解决,恐部分弱小行庄,亏累日多,无法弥补,致危及存户利益。因此,东北银行提出,政府宜及时明令规定私营行庄资本最低限额,"能增资者,使其存在,并在管理之下,准其发展,不能增资者及早停业清理,以免贻误"①。

对此,东北银行总行于 1949 年 7 月 23 日提出三种解决办法,第一种:合格的(即有资本者)允许其存在并在政府管理之下,指定一定任务,如将私人工商业存放款划分给私营行庄,规定交存任务及放款对象。这样私营行庄在经济建设中也可起一部分积极作用。但这种方法需要考虑有以下几点:(1)私营行庄力量小,怕负不起这个责任。(2)目前东北银行是综合性的银行,并且分支机构很多,能担负起私人工商业存放款的任务,无须私营行庄辅助。(3)这种方法与发展国家银行、逐渐削弱私人金融资本的发展前途有妨碍。(4)如管理不好,私人行庄在物价不稳时可能起坏作用。第二种:在法令上,规定其存在和发展的条件。在经济力量上,以国家银行绝对优势的力量与之竞争,使之自消自灭。这种办法需要考虑的是:有的私营行庄有国家银行资本(接收的)并且组织也很健全,那样使其不死不活,在经济建设中毫无作用,也是一个损失,因此提出第三种办法,基本上还是第二种办法,但应分别情况处理,就是把机构完备、有国家银行资本的行庄改为专业化的储蓄银行或变成东北银行的一个部门(如中国人民银行之交通银行、中国银行),原有私人股,改为定期存款,规定二年或三年提取;如作为公私合办的专业银行时,即将私股重新规定,但主要由国家银行领导,指定任务,这样既可使这些人力物力在经济建设中发挥应有的作用,同时还可解决目前东北银行亟须举办而在人力物力上又有困难的任务。总之,无论哪一种办法,管理办法、资金数目非及早确定不可,否则一旦发生事故,东北银行实责无旁贷。②

在北部,1948 年 9 月前,民主政府对私营银行并无明确的管理措施,据称各私营银行同一般商业机构一直办理"无目的无计划的存放业务,甚至把部分的存款购买存物资"。1948 年 8 月末,东北银行哈尔滨分行

---

① 东北解放区财政经济史编写组等编:《东北解放区财政经济史资料选编》第 3 辑,黑龙江人民出版社 1988 年版,第 605—606 页。

② 东北解放区财政经济史编写组等编:《东北解放区财政经济史资料选编》第 3 辑,黑龙江人民出版社 1988 年版,第 589—590 页。

接到市政府的《哈尔滨市私营地方银行现行业务管理办法》文件,从9月1日起,依据该办法规定,开始对市内私营银行施行资金管理。

首先是"掐码子",盘查流水账目,令各行根据1948年8月末存款余额,以其中之25%送转定期存款,以25%送转活期存款,每日各行向哈尔滨分行抄送日计表一份,送存国家银行,款项日报一份以便遵照复核。自10月1日起将发收每日"送存国银款项日报"改为业务日报,以期了解各行当日之业务动态而利于"掐码子"工作。

放款方面,要求工业放款占60%,商业及其他放款占40%,与沈阳办法相同。不过在哈市工商不分的情形下,很难确定"工放商放"确切比例,亦未逐户检查。

各私营银行对本市公营企业及外埠来哈之公营企业存款仍愿收存,而此种存款原非永久性质,以致存款余额忽增忽减,并无规律。如对此项存款,倘使私营银行拒绝受理,集中由国家银行办理,则其对资金运用上,必影响其周转,因而维持原状。

支票交换方面,票据交换处未成立以前,各行处收受他行票据必须于每日停止办公后,分别至各支付行领取现款。哈市公私8家银行如分头往取现款均感不便,同时即往各行因彼此送现而多为拒收,诸多不便。交换处成立后,工商市民已普遍感受到便利,减少了部分的现款交易;银行出纳亦可减少些现金收付的麻烦。情况显示,9月每日平均交换支票360张,10月份每日平均260张,11月每日平均178张,如分别领取现款时恐不胜其烦琐。然经交换处置每行只须派遣交换员一名,出席交换处办理交换事务,于半小时内即可了事。比前互领现款即可免掉往返麻烦,且于时间上亦颇经济。市面金融周转上无形中也加快其周转速度。对私营地方银行之信用亦无形中增强。

私营银行存款利息管理,按1948年9月5日订正利率,本行吸收存款3个月以上定期存款复利为月息8分,单利为月息10分,如此现在与各行规定为3个月者9分,两个月者8分,一个月者7分(单利)(哈尔滨分行一个月者为单利6分)。如与哈尔滨分行和一般存户对比,则现在与各行规定者稍低些。但如果其放款工业9分、商业7分5厘,比较起来仍是优厚的。不过私营银行放款为"上打利息",参照哈尔滨分行吸收定期存款及其放款利率比较,则所予之定期存款利息尚为适当,各行亦无意见。

活期存款对普通一般存款,公私营银行均按日息每万元 5 元,与各行规定日息 7 元比一般存户高 2 元。以目前情形观之,活期存款利息确是高些,以示鼓励。

其他规定执行情形,自 1948 年 9 月 1 日起,私营各行对以前之放款到期必须收回,重新放款。于每日停止办公后,必向哈尔滨分行送放款表,由哈尔滨分行汇总放款通告,于次日开业前分送公私各行备查,以免借款户再至别行专借款项。其好处可防止坏借款户套取银行更多的款项进行投机。

实施管理办法后的情况变化,存款方面,因减少捣动码子及睡眠户头,其存款户数迭见减少,但存款余额增加。放款方面,因整理专户关系,户数正常减少,其余额依存款及金融繁闲情形而增减,可谓正常,且工商业之放款比例亦较管理前渐次步入轨道。私营各行送存国家银行款项亦逐渐增加,尤以定期存款经常可保持规定额以上,1948 年 11 月中,因市面金融特殊奇紧而缩减外,9 月、10 月两月均接到所定数目。

私营银行结构亦有变化,私营哈尔滨银行已改为正式公私合营企业,而功成、益发两行虽名之为分行,迄今尚无其总行,如视为单独营业而又与其股东尚无联系。现在沈阳、长春即已解放,对该三行前途究应如何处理,须视其长春总行如何而决定。但对银行业务之管理乃为必要之措施,否则倘银行演变成兼营他业,对经济金融影响颇大。查银行三大业务存款、放款、汇兑均对金融具有关系,其中尤以放款关系最大。为谋掌握金融、物价计,除现有对工业放款 60%、对商业放款 40% 的比例外,并须统一指挥以相机掌握放出收回之关键。因物价之所系,除供求及货币贬值外,与金融之繁闲亦颇有关联。而对物价无原因之急涨,银行应即时停止放款,且严格收回不必要之贷款以抑制物价高涨。遇物价无由之急落时,可对各业予相当接济,以防工业遭受打击,以期达成接济工业之正常发展,商人得发挥其调剂物资本能,以期商业之供应社会需要得以正常维持。

所有这些,管理私营银行即为绝对必要之举措,不得不强化办法。除现有各项办法外,每届私营各行决算后,应由国家银行派遣适当人员赴各行检查其库存及所有各项账目,如有偏差之点以便随时纠正,以期各私营银行对新民主主义建设上发挥其一定的作用。①

另外,为维护法纪,维持和巩固金融秩序,管理部门对极少数有法律不依、有规矩不守的害群之马,严肃惩治,绝不手软。沈阳市深衡银号(系解放后新设者),于1949年1月间未经当局认可,即擅自开业;又发现同益兴银号(系解放前黑银号)同样未经许可,于1949年2月18日开始行庄营业。经东北银行总行查证,以上两行庄,对于开业程序既不合法而本身资力薄弱,深恐影响社会经济,危害存户大众利益,故予取缔,以儆效尤。②

在关内解放区,1946年6月17日,晋察冀边区行政委员会制定、公布了《关于银钱业组织管理暂行办法》,对银钱业的注册手续、最低资本额、营业范围、存放款利息、营业保证金、营业规范等作出了明确规定。凡在晋察冀边区经营银钱业者,应于事先订立章程,载明名称,组织,地址,资本金额,营业范围,负责人姓名、籍贯、住址及简明履历,股东名册等,向当地政府呈请转报行政公署或省(市)政府核准。《暂行办法》规定,银钱业资本金至少须达边币3000万元。凡经政府核准设立之银钱业,其资本金经全数认足并实收资本总额2/3,经边区银行检验认为确实者,得由行政公署或省(市)政府发给营业证,从事营业。其经营业务包括:(1)存款;(2)放款;(3)汇兑。"经营上列业务而不称银钱业者视同银钱业"。银钱业除经营上列业务外不得兼营其他业务,亦不得为其他商号或公司之股东。银钱业的存放款利息,可依照所在地具体情形,由银行、商会及钱业公会共同议定。为了维护债权人的权利,各银钱业须缴纳其资本金

① 东北解放区财政经济史编写组等编:《东北解放区财政经济史资料选编》第3辑,黑龙江人民出版社1988年版,第438—444页。
② 东北解放区财政经济史编写组等编:《东北解放区财政经济史资料选编》第3辑,黑龙江人民出版社1988年版,第528页。

的 10%存于边区银行作为保证金,边区银行以周息 5 厘给息。为保证存款人的利益,各银钱业至少须保持存款总额的 20%作为准备。银钱业于每一交易发生时即根据事实记入规定账簿,于每期结账时造具下列营业报告书交边区银行查核:(1)资产负债表;(2)损益计算书;(3)盈余分配表,并按月造报营业状况报告书。银钱业如发行"本票"(庄票),须事前申请边区银行核准,并缴纳发行同额的现金存入边区银行作为准备金。该项准备金可随本票收回之款数陆续按数提回。为了维护公众利益,及时了解银钱业之业务实况,边区银行及所辖分支行必要时得派员检查其业务情形与资产状况,并随时指导与扶助之。凡银钱业的业务行为有违反本办法者,得按其情节轻重予以下列处置:(1)停止营业;(2)令其撤换重要职员;(3)处以罚金。银钱业如发生破产停止支付,或因他故不能继续营业时,应开列事由呈报,当地政府经派员检查(或委托边区银行办理)属实,方准其停业,并将资产情况公布报端、实行清理。凡在本办法公布前设立的银钱业,均依本办法规定,补行呈报手续。本办法自公布日起生效。①

1946 年 7 月 1 日,晋冀鲁豫边区政府为"活泼金融,发展民营金融事业,取缔高利盘剥,防止操纵居奇",制定公布边区管理银行、银号暂行办法,对边区银行、银号的开设、营业及其规范作出了明确规定,凡在边区境内新设或复业的银行、银号,须呈请边区政府财政厅或其行署财政处核准许可,登记备案,取得营业执照后方准开张营业。银行开张营业最低资金暂定实收冀钞 3 亿元;银号须实收冀钞 100 万元。在商业不发达地方,银行、银号资金得呈请边区政府财政厅或其行署财政处核减,但不得少于前两项规定数的 1/3。银行、银号资金,不得以现钞外之财产抵充。如系有限股份公司股东,应负股额加倍之责任。

晋冀鲁豫边区政府规定允许银行、银号经营业务范围包括:(1)存款放款;(2)解放区内之汇兑及押汇;(3)票据买卖;(4)贴现;(5)代理收付

① 华北解放区财政经济史资料选编编辑组等编:《华北解放区财政经济史资料选编》第2辑,中国财政经济出版社 1996 年版,第 21—22 页。

款项;(6)代募边区公债、公司债;(7)工业手工业投资。凡银行经边区政府或其行署特许,发给特许证者,可经营下列附属业务:(1)生金银买卖;(2)货币买卖;(3)工业之直接经营及物资之掌握;(4)仓库业;(5)保管贵重物品;(6)外区汇兑。

晋冀鲁豫边区政府特别规定,私营银行、银号不得经营下列业务:(1)发行钞票;(2)营业所需以外之房产地产经营买卖(如因清偿债务受领者应于6个月内处理之);(3)本行号股票之买卖及抵押(如系清偿债务承受者,应于6个月内处理之);(4)商业投资。边区政府又特别规定:为扶植边区工业手工业之发展,银行、银号应进行工业手工业放款及投资,金额不得低于全部活动资金总额的1/6,利息应低于商业放款利息。

边区政府还规定,边区境内之银行、银号,得共同办理下列各款事项,但须受边区政府财政厅或其行署财政处之指导或监督:(1)增进金融业之公共利益;(2)矫正金融业上之弊害;(3)协助预防或救济市面之恐慌;(4)办理票据之交易;(5)其他关于金融必要之事项。

关于银行、银号的营业年度及其规范,边区政府规定,银行、银号营业年度规定为一年,1—6月为上期,7—12月为下期,每期决算一次,每月终造具营业报告表、损益明细表,每期终造具营业报告书,呈报边区政府或其委托机关查核,必要时,并得派员检查其业务情形及财产状况。边区政府财政厅或其行署财政处,得随时命令银行、银号报告营业情形及提审账簿。银行、银号之业务情形、财产状况,经边区政府或其委托机关检查后认为难以继续营业时,得依照以下办法处理:(1)变更经营业务之方法;(2)改组机构,或改选经理及部分职员;(3)停止营业。银行、银号因破产或其他事故停业,或解散时,除依其他法令规定办理外,应即开具事由,呈请边区政府财政厅或其行署财政处核准后,方生效力。银行、银号停止支付时,除详具事由,呈请边区政府或共委托机关核办外,应在当地报纸告之,并呈请财政厅或财政处检查。银行、银号改营他业时,其存款债务尚未清偿以前,政府得令扣押财产,或其他必要之处置。银行、银号清算时,其清偿债务依下列之程序:(1)有储蓄存款者,先清储蓄存款;(2)5 万元以下之存款;(3)5 万元以上之存款。①

1948 年夏秋之交,解放战争推进速度和解放区银行金融业整合速度大大加快,私营银钱的地位、作用发生变化。1948 年 10 月 30 日,颁发《中共中央对私营银钱业的政策决定》,明确宣布:"私营银钱业暂准存在,但应严格管理"。同时,私营银钱业的营业范围、最低资金均有严格限制。私营银钱业"无发行货币权,不准买卖金银外汇,不准经营投机贸易,只准经营存款、放款、贴现、内地汇兑等正当业务"。《中共中央对私营银钱业的政策决定》要求规定银行及银号之最低资金,即准备金,并以一部分储存国家银行。而且国家对私营银钱业一般不贷款;机关部队的资金只能存入国家银行,"不准存入私人银钱号",还规定国家检查私营银钱业的会计账目,并严格收税。中央最后要求各地"据此拟定具体办法,送中央审查批准施行"②。

1949 年 1 月 15 日天津解放后,天津市军事管制委员会本着《中共中央对私营银钱业的政策决定》的基本精神,当即公布了《天津市私营银钱业登记清理暂行办法》,明确规定,"为稳定金融,防止蒋、宋、孔、陈四大家族官僚资本阴蔽逃匿,并保障私人产权起见,凡在本市之私营银钱业限于日内一律向本会报告登记"。凡报告之私人行庄须请军管会经审查批准发给准予暂时营业证,始得开张营业。凡属军管会指令清理之私人行庄,应编造当日止之资产负债对照表,各项会计科目明细表,日记表,库存表,股东、董事监事、经理及以下所属全体人员名册并其他经军管会认为必须编造之各种报告表册,送呈军管会审查。在天津解放前已停业之行庄,经军管会查实,确有清理之必要者,仍须按照本办法处理之。经军管会查明,其股权或债权之全部或一部确系依法归军管会接收、没收之产权者,军管会得将应接收、没收部分,依法接收、没收之。凡经审查证明确系

---

① 华北解放区财政经济史资料选编编辑组等编:《华北解放区财政经济史资料选编》第 2 辑,中国财政经济出版社 1996 年版,第 91—94 页。

② 华北解放区财政经济史资料选编编辑组等编:《华北解放区财政经济史资料选编》第 2 辑,中国财政经济出版社 1996 年版,第 313 页。

私人产权者,一律保护之。①

华北人民政府亦根据中央上述决定,于 1949 年 4 月 27 日拟定、公布了《华北区私营银钱业管理暂行办法》(以下简称《暂行办法》)。将中央上述原则规定具体化和详细化。《暂行办法》将私营银钱业的范围涵盖为"私人资本经营的商业银行、银号、钱庄"三种,并授权各地中国人民银行为银钱业之管理检查机关,协助各级政府执行管理银钱业事宜。按《暂行办法》的规定,私营银钱业可以经营的业务包括下列 8 项:(1)收受各种存款;(2)办理各种放款及票据贴现;(3)解放区境内汇兑及押汇;(4)经中国人民银行特许之区外及国外汇兑;(5)票据承兑;(6)代理收付款项;(7)工矿业投资;(8)保管贵重物品。凡经营上列一项至六项业务之一不称银钱业者,均视同银钱业。但依合作社条例设立之信用合作事业,不受该办法限制。

《暂行办法》规定,私营银钱业不得有下列财务经营或行为:(1)为公私商号或其他银钱业之股东(工矿业投资除外);(2)收买或承押本行庄之股票;(3)购置非营业所必需之不动产;(4)兼营商业、囤积货物或代客买卖;(5)设立副账或作不确实之记载;(6)签发本票;(7)收受一切军政团体机关及公营企业之存款;(8)金银、外国货币之买卖抵押放款;(9)代人出面保有财物;(10)其他未经批准之行为。

关于登记注册和资本要求,《暂行办法》载明,银钱业资本之最低数额(以中国人民银行钞票计)依其营业地点之不同而有不同最低限额:(1)银行:1000 万—5000 万元;(2)银号钱庄:300 万—600 万元。上述资本金中,现金或经当地中国人民银行认可之财产,至少须占资本总额的 7/10,营业用器具、房地产最多不得超过 3/10。其价值超过者,仍按 3/10 计值。其资本金须全部认足,并实收资本占总额的 3/4。经查验属实后,由华北人民政府发给营业登记证始准营业,其不足之资金,限开业后两个月内补足。

---

① 华北解放区财政经济史资料选编编辑组等编:《华北解放区财政经济史资料选编》第2辑,中国财政经济出版社 1996 年版,第 373 页。

关于银钱业之资金运用和业务经营,《暂行办法》规定,银钱业的资金运用,应限于有利于国计民生的生产事业及主要日用品之运销事业,且合法正当经营本业,并加入当地同业公会,或持有营业执照者。银钱业信用放款额数,不得超过存款总数之一半。银钱业所收存款,应按下列比率缴存保证准备金于当地中国人民银行,由该行按照同业期存款利率计息。其准备金数并以下列比率就每周存款平均余额调整:(1)活期存款 10%;(2)定期存款 5%。

银钱业对存款应提存之付现准备金,其最低比例为:(1)活期存款 10%;(2)定期存款 5%。

银钱业之存放利率,由银钱业公会视当地市场情况拟订,呈请当地中国人民银行核定。

有关银钱业管理的若干事项:凡已经核准登记设立之银钱业,欲停止营业、撤销分支行庄或变更名称组织及合并与增减资本者,须说明理由、呈请当地政府转报本府核准后始得办理。银钱业不能支付其到期债务或经当地中国人民银行停止票据交换者,本府得令其停业限期清理。如发生破产或因他故不能继续营业时,应开列事由呈报当地政府,经当地中国人民银行检查属实,经当地行署(省或府)批准并转报本府备案,方准停止营业。银钱业应按期造送营业报告表,呈送当地中国人民银行查核。必要时中国人民银行得随时派员检查其营业情形,财产状况及账簿,并得随时指定编造有关表报。银钱业有违反本办法规定之行为,得按其情节轻重,予以相应处罚。①

中央和华北区关于私营银钱业管理的政策决定和暂行办法,分别代表了解放战争后期对私营银钱业管理的原则和政策办法。这一时段解放区各地私营银钱业的管理,就是这一政策决定和暂行办法的实施。

---

① 华北解放区财政经济史资料选编编辑组等编:《华北解放区财政经济史资料选编》第2辑,中国财政经济出版社 1996 年版,第 399—402 页。

四、城乡金融业务及其变化

抗日战争结束后,随着各个解放区开辟、巩固,解放区银行、金融体系的确立,银行及其分支机构的建立,同时相继拥有了一批中小城市,城乡金融业务也相继展开。银行的基本业务,除了中央银行或总行发行货币外,主要是存款、放款和汇兑。不过在解放战争时期,解放区银行(公营银行)并非单纯从事金融业务、赚取利息(放款更必须严格执行党的阶级路线)的经济类机构,而是肩负着支持战争、谋求中国解放伟大战略任务的解放区支柱型产业。因此,解放区银行业务也不是一般性的存款、放款和汇兑,而是通过存款、放款和汇兑,吸收、利用游资、浮款,积累资金,搞活金融,加速商品货币流通,支持战争,促进解放区经济的恢复和发展。这是总的方针、目标和任务,而在不同时段,解放区银行的业务方针任务,又有不同内容和重点。

(一) 解放战争初期银行存放款业务的初步开展

抗日战争结束到 1946 年上半年,解放区处于暂时的和平间隙,银行的基本方针和任务是以资金扶助和发展生产,加快城乡经济复苏的步伐。原抗日根据地的各边区,经过八年战争摧残,疮痍满目,百废待举,只有通过银行资金支援,开展大规模生产运动,才能快速医治创伤,渡过难关,恢复元气,改善公私经济境况。

银行的基本职能是通过聚集和融通资金,支持生产建设。日本刚刚投降,冀南银行太岳分行,为了"吸收游资,扶助生产,鼓励节约,促进资本积累",迅即制定了定期存款办法。为予存户以更多便利及鼓励"专期存款",规定期限在 3 个月以上,由存户自由选择期限(期限以月计算),利率采用"递增累进"办法计算,每月凭折付息。存款 1000 元,每年可收入利息 420 元。存款有"手续便利、利息优厚、零用方便"三大特点。在定期存款之外,该行又制定了活期存款办法,规定存入 1 个月之后,可以随时提取,目的是"奖励储蓄,不使资本有短期闲散,便利机关团体及个人随时支用"。而且利息、待遇优厚,存款月息1分,满月不提者,由银行派员按月送息。不满月的存款利息,按实际日数计算。银行不但存款业务目的明确,而且对两种存款的用途、去向都有规定和"保证":定期存款"保证使用于生产事业,故规定各种期限,以便利扶助各种生产之发展";活期存款则"专门投放于短期贸易、运输事业,推进内地贸易,加强物资交流,使物价得以平衡发展,逐渐趋向稳定"。①

较大范围和较大额度的资金融通与支持,必须通过较大规模的资金贷放。晋冀鲁豫边区冀南区,1946年上半年银行工作的方针和中心任务,正是结合大生产运动、发展农工副业生产,发放大量生产贷款,扶助群众生产事业,奠定恢复农村以及中小城市经济工作的基础,具体总括为五点:(1)及时发放大量生产贷款,扶助农工业生产,增加群众财富,恢复农村经济;(2)加强银行工作,巩固本币信用,迅速实现全区统一的本位币市场;(3)加强城市工作,开展汇兑存放款工作,活跃金融,扶助城市工商业的发展,以促进各区的物资交流;(4)开展农村信用合作事业,发展群众性的借贷关系,以促进生产;(5)充实健全各级机构,加强干部业务教育,提高技术知识水平,培养银行工作人才。

借款工作是首项和最重要的工作。1946年(包括少数以前的旧欠)全边区贷款项目和金额分配见表20-59。

表 20-59 晋冀鲁豫银行农业贷款分配统计(1946 年春)

项目 / 区别	农业贷款		手工业贷款		合作运输贷款		总计	
	实数(万元)	百分比(%)	实数(万元)	百分比(%)	实数(万元)	百分比(%)	实数(万元)	百分比(%)
太行区	7500	33.3	10000	44.44	5000	22.2	22500	100
太岳区	12000	54.55	6500	29.5	3500	15.9	22000	100
冀南区	26250	70.0	7500	20.0	3750	10.0	37500	100

---

① 华北解放区财政经济史资料选编编辑组等编:《华北解放区财政经济史资料选编》第2辑,中国财政经济出版社1996年版,第63—65页。

项目\区别	农业贷款		手工业贷款		合作运输贷款		总计	
	实数（万元）	百分比（%）	实数（万元）	百分比（%）	实数（万元）	百分比（%）	实数（万元）	百分比（%）
冀鲁豫区	43000	72.88	9000	15.2	7000	11.9	59000	100
总计	88750	62.94	33000	23.4	19250	13.7	141000	100

注:原统计表中各项贷款数据后,均缀有百分比(%),系衍文,业已全部删除。

资料来源:据华北解放区财政经济史资料选编编辑组等编:《华北解放区财政经济史资料选编》第2辑,中国财政经济出版社1996年版,第71页调整改制。

如表20-59所示,全边区农业、手工业和合作运输贷款总额计边币141000万元。按行业分配,农业是重点,占62.94%,手工业、合作运输分别占23.4%和13.7%。农业方面,重点放在农具、牲口及肥料和种子上。手工副业方面,则以纺织为主,其次是造纸、煤、铁、硝盐、瓷器等各种有基础的群众性的手工业作坊。至于贷款对象,不论农业和手工业、副业贷款,均着重贷给贫苦群众,帮助他们生产发家,其次是中农。在生产组织有基础的区域(如太行区),以贷给已组织起来的贫苦群众为主。①

在太岳区,上揭农业贷款由冀南银行太岳分行负责发放。边区总行规定了四项发放原则:(1)发放给有劳动力的贫苦农民;(2)贷款用于农业生产;(3)解决实际困难,反对平均分散;(4)着重贫瘠和灾荒地区。主要目的是既要严格执行阶级路线,又要解决实际问题。按照这一原则,根据太岳区的实际情况。为了集中使用贷款,切实解决生产中的一些具体困难,不致过于平均分散,根据区内十几个典型村子调查材料,一般村子贫农户不超过17%—18%,确定贷款范围一般不超过总户数的25%(特殊贫瘠地区例外)。贷款的实际情况是,太岳区19县346340户,贷款户数为59205户,占总户数的17.09%,其中冀氏最高为22.6%,平遥最低为6.3%。从每户贷款额看,最少50元,可以买一把镢头、一把锄等,最多6000—8000元,一般的1000元上下,三户或四户合起来,可以买两

---

① 华北解放区财政经济史资料选编编辑组等编:《华北解放区财政经济史资料选编》第2辑,中国财政经济出版社1996年版,第69—71页。

头牺口。① 边区政府和银行在有限的财力下,"好钢用在刀刃上",部分解决了土地改革后最需要帮助的贫苦农民的困难,促进了农业生产的恢复。

同一时段,晋察冀边区冀晋银行的贷款重点也是支持生产。1946 年4 月 25 日,冀晋区行署、合作联合委员会和边区银行冀晋区分行发出《冀晋区行署、合作联合委员会、边区银行冀晋区分行关于 1946 年生产贷款的联合通知》指出,为了扶助群众顺利发展解放区的经济建设事业,使1946 年的生产超过任何一年,边区决定以 4 亿元边币作为冀晋区的生产贷款和工矿投资,计牺畜贷款 1 亿元,水利贷款 1 亿元,纺织贷款 5000 万元,工矿贷款 7000 万元,工矿投资 8000 万元。此外,大的工矿事业,如尚需巨款扶助者,还可呈边区投资扶助。为了因地制宜、因财制宜,收到实效,各项贷款地域、对象、重点都有明确要求和限制,强调以促进和发展经济建设为主要目标,要彻底改变过去的"官办作风与赈济观点"。牺畜贷款的贷出重点是放到交通要道上,与整修交通计划结合起来,并适当照顾灾区与新解放区。水利贷款以 100 万元以下的贷款为主,专用于"小而普遍,轻而易举"的水利建设,如打井开小渠、修片滩、小的防洪治河工程等。较大的特殊工程无法还款的可呈请其他办法扶助,暂不贷款。纺织贷款通过合作社贷出,扶助纺织工厂与群众的棉毛纺织。工矿贷款亦主要是 100 万元以下的贷款,主要用于熬盐制碱、开办小煤矿、建立作坊等。100 万元以上的须行署审核,商同冀晋分行直接办理。工矿投资则准备扶助较大的工矿业,须拟订详细计划报行署,商同冀晋分行直接办理。②

在陕甘宁边区,情况有所不同。日本投降后,物价大跌,边区政府幻想和平,主观计划要稳定金融、稳定物价,不敢大量发行,更不敢大量放款。直到 1946 年 10 月行长联席会议时,才计划从发行准备金中抽出1000 两赤金办理农业生产贷款,共折合券币 32250 万元。这些农业贷款也因自卫战争的爆发而未能全部贷出。

---

① 华北解放区财政经济史资料选编编辑组等编:《华北解放区财政经济史资料选编》第2 辑,中国财政经济出版社 1996 年版,第 86—90 页。
② 华北解放区财政经济史资料选编编辑组等编:《华北解放区财政经济史资料选编》第2 辑,中国财政经济出版社 1996 年版,第 16—18 页。

抗日战争时期,陕甘宁边区银行曾将资金用于自营商业,1942 年检讨银行工作后,大量收缩资金,银行所属光华商店拨交物资局管辖,银行不再自营商业。后来物资局改为贸易公司,因任务改变,集中力量注意对敌经济斗争,对内推行边币的工作明显放松。致使边币不能在农村中很好地流转生根。银行曾试图恢复原有的光华商店,以起到货物下乡与本币交流的作用。1946 年行长联席会议曾计划由银行由各分行的营业部门经营商业,以免完全依赖贸易公司。但银行缺乏能经营商业的干部,乃实行与公营商店合作,并逐渐做到自己经营商业。1945 年日本投降后,依据 1945 年下期各行、处决算来看银行损益,计总行和陇东分行两处盈利 16435861 元,关中、三边、绥德三处分行亏损 15888860 元,盈亏相抵,仅盈 547001 元。但这只是依据券币票面金额计算。如照购买力计算,则亏损极大。因此,历年各分行每年都要增加一至二次资金,结果只能依赖增加发行。因若和平实现,则不能随便增加发行,必须自力更生。为求保持银行放款后,不继续亏损下去,又决定允许分行的业务资金(发行库准备金例外)可以参与商业活动。

1946 年 1 月初旬,办事处提出壮大资金任务,随又分配银行边币 20 亿元的财政负担。规定不准在发行内支取,要在正常商业方面赚出。这与银行保本思想相结合,即积极布置商业据点,企图一方面用以推行边币,另一方面借以壮大资金。

银行原来的准备金是存有药品的,1945 年、1946 年两次转给贸易公司销售后,1946 年年初,规定可以在张家口参加收购。当时估计银行所存黄金转成药品,当年即可达到黄金万两,这与扩大发行准备金的思想相吻合。在这种情况下,产生了银行领导者参与商业与金融投机的思想。

1946 年 3 月批准总行业务处与绥西过载行曹福林商谈合作,订立合同。自 4 月起正式营业。据 1946 年业务处上期总结报告,投资 250 万元,3 个月(4 月、5 月、6 月)取得 101.3% 的利润。这等于商业放款扩大月息 33.8%。又便利了业务处自己做生意,而认为是成功的。进而发展为偷买、私藏黄金。当办事处检查其账目时,捏造活页假账,以蒙欺上级。

直到自卫战争爆发一年后边区政府东渡黄河、西北局检查银行工作中才被揭发出来。

陕甘宁边区银行从集资营商到违规私买私藏黄金、弄虚作假、欺瞒上级，撇开个人品德作风，从银行经营方针和金融政策的角度看，问题也十分严重：(1)把边区银行降低到私人商业银行的地位。银行一面增发券币，一面又被要求业务资金保持一定的购买力，这是自相矛盾的。允许银行业务资金自营商业活动，借以保持其一定的购买力，并要求其壮大资金，在一定时期一定程度上，与收缩通货、执行稳定金融任务自相矛盾；要求发行银行从存款放款业务与经营商业上追逐利润、壮大资金来负担一定的财政任务，这与稳定金融的任务也是矛盾的，结果必然混乱自己稳定金融的步伐；批准业务处与公营商店合作，准其追逐商业投机利润，这与稳定金融的任务也是矛盾的。其结果只有助长投机、打击自己。(2)把发行库赤金借给投机走私的公营商店与部队，收取其 10%—20% 的高额利息，这是违背国家银行低利放贷政策的。(3)以部分发行准备金收买私货，允许业务资金与投机走私的商店合作。采用这些助长走私的方法来壮大资金，是违法的行为。这是严重违反金融政策的。推行上述错误措施的结果是：所谓"壮大资金"是削弱了资金；所谓"经营正当商业"，则参与了走私违法的生意；破坏了边区银行原有的优良制度；助长了投机商的歪风，败坏了银行干部。[①]

1948 年年初，西北解放战争艰苦激烈、需款项而物价波动不稳的情况下，西北农民银行为了吸收游资，发展生产，繁荣市场并保证存款户之实物利益计，于 3 月 25 日制定印发《定期实物存款办法》，规定存款种类分为土布、小米两种。存款人可以票币按当时当地公司门市价格折成实物(土布、小米，以下同)，或直接存入实物。存款期满后，银行即照原存实物按当时当地公司门市价格折付本币本息。存款时间，分 3 个月、半年、1 年三种。不到期者，不得支取存款。利率：3 个月者，月息 5 厘；半年

---

① 陕甘宁边区财政经济史编写组等合编：《解放战争时期陕甘宁边区财政经济史资料选辑》下册，三秦出版社 1989 年版，第 113—115 页。

者,月息7厘;全年者,月息9厘。凡到期不支取者,即将本利转期,继续存满3月、半年或全年者,利息照规定利率计算。[①]

在东北,东北行政委员会鉴于在土地改革运动中,广大的农民获得了土地,但生产有实际困难,乃于1947年1月1日决定发放5亿元无息农业贷款,帮助贫苦农民解决缺乏耕畜、农具、种子的困难,以开展1947年的大生产运动。并就发放农贷的相关部署、措施和注意事项作出指示:(1)农贷限于发放给缺乏耕畜、农具的雇农、贫农和有困难的中农。贫苦烈属、军属则有贷款优先权。(2)农贷限于使用在农业生产上,如购买耕畜、农具、种子等,严防把贷款移作他用。应根据每户贫苦农民具体困难和要求分发贷款数目,并使每户农民得到贷款后能切实解决生产困难。因此发放贷款不宜过于分散,以免确有困难的贫苦农民得到一点贷款而又不能解决困难。每户贷款最高额由各地根据情况自行规定。(3)各地方政府应根据生产需要,早做准备,有计划、有组织地购买牲口和制造农具。组织牲口、农具集市,以免农民贷到款项无处购买的困难。(4)发放农贷应向群众宣传、动员,发动群众自己提出困难和要求,经过群众的评议,谁应贷和贷多少,然后由工作队或农会出具介绍证明,政府即负责发放。或即由工作队或农会代发。手续务求简单,并应迅速发到农民手里,以便早做准备。(5)发放农贷不要任何抵押及利息,贷期一年,期满后,政府斟酌情形收还。确实还不起者可以免收。发放贷款时不应先考虑贫苦农民还不还得了,并应消除贫苦农民不敢贷的疑虑。

东北行政委员会特别强调,发放贷款应和分地工作配合起来,这是土地改革分地后进一步帮助贫苦农民解决生产困难、巩固土地改革的成果。同时由于发放农贷可以解除贫苦农民分得地种不上的顾虑,借以提高农民分地的情绪。并从发放贷款工作中动员准备大生产,各级政府各地工作人员应认真进行调查研究、宣传动员,务期将农业贷款发放到已分得土

---

① 陕甘宁边区财政经济史编写组等合编:《解放战争时期陕甘宁边区财政经济史资料选辑》下册,三秦出版社1989年版,第119—120页。

地而生产有困难的贫苦农民手里,帮助发家致富,从而奠定东北解放区的
繁荣基础。①

在华北解放区,一些银行制定的营业简章或贷款办法,都是向生产有
困难的贫苦农民、抗属、劳动英雄倾斜。

1946 年 8 月,冀南银行制定的各种营业简章中,规定农业贷款"对象
以生产最困难的贫苦农民为主,在地区分配上,有计划的照顾有组织的群
众、灾区的群众以及抗战军人家属和复员人员家属。为了配合群众运动,
并有意识的奖励群运动开展较好的村庄或地区"。②

1947 年 4 月 1 日,《晋察冀边区银行冀东支行农业贷款暂行办法》规
定,贷款对象必须是"在农业生产中确有困难而具备下列条件之一者"。
其条件是:(1)受灾区之农民;(2)翻身后之农民;(3)战斗英雄及劳动英
雄模范;(4)抗属干属。用途"以购买农具、种子、牲畜、肥料与兴办小型
水利为限";金额有固定限制,购买农具、种子、肥料者不超过 5 万元,购买
牲畜、兴办水利者不超过 20 万元;期限最长不超过 8 个月,但归还日期应
在农民有收入时为宜,如在麦秋、果秋、大秋后;贷款手续亦相当严格,须
有区干部或村干部介绍或觅具保人(介绍人亦可作保)经银行核准后,填
写贷据,贷款方能成立。如有合作社村即通过村社(生产合作社)贷出,
无村社者可通过村农会,并从农贷利息中以 1/5 作为帮助放款村社或农
会的奖励。另外,贷款还须注意货币流通量,在货币筹码多的地区不贷或
少贷,在边币缺少的地区可多贷。③

晋冀鲁豫边区银行业务的基本方针,与晋察冀边区相同。冀南银行
冀南区行 1947 年年初的贷款重点,是翻身后开始组织起来的农民,谓"群
众翻过身要组织起来生产",故此 1947 年的贷款"就更具有其重大意
义"。照此原则,贷款的具体做法如下:(1)贷款主要是发展农业,解决农

---

① 东北解放区财政经济史编写组等编:《东北解放区财政经济史资料选编》第 3 辑,黑龙
江人民出版社 1988 年版,第 382—383 页。

② 华北解放区财政经济史资料选编编辑组等编:《华北解放区财政经济史资料选编》第
2 辑,中国财政经济出版社 1996 年版,第 106—111 页。

③ 华北解放区财政经济史资料选编编辑组等编:《华北解放区财政经济史资料选编》第
2 辑,中国财政经济出版社 1996 年版,第 43 页。

民生产中的困难,帮助购买耕牛、农具、肥料等。其次,制造农具的手工业也可以贷给。在1947年生产运动中要开展与加强合作社,故对新组织起来的县联社在资金上也应给予扶植。除此之外,还可进行一部分对土货输出的出口商人的贷款,借以扶植土货出口。(2)在贷款地区上应着重转入生产的受灾区,在成分上要贷给贫农、新中农和旧中农,强调组织起来,组织起来者贷款有优先权,不转入生产的地区,不进行贷款。(3)在款额上应做到"贷适所求",应根据具体情况灵活规定,不能机械。一般少则3000元,多至15000元,防止过于分散或过于集中。(4)贷款争取在3月份贷出,不应过迟而放过生产时机,贷款收回确定至11月底,但在收回时,应照顾群众具体情况,收款或收物资,如收物资其折合价格,应稍高于市价,总之不要使群众过分吃亏,利息规定为月息1分5厘。(5)在款项处理方法上,1946年未贷完的副业款,即作为1947年的春贷。已贷出者重新分配,将1946年所收回的旧贷款,也要贷出去。(6)借款以户为单位,发款以村为单位,发款地点日期由支行与区商量规定。(7)奖惩办法:顶名代替、浪费贷款等,除追回贷款外,停止其一年的贷款权利。(8)关于扶植合作社:县联社成立后资金周转不开,银行可以贷款帮助。但合作社不能单纯依靠银行贷款,银行还要帮助合作社的业务发展,银行的贷款业务要逐渐转移给合作社,信用合作社的工作仍应继续进行,要把经验总结起来。[①]

晋察冀边区银行冀东支行的贷款,一个重要任务是扶助和支持合作社(生产合作社)的发展,为此,1947年4月1日专门制定了《晋察冀边区银行冀东支行合作贷款暂行办法》。其贷款和条件十分严格。作为贷款对象的合作社,非但须"以生产为主",且须"合乎下列条件":(1)必须有一定之股金;(2)须有15个以上的社员;(3)有一定之生产业务并有发展前途。贷款用途、期限、金额亦有严格限制:款项只限于经营合作社之业务,如用途不当,"得随时收回";期限短暂,最长不得超过3个月;

① 华北解放区财政经济史资料选编编辑组等编:《华北解放区财政经济史资料选编》第2辑,中国财政经济出版社1996年版,第130—131页。

金额最高既不能超过其股金的 1/3,其实际金额,最高额亦不能超过 80 万元。①

(二) 特殊条件下银行存放款业务的新思维新举措及其实施

1947 年夏季大反攻展开后,不但解放战争推进速度大大加快,新老解放区稳定物价、恢复和发展工农业生产的任务也成倍加重,资金需求更加紧迫。同时,物价波动和城乡市场的不稳定性加剧,银行正常开展业务的难度加大。在这种特殊条件下,为了维持和扩大银行业务特别是存放款业务的开展,必须有新思维和新举措。1947 年 11 月 18 日,东北银行总行就业务方针、业务资金等问题,对各分支行、办事处提出的意见、要求中,头条任务就是"大力吸收存款",强调存款,尤其是定期存款,"可起收缩通货、稳定金融之作用,巩固本币之信用"。但由于战争情况和物价不稳,存款利息低于工商利润,吸收存款有很多困难,必须寻找新的存款对象,特别是在较大城市中,对一般工商企业资金周转中的活期存款,以及机关部队经费往来存款,"小公"游资定期存款仍有其发展前途,必须创造条件,大力争取。如存取手续应力求简便迅速;对工业之贷款户应建立往来存款关系;广泛宣传银行存款之方便与利息(有些机关因不知道银行存款利息,将现金寄存于家中)等。

东北银行总行对放款也作出了明确规定和限制,根据以发展制造业为主,发展农业、发展工业等经济方针,强调银行放款对象应该是:农业、农村副业、手工业、林牧业、渔业、运输业、合作事业以及有利于国计民生军需民用之各种企业。对于非必需品(奢侈品)之工业,囤积居奇、投机倒把之工商业应禁止贷款。对农产品加工业,亦应有一定限制。东北银行总行确定的放款对象是:(1)有利于国计民生军需民用之各种工矿业:①军事工业及与军事工业有关之各种化学工业;②能制

---

① 华北解放区财政经济史资料选编编辑组等编:《华北解放区财政经济史资料选编》第 2 辑,中国财政经济出版社 1996 年版,第 44 页。

造生产工具之机器工厂;③军需民用必需的轻工业,如纺织、造纸、被服、制革、火柴、肥皂、陶器、文具等工业;④采金、采煤、炼钢、炼铁等各种矿业;⑤电业及电气器材工业。(2)农业及农村副业:①春耕、夏耘、秋收等各种贷款;②农场;③水利;④特种农作物:如种植棉花、亚麻;⑤养蜂、养蚕、养鸡、养兔、采集土产山货等各种农村副业。(3)手工业:小型作坊,如铁匠、木匠、毡毛、皮工,各种手艺工匠如熬碱、熬盐、粉坊、豆腐坊等小型作坊。(4)水陆交通运输业,马、牛、羊、猪等畜牧业和捕鱼业。(5)农民翻身后所组织之生产运输、消费、信用等真正为人民服务之合作事业。(6)为调剂物资、发展经济,出口土产换进必需品之商贩可酌予贷款。但应调查确非投机倒把始可借给,普通商业不应贷款。

东北银行总行特别强调,各分支行、办事处,应根据当地实际情况及银行业务基金多寡,与政府协商,与各公营企业配合有计划地进行,使有限资金确实用于急需发展的企业,避免轻重倒置以及无计划的状态。同时必须注意贷款风险。故此,定期贷款除农业贷款最长9个月外,其他贷款最长期间为半年。放款利息方面,根据今后财经方针,金融物价可能做到相对平稳,但绝对平稳在战争时期很难做到,货币贬值势在难免。如仍以平时观点,银行利息低微,则借款者不但获得一般生产之利润,且攫取货币贬值之资金,增加银行之负担(即国家之负担)。因此根据银行存款利率、金融物价波动的趋势,一方面扶助生产发展经济,奠定稳定金融的基础;另一方面减轻银行货币贬值的负担,必须慎重确定贷款利率。

关于汇兑,东北银行总行提出,为活跃金融、发展经济,应尽量使各地汇兑畅通,便于资金之交流。但是,汇款收付影响各地货币流通数量以及银行的业务基金,因此,总行各分支行、办事处往来汇兑业务作出如下规定:各分行间的汇兑每笔最多不应超过1000万元;收汇与付汇的差额最高不得超过5000万元;本省分行与外省支行、处间的汇兑每笔最多不超过200万元,收汇与付汇差额最高不得超过1000万元。超过上项规定的汇款,应事先以电话或电报向总行联络,经总行允许始准收汇。总行为调剂各分行间的汇兑,得随时向分行调拨现金。[1]

在解放战争胜利形势的鼓舞下,东北银行鉴于当时的特殊战争环境,对银行存放款业务产生新的思维,决定采取新的举措。

1948 年 3 月,东北银行第三次分行经理联席会议专门讨论了当时的战争环境对银行业务的利弊影响,如何扩大存款范围、利用存款、发展经济特别是发展农村经济的问题,认为一方面,由于战争环境,生产范围缩小,物资缺乏,物价上涨,货币跌价,吸收存款有困难,进行放款有顾虑,因而银行业务减少;但另一方面,革命战争现在已经到达了一个转折点,解放军进攻中不断胜利,到处胜利,解放区日益扩大,物资力量日益增强,银行信用也随之日益提高。这对银行开展业务(吸收存款、进行放款),客观上存在着有利条件,问题是如何努力利用这个条件促使物价更稳、经济更繁荣。

鉴于物价不稳,为了扩大存款,会议上决定两种存款办法,一种是货币存款;另一种是货币折实存款,任凭存款人选择。如怕物价上涨,可办理折实定期存款;如愿多得利息,可办理货币定期存款。并准备重新规定利率。根据一般银行规定利率标准,应以金融市场筹码多少来决定。有时通货过多,物价上涨,则利息提高,吸收存款,收回贷款;有时通货不足,引起物价下跌,则利息降低,减少存款,增加贷款。银行准备在大城市中试办"比期""折息"办法,由银行随时挂牌公布利率。只有这样,银行在调剂金融、吞吐货币上才能运用自如。过去老解放区规定分半减息之法令,应以折实计算来执行,如以货币计算,必须把货币跌价的比例计算在内。

其次,如何利用存款,发展经济,发展农村经济问题。大家认为要多放款以发展经济,就必须多吸收存款,要多吸收存款,就必须采取货币折实——实物存款的办法或较高的利率,才有可能。与此相联系,银行的放款办法,也就必须以货币折实——实物放款为主,然后才能放手以折实办

---

[1]　东北解放区财政经济史编写组等编:《东北解放区财政经济史资料选编》第 3 辑,黑龙江人民出版社 1988 年版,第 398—402 页。

法去吸收存款。银行为了适应东北 1948 年经济建设计划"以农业为主，发展农业，发展工业"的原则，迫切需要利用存款，解决农村春耕生产困难问题。根据各分行反映的材料，农村经济情况，确实还是需要生产资金。农村中虽然已经斗倒封建势力，平分土地，挖得财宝；但由于各地村屯贫富不均，斗争果实有多有少，有的村屯分得果实后确已解决问题，但有的村屯斗争果实不多，翻身后的农民在经济上还有很多困难。特别是在收成不好的地方，更是普遍地感到缺乏粮食、种子、牲口、农具等。如何在春耕之前，解决农民这些生产当中的困难，是银行要发展农村经济需考虑的一个很重要的问题。东北行政委员会虽然已经发下 45 亿元贷款，解决一部分农村资金问题，但相比农村需要，这个数字还是很少。因此银行决定利用吸收存款，贷放到农村，以帮助土地改革后翻身农民，能扩大生产。并将放出之现款或实物，一律按当地市价折成粮食，而这种以实物计算的方法，从发展农民经济上来认识，农民是不吃亏的，而且农民也是喜欢的。所以在讨论贷款章程时明确规定，此项放款系银行利用在城市吸收之存款，贷入农村，以帮助农民解决资金之困难，系由银行直接办理的纯借贷性质的一种业务，除不可抗拒的原因外，应取得确实保证，以生产小组或屯为单位，有借必还，与政府发放之农贷有所不同。不同之处，在于政府发放之农贷，以货币计算，如春天借给农民 5 万元买粮食 1 石，秋后粮价涨一倍，农民以 5 斗粮食即可还 5 万元的借款，使农民不但借到生产资本，并且因货币贬值而得到 5 斗粮食的额外利益。这种对农民的补助，当然很好；但这种补助是由国库支付的，过多会影响物价，或增加农民负担。反过来，如果秋后粮价跌落，货币价值提高，农民吃亏更大了。因此一般生产部门借到生产资本以生产成品计算，农民以粮食计算，最为适当。

总之，银行帮助农民解决生产资金困难问题，是加强生产支持长期战争与改善人民生活的物质准备，春耕在即，迅速组织存款投向乡村中去，应该成为银行最重要的基本工作。①

---

① 东北解放区财政经济史编写组等编：《东北解放区财政经济史资料选编》第 3 辑，黑龙江人民出版社 1988 年版，第 423—427 页。

在关内解放区,为了适应人民解放军战略大反攻的新形势,特别是加快农业的恢复和发展,保证前方供给,为解放军挺进华中、华东做好物资、军需上的准备。1947年12月召开的华东财经会议,在通过银行工作决议中,特别强调了农业贷款,从金融方面促进农业和经济发展,专门就农业贷款作出了说明和规范,将银行农业贷款提高到了特别重要的位置,强调农业贷款是银行各种贷款(渔盐、小本、合作、工商)中的"主要业务",是"从金融方面促进经济发展的主要办法"。在银行资金分配上,要改变过去银行资金分散使用的习惯,将资金重新集中用于农业贷款;贷款对象要集中于贫苦农民。在贯彻土地改革以及生产、节约、备荒,保证前方供给的总方针下,贷款以"扶助土改中翻身雇、贫农为主,以及受蒋灾不能维持生产的雇、贫、中农,使他们获得生产资本,提高土地的产量,并以此消灭封建高利贷剥削"。

在贷款方法上,过去以现金贷款,因币值不稳定,农贷资金无从积累,应逐渐改为以实物贷放为主;过去银行没有普遍机构,农贷分散为政府部门贷放,既不能保证正确贷放与积累经验,又无人收回,资金徒然消耗。此后银行应负起本身职责,主管贷款。因此会议决定:

第一,银行暂时取消过去决定各种贷款基金(以后根据情况需要另行增设),一律改为农贷基金。此外,并请华东局财委会在旧历年前,准拨鲁中农贷基金5亿元、鲁南4亿元、滨海4亿元。其中包括种子、肥料、耕牛、农具、副业等,以农民为对象之各种贷款,具体划分由各行按实际需要决定。

第二,所有农贷基金,在不刺激粮价的条件下,逐渐变为黄豆、豆饼、小麦等粮食,贷放种子及肥料均以实物往来,农具、耕牛等则以现款往来,农贷以借粮还粮、借钞还钞为原则。

第三,银行应具体了解当地农民在一年中耕种几次,施肥几次,收获几次,并各在何时。依据以上了解的情况,把资金有计划地周转,先后衔接不断,使得农民在每次耕种施肥时,都能得到一定的贷款扶助。

第四,过去因银行资金不足,普遍发放平均分配,结果大家借得很少,不能解决困难。因此必须采取重点发放,根据土地改革情况正确进行,以最贫苦、受"蒋灾"、水旱荒灾最严重地区为重点,借户中则选择最贫苦、最缺乏生产资本的贷户为重点,贷款数目,务求解决借贷户之生产资本的要求。并以借户 6—10 家组成借贷小组(有劳动互助组者不再组织),互相保证贷款用于生产,不乱用。干部、军、工、烈属、荣军,在农贷中视同一般农民,无特殊权利。

第五,为保证以上贷款原则的贯彻,规定:农贷之分配权,应由当地党委、农会、政府实业部门及银行会同商定;银行为农贷之主管机关;发放贷款应由银行与借户直接经手交接立据;银行尚未建立机构之县或区,农贷暂缓发放,须迅速建立银行机构以后再放;如灾荒过重需要进行救济之地区,应由政府向上级政府请求拨款救济,不得直接向同级银行要求动用农贷基金移作救济之用。①

在晋冀鲁豫边区冀鲁豫区,冀南银行冀鲁豫区分行"扶植贫农发展生产"的 7 月会议后不久,即到了农村小麦播种季节。10 月 1 日,区行开始布置麦种贷款,"突击这一带有极大时间性的重要工作,以解决黄灾区及雨淹区贫苦群众的种麦困难"。这是一项时间性和政治性、阶级性极强的贷款,而且时间紧迫。各地各支行立即布置,贷款内容,既有现金,也有麦种实物。据称在半个多月的时间内,四分区即贷出麦种 69 万斤,增加种麦面积 9.2 万亩;六分区贷出 49537730 元,增加种麦面积 73681 亩余;八分区贷出 50270500 元,增加种麦面积 42042 亩;九分区贷出 70089000 元,增加种麦面积 89990 亩。以上共贷出现款 149897230 元、麦种 99 万斤,共增加种麦面积 296731 亩余。解决了灾区、穷区贫苦群众的严重麦种困难。

贷款的绝大部分放到了重灾区的灾民手里,并保证贷款完全发挥了增产作用,例如高陵、内黄、阳榖三县,共拨给麦贷资金 221561275 元,贷出 224355275 元,超贷 279400 元,共贷了 205 个村、5070 户,其中贫农 4632 户,占 91.18%,新中农(土地改革前为贫农)447 户,占 8.82%,共增

---

① 中国社会科学院经济研究所中国现代经济史组:《革命根据地经济史料选编》下册,江西人民出版社 1986 年版,第 748—750 页。

加种麦面积 271991 亩。又如范县三区邢马庄,紧靠黄河,全村可耕地 10148 亩,就有 70% 的耕地坍塌河中;全村 116 户中,82 户没有麦种,贷给 139750 元,增加种麦面积 2528 亩,博平吕孙庄 68 户中,有 45 户没有麦种,2 户需要补充,经贷款 28 万元,多种了麦子 233 亩。

1947 年 7 月,分行经理扩大会议后,在贯彻贷款工作中的阶级路线生产政策上,有了不少新的宝贵经验,突出表现在发放贷款时,一般的都采取了"比穷比家当"的贫农评议方法,使贷款真正放到了"困难最大的贫农手里",因而在生产上发挥了显著成绩,证明了 7 月会议关于扶植贫农发展生产,贫农评议和积极参加中心工作来进行贷款的各项决议,都是十分正确的。

此次麦种贷款坚决贯彻 7 月会议的精神,更好地掌握群众路线,保证把贷款完全贷到贫苦群众手里,为发展生产起到作用,并取得了新的经验。

银行在清丰五区贷款时,坚持"通过划分阶级发放贷款",其具体做法是:

(1)用比穷追苦,摆家当划分阶级的办法,分清了阶级,解除了群众生产发家的顾虑,提高了生产积极性,正确分配了贷款。

贷款前,该村群众普遍存在"割韭菜"思想,中农情绪不稳,大吃大喝,认为"吃了是赚头",贫农不敢上升,谁生产积极,别人就说他"想上滑子"。银行贷款所了解情况后,认识到这主要是由于阶级划分不清,群众对政策不了解,于是就领导群众"比穷追苦"(过去谁受的苦大)比家当,划分阶级,并结合复查,进行了团结中农消灭地主的政策教育,在划阶级中贫农情绪大大提高,斗争了恶霸地主,稳定了小农情绪,解除了群众发家顾虑,提高了生产积极性,划清阶级后,即根据群众困难,生产计划提出的贷款要求,经贫农分组评议、大会审查,98 万元贷款完全贷到贫农手里。

(2)通过积极分子,组织生产互助,转变了群众认识,掀起了全村自觉的互助运动。

在战勤复查中,群众的个体生产受影响很大,但由于过去的合作互助搞得不好,群众吃过亏,所以现在都不互助,这时银行贷款所先动员了几个积极分子带头互助(贷款 10 万元),经过指导帮助,一个半月赚钱 24 万元,没有互助的赚钱很少,或没有赚钱,贷款所抓住这一典型向群众进行教育,转变了群众对互助组的认识,在这一影响下,全村发展了十一个互助组,并有了统一领导各组生产的合作社(统一领导分组分红),自 8 月开始放贷以来,该村共贷款 110 万元,到 11 月下旬,已大部分归还,群众的困难也大部分解决了。

濮县姚坊贷款中,也采取了"比穷"的办法。

姚坊共 38 户,赤贫农 36 户,只有 2 户中农,贷款时已有 5 户没饭吃,大部分贫农维持生活很困难。又因战勤修堤,生产困难,群众都酝酿向外逃荒(7 月),银行贷款所首先表明了政府一定给大家想办法,保证有饭吃,稳定群众情绪,接着即让群众提出困难,订出生产发家计划,在酝酿中,群众自动组织成三个互助组,各组订出了计划,除赚钱养家外,并争取在秋前每组再买两头牛,明确了奋斗目标,并且计划了具体生产办法,当时即根据群众计划,给贫农评议发放了贷款。

经过一个多月后,贷款所到该村检查贷款时,即让大家比一比贷款后的生产成绩,这时团结最好、生产最积极的唐桂荣组,首先自报了成绩和经验,受到全村群众表扬,在其影响下,生产最差的曹景清组即自动做了检讨,教育了组中两个懒汉,提出要跟唐桂荣学习。经过这次检查,提高了全村生产情绪,到 10 月时三个互助组共计赚洋 110 多万元,增加了 6 头耕牛,群众的生活生产困难得到解决,生产情绪特别高涨。[①]

综合晋冀鲁豫边区 1947 年全年生产贷款整体情况,全区分配生产贷款资金 83 亿元,其中春耕贷款 48 亿元,冬季生产贷款 35 亿元,据太行、太岳、冀南及冀鲁豫黄河北 4 个分区统计,实际放出 120.41 亿元(包括盈余存款及周转数),相当于分配贷款资金的 145%,其中农副业贷款占

---

① 华北解放区财政经济史资料选编编辑组等编:《华北解放区财政经济史资料选编》第 2 辑,中国财政经济出版社 1996 年版,第 200—202 页。

76.77%,工业贷款占 10.62%,合作放款占 6.64%,低利放款占 6.57%。

　　贷款用途方面,据太行、太岳、冀南 68 个县的统计,春耕贷款用于购买牲口占 46.7%,买农具占 18.5%,种植特种作物占 1.8%,买肥料占 5.2%,买种子占 2.3%,用于副业占 11.2%,其他占 17.4%。又据太行、太岳 26 个县的不完全统计,共贷款 29292.8 万元,另有私人资本协同贷款 21787.2 万元,私人资本贷款相当于公家贷款的 74.38%。

　　这些贷款大大缓解了农民生产资金短缺的困难,农民得以及时购买种子、肥料,添置耕畜、农具,修复水利,恢复和扩大了生产,增加了收入。据太行、太岳、冀鲁豫 3 个区 36 县的不完全统计,共帮助农民购买牲口 10224 头(这些牲口大部分是解放区内地调剂的,但也有一部分是由敌占区和友邻区买进来的),太岳一分区县还扶持了 13 个牲口配种合作社,半年配成了 300 多头牲口。又如高平群众不敢种植蓝草,银行提出种 1 亩蓝草贷款 1 万元,如怕赔钱,可同银行合伙种,结果,160 万元贷款,种了 210 亩蓝草,估计可产 14000 斤,值米 1400 多石。如太岳济源贷款 200 万元,修复了 15 里长的旧渠,可浇地 4000 多亩,每亩增产秋夏粮各 5 斗,可增产粮食 4000 多石。太行区陵川支行,在百日纺织运动中,放款 781.9 万元,帮助妇女购置纺车 1017 辆、布机 157 架、纺纱机 2 台、轧花车 2 架,全县发展纺妇共 40137 人,完成土布织造任务 233150 斤。据统计,冀鲁豫 8 个村 392 户贷款 384.55 万元,3 个月获纯利 107769.49 元,平均利润为 2.8 倍,其中清丰一借贷所以 48 万元贷款,扶助起 20 个铁匠炉、80 个工人,2 个月获纯利 718.4 万元,并解决了大批农民、手工业者的工具困难。[①]

　　关于贷款对象,银行贷款是经济工作,但因农民普遍困难,资金需求量大,而银行资金有限,不可能有求必应,无法满足所有要求,因而贷款对象有严格的选择。事实上,1947 年生产贷款的覆盖面相当小。按村计算,1947 年冀南、太岳两区农业贷款覆盖情况见表 20-60。

---

　　① 华北解放区财政经济史资料选编编辑组等编:《华北解放区财政经济史资料选编》第 2 辑,中国财政经济出版社 1996 年版,第 222 页。

表 20-60　晋冀鲁豫边区农业贷款覆盖情况统计(1947 年)

区县	项目	总村数(A)	贷款村数(B)	B/A(%)
冀南区	广平	173	55	31.79
	肥乡	253	92	36.36
	企之	352	85	24.15
	永年	330	26	7.88
	鸡泽	150	78	52.00
	南宫	420	70	16.67
	南和	166	31	18.67
冀南区	宁南	130	20	15.38
	隆平	137	33	24.09
	衡水	370	117	31.62
	冀县	405	35	8.64
	武邑	552	213	38.59
	唐强	545	122	22.39
	众县	833	198	23.77
太岳区	沁源	675	115	17.04
	长子	477	108	22.64
	平遥	154	24	15.58
	屯留	241	81	33.61
	沁县	781	114	14.60
	灵石	240	44	18.33
	临洪襄	384	19	4.95
	晋城	1182	470	39.76
	高平	575	171	29.74
	济源	408	150	39.76
	王屋	586	31	5.29
总计/平均	25(县)	10519	2502	23.79

资料来源:据华北解放区财政经济史资料选编编辑组等编:《华北解放区财政经济史资料选编》第 2 辑,中国财政经济出版社 1996 年版,第 217 页综合改制。原表百分比计算有误,业经重算核正。

如表20-60所示,两区总计25县、10519村中,1947年前发放生产贷款的只有2502村,按县计算,贷款覆盖面(率)最高的为52%(鸡泽);最低的只有4.95%(临洪襄),平均23.79%,还不到1/4。

贷款发放不仅在地域上无法做到全覆盖或大面积覆盖,只能在小部分村庄呈点状零星发放,即使在选定发放贷款的村庄,也不可能有求必应,每个生产有困难、急切需要帮助的农户都能获得贷款,必须按照严格的标准筛选、确定。在敌我斗争异常激烈、土地改革刚刚结束或尚未结束的农村地区,首先必须扶植和满足的自然是土地改革之刚刚分到土地而又无力耕种的贫苦农民。边区银行总行明确提出,贷款对象"主要是贫农、新中农、中农";太岳区提出"贷给困难较大的新翻身户";太行区提出贷款"集中用于贫苦农民";冀鲁豫区提出"赤贫贫农是贷款的基本对象,对中农采取个别照顾"。提法、措辞、侧重点互有差异,贷款的重点对象是贫雇农和中农,或者准确地说,是生产有困难的贫雇农和中农,贷款对象并不包括地主富农。贷款发放的实际情况基本上也是这样,也可能稍有差异。表20-61反映了1947年冬太行区农业贷款发放的阶层(阶级)分布情况。

表20-61　太行区7县99村农业贷款阶层分布统计(1947年冬)

县村	项目	贷款总额 (万元)	贷款在各阶层中的分布状况(%)			
			贫农	新中农	旧中农	地主富农
平定	七个村	490.2	—	28.30	67.30	4.40
左权	川口村	11.195	—	52.50	45.81	1.69
黎城	十三村	223.85	24.20	—	70.70	5.10
温县	平皋村	30	—	—	100.00	—
辉县	42村	—	25.18	54.60	19.21	0.41
武安	小涉村	10	—	41.00	28.00	31.00
获嘉	七村	11.5	33.40	—	66.60	—
总计 (7县)	99村	776.745*	19.20	25.20	50.40	5.20

注:*缺辉县贷款额数据。

资料来源:据华北解放区财政经济史资料选编编辑组等编:《华北解放区财政经济史资料选编》第2辑,中国财政经济出版社1996年版,第217页改制。

  表 20-61 中晋冀鲁豫边区太行区 1947 年冬的贷款统计显示,贷款结果与总行关于贷款对象"主要是贫农、新中农、旧中农"的要求可以说基本吻合。贷款对象 44.40% 是贫农和新中农(土地改革前的贫农),不过超过一半(50.40%)是旧中农(土地改革前的中农),同时还有 5.20% 的贷款给了地主富农。其中武安小涉村,更有 31% 的贷款对象是地主富农。还是很不寻常的。

  其他统计反映的情况,也大同小异。1947 年春季农副业贷款,据太行、太岳、冀南、冀鲁豫 4 个区 234 个村的统计,共有贷款户 7417 户,其中,贫雇农(包括新中农)占 74%,中农占 24%,地主富农占 2%。按户数计算,贫雇农(包括新中农)接近 3/4,是贷款对象的主体。从贷款金额看,据太行、冀鲁豫 218 个村的统计,共贷款 4929.867 万元,其中,贫雇农(包括新中农)占 78%,每户平均 7500 元;中农(旧中农)占 19.5%,每户平均 5100 元;地主富农占 2.5%,每户平均 6000 元。贫雇农(包括新中农)的贷款金额比重,高于户数比重。再从各阶层贷款户数占本阶层户数比重看,据太行区博爱 3 个村的统计,赤贫占 5.88%,贫农占 45.18%,中农占 24.07%,富农占 10.71%,地主占 32.42%。再看村干部占有贷款的情况,据冀南、太行 6 个县 8 个村的统计,共贷款 249 万元,干部即占 52.3%。合作社占有贷款情况,据太行区 7 个县 48 个村的统计,共贷款 2247.849 万元,合作社即挪用 75.7%。1947 年冬季副业贷款,据太行、太岳、冀南、冀鲁豫 4 个区 43 个村的统计,共有贷款户 23312 户,其中贫农(包括新中农)占 85%,旧中农占 14.8%,地主富农占 0.2%。从贷款金额看,据冀南、冀鲁豫、太行 148 个村的统计,共贷款 49166.3242 万元,其中贫雇农(包括新中农)占 93%,每户平均 3.2 万元;旧中农占 6.63%,每户平均 1.6 万元;地主富农占 0.37%,每户平均 4060 元。

  上述情况,总的来说,1947 年一年的贷款工作,在以农业为主的大生产运动中,确实帮助部分贫苦农民解决了农业生产中的不少困难(包括牲口、农具、种子、肥料等)。冬季贷款,主要用在纺织运输等副业生产上,不仅解决了群众冬季生产资金缺乏问题,也为翌年春季大生产运动打下了坚实的物质基础,并发放了8亿元的灾区低利放款,在组织灾区群众生产渡荒上起到了很大作用。在农户阶层分配上,则绝大部分或大部分贷给了贫雇农(包括新中农)。其次是旧中农,并从发动与组织群众生产中,使贷款和私人资本结合起来,发挥了私人资本在生产运动中的作用,减少了资金浪费,加速了贷款周转。①

不过1947年的贷款工作,也存在着相当严重的问题和偏差。

(1)干部贪占和窃取贷款问题。据太行、冀南8个村的统计,干部贪占部分相当于贷款额的45%。这一统计虽不代表全区,但干部贪占确实是比较普遍和严重的现象。其贪占贷款的方式、手段多种多样:有的是顶名承贷,如冀鲁豫区范县薛堂村,两名村干部顶替16名贫雇农贷款18万元;有的向群众隐瞒贷款数额,如冀南清河前鳖村干部领回贷款35万元,向群众宣布30万元,其余5万元干部私用;有的以威胁群众的手段达到自己贪占款项的目的,如冀鲁豫区范县联合村领回贷款20万元,向群众宣布3个条件:第一,必须买牛;第二,干部不保;第三,啥时要啥时还。致使群众不敢承贷,干部趁机贷去做生意。还有的干部领回贷款根本不让群众知道,自己拿去做生意。也有的是先拿贷款做一段时间生意后,再贷给群众。

(2)从阶级成分上看:地主富农占款数量不大,但也是不应该的(一般都是和村干部有关系,并非不贷款即无法生产);其次是贫苦和老实的贫雇农贷不到款,或贷得少,而贷到款的贫雇农多是比较活跃、和干部有关系。据博爱3个村的统计,共有赤贫农34户,贷到款的只2户,占总贷户的0.71%,其中东介沟村21户赤贫农,没有1户贷到款。另外,某些地区旧中农占有贷款太多,甚至全部贷款为旧中农占有。据太行区7个县99个村的统计,旧中农贷款即占50%以上(见表20-61),温县平皋村30万元贷款,全部贷给了旧中农(见表20-61)。这些是1947年春季贷款中的严重问题。在冬季贷款中,又走到另一极端,发生不要中农、危害中农利益的“左”倾行为,以及为贫雇而贫雇,把款贷到贫雇手里,不组织生产

---

① 华北解放区财政经济史资料选编编辑组等编:《华北解放区财政经济史资料选编》第2辑,中国财政经济出版社1996年版,第223页。

的单纯任务观点和恩赐救济观点,造成中农、贫农对立,使贷款脱离生产的偏向。如左权县,有些村强调将中农旧贷款一律取回,迫使中农卖粮还款,引起了中农不满,打击了中农的生产情绪,有些中农反映:"现在是贫雇当权,银行贷款也不让咱贷,将来不知该怎样"。有的地方,贫农贷款强迫中农拿游资;或合伙搞生产中农不分红或少分红。如太岳沁水壁峰4个贫雇召开中农会议、中农报游资27万元。晋城马埠头规定中农集资不分红或暂以信用贷款得利息。有的地方既不根据贫雇生产需要分配贷款,也不组织发动生产,致使贫雇贷到款背上包袱,成了负担。如涉县台儿庄贷款36万元,把贫雇分为三等。第一等是做过长工的每户2.5万元,第二等每户2万元,第三等每户1.7万元。还有的贫雇农拿到贷款转贷给中农得利息。如赞皇五区25个村,这样做的就有14个村,每1万元每月得1斗高粮利。还有的地方为把贷款真贷到贫雇农手里,强调查三代"比穷站队",在阶层找"血统贫雇",不但使中农贷不到款,甚至将贫雇农提到中农里去。

(3)合作社占用贷款问题。这是太行区一个比较严重的现象,仅据7个县48个村的统计,合作社挪用贷款占半数以上,将其从事商业经营。这不仅使贫雇农入股少、分红少,贫雇吃亏,而且合作社挪用贷款,从事商业经营的结果,使贷款脱离了生产,群众生产资金困难得不到解决。在挪用方式上,有的是假造贷款名单,将贷款压下挪用。如涉县衡家庄合作社将贷款15万元挪用3个月,银行干部检查时合作社还拿出假名单,并哄骗群众说:"银行问时就说贷着款啦"。少数干部议定,任何人不准暴露。有的是从银行领回贷款先挪用一段时间,再贷给群众,或从群众手里收回来不再贷出,或多收少贷。也有的以抬高利息、限制用途、结合游资等办法,使群众不敢贷款,而达到占用贷款的目的。如涉县白泉欢合作社将利息提到5分至8分,并规定必须结合私资一半来限制群众贷款。① 真正有困难的农民根本借不到款。

---

① 华北解放区财政经济史资料选编编辑组等编:《华北解放区财政经济史资料选编》第2辑,中国财政经济出版社1996年版,第223—224页。

　　1947 年银行贷款中出现的上述问题和偏差,受到边区、地区政府和银行领导的高度重视。冀南银行在关于 1948 年春季贷款工作的指示中,一方面,强调春季生产贷款是"1948 年银行工作的主要任务",各级银行必须用主要力量结合生产运动,从组织群众生产中及时发放生产贷款,解决群众生产中的资金困难。贷款的主要对象是贫农、雇农,同时必须贷给有困难的中农及乡村手工业工人。另一方面,特别提醒贷款方式和发放渠道,在老区和半老区,经过了土地改革、整党与民主运动,贷款的发放必须通过这些改组后的农会或改组后的生产组织,包括合作社、信用社(部)、互助组等;在春耕前干部未经改造、组织尚未整顿的地区,一般的可以不经过干部和旧组织发放,而要组织以贫雇为骨干联合中农的贷款委员会或贷款小组,评议发放;过去隔开群众专门依靠干部、依靠合作社发放的教训应当吸取。

　　同时,发放时必须注意检查旧的贷款,其关键是纠正过去合作社挪用贷款、干部利用权力多占贷款的现象,将这些不合理的多占贷款转到生产有困难的群众手里。各区必须发动群众普遍检查一次贷款,着重总结两个问题:(1)贷款的阶级成分与生产用途;(2)农副业贷款与生产季节的衔接问题(例如 1947 年冬贷如何从副业生产转入春耕,1947 年麦贷如何转入冬季副业生产等),就是要把全年贷款,由农业到副业,再由副业到农业,使贷款在贷户手里多周转、多翻腾,不因生产的季节性把资本闲置起来,这一问题,群众的创造很多,银行发挥总结群众经验很少,1948 年必须得到解决,因此必须彻底转变坐在机关发指示,有布置、无检查,有工作、无总结,表面上忙于日常事务的官僚主义作风。要坚决深入群众及时检查,善于发现群众创造,及时总结经验。墨守成规,满足于老一套的做法是不能解决问题的。

　　贷款要走群众路线,贷款是为了组织生产,解决群众生产资金困难,因此,必须从群众的实际要求出发,各级领导同志必须到群众中去,不要理想地规定贷款的用途,群众的生产困难是多种多样的,贷款使用的时间也是长短不齐的,有的贷款需要买牲口,有的需要添补农具和肥料,有的还需添补粮食才能度过春耕。总之贷款用途要掌握具体情况,按具体情况组织群众生产,根据生产需要发放贷款。过去群众反映银行的贷款"买牛钱不准买羊,秤盐钱不打醋",实际上对银行行政命令的规定用途做了正确的批判,同时也要反对款贷下去了,以为完成任务、不组织群众生产、不检查贷款用途的自由放任的现象。

在贷款评议中,必须批判过去开群众大会或村干部大会的方式,虽然名为民主评议,实质上多为少数干部及活跃分子所操纵,结果为干部和干部有关的分子多占贷款。困难较多的贫雇农得到较少的贷款,这种形式主义的缺乏阶级观点的做法,不是真正走群众路线;同样也必须纠正单纯的"贫雇路线"、在评议贷款时不让中农参加的狭隘的群众路线,正确地评议贷款的群众路线,必须是有领导的,依靠贫雇、团结中农的。比根底、比用途、比困难的三比办法,自报公议、民主决定,才是正确地走群众路线,只有这样,才能把贷款分配合理,群众才能满意,做到贫雇农与中农都没有意见,才能真正贯彻春季贷款的方针与政策,把 1948 年的贷款工作做得更好,将银行贷款工作提升到一个新的水平。①

1948 年是解放战争形势大转折的一年,是物价加剧波动(上涨)的一年,也是解放区金融和银行、货币加速整合、统一的一年。反映到银行业务,也都发生了许多新变化。

1948 年 7 月 28 日,晋冀鲁豫边区政府、晋察冀边区行政委员会发布《关于公家存款一律存入华北银行的通令》,明确规定,公家存款一律存入华北银行。并强调指出边区投入市场的公款资金数量广大而集中,过去由于分存于各私营银钱业,致有时竟成为助长市场投机、物价波动的主要因素。为了合理地运用国家资金,强力管理市场,稳定金融,发展工商业,特决定一切机关、公营企业存款,自即日起一律存入华北银行。其大体规定如下:(1)一切机关、公营企业有关款项,一律存入华北银行(或其分支行)。(2)一切公营企业、公用事业之款项,需委托收付、调拨时一律交由华北银行(或其分、支行)代办。(3)机关、企业前存在华北银行以外

① 华北解放区财政经济史资料选编编辑组等编:《华北解放区财政经济史资料选编》第2辑,中国财政经济出版社 1996 年版,第 219—221 页。

一切银行号之存款及其他款项、委托事务,均限于通令文到日一月内转入华北银行(或其分、支行),"逾期不执行经查获者一律没收"。①

以行政命令的方式,强令各类公家存款全部存入一家公营银行,既是强化国家资金和城乡市场管理,稳定金融,发展工商业的需要,又是金融和银行、货币整合、统一的产物。从另一个角度说,这种国家资金和城乡市场管理的强化,又是以金融和银行、货币整合、统一为前提的。

1948年年末,东北银行为降低物价上涨、货币贬值对银行存放款业务影响,分别拟订《定期实物储蓄存款章程》和《实物放款章程草案》,推行实物存放款业务。

东北银行的定期实物储蓄存款(以下简称"实物存款"),具体办法系采用简单物价指数,以存款时与取款时不同的物价,为计算原本之标准,实际上仍以现款收付,并不收付实物,但存款到期,存款人如愿要实物者,经银行许可,可代为购买实物,并不收取任何费用。存款折实时,以高粱米、布、盐、煤四种实物价格,比例平均指数计算(即以每种各占1/4计算)。上述四种实物,完全按照市场实际交易价格,由银行逐日挂牌公布,作为实物存款时计算的标准。为避免因偶然性的物价变动,使存款人遭受不合理的损失起见,规定以存取日之最近10天银行平均牌价为计算标准(例如8月25日存取款的计算价格应以8月16日至25日10天的平均价格为标准)。每笔存款数目暂定为5万元,5万元以下者不收。存款期限至少为3个月,不满3个月者不收。存款未到约定期限时,存款人不得提取。如因特殊情形,经本行破例许可者,只照存入时之金额原本付还,不得按实物计算,且只照一般活期存款利率付息。此项存款利息,按下列办法计算,并于存款收据上注明:(1)以实物单利计算利息,到期本利一并支取。(2)存款利率由银行随时规定挂牌公布。(3)存款利息自存款之日起,算至到期前一日止。此项存款收据,不准转让,或向本行作抵押借款。存款到期,存款人不来提取,亦未办理续存手续者,无论过期

_____

① 华北解放区财政经济史资料选编编辑组等编:《华北解放区财政经济史资料选编》第2辑,中国财政经济出版社1996年版,第265页。

多久,均按到期日之实物牌价折现还本,且不给过期利息。存款到期如愿续存者,须将原存本利结清,重新办理手续换给新收据。[①]

《实物放款章程草案》规定,除农业生产放款外,凡以实物计算之各种放款,均依该章程之规定办理。实物计算方法,由借款户与银行协商,选择下列方法之一计算:(1)以借款户之主要生产品或贩卖品为计算标准。(2)以银行实物存款折实方法计算。第四条折实作价,无论贷款折实或贷实折实,均应以当时当地市场大量成交市价或交换比例为标准,并须经双方协商同意。实物放款利息最高不得超过月息1分5厘的所折合之实物,应详细约定标准、牌号、质量,必要时应事先留货样,以免归还时发生争执。除事先有约定外,借款户以归还货币为原则,并收订货。到期归还时,无论物价涨落,均应按约定之实物价格计算,任何一方不能变更。如借款户故意在未到期前归还时,因物价下落折实金额低于原借金额时,应按原借金额归还现款,如折实金额高于原借金额时,应按折实金额归还,以防止借款户投机取巧。折实放款,在时间上,至少是一个月的放款,时间太短不应折实,但超过三个月的放款,原则上均应折实计算。[②]

在物价剧烈波动(上涨)的经济环境下,东北的实物存放款章程、办法,严谨、公允,均衡考虑和照顾了借贷双方的利益,避免或减少了借贷双方不必要的经济损失,务实可行。

1948年12月东北银行拟订实物存放款章程后,紧接着于1949年1月3日拟订了《东北银行发放农贷章程》,对原有农业贷款方式、办法相应作出调整。

东北解放区的农业贷款,过去除南满各分行曾直接发放一部分外,北满各分行均未办理。过去南满放出的农业贷款,都是"贷现收现"。1948年开始在南北满两地试办"折实放款",北满各省分行发放农贷45亿元,

---

① 中国社会科学院经济研究所中国现代经济史组:《革命根据地经济史料选编》下册,江西人民出版社1986年版,第775—776页。

② 中国社会科学院经济研究所中国现代经济史组:《革命根据地经济史料选编》下册,江西人民出版社1986年版,第773页。

以后根据各地请求增加 8 亿元,共 53 亿元。后各省分行又从存款中抽出 47 亿元,共发出 100 亿元。各省分行贷款数目见表 20-62。

表 20-62　东北解放区北部各省折实农业贷款统计(1948 年)

项目 省别	贷款额 (亿元)	折实 粗细粮 (万斤)	折合 大豆 (万斤)	项目 省别	贷款额 (亿元)	折实 粗细粮 (万斤)	折合 大豆 (万斤)
合江	13.7	1226	1319	吉林	10	661	614
龙江	20	1523	1613	哈尔滨	12.3	1162	1157
嫩江	28	1341	1393	牡丹江	6.8	532	705
辽北	9.1	828	940	总计	99.5	7172	7741

资料来源:据东北解放区财政经济史编写组等编:《东北解放区财政经济史资料选编》第 3 辑,黑龙江人民出版社 1988 年版,第 464 页改制。

　　折实贷款的发放,各省大致有 4 种形式或办法:(1)银行购买实物发实物;(2)由银行贷现款交给县、区政府,购买实物发实物;(3)银行贷现款,由区、村、屯干部负责组织群众集体购买实物发实物;(4)银行贷给借款户现款,由借款户自己随意购买实物。

　　各省银行的农业贷款,主要是配合各级政府的农业贷款,解决土地改革后农业生产中的主要困难:合江省主要是解决了种子、马料和马匹问题;龙江省解决了马匹和粮食、草料问题。龙江省由银行贷款买进的马匹,有 3300 余匹,约占全省买进马匹总数的 1/5。嫩江省配合政府解决了全省的灾荒问题。全省各级政府、机关共发放农贷粮食 3 万吨,银行即占 7000 余吨,约相当于农贷粮食总数的 1/4,保证了全省农业生产任务的完成。松江省仅在双城一县即贷出粮食 700 余万斤,解决了该县 10 万人两三个月的吃粮问题。吉林省亦在政府指示下解决了吉北和吉林市郊的严重灾荒问题。辽北、牡丹江则主要是解决了马料、种子和口粮等问题。这些贷款,如果按当时市价全部买马(每匹马 1500 斤大豆),可买进中等马 5 万余匹;多种地 25 万余晌;如果完全解决口粮问题,可以解决 260 余万人一个月的粮食,80 余万人 3 个月的粮食问题。由于各省农村中的主要困难基本上得到解决,故对 1948 年的农业生产确实起了很大的推动作用,提高了农民的生产积极性,扩大了耕地面积。

不过1948年的农业贷款工作也存在某些不足甚至明显偏差。

关于农贷的目的,章程虽已规定,"发展农村经济,扩大生产,有借必还",但在执行中,有些地方银行干部和政府干部,在认识上有偏差。有的认为,发放农贷是为完成购粮任务。因而不要农贷,怕增加老百姓负担,认为公粮、购粮任务都很重,如果再加上银行农贷就还不起了。有的银行干部认为,农贷是上级分配的任务,发放农贷主要是收回粮食,因此,强调在产粮丰富的地区发放,保证收回,放出以后就算完事,不管农贷是否解决了农业生产中的问题。另外也有人认为农贷是救灾款,发下去救灾和作为发动群众的工具。根本没有打算收回,这种单纯的恩赐和救济观点,在地方干部中还普遍存在。因此,银行农贷的目的必须明确规定,是解决农业生产中的困难,达到发展农业生产的目的。农贷必须与生产结合,必须与生产需要结合,必须与发展生产结合。生产中没有困难、不需要的就不贷,因为农贷不是定购粮食。没有生产条件、不是用在生产上的也不贷,因为不是救济。没有发展农业生产前途的不贷,因为农贷必须与发展生产的方针计划相结合。

同时,农贷必须集中使用,确定用途:根据农村实际情况,农民在生产中还有很多困难,畜力还不够,灾荒地区还缺口粮、种子,农具还须改进。银行的农业生产放款和这些广泛的困难相比,还差得很远。因此,必须把有限的力量适当地运用,解决农村中一些主要的困难:需要种子的地方,就发放种子贷款;需要马匹的地方,就发放马匹贷款。不是将贷款发出后由借款户任意使用。根据1948年的经验,确定一定用途,解决一定困难的贷款,起的作用就大,流弊也少,偿还也有保证;反之,没有一定用途,把贷款给借款户任意使用的,发生偏差就多,起的作用也就小。

另外,在贷款地区、贷款对象的选择条件、选择标准方面,必须选择有农业生产条件、缺乏农业生产资金的地区。没有生产条件,十年九不收的地区,就不能发放农贷。合乎这个主要条件的地区,对遭受国民党摧残及战争灾害的新收复区和对偶然发生的水旱灾区(不是十年九不收的地区)应尽先照顾。但对于没有生产条件单纯救灾地区,除上级有指示外,不能发放农业贷款。

1948 年对象的选择上,发生的偏差很多,选择的标准不完全是根据生产的需要,平均分配的现象普遍存在。有的是按户数人口平均,有的是按地亩平均,有的是按牲口平均。由于平均分配,没有生产能力的孤寡也借到了,不需要借的也借到了。结果,降低了贷款的作用,有的地区一户仅分得十几斤豆饼(林甸)或 5000 元现款(北安县),根本不能解决问题。因对象选择不适当,贷款没有用到正道,甚至发生用贷款赌钱、抽大烟的现象。如合江省勃利县的统计,全县贷款 7 个区 63 个村 2195 个贷款户,贷款没用于农业生产共 139 户,计还债 27 户、买衣服 9 户、参军带走的 21户、娶老婆 1 户、赌钱 34 户、治病 2 户、吸大烟 24 户、做小买卖的 10 户、喝酒的 10 户、买手表的 1 户。不正当用途的户数,占总户数的 6.3%。其他各地亦有同样的现象。

以后的贷款工作,必须防止类似现象的重现。贷款对象的选择,主要应根据其生产需要,即必须是有生产条件、有劳动力和土地、有部分农具,缺乏部分生产资金的农民。合乎这个标准的:(1)有生产互助组织的小组应先贷,但必须是自愿的组织,1948 年年贷给由于强迫命令所组成的大插具及生产小组,结果都垮了台,1949 年应当注意;(2)烈、军、工属、积极从事农业生产以及生产中起模范作用的先贷,但应防止单纯救济的现象;(3)贷款对象:应先贷给在生产上有困难的贫雇农。1948 年有的地区单凭阶级成分,不按需要,甚至连中农都不贷的现象,应当纠正。对转入生产的地富亦可贷款。①

在总结 1948 年农业贷款工作经验教训的基础上,结合实物存放款章程,1949 年 1 月 3 日《东北银行发放农贷章程》对贷款目的、条件、对象选择更加严格、明确。

贷款目的是"为扶助农业生产,发展农村经济",不过资金全部来自《定期实物储蓄存款章程》所吸收的存款。《农贷章程》第二条说得十分清楚:"此项放款,系银行利用业务上之存款,贷入农村,以帮助农民解决

---

①　东北解放区财政经济史编写组等编:《东北解放区财政经济史资料选编》第 3 辑,黑龙江人民出版社 1988 年版,第 463—470 页。

生产资金不足之困难。"因资金来源不同,农业贷款的性质、条件也不一样。《农贷章程》强调,此项放款"系由银行直接办理的纯借贷性的一种业务,故应取得确实保证,有借必还,并以实物计算,保持原本为原则"。贷款用途、对象都有明确规定和限制。贷款必须"集中使用,重点发放,避免平均分配,并确定用途,解决农业生产中几种主要生产资料的困难,如马匹贷款、种子贷款、农具贷款、肥料贷款等"。贷款对象,是"以有农业生产条件,缺乏农业生资资金,积极从事生产的劳动农民为限"。贷款用途和对象有严格限制,即"不能将贷款单纯作为救济优属及发动群众的工具";此项贷款,"限于解决个农民生产中的困难,公营农场及大规模的水利事业,不应在此项贷款中解决"。

贷款计算和偿还方法,借款户无论借得粮食或其他实物,或现款,除特种农作物,双方另行商订外,均统一折成粮食计算。粮食的折价收付,统一以斤为计算单位。借款户折合之实物,应折合其主要生产品,并经银行同意,防止投机取巧。贷款折实作价,以公平合理,不使借款户吃亏为原则,并具体规定如下:(1)贷款折实:何时领款何时作价,作价标准应按本区大量成交市价计算,如本区无市价时,则以附近市镇大量成交市价计算。(2)贷款折实(甲种粮折乙种粮,或其他实物折粮):应按当时当地市场公平交换比例折算。

贷款发放收回时间及利息,贷款时间分春耕、夏锄两季,何时开始,在银行不违农时原则下,斟酌情形主动决定。归还时间,应于当年秋收后(小麦在麦收后)阳历12月31日以前由银行规定通知。但如发现借款人用途不当,或违反本章程及借据所拟订条款时,得提早收回。利息方面,无论是春耕还是夏锄贷款,从借款到归还,一律收 1/10 的实物利息,以弥补粮食蚀耗,及其他损失。发放收回方法及手续,为防止贷款滥用,除银行在可能范围内,发放实物外,如发放现款时,应在政府协助之下,组织群众集体购买实物,使借款户确实得到实物,并应通过农贷,大量组织农民本身资金,投入生产,使农贷发挥更大作用。贷款发放与收回之前,银行应制订工作计划,提请政府给予具体协助。借款之债务人,为借款户个人,除不可抗力的原因得由银行酌情处理外,如到期不还,联合借款人,应负连带责任。借款到期时,借款户应归还借款所约定之实物,并须保证品质优良,否则银行得拒绝收受。借款人应负责将归还之实物,送到银行指定之点,在往返不超过一天的路程内,银行不另付运费。[①]

1949 年 2 月 9 日,华北人民政府制定发布 1949 年华北区农业贷款计划,旨在"恢复与发展农村生产,保证农业生产计划的实现",1949 年度全区发放农贷 5.82 亿元,农业贷款用途及各区分配数额见表 20-63。

表 20-63　华北人民政府华北区农业贷款计划(1949 年)　(单位:万元)

项目 区别	水车 水井	开渠	畜牧	造林	农业	一般性	棉产	国营 农场	总计
察哈尔	2600	1000	1000	100	200	1500	—	—	6400
冀中	3500	1000	200	100	300	1500	400	—	7000
太行	1000	1000	1500	100	300	1500	500	—	5900
太岳	500	500	1000	100	100	500	—	—	2700
冀南	2500	500	200	100	300	1500	1500	—	6600
冀鲁豫	200	—	500	200	—	3000	100	—	4500
晋中	200	1000	500	50	100	1500	—	—	3350
石家庄	—	—	—	—	—	130	—	—	130
农业部掌握	4500	5000	1500	250	200	3370	—	5000	19820
总计 金额	15000	10000	6400	1000	2000	14500	2500	5000	56400
总计 %	26.60	17.73	11.35	1.77	3.55	25.71	4.43	8.86	100

资料来源:据《华北人民政府 1949 年华北区农业贷款计划》(1949 年 2 月 9 日)(见华北解放区财政经济史资料选编编辑组等编:《华北解放区财政经济史资料选编》第 2 辑,中国财政经济出版社 1996 年版,第 378 页)。表中百分比(%)系引者计算。原资料农业部掌握贷款小计和各类贷款总计有误,业经重算核正。

这是晋察冀边区、晋冀鲁豫边区合并为华北区后,华北人民政府拟订的第一次年度农业贷款,具有重大意义。农业贷款计划出台之前,业已制订 1949 年华北区农业生产计划,农业贷款计划明确规定,此项贷款必须

---

① 中国社会科学院经济研究所中国现代经济史组编:《革命根据地经济史料选编》下册,江西人民出版社 1986 年版,第 777—779 页。

用于农业生产,"严格区别于救济的赈款,做到专款专用",必须根据华北区政府农业部农业生产计划的规定使用,"在发展生产、公私兼顾的原则下,保证实物保本,使国家资本,在发展农村经济中同时得到积累,以便更好地扶植生产"。

贷款用途方面,与以往边区农业贷款的一个明显区别是,这次贷款既非用于救灾济贫的"赈款",也不是主要解决农民种子、肥料问题,而是将重点放在农田水利和农业动力上,着重改善农业生产条件。用于水井水车和开渠的贷款,占贷款总额的44.33%,用于畜牧(主要解决役畜问题)的贷款占11.35%。三项合计占贷款总额的55.68%,即超过贷款总额的一半。而一般性的农业贷款占3.55%,还少于棉花专项贷款(4.43%)。为了防止三项重点贷款被挪作他用,其中1.1亿元由农业部直接掌握,占三项贷款额(3.15亿元)的34.92%。这是两个边区合并后,新政府在农业贷款和农业生产发展上的新思维。

不过从贷款的实际情况看,新拨农贷资金很少,大部分是依靠收回旧贷来完成新贷任务。实际农贷资金,除农业部直接掌握的21620万元外,分配各地的36450万元中,新拨资金只有13400万元(占36.76%),其余23050万元要靠收贷补足。

因为强调在发展生产、公私兼顾的原则下,保证实物保本;国家资本在发展农村经济中同时得到积累,以便更好地扶植生产,因此各地贷款发放中全部是贷款折实,或直接贷放生产资料。除银行的贷款资金外,各地政府、贸易公司都贷了部分实物,因而增加了扶植生产的实际力量。如太岳区政府贷粮100万斤,冀南区政府贷粮175万斤,贸易公司贷出了价值4500万元的花生种子等。

在贷款使用和发放方法方面,水利贷款在具体做法上,水车、水井多贷给水利推进社,通过经营以贷或卖的方式解决群众水利资金工具困难,在没有水利推进社的地区,则由银行或推进社直接订购水车或零件贷给群众;开渠贷款多贷给开渠组织(包括国营的开渠工程处与群众性的水利委员会),统一立约,定期归还。牲口贷款主要用于繁殖与调剂牲口,在具体做法上:(1)伴养母畜。采取公私合资分红的办法,通过村政权订立合同,保证繁殖任务,并在伴养牲口多的村庄组织伴养小组。太岳区采用此法,半年来共伴养母畜158头,银行出资660356元。(2)贷款扶植有经验行家和公营商店或供销社以带动公私资本增购母畜与调剂耕畜。如太岳区半年来采用此法购母畜708头、耕畜906头;太行区贷给9个县联社款830万元,贩回牲口391头。(3)支行直接贷款给群众购买。但为了解除群众怕粮价上涨买不到牲口而吃亏的顾虑,及保证贷款用途,采用了限期购买,预订贷款与在市场先买下牲口再贷款两种办法,并及时检查税票、牲口等。(4)增设配种所。提倡配畜事业,如太岳区现有配畜所39个,共有畜种51头,其中沁源6个配种所共计有8头,配过435头,成驹者284头,占总配种数的65.5%。又扶植防瘟兽医事业,以减少牲口死亡。如太岳沁源贷款扶植中西药房购买医药及医科用具,并设兽医,分别下乡治疗。棉产与花生贷款,主要用于购买肥料与种子。在做法上,有的是支行直接订购肥料贷给群众,或贷款给群众自己选购;有的是贷给贸易公司或供销社购买种子肥料贷给群众。一般贷款,主要是扶助恢复区和灾区解决牲口、种子、肥料、农具等困难。这种贷款多由支行直接发放。

贷款作用还是十分显著的:(1)开发水利方面,计新开水井4425眼;修水井3071眼;开渠149条,修旧渠498条,新购水车5731架;修理水车4782架,灌溉土地834558亩。(2)调剂牲口方面,计增购耕畜15669头,种畜185头。(3)扶植可供工业原料之特种作物方面,计增产棉花种3128899斤及828724亩;花生5861546斤及615729亩;蓖麻5688亩;胡麻291587亩;白麻14160亩;菜籽7579亩。(4)造林方面,贷出林种1268斤,培植苗圃113亩。(5)国营农场开垦荒地2万亩,1950年可增产小麦200万斤。(6)农药贷款,购买滴滴涕10吨,可除去10万亩果树虫患。(7)肥料贷款,购买大粪2668000斤,肥田2万余亩。[①]

(三) 解放区银行的工商业贷款和汇兑业务

除了农业贷款,部分边区银行也曾发放工商业贷款。晋察冀边区银

---

① 华北解放区财政经济史资料选编编辑组等编:《华北解放区财政经济史资料选编》第2辑,中国财政经济出版社1996年版,第444—445页。

行冀中分行为发展工业生产,鼓励商业经营,大力建设城市,特别注意对贫困商贩所组织的合作社和人民最迫切需要发展之工商业的资金支持,1946 年 3 月 15 日拟订的《晋察冀边区银行冀中分行工商业贷款暂行办法》特别规定,贷款对象分为两种:一是城市及经济重镇贫苦工商小贩所组成的各种形式的正当营业的合作社(如两家或三家合伙开作坊也可称之为合作社);二是人民最迫切需要发展的工商业。合作社的贷款数额原则上最多不超过该合作所集私资一半,但赤贫户不能集资者可酌量增加。贫苦工商合作社办理贷款时,须说明经营计划,经村生产委员会审查核实、报请区以上生产委员会批准,持证明文件到一定区划县市银行请求贷签,经银行审查属实后,方可贷借,并须由全体社员签名订立契约。[①] 手续相当严格。

　　1949 年初夏,随着解放战争的巨大胜利和解放区政治经济形势的变化,工商贷款政策有重大调整。1949 年 5 月 12 日,中国人民银行总行下达《中国人民银行总行关于工商放款政策及调整利息的指示》,明确指出,1948 年 5 月联合扩大行务会议,《关于工商放款政策的决定》中,指示"必须和公营企业建立密切的互助互利关系,尽量在各方面予以便利和支持","在对私人资本主义成分的团结斗争中,公营企业和银行,应该是以统一的国家资本阵营的姿态出现","对公营企业的态度,是城市银行工作中的一个根本问题"。这是正确的,但在执行中,因为对于发展工商业及如何繁荣城市认识模糊,认为商业活动了,店铺开多了,城市就繁荣了,因而对私人商业给予不应有的过多的贷款,或对私人工业予以无限度的扶持,致客观上给予投机资本以某些活动的方便,这是不对的。从1949 年 1 月起,为支援战争、稳定物价,暂时停止了放款,但是这一措施在个别地方又发生了另一方面的偏差,即对有些有利于国民经济发展的事业也没有扶持,现在放款业务又开放了,放款业务是银行业务中体现新民主主义经济政策的最显著的部分,因此,再作如下的指示。

---

　　① 华北解放区财政经济史资料选编编辑组等编:《华北解放区财政经济史资料选编》第2 辑,中国财政经济出版社 1996 年版,第 15—16 页。

　　(1)放款的总方针是要有利于国民经济的发展,怎样才能有利于国民经济的发展呢? 一是扶植工业、农业等生产事业,先工业、农业,后商业,要照顾必要与可能(银行的力量不刺激物价),要分轻重缓急,要注意季节(照顾市场的货币容纳量与农民的购买力)。这四点必须联系起来掌握。二是在工业放款方面,在对国民经济同等有利的条件下,必须是:第一国营工业,第二私人工业,第三手工业。如果有些城市的工厂生产不占主要地位,或不需要贷款,那么,工作重心就可以放在恢复手工业方面,但必须掌握必要与可能的条件。例如,公营的铁工厂与私营的铁工厂都需要贷款,在这种情况下,应该先公后私,公多私少;又如公营纸烟工厂与私营铁工厂都需要贷款,在这种情况下,应该先贷给私营,因为它对国民经济更有利些。三是在农业放款与合作放款方面,要根据华北区统一方针来办理。也就是说农贷与供销合作贷款,都是为了扶植农业生产的。在力量不大的条件之下,必须统一掌握分配,要有重点地使用力量。四是在商业放款方面,主要是出入口商与土产运销事业,因为这对于发展生产是有利的。五是对私营工商业放款的数额的标准,可根据贷户的生产规模、生产性质及社会信用、资金等情况而定,以帮助其资金周转为主,防止被用作经营的主要资本或固定资本(特定的长期放款例外)。

　　(2)1948年华北银行规定的利息政策是正确的,但在根据不同生产事业划分利差,根据市场、对象、资金情况灵活掌握利率方面,表现贯彻、发挥得不够,现在还应该贯彻这个政策的基本精神,同时在上述两方面加强注意运用。至于利息范围,现在需要适当地调整,公私略有差异。

　　(3)对私营企业方面是帮助它恢复发展生产,但必须做到公私两利。如果利息较农副业低也是不合理的,但利息又不能完全根据物价调整,特别是在城市中,利息的刺激性是很大的,故城市工商贷款做法应当:一是以定货及直接收购产品为主要形式,不专从利息数字上解决保本和工农业贷款利息差额过大问题。二是城市中贷款最好采取抵押、押汇、票据贴现(应以银行承兑保付者为限)等方式,尽量减少信用放款。

　　(4)公营企业存款多,它常与当地市场的货币容纳量和一般生产事业的规模不相适应,同时生产者所需帮助形式不能仅限于贷款。因此以后除贷款外,投资合营、收购产品、定货、收购押品等经营将逐渐增多。收购产品和定货推销,原则上应商同贸易合作部门办理。

(5)要把工商贷款政策和利率政策贯彻得好,必须做下列工作:一是对生产事业作深入的调查研究,特别是必须指定一定部门专责了解当地主要生产行业的生产过程及其特点。二是建立自己的征信工作,还可以帮助建立地方征信机构,这对放款和培养社会信用是有好处的。三是商业利润的经常调查工作。四是最重要的,注意检查了解放款的使用和作用。①

《中国人民银行总行关于工商放款政策及调整利息的指示》显示经过三年多的艰难摸索、实践,初时分散甚至有些凌乱的金融和银行、货币不但逐渐整合、统一,有关公私放款及利息掌控等方面的经营管理水平亦迅速提高,从稚嫩走向成熟。

汇兑本是银行重要业务,其业务范围、业务量同商业贸易、金融货币的发展程度成正比。随着解放区的不断扩大,银行货币逐渐走向整合、统一,商业贸易、物资流通加速发展,而银行汇兑的发展,又反过来促进银行货币的整合、统一和发展。1947年夏季大反攻开始后,解放区范围加速扩大,解放区的城市数量和解放区银行的分支行数量都明显增加,银行汇兑业务也相应多了起来。

石家庄自1947年解放后,银行随即开展汇兑业务,并不断扩大。1948年5月底前,通汇地点不过六七个,6月初华北银行总行扩大行务会议以后,汇兑业务加速扩大。到6月底,汇兑流水已达冀钞35亿余元。至8月更加活跃,只1个月汇兑流水即达冀钞39亿元,进出汇的款项达1035笔。9月更增至47亿元之巨。从5月至9月底,总汇款数达冀钞143亿元,汇款笔数达3000笔以上,汇兑点增至40个,而且还有大量开扩的余地。10月后由于与华东区通汇,预计汇兑数将大量增加。

汇兑业务的开展便利了公款及资金的调拨、物资的交流及货币量的

---

① 华北解放区财政经济史资料选编编辑组等编:《华北解放区财政经济史资料选编》第2辑,中国财政经济出版社1996年版,第412—414页。

调剂。银行自身亦在开展汇兑业务过程中,逐渐熟悉业务,摸索和总结出若干经验。

第一,争取汇兑平衡问题。这个问题本来是由商品流动决定的,但是有些场合并不是这样,或不完全是商品流动发生的差额,却应该争取平衡,减少送现。其方法为:(1)必须多开汇兑点,便于调剂,取得平衡。由于贸易是有季节性的,对一个汇兑点说,往往会发生单面倒汇现象,或者汇差甚大。这时为利用其他汇兑点或线的汇差来调剂,或用转汇办法来调补,这样可避免送现,或少送现,这就需要更多的汇兑点才有调剂的条件。(2)利用企业部门或私营工商业款项的调拨、拨账、倒调,主动地去找逆汇(须信用可靠的)与妥善的票据贴现来补平衡。石家庄和冀南区常有这些情况。(3)两方汇兑行必须互相开展,有汇差时,多方设法找回汇,别坐待对方送现,这是争取平衡的首要关键。(4)正确的物价政策是掌握两地适当的物价差额,鼓励群众调运,引导正常的货物交流,便利于开展汇兑与汇差的掌握、调剂,否则就会发生不正常的汇兑现象。因此必须经常了解各地物价变动。(5)在一定季节或在某种特殊情况下,资金调拨与货币流转而来不及取得平衡时,必要的送现也是不可避免的。这时要防备因害怕汇差而阻碍了汇兑的做法。(6)两地汇兑限额不必一律相等,可根据力量不同及贸易上需要分别订立。

第二,开展汇兑与资金调剂的交互作用。通常两地订立汇兑额,是根据贸易来往的旺盛、机构的大小、资金活动力等条件。汇兑额度往往又是两方相等的。但是,为了资金的调剂,如一个较大的经济集中城市,为了调剂缺乏资金的城镇,而两地又有开展汇兑的条件,则可扩大汇兑额(一般的汇兑额加上资金调拨额限),利用汇兑进行资金调剂,既开展了汇兑,又调剂了资金,使汇兑业务与放款相互发展,对汇出行获利最大。石家庄和周围一些城镇都可以这样做,有的已经做了。不过为了照顾双方利益,一般汇差与订立的"透支汇差",可规定不同的利率。

第三,开展汇兑与调剂金融,在一定时候或一定通汇点,得注意两地银根松紧情况,来掌握汇兑,免得必要时要用贴汇或停汇办法。

第四,关于汇兑清算点与清算工作。这是个新工作,还有待研究,不过,首先应建立汇兑点与汇兑清算点的通报制度,才便于及时了解汇兑情况。对于付汇感到困难的,给予资金调补。对于一般的汇差,可随时作必要的调剂。还有的采取清算点先与各分行建立清算关系,然后再由分行清算,像冀中分行现在就这样做,这个办法也可以研究。①

在华北解放区,1948年4月6日《华北财经办事处关于晋冀鲁豫、晋察冀两区货币实行固定比价及相互流通的决定》公布后,华北银行总行随后发出《华北银行总行关于开展区内汇兑的通令》,为大力开展区内汇兑,便利物资交流,促进埠际贸易,减少现金运送,调整各地筹码,达到稳定金融、发展生产的目的,就汇兑业务的方针、通汇地点、汇兑基金、汇兑种类与方式、汇水、差额清偿、兑汇往来利息、汇兑透支额、每笔最高额及每日汇兑额,以及每月汇出汇入情形汇总通报等相关原则、措施、办法下达指令,规范汇兑业务。

《华北银行总行关于开展区内汇兑的通令》提出大力开展区内汇兑的基本方针是:(1)在经营上不斤斤计较汇水的得失,采取廉价多汇的方针。(2)在步骤上由点线而及于网面,随着交通贸易的日渐恢复与发展及本身机构情况,逐渐建立汇兑业务,采取逐渐开展的方针。通汇地点方面,总行指定石家庄、阳泉、安国、辛集、泊镇、正定、阜平、涞源、衡水、南宫、临清、邯郸、濮阳、长治、晋城、冀城、邢台、浑源、筑先(东昌)19处基点,大力开展,互相通汇,并构成以石家庄、邯郸、长治为中心的三个"汇兑网"。根据贸易情况路线、资金调拨的需要、机构及业务经营情况,各行署区内,或与19处基点各行、处间,均可在经上级行同意条件下,自行直接建立汇兑关系。汇兑种类与方式,主要采用票汇、信汇两种,顺汇、逆汇均可办理。汇水多寡,不作"机械规定",最高以不超过5‰为宜。各地可依据下列条件灵活处理:(1)两地银根之松紧;(2)汇出汇入差额之大小;(3)汇出行自身头寸之多缺,及付款行之支付能力;(4)迟期汇票或即期汇票;(5)运现费用的多寡;(6)根据物价情况,凡汇款至物价涨的区

---

① 华北解放区财政经济史资料选编编辑组等编:《华北解放区财政经济史资料选编》第2辑,中国财政经济出版社1996年版,第322—323页。

点,手续费应高,该地汇出款则应低。

至于差额清偿,是汇兑中最实际和复杂的问题。"通令"规定采取"由各行定期定额直接清偿的原则"。在汇差的偿付上,应依照以下原则进行:(1)各汇兑行之间必须力争汇出汇入平衡。(2)加强各汇兑点与清算点、清算点与清算点之间的情报联系,由各清算点根据各汇兑点之汇差情况,提出转账意见,利用各种可能的转账方法,通知各汇兑点转账,抵销差额,以避免或减少现金之运送。另外,因两地过远之通汇点,原则上不实行直接汇兑,但在贸易路线允许条件下,可实行"接途汇兑"办法解决。① (3)总行指定石家庄、邯郸、长治为汇兑清算点,拨付一部分基金,其任务与作用,在于解决总行指定通汇行、处之特殊困难,如有通汇必要而客观上缺乏平衡条件,汇入集中,致一时无法调节者;有其他原因,致运现和转账清算均发生困难者。凡欲经汇兑清算点清理汇差者,必须事先函商,说明金额、期限、情况。清算点审查如符合相关标准时,应即研究尽可能利用现金或转账关系,计划清理方法,并作答复。凡未事先函商或不符合相关标准者可不受理。②

华北银行是关内解放区最大的银行,华北银行管辖内的汇兑网是关内解放区最大的银行汇兑网,华北银行总行关于开展区内汇兑的通令从一个侧面部分反映了关内解放区在解放战争后期汇兑的基本制度和大致情况。

东北解放区银行汇兑业务开展较早,而且是跨区汇兑。东北银行安东省分行(以下简称"东北行")、山东北海银行胶东分行(以下简称"北海行")于1946年6月1日订立通汇合同。宣布东北行所在地及安东省庄河、新金、复县同北海行所在地及胶东区龙口、烟台、石岛、威海之间,为了贸易需要,建立汇兑关系:规定东北行及庄河、新金、复县三行除立北海行及龙口、烟台、石岛、威海四行照付之汇票外,并代付北海行立之汇票;

① 如晋城汇往浑源,可经邯郸、石家庄由两地转汇。凡属转汇性质之汇兑,可于票面注明"转汇×处"字样,承转行应予顾客最大便利(不受办公时间限制),以免影响顾客行程。
② 华北解放区财政经济史资料选编编辑组等编:《华北解放区财政经济史资料选编》第2辑,中国财政经济出版社1996年版,第261—262页。

北海行除立东北行及庄河、新金、复县三行照付之汇票外,并代付东北行及庄河、新金、复县三行所立之汇票;北海行之龙口、烟台、威海、石岛四行可代付东北行及庄河、新金、复县三行所立之汇票,不得立东北行及庄河、新金、复县三行照付之汇票。又规定:东北行汇入汇出均以东北币为本位币,北海行汇入汇出均以北海币为本位币;东北行与北海行或北海行与东北行之汇入汇出款,均按各行之本位币为本位记账;东北币与北海币或北海币与东北币之比值,系根据两方之物价自行订定,两方应经常及时供给物价变化及黑汇情况,作为随时规定比值的根据,以免损失;东北行所辖之行由东北行统一计算,北海行所辖之行由北海行统一计算,账码结算定为六个月一期。结算时双方之账码可根据物价商定一定比值相抵后之余额,仍须以物资偿还之,不得拖延滚欠。合同还规定,自 1946 年 6 月 1 日至 12 月 30 日止双方汇额定 1 亿元。汇款需要增加时,可商得双方同意后增加。[1] 由此两地之间汇兑正式开始。

1948 年 11 月东北全境解放后,东北银行立即着手筹划全东北范围内的汇兑。1948 年 12 月 11 日东北银行总行给各分、支行和处下达指示,称"东北业已全部解放,为适应生产建设,繁荣经济,便利工商业者之物资交流,畅通汇兑,实为银行应尽之义务",根据第三届经理联席会议的讨论,对汇兑问题特做如下决定:(1)凡本行设有分、支行或处的地区一律通汇,但须事先由总行送到印鉴后再行办理。(2)票汇、电汇由汇款人自由选择,一律不加限制。如因技术关系,个别支行、处目前尚不能办理电汇时,应即速报告总行。(3)每笔汇款只收手续费 1 万元,电汇除收手续费外并照电报局之规定收电报费。汇水问题,一般情况除因收汇过多路途太远、送现不便外,均不必收汇水,以便达到大量收汇目的。各行处可根据收付汇及资金调拨情形酌情处理,自行掌握。所收汇水以不超过送现费用为原则。(4)分行间之汇兑差额每月以 50 亿元为限,各支行、处之汇兑差额一般的每月以 5 亿元为限。哪些支行、处可以超过此限度

---

① 东北解放区财政经济史编写组等编:《东北解放区财政经济史资料选编》第 3 辑,黑龙江人民出版社 1988 年版,第 511—512 页。

或低于此规定,希即速提出报告总行,以便通知其他各分支处。(5)收付汇应力求平衡。如收汇过多,应保证总行随时调拨或自动送现,否则付款行无法垫付,势必停汇。总行调拨办法除送现外,可转发行库账,按发行库手续办理(交发行库时应出具收条送交总行转账,由发行库拨出时应有总行命令)。(6)汇款往来的转账手续现行办法,转账迟缓,总行无法掌握。为改进这一工作,拟采用支行、处直接向总行转账办法,详细办法待总行研究后另行指示。(7)为迅速使各地汇兑畅通,兹发去本行现有分支行处地址一览表一份,希详细检查哪些行已有印鉴,哪些行还没有印鉴,速报告总行,以便分发通汇。[①] 东北银行总行要求各分、支行或处迅即遵照办理,并将办理情形于 12 月底以前报告总行。这样,1948 年年底至 1949 年年初,东北全境的银行汇兑相继开展起来了。

[①] 东北解放区财政经济史编写组等编:《东北解放区财政经济史资料选编》第 3 辑,黑龙江人民出版社 1987 年版,第 477—478 页。

下册图表索引

征引文献目录

一、经典著作

《刘少奇选集》上卷,人民出版社1981年版。

《毛泽东军事文集》第5卷,军事科学出版社、中央文献出版社1993年版。

《毛泽东农村调查文集》,人民出版社1982年版。

《毛泽东文集》第三卷,人民出版社1996年版。

《毛泽东文集》第五卷,人民出版社1996年版。

《毛泽东选集》,东北书店1948年版。

《毛泽东选集》第二卷、第四卷,人民出版社1991年版。

《聂荣臻回忆录》(中),解放军出版社1984年版。

《任弼时选集》,人民出版社1987年版。

《王稼祥选集》,人民出版社1989年版。

《张闻天选集》,人民出版社1985年版。

《周恩来选集》上卷,人民出版社1980年版。

《朱德选集》,人民出版社1983年版。

《资本论》第3卷,人民出版社1975年版。

张闻天选集传记组等编:《张闻天晋陕调查文集》,中共党史出版社1994年版。

二、专著、杂著、文集

(一)专著、编著(含编译)

[美]埃德加·斯诺:《西行漫记》,董乐山译,生活·读书·新知三联书店

1979 年版。

[美]韩丁:《翻身——中国一个村庄的革命纪实》,韩倞等译,北京出版社1980 年版。

[美]格雷戈里·克劳奇:《中国之翼——飞行在战争、谎言、罗曼史和大冒险的黄金时代》,陈安琪译,社会科学文献出版社 2015 年版。

[美]小威廉·M.利里:《龙之翼》,徐克继译,科学技术文献出版社 1990年版。

[美]约翰·亨特·博伊尔:《中日战争时期的通敌内幕(1937—1945)》(上下册),陈体芳、乐刻等译,商务印书馆 1978 年版。

[日]"满洲国"史编纂刊行会编:《满洲国史(总论)》,步平、王希亮、白青文等译,黑龙江省社会科学院历史研究所 1990 年印本。

[日]岛村三郎等:《我们在满洲做了什么:侵华日本战犯忏悔录》,群众出版社 2016 年版。

[日]关宽治、岛田俊彦:《满洲事变》,王振锁、王家骅译,上海译文出版社1983 年版。

[日]及川朝雄:《上海外商株式市场论》,上海三通书局 1941 年版。

[日]加藤阳子:《从满州[洲]事变到日中战争》,徐晓纯译,香港中和出版有限公司 2016 年版。

[日]江口圭一:《日本帝国主义史研究——以侵华战争为中心》,周启乾、刘锦明译,世界知识出版社 2002 年版。

[日]今井武夫:《今井武夫回忆录》,《今井武夫回忆录》翻译组译,上海译文出版社 1978 年版。

[日]满史会编:《满洲开发四十年史》,东北沦陷十四年史辽宁编写组译,1988 年印行。

[日]满田隆一:《满洲农业研究三十年》,"建国"印书馆编印,伪满康德十一年(1944 年)版。

[日]浅田乔二、小林英夫:《日本帝国主义对中国东北的统治——以十五年战争时期为中心》,东北沦陷十四年史吉林编写组译,1993 年印本。

[日]浅田乔二等:《1937—1945 日本在中国沦陷区的经济掠夺》,袁愈佺译,复旦大学出版社 1997 年版。

[日]信夫清三郎编:《日本外交史》上册,天津社会科学院日本问题研究所译,商务印书馆 1980 年版。

[日]斋藤直基知编:《"满洲国"指导综揽》,"满洲"产业调查会,伪满康德十一年(1944 年)版。

［英］G.C.艾伦:《近代日本经济简史（1867—1937）》，蔡谦译，商务印书馆1959年版。

东北沦陷十四年史总编室:《东北沦陷十四年史研究》第1辑，吉林人民出版社1988年版。

《胡适往来书信选》（中），中华书局1979年版。

《抗日战争时期国民政府财政经济战略措施研究》课题组编著:《抗日战争时期国民政府财政经济战略措施研究》，西南财经大学出版社1988年版。

浙江省档案馆、中共浙江省委党史研究室编:《日军侵略浙江实录（1937—1945）》，中共党史出版社1995年版。

《兴县革命史》编写组:《兴县革命史》，山西人民出版社1985年版。

《中国近代纺织史》编辑委员会:《中国近代纺织史（1840—1949）》上卷、下卷，中国纺织出版社1997年版。

《中国近代金融史》编写组:《中国近代金融史》，中国金融出版社1985年版。

柴树藩、于光远、彭平:《绥德、米脂土地问题初步研究》，人民出版社1979年版。

常奥定:《经济封锁与反封锁》，重庆1943年印行。

车霁虹:《伪满基层政权研究》，黑龙江人民出版社2000年版。

陈本善:《日本侵略中国东北史》，吉林大学出版社1989年版。

陈翰笙:《解放前西双版纳土地制度》，中国社会科学出版社1984年版。

陈翰笙等编:《解放前的中国农村》第2辑，中国展望出版社1989年版。

陈经编:《日本势力下二十年来之满蒙》，上海华通书局1931年印行。

陈磊:《抗战时期迁桂工业研究》，广西师范大学2015年硕士学位论文。

陈诗启:《中国近代海关史》，人民出版社2002年版。

陈廷煊:《中国新民主主义农业经济史》，中国社会科学出版社2012年版。

陈友三等:《田赋征实制度》，正中书局1946年版。

陈争平:《1895—1936年中国国际收支研究》，中国社会科学出版社1996年版。

陈正谟:《日本铁蹄下之东北农民》，中山文化教育馆1938年刊本。

崔维志、唐秀娥著:《沂蒙抗日战争史》，中国文史出版社1991年版。

丁长清主编:《民国盐务史稿》，人民出版社1990年版。

杜恂诚主编:《中国近代经济史概论》，上海财经大学出版社2011年版。

杜恂诚:《日本在旧中国的投资》，上海社会科学院出版社1986年版。

方正主编:《日本侵略军在山东的暴行》，山东人民出版社1989年版。

高青山编著:《中国近现代经济史纲(1840—1996年)》,黑龙江教育出版社1997年版。

高凤胜主编,崔力明编著:《两千年济南大事记》,济南市政协文史资料委员会1999年刊本。

龚学遂:《中国战时交通史》,商务印书馆1947年版。

顾龙生编著:《毛泽东经济年谱》,中共中央党校出版社1993年版。

顾明义等主编:《日本侵占旅大四十年史》,辽宁人民出版社1991年版。

郭贵儒等:《华北伪政权史稿:从"临时政府"到"华北政务委员会"》,社会科学文献出版社2007年版。

郭汉鸣、孟光宇编著:《四川租佃问题》,商务印书馆1944年版。

国家税务总局主编:《中华民国工商税收史纲》,中国财政经济出版社2001年版。

国家统计局主编:《伟大的十年》,人民出版社1959年版。

国民党福建省府建设厅编:《福建经济概况》,1947年刊本。

国民党中执会训委会编:《中国战时经济问题》,1943年印行。

韩启桐:《中国对日战事损失之估计(1937—1943)》,南京国立"中央研究院"社会科学研究所1946年印行。

韩渝辉主编:《抗战时期重庆的经济》,重庆出版社1995年版。

寒芷主编:《战后上海的金融》,(香港)金融出版社1941年版。

行政院新闻局编.:《纺织工业》,行政院新闻局1947年版。

洪葭管主编:《中国金融史》,西南财经大学出版社1993年版。

洪葭管主编:《中国金融通史》第4卷,中国金融出版社2008年版。

侯日新编:《纪念中国抗日战争胜利五十周年论文选编》,中共抚顺市委宣传部1995年版。

华北综合调查研究所紧急食粮对策调查委员会编:《满洲食粮搜集机构与搜集对策:为检讨满华北食粮事项之比较研究》,昭和十八年(1943年)刊本。

华东军政委员会土地改革委员会编:《浙江省农村调查》,1952年刊本。

黄恒蛟主编:《云南公路运输史》第1册,人民交通出版社1995年版。

黄美真编:《伪廷幽影录——对汪伪政权的回忆纪实》,中国文史出版社1991年版。

黄美真主编:《日伪对华中沦陷区经济的掠夺与统制》,社会科学文献出版社2005年版。

黄逸峰、姜铎等:《旧中国的买办阶级》,上海人民出版社1982年版。

黄增章:《民国广东商业史》,广东人民出版社2006年版。

贾秀岩、陆满平：《民国价格史》，中国物价出版社1992年版。

姜念东等：《伪满洲国史》，吉林人民出版社1980年版。

姜长英：《中国航空史》，台北中国之翼出版社1993年版。

解学诗：《满铁与华北经济（1935—1945）》，社会科学文献出版社2007年版。

解学诗：《伪满洲国史新编》，人民出版社1995年版。

解学诗：《伪满洲国史新编》修订本，人民出版社2015年版。

金海：《日本在内蒙古殖民统治政策研究》，社会科学文献出版社2009年版。

金家凤编著：《中国交通之发展及其趋向》，正中书局1937年版。

金士宣、徐文述编著：《中国铁路发展史（1876—1949）》，中国铁道出版社1986年版。

金毓绂主编：《东北要揽》，国立东北大学1944年编印。

晋冀鲁豫边区政府调查研究室编印：《太行区1944年国民经济调查初步研究》，韬奋书店发行。

居之芬、张利民主编：《日本在华北经济统制掠夺史》，天津古籍出版社1997年版。

孔经纬：《东北经济史》，四川人民出版社1986年版。

雷雨：《东北经济概况》，北平西北书局1932年印行。

李成瑞编著：《中华人民共和国农业税史稿》，财政出版社1959年版。

李恩涵：《战时日本贩毒与"三光作战"研究》，江苏人民出版社1999年版。

李尔重、富振声等：《东北地主富农研究》，东北书店1947年版。

李耕五编著：《许昌烤烟发展史话》，1992年刊本。

李济琛：《民营经济与中国现代化》，华文出版社2008年版。

李占才、张凝：《荣毅仁的父辈》，河南人民出版社1993年版。

李占才主编：《中国铁路史（1876—1949）》，汕头大学出版社1994年版。

连横：《台湾通史》，商务印书馆1947年版。

梁庆椿等：《鄂棉产销研究》，中国农民银行经济研究处1944年版。

梁有斌、谢永泉主编：《广西公路运输史》第1册，广西人民出版社1990年版。

廖正宏等：《光复后台湾农业政策的演变——历史与社会的分析》，台北"中央研究院"民族研究所1986年刊本。

林继庸：《民营厂矿内迁纪略——我国工业总动员之序幕》，1942年印本。

凌耀伦主编：《民生公司史》，人民交通出版社1990年版。

刘惠吾编著:《上海近代史》下册,华东师范大学出版社 1987 年版。

刘敬忠:《华北日伪政权研究》,人民出版社 2007 年版。

刘克祥、陈争平:《中国近代经济史简编》,浙江人民出版社 1999 年版。

刘克祥、吴太昌主编:《中国近代经济史(1927—1937)》,人民出版社 2010 年版。

刘克祥:《中国永佃制度研究》,社会科学文献出版社 2017 年版。

江苏省交通史志编纂委员会编:《江苏公路交通史》第 1 册,人民交通出版社 1989 年版。

刘祖荫:《合作社与兴农会》,满洲经济社伪满康德十一年(1944 年)版。

卢明辉编著:《德王"蒙古自治"始末》,内蒙古自治区蒙古语文历史研究所 1977 年印本。

陆仰渊、方庆秋主编:《民国社会经济史》,中国经济出版社 1991 年版。

吕平登编著:《四川农村经济》,商务印书馆 1936 年版。

吕万和:《简明日本近代史》,天津人民出版社 1984 年版。

吕永华:《伪满时期的东北烟毒》,吉林人民出版社 2004 年版。

马洪林、郭绪印:《中国近现代史大事记》,知识出版社 1982 年版。

马骏昌等编著:《北京邮史》,北京出版社 1987 年版。

马里千等编著:《中国铁路建筑编年简史(1881—1981)》,中国铁道出版社 1983 年版。

满铁经济调查会编:《满洲农产品改良增产方案(大豆)》,昭和十年(1935 年)刊本。

宓汝成:《帝国主义与中国铁路(1847—1949)》,上海人民出版社 1980 年版。

欧阳杰:《中国近代机场建设史(1910—1949)》,航空工业出版社 2008 年版。

湖北公路运输史编纂委员会编:《湖北公路运输史》第 1 册,人民交通出版社 1991 年版。

彭瀛添:《列强侵华邮权史》,台北华冈出版有限公司 1979 年版。

彭雨新等:《川省田赋征实负担研究》,商务印书馆 1943 年版。

彭真:《关于晋察冀边区党的工作和具体政策报告》,中共中央党校出版社 1981 年版。

戚其章:《甲午战争史》,上海人民出版社 2005 年版。

齐武编:《一个革命根据地的成长——抗日战争和解放战争时期晋冀鲁豫边区概况》,人民出版社 1957 年版。

钱承绪:《战后上海之工商业》,中国经济研究会 1940 年版。

乔启明、蒋杰主编:《抗战以来各省地权变动概况》,农产促进委员会 1942 年印本。

乔启明:《江苏昆山南通安徽宿县农佃制度之比较以及改良农佃问题之建议》,1926 年刊本。

秦孝仪:《中华民国经济发展史》中册,台北近代中国出版社 1983 年版。

青岛市工商行政管理局史料组编:《中国民族火柴工业》,中华书局 1963 年版。

清乡委员会经济设计委员会编辑:《清乡区经济概况调查报告》,大象出版社 2009 年版。

人民出版社编著:《抗日战争时期解放区概况》,人民出版社 1953 年版。

日本防卫厅防卫研修所战史室编:《华北治安战》,天津市政协编译组译,天津人民出版社 1982 年版。

容闳:《西学东渐记》,河南人民出版社 1987 年版。

山东省交通史志编审委员会编:《山东公路运输史》第 1 册,山东科学技术出版社 1992 年版。

上海百货公司等编著:《上海近代百货商业史》,上海社会科学出版社 1988 年版。

上海社会科学院经济研究所编:《上海近代五金商业史》,上海社会科学院出版社 1990 年版。

上海市工商行政管理局、上海市纺织品公司棉布商业史料组编:《上海市棉布商业》,中华书局 1979 年版。

上海市交通运输局公路交通史编写委员会编:《上海公路运输史》第 1 册,上海社会科学院出版社 1988 年版。

上海市粮食局、上海市工商行政管理局、上海社会科学院经济研究所经济史研究室编:《中国近代面粉工业史》,中华书局 1989 年版。

沈雷春等:《中国战时经济志》,台北 1973 年印行。

沈志华主编:《中苏关系史纲》上卷,社会科学文献出版社 2016 年版。

时事问题研究会编:《抗战中的中国经济》,中国现代史资料编辑委员会 1957 年翻印本。

苏崇民:《日本侵占下东北经济的殖民地化》,北京交通大学出版社 2018 年版。

孙德常、周祖常主编:《天津近代经济史》,天津社会科学院出版社 1990 年版。

孙健编:《中国经济史·近代部分(1840—1949)》,中国人民大学出版社1997年版。

谭熙鸿主编:《十年来之中国经济》,中华书局1948年版。

谭玉佐编著:《中国重要银行发展史》,台湾台北联合出版中心1966年版。

谭肇毅主编:《抗战时期的广西经济》,广西师范大学出版社2011年版。

汤心仪等:《战时上海经济》第1辑,上海经济研究所1945年版。

唐振常:《上海史》,上海人民出版社1989年版。

陶菊隐:《孤岛见闻——抗战时期的上海》,上海人民出版社1979年版。

滕利贵:《伪满经济统治》,吉林教育出版社1992年版。

通化市政协文史学习委员会:《东边道经济开发史略》,通化市政协文史学习委员会1998年版。

佟哲晖:《社会经济统计若干问题研究》,东北财经大学出版社1998年版。

万国鼎:《南京旗地问题》,正中书局1935年版。

汪敬虞主编:《中国近代经济史(1895—1927)》,人民出版社2000年版。

汪向荣:《中国的近代化与日本》,湖南人民出版社1987年版。

王垂芳主编:《洋商史——上海:1843—1956》,上海社会科学院出版社2007年版。

王大任:《压力与共生——动变中的生态系统与近代东北农民经济》,中国社会科学出版社2014年版。

王方中编:《中国经济史编年记事(1842—1949)》,中国人民大学出版社2009年版。

王洸:《中国水运志》,中华大典编印会1966年版。

王立显主编:《四川公路交通史》上册,四川人民出版社1989年版。

王士花:《"开发"与掠夺——抗日战争时期日本在华北华中沦陷区的经济统制》,中国社会科学出版社1998年版。

王士花:《日伪统治时期的华北农村》,社会科学文献出版社2008年版。

王世杰、钱端升:《比较宪法》,中国政法大学出版社1997年版。

王相秦:《华商股票提要》,兴业股票公司1942年版。

王亚南:《中国经济原论》,广东经济出版社1998年版。

王正华:《抗日战争时期外国对华军事援助》,台北环球书局1987年版。

王志强编:《近代云南人口史料(1909—1982)》第2辑,云南省档案馆1987年版。

魏宏运主编:《华北抗日根据地纪事》,天津人民出版社1986年版。

魏宏运主编:《中国现代史稿》下册,黑龙江人民出版社1981年版。

巫宝三：《中国国民所得（一九三三年）》，商务印书馆 2011 年版。

吴承明：《帝国主义在旧中国的投资》，人民出版社 1955 年版。

吴承明：《中国的现代化：市场与社会》，生活·读书·新知三联书店 2001 年版。

吴景平：《宋子文政治生涯编年》，福建人民出版社 1998 年版。

吴太昌、武力等：《中国国家资本的历史分析》，中国社会科学出版社 2012 年版。

吴相湘：《第二次中日战争史》上册，台北综合月刊社 1973 年版。

夏玉清：《南洋华侨机工研究（1939—1946）》，中国社会科学出版社 2016 年版。

徐万民：《战争生命线——国际交通与八年抗战》，广西师范大学出版社 1995 年版。

许涤新、吴承明主编：《中国资本主义发展史》第 2 卷，社会科学文献出版社 2007 年版。

许涤新、吴承明主编：《中国资本主义发展史》第 3 卷，人民出版社 1993 年版、2003 年版。

许涤新：《现代中国经济教程》，光华书店 1948 年版。

许涤新：《中国国民经济的变革》，中国社会科学出版社 1982 年版。

许毅：《从百年屈辱到民族复兴——南京国民政府外债与官僚资本》，经济科学出版社 2006 年版。

薛暮桥：《抗日战争时期和解放战争时期山东解放区的经济工作》，山东人民出版社 1984 年版。

薛暮桥：《山东解放区的经济工作》，人民出版社 1979 年版。

延安时事问题研究会编：《日本帝国主义在中国沦陷区》，1939 年刊本。

严中平等编：《中国近代经济史统计资料选辑》，中国社会科学出版社 2012 年版。

严中平主编：《中国近代经济史（1840—1894）》，人民出版社 1989 年版。

杨培新：《旧中国的通货膨胀》，人民出版社 1985 年版。

杨实主编：《抗战时期西南的交通》，云南人民出版社 1992 年版。

杨荫溥：《中国交易所论》，上海商务印书馆 1930 年版。

姚洪卓：《近代天津对外贸易》，天津社会科学院出版社 1993 年版。

姚会元：《日本对华金融掠夺研究（1931—1945）》，武汉出版社 2008 年版。

叶显恩主编：《清代区域社会经济研究》，中华书局 1992 年版。

易显石等：《"九一八"事变史》，辽宁人民出版社 1981 年版。

殷毅主编:《中国革命根据地印钞造币简史》,中国金融出版社 1996 年版。

尹良莹:《四川蚕业改进史》,商务印书馆 1947 年版。

应廉耕编著:《四川省租佃制度》,中农印刷所 1941 年刊本。

邮电史编辑室编:《中国近代邮电史》,人民邮电出版社 1984 年版。

余子道主编:《汪伪政权全史》上册、下册,上海人民出版社 2006 年版。

俞飞鹏:《十五年来之交通概况》,国民党政府交通部 1946 年印行。

袁秋白、杨瑰珍编译:《罪恶的自供状:新中国对日本战犯的历史审判》,解放军出版社 2005 年版。

岳谦厚、张玮:《20 世纪三四十年代的晋陕农村社会——以张闻天晋陕农村调查资料为中心的研究》,中国社会科学出版社 2010 年版。

詹自佑:《东北的资源》,东方书店 1946 年版。

张洪祥:《近代日本在中国的殖民统治》,天津人民出版社 1996 年版。

张后铨主编:《招商局史(近代部分)》,人民交通出版社 1988 年版。

张公权:《抗战前后中国铁路建设的奋斗》,台湾传记文学出版社 1974 年版。

张若龄、陈虔礼主编:《广西公路史》第 1 册,广西人民出版社 1990 年版。

张守广:《卢作孚年谱长编》,中国社会科学出版社 2014 年版。

张宪文、张玉法主编:《中华民国专题史》第 12 卷,南京大学出版社 2015 年版。

张肖梅:《贵州经济》,中国国民经济研究所 1939 年印本。

张肖梅:《贵州研究》,中国国民经济研究所 1933 年印本。

张肖梅:《云南经济》,中国国民经济研究所 1942 年印本。

张旭、车树昇编著:《林纾年谱长编(1852—1924)》,福建教育出版社 2014 年版。

张学君、张莉红:《成都城市史》,成都出版社 1993 年版。

张学强:《乡村变迁与农民记忆——山东老区莒南县土地改革研究(1941—1951)》,社会科学文献出版社 2006 年版。

张雨才编著:《中国铁道建设史略(1876—1949)》,中国铁道出版社 1997 年版。

张忠民:《艰难的变迁——近代中国公司制度研究》,上海社会科学院出版社 2002 年版。

章柏雨、汪荫元:《中国农佃问题》,商务印书馆 1943 年版。

赵津、李健英:《中国化学工业奠基者"永久黄"团体研究》,天津人民出版社 2014 年版。

赵惜梦:《沦陷三年之东北》,天津大公报社1935年版。

赵效民编著:《中国革命根据地经济史(1927—1937)》,广东人民出版社1983年版。

赵效民主编:《中国土地改革史(1921—1949)》,人民出版社1990年版。

浙江省档案馆、中共浙江省委党史研究室编:《日军侵略浙江实录(1937—1945)》,中共党史出版社1995年版。

浙江省汽车运输总公司编写组编:《浙江公路运输史·第1册·近代公路运输》,人民交通出版社1988年版。

郑伯彬:《日本侵占区之经济》,资源委员会经济研究室1945年印本。

郑学稼:《东北经济丛书·东北的工业》,东方书店1946年版。

郑友揆、韩启桐:《中国埠际贸易统计(1936—1940)》,中国科学院1951年印行。

郑友揆:《中国的对外贸易和工业发展》,上海社会科学院出版社1984年版。

郑泽云主编:《苏皖边区史略》,中国文史出版社2005年版。

郑州市工商业联合会编著:《郑州工商业兴衰史概况》,1984年刊本。

中共北京市委党史研究室编著:《北京抗战损失调查》,北京燕山出版社2007年版。

中共中央文献研究室编:《朱德年谱》,人民出版社1986年版。

中国公路交通史编审委员会编:《中国公路史》第1册,人民交通出版社1990年版。

中国公路交通史编审委员会编:《中国公路运输史》第1册,人民交通出版社1990年版。

中国航海学会编:《中国航海史(近代航海史)》,人民交通出版社1989年版。

中国科学院上海经济研究所等编著:《大隆机器厂的发生发展与改造》,上海人民出版社1958年版。

中国农村经济研究会编:《中国农村动态》,1937年版。

中国人民银行金融研究所、财政部财政科学研究所编著:《中国革命根据地货币》上册、下册,文物出版社1982年版。

中国人民政治协商会议全国委员会文史资料委员会编:《文史资料存稿选编·日伪政权》,中国文史出版社2002年版。

中华人民共和国财政部《中国农民负担史》编辑委员会编著:《中国农民负担史》第3卷,中国财政经济出版社1990年版。

中央档案馆等合编:《华北治安强化运动》,中华书局 1997 年版。

周春主编:《中国抗日战争时期物价史》,四川大学出版社 1998 年版。

《周佛海日记全编》上编,蔡德金编注,中国文联出版社 2003 年版。

湖南公路运输史编委会主编:《湖南公路运输史》第 1 册,人民交通出版社 1988 年版。

周天豹、凌承学主编:《抗日战争时期西南经济发展概述》,西南师范大学出版社 1988 年版。

周宪文:《日据时代台湾经济史》上册,台湾银行经济研究室 1958 年印行。

周一士:《中华公路史》上部、下部,(台北)商务印书馆 1984 年版。

朱德新:《二十世纪三四十年代河南冀东保甲制度研究》,中国社会科学出版社 1994 年版。

朱建华主编:《东北解放区财政经济史稿》,黑龙江人民出版社 1987 年版。

朱玲主编:《中国农业现代化中的制度实验:国有农场变迁之透视》,经济管理出版社 2018 年版。

朱佩禧:《寄生与共生:汪伪中央储备银行研究》,同济大学出版社 2012 年版。

朱玉湘主编:《山东革命根据地财政史稿》,山东人民出版社 1989 年版。

祝慈寿编著:《中国近代工业史》,重庆出版社 1989 年版。

左禄主编:《侵华日军大屠杀实录》,解放军出版社 1989 年版。

(二) 杂著、文集、论文集、奏稿、选集、全集、丛书

[日]斋藤直基知编:《"满洲国"指导综揽》,"满洲"产业调查会伪满康德十一年(1944 年)版。

"建国"印书馆编印:《"大东亚宣告"与"满洲国"》,伪满康德十年(1943 年)版。

《承德文史文库》编委会编:《承德文史文库》,1998 年刊本。

《天津市纪念抗日战争胜利 50 周年学术论文集》,北京出版社 1995 年版。

陈诚:《台湾土地改革纪要》,(台北)中华书局 1961 年版。

陈嘉庚:《南侨回忆录》,岳麓书社 1998 年版。

陈毅明、汤璐聪编:《南侨机工抗战纪实》,鹭江出版社 2005 年版。

东北沦陷十四年史总编室编:《1931—1945 东北沦陷十四年史研究》第 1 辑,吉林人民出版社 1988 年版。

李妙根选编:《国粹与西化——刘师培文选》,上海远东出版社 1996 年版。

南开大学历史系编:《中国抗日根据地史国际学术讨论会论文集》,档案出

版社 1985 年版。

上海市社会局编印:《上海之农业》,1932 年刊本。

沈葆桢撰:《福建台湾奏折》,台湾银行经济研究室 1959 年刊本。

苏南人民行政公署土地改革委员会编:《土地改革前的苏南农村》,1951 年刊本。

台湾庆祝中国铁路一百周年筹备委员会编:《中国铁路创建百年史》,台湾铁路管理局 1981 年印行。

王宝善:《陕南农业论文集》,陕西省农业改进所陕南农场 1944 年刊本。

文芳:《亲历民国丛书·民国烟毒秘档》,中国文史出版社 2013 年版。

文斐编:《我所知道的伪蒙疆政权》,中国文史出版社 2005 年版。

熊人霖撰:《南荣集文选》,明朝崇祯十六年(1643 年)刊本。

许同莘编:《张文襄公奏稿》,民国九年(1920 年)刊本。

薛光前:《困行忆往》,台北传记文学出版社 1984 年版。

姚谦编:《张謇与近代南通社会:口述实录(1895—1949)》,方志出版社 2010 年版。

叶显恩主编:《清代区域社会经济研究》,中华书局 1992 年版。

张俊义、刘智鹏主编:《香港与内地关系研究》,南京大学出版社 2015 年版。

中共石家庄市委党史研究室、石家庄党史研究会编:《日军侵华暴行(国际)学术研讨会文集》,新华出版社 1996 年版。

中国农村经济研究会编:《中国土地问题和商业高利贷》,1937 年刊本。

中国商船驾驶员总会编纂组编印:《战后中国航业建设问题》,1943 年印行。

中国社会科学院近代史研究所中华民国史研究室编:《胡适往来书信选》,中华书局 1979 年版。

中共中央文献研究室编:《刘少奇论新中国经济建设》,中央文献出版社 1993 年版。

三、官书、档案、资料、调查报告

(一)官书、档案、资料

[日]古海忠之供述:《关于"满洲国"鸦片政策的陈述及补充材料》(译文),中央档案馆藏。

"振兴调查资料第 28 号"《上海华商证券业概况》,中支那振兴株式会社调查课 1941 年版。

《发行边区钞票的布告》，陕甘宁边区政府档案，第 211 卷，庆阳地区档案馆藏。

《复兴航业公司美贷船只之经过及已付未付美方本息之现状》，台北"国史馆"藏国民政府档案，档案号：063-133。

《关于动支国外借款购置美加船只》，招商局蛇口档案馆藏，档案号：16。

《国营招商局胜利后接受船只价值表》，招商局蛇口档案馆藏，档案号：125-2。

《抗战损失调查委员会全国人民伤亡和抗战损失项目说明》（1946 年 8 月 5 日），中国第二历史档案馆藏档案，卷号二（2）-2652。

《贸易委员会工作概况》（1937—1948 年），财政部档案一四八/153。中国第二历史档案馆藏。

《前驻美中国物资供应委员会王守竞致招商局函》（1947 年 11 月 15 日），招商局蛇口档案馆藏，档案号：125-2。

《陕甘宁边区政府档案》第 434 卷、第 348 卷，庆阳地区档案馆藏。

《上海市工业协进会转呈第四区针织工业同业公会请求禁止美货尼隆丝袜大量走私进口的呈文》（1947 年 9 月 1 日），中国第二历史档案馆藏。

《王守竞致宋子文》（1946 年 4 月 13 日），美国斯坦福大学胡佛研究院档案馆藏宋子文档案，第 51 盒，第 11 文件夹。

《徐学禹草拟"关于我国战后航业政策草案之补充说明"》（1944 年 1 月 18 日），台北"国史馆"藏国民政府档案，典藏号：001-112000-0008，入藏登录号：001000006810A。

《中共华中局关于十个问题的答复》（1944 年 8 月 27 日），湖北省档案馆资料。

国防最高委员会对敌经济封锁委员会：《敌伪在我沦陷区域经济统制动态》，1941 年印行。

国务院总务厅情报处：《满洲国概览·康德三年》，伪满康德三年（1936 年）版。

警务总局编：《经济情报》，1943 年 12 月印行。

骆耕漠：《关于征收粮税的新办法》（1944 年），江苏省档案馆资料。

中央人民政府农业部计划司：《两年来的中国农村经济调查汇编》，中华书局 1952 年版。

汪伪政府中储行档案，2041（2）-128，汪伪政府财政部档案 2063—4616，中国第二历史档案馆藏。

伪"华北政务委员会治安总署"编印：《保甲教科全书》，1942 年印本。

伪满洲国外交部调查司编:《世界重工业资源与满洲国》,满洲事情案内所1943年印行。

中国第二历史档案馆藏:《一九四一至一九四五年国家收支总概算》,汪伪中政会档案卷宗号:2006-201。

朱寿朋编:《光绪朝东华录》,中华书局1958年版。

（二）资料集、资料汇编、工具书

华北解放区财政经济史资料选编编辑组等编:《华北解放区财政经济史资料选编》第1—3辑,中国财政经济出版社1996年版。

金融史编委会编:《旧中国交易所股票金融市场资料汇编》下册,书目文献出版社1995年版。

晋察冀边区财政经济史编写组等编:《抗日战争时期晋察冀边区财政经济史资料选编》,南开大学出版社1984年版。

南京市档案馆编:《审讯汪伪汉奸笔录》上,江苏古籍出版社1985年版。

新四军和华中抗日根据地研究会编:《新四军和华中抗日根据地史料选》第3辑(1943),上海人民出版社1986年版。

新四军和华中抗日根据地研究会编:《新四军和华中抗日根据地史料选》第7辑(1943),上海人民出版社1984年版。

《星火燎原》第1卷第1集,人民文学出版社1962年版。

财政科学研究所、中国第二历史档案馆编:《民国外债档案史料》第11卷,档案出版社1991年版。

财政评论社编:《战时财政金融法规汇编》,财政评论社1940年版。

陈真、姚洛、逄先知合编:《中国近代工业史资料》第2辑,生活·读书·新知三联书店1958年版。

陈真、姚洛合编:《中国近代工业史资料》第3辑,生活·读书·新知三联书店1961年版。

陈真、姚洛合编:《中国近代工业史资料》第1辑,生活·读书·新知三联书店1957年版,

陈真编:《中国近代工业史资料》第4辑,生活·读书·新知三联书店1961年版。

仇润喜主编:《天津邮政史料》第4辑,北京航空航天大学出版社1992年版。

东北财经委员会调查统计处编:《伪满时期东北经济统计(1931—1945年)》,1949年刊本。

东北解放区财政经济史编写组等编:《东北解放区财政经济史资料选编》第

1—4辑,黑龙江人民出版社1987年版、1988年版。

东北物资调节委员会研究组编:《东北经济小丛书》资源及产业、化学工业、农民、农业、农产、流通篇上、电信、运输、金融、贸易、水泥、纸及纸浆等册,东北物资调节委员会1947年、1948年印行。

董浩云著,关志昌拟稿:《董氏航业丛书·复兴航业公司诞生经过》,(台北)中国航运公司1978年版。

冯和法编:《中国农村经济资料续编》,黎明书局1935年版。

复旦大学历史系日本史组编译:《日本帝国主义对外侵略史料选编(1931—1945)》,上海人民出版社1975年版、1983年版。

广东省政府秘书处编:《广东省政概况》第五篇建设,1942年版。

广西省政府建设厅:《广西经济建设手册》,广西省政府建设厅统计室1947年版。

广州市地方志编纂委员会办公室等编:《近代广州口岸经济社会概况——粤海关报告汇集》,暨南大学出版社1995年版。

广州市轻工业局、广州市工商行政管理局、广州市对资改造资料整理研究组整理:《广州市私营火柴工业社会主义改造资料》,1958年印行。

贵阳市志办《金筑丛书》编辑室编:《民国贵阳经济》,贵州教育出版社1993年版。

贵州省人民政府财政经济委员会编:《贵州财经资料汇编》,1950年印行。

国立中央研究院社会科学研究所主编:《沦陷区经济概览》,国民党政府经济部资源委员会1941年油印本。

国民党政府交通部编:《运价统计》,交通部1943年印行。

国民党政府交通部参事厅编,《交通法规汇编补刊》上册,大东新兴印书馆1940年版。

国民党政府经济部编:《经济法规汇编》第2集,1938年印本;第4集,1940年印本。

国民党政府主计处统计局编:《中华民国统计简编》,1941年印本。

国民党政府主计处统计局编:《中国租佃制度之统计分析》,正中书局1946年版。

国民党中央调查统计局特种经济调查处编:《第六、七年倭寇经济侵略》,1945年印本。

国民党中央调查统计局特种经济调查处编:《第五年之倭寇经济侵略》(又名《抗战第五年之倭寇经济侵略》),1943年印本。

国民党中央调查统计局特种经济调查处编:《四年之倭寇经济侵略》(又名

《四年来之敌寇经济侵略》),1941年印本。

国民党中央训练团编印:《中华民国法规辑要》第2册,1942年印本。

国民党中央训练团编印:《中华民国法规辑要》第4册,1941年印行。

国民党中央训练团编印:《中华民国省县地名三汇》,李炳卫编,北平民社1945年版。

国民党中央政治学校地政学院编、萧铮主编:《民国二十年代中国大陆土地问题资料》第44、53、54、61、62、75册,台北成文出版有限公司、[美]中文资料中心重印发行,1977年版。

杭州海关译编:《近代浙江通商口岸经济社会概况——浙海关、瓯海关、杭州关贸易报告集成》,浙江人民出版社2002年版。

河北省社会科学院历史研究所、《河北学刊》编辑部编:《晋察冀抗日根据地史料专辑》,《河北学刊》杂志社1985年刊本。

河北省统计局编印:《1930—1957年保定农村经济调查综合资料》,1958年10月油印本。

黑龙江省财政厅史志办公室:《黑龙江省财政资料长编》(第1册),黑龙江人民出版社1988年版。

华中抗日根据地和解放区工商税收史编写组编:《华中抗日根据地和解放区工商税收史料选编》(上),安徽人民出版社1986年版。

黄美真、张云编:《汪伪政权资料选编·汪精卫国民政府成立》,上海人民出版社1984年版。

黄月波、于能模、鲍鳌人编:《中外条约汇编》,商务印书馆1936年版。

吉林编写组内部资料,1993年刊本。

吉林省金融研究所编:《伪满洲中央银行史料》,吉林人民出版社1984年版。

吉林省社会科学院《满铁史资料》编辑组编、解学诗主编:《满铁史资料》第2卷,中华书局1979年版。

济南市工商业联合会编:《济南工商史料》第1辑,济南市工商业联合会1987年版。

江苏省财政厅、江苏省档案馆、财政经济史编写组编:《华中解放区财政经济史料选编》第1—7卷,南京大学出版社1987年版、1988年版、1989年版。

江苏省档案馆编:《苏南抗日根据地》,中央党史资料出版社1987年版。

姜庆湘、李守尧著:《四川蚕丝业》,四川省经济研究处1946年版。

解学诗主编:《满铁档案资料汇编·华北交通与山东、大同煤矿》,社会科学文献出版社2011年版。

晋冀鲁豫边区财政经济史编辑组,山西、河北、山东、河南省档案馆编:《抗日战争时期晋冀鲁豫边区财政经济史资料选编》,中国财政经济出版社 1990年版。

晋绥边区财政经济史编写组、山西省档案馆编:《晋绥边区财政经济史资料选编·农业编》,山西人民出版社 1986 年版。

李炳卫编:《中华民国省县地名三汇》,北平民社民国三十四年(1945 年)版。

李超英:《四年之倭寇经济侵略》,国民党中央调查统计局特种经济调查处1940 年编印。

李代耕编:《中国电力工业发展史料》,水利电力出版社 1983 年版。

梁文威等著:《广西印象记》,1935 年 3 月 11 日。

辽宁省委党史研究室编:《辽宁省抗日战争时期人口伤亡和财产损失》,中共党史出版社 2015 年版。

刘伯山主编:《徽州文书》第 3 辑,广西师范大学出版社 2009 年版。

刘远雄、胡平编:《中国航空公司 欧亚—中央航空公司史料汇编》,民航总局史志编辑部 1997 年刊印。

卢明辉编:《中华民国史资料丛稿·蒙古"自治运动"始末》,中华书局 1980年版。

马模贞主编:《中国禁毒史资料》,天津人民出版社 1998 年版。

民建杭州市委员会、杭州市工商业联合会编:《杭州工商史料》第 4 辑,1989年刊本。

南京市档案馆编:《审讯汪伪汉奸笔录》上,江苏古籍出版社 1985 年版。

南平市工商联工商史料征集委员会:《南平工商史料》第 5 辑,1992 年刊本。

内江地区档案馆编:《内江蔗糖档案资料选编(民国时期)》上、中、下册,1984 年刊本。

内蒙古自治区税务局编写组编:《伪蒙疆税制资料汇编 1936.5—1945.8》上册,1983 年版。

农本局编:《棉业经济参考资料》第 3、12、13 期,1943 年油印本。

彭泽益编:《中国近代手工业史资料(1840—1949)》第 2 卷,生活·读书·新知三联书店 1957 年版。

彭泽益编:《中国近代手工业史资料(1840—1949)》第 3 卷,生活·读书·新知三联书店 1957 年版。

彭泽益编:《中国近代手工业史资料(1840—1949)》第 4 卷,生活·读书·新知三联书店 1957 年版。

秦孝仪主编:《革命文献》第 102 辑,台北中央文物供应社 1985 年版。

秦孝仪主编:《革命文献》第110辑,台北中央文物供应社1987年版。

秦孝仪主编:《中华民国史料丛编·战时交通》,台北中央文物供应社1976年版。

人民出版社编辑部编:《新区土地改革前的农村》,人民出版社1951年版。

人民出版社辑:《中国工农红军第一方面军长征记》,人民出版社1955年版。

日本防卫厅战史室编:《华北治安战》上、下册,天津市政协编译组译,天津人民出版社1982年版。

荣孟源主编:《中国国民党历次代表大会及中央全会资料》,光明日报出版社1985年版。

山东省财政科学研究所、山东省档案馆合编:《山东革命根据地财政史料选编》第1辑、第2辑,山东省档案馆1985年刊本。

陕甘宁边区财政经济史料编写组等编:《抗日战争时期陕甘宁边区财政经济史料摘编》,陕西人民出版社1981年版。

上海社会科学院经济研究所编:《刘鸿生企业史料》下册,上海人民出版社1981年版。

上海社会科学院经济研究所编:《英美烟公司在华企业资料汇编》,中华书局1983年版。

上海社会科学院经济研究所等编:《上海对外贸易1840—1949》下册,上海社会科学院出版社1989年版。

上海社会科学院经济所"中国企业史资料研究中心"所藏《经济类剪报资料汇集》。

上海市档案馆编:《日本侵略上海史料汇编》(下),上海人民出版社2015年版。

上海市档案馆编:《日本在华中经济掠夺史料(1937—1945)》,上海书店出版社2005年版。

上海市档案馆编:《日本帝国主义侵略上海罪行史料汇编》,上海人民出版社1997年版。

上海市工商行政管理局等:《上海市棉布商业》,中华书局1979年版。

上海市工商行政管理局、上海市橡胶工业公司史料工作组编:《上海民族橡胶工业》,中华书局1979年版。

沈阳市邮政局邮政志办公室编:《中国邮电史料》第1辑,1985年印行。

史敬棠等编:《中国农业合作化运动史料》上册,生活·读书·新知三联书店1957年版。

世界知识出版社编:《中美关系资料汇编》第 1 辑,世界知识出版社 1957 年版。

四川联合大学经济研究所、中国第二历史档案馆编:《中国抗日战争时期物价史料汇编》,四川大学出版社 1998 年版。

四川省盐业工会筹备委员会编印:《四川盐工概况》,1942 年印行。

苏崇民主编:《满铁档案资料汇编·垄断东北铁路和海港》,社会科学文献出版社 2011 年版。

苏崇民主编:《满铁档案资料汇编·水陆交通和运输工人》,社会科学文献出版社 2011 年版。

孙邦主编:《伪满史料丛书·经济掠夺》,吉林人民出版社 1993 年版。

天津社会科学院历史研究所编:《天津历史资料》1986 年第 5 期。

王方中编著:《中国经济史编年记事(1842—1949)》,中国人民大学出版社 2009 年版。

王琪延主编:《大众常用经济词典》,中国发展出版社 2001 年版。

王铁崖编:《中外旧约章汇编》第 3 册,生活·读书·新知三联书店 1962 年版。

顾金龙著:《近代云南人口史料:1909—1982》第 2 辑,云南省档案馆 1987 年版。

伪蒙疆银行调查课编:《蒙疆金融关系法令集》,伪蒙疆银行 1941 年版。

魏宏运主编:《中国现代史资料选编》(4),黑龙江人民出版社 1981 年版。

魏宏运主编:《抗日战争时期晋察冀边区财政经济史资料选编》,南开大学出版社 1984 年版。

文芳主编:《亲历民国丛书:民国烟毒秘档》,中国文史出版社 2013 年版。

西安市档案馆等编:《陕西经济十年(1931—1941)》,1997 年刊本。

西北五省区编纂领导小组、中央档案馆编:《陕甘宁边区抗日民主根据地·回忆录卷》,中共党史资料出版社 1990 年版。

新四军和华中抗日根据地研究会编:《新四军和华中抗日根据地史料选》第 2 辑(1937—1940),上海人民出版社 1984 年版。

陕甘宁边区财政经济史编写组等合编:《解放战争时期陕甘宁边区财政经济史资料选辑》上册、下册,三秦出版社 1989 年版。

许道夫编:《中国近代农业生产及贸易统计资料》,上海人民出版社 1983 年版。

严中平等编:《中国近代经济史统计资料选辑》,科学出版社 1955 年版。

严中平等编:《中国近代经济史统计资料选辑》,中国社会科学出版社 2012

年版。

袁秋白、杨瑰珍编译:《罪恶的自供状:新中国对日本战犯的历史审判》,解放军出版社 2005 年版。

张肖梅编著:《四川经济参考资料》,中国国民经济研究所 1939 年刊本。

张研、孙燕京主编:《民国史料丛刊》第 230 册、第 360 册、第 632 册,大象出版社 2009 年版。

张志和、胡仲元主编:《全国各级政协文史资料·邮电史料》上、中、下册,北京燕山出版社 1995 年版。

北京市邮政局史志办公室编、张志和主编:《北京邮政史料》,北京燕山出版社 1988 年版。

章伯锋、庄建平主编:《抗日战争》第 1—6 卷,四川大学出版社 1997 年版。

长春市地方史志编纂委员会编印:《长春市志资料选编·第 2 辑·长春税捐史料》,内部资料 1987 年印行。

长江航海管理局、武汉大学历史系编:《民生轮船公司历史资料汇编》第 3 编,1960 年油印本。

郑伯彬编:《日本侵占区之经济》,资源委员会经济研究室 1945 年版。

郑会欣主编:《战前及沦陷期间华北经济调查》,天津古籍出版社 2010 年版。

中共河北省委党史研究室编、邓一民主编:《日本鸦片侵华资料集(1895—1945)》,2002 年刊本。

中央档案馆编:《中共中央文件选集》第 10—18 册,中共中央党校出版社 1984 年版、1985 年版、1986 年版、1991 年版。

中央档案馆编:《中共中央文件选集》第 5 册、第 6 册,中共中央党校出版社 1990 年版、1989 年版。

中共中央党史教研室选编:《中共党史参考资料》(四),人民出版社 1979 年版。

中共中央党史研究室编:《中共党史资料》第 55 辑,中共党史出版社 1995 年版。

中国第二历史档案馆、中国海关总署办公厅合编:《中国旧海关史料(1858—1948)》,京华出版社 2002 年版。

中国第二历史档案馆编:《汪伪中央政治委员会暨最高国防会议会议录》第 3 册、第 10 册,广西师范大学出版社 2002 年版。

中国第二历史档案馆编:《中华民国史档案资料汇编》第 5 辑第 1 编,财政经济(9),江苏古籍出版社 1994 年版。

中国第二历史档案馆编:《中华民国史档案资料汇编》第5辑第2编,财政经济(4)(8)(9)(10),附录上册、下册,江苏古籍出版社1997年版。

中国第二历史档案馆编:《中华民国史档案资料汇编》第5辑第3编,财政经济(1)(7),凤凰出版社2000年版。

中国第二历史档案馆编:《中华民国史档案资料汇编》第5辑第3编,外交,江苏古籍出版社2000年版。

中国国民党中央委员会党史委员会编印,秦孝仪主编:《革命文献》第102、110辑,(台北)中央文物供应社1985年、1987年刊本。

中国国民党中央委员会党史委员会编印,秦孝仪主编:《中华民国史重要史料初编·对日抗战时期》第3编,战时外交(1),台北中央文物供应社1981年刊本。

中国国民党中央委员会党史委员会编印、秦孝仪主编:《中华民国重要史料初编·对日抗战时期》第4编,战时建设(3),中国国民党中央委员会1988年刊本。

中国国民党中央委员会党史委员会编印、秦孝仪主编:《中华民国重要史料初编·对日抗战时期》第2编,作战经过(4),中国国民党中央委员会1981年刊本。

中国国民党中央委员会党史委员会编印、秦孝仪主编:《中华民国重要史料初编·对日抗战时期》第6编,傀儡组织(1)(3)(4),中国国民党中央委员会1981年刊本。

中国近代经济史资料丛刊编辑委员会主编:《一九三八年英日关于中国海关的非法协定》,中华书局1965年版。

中国抗日战争史学会、中国人民抗日战争纪念馆编:《抗战时期的经济》,北京出版社1995年版。

中国科学院经济研究所编:《手工业资料汇编(1950—1953)》,中国科学院1954年刊本。

中国科学院上海经济研究所、上海社会科学院经济研究所编:《南洋兄弟烟草公司史料》,上海人民出版社1958年版。

中国农民银行经济研究处编印:《农村经济金融法规汇编》,1942年印行。

中国人民银行吉林省金融研究所编、傅文龄主编:《日本横滨正金银行在华活动史料》,中国金融出版社1992年版。

中国人民银行上海市分行编:《上海钱庄史料》,上海人民出版社1960年版。

中国人民银行总行参事室编:《中华民国货币史资料》第2辑,上海人民出版社 1991 年版。

中国人民政治协商会议全国委员会文史资料研究委员会编:《工商经济史料丛刊》第 2 辑,文史资料出版社 1983 年版。

中国人民政治协商会议西南地区文史资料协作会议编:《抗战时期西南的交通》,云南人民出版社 1992 年版。

中国社会科学院经济研究所中国现代经济史组编:《革命根据地经济史料选编》上册、中册、下册,江西人民出版社 1986 年版。

中华全国总工会中国职工运动史研究室、中国科学院近代史研究所工运史组编:《中国工运史料》,工人出版社 1960 年版。

中央档案馆、中国第二历史档案馆、吉林省社会科学院合编、中央档案馆编:《日本帝国主义侵华档案资料选编·华北治安强化运动》,中华书局 1997 年版。

中央档案馆、中国第二历史档案馆、吉林省社会科学院合编、中央档案馆编:《中共中央文件选集》第 1 册至第 16 册,中共中央党校出版社 1990 年版、1991 年版、1992 年版。

中央档案馆、中国第二历史档案馆、吉林省社会科学院合编、中央档案馆等合编:《日本帝国主义侵华档案资料选编·东北经济掠夺》,中华书局 1991 年版。

中央档案馆、中国第二历史档案馆、吉林省社会科学院合编、中央档案馆等合编:《日本帝国主义侵华档案资料选编·九一八事变》,中华书局 1988 年版。

中央档案馆、中国第二历史档案馆、吉林省社会科学院合编、中央档案馆等合编:《日本帝国主义侵华档案资料选编·伪满傀儡政权》,中华书局 1994 年版。

中央档案馆、中国第二历史档案馆、吉林省社会科学院合编、中央档案馆等合编:《日本帝国主义侵华档案资料选编·华北经济掠夺》,中华书局 2004 年版。

中央档案馆、中国第二历史档案馆、吉林省社会科学院合编、中央档案馆等合编:《日本帝国主义侵华档案资料选编·汪伪政权》,中华书局 2004 年版。

中央党史研究室第一研究部、中国第二历史档案馆编:《国民政府档案中有关抗日战争时期人口伤亡和财产损失资料选编》第 1 册,中共党史出版社 2014 年版。

重庆市档案馆编:《抗日战争时期国民政府经济法规》上册、下册,档案出版社 1992 年版。

(三) 调查报告、调查表、工作报告

《新湖南报》编:《湖南农村情况调查》,新华书店中南总分店 1950 年版。

《中华民国法规辑要》第 4 册,1941 年印行。

《资源委员会国外贸易事务所 1947 年度业务报告》。

陈伯庄编著:《平汉沿线农村经济调查》,交通大学研究所 1936 年刊本。

东北财经委员会调查统计处:《伪满时期东北经济统计(1931—1945 年)》,1949 年刊本。

东北军政大学总校编印:《奉天屯的调查》,1947 年刊本。

东省铁路经济调查局:《北满农业》,1928 年刊本。

董浩云著、关志昌拟稿:《董氏航业丛书·复兴航业公司诞生经过》,台北中国航运公司 1978 年版。

广东省政府秘书处:《广东省政概况　第 5 篇　建设》,1942 年版。

国立中山大学农科学院编印、钟桃等编:《广东农业概况调查报告书续编》,1933 年刊本。

国民参政会川康建设视察团编:《国民参政会川康建设视察团报告书》,台湾文海出版社 1971 年刊本。

国民党政府行政院农村复兴委员会编:《广西省农村调查》,商务印书馆 1935 年版。

国民党政府交通部编印:《运价统计》,1943 年印行。

国民党政府交通部参事厅编:《交通法规汇编补刊》上册,大东新兴印书馆 1940 年版。

国民党政府司法行政部编印:《民商事习惯调查报告录》,民国十九年(1930 年)刊本。

河北省统计局编印:《1930—1957 年保定农村经济调查综合资料》,1958 年油印本。

黑龙江省档案馆编:《满铁调查报告》第 2 辑第 21 册,广西师范大学出版社 2005 年版。

华东军政委员会土地改革委员会编印:《安徽省农村调查》,1952 年刊本。

华东军政委员会土地改革委员会编印:《福建省农村调查》,1952 年刊本。

华东军政委员会土地改革委员会编印:《江苏省农村调查》,1952 年刊本。

华东军政委员会土地改革委员会编印:《山东省、华东各大中城市郊区农村调查》,1952 年刊本。

华东军政委员会土地改革委员会编印:《浙江省农村调查》,1952 年刊本。

梁庆椿等著:《鄂棉产销研究》,中国农民银行经济研究处 1944 年版。

满铁经济调查会编:《满洲农产品改良增产方案(大豆)》,昭和十年(1935 年)版。

清乡委员会经济设计委员会编辑:《清乡区经济概况调查报告》,大象出版社 2009 年版。

日人"临时台湾旧惯调查会"编:《临时台湾旧惯调查会第一部调查第三回报告书·台湾私法第三卷》,陈金田译,台湾地区文献委员会 1993 年印行。

中共北京市委党史研究室编著:《北京抗战损失调查》,北京燕山出版社 2007 年版。

中共东北局宣传部编印:《东北农村调查》,东北书店 1947 年刊本。

中南军政委员会土地改革委员会调查研究处编印:《中南区一百个乡调查资料选集·解放前部分》,1953 年刊本。

中央农业实验所编印:《农情报告》第 6 卷第 6 期,1938 年印行。

钟崇敏、朱寿仁调查编撰:《四川蚕丝产销调查报告》,中国农民银行经济研究处 1944 年印行。

钟崇敏、朱寿仁、李权调查编撰:《四川手工纸业调查报告》,中国农民银行经济研究处 1943 年印行。

四、地方志、专业志、民族志

(一) 地方志

1. 旧方志

《贵州通志》,1948 年木刻本。

《开原县志》,民国十八年(1929 年)木刻本。

《南川县志》,民国二十年(1931 年)木刻本。

《三江县志》,1946 年修,2002 年翻印本。

方鸿铠等修、黄炎培纂:《川沙县志》,上海国光书局 1937 年铅印本。

胡联恩修、陈铁梅纂:《桦甸县志》,1932 年铅印本。

江家琚纂:《上海县志》,上海瑞华印书局 1936 年铅印本。

李良俊修、王荃善等纂:《南充县志》,1929 年刻本。

周华修纂:正统《兴化县志》,明正统年间刻本。

2. 新编方志

《安陆县志》,武汉人民出版社 1993 年版。

《安图县志》,吉林文史出版社 1993 年版。

《敖汉旗志》,内蒙古人民出版社 1991 年版。

《巴县志》,重庆出版社 1994 年版。

《白城地区志》,吉林文史出版社 1992 年版。

《白河县志》,陕西人民出版社 1996 年版。

《宝安县志》,广东人民出版社 1997 年版。

《宝清县志》,宝清县地方志编纂委员会 1993 年版。

《保德县志》,山西人民出版社 1990 年版。

《北镇县志》,辽宁人民出版社 1990 年版。

《勃利县志》,中国社会出版社 1992 年版。

《博乐市志》,新疆人民出版社 1992 年版。

《苍山县志》,中华书局 1998 年版。

《茶陵县志》,中国文史出版社 1993 年版。

《昌宁县志》,德宏民族出版社 1990 年版。

《常山县志》,浙江人民出版社 1990 年版。

《常州市志》第 3 册,中国社会科学出版社 1995 年版。

《呈贡县志》,山西人民出版社 1992 年版。

《城固县志》,中国大百科全书出版社 1994 年版。

《澄城县志》,陕西人民出版社 1991 年版。

《赤峰市志》,内蒙古人民出版社 1996 年版。

《滁州市志》,方志出版社 1998 年版。

《川北县志》,四川人民出版社 1996 年版。

《慈利县志》,农业出版社 1990 年版。

《慈溪县志》,浙江人民出版社 1992 年版。

《大安县志》,辽宁人民出版社 1990 年版。

《大丰县志》,江苏人民出版社 1989 年版。

《大关县志》,云南人民出版社 1998 年版。

《大同市志》,中华书局 2000 年版。

《大足县志》,方志出版社 1996 年版。

《岱山县志》,浙江人民出版社 1994 年版。

《丹阳县志》,江苏人民出版社 1992 年版。

《东莞市大岭山镇志》,中华书局 2011 年版。

《东莞市志》,广东人民出版社 1995 年版。

《东丽区志》,天津社会科学院出版社 1996 年版。

《东辽县志》,吉林文史出版社 2003 年版。

《东陵区志》,沈阳出版社 1991 年版。

《洞口县志》,中国文史出版社 1992 年版。

《都匀县志》，贵州人民出版社 1999 年版。

《独山市志》，贵州人民出版社 1996 年版。

《多伦县志》，内蒙古文化出版社 2000 年版。

《峨山彝族自治县志》，中华书局 2001 年版。

《恩平县志》，方志出版社 2004 年版。

《肥西县志》，黄山书社 1994 年版。

《凤城市志》，方志出版社 1997 年版。

《凤冈县志》，贵州人民出版社 1994 年版。

《阜阳地区志》，方志出版社 1996 年版。

《富民县志》，云南人民出版社 1999 年版。

《富源县志》，上海古籍出版社 1993 年版。

《高安县志》，江西人民出版社 1988 年版。

《高阳县志》，方志出版社 1999 年版。

《高邮县志》，江苏人民出版社 1990 年版。

《藁城县志》，中国大百科全书出版社 1994 年版。

《个旧市志》，云南人民出版社 1998 年版。

《巩县志》，中州古籍出版社 1991 年版。

《广安县志》，四川人民出版社 1994 年版。

《广昌县志》，上海社会科学院出版社 1994 年版。

《广汉县志》，四川人民出版社 1992 年版。

《广济县志》，汉语大词典出版社 1994 年版。

《广州市芳村区志》，广东人民出版社 1997 年版。

《广州市天河区志》，广东人民出版社 1998 年版。

《广州市志》，广州出版社 2000 年版。

《贵溪县志》，中国科学技术出版社 1996 年版。

《海原县志》，宁夏人民出版社 1999 年版。

《合川县志》，四川人民出版社 1995 年版。

《和静县志》，新疆人民出版社 1995 年版。

《菏泽市志》，齐鲁书社 1993 年版。

《黑龙江省志》，黑龙江人民出版社 1999 年版。

《红河县志》，云南人民出版社 1991 年版。

《洪湖县志》，武汉大学出版社 1992 年版。

《湖口县志》，江西人民出版社 1992 年版。

《虎林县志》，中国人事出版社 1992 年版。

《华县志》,陕西人民出版社 1992 年版。

《桦川县志》,黑龙江人民出版社 1991 年版。

《怀化市志》,生活·读书·新知三联书店 1994 年版。

《怀集县志》,广东人民出版社 1993 年版。

《怀柔县志》,北京出版社 2000 年版。

《桓台县志》,齐鲁书社 1992 年版。

《黄陂县志》,武汉出版社 1992 年版。

《黄冈县志》,武汉大学出版社 1990 年版。

《黄梅县志》,湖北人民出版社 1985 年版。

《黄平县志》,贵州人民出版社 1993 年版。

《辉县市志》,中州古籍出版社 1992 年版。

《会泽县志》,云南人民出版社 1993 年版。

《霍邱县志》,中国广播电视出版社 1992 年版。

《吉安县志》,新华出版社 1994 年版。

《吉林省志》,吉林人民出版社 1994 年版。

《蓟县志》,南开大学出版社 1991 年版。

《建始县志》,湖北辞书出版社 1994 年版。

《江口县志》,贵州人民出版社 1994 年版。

《江阴市志》,上海人民出版社 1992 年版。

《椒江市志》,浙江人民出版社 1998 年版。

《金县志》,大连出版社 1989 年版。

《晋宁县志》,云南人民出版社 2003 年版。

《缙云县志》,浙江人民出版社 1996 年版。

《泾县志》,方志出版社 1996 年版。

《荆门市志》,湖北科学技术出版社 1994 年版。

《荆州地区志》第 8 卷,红旗出版社 1996 年版。

《旌德县志》,新华出版社 1992 年版。

《井研县志》,四川人民出版社 1990 年版。

《句容县志》,江苏人民出版社 1994 年版。

《喀喇沁左翼蒙古族自治县志》,辽宁人民出版社 1998 年版。

《凯里市志》,方志出版社 1998 年版。

《柯坪县志》,新疆大学出版社 1992 年版。

《克山县志》,中国经济出版社 1991 年版。

《库车县志》,新疆大学出版社 1993 年版。

《昆明市志》,人民出版社 1997 年版。

《昆明市志长编》卷十二,昆明市志编纂委员会,1983 年版。

《来安县志》,中国城市经济社会出版社 1990 年版。

《莱阳市志》,齐鲁书社 1995 年版。

《岚皋县志》,陕西人民出版社 1993 年版。

《阆中县志》,四川人民出版社 1993 年版。

《乐亭县志》,中国大百科全书出版社 1994 年版。

《乐至县志》,四川人民出版社 1995 年版。

《利辛县志》,黄山书社 1995 年版。

《临海市志》,浙江人民出版社 1989 年版。

《临河县志》,内蒙古人民出版社 1997 年版。

《临清市志》,齐鲁书社 1997 年版。

《灵璧县志》,黄山书社 2019 年版。

《灵丘县志》,山西古籍出版社 2000 年版。

《灵武市志》,宁夏人民出版社 1999 年版。

《零陵县志》,中国社会出版社 1992 年版。

《鄮县志》,中国社会出版社 1994 年版。

《柳河县志》,吉林文史出版社 1991 年版。

《龙井县志》,东北朝鲜民族教育出版社 1989 年版。

《龙岩市志》,中国科学技术出版社 1993 年版。

《娄底市志》,中国社会出版社 1997 年版。

《泸县志》,四川科学技术出版社 1993 年版。

《禄丰县志》,云南人民出版社 1997 年版。

《禄劝彝族苗族自治县志》,云南人民出版社 1995 年版。

《潞西县志》,云南教育出版社 1993 年版。

《滦平县志》,辽海出版社 1997 年版。

《漯河市志》,方志出版社 1999 年版。

《麻江县志》,贵州人民出版社 1992 年版。

《湄潭县志》,贵州人民出版社 1993 年版。

《明溪县志》,方志出版社 1997 年版。

《牡丹江市志》,黑龙江人民出版社 1993 年版。

《木兰县志》,黑龙江人民出版社 1989 年版。

《穆棱县志》,中国文史出版社 1990 年版。

《南宫市志》,河北人民出版社 1995 年版。

《南海县志》,中华书局 2000 年版。

《南和县志》,方志出版社 1996 年版。

《南汇县志》,上海人民出版社 1992 年版。

《南溪县志》,四川人民出版社 1992 年版。

《南县志》,湖南人民出版社 1988 年版。

《内邱县志》,中华书局 1996 年版。

《宁波市志》,中华书局 1995 年版。

《宁城县志》,内蒙古人民出版社 1992 年版。

《宁河县志》,天津社会科学院出版社 1991 年版。

《盘山县志》,沈阳出版社 1996 年版。

《盆尧乡志》,2012 年刊本。

《彭水县志》,四川人民出版社 1998 年版。

《蓬安县志》,四川辞书出版社 1994 年版。

《平顶山市志》,河南人民出版社 1994 年版。

《平度县志》,山东省平度县地方史志编纂委员会 1987 年印本。

《平陆县志》,中国地图出版社 1992 年版。

《平泉县志》,作家出版社 2000 年版。

《平原县志》,齐鲁书社 1993 年版。

《凭祥市志》,中山大学出版社 1993 年版。

《普定县志》,贵州人民出版社 1999 年版。

《七台河市志》,档案出版社 1992 年版。

《岐山县志》,陕西人民出版社 1992 年版。

《淇县志》,中州古籍出版社 1996 年版。

《綦江县志》,西南交通大学出版社 1991 年版。

《黔西县志》,贵州人民出版社 1990 年版。

《桥东区志》,中国工人出版社 1992 年版。

《且末县志》,新疆人民出版社 1996 年版。

《清流县志》,中华书局 1994 年版。

《清原县志》,辽宁人民出版社 1991 年版。

《晴隆县志》,贵州人民出版社 1993 年版。

《渠县志》,四川科学技术出版社 1991 年版。

《饶河县志》,黑龙江人民出版社 1992 年版。

《饶阳县志》,方志出版社 1998 年版。

《三门县志》,浙江人民出版社 1992 年版。

《三穗县志》,民族出版社 1994 年版。

《三亚市志》,中华书局 2001 年版。

《莎车县志》,新疆人民出版社 1996 年版。

《陕县志》,河南人民出版社 1988 年版。

《尚志县志》,中国展望出版社 1990 年版。

《绍兴市志》,浙江人民出版社 1996 年版。

《神池县志》,中华书局 1999 年版。

《沈阳市志》,沈阳出版社 1989 年版。

《施秉县志》,方志出版社 1997 年版。

《石棉县志》,四川辞书出版社 1999 年版。

《石泉县志》,陕西人民出版社 1991 年版。

《寿县志》,黄山书社 1996 年版。

《思南县志》,贵州人民出版社 1992 年版。

《四平市志》,吉林人民出版社 1993 年版。

《泗县志》,浙江人民出版社 1990 年版。

《松江县志》,上海人民出版社 1991 年版。

《松山区志》,辽宁人民出版社 1995 年版。

《松桃苗族自治县志》,贵州人民出版社 1996 年版。

《松溪县志》,中国统计出版社 1994 年版。

《松滋县志》,1986 年内部发行本。

《睢县志》,中州古籍出版社 1989 年版。

《绥化县志》,黑龙江人民出版社 1985 年版。

《塔城地区志》,新疆人民出版社 1997 年版。

《台前县志》,中州古籍出版社 2001 年版。

《泰和县志》,中共中央党校出版社 1993 年版。

《泰县志》,江苏古籍出版社 1993 年版。

《汤原县志》,黑龙江人民出版社 1992 年版。

《塘沽区志》,天津社会科学院出版社 1996 年版。

《桃江县志》,中国社会出版社 1993 年版。

《天等县志》,广西人民出版社 1991 年版。

《天津市汉沽区志》,天津社会科学院出版社 1995 年版。

《天水市志》,方志出版社 2004 年版。

《铁岭县志》,辽沈书社 1993 年版。

《通海县志》,云南人民出版社 1992 年版。

《通河县志》，中国展望出版社 1990 年版。

《通化县志（1877—1985）》，吉林人民出版社 1996 年版。

《同心县志》，宁夏人民出版社 1995 年版。

《桐柏县志》，中州古籍出版社 1995 年版。

《铜梁县志（1911—1985）》，重庆大学出版社 1991 年版。

《潼关县志》，陕西人民出版社 1992 年版。

《潼南县志》，四川人民出版社 1993 年版。

《瓦房店市志》，大连出版社 1994 年版。

《万县志》，四川辞书出版社 1995 年版。

《卫辉市志》，生活·读书·新知三联书店 1993 年版。

《巫山县志》，四川人民出版社 1991 年版。

《无极县志》，人民出版社 1993 年版。

《无锡县志》，上海社会科学院出版社 1994 年版。

《吴江县志》，江苏科学技术出版社 1994 年版。

《吴县志》，上海古籍出版社 1994 年版。

《武定县志》，天津人民出版社 1990 年版。

《武冈县志》，中华书局 1997 年版。

《武清县志》，天津社会科学院出版社 1991 年版。

《西宁府新志（乾隆）》，青海省人民政府文史研究馆 1954 年刊本。

《淅川县志》，河南人民出版社 1990 年版。

《歙县志》，黄山书社 2010 年版。

《湘乡县志》，湖南出版社 1993 年版。

《萧山县志》，浙江人民出版社 1987 年版。

《新乐县志》，中国对外翻译出版公司 1997 年版。

《新郑县志》，陕西人民出版社 1992 年版。

《兴城县志》，辽宁大学出版社 1990 年版。

《休宁县志》，安徽教育出版社 1990 年版。

《修武县志》，河南人民出版社 1986 年版。

《岫岩县志》，辽宁大学出版社 1989 年版。

《许昌市志》，南开大学出版社 1993 年版。

《旬阳县志》，中国和平出版社 1996 年版。

《延吉市志》，新华出版社 1994 年版。

《盐城县志》，江苏人民出版社 1993 年版。

《阳城县志》，海潮出版社 1994 年版。

《阳新县志》,新华出版社1993年版。

《阳原县志》,中国大百科全书出版社1997年版。

《叶县志》,中州古籍出版社1995年版。

《仪陇县志》,四川科学技术出版社1994年版。

《宜宾县志》,巴蜀书社1991年版。

《宜君县志》,三秦出版社1992年版。

《营口市志》,辽宁民族出版社2000年版。

《永川县志》,四川人民出版社1997年版。

《永春县志》,语文出版社1990年版。

《永定县志》,中国科学技术出版社1994年版。

《永宁县志》,宁夏人民出版社1995年版。

《永平县志》,云南人民出版社1993年版。

《于洪区志》,沈阳市于洪区印刷厂1989年印本。

《余庆县志》,贵州人民出版社1992年版。

《榆中县志》,甘肃人民出版社2001年版。

《玉屏侗族自治县志》,贵州人民出版社1993年版。

《玉山县志》,江西人民出版社1985年版。

《玉溪市志》,中华书局1993年版。

《元江哈尼族彝族傣族自治县志》,中华书局1993年版。

《沅江县志》,中国文史出版社1991年版。

《漳县志》,甘肃文化出版社2005年版。

《长清县志》,济南出版社1992年版。

《长汀县志》,生活·读书·新知三联书店1993年版。

《长阳县志》,中国城市出版社1992年版。

《昭通地区志》,云南人民出版社1997年版。

《镇赉县志》,吉林人民出版社1995年版。

《镇远县志》,贵州人民出版社1992年版。

《中江县志》,四川人民出版社1994年版。

《中卫县志》,宁夏人民出版社1995年版。

《驻马店市志》,河南人民出版社1989年版。

《庄河县志》,新华出版社1996年版。

《紫阳县志》,三秦出版社1989年版。

《遵义县志》,贵州人民出版社1992年版。

（二）专业志、民族志

《安徽省志·交通志》,方志出版社 1998 年版。

《安徽省志·纺织工业志》,安徽人民出版社 1993 年版。

《安徽省志·轻工业志》,方志出版社 1998 年版。

《安徽省志·烟草志》,方志出版社 1998 年版。

《鞍山市志·农业卷》,沈阳出版社 1989 年版。

《毕节地区志·农牧渔业志》,贵州人民出版社 2002 年版。

《成都市志·纺织工业志》,四川辞书出版社 2000 年版。

《丹东市金融志 1876—1985》,辽宁大学出版社 1995 年版。

《福建省志·纺织工业志》,中国社会科学出版社 1999 年版。

《福建省志·农业志》,中国社会科学出版社 1999 年版。

《福建省志·轻工业志》,方志出版社 1996 年版。

《福建省志·烟草志》,方志出版社 1995 年版。

《福建省志·交通志》,方志出版社 1998 年版。

《甘肃省志·公路交通志》,甘肃人民出版社 1993 年版。

《甘肃省志·农业志》,甘肃文化出版社 1995 年版。

《广东省志·丝绸志》,广东人民出版社 2004 年版。

《广东省志·烟草志》,广东人民出版社 2000 年版。

《广东省志·盐业志》,广东人民出版社 2006 年版。

《广东省志·公路交通志》,广东人民出版社 1996 年版。

《广西通志·二轻工业志》,广西人民出版社 2003 年版。

《广西通志·糖业志》,广西人民出版社 1998 年版。

《广西通志·交通志》,广西人民出版社 1996 年版。

《广西烟草行业志·广西烟草志》,广西人民出版社 2009 年版。

《贵港市志》,广西人民出版社 1993 年版。

《贵州省志·农业志》,贵州人民出版社 2001 年版。

《贵州省志·轻纺工业志》,贵州人民出版社 1993 年版。

《贵州省志·交通志》,贵州人民出版社 1991 年版。

《河北省土地志系列丛书·平泉县土地志》,2001 年印本。

《河北省志·交通志》,河北人民出版社 1992 年版。

《河南省志·公路交通志·内河航运志》,河南人民出版社 1991 年版。

《河南省志·纺织工业志》,河南人民出版社 1993 年版。

《河南省志·烟草工业志》,河南人民出版社 1995 年版。

《河南省志·造纸、印刷、包装工业志》,河南人民出版社 1995 年版。

《黑龙江省志·农业志》,黑龙江人民出版社 1993 年版。

《黑龙江省志·烟草志·纺织志》,黑龙江人民出版社 1994 年版。

《黑龙江省志·交通志》,黑龙江人民出版社 1997 年版。

《湖北省志·交通邮电》,湖北人民出版社 1995 年版。

《湖南农业志》,1958 年征求意见稿。

《湖南省志·交通志》,湖南人民出版社 2001 年版。

《吉林省志·轻工业志·纺织》,吉林人民出版社 2008 年版。

《吉林省志·轻工业志·手工业》,吉林人民出版社 1997 年版。

《吉林省志·交通志·铁道》,吉林人民出版社 1994 年版。

《吉林省志·农业志·畜牧》,吉林人民出版社 1994 年版。

《吉林市志·税务志》,吉林文史出版社 1993 年版。

《夹江县志》,四川人民出版社 1989 年版。

《江苏省志·交通志》,江苏古籍出版社 2001 年版。

《江苏省志·地理志》,江苏古籍出版社 1999 年版。

《江苏省志·综合经济志》,江苏古籍出版社 1999 年版。

《江西省志·江西省纺织工业志》,中共中央党校出版社 1993 年版。

《江西省轻工业志》,方志出版社 1999 年版。

《江西省烟草志》,方志出版社 1998 年版。

《江西省志·交通志》,人民交通出版社 1994 年版。

《宽甸县税务志》,宽甸县税务局 1987 年印本。

《丽水地区志》,浙江人民出版社 1993 年版。

《辽宁省志·纺织工业志》,辽宁民族出版社 2001 年版。

《辽宁省志·农业志》,辽宁民族出版社 2003 年版。

《辽宁省志·民用航空志》,辽宁民族出版社 2013 年版。

《辽宁省志·邮电志》,辽宁民族出版社 2002 年版。

《内蒙古自治区志·农业志》,内蒙古人民出版社 2000 年版。

《内蒙古自治区志·公路、水运交通志》,内蒙古人民出版社 2001 年版。

《内蒙古自治区志·邮电志》,内蒙古人民出版社 2000 年版。

《黔东南苗族侗族自治州志·轻纺工业志》,贵州人民出版社 2006 年版。

《秦皇岛市商业志》,中国标准出版社 1990 年版。

《青海省志·公路交通志》,黄山书社 1996 年版。

《庆阳地区志·农业志》,兰州大学出版社 1998 年版。

《山东省志·交通志》,山东人民出版社 1996 年版。

《山东省志·丝绸志》，山东人民出版社 1991 年版。

《山东省志·一轻工业志》，山东人民出版社 1993 年版。

《山西通志·交通志·公路水运篇》，中华书局 1999 年版。

《陕西省志·公路志》，陕西人民出版社 2000 年版。

《商业志》(秦皇岛市)，中国标准出版社 1990 年版。

《上海粮食志·大事记》，上海社会科学院出版社 1995 年版。

《上海通志·交通运输》，上海社会科学院出版社 2005 年版。

《上海通志·邮电》，上海社会科学院出版社 2005 年版。

《上海邮电志》，上海社会科学院出版社 1999 年版。

《四川省志·纺织工业志》，四川辞书出版社 1995 年版。

《四川省志·轻工业志》，四川辞书出版社 1993 年版。

《四川省志·丝绸志》，四川科学技术出版社 1998 年版。

《四川省志·盐业志》，四川科学技术出版社 1995 年版。

《新疆通志·公路交通志》，新疆人民出版社 1998 年版。

《烟台市商业志》，1987 年版。

《黟县志·农业志》，光明日报出版社 1989 年版。

《弋阳县志·农业志》，南海出版社 1991 年版。

《易门县志·农牧志》，中华书局 2006 年版。

《云南省志·烟草志》，云南人民出版社 2000 年版。

《云南省志·交通志》，云南人民出版社 2001 年版。

《云南省志·轻工业志》，云南人民出版社 1997 年版。

《浙江省蚕桑志》，浙江大学出版社 2004 年版。

《浙江省茶叶志》，浙江人民出版社 2005 年版。

《浙江省二轻工业志》，浙江人民出版社 1998 年版。

《浙江省纺织工业志》，方志出版社 1999 年版。

《浙江省农业志》，中华书局 2004 年版。

《浙江省轻工业志》，中华书局 2000 年版。

《浙江省丝绸志》，方志出版社 1999 年版。

《浙江省盐业志》，中华书局 1996 年版。

《浙江省烟草志》，浙江人民出版社 1995 年版。

广东省地方史志编纂委员会编：《广东省志·二轻(手)工业志》，广东省人民出版社 1995 年版。

洪葭管主编：《上海金融志》，上海社会科学院出版社 2003 年版。

年介恒编：《沈阳市铁西税务志(1935—1990)》，沈阳市铁西税务编纂委员会内部资料 1990 年印本。

曲东涛主编:《山东省二轻工业志稿》,山东人民出版社 1991 年版。

郑树模主编:《辽宁税务志(1840—1989)》,辽宁人民出版社 1998 年版。

五、报纸、期刊、特刊、集刊、专报、年鉴、丛刊

(一) 报纸

《大公报》(上海)1937 年 11 月 21 日,1946 年 9 月 23 日,1947 年 6 月 10 日、12 月 13 日。

《大公报》宣统三年(1911 年)七月初四日,1937 年 11 月 21 日,1940 年 4 月 29 日、8 月 12 日。

《大众报》1945 年 10 月 16 日,1947 年 12 月 1 日。

《大众日报》1943 年 7 月 9 日,1941 年 4 月 28 日、10 月 4 日。

《东北日报》1948 年 3 月 10 日,1947 年 10 月 26 日、10 月 27 日,1948 年 11 月 17 日,1948 年 12 月 10 日、12 月 17 日,1949 年 4 月 13 日、5 月 9 日、8 月 30 日、9 月 14 日,1950 年 9 月 10 日。

《河南民国日报》1938 年 7 月 31 日。

《解放日报》1941 年 5 月 27 日、10 月 10 日,1942 年 8 月 7 日、10 月 25 日,1943 年 6 月 3 日、6 月 18 日、10 月 21 日、10 月 24 日、10 月 28 日、11 月 16 日,1944 年 5 月 26 日、6 月 4 日、7 月 13 日、8 月 3 日、8 月 4 日、8 月 17 日、12 月 13 日、12 月 28 日,1945 年 1 月 7 日、1 月 8 日,1946 年 2 月 6 日、7 月 8 日、8 月 26 日。

《进步日报》1950 年 11 月 22 日。

《晋察冀日报》1941 年 6 月 14 日,1942 年 6 月 20 日,1944 年 5 月 1 日、5 月 19 日、8 月 3 日、12 月 7 日,1945 年 2 月 17 日。

《抗战日报》1944 年 8 月 1 日。

《联合晚报》(上海)1946 年 6 月 15 日。

《内蒙古日报》2009 年 10 月 30 日。

《商务日报》1946 年 7 月 25 日。

《申报》1940 年 3 月 8 日、11 月 3 日,1941 年 1 月 15 日。

《盛京时报》光绪三十二年(1906 年)九月初一。

《苏中报》1944 年 7 月 4 日。

《新华日报》1938 年 9 月 2 日,1940 年 7 月 15 日。

《新蜀报》1940 年 9 月 14 日。

《新浙东报》1945 年 7 月 25 日。

《新中华报》1937 年第 349 期、第 359 期。

《盐阜报》1942 年 4 月 11 日。

《益世报》1946 年 8 月 1 日。

《中华农学会报》1936 年第 154 期。

《中华日报》(汪伪)1937 年 1 月 23 日、1939 年 7 月 10 日。

《中央日报》1930 年 11 月 1 日、1937 年 1 月 23 日。

（二）期刊、学报、会报

《"中央研究院"近代史研究所集刊》1982 年第 19 期,台北。

《安徽史学》1986 年第 2 期。

《北方经济旬刊》1946 年第 1 卷第 10 期。

《边政导报》1940 年第 2 卷第 16、17、18 期合刊;1940 年第 2 卷第 28、29 期合刊。

《边政往来》第 2 卷第 6 期。

《财政评论》1940 年第 3 卷第 6 期。

《城工通讯》1948 年第 8 期。

《传记文学》(台湾)1965 年第 7 卷第 6 期。

《档案与史学》1996 年第 5 期。

《党的文献》1989 年第 5 期。

《党史资料》1953 年第 5 期。

《东北论坛》1939 年第 2 卷第 2—3 期。

《东北农业》创刊号 1949 年 4 月 1 日。

《东方杂志》1933 年第 30 卷第 17 号;1934 年第 31 卷第 20 号;1935 年第 32 卷第 19 号;1938 年第 35 卷第 15 号。

《东南经济》1941 年第 1 卷第 11—12 期。

《东亚经济论丛》1943 年第 3 卷第 2 号。

《东亚经济月刊》1943 年第 1 卷第 10 期。

《反攻》1940 年第 8 卷第 1 期。

《纺织建设月刊》1948 年第 1 卷第 3、4、11 期。

《福建论坛·人文社会科学版》2007 年第 4 期。

《甘肃贸易》(季刊)1943 年第 2、3 期合刊;1943 年第 4 期。

《工商天地》1948 年第 3 卷第 2—3 期合刊。

《工业生活》1944 年第 1 卷第 2 期。

《工业月刊(西安)》1948 年第 5 卷第 1、3 期。

《古今农业》2000 年第 1 期;2003 年第 3 期;2006 年第 1 期。

《广西经济建设手册》,广西省政府建设厅统计室,1947 年。

《广西科技师范学院学报》2017 年第 32 卷第 2 期。

《广西民族大学学报(自然科学版)》2007 年第 4 期。

《贵阳金筑大学学报》2004 年第 2 期。

《贵州企业季刊》1943 年第 1 卷第 4 期。

《国际劳工通讯》1938 年第 5 卷第 4、11 期;1939 年第 6 卷第 3 期。

《河北省银行经济半月刊》1947 年第 3 卷第 8 期、第 4 卷第 1 期。

《河北学刊》2017 年第 37 卷第 1 期。

《河南大学学报(哲学社会科学版)》1988 年第 1 期。

《红色中华》1935 年第 242 期;1936 年第 247 期;1936 年第 286 期;1936 年第 292 期;1936 年第 298 期。

《湖北大学学报(哲学社会科学版)》2016 年第 3 期。

《湖南科技大学学报(社会科学版)》2013 年第 16 卷第 6 期。

《佳木斯职业学院学报》2015 年第 2 期。

《建设周讯》1939 年第 7 卷第 22 期。

《交通建设》1945 年第 3 卷第 2 期。

《解放》1939 年第 65 期;1940 年第 119 期。

《金融导报》1940 年第 2 卷第 11 期。

《近代史研究》1984 年第 1 期;1986 年第 4 期;1988 年第 6 期;1991 年第 1 期;1995 年第 3 期;1996 年第 6 期;2011 年第 6 期;2012 年第 1 期;2012 年第 3 期。

《经济导报》1948 年第 96 期、第 97 期。

《经济汇报》1940 年第 6、8、11 期;1941 年第 4 期。

《经济建设季刊》1943 年第 2 卷第 1 期;1947 年第 3 期。

《经济评论》1947 年第 1 卷第 16 期。

《经济统计月志》1938 年第 5 卷第 6、12 期;1939 年第 6 卷第 5、12 期;1940 年第 7 卷第 1、3、12 期;1941 年第 8 卷第 3、4、8、10 期。

《经济周报》1946 年第 2 卷第 25 期;第 3 卷第 5、9 期;1947 年第 5 卷第 4、20 期;1948 年第 6 卷第 24 期和第 7 卷第 5、11、17、22—25 期。

《军事史林》2015 年第 6 期。

《军政大学》1946 年第 3 期。

《抗建半月刊》1939 年第 1 卷第 2 期。

《抗日战争史研究》1997 年第 1 期;2004 年第 3 期;2005 年第 1 期;2016 年第 3 期。

《抗日战争研究》1997 年第 1 期;1999 年第 1 期;2004 年第 3 期;2005 年第 1 期;2008 年第 2 期;2016 年第 2、3 期。

《抗战与交通》半月刊,1938 年至 1945 年各期。

《劳动季报》1935 年第 5 期。

《历史档案》1982 年第 4 期;1995 年第 3 期;2008 年第 1 期。

《历史教学》1996 年第 9 期。

《历史研究》1995 年第 4 期;1996 年第 3 期;2000 年第 1 期;2011 年第 2 期;2012 年第 3 期;2014 年第 5 期。

《丽水方志》2011 年第 4 期。

《陇东学院学报》2015 年第 6 期。

《棉业月报》1948 年第 1 卷第 3 期。

《民国档案》1987 年第 4 期;1990 年第 3、4 期;1996 年第 2 期;2003 年第 4 期;2005 年第 2 期;2006 年第 3 期。

《民间半月刊》1937 年第 4 卷第 3 期。

《民力》周刊 1938 年第 1 期。

《民族研究》2003 年第 4 期。

《牡丹江师范学院学报》2007 年第 7 期。

《内江师范学院学报》2009 年第 11 期。

《内江师专学报》1998 年第 3 期。

《内蒙古大学学报(人文社会科学版)》2001 年第 1 期。

《内蒙古社会科学》1988 年第 2 期。

《内蒙古师范大学学报(哲学社会科学版)》2009 年第 5 期;2011 年第 5 期。

《农本》1941 年第 48—49、53 期,1942 年 57、60、61 期。

《农业考古》2011 年第 2 期,2017 年第 6 期。

《农业推广通讯》1940 年第 2 卷第 1、10 期。

《平顶山师专学报》2003 年第 18 卷第 6 期。

《平准学刊》第 5 辑下册,1985 年印行。

《钱业月报》1931 年第 11 卷第 2 号。

《青岛农业大学学报(社会科学版)》2011 年第 23 卷第 2 期。

《日用经济月刊》1940 年第 2 卷第 10 期。

《山东群众》1945 年第 9 期。

《山东社会科学》1994 年第 4 期(总第 44 期)。

《陕行汇刊》1941 年第 2 期。

《陕西水利季报》1940 年第 5 卷第 3、4 期。

《陕灾周报》1930 年第 2 期。

《商场现代化》2010 年第 5 期。

《商业月报》1939 年第 19 卷第 2、5、7 期,1946 年第 22 卷第 6 期。

《上海师范大学学报》2005 年第 6 期。

《社会科学研究》2010 年第 6 期。

《社会科学杂志》1948 年第 1 期。

《社会科学战线》1987 年第 3 期。

《申报月刊》1934 年第 3 卷 9 号。

《申报月刊》复刊 1944 年第 2 卷第 10 号。

《实业月刊》1938 年创刊号。

《史林》2008 年第 3 期。

《史学月刊》2010 年第 5 期、第 9 期。

《税务半月刊》1948 年第 3 卷第 5 期。

《四川经济季刊》1944 年第 1 卷第 3、4 期;1945 年第 2 卷第 2、3、4 期;1946
年第 3 卷第 1、2、4 期。

《四川省政府统计月报》1948 年 4 月。

《四川师范大学学报(社会科学版)》2000 年第 2 期。

《四川师院学报》1983 年第 3 期。

《四川统计月刊》1948 年第 2 卷第 2 期。

《四川月报》1937 年第 10 卷第 4 期。

《台湾建设》1948 年第 1 卷第 6 期。

《田家半月报》1941 年第 8 卷第 3 期。

《文史哲》2013 年第 1 期。

《西华师范大学学报(哲学社会科学版)》2012 年第 6 期。

《西南交通大学学报(社会科学版)》2009 年第 3 期。

《西南实业通讯》(上海版)1947 年创刊号。

《西南实业通讯》1943 年第 8 卷第 1 期,1944 年第 9 卷第 5 期。

《湘潭师范学院学报(社会科学版)》2003 年第 25 卷第 2 期。

《新大夏月刊》1938 年第 1 卷第 3 期。

《新经济》1939 年第 2 卷第 10 期;1940 年第 3 卷第 7 期;1941 年第 6 卷。

《新中华》1935 年第 3 卷第 22 期。

《新中华报》第 347 期,1937 年 4 月 16 日;第 349 期,1937 年 4 月 23 日;第 350 期,1937 年 4 月 29 日;第 359 期,1937 年 5 月 23 日;第 366 期,1937 年 6 月 16 日;第 373 期,1937 年 7 月 9 日。

《信托季刊》1940 年第 5 卷第 3、4 期合刊。

《血路》1938 年第 39 期。

《烟讯》1947 年第 4 期;1948 年第 12 期。

《盐业史研究》1990 年第 3 期;1995 年第 2、3 期;2005 年第 3 期;2008 年第 2 期;2011 年第 2 期;2015 年第 3 期。

《银行周报》1934 年第 18 卷第 6、45 期;1938 年第 22 卷第 37、46 期;1939 年第 23 卷第 2、12、16 期。

《远东贸易月报》1938 年第 1 卷第 3 号。

《粤汉半月刊》1947 年第 2 卷第 2 期。

《云南实业通讯》1940 年第 1 卷第 7 期。

《战线》1943 年第 13 期。

《浙江大学学报(人文社会科学版)》2001 年第 4 期。

《中国工业(桂林)》1942 年第 6 期;1943 年第 13、19 期;1944 年第 26 期。

《中国工业(上海)》1944 年第 2 卷第 7—8 期。

《中国工业》1945 年第 28 期。

《中国工业月刊》1944 年第 1 卷第 10 号。

《中国工业杂志》1943 年第 5 期。

《中国经济》1944 年第 2 卷 5 期。

《中国经济年报》第 1 辑,1935 年刊本;第 2 辑,1936 年刊本。

《中国经济史研究》1986 年第 3 期;1987 年第 2 期;1988 年第 1 期;1991 年第 1 期;1992 年第 3 期;1993 年第 4 期;1998 年第 3 期;1999 年第 2 期;2005 年第 1 期;2013 年第 4 期;2014 年第 3 期;2014 年第 4 期;2017 年第 2 期等。

《中国军队经济史研究》1998 年第 3 期。

《中国农村》1934 年第 1 卷第 1 期;1935 年第 1 卷第 4 期;1935 年第 1 卷第 9 期;1936 年第 2 卷第 4 期;1936 年第 2 卷第 11 期;1937 年第 3 卷第 6 期;1939 年第 5 卷第 11、12 期合刊。

《中国农村动态》1937 年刊本。

《中国农民》1942 年第 1 卷第 4 期。

《中国农史》2010 年第 3 期。

《中国社会经济史研究》1985 年第 2 期;2012 年第 3 期;2014 年第 1 期。

《中国社会科学院经济研究所集刊》第 3 辑、第 9 辑,中国社会科学出版社

1981 年版、1987 年版。

《中国文化研究所学报》2011 年第 53 期。

《中国学术》2000 年第 2 辑。

《中华农学会报》1936 年第 154 期。

《中联银行月刊》1942 年第 4 卷第 4 期;1943 年第 5 卷第 3、5 期;1944 年第 7 卷第 3 期。

《中农月刊》1945 年第 6 卷第 9 期。

《中外经济周刊》第 109 号,1925 年 4 月 25 日。

《中央银行月报》1948 年新 3 卷第 7 期。

《中央周刊》1943 年第 5 卷第 27 期。

《资源委员会月刊》1941 年第 3 卷第 2—3 期合刊。

日本天津支那问题研究所编:《中国经济旬报》第 232 号。

(三) 文史资料、专刊、特刊、增刊、集刊、公报、专报、年鉴、年刊、百科全书、丛刊

1. 文史资料

周金生、张爱萍主编:《承德文史文库》卷 4,中国文史出版社 1998 年版。

中国人民政治协商会议吉林省委员会文史资料研究委员会编:《吉林文史资料选辑》第 20 辑,吉林人民出版社 1987 年版。

乌盟政协文史资料研究委员会编:《乌兰察布文史资料》第 5 辑,1985 年印本。

张家口市政协文史资料委员会编:《张家口文史资料第 26—27 辑·抗战时期的张家口》,1995 年印本。

郭化市政协文史资料委员会编:《郭化文史资料》第 7 辑,1990 年印本。

九台市政协文教卫生委员会编:《九台文史资料》第 3 辑,内部资料 1991 年印本。

辽宁省朝阳市政协、东煤公司北票矿务局合编:《朝阳文史资料》第 2 辑,朝阳文史资料编辑部 1988 年印本。

全国政协文史资料委员会编:《工商经济史料丛刊》第 2 辑,文史资料出版社 1983 年版。

山西省政协文史资料研究委员会编:《山西文史资料》第 56 期,1988 年印本。

舒兰县政协文史资料研究委员会编:《舒兰文史资料》第 2 辑,1986 年印本。

天津社会科学院历史研究所编:《天津历史资料》第 5 期,1980 年印本。

于祺元编印:《长春文史资料》第 75 辑,长春市政协文史资料委员会 2007 年印。

榆树县政协文史资料史委员会编:《榆树文史资料》第 2 辑,1988 年印本。

中国人民政治协商会议阿城县委员会文史资料研究委员会编:《阿城文史资料》第 5 辑,1989 年印本,第 7 辑,1996 年印本。

中国人民政治协商会议鞍山市委员会文史资料研究委员会编:《鞍山文史资料选辑》第 3 辑、第 6 辑、第 9 辑,内部资料 1984 年、1986 年、1992 年印本。

中国人民政治协商会议北镇满族自治县文史资料研究委员会编:《北镇文史资料第 8 辑·伪满时期史料专辑》,内部资料 1986 年印本。

中国人民政治协商会议赤峰市红山区委员会文史资料研究委员会编:《红山文史》第 2 集,1987 年印本。

中国人民政治协商会议东沟县委员会文史资料研究委员会编:《东沟文史资料》第 2 辑,1988 年印本。

中国人民政治协商会议抚顺市委员会文史委员会编:《抚顺文史资料选辑》第 4 辑,政协抚顺市委员会文史委员会 1984 年版。

中国人民政治协商会议巩县委员会文史资料研究委员会编:《巩县文史资料》第 13 辑,1985 年印本。

中国人民政治协商会议河北省张家口市委员会文史资料研究委员会编:《张家口文史资料》第 4—5 辑,纪念张家口解放专辑,1986 年。

中国人民政治协商会议黑龙江阿城市委员会文史资料委员会编:《阿城文史资料》第 7 辑,1996 年印本。

中国人民政治协商会议黑龙江省海林县委员会学习文史工作委员会编:《海林文史资料》第 2 辑,1988 年印本。

中国人民政治协商会议黑龙江省鸡西市委员会文史资料研究委员会编:《鸡西文史资料》第 4 辑,1988 年印本。

中国人民政治协商会议黑龙江省委员会文史资料研究委员会编:《黑龙江文史资料》第 30 辑,黑龙江人民出版社 1991 年版。

中国人民政治协商会议黑龙江省五常县委员会文史资料研究委员会编:《五常文史资料》第 1 辑,1986 年印本。

中国人民政治协商会议湖北省委员会文史资料研究委员会编:《湖北文史资料选辑》第 20 辑,1987 年印本。

中国人民政治协商会议吉林省图们市委员会文史资料研究委员会编:《图们文史资料》第 1 辑,内部资料 1987 年印本。

中国人民政治协商会议吉林省委员会文史资料研究委员会编:《吉林文史

资料选辑》第 20 辑,1987 年印本。

中国人民政治协商会议锦西县委员会文史资料研究委员会编:《锦西文史资料》第 2 辑,1984 年印本。

中国人民政治协商会议锦州市委员会学习文史委员会编:《锦州文史资料》第 9 辑,内部资料 1990 年印本。

中国人民政治协商会议宽城满族自治县委员会文史委员会编:《宽城文史资料》第 2 辑,1992 年印本。

中国人民政治协商会议兰西县委员会文史资料研究委员会编:《兰西文史资料》第 1 辑,1985 年印本。

中国人民政治协商会议辽宁省丹东市委员会文史资料研究委员会编:《丹东文史资料》第 1 辑,内部资料 1984 年印本。

中国人民政治协商会议辽宁省岫岩满族自治县委员会文史资料研究委员会编:《岫岩文史资料》第 2 辑,内部资料 1988 年印本。

中国人民政治协商会议柳河县委员会文史资料研究委员会编:《柳河文史资料》第 1 辑,1986 年印本。

中国人民政治协商会议梅河口市文史资料研究委员会编:《梅河口文史资料》第 4 辑,1990 年印本。

敦化市政协文史资料委员会编:《郭化文史资料》第 6 辑,1989 年印本。

中国人民政治协商会议乾安县委员会文史资料研究委员会编:《乾安文史资料》第 3 辑,1987 年印本。

中国人民政治协商会议清原满族自治县委员会文史资料委员会编:《清原文史资料》第 1 辑,1992 年印本。

中国人民政治协商会议全国委员会文史和学习委员会编:《文史资料选辑》合订本第 13 卷总第 37—39 辑,中国文史出版社 2011 年版。

中国人民政治协商会议全国委员会文史资料研究委员会编:《文史资料选辑》第 15 辑、第 49 辑,文史资料出版社 1961 年版、1981 年版。

中国人民政治协商会议全国委员会文史资料研究委员会编:《文史资料选辑》第 25 辑、第 39 辑、第 65 辑、第 72 辑,中华书局 1962 年版、1980 年版、1979 年版、1980 年版。

中国人民政治协商会议上海市委员会编:《文史资料选辑》1980 年第 5 辑(总 34 辑),上海人民出版社 1980 年版。

中国人民政治协商会议沈阳市委员会文史资料研究委员会编:《沈阳文史资料》第 13 辑,1987 年印本。

中国人民政治协商会议石家庄市委员会文史资料委员会编:《石家庄文史

资料》第 10 辑,1989 年印本。

中国人民政治协商会议四川省重庆市委员会文史资料研究委员会编:《重庆文史资料》第 17 辑,1983 年印本。

中国人民政治协商会议绥中县委员会文史资料编辑委员会编:《绥中文史资料》第 3 辑,1983 年印本。

中国人民政治协商会议伊春市委员会文史资料研究委员会编:《伊春文史资料》第 3 辑,1986 年印本。

中国人民政治协商会议辽宁省义县委员会文史资料委员会编:《义县文史资料》第 1 辑,1985 年印本。

中国人民政治协商会议云南省委员会文史资料委员会编:《云南文史资料选辑》第 37 辑,云南人民出版社 1989 年版。

中国人民政治协商会议浙江省绍兴县委员会文史资料工作委员会编:《绍兴文史资料选辑》第 9 辑,1990 年印本。

中国人民政治协商会议重庆市委员会文史资料委员会编:《重庆文史资料》第 31 辑,西南师范大学出版社 1989 年版。

中国人民政治协商会议庄河县委员会文史资料研究委员会编:《庄河文史资料》第 5 辑,1989 年印本。

2. 专刊、特刊、增刊、集刊、公报、专报、年鉴、年刊、百科全书、丛书

《"满洲国"政府公报》,伪满康德七年(1940 年)九月三十日。

广西省政府统计处编:《广西年鉴》第 3 回,1944 年刊本。

《国营招商局七十五周年纪念刊》,1947 年版。

《军政大学》1946 年第 3 期。

《农林新报》总第 288 期,1932 年 8 月 21 日。

《申报年鉴》(1943 年),申报社 1944 年版。

《时事类编》1937 年第 3 期。

《时与潮增刊》1940 年增 9。

《文汇年刊》编辑委员会编:《文汇年刊·党政重要法令及规程》,英商文汇有限公司 1939 年版。

《新中华》第 3 卷第 22 期,1935 年 11 月;第 4 卷第 22 期,1936 年 11 月。

浙江省农业改进所编:《浙江经济年鉴》,民国三十七年(1948 年)刊本。

《中国经济年鉴》(1935 年),1936 年刊本。

傅润华、汤约生主编:《陪都工商年鉴》,文信书局 1945 年版。

广东经济年鉴编纂委员会编:《二十九年度广东经济年鉴》,广东省银行经济研究室(1941)年刊本。

国民党政府行政院编纂:《国民政府年鉴》第 1 回,1943 年刊本。

国民党政府行政院编纂:《国民政府年鉴》第 2 回,1946 年刊本。

国民党政府行政院编纂:《国民政府年鉴》第 3 回,1946 年刊本。

国民党政府交通部统计处编:《交通部统计年报》,交通部各年印行。

国民党政府铁道部编:《铁道年鉴》第 1 卷,上海汉文正楷印书局 1933 年版。

国民党政府铁道部编:《铁道年鉴》第 2 卷,上海汉文正楷印书局 1935 年版

国民党政府铁道部编:《铁道年鉴》第 3 卷,上海商务印书馆 1936 年版。

国营招商局编:《国营招商局产业总录》,1947 年印行。

民国丛书续编编辑委会:《申报年鉴》,1944 年第二册,上海书店出版社 2012 年版。

吴毅堂编著:《中国股票年鉴》,中国股票年鉴社 1947 年版。

张研、孙燕京主编:《民国史料丛刊》第 623 册《公路统计年报(1946 年度)》、第 1020 册《广西年鉴》第 3 回下册、第 1025 册《湖北统计年鉴(1943 年)》(三),大象出版社 2009 年版。

浙江省银行经济研究室编:《浙江经济年鉴》,民国三十七年(1948 年)刊本。

六、外文书刊

(一) 英文

《中国年鉴》(英文),1944 年版。

日本东亚研究所译:《战时下的上海经济》(资料丙第 291 号 A,原书为英文),东亚研究所 1941 年版。

A.B.Kinney, *Japanese Investment in Manchurian Manufacturing*, *Mining*, *Transportation and Communication*, 1931–1945.

Beers, Lloyd Anthony, Jr., *Ships of State*: *Maritime Policy as Foreign Policy under the Merchant Ship Sales Act of 1946*, Master Thesis, University of Maryland, 2009.

Economic Program for China, *China Defense Supplies Records*, *Box 10*, *Folder 6*, Hoover Institution Archives, Stanford University.

Foreign Relations of the United States, 1946, *The Far East*: *China*, Vol.10.

Foreign Relations of the United States, 1947, *The Far East*: *China*, Vol.7.

K.P.Chen, *Conversation with Mr.P.Y.Tan*, November 29, 1944, *KwangPu Chen Papers*, *Box 7*, Butler Library, Columbia University.

Kungtu C.Sun, *The Economic Development of Manchuria in the First Half of the*

Twentieth Century, Harvard University Press, 1973.

Lane, Frederic C., *Ships for Victory*, Baltimore：Johns Hopkins University Press, 2001.

Ramon H.Myers, *Socioeconomic in Villages of Manchuria during the Ch'ing and Republican Periods*：*Some Preliminary Findings*, Modern Asian Studies, 10, p.616.

Report on the Work of Chinese Supply Commission, *September 1945 – February 1947*, *China Defense Supplies Records*, *Box 2*, *Folder 15*, Hoover Institution Archives, Stanford University.

Wei, Chu-Xiong George, *Interest*, *Mentality*, *and Strategy*：*Americans and China's Economic Reconstruction*, 1944–1949, Ph.D.Dissertation, Washington University, 1996.

（二）日文

天野元之助著:《满洲経済の発達》,满铁経済调查会昭和七年(1932 年)版。

冈野鑑著:《满洲国财政の生成と発展》,［伪满］"建国"大学康德十年(1943 年)印本。

小野武夫著:《民族農政学》,朝倉書店昭和十八年(1943 年)版。

神戸正雄著:《满洲國の财政经济》,立命館昭和七年(1932 年)版。

川村得三著:《蒙疆经济地理》,叢文閣 1941 年版。

高橋正则著:《决戦满洲国の全貌》,山海堂出版部昭和十八年(1943 年)版。

島木健作著:《满洲紀行》,東京宝石社,昭和十五年(1940 年)版。

柴田善雅著:《中国における日系煙草産業(1905—1945)》,水曜社 2013 年版。

太平洋贸易研究所編:《东亚共荣圈经济循环の基本图式》,昭和十七年(1942 年)版。

田村敏雄著:《满洲帝国经济全集 5 租税篇前篇》,东光书苑康德五年(1939 年)版。

武村次郎著:《满洲第一線》,第一書店昭和十六年(1941 年)版。

日本経営史研究所編:《日本郵船株式会社百年史》,大洋印刷产業株式会社昭和六十三年(1988 年)版。

前間孝则著:《满洲航空の全貌:1932—1945:大陸を翔けた双貌の翼》,株式会社草思社 2013 年版。

平竹传三著:《兴亚经济论:蒙疆北支篇》,大阪屋号書店 1942 年版。

满史会編著:《满州［洲］開発四十年史》上卷,满州［洲］開発四十年史刊行会 1964 年版。

满洲国史编纂刊行会编:《满洲国史　各論》,谦光社昭和四十八年(1973年)版。

安富步著:《「満洲国」の金融》,日本创文社1997年版。

安富步著:《満州暴走　隠された構造　大豆　満鉄総力戦》,KADOKAWA株式会社2016年版。

山本有造著:《「満洲国」の研究》,京都大学人文科学研究所昭和五十八年(1993年)版。

山本有造著:《「満洲国」経済史研究》,名古屋大学出版会平成十五年(2005年)版。

渡辺轄二著:《華中蚕糸股份有限公司沿革史》,湘南堂书店1944年版。

楊井克巳著:《蒙古資源経済論》,三笠书房1941年版。

【伪满洲国】外交部调查司编:《世界重工业资源与满洲国》,满洲事情案内所1943年印行。

【伪满洲国】興農合作社中央會调查課编:《康德八年農村戸別概況調查報告書・土地所有関係、經營地及宅地関係篇》,康德十年(1943年)刊本。

【伪满洲国】国务院内务局编:《康德五年度　地方財政概要》,康德五年(1938年)刊本。

【伪满洲国】国务院总务厅地方处编:《康德六年度　地方財政概要》,康德六年(1939年)刊本。

【伪满洲国】产业部大臣官房资料科编:《产业部资料40の2・土地関係並に慣行编・南満・中満ノ部・"康德"二年度農村実態調查報告書》,康德五年(1938年)刊本。

【伪满洲国】实业部临时产业调查局编:《产調资料45—4・農村実態調查報告書・販売並に購入事情篇》,伪满康德四年(1937年)刊本。

【伪满洲国】实业部临时产业调查局编:《产調资料45—5・雇傭關係並に慣行篇・康德元年度農村實態調查報告書》,伪满康德四年(1937年)刊本。

【伪满洲国】实业部临时产业调查局编:《農村実態調查報告書・"康德"元年度土地関係並に慣行篇》,康德四年(1937年)刊本。

【伪满洲国】地籍整理局编印:《锦热蒙地调查报告》上、中、下卷,康德四年(1937年)印本。

【伪满洲国】総務庁情报处编:《满洲国大系　第16辑(財政金融篇)》,康德元年(1934年)版。

【伪满洲国】総務庁情报处编:《满洲国大系:日文.第26辑(康德三年度予算に就て)》,康德三年(1936年)版。

【伪满洲国】满洲国通信社编:《满洲国现势》,满洲国通信社 1943 年版。

【伪满洲国】满洲事情案内所编:《满洲事情案内所报告 36 满洲通货及金融の过去和现在》,昭和十一年(1936 年)版。

【伪满洲国】满洲事情案内所编:《满洲事情案内所报告 115 满洲国概览》,康德十一年(1944 年)版。

【伪满洲国】満洲經濟社編:《満洲經濟・満洲国財政金融問題特輯号》,康德七年(1940 年)7 月 1 日。

【伪满洲国】满洲中央銀行調査部編:《調査彙報(第 1 輯)》,康德十一年(1944 年)印本。

華北綜合調査研究所緊急食糧対策調査委員会編:《関東州及満洲ニ於ケル最近ノ食糧事情》,1943 年印行。

神戸商業大学商業研究所編:《海外旅行調査報告・第 26 回(昭和十五年夏期)》,昭和十六年(1941 年)刊本。

大東亜省満洲事務局編:《満洲開拓資料第 8 輯・満洲開拓政策関係法規》,昭和十八年(1943 年)刊本。

大連商工会議所編:《満洲事業成績分析・昭和十五年度　第 4 回》,昭和十六年(1941 年)印本。

大連商工会議所編:《満洲経済図説(第 6 回)》,昭和十五年(1940 年)版。

東亜経済懇談会編:《蒙古連合自治政府貿易関係法規集》,1941 年版。

東京市役所編:《新東亜大観》,東京 1940 年印行。

東京銀行集会所調査課編:《満洲の財政・金融・物価》,昭和十七年(1942 年)版。

中山経済研究所編:《日満食糧一体方針と満洲農産の増強施策》,昭和十八年(1943 年)版。

南満洲鉄道株式会社庶務部調査課編:《満鉄調査資料.第 74 編　其 1　奉天省の財政》,昭和三年(1928 年)版。

南満洲鉄道株式会社庶務部調査課編:《東三省財政紀要》,昭和四年(1929 年)版。

南満洲鉄道株式会社庶務部調査課編:《満鉄調査資料第 82 編吉林省の財政》,昭和八年(1928 年)版。

南満洲鉄道株式会社調査部編:《昭和十六年度綜合調査報告書・満洲部分資料篇》,昭和十七年(1942 年)刊本。

南満洲鉄道株式会社調査部編:《北満農業機構動態調査報告第一編・濱江省呼蘭縣孟家村孟家區》,博文館昭和十七年(1942 年)刊本。

南満洲鉄道株式会社調查課編:《満洲の農業》,昭和六年(1931年)刊本。

南満洲鐵道株式會社北満經濟調查所編:《満人農家經濟調查報告の1:遼陽縣千山村下汪家峪屯》,昭和十六年(1941年)刊本。

南満洲鐵道株式會社北満經濟調查所編:《満人農家經濟調查報告の2:肇州縣朝陽村大地窩堡》,昭和十六年(1941年)刊本。

南満洲鐵道株式會社北満經濟調查所編:《満人農家經濟調查報告の3:呼蘭縣孟家村劉泉井區》,昭和十六年(1941年)刊本。

南満洲鐵道株式會社北満經濟調查所編:《満人農家經濟調查報告》,昭和十六年(1941年)版。

日本経営史研究所編:《日本郵船百年史資料》,日本邮船株式会社1988年版。

日満農政研究會新京事務局編:《満洲農業要攬》,[伪满]康德七年(1940年)版。

兵庫県興亜経済協会編:《躍進蒙疆の産業と交易》,兵庫県興亜経済協会,1943年印行。

奉天商工公会編:《奉天経済事情》,伪满康德七年(1940年)印行。

吉竹検次著:《満洲重要物資統制読本》,満洲図書1940年版。

安東正編:《農業自由移民事情》,南満洲鐵道株式會社産業部農林課拓殖係1937年印本。

エ・エ・ヤシノフ:《満鉄調査資料第110編北満洲支那農民経済》,南満洲鉄道株式會社1928年。

《支那事変関系国際法律问题》第1卷,日本外务省外交史料馆藏,文档号:レファレンスコ－ドB02030674300。

《支那事变关系执务报告》上卷第2册,日本外务省外交史料馆藏,文档号:レファレンスコ－ドB02130172200。

《大阪毎日新聞》,昭和十四年(1939年)八月六日。《蚕糸月刊》,8月号(昭和十四年8月)。

《新京商工公会統計年報》(康德四年度),"新京"商工公会,[伪满]康德六年(1939年)版。

《中外商業新報》,昭和十四年(1939年)九月十日、昭和十五年(1940年)八月九日。

《東京朝日新聞》,昭和十七年(1942年)十一月十日。

《日本経済年報》,第27輯(昭和十二年第1輯)》,昭和十二年(1937年)刊本;第52輯(昭和十八年第1輯),昭和十八年(1943年)版;東洋経済新報社編。

《日本工業新聞》,昭和十六年(1941 年)一月十七日。

《滿鐵調查月報》第 12 卷第 11 号、第 21 卷第 11 号,滿鐵經濟調查會編。

《滿洲経済年報》1935 年、1939 年版,滿鐵經濟調查會編,改造社。

《滿洲経済研究年報》昭和十六年(1941 年),南滿鉄道株式会社調查部編,改造社。

《滿州評論》第 19 卷第 12 号,昭和十五年(1940 年)9 月;第 27 卷第 9 号,昭和十九年(1944 年)9 月;滿州評論社編。

《調查時報》第 9 卷第 1 号,昭和四年(1929 年),滿鉄庶務部調查課編。

《読売新聞》,昭和十六年(1941 年)一月二十八日。

铃木清干编:《蒙疆年鑑》1942 年,株式会社蒙疆新聞社 1941 年版。

高木翔之助编:《北支·蒙疆年鑑》1944 年,北支那経済通讯社 1943 年版。

高木翔之助编:《北支·蒙疆现势》,北支那経済通讯社 1938 年版。

福島義澄编:《蒙疆年鑑》,株式会社蒙疆新聞社 1941 年版。

满蒙文化協会编:《昭和八年满洲年鑑》,1933 年印行。

满州日日新聞社编:《满洲年鑑》,1940 年印本。

后　　记

　　《中国近代经济史(1937—1949)》杀青付梓,标志着《中国近代经济史》全书写作画上了圆满的句号。这套专著分 4 卷 11 册,计 800 余万字。单从篇幅看,或亦忝在鸿篇巨制之列,至于质量、效用,就可能见仁见智、臧否各异了。

　　《中国近代经济史》一书的编写缘起,最早要追溯到 20 世纪 60 年代初。1961 年中央宣传部和高等教育部联合召开高等院校文科教材会议,会上决定为高等院校政治经济学专业编写一部 30 万字左右的《中国近代经济通史(1840—1949)》教材。同年秋,中央宣传部抽调哲学社会科学部(今中国社会科学院)经济研究所中国近代经济史研究组的研究人员和中国人民大学经济系经济史教研室的教师组成编写组,以经济研究所严中平研究员为组长、中国人民大学孙健教授为副组长,集中到中央党校招待所专门从事该书的编写工作。由于编写组成员来自多个单位,各自的研究范围不同,因而意见不统一,无法拟定提纲、直接撰写书稿,只得暂时改变工作方式,各人先从专题研究入手,分工合作,撰写论文或收集整理资料,为书稿写作做前期准备。

　　1962 年我从武汉大学历史系本科毕业,考取该系中国近代经济史专业的研究生,导师彭雨新教授正是《中国近代经济通史(1840—1949)》编写组成员。1963 年秋季开学不久,我去老师家上课,老师刚从北京回武汉,说教材的编写工作不太顺利,进展很慢,或许我毕业后还有机会参加这项工作。不过就在这之后不久，由于种种原因，写作组大部分成员陆续返回了各自单位。到1964年，经济所的全体成员奉调回所搞政治运动，编写组无形消失。延至1965年，经济所的全体成员全被派往房山县搞农村"四清"运动。1966年"文化大革命"开始，教材编写也就无疾而终。

1978年12月党的十一届三中全会后，经济所开始恢复业务，1979年再次提出编写《中国近代经济史》的任务。其时我已于1968年分配到经济所工作，因而一开始就参加了该书的写作。1979年重新上马的《中国近代经济史》项目，目标和工作方式都发生了重大变化，由原来的1840—1949年近代经济通史教材改成了1840—1894年断代史专著，书名亦改为《中国近代经济史（1840—1894）》（习惯称"一卷"），由严中平研究员任主编，分量则由原来的30万字左右增加到140万字。因目标转换，篇幅扩大，写作和工作方式亦大幅调整：由原来的"编书"改为"著书"，主编要求项目组成员从专题研究入手，在广泛搜集、整理资料的基础上，先撰写专题论文，然后将其浓缩、提炼为书稿章节，且须"三新"，即"新观点、新资料、新方法"。即使做不到"三新"，也至少要有"二新"或"一新"（新资料），决不能人云亦云、炒现饭。最初由严中平主编提出的这一套原则、要求，一直贯穿到以后的《中国近代经济史》各卷写作始终。

因专著篇幅扩大，标准提高，要求綦严，书稿的写作难度加大，完成时间也大幅度延长。1979年项目重新上马，到1988年结项，1989年出版问世，花了大约10年的时间。其后《中国近代经济史（1895—1927）》（"二卷"）、《中国近代经济史（1927—1937）》（"三卷"）相继于2000年、2010年结项并出版发行，《中国近代经济史（1937—1949）》（"四卷"）于2021年年初杀青付梓，也都是分别花费10年左右的时间，正应了学界流行的所谓"十年磨一剑"之说。全书四卷，不计算最初的高校教材编写，前前后后长达40年，几代人薪火相传、锲而不舍，最终总算接力式地磨出了四把"钢剑"。如果从1961年的高校教材编写算起，则刚好整整一个甲子。由此可见这套专著撰写历程的漫长和工作的艰辛程度。

先后参加这套专著写作的作者包括(以各卷分工名单排列先后为序):严中平、汪敬虞、彭家礼、宓汝成、李文治、章有义、张国辉、刘克祥、魏金玉、周广远、史志宏、朱荫贵、陈争平、徐卫国、徐建生、纪辛、沈祖炜、杜恂诚、王翔、林刚、吴太昌、刘兰兮、陈廷煊、袁为鹏、王小嘉、田牛、王大任、樊果、皇甫秋实、常旭、王力、徐毅、陈伟扬;还有资料和财务辅助人员简萍、尚列、萧平、葛鑫芳,总共 37 人。他们在不同的岗位上,为完成这套专著的编撰工作付出了智慧才干、辛勤劳动乃至毕生精力。现在跨世纪的研究课题总算大功告成,只可惜其中 9 位作者已先后离世,不能同我们一起共享全书大功告成的喜悦,实乃憾事。

在这里,我们还要特别回顾1961—1964 年的《中国近代经济通史》教材编写工作。当年先后参加这一工作的,除了严中平组长、孙健副组长,还有来自哲学社会科学部(今中国社会科学院)经济研究所、中国人民大学、中央工商行政管理局、北京大学、武汉大学、中山大学、中南财经学院(今湖北大学)等单位的教授和经济史研究者,包括(以姓氏笔画为序):马健行、王方中、全慰天、刘文娟、李文治、李德彬、吴承明、汪敬虞、张国辉、陈振中、郑友揆、宓汝成、屈真、赵德馨、姚贤镐、聂宝璋、徐再文、章有义、梁思达、彭雨新、彭泽益、谭彼岸、魏金玉、魏重庆等 24 位成员。虽然教材编写时间短,未能完成提纲定稿和开始撰写书稿,现在印行的专著同教材之间,在写作目的、规模、体例、架构和观点、内容等方面,并无直接传承关系,不过仍有某些方面的影响。正如严中平组长在《中国近代经济史(1840—1894)》的"后记"中所说,教材写作组成员中,"有的写出了很有水平的论文,有的提供了颇有价值的长编或资料,有的参加讨论,提出了很有启发性的意见"。尽管《中国近代经济史(1840—1894)》一书,并非"20 多年前"那本教材的"继续完工",而"完全是另起炉灶"。尽管如此,仍"不乏借鉴从前编写组各同志阶段性成果之处"。为此,严老在"后记"中对 20 多年前教材编写组成员表示"真挚的谢意"。严老主编的《中国近代经济史(1840—1894)》作为"断代史"出版后,又过了 30 年,《中国近代经济史》后续各卷相继问世。正当《中国近代经济史》最后一卷付梓、全书收官之际,我们谨向 50 多年前高校教材编写组的经济史学界前辈和先驱,表示最崇高的敬意。

刘克祥

二〇二一年四月

策划编辑:郑海燕
责任编辑:郑海燕　高　旭
封面设计:肖　辉　王欢欢
责任校对:周晓东

图书在版编目(CIP)数据

中国近代经济史:1937—1949:上中下/刘克祥 主编. —北京:
　人民出版社,2025.7
(人民文库.第二辑)
ISBN 978－7－01－024408－2

Ⅰ.①中…　Ⅱ.①刘…　Ⅲ.①中国经济史-1937-1949　Ⅳ.①F129.5

中国版本图书馆 CIP 数据核字(2022)第 008002 号

中国近代经济史（1937—1949）

ZHONGGUO JINDAI JINGJISHI 1937-1949

上中下

刘克祥　主编

人 民 出 版 社 出版发行
(100706　北京市东城区隆福寺街 99 号)

北京新华印刷有限公司印刷　新华书店经销

2025 年 7 月第 1 版　2025 年 7 月北京第 1 次印刷
开本:710 毫米×1000 毫米 1/16　印张:243.75
字数:3805 千字

ISBN 978－7－01－024408－2　定价:1220.00 元(全三册共六本)

邮购地址 100706　北京市东城区隆福寺街 99 号
人民东方图书销售中心　电话 (010)65250042　65289539